孔子
인간과 신화

제2판 孔子 —인간과 신화

초 판 제 1쇄 발행 1988. 5. 25.
제2판 제 1쇄 발행 1997. 9. 10.
제2판 제11쇄 발행 2018. 8. 14.

지은이 H.G. 크릴
옮긴이 이 성 규
펴낸이 김 경 희
펴낸곳 (주)지식산업사
본사 ● 10881, 경기도 파주시 광인사길 53 (문발동)
전화 (031)955-4226~7 팩스 (031)955-4228
서울사무소 ● 03044, 서울시 종로구 자하문로6길 18-7 (통의동)
전화 (02)734-1978 팩스 (02)720-7900
한글문패 지식산업사
영문문패 www.jisik.co.kr
전자우편 jsp@jisik.co.kr
등록번호 1-363
등록날짜 1969. 5. 8.

값 18,000원

ISBN 89-423-2026-0 03990

譯者의 말

I

전통시대의 중국은 물론 동아시아 전체의 사상 및 문화 전반에 걸친 공자의 영향력을 새삼스럽게 지적할 필요도 없는 것이라면, 공자에 대한 수많은 전론(專論)이 계속 쏟아져나오고 있는 것도 당연한 일이라 하겠다. 그러나 그 수많은 논저들이 제시한 공자상은 반드시 일치된 것만은 아니었다. 공자를 가장 극단적인 보수반동가로 이해한 것으로부터 과격한 혁명가로 해석한 것에 이르기까지 다양한 견해의 차이가 있을 뿐 아니라, 공자사상은 봉건사상의 총화이며 따라서 현대사회에서는 철저하게 배격 청산되어야 한다는 주장이 있는가 하면, 현대사회에서도 공자사상은 적극적인 의미를 가질 수 있고 따라서 계승 실천되어야 한다는 주장도 있다. 이러한 견해의 차이는 일차적으로 공자 자신이 자기의 사상과 주장을 체계적으로 정리한 저서를 남긴 일도 없었고, 더욱이 공자의 사후 발전해온 각종 공자의 설화 및 중국사회의 변화에 따른 공자에 대한 서로 다른 이해가 계속 누적된 결과, 공자의 진면목을 확인하기가 더욱 어려워졌기 때문이라 하겠다.

그러나 이에 못지않게 중요한 이유는 공자를 이해 또는 연구하는 것 자체가 특수한 성격을 띠지 않을 수 없다는 사실에 있는 것 같다. 역사적인 인물을 연구대상으로 할 경우, 그가 어떠한 사회조건 아래에서 구체적으로 무엇을 말하였고, 어떻게 행동하였으며, 그것이 어떤 의미를 가졌는가를 조사하는 것만으로도 충분한 경우가 있다. 그러나 공자와 같이 한 문화의 전체적인 전통과 불가분한 존재를 연구할 경우에는 한 문화의 가치라는 문제와 필연적으로 부딪치게 마련이며, 특히 그 문화에 속한 연구자들은 자신의 전통을 어떻게 평가해야 하느냐는 문제와 아울러 그 사회의 방향과 관련된 현실적인 정치노선 및 사회계층간의 이해와도 직결되는 미묘한 문제를 피할 수 없는 것이다. 그러므로 우리에게 공자 연구는 단순한 고대사상의 체계적인 정리나 어떤 봉건사회의 이념적 지주를 이해한다는 정도에 그칠 수 없으며, 구체적인 삶에서의 가치문제라고 해도 과언은 아니다.

5·4운동을 전후한 시기의 중국의 근대화를 모색하였던 중국 지식인들이 공자주의 타도[孔家店打倒]라는 기치 아래, 유교를 '식인(食人)의 교(敎)' 또는 전제군주의 지배논리로, 공자를 전제군주의 사부(師父)로 각각 단정하면서 유교로 상징되는 중국 전통을 총체적으로 부정한 것도, 중국 현실의 개혁에 무관심하거나 소극적인 보수정책 및 학자들이 '국수(國粹)'를 강조하면서 공교(孔敎)의 수호를 고집한 것도 모두 공자 연구의 특수성을 단적으로 말해주는 실례라 하겠다. 유교가 2천 년에 걸쳐 중국 황제지배체제의 이념적 지주역할을 해온 것은 부정할 수 없는 사실이고, 20세기 중국을 비롯한 동아시아의 보수정객들이 민주적인 개혁을 거부하는 자신의 입장을 합리화하기 위하여 유교의 이념을 이용한 것도 사실이라면 진보적인 지식인들이 '국수'의 논리보다는 '공자주의 타도'의 논리에 동조할 수밖에 없었던 것도 이해할 만하다.

그러나 아무리 '공자주의 타도'가 국내 이념투쟁의 불가피한 수단이 될 수밖에 없었다 하더라도, 그것이 중국 전통문화의 총체적인 파괴를 의미한다면 실로 위험한 자기부정의 논리로 빠질 우려가 다분하며, 특히 중국의 근대화가 서구 제국주의와의 대결 속에서 진행되지 않을 수 없는 현실이라면 문제는 더욱 복잡하다. 만약 중국의 근대화가 서구의 충격 없이 순전히 내부적인 요인에 의해서만 진행될 수 있고, 따라서 근대화가 서구를 모델로 하는 서구화와는 전혀 무관한 것이었다면, 그처럼 전통의 총체적인 파괴를 주장하는 문화운동도 전개되지 않았을지 모르며, 설사 그런 것이 주장되어도 민족유산에 대한 긍지나 민족주의와 충돌하는 문제는 없었을지도 모른다. 그러나 '공자주의 타도'가 곧 이런 문제로 연결되었기 때문에 보수적인 '국수'의 논리가 부분적으로나마 설득력을 갖게 된 것도 무리가 아니었으며, 더욱이 1920년 이후 서양에서 대두한 서구문명에 대한 회의 및 자기반성에 자극된 중국의 신전통주의는 중국의 전통문화(특히 정신문화)가 앞으로 세계문화에 공헌할 수 있다는 주장과 함께 다시 유교에 대한 긍정적인 평가를 시작하였다. 이것은 후스[胡適]를 비롯한 서구화론자들의 즉각적인 반박을 받기도 하였지만, 현실적으로 민족주의의 요구는 충족되었는지 모르나 당시의 보수정객에게 더없는 무기를 제공하였다는 비난을 면하기는 어려운 것 같다.

이처럼 1920, 1930년대의 공자 평가는 내외의 현실문제와 직결되어 논란이 계속되었지만, 민족주의와 사회주의 국가 건설을 표방한 중공정권의 입장 역시 이 문제에 명쾌한 해결을 보지는 못한 것 같다. 그들이 아무리 마르크스-레닌주의를 중국사회의 현실에 맞게 변용하였다 하더라도, 그리고 《論語》에서 사회주의 원리와 상통할 수 있는 단구(短句)들을 몇 개 발견할 수 있었다 하더라도, 사회주의 이념과 공자사상을 연결시킬 수 없는 것은 명백하였을 뿐 아니라, 보수적인 국민당 정권이 유교의 덕목을 강조하였고 일본제국주의가 대동아공영권의 허상을 유교이념으로 분식한 현실에서 그것에 현실적 의미를 부여할 수도 없었으며, 그렇다고 '공자주의 타도'를 일방적으로 강조할 수도 없었다. 여기서 그들이 발견한 해결책은 공자를 화석화하여 박물관 안으로 집어넣고 과거의 위대한 인물, 그러나 결코 현재와 연결될 수도 없고, 되어서도 안 되는 존재로 만들려는 노력이었다. 이것은 언뜻 보면 가장 합리적인 해결책처럼 보이지만 '위대한 현재'는 '위대한 과거'의 철저한 청산과 단절을 통해서만이 가능하다는 점은 역시 마찬가지였고, 실제 '위대한 과거'는 박물관 안에서 영원히 잠들 수만도 없었다. 그들이 아무리 공자사상의 계급적 본질을 강조하고(노예주 귀족의 대변가라는 해석이 한때 크게 유행하였다), 춘추말이란 일정한 사회적 배경에서 모든 것을 설명하려고 하여도, 적어도《論語》는(漢代 이후의 유교는 차치하더라도) 오늘날의 독자에게도 그 이상의 매력을 주고 있는 것이 분명하며, 바로 이 때문에 공자사상의 현대적인 가치를 찾으려는 노력도 계속 포기되지 않는 것 같다. 1950년대 이후의 중공에서도 극좌(極左)의 분위기가 다소 완화되면서 이러한 노력이 조심스럽게나마 제기되었던 것이나, 1970년대의 린뱌오[林彪]를 공자에 연결시켜 비판하는 운동[批林批孔運動]이 공자를 철저하게 공격한 것, 그리고 소위 '사인방(四人幇)체제'의 몰락 후 공자가 다시 긍정적인 평가를 받게 된 것도 모두 공자와 그 사상이 결코 박물관 안에서 안주할 수 없다는 증거가 아닐까?(적어도 중국인에게는)

II

그렇다면 과연 공자사상에 현대적 가치를 부여할 만한 요소가 있는가, 아니면 그런 일에 미련을 버리지 못하는 사람들이 청산해야 할 전근대적인 사고방식을 아직도 버리지 못한 것인가? 이것은 입장에 따라 얼마든지 견해를 달리할 수도 있고, 역자가 답변할 성질도 아니다. 그러나 이 문제가 아직도 중국인에게는 물론 우리에게도 명확한 해결을 보지 못한 것이라면, 크릴(H. G. Creel) 교수의 이 책은 이 문제에 많은 시사를 주고 있다. 크릴 교수는 1905년 시카고 출생으로서, 시카고대학을 졸업한 이후, 하버드대학에서의 2년간의 연구와, 4년간(1932~1936)의 북경 유학을 거쳐 시카고대학의 교수로 줄 곧 재직하면서 중국고대사에 탁월한 업적을 남긴 사람이다. 그의 저서는 이 책 문헌목록에 수록된 것 이외에도 *Chinese Thought — From Confucius To Mao Tsê-tung*(1953), *What is Taoism?*(1970), *The Origins of Statecraft in China* Vol. I(1970), *Shen Pu-hai; A Chinese Political Philosopher of Fourth Century B.C.*(1974) 등이 있으며, 그의 학풍은 정치한 문헌비판은 물론 금문(金文)·갑골문(甲骨文)에 대한 소양을 토대로 동서양의 연구성과를 광범위하게 섭렵하면서 중국고대의 사상 및 제도의 기원을 견실하게 추구하는 것이 특색이며, 특히 중국문화가 서양문화의 발전에 기여한 문제에도 남다른 관심을 갖고 있는 것 같다. *Shen Pu-hai*도 중국관료제도 및 그 원리가 유럽관료제도에 영향을 주었다는 것을 강조한 것이지만, 이 책도 공자사상이 17, 18세기 유럽 민주주의의 발전 및 문관제도에 커다란 영향을 주었음을 강조하고 있다.

물론 이 책의 목적은 동서문화교류의 한 측면을 고찰하려는 것은 아니고, 시공을 초월하여 수많은 사람들을 매료시켰고 영감을 불러일으켰던 공자의 인간과 그 사상의 실체를 집요하게 추구함으로써 그 이유를 밝히려는 것이다. 크릴 교수는 이러한 목적에서 한대(漢代) 이후의 유교와 공자사상을 구분하였고, 공자의 사후 발전한 공자의 설화 및 왜곡된 해석을 일일이 가려내면서 공자의 진면목에 접근해들어갔다. 그 결과 그는 대체로 다음과 같은 결론에 도달하였다. 즉 공자는 합리적인 이성을 신뢰하였고 인간의 평등 및 협동사회의 이념을 제시함으로써 그 당시의 참담한 현실을 구제하려고 하였던 개혁가였으며, 그 사상의 기본원리는 오늘날 민주주의 원리와 상통한다는 것, 비록 공자의 사상은 한대 이후 크게 변질, 곡해되었지만 전제정치 아래서도 일정한 기능을 하였으며(예컨대 신분세습이 부정된 과거시험제도 같은 것), 바로 이러한 요소가 서구민주주의의 발전에도 기여할 수 있었을 뿐 아니라 쑨원[孫文]을 비롯한 중화민국의 지도자들에게도 영향을 주었음을 논증하였다.

물론 공자나 유교와 관련하여 민주주의를 논한 것은 크릴 교수가 처음은 아니며, 19세기 말 이래 서구 의회민주주의의 수용을 적극적으로 주장하는 논객들이 이 점을 강조한 일도 있었고, 오늘날에도 그 영향을 받은 탓인지 유교의 위민(爲民)·민본(民本)사상을 민주주의로 주장하는 사람도 가끔 있다. 그러나 이런 주장이 민주주의의 당위성은 부정하지 못하면서 권위주의적인 독재정치를 행하는 현대 동아시아의 보수정권에 이용되어 유교의 반민주적인 요소가 마치 동양적인 민주주의쯤으로 선전되는 일이 때때로 있었기 때문에 이 책의 기본관점에 생리적인 거부반응이나 의심의 눈초리를 보내는 사람도 적지 않을 것이다. 그러나 공자사상에서 민주주의 원리를 강조한 크릴 교수의 입장은 민주주의의 어떤 왜곡형과 비교한 것도 아니고, 무엇보다도 전체주의의 위협으로 위기에 처한 현대 민주주의의 가치를 수호하려는 의지로 충만하다. 이 책을 다 읽고 나면 마치 전체주의에 대한 민주주의의 가치를 논한 강연을 들은 기분이 드는 것도 바로 이 때문이지만, 이러한 열정이 탄탄한 학문적인 연구로 뒷받침되었다는 점을 역자는 높이 평가하고 싶다.

물론 독자는 이 책의 결론이나 논증과정의 문제점을 지적할 수도 있고, 철저한 반론을 제기할 수도 있을 것이며, 역자도 크릴 교수의 입장을 전적으로 지지하는 것은 아니다. 그러나 이 책은 적어도 앞에서 지적한 공자 연구의 특수성과 관련하여 바람직한 한 방향을 제시한 것은 분명하며, 가장 순수한 학자적인 양심과 정열에서 출발하여 수준높은 성과를 올린 것도 인정하지 않을 수 없을 것이다. 이 책이 제시한 인간미 넘치는 정신적인 거인 공자, 생동하는 제자들의 개성, 유가적 원리와 다른 학파의 명쾌한 대비, 초기 유교사의 상세한 고찰, 서구 근대사상에 미친 공자사상의 영향 등은 다른 어떤 공자전기류에서도 볼 수 없는 감명과 폭넓은 지식을 제공하고 있으며, 극히 전문적인 연구서임에도 불구하고 일반 독자도 쉽게 접근할 수 있는 서술형식을 취하고 있다. 바로 이 때문에 수많은 공자전기 가운데에서 역자가 이 책을 자신있게 추천하는 것이며(비록 30여 년 전에 나온 것이지만), 아울러 이 책을 읽고 난 후에 《논어》를 다시 읽어

보기를 권하고 싶다. 그때에는 《논어》의 단구(短句)들이 마치 살아 움직이는 듯한 새로운 감명을 줄 것으로 확신하며, 《논어》뿐 아니라 일반적으로 고전을 어떻게 읽어야 할 것인가에 대해서도 많은 시사를 얻을 수 있을 것이다.

끝으로 이 책의 번역을 적극 권해주셨을 뿐 아니라 계속 격려해 주신 민두기(閔斗基) 교수, 번역상의 난점에 많은 조언을 해주신 김용덕(金容德) 교수 두 분께 심심한 사의를 표하며, 아울러 상업성이 약한 이 책의 출판을 기꺼이 맡아준 지식산업사에도 감사를 드린다.

著者序

수세기에 걸쳐 수많은 사람들이 공자를 인류역사에서 가장 중요한 인물로 생각해왔다. 근대 서구사회 및 정치철학의 가장 기본적인 개념 가운데에도 공자의 철학이 그 발전에 일익을 담당한 일도 있었지만, 동아시아에서는 아직도 이념투쟁을 할 때 가장 보수적인 사람은 물론 때로는 가장 과격한 사람조차 그의 이름을 들먹이며 공자가 자신의 견해를 뒷받침해준다고 아전인수(我田引水)격으로 공자를 멋대로 해석하고 있다.

그러나 그의 명성에서 일단 눈을 돌려, 그 배후에 있는 인물에 관한 전승(傳承)을 조사해보면 실망하지 않을 수 없다. 그는 단지 고대의 관행을 부활시키려고만 하였던 극히 비창조적인 인물로 묘사되어 있을 뿐 아니라, 일반적으로 통용되고 있는 공자의 생애에 관한 기록에도 그는 무기력한 사람으로서, 자신이 다른 사람들에게 가르쳤던 이상을 구현하는 데 크게 실패한 사람으로 자주 묘사되어 있다. 무언가 잘못되었음에 틀림없다는 느낌을 갖지 않을 수 없다. 만약 전승대로라면 이 사람은 역사에서 실증된 그런 결과를 가져올 만한 위인이 못 되지 않은가? 실제의 공자가 정확하게 전승되지 않았다고 설명하는 것도 그 해답이 될 수 있는데, 이 책은 그 가능성을 탐구해보려는 것이다.

물론 이 책은 공자의 진면목을 찾으려는 최초의 시도도 아니고, 최후의 시도가 될 것도 아니며, 단지 올바른 방향으로 일보전진한 것만 된다면 만족할 따름이다(이하 19행은 원서의 주석 및 표기에 관한 설명인데, 역자가 그것을 모두 바꾸어놓았기 때문에 오히려 독자에게 혼란을 줄 우려가 있어 생략하였다—역자).

이 책은 많은 친구들의 아낌없는 조언, 조력 및 비평이 없었다면 나올 수 없었을지도 모른다. 여기에 그들의 이름을 열기함으로써 다소나마 감사의 마음을 표시하고자 한다.

아내 로렌 크릴(Lorraine Creel)은 특히 많은 도움을 주었다. 그녀의 박사학위논문이 이 책의 중요한 계기가 되었으며, 주요논점은 모두 그녀와 토론하였고 그녀의 의견에 따라 변경된 것도 적지 않다.

초고를 읽고 비판해준 코크(Adrienne Koch) 교수와 프리처드(Earl H. Pritchard) 교수 두 분에게는 정말 많은 신세를 졌다. 또 원고의 일부분을 읽고 귀중한 의견을 많이 제시해준 고드샤크(Louis Gottschalk) 교수, 할프린(William Halperin) 교수, 커윈(Jerom G Kerwin) 교수, 크라케(Edward A. Kracke, Jr.) 씨 및 라하(Donald F. Lach) 교수에게도 감사를 표하며, 귀중한 조언을 해준 애버트(Nabia Abbot) 교수, 빌(Edwin G. Beal, Jr.) 씨, 프리너(Ferman Friner) 교수, 게워드(Alan Gewirth) 교수, 어윈(William A. Irwin) 교수, 맥키온(Rechard. P. McKeon) 교수, 탕용통[湯用彤] 교수, 덩쓰위[鄧嗣禹] 교수, 둥쭤빈[董作賓] 교수 및 윌리엄(John A. William) 교수에게도 감사를 드리고 싶다. 첸(T.H. Tsien) 씨에게는 서목(書目)뿐 아니라 한자표기 문제에도 많은 도움을 받았다. 이 연구기간중 일년을 국회도서관에서 보냈는데, 서목 및 그 내용문제에 관해 커다란 도움을 준 동양부(東洋部)의 허멜(Arthur W. Hummel) 박사와 그 부원들에게도 감사의 뜻을 표하고자 하며, 연구비를 보조해준 록펠러재단에도 감사한다. 그 연구비 때문에 1945~1946년 동안 이 연구에만 전념할 수 있었던 것이다.

월시(Richard J. Walsh) 씨는 여러 차례 편집상의 탁견을 제시해주었고, 본인은 그것을 기꺼이 받아들였다. 수잔(Susan T. Richart) 양은 지도를 작성해주었고, 준(June Work) 양은 자료수집에서 교정 및 색인작성에 이르기까지 이 책이 나오는 데 커다란 기여를 하였으며, 오류를 시정해준 것도 적지 않다. 이 책에 무언가 취할 점이 있다면 그녀의 덕택이라고 해도 과언이 아니다.

그럼에도 불구하고 이 책에 어떤 오류가 남아 있다면, 그 책임은 전적으로 본인에게 있다. 주제가 광범위하고 복잡한 만큼 틀림없이 오류도 많을 것이다. 본인의 입장은《논어》헌문편(憲問篇) 제26장에 나오는 사람처럼 "과실을 적게 하려고 하지만 아직도 그렇지 못한 사람(欲寡其過而未能也)"에 불과하다.

차 례

III. 儒　教

〔일러두기〕

1. 이 책은 H. G. Greel의 *Gonfucius : The Man and the Myth*(1949)를 완역한 것이다.

2. 원서에는 Note와 Reference로 각각 전거를 나누어 밝혔을 뿐 원전(原典)의 한문 인용이 없으나, 국내 독자를 위해 이를 통합하면서 가능한 한 모두 원전 본문을 역자가 첨가하여 註를 만들었다.

3. 일반독자는 구태여 註를 참고하지 않아도 좋다고 판단하여 본문 뒤로 따로 모았다.

4. 註에 인용된 참고문헌은 번거로움을 피하기 위하여 저자 이름과 페이지만 표기하였으니, 책이름은 文獻目錄을 참고하기 바란다.

5. 註 가운데 〔 〕 표시한 것은 역자가 보충한 것이다.

6. 《논어》의 인용 가운데 몇 장 몇 절로 표기한 것은 J. Legge의 *The Four books*의 장절(章節)구분을 따른 것이다.

7. 文獻目錄 가운데 구문서(歐文書)는 저자 이름의 알파벳 순서로, 중국과 일본 책은 저자 이름의 한글발음에 따라 한글자모순으로 배열하였다.

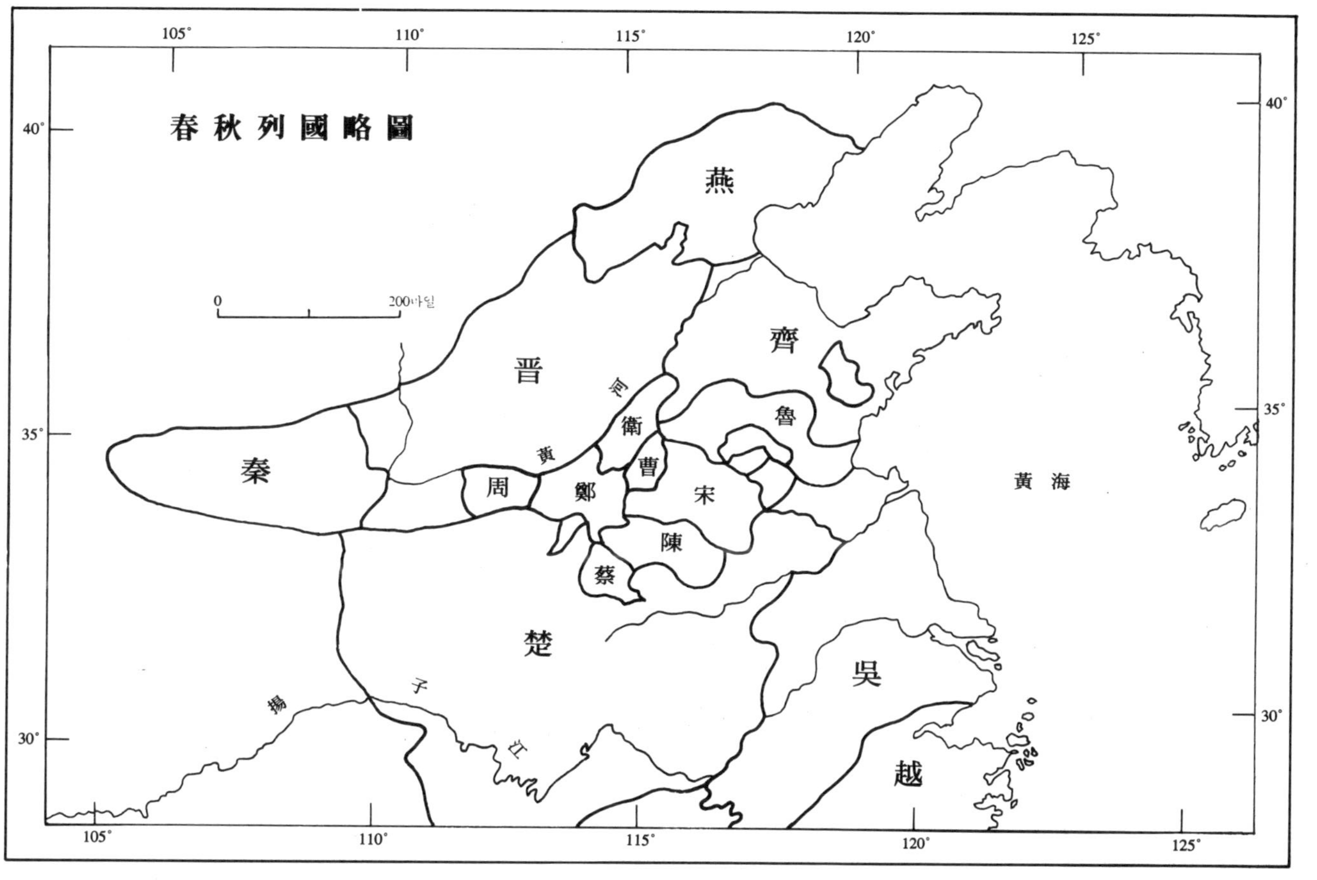
春秋列國略圖
0
200마일
燕
齊
晉
河
衛
魯
黃
曹
秦
周
鄭
宋
黃海
陳
蔡
楚
吳
揚
子
江
越
105°
110°
115°
120°
125°
40°
35°
30°

I. 背　　景

제1장 傳說과 眞相[1)]

2,500년 전 중국에서 태어난 한 사람의 일생처럼 인류 역사에 커다란 영향을 미친 예도 없을 것이다. 전설에 의하면 그는 고귀한 가문 출신이요 왕가의 후예로서, 태어날 때는 용과 천제(天帝)의 사자들이 하늘을 배회하였다고 한다. 그러나 공자 자신은 "나는 젊었을 때 미천한 사람이었다"[2)]고 술회한 적이 있다. 또 전설에는 공자가 엄격한 현학자로서, 인간이 행동하거나 사고할 때 따라야 할 엄밀한 규범을 제시한 것처럼 묘사되어 있다. 그러나 그는 다른 사람이 세워 놓은 신조가 아무리 훌륭하더라도 인간은 스스로 생각해야 하는 의무를 면할 수 없다고 믿었기 때문에, 실제로는 규범의 제시를 조심스럽게 회피하였다.

그의 주된 목표는 구질서를 회복시키고 세습적인 귀족정치의 권위를 강화시키는 것이었으므로, 그는 반동가에 불과하다는 견해도 가끔씩 제기되고 있다. 그러나 실제로 그는 전면적인 사회적 정치적 개혁을 주장하였을 뿐만 아니라 그 구현에도 기여한 사람이기 때문에 위대한 혁명가 가운데 한 사람으로 간주되지 않으면 안 된다. 공자가 죽은 뒤 몇 세기 못 가 세습적인 귀족정치는 사실상 중국에서 소멸되었으며, 그는 그 누구보다도 그것을 파괴하는 데 많은 공헌을 하였다.

젊은 시절 그는 천직(賤職)에 가까운 직책으로 생계를 유지하였다. 여기서 그는 평민들에 대한 깊은 동정심을 갖게 되었으며, 일생 동안 그것을 잊지 않았다. 당시 그들의 문제와 고통은 산적해 있었다. 중앙권력은 이미 붕괴되었고, 봉건제후들은 왕에게 단지 명목적인 충성만 표시하였다. 그러나 일부 제후들도 거드럭거리는 가신(家臣)의 손아귀에 놀아나는 꼭두각시에 불과하였기 때문에, 그들 역시 주체적인 존재는 되지 못하였다. 내외(內外) 전쟁이 끊임없이 계속되었고, 수족 같은 무장종자(武裝從者)들이나 자신의 권모술수 이외에는 아무것도 믿을 것이 없었으며, 법과 질서는 거의 존재하지 않았다. 가장 세력이 큰 귀족조차도 몰락하거나 암살되지 않는다는 보장이 없었으며, 평민들은 비극적인 처지에 놓여 있었다. 누가 전쟁에 이기건 그들은 피해를 입게 마련이었으며, 그들은 힘이 없었기 때문에 평화시에조차 안전하지 못하였다. 귀족들의 주된 관심사는 사냥과 전쟁, 그리고 사치스러운 생활로 변했으며, 평민들은 사실상 그들의 장기짝에 불과하였다. 귀족들은 이러한 향락의 비용을 마련하기 위하여 백성들에게 감당할 수 없을 정도로 무거운 세금을 부과하였으며, 모든 항의를 무자비하게 탄압하였다.

젊은 공자는 이러한 상황을 용납할 수 없었고, 그것을 시정하기 위한 노력에 일생을 바치기로 결심하였다. 그는 사람들에게 더 살기 좋은 세상을 만드는 방법을 설득하였으며, 점차 그의 주변에는 그의 가르침을 배우려는 젊은이들이 모여들었다. 그래서 그는 교사로서 알려지게 되었다.

그의 가르침의 요체는 간단하였다. 그는 주변 도처에서 사람들이 서로 싸우는 것을 목격하였으나, 그것이 사회의 본래 상태라고는 도저히 생각할 수 없었으며, 각자가 서로 남을 능가하려 하지 않고, 공동의 복리를 증진하려고 노력하는 상호협동이 인간의 정상적인 상태라고 생각하였다. 그의 생각으로는, 지배자의 성공 여부를 평가하는 기준은 자신의 권력과 부를 축적하는 능력이 아니라 백성의 행복과 복지를 가져올 수 있는 능력이었다.

공자는 당시 권좌를 차지하고 있는 군주와 같은 사람들이 계속 정치를 좌우하는 한, 자기가 생각하는 이상세계가 구현될 수 없다는 것을 인식하였다. 가능하였다면 공자도 세습군주를 기꺼이 폐지하였을지도 모른다는 것도 전혀 근거 없는 추측은 아니다. 그러나 그것은 불가능한 일이었기 때문에 그 대신 그는 정부의 행정기능을 유덕유능하며 적절한 교육을 받은 대신들에게 위임하도록 군주들을 설득하였고, 청년들을 교육하여 그러한 대신들을 만들려고 노력하였다. 또 교육을 할 때는 빈천한 출신이나 부귀한 출신을 동등한 조건으로 받아들였으며, 지능과 근면이란 두 가지 조건만 요구하였다.

공자는 무혈혁명을 달성하려고 노력하였다. 즉 왕위를 세습한 군주로부터 실질적인 권력을 빼앗아 공적을 기준으로 선발된 대신들에게 나누어 주고, 정부의 목적을 소수의 권력강화에서 전체 백성의 행복과 복리를 추구하는 것으로 바꾸려고 하였다. 그러나 그는 단순한 이지적인 확신만으로는 혁명을 달성할 수 없다는 것을 알았기 때문에, 자신이 생애를 바친 주의 주장에 대한 참된 정열을 제자들에게 불붙이려고 노력하였는데, 이 점에서는 크게 성공하였다. 이 '도(道)의 기사단'은 (아더 웨일리의 적절한 표현을 빌리자면) 후세 기독교 기사도에서 발견되는 것 못지않게 헌신적인 정신으로 충만하였다.

그러나 공자는 교사로서 만족한 사람은 아니었다. 그는 일국의 국정을 담당하기를 원하였으며, 자신이 꿈꾸는 세상이 자기 손으로 구현되는 것을 보고 싶어하였다. 그러나 당시 군주들이 그의 손에 실권을 부여하는 문제를 진지하게 고려하지 않은 것은 분명하다. 기껏해야 그들은 공자를 해롭지 않은 기인(奇人)이지만 일단 권력을 쥐여주면 위험한 인물이 될 수도 있다는 정도로 생각하였음에 틀림없다. 그러나 그들은 공자의 제자 몇 사람에게는 비교적 높은 관직을 주었다. 이 제자들의 주장 때문에 공자가 마침내 고향인 노(魯)나라에서 관직을 얻었지만, 그것은 지위는 높으나 실질적인 권한이 없는 자리였음에 분명하다.

그는 자기가 아무것도 실현할 수 없음을 알자, 그 자리를 사직하고 자신의 '도'를 활용해 줄 군주를 찾아 여행길에 올라 여러 나라를 다녔지만, 결국 그런 군주를 찾지 못하였다. 10여 년간 계속된 이 여행은 아무 성과도 없이 끝나고 말았지만, 그는 자신의 주의 주장을 위해서는 어떠한 시련과 박해도 기꺼이 감수하는 사람이라는 것을 입증하였다.

노나라로 돌아와 공자는 다시 제자교육을 시작하였으며, 돌아온 지 5년 만에 세상을 떠났다. 그의 생애에는 별로 극적인 요소가 없었다. 클라이막스도 순교도 없었으며, 그의 주요 포부 가운데 실현된 것은 아무것도 없었다. 공자가 세상을 떠났을 때 모든 사람들이 그를 실패자로 여긴 것도 분명하지만, 그 자신도 그렇게 생각한 것이 확실하다.

공자가 죽은 뒤, 그의 가르침이 제자들에 의해 한두 세대 계승되면서 유가 학파의 규모는 점차 커졌고 영향력도 증대하였으며, 그의 학설은 그 자신도 몰라볼이만큼 변경되고 세련되어 갔지만, 그래도 두 가지 원칙만은 고수되었다. 즉 정치를 담당하는 사람은 가문이 아닌 덕과 능력으로 선출되어야 한다는 주장과, 정부의 진정한 목적은 백성들의 행복과 복리를 도모하는 것이라는 주장이 바로 그것이다. 이 후자의 원칙 때문에, 전쟁과 억압이 더욱 심해지고 생활이 점점 더 어려워짐에 따라 유교는 평민들에게 더욱 인기를 얻게 되었다.

기원전 221년 중원 국가들에 비해 문화가 뒤진 진(秦)이 중국을 석권하고 전체주의적인 제국을 건설하였을 때, 유가들은 협력을 거부하였기 때문에 유가의 경전과 가르침은 유포가 금지되었고, 일부 유가들도 처형되었다. 그러나 20년도 채 못 되어 유가들이 대거 참여한 혁명으로 진은 멸망하였다.

진에 뒤 이은 한(漢)왕조는 대체로 유가들에게 훨씬 호의적이었지만, 몇몇 유가들은 전체주의적 야심을 가졌던 제 6 대 황제 무제(武

帝)와 충돌하였다. 현명하게도 무제는 유교를 공공연하게 반대하지 않고, 그 대신 유교의 애호자를 자처하면서 유교를 매수하였다. 그는 많은 유가들을 정부관직에 등용하였고, 최초의 관료선발시험을 자신이 직접 조작함으로써 유교교의의 발전에 지대한 영향력을 행사하였다. 전제정치의 정당화에 유교가 악용되기 시작한 것은 이때부터였다. 이것은 공자가 표방하였던 것을 철저하게 왜곡시킨 것이므로, 진보적이고 용감한 유가들은 이에 대한 항의를 계속하였다.

현재 통용되고 있는 공자에 관한 지식의 대부분은 한대 또는 그 이후에 나온 것이다. 이 점은 공자의 전기나 주석도 마찬가지인데, 이들은 무미건조한 고전의 뼈대에 생명을 불어넣으려 한 것뿐이다. 공자가 세상을 떠나자마자 그에 대한 전설은 윤색되기 시작하였다. 그토록 중요한 사상을 가진 사람이 생전에 인정받지 못하였다는 것은 생각할 수 없는 일이었기 때문에 그를 유력한 정치가처럼 만든 전기가 저술되었고, 경쟁 학파도 처음에는 그를 공격하고 조롱하였지만, 나중에는 자기편으로 끌어들였다. 전체주의적인 법가조차 공자를 전체주의자로 만들었는데, 그들의 수법 가운데서 가장 효과적인 방법의 하나는 공자가 전체주의적인 취지의 발언을 한 것처럼 꾸미고 그것을 유교에서 가장 존중되는 경전 안에 삽입시킨 것이었다.

이것은 모두 공자의 민주주의적인 생각에 당혹감을 느끼고, 그를 무한한 황제 권력의 지지자로 묘사하려는 사람들에게는 안성맞춤이었다. 단지 본래 공자의 것으로 생각되는 것에 첨가된 이 위문(僞文)만을 강조하거나 해석하면서 그 나머지는 모두 잊어버리기만 하면 되기 때문이다. 이런 식으로 그들은 하나의 외관(外觀)을 구축하였기 때문에 2,000년 동안 그 이면에 숨겨 있는 실제의 공자를 발견하는 것이 무척 어려웠다.

그러나 그것을 식별할 수 있는 학자들은 소수이긴 하지만 항상 존재하였으며, 17, 18세기 중국에 와서 학자나 관료가 되었던 예수회 선교사 가운데에도 그런 사람이 몇 명 있었다. 그들은 쓰레기처럼 많이 쌓인 최신 해석을 일체 무시하고 공자 자신으로 직접 돌아가려고 하였으며, 유럽으로 보내는 편지마다 자기들이 발견한 새롭고도 경이로운 이 철학자를 계속 언급하였다.

이리하여 계몽주의로 알려진 철학적 운동의 직후 공자는 유럽에 알려지기 시작하였다. 라이프니츠(Leibniz), 볼프(Wolff), 볼테르(Voltaire)를 비롯한 많은 철학자들과 정치가, 문필가들이 자신의 논증을 강화하기 위하여 그의 이름과 사상을 이용하였고, 이런 과정에서 그들 자신도 영향을 받게 되었다. 유교의 자극 아래 세습 귀족정치가 오래전에 중국에서 폐지되었다는 사실은 영국과 프랑스에서 세습적인 특권을 공격하는 무기로 이용되었으며, 공자의 철학은 유럽 민주주의 이상의 발전 및 프랑스혁명의 배경에 중요한 역할을 담당하였고, 프랑스의 사상을 통하여 미국 민주주의 발전에도 간접적인 영향을 미쳤다. 토마스 제퍼슨(Thomas Jefferson)이 '미국 정치의 중요한 초석'으로 제안한 교육제도가[3] 중국 과거제도와 현저한 유사성을 띠고 있는 것은 흥미로운 일이다. 유교가 서구 민주주의 발전에 어느 정도 기여하였는가는 약간 기묘한 이유 때문에 가끔은 망각되고 있지만, 이 점은 응분의 고찰을 하지 않으면 안 될 것이다.

중국에서도 사정은 비슷하였다. 공자는 중국혁명의 중요한 정신적 초상이었다. 쑨원[孫文]은 "공자와 맹자는 모두 민주주의의 대표적인 인물이었다"고 선언하였으며,[4] 유가원리의 영향을 깊이 받은 중화민국의 헌법을 기초하였다. 그러나 오늘날 중국인들 가운데는 공자를 전제주의의 사슬을 만드는 데 기여한 반동가로 생각하여, 그에게 적개심이나 냉담한 감정을 갖고 있는 사람도 있다.

레키(W. E. Lecky)의 저서는 유럽만을 대상으로 한 것이지만, 그 가운데 다음과 같은 기술은 놀라울 정도로 공자에게도 잘 해당되는 것 같다. 즉,

> 마치 천재가 그 시대의 지적인 상황에 대응하는 것처럼 자기 시대의 도덕적 상황에 대응하는 사람들이 때때로 나타난다. 그들은 후세의 도덕적 표준을 예견하여 그 시대의 정신과 무관한 것처럼 보이는 공평무사

> 한 덕망과 박애 및 극기의 관념들을 널리 유포하며, 그 의무를 거듭 깨우치고 대부분의 사람들에게는 전혀 황당무계한 것처럼 보이는 행동의 동기를 제시한다. 그럼에도 불구하고 그들의 완전무결성에서 나오는 매력은 동시대인에게 강한 호소력을 갖게 된다. 열정에 불이 붙고 추종자들의 집단이 형성되며, 많은 사람들이 자기 시대의 도덕적 조건에서 해방된다. 그러나 이런 운동의 효과가 완전하게 나타나는 것은 일시적인 것에 불과하다. 최초의 열광은 사라지고 주변의 환경이 다시 우위를 되찾게 된다. 순수한 신앙은 세속화되고, 본래의 성격과는 거리가 먼 관념의 외피가 형성되고 본래의 면모가 상실되거나 왜곡되어 최초의 면모는 완전히 사라진다. 시대에 맞지 않는 도덕의 가르침은 그것에 맞는 문명이 동틀 때까지 가치를 발휘하지 못하거나, 기껏해야 독단의 축적을 통하여 미약하고 불완전하게 여과되면서 그것이 요구하는 상황의 도래를 약간 촉진시킬 뿐이다.[5)]

이 모든 것이 공자의 경우에도 해당된다. 이 기술은 공자 자신도 말한 바와 같이 그 시대에서조차 그를 완전히 이해한 사람이 아무도 없었던 이유는 무엇인가, 또 무엇 때문에 후세 사람들이 때때로 그를 심각하게 오해하였는가를 해명하는 데 도움이 될 뿐만 아니라, 그토록 오래전에 생존하였고, 생전에는 극히 미미한 존재에 불과하였던 공자가 현재까지도 인간의 사고와 행동에 지속적으로 영향을 미치고 있는 사실을 설명하는 데도 도움이 될 것이다.

제2장 孔子에 관한 資料

많은 학자들이 받아들이고 있는 공자에 관한 전설조차 그 정확성이 의심스럽다는 사실은 오래전부터 인정되어 왔다. 1,100여 년 전 가장 유명한 유가 가운데 한 사람이었던 한유(韓愈)는 당시 사람들이 공자에 대해 전혀 말도 안 되는 이야기를 반복하고 있는 사실에 불만을 털어놓으면서, 진상을 알려면 "누구에게서 그것을 얻을 수 있겠는가?"라는 질문을 던진 일도 있었다.[1)]

공자에 관한 거의 대부분의 기록은 기원전 100년경에 저술된《사기(史記)》공자세가(孔子世家)에 근거를 둔 것이다. 실제 어떤 서구의 학자는 공자세가는 "영원히 공자 전기의 기초가 될 것이다"는 말을 한 적도 있었지만,[2)] 19세기 초의 대비평가 췌이수[崔述]는 공자세가는 사실 "70 내지 80퍼센트가 중상모략"이라고 신랄하게 지적하였으며,[3)] 또 이 문제를 철저하게 연구한 현대의 한 중국학자도 공자세가는 "너무나 심하게 혼란되어 있고 앞뒤가 맞지 않기" 때문에 사마천(司馬遷)이 그것을 현재의 형태로 저술하였을 리가 없다고 단언하였다.[4)] 그럼에도 불구하고 공자에 관한 기록은 바로 공자세가를 토대로 구성된 것이며, 그것을 우리보고 믿으라는 것이다.

그러므로 좀더 진상에 접근하려면 새로운 방향에서 이 문제를 다루지 않으면 안 된다. 현재 유일하게 남아 있는 공자에 관한 완전한 기록이 그가 죽고 몇 세기 뒤에 저술된 것이므로, 그것을 연구의 출발점으로 삼으면서도 설화적이거나 있을 법하지 않은 요소들은 제거하려고 하는 것이 보통이다. 그러나 그런 뒤에도 그 나머지가 사실이라는 보증은 하나도 없다. 공자처럼 일단 한 문화의 영웅이 되면, 그의 생애에 실제 있었던 사건에 근거를 두었다기보다는 말하는 사람의 포부와 신념을 토대로 꾸며진 수많은 이야기에 그 이름이 등장하게 마련이다.

기독교 전설의 한 예를 주목해 보자. 바울의 경우처럼 초기 기독교 신자의 대부분은 빈천한 사람들이었으며, 멸시와 박해를 자주 받았다. 그들의 아이들이 동무의 학대를 받았을 때, 그들 가운데에는 성령의 힘을 가진 어린 예수가 그렇게 늘 참기만 하였을 리가 없다는 생각으로 자위하는 사람이 있었다. 이 때문에 다른 아이들이 어린 예수를 곯려주었을 때, 어린 예수가 초자연적인 힘으로 그들을 때려 즉사시켰다는 이야기가 두 편의 위작성서(僞作聖書)에 나오게 된 것이다.[5)]

어떻게 이 이야기를 역사로서 해석할 수 있겠는가? 이야기가 과장되었으므로 살해된 아이들의 숫자를 한 명으로 줄여야 한다고 말해야 되겠는가? 초자연적인 요소를 제거하고 그 아이가 순전히 자연적인 방법으로 살해되었다고 말해야 하는가? 한걸음 더 나아가 예수는 그 아이를 전혀 의도적으로 죽인 것은 아니지만, 이 사건은 틀림없이 예수가 한 아이를 불의의 사고로 죽인 사실에 근거를 둔 것이라고 말해야 하는가? 이 모든 상상이 무의미하다는 것은 명백하다. 이 이야기를 그럴싸하게 만들려고 변경하면 할수록 더욱더 그 기원을 이해할 길이 없게 된다. 왜냐하면 그것은 비참하고 억압받은 사람들의 백일몽에서 발전한 것이기 때문이다. 그것은 그 자체로서 의미가 있고, 커다란 역사적 가치도 있다. 그러나 그것은 전혀 예수와 관계가 없는 것이므로 그런 설화에서 예수의 생애에 관한 사실을 추출하려고 한다면 그 결과는 오류를 범할 뿐이다.

마찬가지로 공자에 관한 설화도 대부분은 그와 관련이 없다. 그것을 적절한 배경 속에 놓고 신중하게 연구한다면, 한대건 다른 시대건간에, 그것이 발생한 시대의 사람들에 관해 많은 것이 해명될 것이다. 그러나 공자가 죽은 지 300여 년이 지난 후에야 나타나기 시작한 수많은 공자의 설화를 모아놓고, 거기서 사실만 골라낸다는 것은 전혀 가망없는 일이다. 그것은 너무나 극단적인 혼란에 빠져 있고, 진위를 판별할 만한 어떤 표준도 없다.

그 대신 이 책은 다른 두 종류의 자료를 근거로 실제의 공자를 발견하려는 것이다. 첫째는, 비교적 근대까지 통용되어 온 전설들을 무시하지는 않지만 그것에 부차적인 가치를 부여하면서 가능한 한 공자와 가까운 시대에 씌어진 기록에 주로 의존하려는 것인데, 공자 사후 2세기 안에 씌어진 책들을 기본자료로 삼으려 한다. 둘째는, 하나하나의 중요한 문제와 관련하여 공자시대 이전의 상황을 기술한 자료들을 세심하게 주목하려고 한다.

공자 이전의 자료를 연구하는 중요성은 때때로 간과되어 왔지만, 공자가 어떤 사람이었는가를 실제로 이해하려면 이것은 불가결한 일이다. 현대의 예를 들어 설명해 보자. 스미스(J. Smith)가 어떠한 상황에서 그런 주장을 하였는가를 알지 못한다면 그가 주 48시간 노동을 지지하였다고 말하는 것은 아무 의미가 없다. 만약 많은 사람들이 주 44시간 노동을 표준으로 여기는 20세기 중엽의 어느 나라에서 그런 주장을 하였다면 그는 주당 노동시간의 연장을 제안한 셈이며, 따라서 '반동가'로 불리었을 것이다. 그러나 19세기초 많은 나라에서 일반적이었던, 그런 상황 아래서 그러한 주장을 하였다면 그는 주당 노동시간의 급격한 단축을 주장한 것이며, 그때는 틀림없이 '위험한 과격분자'로 불렸을 것이다.

이와 마찬가지로 공자가 제자 가운데 한 사람을 보고 군주가 되기에 족하다고 말한 사실도[6] 당시의 모든 상황을 알지 못한다면 별 의미가 없지만, 그것을 알 경우에는 매우 중요한 의미를 갖게 된다. 그 제자는 군주의 후계자도 아니었을 뿐 아니라, 그의 가문도 무엇인가 오점이 있다는 것조차 암시되었기 때문이다.[7] 한대가 되면 덕망과 능력 때문에 그 제자가 군주가 되기에 족하다는 공자의 발언은 상식화되었다. 그러나 공자 이전의 시대까지 소급되는 문헌 및 청동기 명문(銘文)을 보면 군주와 같이 언제나 존중받는 지위를 요구할 수 있는 유일한 자격요건은 상속권뿐이었던 것 같다.[8] 이런 사실에 비추어볼 때 공자의 발언은 무심결에 나온 칭찬이 아니라, 가장 중대한 의미를 갖는 혁명적인 정치원리를 언명한 것이 분명하다.

공자 이전의 중국 사정을 서술하기 위해서는 《시경(詩經)》, 《역경(易經)》 가운데 진짜 초기에 성립된 부분,[9] 《서경(書經)》[10] 및 《춘추(春秋)》, 그리고 현재까지 전해 내려온 청동기에 새겨진 명문의 도움을 받으려고 하며, 《좌전(左傳)》으로 알려진 역사서도 이용하려고 한다. 그러나 《좌전》은 기원전 300년경에야 비로소 현재의 모습으로 저술된 것 같기 때문에, 상당히 신중하게 활용하지 않으면 안 된다.[11]

공자의 사상과 생애를 이해하기 위한 근거로는 《논어(論語)》를 이용하겠다. 이 책은 주로 공자와 그 제자들의 언설로 구성된 것이다. 이 책의 전부가 진짜는 아니지만, 후세에 첨가된 부분은 여러 가지 면에서 금방 그 정체가 드러난다. 그것은 문체·용어·사상 등 모든 면에서 정말 초기에 성립된 부분과 너무나 다르기 때문에 위작이 틀림없다. 많은 학자들이 이 문제를 다루어왔으므로, 그 결론의 요약과 《논어》 각 부분의 위작에 관해서는 부록에서 상세히 검토하였다.

묵자(墨子)란 철학자의 이름을 따서 명명된 《묵자(墨子)》라는 책도 공자에 관해 몇 가지 언급을 하고 있는데, 묵자가 공자 직후에 생존한 인물이기 때문에 일견 그것이 좋은 자료처럼 보일지도 모른다. 그러나 유감스럽게도 비평가들이 지적한 바와 같이, 공자가 직접 등장하는 대부분의 토론들은 《묵자》 가운데에서도 후세의 첨가가 명백한 구절 속에 들어 있다.[12]

이에 비해 《맹자(孟子)》라는 책은 매우 가치 있는 자료이다. 유교

철학자인 맹자는 공자 사후 약 100년 뒤에 출생하였다. 그의 이름은 딴 이 책은 어느 정도 상세하게 공자에 관한 전설을 기록하고 있는데, 그것도 《논어》 가운데 초기에 성립된 부분과 아주 유사한 형식으로 기록되어 있다. 《좌전》은 공자의 재세기(在世期)에 해당하는 그의 고국의 역사를 무척 상세하게 기록하고 있지만, 전체적으로 공자의 생애에 관해서는 거의 언급한 것이 없다. 후세의 전설과는 달리 공자가 실제로 생존시에는 정치적으로 중요한 인물이 아니었음을 증명해 주는 사실이 많은데, 이것도 그 가운데 하나이다. 《좌전》에도 공자에 관한 초기 기록과 부합되지 않는 몇 가지 설화가 수록되어 있는데, 그 가운데에는 불가사의하거나 초자연적인 색채마저 띤 것도 있다. 바로 이 때문에, 그리고 《좌전》이 기원전 300년경에야 비로소 현재의 형태로 저술되었기 때문에, 그 안에 포함된 공자에 관한 기록도 다 믿을 수는 없다. 그러나 믿을 수 있는 부분은 공자상(孔子像)을 구성하는 데 도움이 되는 귀중한 자료이다.

공자가 죽고 몇 세기 뒤에 기록된 문헌들은 공자와 가까운 시대에 기록된 것보다 공자에 관한 더욱 상세한 지식을 제공하고 있다. 이것은 기대하였던 것과는 정반대되는 현상이지만, 추가된 정보는 대개 실제 전해 들은[傳聞] 것이라기보다는 상상의 소산임이 명백하다. 이 수많은 후대의 문헌들에 관해서는 공자 설화의 성장이란 문제를 검토할 때 함께 고찰하기로 하자.[13)]

제3장 孔子時代의 중국

공자를 이해하려면 그가 어떤 세상에서 살았는가를 인식할 필요가 있다. 그는 사물의 질서정연한 배열에 관심이 너무 많아서, 사상이 무미건조하다는 비판을 받고 있다. 그러나 그가 혼돈에 가까운 상황에서 질서를 찾으려고 노력하였다는 사실을 기억하지 않으면 안 된다. 혁명적인 사상을 견지하고, 그것을 자유롭게 말하는 것이 위험천만인 세상에서 공자처럼 행동한다는 것은 모험에 가득 찬 인생을 의미하는 것이다. 공자가 귀족 및 군주들에게 현학적인 냄새가 나는 하찮은 설교를 한 것이 여러 책에 자주 나온다. 그러나 그 배경을 이해한다면, 그것이 공자를 고문하여 죽이는 것쯤은 파리 한 마리를 때려잡는 정도의 양심의 가책밖에는 느끼지 않을 사람들에게 맞대놓고 그들의 범죄행위는 물론 약점을 통렬하게 비난한 것이었음을 알 수 있다.

공자시대의 중국은 분기점에 처해 있었다. 어떠한 경로로 그러한 상황에 이르게 되었는가를 간단히 살펴보자.

현대 중국인과 연결되는 인류가 아주 오랫동안 중국을 차지하고 있었다는 것을 고고학은 밝혀주었지만, 중국역사에 대한 실제적인 지식은 기원전 14세기의 상(商)왕조로부터 시작된다. 현재의 허난성[河南省] 북부에 도성을 갖고 있었던 이 나라에 대해서도 발굴자료와 간단한 명문(銘文)을 통해서 아는 정도에 불과하지만, 상당히 발전된 문명을 갖고 있었던 것은 분명하다. 상왕조의 제작품 가운데에는 고도의 세련미를 보이는 것이 적지 않으며, 그 청동기들은 인류역사상 가장 정교한 예술품에 속한다. 이 문명은 파괴되지는 않았지만 전해온 연대표에 의하면 기원전 1122년에 일시 좌절을 맛보았다고 한다. 즉 상이 서쪽 변경, 곧 오늘날 산시성[陝西省]에서 내려온 다소 문화가 뒤떨어진 부족 연합에 의해 정복된 것이다. 정복자들을 영도한 것은 주족(周族)이었고, 그들은 주왕조를 건설하였다. 이 침입자들은 정복을 계속하여 북중국의 대부분을 장악하였지만, 이 영토를 강력한 중앙집권적인 국가로 통치할 수는 없었다. 이를 위해서는 양호한 통신망, 효과적인 화폐제도 및 풍부한 정치적 경험이 필요하였으나, 그들은 그 가운데 어느 하나도 갖추지 못하였기 때문이다.

부득이 그들은 주왕의 친척들과 정복과정에 조력하였던 다른 부족장들에게 대부분의 영토를 나누어줄 수밖에 없었고, 그 결과 각 제후들이 왕조의 평화를 교란하지 않는 범위내에서 자유롭게 자신의 영토를 통치하는 봉건제도가 발전하였다. 각 제후들은 왕에게 일정한 공납을 바쳤으며, 요구가 있으면 군대를 이끌고 왕을 위한 전투에 참가하도록 되어 있었다.

공자의 시대는 물론, 그 이후에도 주초(周初)는 중국의 통합과 평화 및 정의의 이상이 거의 완벽하게 구현된 시대처럼 묘사되었지만, 당시 주조된 청동기 명문에 보이는 것이 더 진상에 가까운 것이라면, 이것은 순전히 과장에 불과함을 알 수 있다. 그러나 상대적인 이야기이고, 또 부득이한 결과에 불과한 것이었을지라도, 당시 상당한 정도의 정치적 도덕의식은 존재하였던 것 같다. 동방의 제후들은 적대적인 이민족에 둘러싸여 있었기 때문에, 한편으로는 주왕에 복종하면서 서로 협력하지 않을 수도 없었지만, 다른 한편으로는 피지배민을 지나치게 억압하는 것도 삼가지 않을 수 없었다. 실제로 주족은 지배자의 지위를 유지하려면 백성들을 회유하지 않으면 안 되었던 것이다.

주족이 민심을 수습하기 위해 강구한 방책 가운데 중요한 것은 선전운동이었다. 즉, 주정부의 유일한 목적은 '포악하고' 압제적인 군주로부터 동방의 백성들을 해방시키는 것이었고, 따라서 그것은 이타적(利他的)인 정토(征討)였음을 주장한 것이다. 이 허구를 납득시키기 위하여 주족은 일종의 중국역사의 새로운 해석을 제시하였다.[1) 즉 주에 선행하였던 하(夏)나 상(商)의 군주들도 처음에는 훌륭한 왕[名君]들이었으나 막판에는 폭군이 나왔으며, 이런 상황에서 최고의 신인 '하늘[天]'이 일어나 새로운 왕조를 세우라는 '천명'을 내릴 만한 유덕한 귀족을 물색한 것이라고 주장하였다. 그 결과 '혁명의 권리' 이론이 발전하였는데, 이것에 의하면 포악한 왕을 타도하는 것은 단순히 권리가 아니라 신성한 의무라는 것이다. 단순한 반도(叛徒)와 하늘이 명한 계승자를 어떻게 구별할 수 있겠느냐는 의문이 제기된다면, 후자의 경우는 백성들이 그 대의를 지지하여 그에게 승리를 안겨준다고 답변할 수밖에 없다. 주의 선전가들은 스스로 그런 의도를 가진 것은 결코 아니었다 하더라도, 후세 민주주의적 사상의 발전에 훌륭한 기초를 쌓은 것이 명백하다.

주왕조가 해를 거듭할수록 초대 제후들의 자손들은 조상들과는 달리 더 이상 상호협력의 필요성을 느끼지 않게 되었으며, 점점 더 왕의 명령을 무시하게 되었다. 그들 상호간의 전쟁은 더욱 빈번하여졌으며 강대국은 약소한 이웃 나라의 영토를 병탄하였다. 공자가 나기 220년 전인 기원전 771년, 봉건제후들과 '이적(夷狄)'의 연합군이 주의 서도(西都)를 공격하여, 왕은 살해되었고 '서주'시대는 종말을 고하였다. 그 후의 왕들은 동쪽으로 왕도를 옮겼는데, 오늘날의 허난성 뤄양[洛陽]이 바로 그곳이다. 이 때문에 이 이후의 시대를 '동주(東周)'로 부르는데, 동주의 왕들은 일부 제후들의 보호 아래 낙양에 자리를 잡았기 때문에 대제후의 손아귀에 들어 있는 꼭두각시에 불과하였다.

중국의 국가들을 둘러싸고 있는 '이적' 부족은 반드시 중국인과 다른 종족은 아니고, 중국문화를 따르지 않는 차이밖에는 없었다. 수세기에 걸쳐 그들도 대부분 서서히 중국문화에 동화되어 중국인이 되었지만, 그 이전에는 항상 위협적인 존재였으며, 변경에 대기하고 있다가 어떤 쇠약의 징후만 보여도 약탈을 자행하였고, 때로는 중국영토를 병합하기조차 하였다. 정치적 분열로 중원국가들의 방위능력이 상실되자, 중국문화가 소멸되지 않으려면 지도자가 필요하다는 것을 누구나 느꼈다. 그러나 주왕은 나약하고 무능력하였으며, 왕이 되려는 봉건제후들은 적지 않았으나 그 가운데 하나가 지나치게 강대해질 우려가 있으면 나머지 제후들이 뭉쳐 그를 끌어내리곤 하였다. 기원전 679년부터 임시방편적인 특이한 지도체제가 발전되었다. 즉 동주 국가들로 구성된 일종의 동맹이 결성되고, 동맹내의 가장 강력한 제후가 제후의 일인자라는 의미의 '패(霸)'란 칭호를 갖는 방식이 바로 그것이었다. 그 후 2세기 동안 대여섯 명의 제후가 이 칭호를 얻었거나 자칭하였다. 그들이 실제 기능을 발휘하였을 때는 그 지도력을 인정하는 국가들로부터 공납을 징수하였으며 공동방위도 지휘하였고, 종교적인 기능을 제외한 모든 면에서 왕을 대신하였다.

동주가 시작된 이후(B.C. 770) 공자의 출생(B.C. 551)까지 2세기 동안 여러 국가간의 경계는 계속 변하였지만, 그 개괄적인 상황은 도해적(圖解的)인 방법으로 묘사할 수 있다(지도 참조). 중국의 심장부인 황하 부근에는 대체로 중국문화의 전통적인 순수성이 가장 잘 보존된 나라들이 있었다. 이런 점에서 특히 중요한 나라는 주왕의 왕기(王畿)지역과 송(宋 : 商王의 후예들이 통치하는) 및 동북에 위치한 공자의 고향 노(魯)이다. 이들을 비롯한 여타 중원의 소국들은 변경국가들에 비하여 문화적으로는 더 세련되었지만, 힘도 약하고 규모도 작았다. 중원 국가들이 평화와 인류의 행복을 강조하는 사상가들을 배출한 반면, 힘과 '규율'을 찬양한 사람들 가운데에는 변경국가 출신이 많았다.

남방의 대국 초(楚)는 양자강 계곡의 거의 전부를 지배하였으나, 그 무서운 잠재력이 귀족간의 빈번한 내분 때문에 감소되었다. 초의 문화적 성격은 중원국가들과 다소 거리가 있었다. 원래 '이적'의 국가였으나 점차 중국문화권 안으로 들어왔기 때문이다.

이 점은 서방의 대국 진(秦)의 경우도 어느 정도 마찬가지였다. 진의 수도는 오늘날 산시성[陝西省] 시안시[西安市] 부근이었는데 이곳은 주의 옛땅이었다. 그러나 진 문화가 철저하게 중국적인 중원 국가들의 문화와는 중요한 차이가 있다는 증거가 있는데, 아마도 이 상이성 때문에 후일 전체주의의 성장이 진에서 용이하였는지도 모른다.

이 밖에도 두 개의 강국(強國)이 또 있었다. 진(晋)은 오늘날 산시성[山西省]에 도성을 갖고 있었고, 제(齊)는 오늘날 산둥성[山東省]의 대부분을 차지하고 있었다. 제는 부강한 나라였으며, 최초의 패자 제환공(齊桓公)은 왕이란 칭호와 종교적인 의식을 제외한 거의 모든 면에서 주왕을 대신하였다. 그러나 그는 패자의 칭호를 지키기 위하여 여러 차례 원정군을 일으켰기 때문에 국력이 피폐되었고, 기원전 643년 그가 사망하자 아들들은 공위(公位)를 둘러싼 내란을 벌였다. 그 결과 제는 약화되었고, 다시는 최강자가 되지 못하였다.

이 시기의 거의 일상화된 전쟁에 관해 자세하게 언급할 필요는 없을 것이다. 중원 국가들은 항상 자기들끼리 서로 싸우거나 반(半)만족국인 초와 전쟁을 하였을 뿐 아니라, 이 시기에는 '적(狄)'으로 알려진 북방의 이민족도 대단히 위협적인 존재였다. 한때 명목적인 통치자 주왕이 중원의 적과 대항하기 위하여 '적'에게 도움을 요청한 일도 있었지만, 이 사건은 '이적'이 주왕을 일시 왕성에서 몰아내는 사태로 끝나고 말았다. 변경 강국간의 전쟁이 거의 그칠 날이 없는 상황에서 하나의 정형(定型)이 생겨났다. 중원의 소국들은 중립을 지키려고 하였지만 그럴 수도 없었다. 그들은 어느 편이건 가담하지 않을 수 없었고, 새로운 압력이 가해질 때마다 편을 바꿀 수밖에 없었다. 소국들에게 가장 불행한 일은 강국 사이에 끼여 있었기 때문에 강대한 이웃 나라들이 서로 맞부딪칠 때는—때로는 해마다 그런 일도 있었지만—숙명적으로 전쟁터가 되게 마련이란 사실이었다. 이 때문에 변경의 강국들은 전쟁의 참화를 면한 경우도 많았지만 중원 국가들은 억울하게도 훨씬 큰 피해를 입었다. 중원 국가들의 철학자들이 일반적으로 평화를 옹호한 반면, 변경국가의 철학자들이 전쟁의 영광을 찬양하는 경향이 있었던 이유는 이 때문이기도 하다.

때때로 강국의 군대들은 서로 싸우지 않고 중원 국가들의 어물쩡하는 태도를 응징하고 새로운 충성 서약을 강요하는 것으로 만족한 경우도 있었다. 맹약은 엄숙한 종교적 의식이었다. 희생제물을 바치고 그 피를 맹서(盟書)의 사본(寫本)마다 발랐으며, 그런 뒤에 서약에 서명한 군주나 관료들이 각각 그것을 큰소리로 낭독하고 희생제물의 피를 입술에 발랐다. 마지막으로 귀신이 그 서약을 보증한다는 의미로 한 통의 맹서를 희생제물과 함께 땅에 묻었다. 공자가 태어나기 여러 해 전에 이런 식의 맹약이 하나 체결되었다. 이것은 일단(一團)의 국가들이 중원 국가인 정(鄭)에게 강요한 것인데, 그 맹서는 다음과 같은 말로 끝나고 있다. 즉 "만약 이 맹서에 약속된 것을 위반한다면, 인간의 성신(誠愼)을 관장하는 귀신, 맹약을 감시하는 귀신, 명산(名山)과 명천(名川)의 귀신, 제사를 받는 여러 귀신, 선왕(先王)·선공(先公)의 7성(姓) 12국(國)의 조상들, 이 모든 명신(明神)들이 벌을 내릴 것이다. 그 결과 그는 백성을 잃을 것이며, 신분을 상실하고 일족이 망하여 나라와 집안이 망할 것이다."[2)]

실로 무시무시한 서약이다. 그러나 2개월도 못 되어 정은 군사적인 압력 때문에 다시 충성의 대상을 바꾸지 않을 수 없었다. 다른 나라들도 이런 식으로 고통을 받았다. 그러나 정이 억지로나마 새 주인에게 번번이 틀에 박힌 것처럼 영원한 충성을 맹세하는 것도 너무나 어릿광대 같은 짓이 되었다. 그래서 한번은 정이 이 모든 것의 무의미함을 솔직하게 털어놓으면서, 어떤 특정한 나라 대신 정당하게 행동하는 나라라면 어느 나라건간에 충성을 바치겠다는 내용의 서약을 하겠다고 요구한 일도 있었다.[3)]

이러한 사정은 인간의 사고에 두 가지 중요한 영향을 미쳤다. 첫째, 많은 국가들이 무시무시한 제재규정이 따른 맹약을 끊임없이 맺고 편리한 대로 파기하였지만, 귀신들이 내리도록 되어 있는 형벌을 받지 않는다는 것이 극히 명백해졌을 뿐 아니라, 실제 우세한 무력 앞에서도 약속에 충실하려고 노력하였던 사람들은 후회하게 마련이었다. 그러므로 이 시기에 회의주의가 점점 성행하여 귀신의 권능은 말할 것도 없고, 그 존재마저 의심받게 된 것은 극히 자연스러운 일이었다. 둘째, 종교뿐만 아니라 윤리마저 근본적으로 동요되었다. 무력은 어디서나 정의처럼 보였으며, 그것도 바보가 아니면 누구나 존중하는 유일한 정의였다.

공자의 고향 노(魯)는 비교적 약소하면서도 강국의 손에 멸망되거나 병합되지 않은 것이 신기할 지경이었다. 그럼에도 불구하고 노가 주왕조의 최후 순간까지 지속되었던 이유는 왕조 창건자의 친동생[實弟]인 그 유명한 주공이 세운 나라였고, 뿐만 아니라 고대문화 및 의식의 보고로 여겨졌기 때문인 것 같다. 강대국들이 노를 멸망시키는 것은 쉬운 일이었지만, 만약 그랬다면 좋은 인상을 주지는 못하였을 것이다. 그렇다고 노가 무사태평하게 지낸 것은 아니며, 항상 안팎의 곤란으로 시달렸다. 그러나 더 중원에 가까운 나라들에 비하면 노는 전쟁의 고통을 덜 받은 셈이다. 레그(J. Legge)의 계산에 의하면 《춘추》가 다루고 있는 기원전 722년에서 481년 사이에 노가 침략을 받은 것은 21회에 불과하였다고 한다.[4] 경우에 따라서는 이것도 많은 수이지만 그 시대에서는 적은 편이었다.

노의 동북에 경계를 접하고 있는 강국 제는 노에게 최대의 시련을 주었다. 제·노간의 전쟁은 빈번하였다. 제는 끊임없이 노의 영토를 잠식하였으며, 노는 그것을 되찾기 위하여 부단히 노력하여 때때로 성공하기도 하였다. 노는 다른 강국의 원조를 받지 않으면 제에게 저항할 수가 없었다. 일찍이 기원전 634년에는 제에게 대항하기 위하여 남방의 이적, 초국의 원조를 요청하여 도움을 받은 일도 있었고, 또 기원전 609년 노의 어떤 대신이 정당한 공위 계승권자 두 명을 살해하고 첩의 아들을 노공으로 세웠을 때 제는 그 대신을 지원하였으므로, 그 노공이 살아 있는 한 제는 노국 정부를 지배할 수 있었다. 그래서 노는 결국 독립을 회복하기 위하여 진(晋)의 도움을 요청하지 않을 수 없었다. 그 결과 노는 어느 나라건 그 순간 강대한 나라의 장기짝 같은 신세가 되고 말았다. 그러나 노가 죄없이 고통만 당하는 가련한 나라였다고 생각해서는 안 된다. 노는 강대국 앞에서는 벌벌 떨었지만 자기보다 더 작은 나라들에는 군림하였으며, 기회만 있으면 그들을 침략하거나 약탈하고, 때로는 멸망시키고 병탄하기도 하였다.

노의 국내정치는 다른 나라들과 같은 양상을 띠고 있었다. 중국 전체로 보면 왕을 희생시켜가며 자신의 권력을 신장시킨 봉건제후들이 왕을 꼭두각시로 만들고 말았지만, 제후국 내부에서도 이제는 유력한 대신의 일족들이 군주를 희생시켜가며 권력을 탈취하려는 경향이 있었다.

《논어》를 읽은 독자들은 '삼가(三家)'라는 단어를 보았을 것이다. 이 세 씨족은 기원전 771년에서 697년 사이에 재위하였던 노 환공(桓公)의 세 아들들의 후손이다. 그들의 씨족명은 삼형제의 자(字)를 따서 각각 맹(孟)[5]·숙(叔)·계(季)로 붙인 것인데, 맏아들·셋째아들·막내아들이란 의미이다. 유럽의 옛날 동화에서와 마찬가지로 가장 성공한 사람은 막내아들이었다. 계씨가의 시조인 이 아들은 맹씨가의 시조인 잔학한 형의 공위 탈취계획을 반대하였다. 계우(季友)는 합법적인 공위 계승자의 생명을 구해주었고, 그 대가로 노국의 재상이 되어 큰 세력을 갖게 되었다. 이때부터 공자의 시대까지(다른 두 집안 가운데 누군가가 더 강성하였던 짧은 기간을 빼놓고는) 계씨의 종주가 노국의 재상자리를 계속 차지하였다.

공자가 태어나기 이전, 1세기 반 동안 노공의 권력은 대체로 이 3가 손에 장악되어 있었고, 그들은 점점 권력을 강화하여 나갔다. 기원전 609년 2가의 종주들은 2명의 공위 계승권자를 살해하고, 좀더 만만한 사람을 공위에 앉히는 음모에 가담하였으며, 기원전 562년에는 3가가 노국의 영토, 군대 및 대부분의 재정수입을 나누어 가졌고, 노공에게는 의식상의 대권밖에는 아무것도 남지 않았다. 공자가 15세 되던 기원전 537년에는 계씨가 노국의 반 이상을, 맹씨와 숙씨는 각각 나머지 4분의 1씩을 차지하였으며, 노공은 그들이 기분내키는 대로 내는 희사금 같은 수입에 의존하게 되었다.

물론 노공들이 이 지배로부터 벗어나려고 노력하지 않은 것은 아니었다. 공자가 34세 되던 해에 소공(昭公)은 계씨의 종주를 죽이려고 일단의 사람들을 조종하였으나 간발의 차이로 그를 놓치고 말았다. 그러나 숙씨가 그를 구원하였기 때문에 소공은 제로 도망가 망명생활을 하지 않을 수 없었다. 계씨는 소공과 그 추종자들에게 정기적으로 말과 의복 및 구두 등을 보냈지만 노국으로 귀환하는 것은 허용하지 않았기 때문에, 7년 뒤 소공은 국외(國外)에서 죽고 말았다. 이것은 주권을 주장하려는 노공의 수많은 시도 가운데서 가장 극적인 사건이었다.

권력을 장악한 이 3가 이외의 귀족들이 그들을 질투한 것은 극히 당연하였다. 부녀자와 가진 비합법적인 정사 등과 같은 사소한 문제로 분쟁이 발생하기도 하였고, 닭싸움 때 쇠붙이의 박차를 닭에 달아 내보낸 일 때문에 분쟁이 발생한 경우조차 있었다. 이런 분쟁에는 늘상 폭력이 뒤따랐으며, 빼앗긴 노공의 대권을 되찾으려는 기도로 위장된 경우도 적지 않았다. 그러나 3가는 계속 권력을 장악하였으며 때때로 서로 다투기도 하였지만, 아무리 내키지 않아도 서로 협력하지 않으면 파멸한다는 것을 인식할 정도의 지혜는 3가가 모두 갖고 있었다.

주왕의 권력이 제후들에게 탈취당하고, 다시 그들의 권력이 유력한 대신들에게 탈취당하는 이 추세는 거기서 끝난 것이 아니었다. 대신들의 가신들도 능력만 있으면 주군의 권력을 잠식하였다.

이들 가신들은 읍재(邑宰)로 임명되면 그 성읍을 거점으로 모반을 일으켜 성문을 걸어 잠그고 이반을 선언하는 일이 가끔 있었다. 때로는 변경의 성읍과 현(縣)들의 신종관계(臣從關係)가 이러한 방식으로 이 나라 저 나라로 바뀌기도 하였다.

공자가 47세 되던 해, 계씨의 가재(家宰) 양호(陽虎)라는 인물은 계씨의 종주를 공격하여 맹약에 서명, 선서할 것을 강요하기 위하여 그를 구금하였다. 이듬해 그는 3가의 종주를 비롯한 다른 사람들에게도 또 다른 맹약을 강요하였는데, 당시 노의 실질적인 통치자는 노공도 3가도 아닌 바로 양호였다. 2년 후 양호는 다른 가신들과 함께 3가의 종주를 모두 살해할 음모를 꾸몄으며, 자신이 계씨의 종주 자리를 대신 차지하려고 하였다. 이 음모는 대체로 잘되어 가는 것 같았으나, 마지막 순간에 발각되어 양호는 국외로 망명하지 않을 수 없었다.

노뿐만 아니라 다른 나라에도 권위와 질서의 기반이 거의 없었던 것은 마찬가지였고, 오직 존재하는 것은 끊임없이 부침하는 폭력의 균형뿐이었다. 맹약을 장엄하게 보이기 위해 항상 행해지는 의식에서 볼 수 있듯이 종교적인 의식이 광범하게 행해진 것은 사실이다. 그러나 초의 한 관리가 "적보다 유리하면 진군할 따름이다. 맹약을 고려할 필요가 무엇인가"라고[6] 말한 것은, 그 시대의 실상을 갈파한 것이었다. 오늘날과 같이 법은 모든 사람에게 똑같이 적용되는 것이라는 관념도 없었고, 인간의 생명도 값어치가 없었다. 오(吳)의 어떤 왕은 자기가 보고받은 소식이 퍼지는 것을 원치 않았기 때문에, 때마침 자기의 장막 안에 있었던 7명의 목을 자기 손으로 잘랐다.[7] 독이 들지 않았나 의심가는 음식은 개와 하복(下僕)에게 시험하기도 하였다.[8] 칼 수집가였던 한 소국의 군주는 새로 입수한 칼을 반드시 백성들에게 시험해 보았다.[9] 대국 진(晋)의 영공(靈公)은 누각 위에서 지나가는 사람들에게 돌을 던지고 그것을 피하려고 애쓰는 사람들을 보며 즐거워하였으며, 자기의 입맛대로 곰발바닥을 요리하지 않은 요리사를 죽여버리기도 하였다.[10] 이런 군주들은 물론 예외적인 존재였지만, 자기의 행동을 감히 충고하는 신하를 위협하고, 계속 간하면 죽여버리는 귀족들은 그렇게 드물지도 않았으며, 때때로 자객을 이용하기도 하였다. 형벌은 가혹하였을 뿐 아니라 일상화되었다. 제에서는 발을 자르는 형벌이 너무나 흔하였기 때문에 그 벌을 받은 사람을 위한 특수한 신발이 시장에서 판매될 정도였다.[11] 뇌물은 각계 각층에 일반화되었으며, 개인을 봐주기 위해 재판도 왜곡되었고, 유리한 외교정책을 채택한 대가로 강대국의 대신들은 약소국에 뇌물을 요구하여 받기도 하였다.

친척들조차 서로 믿지 못하였다. 공자가 30세 가량 되었을 때, 오왕의 한 친척이 오왕을 초대한 한 연회에 관한 이야기를 보면, 당시 지배층내의 상호신뢰를 알 수 있을 것 같다. 합려(闔廬)라는 그 친척은 이 연회석상에서 왕을 살해하고 스스로 왕이 되려고 하였다. 그는 연회실 밑 지하실에 무사들을 매복시켰다. 왕은 음모를 어느 정도 눈치챘기 때문에 사전조처를 충분히 취한 연후에 그 연회장소로 갔다. 궁궐에서 연회장에 이르는 도로[沿道]에는 군사들을 도열시켰고, 잘 무장된 심복들을 연회장 곳곳에 배치시켰다. 심복들은 방문 앞에서 음식을 나르는 하인들을 맞아 옷을 모두 벗기고 다시 갈아입힌 후 손과 무릎으로 기어가며 음식을 나르게 하였으며, 칼을 빼든 심복 두 명이 그 하인들을 따라다니기까지 했다. 사전조처로서는 지나칠 정도였지만, 합려의 자객 한 사람이 물고기 안에 단검을 숨긴 후 왕에게 기어가 그 물고기를 바치면서 갑자기 칼을 꺼내 왕을 찔러 죽였다. 그 순간 “두 개의 검이 암살자의 가슴에 교차되었다”고[12] 《좌전》의 작가는 묘사하고 있다.

제에서는 두 세족(勢族)이 다른 두 세족과 서로 반목하고 있었는데, 상대방이 자기들을 공격하러 온다는 소문을 듣자 즉시 부하들을 모아 무장시켰다. 준비가 끝난 후 상대방이 무엇을 하고 있는지 염탐해본 결과 모두가 헛소문이었음을 알았지만, 자기들이 부하들을 무장시켰다는 소식을 들으면 상대방이 자기들을 공격할 것이라는 결론을 내린 끝에 선제공격을 가하였다.[13]

공자가 윤리적인 면에서 지나치게 엄격하였다는 주장도 심심치 않게 나오고 있지만, 그것이 사실이라 하더라도 공자 당시의 많은 사람들에게는 이 말이 해당되지 않는다. 귀족들간에는 간음은 물로 근친상간조차 다반사였으며, 권력자들은 원하기만 하면 언제라도 귀족의 부인까지도 차지할 수 있었다.

물론 훌륭한 충절과 기사도 정신의 예도 있었고, 자신의 원칙과 주군을 위해 생명을 바치는 사람이나 부당한 이익을·거부하는 사람들의 예도 없었던 것은 아니다. 그러나 그런 것은 그 반대의 예보다 훨씬 적었을 뿐 아니라, 실제 있었던 일인지조차 의심스러운 경우가 많다. 그 시대의 무질서와 불안정한 상황은 몇몇 귀족들이 큰 재산을 갖지 않으면 파멸을 면할 수 있다는 생각에서 더 이상의 토지를 원하지 않고 심사숙고 끝에 토지의 일부를 주군에게 반납한 사실만 보아도 어느 정도 알 수 있다.[14)]

국제관계도 개인간의 관계와 마찬가지로 윤리가 크게 결여된 것이 특징이었다. 파견된 나라와 본국의 관계가 악화되면 살해될지도 모르기 때문에 사신(使臣)이 되려면 용기가 필요하였으며, 다른 나라를 친선방문한 군주들도 억류되지 않는다는 보장이 없었다.[15)] 그런 억류는 침략준비 또는 다른 이유 때문이었다. 소국의 군주 두 명이 3년간 초에 각각 억류된 것은 초의 재상이 요구하는 보석과 모피, 말들을 주지 않았기 때문이었으며,[16)] 제를 방문한 노공은 둘째딸을 제의 대신에게 시집보내겠다는 약속을 하고서야 비로소 풀려난 일도 있었다. 또 어떤 초왕[文王]은 식후(鄎侯)의 부인이 미인이라는 소문을 듣고 잔치를 벌이자는 구실로 식(鄎)에 가서 식후를 죽이고 그 부인을 빼앗아 와 후궁으로 삼은 일도 있었다.

귀족들의 안전보장도 충분하지 못하였지만, 백성들에게는 그런 것이 전혀 없었다. 그들은 주로 농부였고 사실상 농노와 다름없었으며 귀족들에게 저항할 권리도 전혀 없었다. 실제로 귀족들은 그들에게 세금을 부과하고 착취하였으며, 매질을 가하고 죽이기도 하였으나, 너무 지나치면 그들이 반란을 일으킬지도 모른다는 사실 이외에는 귀족들의 횡포를 견제할 수 있는 것은 아무것도 없었다. 그러나 반란이 실패할 경우, 그 형벌은 잔혹한 죽음뿐이었다.

귀족들이 여행을 할 때면 자기 영지 밖에서조차 마치 메뚜기의 재앙을 방불케 하듯이 휩쓸고 다녔다. 땔감 때문에 수목이 마구 베어

졌고, 경작지는 황폐해졌으며, 그들이 머문 집도 파괴되었고, 헌금도 폭력으로 강요되었다.[17]

이것이 평화시의 일반적인 상황이었고, 잦은 전쟁은 더 극심한 고통을 가져왔다. 예컨대 기원전 593년 송의 도성이 너무나 오랫동안 포위되었기 때문에 주민들은 아이들을 잡아먹지 않을 수 없었는데, 자기 자식을 잡아먹을 수는 없었기 때문에 서로 자식을 바꾸어 죽였다고 한다.[18]

중앙정부의 권위가 점차 실추됨에 따라 여러 면에서 백성들의 곤란은 더욱 커졌다. 시간이 갈수록 일부다처제 때문에 귀족들의 수는 크게 늘어났으며, 동시에 하급귀족들의 생활수준조차 점점 더 사치스러워졌다. 중국에서 한 왕실을 사치스럽게 받드는 것은 쉬운 일이지만, 많은 제후들이 왕처럼 살려고 할 때는 경제적인 무리가 따르게 마련이다. 더욱이 가신들은 물론 가신의 가신들마저 차례로 주군의 생활방식을 따르려고 하니 백성들의 비참한 궁핍은 필연적인 일이었다. 게다가 귀족들은 권위를 유지하기 위하여 국가간, 씨족간에는 물론 사적으로 수많은 전쟁을 하지 않을 수 없었으므로 백성들이 견딜 수 없는 상황이 된 것은 당연한 일이었다.

이러한 사회 내부의 질병은 스스로 항독소(抗毒素)를 낳았다. 귀족의 아들들은 모두 영지와 관직을 받는 것이 원칙이었지만, 귀족가문의 남자들이 너무나 많아서 그것이 불가능한 시기가 곧 도래하였다. 그 결과 군주 가까운 친척 가운데에서도 빈궁에 빠지는 사람이 나오게 되었다.[19] 이 때문에 혈통이나 교육면에서는 귀족이지만, 빈곤한 점이나 지위면에서는 일반 백성의 처지와 비슷한 사람들의 집단이 크게 형성되었다.

주대 후기에 커다란 역할을 하였던 최초의 궁사층(窮士層)은 적어도 이렇게 영락한 귀족의 후예들이었다. 그들 가운데 일부는 전사(戰士)나 고용을 기다리는 검객이 되었고, 일부는 여러 나라의 관리나 서기, 또는 철학자가 되었지만 모두 불평분자라는 점에서는 예외가 없었다. 더 나은 생활을 알고 있었고, 적어도 그것을 누릴 자격이 있다고 느꼈기 때문에 그들은 현실을 인정하려 하지 않았다. 그들은 항의도 못 하고 학대를 감수하는 무식한 농민들도 아니었다. 그들은 모두 자신에게 가해지는 그러한 억압을 증오하였으며, 그중에는 전체 백성의 입장을 대변할 정도로 애타심을 가진 사람도 있었다. 공자는 바로 이런 사람 가운데 가장 유명한 사람이었다.

II. 孔　　子

제4장 傳　記

공자의 가계(家系)는 확실치 않다. 그의 족보가 《좌전(左傳)》에 상세하게 나오는 것은 사실이지만, 그 이전 문헌들이 전혀 언급하지 않은 문제를 그토록 상세하게 다루었다는 사실 자체가 의심스러운 일이다. 이 밖에도 이 기록에 의문을 품지 않을 수 없는 근거가 또 있지만, 특히 공자가 상(商)왕조의 직계후손이라는 점도 그렇다.[1)]

공자는 노(魯)나라 추읍(陬邑)에서 태어났는데, 그곳은 현재 산둥성 서남부에 위치하고 있는 취푸시[曲埠市] 부근이다. 관행에 따라 그의 출생연대를 기원전 551년으로 잡고 있는데, 대체로 정확한 것 같다.[2)] 초기 문헌에 공자의 아버지나 어머니의 이름이 언급되지 않은 것을 보면,[3)] 그가 아주 어렸을 때 고아가 되었다는 전설도 전혀 근거 없는 것은 아닌 듯하다. 그의 가족에 관해 알려진 것은 형과 질녀, 그리고 딸과 아들이 각각 한 명씩 있었다는 사실뿐이다.[4)] 아들이 공자보다 먼저 죽었다는 것도 알려졌으나[5)] 공자의 부인에 관해서는 일언반구도 전하는 것이 없다. 이것은 어디까지나 초기 자료에만 의거한 것이고, 후세의 전설을 보면 이혼을 비롯하여 신사에게 따라다니게 마련인 모든 요소가 공자에게 첨가되어 있다.[6)]

공자 집안의 사회적 지위를 논하는 것은 어려운 일이다.[7] 그러나 그 자신이 젊은 시절에는 '미천한 신분'이었다고[8] 말한 적도 있지만 별다른 재산이 없었던 것도 분명하다.[9] 《좌전》에 따른다면, 노나라에서는 공(孔)씨 성을 가진 이로서 저명한 사람은 공자뿐이었지만, 공씨는 다른 여러 나라에서는 상당히 알려진 성이었다.

그 나라 가운데 하나가 송(宋)이다. 전설에 따르면 공자의 3대 조상들이 송에서 이주하여 왔다고 하나 근거는 없다. 그러나 공자의 조상은 비록 하급에 속할망정 귀족이기는 하였던 것 같다. 당시 중국에서는 귀족들이 급속히 '비천한 신분'으로 영락하였으며, 거족(巨族)의 후예가 농사꾼이 된 경우도 있었다.[10] 그렇다고 공자가 농부였다는 말은 아니다. 그는 교육도 받았고 음악과 궁술(弓術)에 몰두할 정도로 여가도 있었던 사람이다. 이것을 설명하려면 전설대로 공자는 비록 가난하였지만 귀족 출신이었기 때문이라고 말하는 것이 제일 좋을 것이다.

공자가 어떻게 교육을 받았는지에 대해서는 전혀 기록이 없다. 그의 제자 자공(子貢)은 공자에게 '일정한 선생'이 없었다고 하였지만,[11] 반드시 공자가 모든 것을 독학하였다는 의미는 아니다. 그는 젊은 시절, 말단 벼슬아치[小吏]로서 서기 같은 일을 보며 초보적인 교육을 습득하였던 것 같다. 맹자에 따르면 "공자는 한때 창고지기가 되어, 내가 할 일은 계산만 틀리지 않으면 된다"고 말한 적도 있고, 한때는 목장관리직을 맡아 "내 의무란 소와 양이 건강하게 잘 자라게 돌보기만 하면 되었다"고 말한 적도 있다.[12]

공자는 자신의 미천한 과거를 결코 숨기려고 하지는 않았지만 나이가 들면서는 그것을 약간 부끄럽게 여겼다.[13] 그러나 이러한 초년기의 굴절이 없었다면 그는 그렇게 위대한 인물이 되지 못하였을지도 모른다. 그렇다면 결국 그 굴절이 이후 중국문화의 역사 전반에 영향을 미친 셈이라 하겠다. 젊은 시절에 고생을 겪었기 때문에 공자는 일반 백성과 접촉하면서 그들에 대한 동정을 갖게 되었고, 이것이 잠시도 그의 뇌리를 떠나지 않음으로써 이후 유교의 특색이 되었기 때문이다. 이 때문에 그는 청년들의 출신이 아무리 빈천해도 능력만 있으면 그들에게 기회를 부여하는 데 최선을 다하겠다고 결심하였다. 후일 그가 아무리 가난하여도 포부를 가진 학생이면 결코 외면하지 않았다고 공언하였고,[14] 모든 청년은 그 능력을 입증할 기회를 가질 때까지 존중되어야 한다고 선언한 것은[15] 위인(偉人)의 아량 있는 원칙을 표명한 것이지만, 동시에 젊은 시절 자기 자신이 내세운 주의주장을 옹호한 것이기도 하였다.

공자 자신은 의식하지 못했겠지만 분명히 그는 야심가였다. 그는 세력 있는 지위를 세습받지 못하였기 때문에 자신의 노력으로 그것을 획득하지 않으면 안 되었다. 그러나 그 목적을 달성하는 데 적합한 길이 어떤 것인가는 그에게 분명하지 않았다. 가장 유망한 길 가운데 하나는 정치적 권모술수였는지도 모르지만, 그는 이 방면에 재주도 없었을 뿐만 아니라 성격도 맞지 않았다. 아무리 정당한 목적을 위한 것일지라도 그는 권모술수에 끼어드는 일은 도저히 할 수 없었기 때문이다. 그는 전쟁을 직업으로 삼을 생각도 없었다. 결국 정상적인 출세길 가운데 유일하게 남은 것은 군주의 은총을 획득함으로써 높은 지위를 얻을 수 있는 관료의 길뿐이었지만, 이 방면에도 공자는 딱할 정도로 부적격자였다.

그는 천성적으로 아첨할 줄 몰랐으며, 오히려 친구들이 갖은 고생 끝에 공자에게 호감을 갖도록 권력자의 마음을 돌려놓고 회견을 주선해놓으면, 이 기회를 자기 후원자가 될지도 모르는 그 권력자의 잘못과 무절제를 지적할 수 있는 황금의 기회로 삼은 것 같다. 이것이 정치의 도덕성에 기여하였는지는 몰라도, 어쨌든 공자의 정치적 출세에 가장 해로운 결과가 된 것은 사실이다. 더욱이 공자는 '현실적인' 사람들에게 말하는 기술이 전혀 없었으며, 마음속에 있는 말을 숨기려 하지도 않았고, 또 그럴 줄도 몰랐다. 이런 점에서는 공자보다 훨씬 나은 제자들도 있었다. 자공 같은 사람을 군주들은 더 좋아하였고, 따라서 자공이 공자보다 훨씬 더 출세한 것은 극히 자연스러운 일이었다. 공자는 언변이 좋은 사람을 너무나 자주 비난하였기

때문에 자기도 모르게 그런 사람을 질투한 것이 아니었느냐는 의심마저 들 정도이다.[16)]

그의 성격은 정치 실무에서 성공하기에는 부적당하였으며, 오히려 (여러 면에서 정반대인) 타고난 철학자요 교사로서 재능을 가졌다. 그러나 젊은 시절 공자는 이것을 알지 못하였다. 만약 누가 그 사실을 공자에게 말해주었더라면 그는 적극적으로 그것을 부정하였을 것이며, 설사 그 사실을 인정하였다고 할지라도 적절한 행동방향을 찾지는 못하였을 것이다. 왜냐하면 공자는 두 가지를 원했기 때문이다. 그는 여느 야심적인 청년들과 마찬가지로 명성을 원하였고, 더 나아가 주변에서 지켜본 끔찍한 인류의 불행을 줄여보고자 하였는데, 철학과 교육이 어떻게 그 목표를 달성시킬 수 있단 말인가?

그 시대에는 명성을 얻는 길이나 실제적인 성과를 올리는 길은 모두 관직으로 연결되어 있었다. 학문연구와 교육은 대부분(전부는 아닐지라도) 관료들의 부차적인 업무의 일환으로 수행되는 존재에 불과하였고, 그 때문에 빈약한 수준을 면치 못하였다. 궁전의 의식을 감독해야 할 관료는 의례를 연구하였고, 특정한 목적으로 역사기록을 참고하는 관료들도 있었지만, 일상적인 공무를 수행하기에 바쁜 사람들이 모든 분야를 배울 시간적인 여유도 없었거니와, 항상 변화하는 우주현상 뒤에 깔려 있는 의미를 추구하는 철학자들에게 없어서는 안 될 지적 평정(知的平靜)도 그들은 가질 수 없었다.

그러나 공자는 이것을 가질 수 있었다. 책임 있는 지위를 열망하였으나 그것을 얻지 못했다는 사실은 오히려 그에게 학문을 연구하고 명상할 수 있는 시간적 여유를 주었으며, 자기보다 훨씬 못하다고 생각하는 '현실적인' 사람들에게서(어느 의미에서는 맞는 생각이다) 계속 맛본 좌절 때문에 별다른 경쟁상대가 없는 분야에서 자신의 탁월성을 입증하기 위하여 더욱더 열심히 연구에 박차를 가한 것이 틀림없다. 그는 자신이 현실적인 출세길에서 실패한 것을 비통해 마지않았지만, 그가 정말 즐긴 것은 학문연구(나중에는 교육)가 분명하다. 그는 죽을 때까지도 관청에서는 물을 떠난 물고기처럼 무능력하였지만, 제자들과 함께 있을 때는 자신의 능력을 십분 발휘하였다. 공자는 당시 중국인 가운데에서 가장 학식있는 사람 가운데 하나였지만, 이것은 반드시 그가 많은 책을 읽었다는 의미는 아니다. 한 가지 이유는, 상고시대(上古時代)부터 존재하였다고 후세에 주장된 고전은 사실 그때에는 아직 저술되지 않은 것이 많았고, 그 이후에 없어진 책도 있었지만 그 사본(寫本)이 극히 적어 입수하기가 어려웠기 때문이다. 당시 전형적인 사본은 나무담장을 축소해놓은 것과 비슷한 모양인 실로 묶은 죽간(竹簡)에 씌어진 '책(冊)'이라, 양이 많아 다루기가 불편하였다. 공자는 많은 역사문서를 자주 접하였으며, 현재 《시경》으로 알려진 약 300수 정도의 시집도 왼 것 같으며, 의례도 면밀히 연구하였다(이것은 종교적인 의례와 세속적인 의례를 모두 포괄한 것이나, 공자시대에는 둘 사이의 구별이 없었다). 당시 의례가 어느 정도까지 단순한 인습의 문제였으며, 또 얼마나 기록되어 있었는지는 전혀 알 길이 없다.

책은 그의 사상 형성에 배경은 되었지만, 결코 유일한 원천은 아니었다. 사실 그는 때때로 자기 주장을 내세우기 위하여 문헌을 해석하는 데 주저하지 않았지만, 대단히 겸손한 태도를 유지하고 있었다.[17] 왜냐하면 그는 본래 학자가 아니라 혼돈에 가까운 세상에서 탈출구를 모색하려는 개혁가였기 때문이다. 그는 정치란 전체 백성의 이익을 위해 운영되어야 한다고 믿었으며, 아무리 찬란하게 보이는 묘방(妙方)도 이것을 보증할 수 없다는 결론에 도달하였고(이것은 이후 유교의 기본적인 요소이다), 이 목표는 관리가 되기 위한 교육을 받았을 뿐 아니라 필요하다면 공공복리를 배신하지 않고 그것을 위해 목숨까지 바칠 정도로 헌신적인 최고 인격자들이 정치를 계속 운영할 때 비로소 달성될 수 있다고 생각하였다.[18]

이런 기준에서 본다면, 공자가 정부를 운영할 수 있는 가장 적임자로 자기 자신을 생각하게 된 것도 무리는 아니다. 세상을 구하는 것이 자신의 사명이라고 확신한 그는[19] 유일하게 가능하다고 생각하는 방법으로 그것을 실천하려 하였고, 그 때문에 행정의 최고 지위를 획득하려고 노력하였다. 이것이 실패하자 그는 교육 쪽으로 관심을 돌렸는데, 그 경위에 대해서는 다만 추측만 할 수 있을 뿐이다. 공자가 최초의 민간 교사였다는 말을[20] 증명하기는 어렵지만, 그보다 앞선 사람이 있었다고 해도 그들의 명성은 공자의 명성 때문에 역사에서 지워졌을 것이며, 《논어》를 보아도 당시 가르치는 것이 아직 하나의 직업으로 인정되지 못한 것은 분명하다.

최초의 제자들이란 그저 친구들에 불과하였으며,[21] '유가학단(儒家學團)'이란 것도 처음에는 비공식적인 토론회의 성격으로 출발하였던 것 같다. 이 점은 몇몇 제자들의 나이가 공자보다 별로 적지 않았다는 사실[22]로도 입증된다. 그러나 뛰어난 지성과 강한 개성 때문에 그는 곧 사부(師父)로 인정받았다. 그가 군계일학(群鷄一鶴)이었던 것은 명백하며, 이 점은 오늘날 《논어》의 독자들도 느낄 수 있다. 학생들은 그에게 놀라울이만큼 충성과 헌신을 바치는 문도(門徒)가 되었다. 그는 제자들에게 전쟁과 증오와 비참이 평화·선의·행복으로 대체되는 세상에 대한 자신의 꿈을 이야기하였으며, 이 꿈을 실현하기 위해 그들에게 제공된 것은 공부할 수 있는 기회밖에는 아무것도 없었다. 새로운 정부 관리가 될 자격은 면학과 자기수양뿐임을 강조하면서, 그는 제자들을 냉혹하게 몰아댔으며, 그들이 자신의 원칙을 배반할 경우에는 나태함을 꾸짖고, 어리석음을 조롱하였으며, 경멸하는 말을 퍼부었다.

공자의 제자 수는 이제까지 크게 과장되어 왔다. 《논어》에는 제자가 거의 확실한 22명의 이름이 나오고, 《맹자》에는 이보다 두 명이 더 나온다. 물론 우리에게 알려지지 않은 다른 제자들도 있었던 것은 분명하다. 대부분의 제자들은 노(魯)나라 사람이고 일부만 인접국 출신이었다고 하는데,[23] 대체로 믿을 만한 이야기이다. 초기의 기록에는 이 문제에 대한 상세한 언급이 없지만 자공이 위(衛)나라 사람이고[24] 사마우(司馬牛)가 송나라 일급 귀족의 후예라는 것은 알 수 있다.

사마우는 제자들 가운데 가장 이름난 집안[名族] 출신이었다. 그의 집안은 송나라에서 대대로 높은 관직을 세습하였으며, 그의 형은 송공(宋公)의 오랜 총신이었다. 집안의 번영이 결국 재난으로 끝났을 때 사마우는(비록 그 자신의 과오는 아니었지만) 송을 떠나 망명하지 않을 수 없었지만, 제(齊)가 읍 하나를 봉읍으로 줄 정도로 그의 신분은 높았다.[25] 그러나 그가 공자의 제자가 되었을 때 공자가 그에게 특별한 배려를 한 증거는 없다. 물론 공자는 그를 친절히 대하였다. 그러나 그 태도는 두려움이라기보다는 연민에 가까운 것이었다(사마우의 일생은 불행하였다).[26] 공자가 총애한 제자 안회(顔回)는 제자들 가운데에서 아마 가장 가난한 사람이었을 것이다.[27]

초기 문헌에는 제자들의 가족배경에 관한 자료가 거의 없다. 반수가 약간 넘은 제자들이 《좌전》에 유력한 귀족으로 등장하는 가문의 성을 갖고 있지만, 대부분의 경우 그 유력자들과 가까운 친척관계가 있었는지의 여부는 알 길이 없다. 공자는 똑똑하고 열심히 공부하려는 자세만 갖추었다면 뜻을 가진 학생은 모두 받아들였음을 강조하였으며, 가난이나 가문 때문에 능력 있고 근면한 사람들의 앞길이 가로막혀서는 안 된다고 천명하였다.[28] 일단 공자의 문하에 들어오면 모든 사람이 대등하였으며, 다만 구별이 있었다면 학식과 덕망의 높고 낮음에 의한 것뿐이었다.

왜 학생들이 공자를 찾아갔는가? 가장 중요한 이유 가운데 하나는 확실히 그의 매력적인 성격 때문이었다. 그것은 아직도 자석처럼 사람의 마음을 끌고 있는데, 《논어》에 어렴풋이 투영되어 있는 희미하고 왜곡된 그의 그림자조차 2,500년이란 시간 간격을 뛰어넘어, 국적과 종교를 불문하고 수많은 사람들의 열정을 불태우며 경의에 가까운 그 무엇인가를 불러일으키고 있는 것이다. 확실히 그는 육신으로 이승에 온 예수처럼 사람을 감동시키는 '인간 어부'였다. 또 그는 교사로서도 학문에 흥미를 가진 사람들의 진지한 지적 관심에 호소하는 힘을 가졌음에 틀림없다. 그 시대의 어떤 교사도 그처럼 문학, 역사 및 철학에 대해 수준 높게 공부할 기회를 제공한 사람은 없었다. 마지막으로—아마도 이것을 가장 중시해야겠지만(사람의 본성은 결코 변하지 않기 때문에) — 정치 지망생들을 교육하였다는 점을 들 수 있는데, 그의 교육과 추천장은 관직을 얻는 데 커다란 도움이 되었기 때문이다.

후일 공자를 모방한 묵자(墨子)는 공공연하게 이런 경제적인 이해관계를 이용하여 제자를 모았지만,[29] 공자도 그랬다는 증거는 없다. 오히려 그 반대로, 공자는 지조 있는 척하면서도 부와 육체적인 안락에 관심을 가진 사람들을 거듭 비난하였으며, 무도한 나라에서 관직을 갖는 것은 자랑이 아니라 오히려 수치스러운 일이라고 단언하였다.[30] 그럼에도 불구하고 최소한 제자 가운데 한 명이 봉록을 목적으로 공부하였다는 것과,[31] 공자 자신이 "물질적인 보답을 염두에 두지 않고 3년 동안 공부하려는 사람은 찾기 어렵다"고 한탄한 것이[32] 《논어》에 보인다.

초기 제자들의 경우에는 물질적인 보답을 기대하는 마음이 적었던 것 같다. 그러나 그의 제자 가운데 대단히 좋은 지위를 얻는 사람이 많아지면서, 점차 그에게 배우는 것이 관직을 얻는 현명하고도 실제적인 방법으로 알려지게 된 것은 의심할 여지가 없다. 《논어》에 언급된 22명의 제자 가운데 사마우는 봉읍을 가지고 있었다. 초기 문헌에서 나머지 제자들의 지위에 관해서는 우연이 아니면 거의 지나가는 말처럼 언급된 것밖에는 없다. 그러나 21명 가운데 9명은 상당히 높은 지위를 가졌고, 또 1명은 관직을 제의받았으나 거절하였음이 확실하다. 9명 가운데 2명은 노(魯)와 위(衛)에서 연이어 관직을 지냈으며, 제작들의 관직 가운데 가장 낮은 것은 읍재(邑宰)였고, 가장 높은 것은 3명의 제자가 연이어 역임하였던 계씨(季氏)의 가재(家宰)였다.[33] 당시 계씨가 노의 실권을 장악하고 있었고, 그 가재가 국사에 커다란 영향력을 발휘할 수 있었기 때문에 이 자리는 세습 이외의 정상적인 방법으로 얻을 수 있는 가장 유력한 자리였다. 몇몇 제자들은 스스로 관직을 얻을 수도 있었지만 가장 중요한 자리들은 공자의 주선으로 임명되었던 듯하다.[34]

따라서 청년들이 왜 공자 밑에서 공부하였는가를 이해하는 것은 어렵지 않지만, 공자의 비난을 받은 귀족들이 그의 제자들을 기꺼이 등용하려고 하였다는 사실은 약간 의외라고 하겠다. 그러나 건전한 도덕교육을 받은 신하를 등용하는 일에 군주들이 매력을 느낀 데에는 그럴 만한 이유가 있었다.

기번(E. Gibbon)이 지적한 바와 같이 "자기의 행동에는 어떤 제한도 두려 하지 않고 자신의 정욕을 위해서는 어떤 방종도 불사하는 절대군주라도 모든 신민(臣民)에게는 사회가 요구하는 시민으로서의 의무는 물론 자연인으로서의 의무도 존중할 것을 요구하는 것은 두 말할 나위가 없다."[35]

당시 시대적인 상황 때문에 믿을 만한 관료는 더욱 절실히 필요하였다. 기원전 505년에서 502년 사이에 노나라 정치는 명목상으로는 계씨의 가신에 불과한 양호(陽虎)라는 자가 좌지우지하였고, 사실상 공포 분위기에 휩싸여 있었다. 기원전 502년 양호는 동료 5명과 함께 '3가(家)'의 종주(宗主)를 모두 죽이고 다른 사람으로 대체시키려는 음모를 꾸몄으나 간발의 차이로 그 계획은 좌절되었고, 그는 도망하지 않을 수 없었다.[36] 이런 경험 때문에 가장 방종한 정신(廷臣)조차 믿을 만한 도덕형의 가신을 원할 수밖에 없었다. 공자는 개인에게보다는 원칙에 충실할 것을 주장하였지만, 폭력보다는 설득을 통한 개혁을 설교하였기 때문에, 군주들은 공자의 제자들에게 권력을 위임하면 유혈혁명 사태는 발생하지 않을 것으로 확신하였을 것이다. 과연 자로(子路)는 위군(衛君)을 지키다 죽었다. 양호의 정변이 실패한 직후 공자의 제자들이 처음으로 관직을 갖게 된 것은 결코 우연이 아닐 것이다.

더욱이 공자는 학생들에게 정치 원리와 함께 어느 정도 그 기술도 가르쳤기 때문에 그들은 유용한 기술을 갖고 있었다. 당시 공자의 학단 이외에는 다른 교육기관이 없었으므로 그들은 다른 사람에 비해 훨씬 유리한 조건을 가졌음에 틀림없다. 공자는 멍청이와 게으름뱅이를 용서하지 않았으므로 문도들은 선발된 정예분자였다. 그들의 기지는 사부와 대화하거나 자기들끼리 토론함으로써 닦였으며, 정신은 역사와 시(詩), 예(禮)의 학습으로 무장되었다.

노의 적국에는 외교에서 자공 같은 사람을 필적할 상대가 없었다는 것은 당연한 일이며, 그 때문에 계씨의 종주가 다른 나라와의 회의에 참석하였을 때 그를 데려오지 않은 것을 후회하였던 일도 있었다.[37] 정치원리에 대한 오랜 학습과 장차 예상되는 상황에 대한 토론을 통하여 제자들은 무엇을 할 것인가를 알고 있었다. 오왕(吳王)으로부터 뜻밖의 예물을 받은 숙씨(叔氏)의 종주가(그는 그때 공자를 낮게 평가하고 있었다) 어떻게 답변해야 좋을지 모르고 있을 때, 뒤에서 그 당혹한 상황을 벗어나도록 도와준 사람은 자공이었고,[38] 학업을 중단하고 스승을 배반한 제자 자고(子羔)조차[39] 외교절차에 관해서는 맹씨(孟氏)의 종주에게 조언할 수 있었다.[40] 그러므로 군주들이 공자의 제자들을 등용한 것은 공자의 원칙을 신봉하였다거나, 덕을 사랑한 때문이라고 생각할 필요는 없다. 단지 그들은 쓸모가 있었기 때문이었다.

제자들이 취직하는 데는 공자 개인의 권위도 일익을 담당하였음이 틀림없는데, 이와 관련하여 무시할 수 없는 것은 그의 지성과 인격이다. 학식과 결합된 바로 이 두 요소 때문에 공자는 생전에 이미 독보적인 위치를 가질 수 있었다. 물론 그때는 후세 중국에서 발전한 것과 같은 학문에 대한 존경 따위는 없었다. 그러나 공자가 태어나기 몇 세기 전부터 전통은 크게 존중되었고, 그는 전통을 진지하게 연구한 사람이었다. 후세에 공자에 관한 설화가 발전함에 따라 어떤 설화에는 공자가 추종을 불허할 정도로 현명한 사람이기 때문에 권력자들이 자문을 구하기 위하여 그를 초빙한 것처럼 꾸며진 것도 있다. 이것은 물론 과장이지만, 그는 많은 고위층을 알고 있었고, 그의 의견이 존중된 것도 분명한데, 이것은 그의 가문이나 지위로는 설명될 수 없다.

그러나 《논어》를 보면, 그는 동년배들보다는 젊은 세대와의 관계가 훨씬 더 좋았음을 알 수 있는데, 이것은 놀라운 일이 아니다. 개혁가의 다소 비현실적인 이상주의나, 사명의식을 가진 사람의 약간

독선적인 태도는 세상에 노련한 사람들에게는 불쾌감을 주지만, 젊은이들의 감탄을 받게 마련이다. 예언자의 신뢰도를 높여주는 것은 백발보다 더 나은 것이 없다. 공자의 나이가 50세가 지난 후에야 비로소 노국의 역사에 제자들이 활약하는 모습이 보이는 것은 의미심장한 일이 아닌가?

앞에서 지적한 바와 같이 계씨는 노공의 권력을 탈취하였고, 공자가 용인할 수 없는 짓을 많이 하였다. 그럼에도 불구하고 노나라에서 제자들에게 전부는 아닐지라도, 대부분의 취직 기회를 준 것은 계씨였다. 공자는 제자들에게 원칙에 충실할 것을 촉구하였으며, 그 때문에 지나친 세금징수 명령을 수행한 염구(冉求)와 의절하기도 하였지만, 계씨의 가신이 되는 것을 금하지는 않았다. 만약 그렇게 하였다면 시대착오적인 짓이었을 것이다. 그 대신 그는 계씨를 자신이 원하는 방향으로 인도하려고 노력했으며, 공공연하게 또 두려워 않고 계씨를 비판하였다.

기원전 492년 계씨의 종주가 된 계강자(季康子)는 공자학단의 중요한 후원자였던 것 같다. 사실상 노의 지배자였던 이 귀족의 경력에는 특별한 악덕도, 미덕도 없는 것 같다. 그러나 단 한 가지 예외적인 사건은 있었다. 그가 계씨의 종주가 된 것은 어린 이복동생이 의문에 쌓인 채 피살된 덕분이었다.[41] 그가 살해했다는 증거는 없지만 그가 가장 큰 수혜자라는 점에서 그는 논리적인 혐의자이다. 그리고 전체적으로 볼 때 그의 정치는 그런 사람에게서 예상할 수 있는 바로 그런 것이었다. 그는 침략전쟁도 벌였고 노공이 너무 강대해지지 않도록 그를 매수하기도 하였다. 그러나 한편으로는 나라를 잘 지켰으며, 비록 노공을 좋아하지는 않았지만 후대하였다. 확실히 그는 노공보다 더 나은 통치자였던 것 같다.

계강자와 공자의 관계는 보다 흥미를 끈다. 계강자가 계씨의 종주가 된 것은 기원전 492년이었지만, 공자를 알게 된 것은 그보다 6년 전이었다.[42] 공자의 제자들을 제외하면 그는 《논어》에 가장 많이 언급된 사람인데, 《논어》에 등장하는 대부분의 사람들과는 달리 단순히 질문만 하지 않고 때로는 토론에도 참여한 것 같다. 계강자가 공자에게 약을 선물로 보내자 공자는 "이것이 무슨 약인지를 알지 못하여 감히 맛볼 수가 없습니다"라고 현명하게 인사하였다는 기록도 남아 있다.[43] 계강자가 질문할 때마다 공자는 거의 훈계와 비난이 뒤섞인 형식으로 답하곤 하였다. 한번은 도적이 많은 것을 걱정한 계강자가 공자에게 자문한 적이 있는데, 공자의 답은 "만약 귀하가 부당한 욕심을 갖지 않는다면, 아무리 상을 주어도 그들은 도적질하지 않을 것입니다"라는 것이었다.[44] 또 계강자가 정치하는 방법을 물었을 때, 공자는 먼저 자신을 다스리는 것부터 배우는 것이 좋을 것이라고 답한 일도 있었다.[45]

이런 신랄한 답변 때문에 계강자가 소외감을 느낀 것은 아니었고, 오히려 그 반대였던 것 같다. 그는 공자의 진실성을 인정하였음에 틀림없으며, 비록 현실성은 없더라도 그 이상주의만은 존경할 만한 것으로 생각하였던 것 같다. 한번은 그가 자로·자공·염구가 훌륭한 관리가 될 것 같으냐고 물었을 때, 공자가 그럴 것이라고 대답하였는데[46] 계강자가 그들을 아버지인 계환자(季桓子)에게 추천한 것은 이 때문이었음이 분명하다. 공자가 계환자와 대화를 나누었다는 기록은 없지만 계강자가 권력을 잡기 6년 전인 기원전 498년에 자로가 계씨의 가재였다는 것이 《좌전》에 보인다.[47] 아버지의 지위를 계승한 뒤로 계강자는 공자의 제자들을 많이 등용하였다.

자로가 계씨의 가재로 언급된 기원전 498년은 공문(孔門)의 역사에서 처음으로 믿을 만한 연대이다. 그때 공자 나이는 53세로서, 다소 인정받기 시작하였다는 증거를 여기서 볼 수 있다. 자로가 얼마나 오랫동안 그 자리에 있었는지는 알 수 없지만, 기원전 502년 이전부터 그 직책을 맡은 것 같지는 않다. 왜냐하면 그 해는 양호가 반란을 일으킨 해인데, 그 사건의 상세한 전말에 자로가 언급되지 않았기 때문이다.

양호가 기도한 반란에는 공산불뉴(公山不狃)라는 계씨의 또 다른 가신도 관련되어 있었는데, 그는 요새화된 계씨의 본거지 비읍(費

邑)의 읍재(邑宰)였다. 그가 계씨에게 불만을 품은 이유는 알 수 없으나, 어쨌든 그는 양호처럼 순전히 자기 이익만 추구하는 허풍장이는 아니었다. 실제 그는 공실(公室)의 이익을 보호하기 위하여 미온적이나마 양호에게 한 번 반대한 적도 있었다.[48] 양호는 그 반란이 노공(魯公)에게 권력을 돌려주기 위한 조치라고 설득함으로써 공산불뉴의 지지를 획득하였을 가능성이 많다. 공산불뉴가 속았는지는 몰라도, 어쨌든 그는 일관성 있는 인물이었다. 이 점은 결국 그가 노를 떠나지 않을 수 없었던 이후에도 노에 대한 충성을 지켜 적과 싸우는 노를 도왔을 때 증명되었는데, 이 행동은 제를 부추켜 노를 침략하려고 애쓴 양호의 행동과는 뚜렷한 대조가 된다.[49]

양호의 정변이 실패하였을 때 공산(公山)은 즉시 노를 떠나지 않았다. 그 대신 비읍을 거점으로 그의 명목상의 주군(主君) 계씨에게 반기를 들었다. 지지기반을 확대할 수 없는 한, 노국 전체의 자력(資力)을 장악하고 있는 계씨에게 대항한 그의 입장이 오래 견딜 수 없다는 것은 명백하였다. 공산이 계씨 가(家)보다는 자신의 보호 아래 노공의 권력을 회복시키는 것을 꿈꾸었을 가능성은 충분하다. 이 기로에서 그는 공자에게 자신의 '정권'에 가담해줄 것을 요청하였다.[50]

이때 공자가 단 한 번 유혹을 느꼈다는 사실은 이해할 만도 하다. 공자가 생각할 때, 자신의 천직은 정치였으며 자신의 사명은 세상을 구하는 것이었다. 그러나 그는 곧 노인이 될 것이며 만약 서두르지 않으면 한 번도 자신의 이상을 실제 실험해 볼 기회도 없이 무기력한 노년기에 도달할 것이다. 확실히 비(費)는 작은 장소이며, 공자도 원칙적으로 폭력혁명을 반대한 것은 사실이다. 그러나 계씨는 전(前) 노공을 추방하였고 여러 세대 동안 국가를 무력으로 지배하고 있지 않은가? 이 불의를 시정하기 위해서라면 무력을 사용하는 것도 정당화될 수 있지 않겠는가?

자로는 공자가 비로 갈 것을 고려하자 전율하였다. 자로는 '옳은 것은 옳고, 틀린 것은 틀리다'라고 생각하는 무서울 정도로 진지한 부류의 사람이었으며, 그런 사람들은 몇 개의 단순한 원칙에 따라 행동하며 극히 사소한 수정도 사악한 것으로 생각하기 마련이다. 자로는 원탁의 기사에 어울릴, 그런 인물이었다. 공자는 상급자에게 힘으로 대항하는 것은 잘못이라고 가르쳤고, 공산은 주군에게 힘으로 대항한 사람이다. 그러므로 마치 전염병을 대하듯 공산을 피해야만 하지 않는가? 항상 소름끼칠 정도로 순수하게 보이는 그의 동기를 부정할 필요는 없지만, 자로가 당시 이미 계씨의 가재가 되었다는 사실도 주목해야 할 것이다. 따라서 공산의 위협을 제거하는 것은 그의 임무였다(이것을 그는 나중에 실천하였다).

공자는 공산에게 가담할 생각을 포기하였지만 자로에게 이렇게 말했다. "그가 나를 공연히 부를 리야 있겠는가? 만약 나를 써주는 사람만 있다면, 나는 그를 위해 동쪽에 새로운 주(周)를 만들어주지 않겠는가?"[51] 다시 말하면 그는 애처롭게 몰락한 주왕조의 옛 영광에 비견할 만한 새로운 왕조의 건설을 꿈꾸었던 것이다.[52]

이때까지 공자는 가르치는 것 이외에 또 무엇을 하고 있었는가? 솔직히 말해 알 수 없는 일이다. 젊은 시절에 그는 여러 가지 미관말직을 지냈으나, 후에는 제자들이 그를 부양한 것 같다. 제자들의 예물을 받은 것은 분명하고, 지불할 능력이 있는 학생들에게는 수업료를 받았을지도 모른다. 그는 가난하였고 어쨌든 살아야 했기 때문이다. 국가로부터 일종의 연금 같은 것을 받았을 가능성도 많은데, 특히 계강자의 지우(知遇)를 받은 이후에는 더욱 그랬을 가능성이 많다.

전설에 따르면 공자는 노에서 높은 관직을 지냈고 국사를 좌우하는 역할을 하였다고 한다. 《좌전》에 따르면 기원전 500년 제와의 외교회담에서 공자가 노 정공(定公)을 보필하였는데, 그 자리에서 용기와 기지를 발휘하였기 때문에 노공을 납치하려는 제의 계획이 좌절되었고, 제는 빼앗은 노의 영토를 반환하지 않을 수 없었다고 한다.[53] 이 이야기에는 잘못된 점이 많아서 오래 전부터 이것을 날조된 것으로 배격한 중국학자들도 있었다. 만약 이 사건이 실제 일어난 일이었다면, 공자에게는 커다란 정치적 성공이었을 것이다. 그러나

《논어》나 《맹자》에는 이에 대해 일언반구도 없다. 이것은 원본 《좌전》에 첨가된 단막극에 불과하며, 공자의 생애와는 아무 관계가 없는 것이다.[54]

더 끈질긴 주장은 공자가 한때 노의 사구(司寇)였다는 것이다. 비교적 초기문헌인 《맹자》《묵자》《좌전》이 모두 이것을 확인하고 있기 때문에, 이것은 언뜻 보면 확증된 주장처럼 보인다. 그러나 엄밀하게 검토하면 세 가지 증거 가운데 두 가지는 허물어진다. 비록 그 말이 《묵자》에 수록되었다 하여도 후대에 첨가된 것으로 널리 인정된 부분에 나온 것이며,[55] 《좌전》의 경우도 대단히 이상하다. 이 책은 노국의 역사를 상당히 상세하게 기록하고 있고 공자에 대한 강한 관심이 두드러진 것이다. 따라서 만약 공자가 정말 노의 사구였다면 《좌전》은 그의 공적 활동을 어느 정도 완벽하게 기술하였을 것이다. 그러나 그가 그 관직을 역임하였다는 유일한 증거로는 기원전 509년조에 나오는 다음과 같은 대목뿐이다. "공자는 사구가 되어 수로(水路)를 만들어 (노공들의) 묘(墓)들을 하나로 연결하였다."[56]

이것은 그 문제를 적당히 처리한 것으로는 궁색한 방법이다. 공자가 사구였을 때 무엇을 하였는지는 — 설사 무엇을 하였을지라도 — 아무도 모르는 것이 명백하며, 《맹자》도 단지 그가 왜 그 직책을 사임하였는가만 설명하였을 뿐이다.[57] 후일 연대기 작가들이 공자의 생애를 빠짐없이 독자들에게 상세히 알리지 않을 수 없었을 때, 그들은 '이상한 의복을 만든' 죄와 같이 기묘한 범죄들에 대해 공자가 사형을 규정하였고, 약식 처형도 하였다는 등 터무니없는 이야기로 그 공백을 메웠다. 그러나 이런 이야기들은 모두 더 오래 되고, 더 믿을 만한 자료를 통해 밝혀진 공자에 대한 지식과 완전히 어긋날 뿐이다.[58]

사구란 자리는 유력한 귀족의 씨족장만이 정상적으로 가질 수 있는 중요한 자리이기 때문에, 공자가 사구에 임명되었다는 것은 처음부터 있을 법한 일도 아니다. 공자가 태어나기 직전 노의 사구는 공실(公室)과 인척관계가 있는 세족(勢族)인 장씨(臧氏)의 종주였고,

마스페로(H. Maspero)가 추측한 바와 같이 이 자리는 그 뒤에도 장씨의 세습적인 특권이었던 것 같다.[59] 공자의 제자들은 선생이 인정받는 것을 열망하였기 때문에,[60] 만약 공자가 그런 자리를 실제 얻었다면 그들은《논어》에 이 성공을 기록하지 않았을 리가 없다. 그럼에도 불구하고《논어》에는 공자가 무언가 높은 자리를 지냈다는 시사조차 없는 것이다. 공자가 사구였다는 맹자의 기록은 단지 100년 뒤에 공자의 전설이 점차 생겨나기 시작한 것을 보여주는 것에 불과하다.

여러 명의 제자들이 노에서 관직을 가진 뒤로, 공자가 그렇게 열망하면서도 아무 지위를 얻지 못한 사실은 점점 주변사람들을 불편하게 만들었음이 분명하다. 기원전 500년 직후, 계씨의 가재인 자로뿐 아니라 자공과 염구도 역시 계씨의 가신이 되었다.[61]《논어》에는 어떤 사람이 공자에게 "선생께서는 왜 정치를 하지 않으십니까"라고 물었을 때, 공자는 훌륭한 사람이 되는 것만으로도 정치에 기여할 수 있음을 지적함으로써 그 질문을 회피한 대목이 보이는데,[62] 공자는 제자들에게도, 자기 자신에게도 난처한 존재였는지도 모른다.

물론 공자가 어떤 조건이든간에 기꺼이 수락만 하였다면, 관직을 가질 수 있었던 것은 의문의 여지가 없지만, 그는 결코 그렇게 하지 않았다. 한번은 자공이 정치에 초연한 공자를 비난하였는데, 그는 공자의 정치적 재능을 귀한 보석에 비유하면서 이렇게 물었다. "제가 아름다운 옥을 갖고 있다면, 단지 상자에 보관하고만 있는 것이 좋겠습니까, 아니면 좋은 값을 찾아 파는 것이 좋겠습니까?" 그때 공자는 이렇게 답하였다. "팔아라. 어떻게 해서든지 팔아라. 너도 알다시피 나는 좋은 값을 받기 위해 기다리고 있는 것이다."[63]

그가 정치에 참여하는 대가로 받고 싶은 값은 관직과 아울러 발언권, 그리고 좌시할 수 없는 폐해를 시정할 수 있는 진정한 기회였다. 정권을 담당한 사람들이 그에게 그런 권한을 부여하기를 주저한 것도 이해할 만한 일이다. 계강자는 공자의 생각에 관용을 보였고 흥미조차 느꼈지만, 동시에 과격한 생각을 가졌을 뿐 아니라 그것을 실천하려고 노력할 정도의 능력도 충분히 갖춘 그를 무언가 불안하게 바라보았음에 틀림없다. 더욱이 공자가 실무 행정관으로서 얼마나 성과를 올릴 수 있겠느냐는 의문도 다소 없지는 않았다. 계강자가 공자에게 도적을 어떻게 없앨 수 있겠느냐고 물었을 때 공자는 계강자 자신이 욕심을 억제하기만 하면 만사가 잘될 것이라고 답변한 일이 있다. 이것은 훌륭한 설교일지는 몰라도, 범죄의 만연을 해결하기 위한 실제적인 조언으로서는 전혀 의미가 없다. 물론 그때 공자의 목적이 실제적인 조언을 하려는 것이 아니었는지도 모른다. 그러나 만약 그러려고 하였다면 실제로 그럴 수 있었다는 증거도 없다. 공자는 중국문화의 최고 거장(巨匠)으로서는 크게 성공하였지만, 만약 그때 실제적인 국가운영의 책임을 맡겼다면 그 일을 망치고 말았을 것이다.

그럼에도 불구하고 마침내 공자는 한자리를 얻었다. 어떤 자리를 언제 받았는지는 정확하게 말하기 어렵지만, 그 시기를 기원전 502년에서 기원전 492년 사이로 추정할 수 있는 근거는 충분히 있다.[64] 《논어》는 공자가 어떤 관직을 가졌는지 전혀 언급하지 않고, 단지 수수께끼의 실마리 같은 단서만을 제공할 뿐이다. 《논어》에서 분명히 드러나는 것은 공자 자신이 자기가 중요한 정책결정 과정에 자문할 만한 자리에 있었다고 생각했다는 사실이다. 그러나 동시에 《논어》는 그가 자문하지 않았음을 강하게 시사하고 있다.[65] 또 《논어》에는 공자가 조정에서 상대부(上大夫)와 말할 때는 절도와 격식을 갖추었지만 하대부(下大夫)와 말할 때는 격의없이 자연스럽게 대하였음을 전하고 있으며,[66] '나는 대부(大夫)의 뒤를 따른다'라는 말이 두 번씩이나 보인다.[67]

이 말은 공자 자신이 하대부였음을 의미하는 듯한데, 대부의 '뒤를 따른다'라는 것을 당연한 예절처럼 말했기 때문이다.[68] 절도와 격식을 갖춘 태도로 상대부들을 대한 사실은 그가 상대부의 일원이 아니었기 때문일 것이다. 또 공실의 조정에 출석할 수 있는 최저의 관리는 하대부이므로, 만약 공자가 대부보다 지위가 낮았다면 국정에 자문하는 것을 거의 기대하지도 않았을 것이다.

어떻게 공자에게 그런 자리가 주어졌는지 구체적인 것은 알 수 없지만 추측하기는 어렵지 않다. 틀림없이 제자들도 공자가 그 자리에 앉도록 열심히 공작하였겠지만, 계강자도 제자들이 점차 중요한 자리를 차지하는데 공자가 아무 관직도 갖지 않는 것은 부적당하다고 판단하였음에 틀림없다. 중국인들은 항상 체면을 차리는 데 민감한 사람들이므로, 그러기 위해서라도 공자에게 인상적인 직함이면서 '번거로운 책임'은 없고, 따라서 상급자를 당혹시킬 일 따위를 할 권한이 없는 지위를 공자에게 주어야 한다는 결정을 내린 것 같다. 정부 밖에 있으면 정부에 말썽을 부릴지도 모르는 인물들의 정력을 다른 곳으로 돌리기 위한 자리는 어느 나라에나 있는 법이다. 공자가 계씨에게 반기를 든 공산불뉴(公山不狃)를 지원할까 말까 망설였기 때문에 계씨측이 공자처럼 잘 알려진 사람을 더 이상 그대로 방치할 수 없다는 생각을 강하게 느꼈는지 몰라도, 어쨌든 그들은 공자에게 국가평의회 의원 같은 성격의 지위를 주었다. 남아 있는 자료로 볼 때 공자의 직책은 사실상 한직이었음이 거의 확실하다. 이 때문에 후세의 유가들이 심히 당혹한 것은 당연하다. 그들은 공자가 최고위의 인물, 즉 노공의 최고 고문이었다고 믿고 싶었다. 그러나 《논어》는 공자가 임명되었을 당시 노공이었던 정공과 공자의 대화를 겨우 두 번밖에 기록하지 않았고,[69] 이것도 현자로 유명한 사람에게 해봄직한 질문을 정공이 한 것에 불과하며, 군주와 대신간에 있을 법한 토론 같은 대화는 아니다.[70] 공자가 노공이 아닌 당시 계씨의 종주인 계환자 밑에서 관직을 가졌다는 맹자의 말[71]에 유가(儒家)들은 더욱 당황하였으며, 공자가 이 권력의 찬탈자를 섬긴 것은 품위를 손상한 것이라고 생각해 왔다. 그러나 실제 공자의 관직이 제도상으로는 노공 아래 있었지만 노공은 꼭두각시에 불과하였기 때문에 맹자는 실정대로 말한 것뿐이다. 어쨌든 공자의 임명을 실제 주선한 사람은 계환자의 아들이요 공자의 친구였던 계강자가 거의 확실하다.[72]

실제로는 그를 단지 조용하게 만들 의도에서 이루어진 임명을 공자가 수락하였다는 사실은 그의 인격을 손상하는 것처럼 보일지도 모른다. 확실히 이것은 그가 거듭 주장한 것, 즉 지조 있는 사람은 오직 좋은 정치에 효과적으로 공헌할 수 있을 때만 관직과 봉록을 수락한다는 주장과 부합되지 않는다. 그러나 하여간 그는 이 기회를 놓치고 싶지 않았던 것이다. 맹자는 공자가 "계환자 밑에서 벼슬을 한 것은 자기의 신념을 실현할 수 있는 가능성이 있다고 생각하였기 때문이었다"[73]고 하는데, 몇몇 제자들이 그 가능성을 시험하기 위하여 관직을 수락하라고 촉구한 것이 틀림없다. 그러나 공자 자신이 누구보다 더 적극적이었던 것은 나이 때문이었다. 이제는 나이도 50에 가까웠으므로 그는 더 이상 먼 미래의 막연한 기회를 기다릴 수가 없었던 것이다.

3가의 본읍(本邑)을 중심으로 발생하는 간헐적인 폭동 때문에 노의 평화는 수십 년 동안 교란되었다. 3가는 본읍을 견고한 요새로 만들었으나, 그들이 노국을 장악한 뒤에 도성으로 이주하면서 그곳을 읍재에게 각각 위임하였다. 그렇게 요새화된 성읍을 점유한 읍재들은 반란의 유혹을 부단히 느꼈으며, 실제 때때로 반란을 일으키기도 하였다.[74] 기원전 498년 계씨의 가재 자로는 이 위험을 제거하기 위하여 3가 본읍의 성벽을 모두 허물자는 제안을 하였다.[75] 3가가 모두 찬성하였기 때문에 이 계획은 처음에는 순조롭게 진행되었지만, 무력저항이 일어나 결국 마지막 단계까지 실행되지는 못하였다.[76]

이 실패는 자로의 신임이 떨어지는 계기가 되었던 것 같다. 사실, 자로가 정치면에서 이 정도나마 성공할 수 있었다는 것도 이상할 정도이다. 공자도 극히 비타협적인 사람이었지만, 청교도처럼 가장 완고하게 엄격한 도덕률을 고집하였던 자로가 어떻게 계씨와 잘 지낼 수 있었는지 이해하기 어렵기 때문이다. 물론 자로는 끝까지 계씨와 사이좋게 지내지는 않았다. 《논어》에 따르면 어떤 정신(廷臣)이 계씨의 종주에게 자로를 참소하여, 그가 자로를 의심하게 되었다고 한다.[77] 자로의 영향력은 염구의 영향력이 증대함에 따라 감소되었던 것 같다. 염구도 공자의 제자였으나, 공적인 생활면에서는 스승의 가르침에 구애를 덜 받았으며, '빵 어느 쪽에 버터가 발라져 있는지'를 아는 사람이었다. 자로가 얼마나 더 계씨의 가신 노릇을 계속하였는지는 알 수 없지만, 공자가 천하주유를 시작하기 이전에 면직되었거나, 정이 떨어져 스스로 사임한 듯하다.

공자는 마음이 편치 않았다. 《논어》의 다음과 같은 구절은 이 시기의 한 사건을 전한 것으로 보아도 좋을 것 같다. 어느 날 염구가 궁궐에서 돌아왔을 때 공자가 왜 그렇게 늦었는지를 묻자 염구는 국사 때문이었다고 대답하였다. 이에 기분이 상한 공자는 이렇게 말했다. "그것은 사소한 문제였음에 틀림없다. 비록 나에게 진정한 책임을 맡기지는 않았을지라도 만약 국사라고 할 만큼 중요한 문제가 있었다면 나에게도 의논하였을 것이 아닌가?"[78] 그러나 그는 곧 이러한 환상조차 버렸으며, 노에서는 무언가 성취할 수 있는 가망이 없다는 것을 깨달았다. 공자가 노를 떠난 이유는 '쓰임을 받지 못하였기' 때문이라고 맹자는 말한다.[79] 비록 나이는 60에 가까웠지만 공자는 자신의 이론을 실현할 수 있는 진정한 기회를 제공하는 군주를 찾겠다는 결심으로 여행을 떠났던 것이다.[80]

여행한 기간에 대해서는 드문드문 연결되지 않는 단편적인 소식밖에 전하는 것이 없다. 복잡하고도 완벽할 정도로 상세한 여행일정이 한대(漢代)에 저술된 《사기(史記)》에 기록되어 있지만, 명백한 오류투성이인 이 후대의 날조물을 길잡이로 이용할 수는 없다. 《논어》《맹자》《좌전》을 보면 공자가 방문한 나라와 여행일정을 알 수 있는데, 이 점에 대해서는 이 3서가 대체로 일치하고 있으며, 도가서(道家書)인 《장자(莊子)》로도 이것을 확인할 수 있다.[81]

공자의 여행 순서를 확인하기 매우 어려운 것은 한 가지밖에 없다. 《맹자》에는 공자가 제를 방문하였다는 기록이 있으며, 《논어》와 《묵자》에는 공자가 제에 있는 동안 경공(景公)을 만났다는 기사가 보인다.[82] 그러나 공자가 두 번째 여행에서 제를 방문하였다는 명백한 증거도 없거니와, 또 경공이 기원전 490년에 사망하였기 때문에 이 기사는 의심스럽다. 그러므로 《사기》의 기록처럼 공자가 제에 간

것은 그 이전 어느 때가 아닌가 생각된다.[83] 후일 공자의 전설을 정교하게 만든 사람들은 공자의 제나라 여행에 관하여 많은 이야기를 하였지만, 모두가 너무나 명백한 위작(僞作)들이다.[84]

공자가 노를 떠나 긴 여행길에 오른 연대에 관해서는 아직도 정설이 없다. 《사기》는 편장(篇章)에 따라 기원전 498·497·496으로 각기 다른 연대를 제시함으로써 독자의 선택에 맡기고 있다.[85] 어쨌든 기원전 493년보다는 늦지 않는데, 이 해에 사망한 위영공(衛靈公)을 공자가 위나라에서 만났기 때문이다.[86]

어떤 제자들이 공자를 수행하였고, 또 수행한 제자들이 각각 얼마나 오래 공자와 함께 다녔는지도 알 수 없다. 전설에 따르면 공자의 수행원이 많았다고 하지만, 이것은 후세 유세객(遊說客)의 관행에 영향을 받은 결과로 생각된다. 1세기 뒤 맹자가 여행할 때는 '수십 대의 마차가 따르고 수백 명의 종자가 수행하였다'고 한다.[87] 후세 사람들은 공자에게 이에 필적할 만한 수행원을 붙여놓아야 (이야기만이라도) 그의 위신이 선다고 느꼈을 것이다. 전설에서 여행 수행원의 수가 과장된 것은 의심의 여지가 없거니와,[88] 사실 공자가 외유(外遊)할 때 그와 함께 다닌 증거가 명백한 제자는 자로와 안회 두 사람뿐이다.

제일 먼저 공자는 위나라로 갔다. 맹자에 따르면 그곳에는 위공의 총애를 받는 자로의 동서가 있었다고 한다. 그는 공자가 만약 자기 집에 머무른다면 위나라 최고관리가 되도록 해주겠다고 자로에게 말했지만, 공자는 이 제의를 거절한 것 같다. 그럼에도 불구하고 위공은 공자를 잘 대접하였으며, 맹자는 공자가 관직을 받았다고 하였다.[89] 그러나 이것은 공자가 국빈으로 대접받았고 국가에서 생활보조비를 받은 것 이상을 의미하는 것은 아니다. 맹자가 시사하고 있는 바와 같이 공자는 이런 보조를 여러 나라에서 받은 듯한,[90] 부자가 아닌 그로서는 달리 여행할 수가 없었을 것이다. 그러나 공자가 실제 사무를 맡은 관리가 아니었던 것은 거의 확실하다. 제자들은 공자가 관직을 얻는 것을 열망하였고, 세상이 그를 무시하였다고 생각하였기 때문에 만약 그가 여행중에 어떤 실권 있는 관직을 받았다면 《논어》에 당연히 대서특필되었을 터인데, 이것을 시사하는 기사가 《논어》에는 전혀 없다.[91)]

남자(南子)로 알려진 영공(靈公)의 부인은 대단히 악명 높은 여자였다. 그녀는 결혼 전부터 오빠와 근친상간을 계속하였다고 비난받았을 뿐 아니라 정치적인 음모에도 관련된 것처럼 보인다.[92)] 《논어》 옹야편(雍也篇)에 따르면 공자가 남자의 요구로 그녀를 만난 것 때문에 자로가 크게 불평하였다고 한다.[93)] 후대 유가들도 이 사실에 당혹하였고, 유가들 가운데에는 이 구절을 중상모략이라고 말살하려는 사람도 있었다.

위에서의 공자 처지는 노에서와 거의 비슷하였다. 존경도 받았고 부양도 받았으나 자신의 이론을 실천에 옮길 기회는 없었다.[94)] 공자가 얼마나 오래 위에 머물렀는지는 알 수 없지만 그가 위를 떠난 것은 기원전 492년 이전의 일처럼 보인다.[95)]

그는 남쪽에 있는 진(陳)으로 출발하였는데[96)] 송(宋)을 지날 때 송의 대귀족 환퇴(桓魋)가 매복하고 있다가 그를 살해하려 하였다.[97)] 《사기》 공자세가(孔子世家)조차 그 이유를 설명하고 있지 않다. 그러나 아주 정확한 것은 아니지만 그럴 듯한 동기를 제시할 수 있는 증거는 있다. 물론 이것은 전적으로 정황적인 설명에 불과하지만, 이것을 밝히기 위해 잠시 본론을 벗어나보자.

송의 세족(勢族)인 환퇴는 가장 몹쓸 망나니 귀족이었다. 그는 송 경공(景公)의 총애를 이용하여 남의 재물을 강탈하려고 하였기 때문에 심하게 얻어맞은 적도 있었지만 자신을 방어하거나 보복할 용기도 없는 인물이었다. 그럼에도 불구하고 그는 계속 총애를 잃지 않았고 그의 전횡 때문에 다른 고관들이 송공(宋公)을 떠나, 그 일부가 반란을 일으키는 사태마저 빚기도 하였다. 기원전 484년에야 비로소 그는 총애를 잃기 시작하였고, 기원전 481년 송공이 그를 죽이려고 하였기 때문에 그를 비롯한 일족이 모두 송에서 도망하지 않을 수 없었다.[98)]

환퇴의 동생 사마우는 공자의 제자였다. 그가 언제, 그리고 얼마 동안이나 공자 밑에서 공부하였는지 확실한 증거는 없지만, 공자가 노를 떠나기 이전에 한동안 제자 노릇을 하였다고 단정할 수는 없어도 그 가능성이 없는 것도 아니다.[99] 공자한테 배웠기 때문에 그가 환퇴에 반대하였다는 직접적인 증거는 없지만, 그가 형을 좋지 않게 평가한 것은 명백하다. 일가가 모두 송을 떠나게 된 후에 사마우는 환퇴와 한 나라에 살기를 거부하였으며,[100] 한번은 환퇴와 다른 형제들이 살아 있는데도 자기는 '형제가 없다'고 한탄한 적도 있었다.

사마우는 공자의 제자였기 때문에 귀족 출신은 타락의 심연에 빠져도 상관없다고 생각하는 사람들을 경멸하는 것을 틀림없이 배웠을 것이다. 자하가 그에게 말한 것처럼 유가들은 그런 사람들과는 정반대였다. 그들은 진정한 군자란 모든 사람을 존경과 예의로 대하는 사람이며, 그런 사람들은 세상 어느 곳에서도 형제라고 믿었다. 후에 유가들이 전중국을 대상으로 가르쳤던 것을 공자는 사마우에게 가르쳤던 것이다. 즉 고귀함은 사람의 마음과 정신에 달린 것이지 조상에 달린 것은 아니라고.[101] 그러나 이러한 새로운 가치관은 사마우의 친척들의 행위와 날카롭게 충돌하였기 때문에, 그는 불길한 예감을 억누를 수가 없었다. 이 때문에 한번은 공자가 그에게 이렇게 말한 적이 있다. "자신의 마음속을 성찰해 보아도 아무 잘못을 찾을 수 없다면, 무엇을 걱정하며 무엇을 두려워하랴?"[102]

환퇴의 눈에는 공자가 소크라테스가 처형된 죄목, 즉 청년을 타락시킨 죄를 범한 죄인으로 보였으리라는 것은 쉽게 이해할 수 있는 일이다. 따라서 이 때문에 그가 공자를 죽이려고 하였는지도 모른다. 그러나 사마우가 공자 밑에서 공부한 정확한 연대를 알 길이 없기 때문에 그것이 환퇴의 불만 때문이었다고 확신할 수 없다는 것을 명심해야 한다.

어쨌든 공자는 불굴의 정신을 보였으며, 자신의 천명을 받은 사람이기 때문에 환퇴 따위가 그것을 방해할 힘이 없다고 선언하였다.[103] 《맹자》에는 공자가 송을 벗어나기 전까지 남루한 옷[微服]을 입으면

서까지 조심하였다고 되어 있다.[104] 《논어》에는 광(匡)이란 곳에서 공자와 그 일행을 덮쳤던 아주 유사한 사건이 실려 있는데, 이것은 틀림없이 동일한 사건의 이문(異文)에 불과한 것 같다. 그때 안회가 일행에서 떨어졌기 때문에 공자는 안회가 살해되었을지 모른다고 걱정하였지만, 결국 그들은 다시 합류하였다.[105] 공자와 그 일행이 진(陳)에 도착하였을 때 곤경에 빠져 있었던 것은 이 사건 때문이었던 것 같은데, 실제로 그들은 굶주림에 지친 상태였다고 한다.[106] 그러나 마침내 그들은 진의 도성에 도착하였으며, 진공(陳公)의 정신(廷臣) 한 사람이 공자를 손님으로 맞아주었다.[107]

《좌전》은 공자가 기원전 492년 진에 있었다고 하는데,[108] 당시 이 불행한 나라는 최후의 순간을 맞이하고 있었다. 서쪽의 소국 채(蔡)와 마찬가지로 진은 강국(強國) 초(楚)의 영토 안에 남으로 뻗은 돌출부에 있었는데, 두 나라는 모두 '이적(夷狄)' 국가인 오(吳)·초(楚)간의 항쟁 속에서 이미 장기짝 같은 신세가 되었다. 기원전 494년 채가 오 쪽에 가담하자 초는 그 보복으로 채를 정복하고 채의 백성들에게 그 땅을 떠나라고 명령하였다.[109] 초가 오에게 패하였을 때 진은 오의 지원요청을 거부하였지만,[110] 중립을 지키려는 노력은 소용이 없었으며, 진은 주기적으로 오·초의 침략을 번갈아 받다가 결국 초에 의해서 멸망되고 말았는데, 이것은 공자가 진을 방문한 후 12년 만의 일이었다.

공자가 머무른 기간에도 이런 침략을 한 번 받았던 것 같은데,[111] 어쨌든 진공은 철학을 토론할 여가도 거의 없었거니와, 덕이 평화와 번영과 행복을 가져온다는 확신을 갖기도 어려웠을 것이다. 사실 공자가 그에게 냉담한 반응을 보였던 진의 사구와 만난 기록은 있지만[112] 진공과 만났다는 증거는 없다. 공자는 이곳에서 친구를 거의 사귀지 못한 것 같다.[113] 그는 노를 그리워하게 되었으며 노에 남겨놓은 제자들이 제멋대로 놀고 있다고 말하면서 귀국할 의사를 밝히기도 하였다.[114] 그러나 실제로 공자는 추구하던 것을 포기하지 않았다. 이 기간중 유일하게 전하고 있는 사건은 정말 흥미가 있는데, 그것은 두 명의 비범한 인물, 즉 공자와 초의 귀족 섭공(葉公)이 만난 것이었다. 다른 나라에서의 '공'은 군주이지만 군주가 왕을 자칭한 초에서는 공이 작은 지역의 영주에 불과하다는 것을 이해하지 않으면 안 된다.[115] 섭공은 초왕가(楚王家)의 인척이었다고 하는데, 초국의 실력자로서 쟁쟁한 인물이었을 뿐 아니라 지조도 있는 사람이었고(그런 세력가로서는 극히 드문) 한때 좌사마(左司馬)를 지내면서 많은 전쟁에서 탁월한 공을 세우기도 하였다. 《좌전》에는 그가 여러 번 등장하여 공자의 생각과 아주 비슷한 발언을 한 것이 보인다. 그는 무력보다 덕의 중요성을 강조하고 백성을 관대하게 다스릴 것을 지지하였으며 국가에 해가 되는 일을 서슴지 않고 즐겼던 귀족무사들을 비난하였다. 물론 《좌전》에 수록된 그런 발언이 반드시 믿을 만한 것은 아니다. 그 행동으로 보아 그러한 발언을 할 리가 없는 사람들이 그런 발언을 가끔씩 하고 있는 경우가 있기 때문이다.[116] 그러나 섭공의 경우는 말뿐 아니라 행동도 확인할 수 있다. 그가 백성들에게 인기가 있었던 것은 확실하며, 반도(叛徒)가 영윤(令尹)을 살해하고 권력을 장악하였을 때(섭공이 공자와 만난 오랜 후에) 그는 군대를 이끌고 반란을 집압하였다. 반란을 진압한 후 충분히 질서가 회복될 때까지만 그는 정권을 담당하였으며, 이것이 끝나자 영윤의 아들을 불러다 앉혀놓고 섭으로 돌아갔다.[117]

공자가 이런 인물을 만나고 싶어한 것이나 섭공이 공자의 생각에 관심을 가진 것은 당연한 일이었다. 그 무렵 섭공은 이웃나라인 소국 채의 병합을 공고히 하는 작업을 돕기 위하여 채에 가 있었는데 공자는 그를 만나기 위하여 그곳으로 간 것 같다.[118]

그들의 대화는 극히 단편적인 것밖에 남아 있지 않다. 섭공이 공자에게 정치는 어떻게 하는 것이 좋으냐고 묻자, 정말 좋은 정치는 백성들을 잘 보살피기 때문에 그 백성들만 기뻐하는 것이 아니라 다른 나라의 백성들도 그 지배 아래로 들어가려고 한다는 것이 공자의 대답이었다.[119] 《좌전》의 기사를 믿는다면 이것은 섭공의 견해와 일치하는 것이다. 그들은 또 가족과 국가에 대한 충성 가운데 어느 것이 우선하느냐는 윤리적인 문제도 토론하였는데, 이것은 다른 나라에서도 그렇지만 특히 중국에서는 성가신 문제였다. 섭공은 국가에 대한 충성을 고집하였고 공자는 가족에 대한 충성을 강조하였는데, 이 두 사람의 훌륭한 군자는 의견이 다르다는 것을 서로 인정하였다.[120] 섭공은 이 떠돌이 철학자를 어떻게 생각해야 좋을지 몰라 자로에게 공자가 어떤 사람이냐고 물었지만, 자로도 어떻게 답변해야 좋을지 몰랐다. 자로가 이것을 공자에게 전하자 공자는 이렇게 말했다. "왜 그에게 말하지 않았는가? 그 사람은 지식을 열망하는 사람들을 깨우치려는 일념 때문에 먹는 것도 잊을 지경이며, 그런 일을 하는 것이 기뻐서 근심도 잊은 채 나이를 먹는 것도 깨닫지 못하는 그런 유(類)의 사람이라고 말이다."[121]

공자는 나이를 먹어갔지만 포기하고 노로 돌아가지는 않았다. 바로 이 무렵 공자는 그가 가장 원하는 것, 즉 관직을 제의받고 다시 마음의 동요를 느꼈지만, 상황은 복잡하였다. 초청은 진(晋)의 한 성읍에서 왔다. 한때 중원세계의 대부분을 지배하였던 이 나라는 당시 두 파로 갈린 세족들의 싸움으로 분열되어 있었고, 세족들은 진공(晋公)을 장기짝처럼 마음대로 조정하였다. 상황은 불분명하지만 양파가 서로 번갈아가며 진공을 조정하면서 그의 이름으로 명령을 내릴 수 있었던 것 같다.[122] 이들의 가신 가운데 한 사람이 한 성읍을 장악하고 공자의 가담을 요청하였는데, 공자는 이에 응하려고 하였다. 그러나 그때는 적대세력이 진공을 조정하고 있었기 때문에, 이 가신은 명목상으로는 반도의 입장에 처해 있었다.[123]

항상 깐깐한 자로는 이 점을 즉각 지적하였으며, 공자가 비난받을 만한 사람과 어울림으로써 명예를 더럽힐 수 없다고 주장하였다. 이에 대한 공자의 답변은 오랫동안 실망만 거듭하였던 사람으로서의 가장 커다란 비애감을 토로한 것이었다. 그는 이렇게 말하였다. "네가 말한 것에도 일리가 있을지 모른다. 그러나 아무리 갈아도 닳아 없어지지 않는 단단한 것이 있으며 아무리 물들이려 해도 검어지지 않는 흰 것이 있다는 말도 있지 않은가? 나는 한 곳에 매달려 먹을 것도 찾지 못하는 쓴 조롱박이란 말인가?"[124] 그는 자기를 써주지 않는 세상에 도저히 참을 수가 없게 된 것이다. 그러나 결국 그는 가지 않았다.[125]

《논어》에서 공자에게 권력 있는 자리가 제의되었음을 시사하고 있는 것은 이 사건과 앞에서 언급한 이와 유사한 양화편(陽貨篇)에 나오는 사건 단 두 번밖에 없다. 두 경우 모두 조그만 읍 하나밖에 장악하지 못한 하급관리가 제의한 것이었지만 공자는 두 번 다 그것을 몹시 수락하고 싶어하였다. 이 사실 자체는 공자가 얼마나 철저하게 무시당하고 있었는가를 말해줄 뿐 아니라, 그가 고관을 지냈다고 주장하는 후세의 설화가 얼마나 엉터리인지를 증명해준다. 공자의 위신을 지키려고 애쓴 많은 유학자들은 《논어》의 이 구절들을 위문(僞文)으로 증명할 필요성을 느꼈고, 때로는 그것을 위해 매우 의심스러운 논지를 전개한 것도 조금도 이상한 일이 아니다.[126]

공자가 얼마 동안이나 진(陳)에 머물렀는지는 알 수 없으며, 이 무렵 몇 년 동안은 다른 시기에 비해 훨씬 알려진 것이 적다. 어쨌든 그는 기원전 484년 위(衛)에 다시 와 있었다. 당시 위는 최악의 상황에 처해 있었다. 서로 대립하는 (때로는 무력으로 충돌하기도 하는) 집단은 각기 군주와 대신을 내세웠고, 국정은 그 가운데 일파가 장악하고 있었는데, 아무리 일정한 기준이 없는 시대라고 해도 쌍방 모두가 지독한 패덕자들이었다. 근친상간을 범한 위후(衛后) 남자(南子)의 악명이 너무나 높아 공자가 그녀와 만났다는 사실만으로 자로가 불평하였다는 것은 이미 지적하였지만, 그녀의 아들 태자(太子) 괴외(蒯聵)가 그녀를 암살하려고 음모를 꾸민 것은 아마도 수치감 때문이었던 것 같다. 그런 상황에서 어머니를 살해하는 것이 정당화될 수 있는지는 논란의 여지가 있겠지만, 어쨌든 괴외의 행동도 훌륭한 것은 못 되었다. 그는 자기가 직접 어머니를 죽이는 대신 부하에게 암살을 명령하였는데, 그 부하는 마지막 순간에 머뭇거렸다. 자기가 살해되려는 순간임을 알아차린 남자는 소리를 지르며 위공에게 달려갔다. 괴외는 모든 죄를 부하에게 씌우려고 하였지만, 그를 비롯한 추종자들은 위에서 도망치지 않을 수 없었다.[127] 그 결과, 기원전 493년 영공이 사망하였을 때 괴외는 진(晋)에서 망명생활을 하고 있었고 그의 아들이 공위(公位)를 계승하였는데, 이 사람이 바로 출공(出公)이다. 진에서도 귀족들이 서로 다투었는데, 그 가운데 일파가 괴외의 입장을 지지하여 위의 한 성읍에 그를 억지로 입성시켰다.[128]

그래서 공자가 두 번째로 위를 방문하였을 때는, 아들이 공궁(公宮)을 차지하고 있었고 아버지는 공위를 탈취할 기회를 엿보며 도성에서 멀리 떨어진 한 읍을 무력으로 점령하고 있었다. 그러나 실제 권력을 장악한 사람은 그 누구도 아니었고 공어(孔圉)라는 대신이었다.[129]

맹자는 이때 공자가 위공의 봉록을 받았다고 하지만,[130] 출공이 너무 어렸기 때문이었는지 공자가 출공을 만났다는 증거는 없다.[131] 그러나 공자는 공어의 예우를 받았다(성은 같지만 그가 공자와 친척이 된다는 증거는 없다).

현재 공어에 관해 알려진 것은 거의 없지만 성인과는 거리가 먼 인물이라는 증거는 충분하며, 바로 이 때문에 중국학자들 가운데에는 공자가 그와 관계를 가졌다는 사실에 당혹한 사람도 있었다. 그러나 바로 이런 점에서 그들은 공자를 잘못 이해한 것이다. 물론 공자도 자기가 생각하는 이상적인 행동에 합치되는 사람들과만 관계를 맺을 수 있기를 바랐을 것이며, 그런 사람들이 권좌를 차지하기를 몹시 원하였다. 그러나 실제로 그들은 권력을 갖지 못하였으며, 공자는 정치의 실제 운영에 영향력을 갖고 싶어하였기 때문에 자신의 가치기준에 맞지 않는 사람들과 제휴하면서 그들의 행위를 고치려고 노력하는 것 이외에 다른 길이 없었다. 이것은 공자가 전혀 사람을 가리지 않았다는 의미는 아니고, 상식과 판단력을 이용하였다는 뜻이다. 제자들은(마치 자식들이 부모를 감독하는 것처럼) 공자가 엄격한 원칙에 따를 것을 기대하였다. 한번은 그가 제자들에게 이렇게 말한 적이 있다. "내가 어떤 사람과 만나 이야기한다고 앞으로 그가 할지도 모르는 일까지 내가 책임질 수는 없다. 왜 그렇게 엄격하게 따지는가? 마찬가지로 그의 과거 행동에 대해서도 내가 책임질 바가 아니다."[132]

공자가 실제로 관직을 가졌었는지, 아니면 단지 공어의 상주객(常住客) 정도에 불과하였는지는 확실치 않지만 공자가 위에 머문 이유는 명백하다. 공어는 당시 위의 실질적인 지배자였으므로, 무언가 정치에 영향을 미치려면 그를 통하지 않을 수 없었으며, 더욱이 그는 공자의 조언을 구하였고 때로는 그것을 실행하기도 하였다. 이 점을 확실하게 말할 수 있는 유일한 권력자는 공어뿐이었던 것 같다. 또 마지막 이유는 몇몇 결점을 가졌음에도 불구하고 공어는 진지하게 지식을 추구하는 사람이었다는 점이다. 공자도 그를 '민첩하고 배우기를 좋아하며, 아랫사람에게 물어보는 것을 부끄럽게 여기지 않는 인물'이라고 평한 적이 있었다.[133]

그런 장점을 가졌으면서도 공어는 공자로 하여금 인내심을 잃게 만들었다. 공어는 영공의 딸과 결혼하였을 뿐 아니라[134] 자신의 권력을 공고히 하는 수단으로 정략결혼을 매우 중시하였기 때문에 어떤 귀족을 억지로 이혼시키고 대신 자기 딸과 결혼시키기도 하였다. 그러나 그 귀족이 전부인과 계속 만나자 군대를 동원하여 그를 공격하려 하면서 공자에게 어떻게 처리하면 좋겠느냐고 물었다. 공자는 그 일 자체에 혐오감을 느꼈기 때문에 공어에게 그 계획을 중단하라고 충고하였다. 공어는 그 말에 따랐지만 공자는 위를 떠날 생각으로 짐을 꾸리라고 명하였다. 이에 공어는 사과를 하였고 공자도 재고하였지만, 그 순간 고국으로 돌아오라는 사자가 노에서 도착하였다.[135]

공자의 부재중 노에 있었던 몇몇 제자들은 분주하였다. 기원전 495년에 자공은 중요한 외교회의에 참석하였고, 기원전 488년 오나라 고관이(실제 노의 지배자인) 계강자에게 회맹(會盟)에 출석할 것을 요구하였을 때 가기를 두려워한 계강자는 자기 대신 자공을 보냈는데, 자공은 말을 썩 잘했기 때문에 즉각적인 파탄을 막고 그 사건을 수습하였으며 그 후에도 자공은 자신의 유능함을 계속 입증하였다.[136]

염구의 경력에 관해서는 기원전 481년까지는 알려진 것이 없지만, 이때 그는 계씨의 가재라는 유력한 지위를 차지하고 있었다. 그 해에 제의 군대가 노를 침입하였는데, 염구는 방위책을 세웠으며 3가의 종주들을 부추겨 움직이게 하였다. 염구는 또 좌군(左軍)을 지휘하였는데 당시 부관은 번지(樊遲)였다(후에 그는 공자의 제자가 되었다). 그 전투에서 노군(魯軍)의 한 부대는 패주하였으나 염구는 자기 부대를 효과적으로 이용하였기 때문에 침략자들은 퇴각하지 않을 수 없었다.[137]

공자가 노로 돌아오라는 요청을 받은 것도 바로 이 해인데, 염구가 획득한 명성이 이 문제와 깊은 관계가 있는 것 같다. 그들의 늙은 스승은 이제 10년 가까이 방랑하였으므로 노에 남은 제자들이 그가 돌아오기를 몹시 고대하였음에 틀림없다. 그들은 진정으로 그에게 애정을 갖고 있었으며, 그가 여행중에 받은 대접도 그들의 마음의 평화나, 그의 피보호자로서의 자존심에도 아무 보탬이 되지 못하였다. 《좌전》은 "사자가 선물을 갖고 노에서 위로 왔다"고 전하고 있지만,[138] 출사를 요청할 때 그런 선물을 보내는 것이 상례이기 때문에, 아마 공자는 전날 거의 무의미했던 그 직책을 다시 맡으라는 부탁을 받은 것 같다. 이때는 공자도 노에서 자기를 기다리고 있는 기회에 대해 전혀 환상을 갖지도 않았을 것이다. 그러나 결국 그는 어디선들 실망하지 않았던가? 그는 이제 67세가 되었고 적어도 노에는 친구들과 제자들이 기다리고 있지 않은가? 그래서 그는 돌아왔다.

표면상으로는 거의 아무것도 성취한 것이 없는 공자의 여행을 풍차를 공격한 유명한 라 만차(La Mancha)의 기사 돈키호테의 여행과 비유하는 것은 쉬운 일이겠지만 둘 사이에는 커다란 차이가 있다. 돈키호테는 최후의 순간에 처한 기사수업을 흉내낸 과거의 산울림이었지만 공자는 미래의 예언자였다. 언뜻 보면 아무것도 성취하지 못한 공자의 철학적인 여행은 그 후 여러 세기 동안 하나의 모범이 되었지만, 기사도를 조롱거리로 만든 돈키호테의 여행은 그가 동경한 기사도에 조종(弔鍾)을 울린 것이었다. 자신이 여행중 실천하려고 헛되이 노력한 이론을 통하여 그 뒤를 따를 여행자들이 자기가 증오한 압제적인 세습귀족정치를 철저하게 파괴할 것을 공자는 확신하였던 것이다.

공자의 여행이 표면적인 성과는 없었다고 해도, 만약 그가 노에 계속 머물렀다면 그는 딴 사람이 되었을지도 모른다. 확실히 그의 본령은 사상 및 그것을 남에게 가르치는 데 있었으며, 그것을 실천에 옮기기 위해 필요한 타협에는 무능하였다. 그러나 그가 무엇을 시도하였다는 것이 극히 중요하다. 그 차이는 '나를 따르라!'고 하는 장교와 '전진!' 하는 장교와의 차이와 같은 것이다. 만약 공자가 노에 머물러 한직을 즐기며 제자들과 산책이나 하였다면 설교자에 불과하였겠지만, 성공할 가망성이 없는 것을 추구하기 위해 출발하였기 때문에 그는 예언자가 되었다.

50세가 지났지만 아직도 어느 면에서는 순진하다고 할 이 존경스러운 노신사가 당시의 완고한 군주들에게 백성을 억압해서는 안 된다고 설득함으로써 세상을 구하겠다고 여행을 떠나는 장면에는 우스꽝스러운 면도 있다. 그러나 그것은 위대한 사람에게서만 볼 수 있는 당당한 조롱거리인 것이다.

공자가 노로 돌아오라는 요청을 받은 사실을 계씨의 일족이나 그 종주인 계강자의 마음이 변한 증거로 해석해서는 결코 안 된다. 사실 공자가 돌아오자마자 그 사치벽이 심한 귀족은 이미 빈곤에 시달린 백성들에게 할당되었던 세금을 올림으로써(맹자는 이것을 두 배로 올렸다고 한다) 재정수입을 증대시키려는 계획을 세우고 있었다. 《좌전》에 따르면 그는 이 계획에 관해 공자의 조언을 구하기 위해 염구를 보냈다고 한다. 계강자가 백성을 위한 투사로 알려진 공자의 찬성을 얻어냄으로써 새로운 세금부과에 대한 백성들의 저항을 감소시키려고 생각하지 않았다면 이것은 이해하기 어려운 일이다. 아마도 그는 몇 년간 공자에게 지급하였던 봉록의 대가를 받을 시기라고 생각하였던 것 같다. 그러나 그가 받은 것은 통렬한 비난이었다.[139]

그러나 계강자는 이에 구애받지 않고 새로운 세금을 강제로 부과하였고 염구는 그를 위해 세금을 거두었다. 이 때문에 이전부터 고개를 들기 시작하였던 의문, 즉 염구는 계씨의 사람이냐, 아니면 공자의 사람이냐는 의문이 정면으로 제기되었다. 공자는 제자들이 상급자에게 충성할 것을 기대하였으나, 그들의 최대임무는 원칙에 충실하는 것이라고 믿었다. 따라서 상급자의 명령에 복종할 수 없어도 원칙에 충실할 수 있다면 사임하는 것이 의무라고 생각하였다.[140] 그러나 염구는 다소 양심에 꺼릴 만한 일로 유망한 출세길을 포기할 사람은 아니었다. 그는 전부터 공자에게 의심받을 소지를 보였지만 이번 일은 공자의 인내심의 한계를 크게 벗어난 일이었다. 공자는 제자들에게 말했다. "그는 내 제자가 아니다! 얘들아, 북을 울려 그를 공격하라! 내가 허락하였다."[141]

공자가 단호하게 제자를 비난한 기록은 이것이 유일한 것 같은데, 이 추방조차 별다른 효과는 없었던 것처럼 보인다. 염구는 그 후에도 공자학단의 일원이었던 것 같지만, 그가 태도를 고쳤는지 아닌지는 알 수가 없다.

공자 만년의 활동에 관해서는 거의 알려진 것이 없다. 공자가 여행중에 문서나 지식을 수집한 것은 의심의 여지가 없는데, 그는 이것을 정리하는 데 시간을 보내기도 하였을 것이며, 이때에 오늘날 《시경》으로 알려진 시집을 재정리하였을지도 모른다.[142] 그러나 그는 주로 교육에 정력을 쏟은 것이 분명하며, 이 시기에도 몇 명의 제자를 거느리고 있었던 것 같다. 공직생활을 하는 제자를 통하여 그는 공무에 일정한 영향력을 행사하기도 하였는데, 위 출공이 노로 도망해 왔을 때 염구와 자공이 그 예우문제에 관해 공자에게 자문을 구한 것은 그 한 예라 하겠다.[143] 또 공자는 적어도 계씨의 종주와는 정중한 사교관계를 유지한 듯하다.[144] 그러나 공자가 개인적으로 정치문제에 개입하려 한 예는 단 한 번밖에 전하는 것이 없는데, 그것은 제공(齊公)의 살해사건과 관련된 것이었다.

200년 전에 진공(陳公)의 아들 한 명이 제로 도망한 일이 있었는데, 제공은 그를 친절히 맞아 관직을 주었기 때문에 그는 본국의 이름을 딴 진씨가(陳氏家)를 제에 세웠다. 그 후 진씨는 계속 제의 명문이 되었고 여러 세대 동안 능력과 인격을 겸비한 인물들을 많이 배출하였다. 그러나 제에서의 그들 지위는 아직 다른 집안을 호령할 만한 것은 못 되었다. 《좌전》에는 공자가 어렸을 때 진씨가 백성들에게 은혜를 베풂으로써 인기를 획득하였다는 기사가 보인다. 그들은 또 정치적 술수에도 노련하여, 사기나 배반 및 폭력으로 제나라를 장악하는 데 방해가 되는 더 강성한 집안들을 차례로 제거하였다. 기원전 489년 그들은 어린아이에 불과한 제공의 살해사건에 깊이 간여하였고, 그 대신 도공(悼公)을 세웠다. 그러나 도공은 생각보다 조종하기 어려운 존재임이 판명되었으며, 4년 뒤 의혹에 싸인 채 살해되고 말았다(누구에게 살해되었는지 역사는 말이 없다). 그의 아들이 간공(簡公)인데, 그의 지지자들은 진씨를 제에서 축출하려고 계획하였으나 기원전 481년 진씨는 기선을 잡아 반란을 일으키고 간공을 살해하였다.[145)]

이 중대한 시점에서 공자는 개입을 제안하였다. 오랫동안 제는 소국 노가 복종하지 않으면 전쟁을 걸어온 강대한 북방의 이웃이었다. 그러므로 무자비하고 무도한 진씨가 제를 지배하는 것은 그 백성들에게뿐만 아니라 노에게도 도움이 되지 못한다는 것이 공자의 생각이었다.

공자는 제국의 반란과 제공이 살해되었다는 소식을 듣자 단식을 하였으며(엄숙한 제안을 하려는 사람답게), 그런 뒤에 궁궐을 찾아가 노공에게 제를 정벌할 것을 진언하였다. 노공은 이렇게 말했다. "노는 오랫동안 제때문에 쇠약해져 왔는데, 지금 그런 정벌을 감행한다면 무엇을 성취할 수 있단 말인가?" 공자는 이렇게 답하였다. "진항(陳恒)은 그 군주를 살해하였으므로 백성의 반은 그를 반대합니다. 만약 노의 군대와 제 백성의 반이 합친다면 제를 정복할 수 있습니다." 그러나 노공은 '3가의 종주들에게 말해보라'고 하였다. 공자는 그렇게 하였지만 3가의 종주들은 행동을 취할 뜻이 없었다.[146)]

공자의 주변에도 죽음의 슬픔은 찾아왔다. 뛰어난 능력이 없어 공자에게 실망을 안겨주었던 아들이 공자 만년에 사망하였다.[147] 그러나 더 비통한 타격은 총애하였던 제자 안회의 죽음이었다.[148] 기원전 481년에는 제자 가운데 가장 신분이 높았던 사마우가 비극적인 상황에서 사망하였으며,[149] 기원전 480년에는 용맹한 자로도 죽었다. 그는 위나라 반란의 와중에서 주군을 구하려다 실패하고 급사하였던 것이다.[150] 그에게는 어울리는 죽음이었다.

이러한 상실은 틀림없이 공자에게 충격을 주었을 것이며, 자신의 생애를 돌이켜보면서 자기가 성취한 것이 거의 아무것도 없다는 것을 느꼈을 것이다. 그는 노국의 정치를 개선하는 데도 성공하지 못하였고, 원하던 것처럼 권력을 장악해보지도 못하였다. 가장 훌륭한 제자들은 죽었고, 남은 제자들은 뛰어나게 유망하지도 못하였다. 그는 자신의 이상이 명료하게 후세에 전해지는 것도, 또 그것이 정력적으로 실천에 옮겨지리라는 것도 기대할 수 없었던 것이다. 공자가 자공에게 "아아! 나를 알아주는 사람이 아무도 없구나!"라고 한탄한 것도[151] 이상한 일은 아니었다.

그러나 그처럼 불쑥 튀어나오는 말을 제외하면 공자는 불평을 표시하지 않았으며, 가장 값싸고도 보편적인 사치인 자기연민에 빠졌다는 증거도 없다. 공자처럼 야심과 이상을 가진 사람에게는 실패란 피할 수 없는 일이었겠지만, 외관상으로는 어느 모로 보나 그는 실패한 사람이었다. 중상모략은 그에게 또 다른 시련이었다. 권세가인 숙씨(叔氏)의 종주가 공자를 비방하였다는 것이 《논어》에 전하고 있지만,[152] 맹자도 그가 "소인들에게 괴로움을 당하였다"고 전한다.[153] 역사의 스핑크스는 당시 득의양양한 모든 군주들의 이름이 언젠가는 잊혀지는 반면, 공자의 이름은 지구가 끝날 때까지 길이 전해질 것이라는 암시조차 하지 않았다. 공자도 이것을 꿈에도 생각하지 않았지만, 자신을 비탄하며 울지도 않았다.

공자의 죽음에 관해서는 믿을 만한 기록이 없다.[154] 그러나 그 이전에 공자가 죽을지도 모를 중병에 걸렸던 이야기가 전해지고 있기 때문에, 그가 어떻게 죽음을 맞이하였는가는 알 수 있다. 그때 마음씨 착한 자로는 공자가 높은 지위에 한 번도 오르지 못한 것을 슬퍼한 나머지 제자들에게 마치 군왕을 간호하는 대신들처럼 옷을 입도록 하였는데, 의식을 회복한 공자가 주위에서 진행되고 있는 이 연극을 보자 자로를 꾸짖으며 물었다. "갖지도 않은 대신들을 가진 척함으로써 내가 누구를 속이려 한다고 생각하는가? 내가 하늘을 속일 것인가? 더욱이 내가 대신들의 손을 잡고 죽는 것보다는 너희들 친구의 손을 잡고 죽는 것이 더 낫지 않은가?"[155]

자로가 그를 위해 귀신에게 기도할 것을 청하자 공자는 "그런 것을 해도 되는가?"라고 물었다. 자로는 그것이 관례적인 것이라고 공자를 안심시켰지만 공자는 미소지으며 말했다. "나는 내 방식의 기도를 이미 오래전에 마쳤다."[156]

공자는 기원전 479년에 세상을 떠났다. 맹자에 따르면 제자들이 3년 동안 공자묘 옆에서 상복을 입었으며, 자공은 3년을 더 그곳에 남아 있었다고 한다.[157] 맹자는 거기에 있었던 제자들의 이름을 구체적으로 밝히지 않았으나, 문맥상으로 보면 남은 제자 가운데 중요한 인물은 모두 포함된 것 같다. 이것은 후세 공자의 전기에 첨가되었던 '기적'의 하나처럼 생각된다. 젊은 제자도, 인생의 절정기에 있었던 제자도, 혹은 성공적인 출세길을 시작한 제자도, 출세의 정점에 있었던 제자도, 모두 공자묘 아래서 철저하게 비활동적인 상복생활을 보내기 위하여 인생의 3년을 할애하였다는 것은 서양사람들에게는 거의 상상조차 할 수 없는 일이다. 이것은 사실 '산 제물'이었을 것이다. 그러나 누구를 위한 제물이었는가? 부모나 군주를 위한 것도, 더욱이 높은 신분의 사람을 위한 것도 아니었으며, 결코 출세한 적도 없었고 별로 성취한 것도 없었던 한 인간, 즉 스스로 자신을 쌓아올렸던 그들의 옛 스승을 위한 것이었다.

그렇다면 우리는 이것을 믿어도 좋은가? 공자가 죽은 뒤 한동안 그 제자들이 갑자기 《좌전》에서 사라진 것을 상기할 때[158](背敎子 子羔가 예외라는 것도 의미심장하다), 또 제자들이 얼마나 그를 존경하였으면 자공은 그를 태양과 달에 비교하였고,[159] 유약(有若)은 "인류역사에서 공자와 견줄 만한 사람이 없다"고 말하였는가를[160] 이해한다면, 그리고 이러한 사실들을 잘 생각해본다면, 이 기적을 실제로 일어난 사실로 믿을 수 있으며, 아울러 한낱 교사가 어떻게 후세에 '소왕(素王 : 무관의 제왕)'으로 알려지게 되었는가도 이해할 수 있는 것이다.

제5장 人　　間

공자는 어떤 사람이었을까? 그를 만나 이야기해보고 직접 알게 된다면 그는 어떤 사람처럼 보일까? 이 질문에 답하려면 제자와 친구들의 증언에만 의지해서는 물론 안 되며, 그에게 적대감을 가졌던 사람들의 의견이나 (더 좋은 것은) 중립적인 감정을 가졌던 사람들의 의견도 참고하지 않으면 안 될 것이다. 중립적인 사람들의 견해는 믿을 만한 것이기는 하지만, 유감스럽게도 그런 자료는 거의 얻을 수가 없다. 이 책은 경쟁적인 학파가 공자에게 가한 공격을 나중에 충분히 검토하겠지만, 실제 공자의 생애와 관계 있는 것처럼 보이는 것은 거의 아무것도 없다는 것을 알게 될 것이다. 공자의 적들은 유력하지만 증오스러운 한 집단의 우두머리인 공자를 비난하면서 그들이 가장 해로운 것으로 생각하는 모든 속성을 그에게 뒤집어 씌웠다. 그러나 그 비난에 포함된 세부적인 요소 때문에 오히려 그 내용이 사실(史實)일 수 없다는 것이 금방 드러나는 것이 보통이다. 그러므로 우리는 또다시 《논어》를 주된 연구의 근거로 삼지 않을 수 없는데, 《논어》는 이용할 수 있는 자료 가운데 가장 믿을 만한 것이기 때문이다.[1] 《논어》를 보면 공자가 호감가는 인물이라는 인상을 받는데, 공자의 적대자들이 가한 공격에도 이 인상과 어긋나는 내용은 없다. 《논어》에 따르면 "공자는 폐거(閉居)할 때면 격의없고 온화한 태도를 보였으며", 또 "온화하지만 단호하였고, 위엄이 있었지만 사납지 않았으며, 공손하였으나 편안감을 주었다"고 한다.[2] 그는 아첨하지 않았지만 마땅히 그래야 할 경우에는 경의를 표하였으며, 그 대신 다른 사람들도 자기를 존경해 줄 것을 기대했다. 그는 자신이 지켜야 할 일정한 위치가 있었다고 느꼈지만,[3] 그럼에도 불구하고 동료는 물론 미천한 사람들에게조차 고자세를 보이지는 않았다. 그는 또 민주적인 태도를 설교하였을 뿐 아니라 그것을 실천한 사람이었다.[4]

그렇다고 공자가 항상 수많은 친구들로 떠들썩하게 둘러싸여 있었는지는 의심스럽다. 그는 변함없는 친구가 많았지만 크게 인기를 모으는 형(型)은 아니었다. 그는 너무나 생각이 깊었고 솔직하였으며 "원망의 감정을 느끼는 사람에게 그것을 숨긴 채 친하게 지내는 것을……나는 부끄럽게 생각한다"고 말하기도 하였다.[5] 대개의 경우 그는 면전에서 사람을 비판하고 뒤에서는 칭찬하는 원칙을 따른 것처럼 보이는데,[6] 이것은 존경은 받지만 인기는 끌지 못하는 법이다. 전체적으로 볼 때 그는 다소 과묵한 편이었다. 이 태도는 자기 아들에게도 적용된 것 같은데, 그는 자기 아들의 능력에 실망하였음을 솔직히 인정하였다.[7]

그는 대체로 항상 예의가 발랐으나 권력자의 비위를 맞추는 것은 위신을 손상하는 것으로 생각하였다. 군주나 권세 있는 세습귀족들과 말할 때도 비위를 맞추려는 노력을 거의 하지 않았으며, 일반적으로 몹시 비판적인 태도를 취하였다. 이러한 처세가 실제 현명한 것이었느냐는 것은 논란의 여지가 있지만, 공자의 교훈인 엄격한 성실성과는 일치한다. 그가 달변을 싫어한 것도 이런 태도의 일환이었다. 그는 수다스러운 사람들을 혐오하였다. 《논어》만 보아도 공자가 다변가(多辯家)가 아니라는 것을 알 수 있지만 맹자도 '나는 화술에는 재능이 없다'는 공자의 말을 인용하고 있다.[8] 공자의 말에는 때때로 감동적이고도 고상한 것은 있지만, 장황하거나 화려한 것은 거의 없다. 다른 면에서도 그는 겉으로만 꾸미는 것을 선천적으로 싫어하였는데,[9] 이것은 세상에 너무 닦인 사람보다는 소박한 사람에게서 흔히 볼 수 있는 성격이다. 공자는 육체적인 안락과 부는 진정한 군자가 추구할 목표가 아니라고 믿었다.[10] "선생께서는 말씀하셨다. 만약 부가 정당한 추구의 목표가 될 수 있다면 나는 그것을 얻기 위해 필요한 것이라면 무엇이든지 하겠으며, 채찍을 잡는 마부라도 되겠다. 그러나 그것이 정당한 목표가 아니기 때문에 나는 내가 좋아하는 것을 따라가겠다."[11]

이것으로 공자가 금욕주의자였다는 결론을 쉽게 내릴 수 있을 것 같지만, 그것은 잘못된 생각이다.[12] 진정한 금욕주의자는 보통 쾌락 자체를 죄악시하고 고통을 선으로 생각하기조차 하는데 공자에게는 이러한 요소가 없기 때문이다. 사실 철학으로서의 유교는 절제 있는 육체적 쾌락을 반대한 적이 없으며, 공자 자신도 덕과 성실에 배치되지 않는 한 쾌락을 반대하지 않았으며, 오히려 그와는 정반대였다. 그는 쾌락의 원천으로서 학문을 찬양하였으므로, 순전히 향락을 목적으로 공자가 음악을 즐긴 것은 예외적인 것 같다.[13] 그는 관현악에 열띤 관심을 가졌고 스스로 관악기의 일종을 연주하였으며 비공식적인 모임에서는 노래를 부르기도 하였다.[14]

쾌락이 바람직한 것일 뿐 아니라 인생의 필요한 일부라는 심원한 심리학적인 진리를 인식한 점에서 유교는 고대 중국의 주요 철학 가운데 특이한 위치를 점하고 있다. 형식은 다르지만 다소 전체주의로 기울고 있었던 다른 학파들은 모두 향락을 부정하는 경향을 띠고 있었으며, 적어도 백성들의 향락에 대해서는 그런 입장을 취하였다. 묵자 및 그 학파는 인생을 아름답게 꾸미는 장식이나, 엄격히 따져 경제적 생산에 공헌하지 않는 모든 행위를 부정하였으며, 감정의 말살까지도 주장하였다.[15] 이와 비슷하게 도가서(道家書)인 《노자》는 생활을 아름답게 꾸미는 것을 비난하였으며 백성들의 '무욕(無欲)' 상태를 원하였다.[16] 완전무결한 전체주의자인 법가(法家)들은 인간이 생각이나 감정도 없는 국가의 기관에 지나지 않는다고 믿었으며, 어떤 법가 사상가는 백성들의 일상생활을 아주 지겨운 것으로 만들어 놓아야 그것으로부터 해방되기 위해 전쟁을 환영하게 될 것이라고까지 주장하였다.[17]

이와 반대로 공자는 백성을 행복하게 만들지 않으면 정부로서 자격이 없다고 생각하였으며,[18] 특히 제자들에게 휴식을 즐길 수 있도록 인생을 설계하라고 말하기도 하였다.[19] 한대(漢代)에 편찬된《예기(禮記)》에 수록된 다음과 같은 일화는 비록 명백한 위작이기는 해도, 공자의 입장을 정확하게 이해한 바탕에서 만들어진 것처럼 보인다. 즉 연말의 농사제의(農事祭儀)에 참석하였던 자공(子貢)은 백성들이 즐기는 것을 보고 그들이 미친 것 같다고 불평하였다. 그러나 (이 설화에 따르면) 공자는 자공에게 백성들이 수개월의 노고 끝에 단지 필요한 휴식을 취하고 있을 뿐이라는 것을 이해해야 하며, 활도 항상 당긴 채로 있으면 탄력성을 계속 지닐 수 없다는 것을 기억하라고 말했다.[20]

유교가 사람들의 매력을 끈 커다란 비결은 이처럼 평범한 남녀의 감정과 욕구에 대한 공감에 있었다. 한편으로는 전적인 쾌락의 방종과 다른 한편으로는 무의미한 억제를 피하는 유교의 균형이 곧 공자의 전형적인 성격이다. 천재요(그는 분명히 그렇다), 위대한 창조적 지도자임에도 불구하고 그는 대단히 균형이 잘 잡힌 사람처럼 보인다.

그는 문명의 전운명이 자신에게 달려 있다고 생각할 정도로 극도의 자신감을 갖고 있었다. 그의 확신은 너무나 진지하였기 때문에 부당한 비판에도 성내지 않고 미소로써 그것을 받아들일 수 있었다. 그럼에도 불구하고 그는 전지전능한 척도 하지 않았으며 어느 학자에게도 불가결한 '나는 모른다'라는 말을 알고 있었다.[21] 그는 다른 사람에게 물어서 지식을 얻었고, 그것 때문에 사람들이 자기를 무식하다고 생각할지도 모른다는 것을 조금도 개의치 않았다.[22] 제자들이 그와 의견을 달리하였을지라도 그의 권위는 손상되지 않았으며,

그는 그들이 옳다는 것을 인정하는 데 인색치 않았다.[23)]

자신이 거창한 사명을 띠고 있다는 확신을 가졌음에도 불구하고 그는 정말 겸손한 사람처럼 보였다.[24)] 사람은 평판보다 공적에 관심을 가져야 한다고 공자는 항상 주장하였지만, 때로는 친한 제자들에게 자기를 이해하는 사람이 아무도 없는 것 같다고 한탄할 정도로 세상의 평판에 관심을 가졌다.[25)]

자신의 중요성을 확신하였다고 해서, 또는 현실적인 성공을 거두지 못하였다고 해서 그는 다른 사람을 원망하지도 않았으며, 다른 사람을 초라하게 만듦으로써 자신을 위대하게 보이려고 애쓰지도 않았다. 그는 인정 많고 생각도 깊은 사람이었던 것 같다. 공자는 맹인을 접대하였을 때, 눈먼 손님에게 그 자리에 참석한 모든 사람을 소개하였으며 그 손님이 호기심은 있지만 볼 수 없는 것을 모두 알려주는 등 세심한 배려를 하였다고 한다.[26)] 그는 인정이 많아 자기 재산보다는 사람의 안전에 더 관심을 가졌다. "마긋간이 불탔을 때, 조정에서 돌아온 공자는 아무도 다치지 않았는가를 물었을 뿐 말에 대해서는 묻지도 않았으며,"[27)] "낚시는 하였지만 그물은 사용하지 않았고, 들에서 사냥을 할 때도 주살을 던졌으나 앉은 새는 쏘지 않았다."[28)]

"청년은 최상의 존경을 받아야 한다. 언젠가는 그가 지금의 당신과 똑같은 위치가 되지 않는다고 어떻게 아는가? 이름을 떨칠 만한 것을 아무것도 이루지 못한 채 나이만 4,50이 된 사람이야말로 존경할 가치가 없다"[29)]는 공자의 말은 모든 청년들이 감사할 만한 것이다.

이 비범한 인물에 대해 가장 특기할 만한 사실이 있다면, 그것은 아마 해학감각을 가진 열정가였다는 점일 것이다(해학과 열정은 거의 상반되는 것임에도). 우리가 아는 한 그는 자주 농담을 하지는 않았지만, 그의 눈이 장난기로 반짝이는 일이 잦았음에는 틀림없다. 그의 이야기 가운데에는 금방 이해되지 않는 해학적인 요소를 담고 있는 것이 많다. 그 해학 때문에 경건한 주석가들이 난처한 순간에 빠진 일이 많았는데, 주석가 가운데에는 농담을 하는 것은 성인의 체면을 손상하는 일이라고 철저하게 확신한 사람들이 있었기 때문이다.

당시 어떤 사람이 크게 빈정거리는 어투로 공자를 이렇게 평한 일이 있었다. "과연 위대하구나, 공자는! 박학도 하구나! 그러나 어느 분야에서도 명성을 얻지 못하지 않았는가?" 이 말을 들은 공자는 자기가 교사로서 상당한 명성을 얻었다는 것을 지적함으로써 자신을 변호하는 따위의 짓은 하지 않았고, 그 대신 즉시 이것을 엄숙한 비판으로 인정하면서 제자들에게 이렇게 말했다. "자! 무슨 일을 해볼까? 마차를 몰아볼까? 활을 쏘아볼까? 좋다! 마차를 몰자."[30] 대부분의 주석가들은 이 엉뚱한 비판에 공자가 역설적으로 답하였다고 이해하려 하지 않고 전체 사건을 극단적으로 진지하게 생각하여 공자가 칭찬에 대해 겸손하게 답한 것이라고 주장한다.[31] 이 구절의 첫 문장 '대재공자(大哉孔子 : 과연 위대하구나, 공자는!)'는 아직도 공자를 칭찬하기 위한 구호로 여겨져 큰 글자로 써서 벽에 거는 사람이 많다. 공자가 분명히 농담이라고 밝힌 《논어》의 부분까지도 어떤 주석가들은 그렇게 믿으려고 하지 않는다.[32]

그러나 공자는 성자도 아니었고 완전무결한 사람도 아니었다. 우리가 대부분 그런 것처럼, 공자도 자기가 살았던 사회의 관행적인 사교관계에 적응하였다. 이것은 필연적으로 상대방을 속이기 위해서라기보다는 그의 위신을 세워주기 위해 대수롭지 않은 거짓말을 하게 만든다. 한번은 공자가 회견을 요청한 사람에게 이런 방식으로 거절의 뜻을 명백히 한 일이 있었다. 즉 "유비(孺悲)가 공자를 만나고자 하였다. 공자는 병을 핑계로 그것을 사절하였는데, 심부름꾼이 문을 나갈 때 공자는 슬(瑟)을 집어들고 노래를 하여 그가 듣도록 하였다."[33]

공자의 자제력은 대단하였지만 초인간적인 것은 아니었다. 그는 감정이란 자제해야 한다고 믿었지만 총애하던 제자 안회(顔回)가 죽었을 때는 슬픔을 억제하지 않았다. 다른 제자가 공자에게 "선생께서는 너무 지나치게 슬퍼 하십니다"라고 말하자, 그는 이렇게 대답하였다. "과연 그랬던가? 그러나 만약 이 사람을 지나치게 슬퍼하지 않는다면 누구에게 그렇게 할 것인가?"[34]

한번은 공자가 무례한 친지에게 너무나 화가 나서 '지팡이로 그의 정강이를 때렸다'는 기록도 있다.[35] 공자의 입장으로서는 분명히 개탄할 행동이었지만 이것을 《논어》에서 말살해서는 안 된다. 이것으로 공자도 인간이라는 것을 알 수 있기 때문이다.

제6장 弟　子

공자의 교사적인 측면을 이해하려면 먼저 그가 상대하지 않을 수 없었던 학생들에 관해 무언가 알지 않으면 안 된다. 앞에서 언급한 바와 같이 공자의 제자 수는 크게 과장되어 3,000명에 이르렀다는 주장도 있지만, 《맹자》를 비롯한 다른 문헌들에 보이는 70명이란 숫자를[1] 아마 넘지는 않았을 것이다. 이 숫자에 해당하는 이름들을 비슷하게나마 맞추려면 공자와 접촉이 있었다고 하는 거의 모든 사람들을 제자라고 주장해야 하는데, 《논어》에 자로(子路)의 정적으로 언급된 것밖에는 아무것도 알려진 것이 없는 공백료(公伯繚)를 《사기》에서 공자의 제자에 포함시킨 것도 바로 이 때문이다.[2]

《논어》에 등장하여 공자에게 질문한 사람조차 실제 제자였는지의 여부를 확인하는 것은 쉬운 일이 아니다. 《논어》에는 제자로 생각해도 무방한 사람이 22명 언급되어 있으나 개성이 뚜렷한 존재로 부각된 사람은 소수에 불과하다.

현대 중국의 학자 첸무[錢穆]는 공자의 제자들을 크게 두 부류로 나눌 수 있다고 하는데, 즉 ① 공자가 노(魯)를 떠나 여행길에 오르기 전에 가르쳤던 초기의 제자와, ② 공자가 노로 돌아온 이후에 가르친 후기의 제자가 그것이다.[3] 이를 정확하게 구분하기란 쉬운 일이 아니다. 후자에 속하는 것처럼 보이는 사람도 짧은 기간이나마 공자가 여행을 떠나기 전에 배웠을지도 모르며, 또 초기의 제자들이 후기에도 계속 공자에게 의견을 구하였기 때문이다. 공자 제자들의 나이에 관해서도 거의 알려진 것이 없다. 《사기》가 20여 명의 출생 연대를 제시하고 있지만 췌이수[崔述]가 지적한 바와 같이[4] 그 타당성은 극히 의심스럽다.

그러나 자로(子路)가 제자 가운데 최연장자였다는 설은 거의 확실한 것 같다. 때때로 그는 공자의 제자라기보다는 '가장 친한 친구요 가장 엄격한 비판자'처럼 보인다. 그는 공자가 진후(陳后) 남자(南子)와 회견하였을 때 분개하였으며, 또 공자가 두 번이나 읍을 거점으로 반란을 일으킨 자들을 섬기려고 생각하였을 때도 항의하였다는 것은 이미 앞에서 지적한 대로이다. 자로는 자기 자신에 대해서도 엄격한 사람이었다. 그는 결코 "약속을 다음날까지 미루는 일이 없었다"고 하며[5] 맹자에 따르면 자로는 다른 사람이 자기의 결점을 지적하면 기뻐하였다고 한다.[6]

그러나 이렇게 성실하고 강직한 성격에도 불구하고 자로는 제자들 가운데에서 가장 온화하고 인간적인 사람이었다. 그는 타고난 무인처럼 보인다. 공자는 일국의 군대를 지휘할 수 있는 사람으로 자로를 추천하였고,[7] "자로 같은 사람은 제명에 죽지 못할 것이다"라는 말을 한 적도 있다.[8] 자로는 직선적이고 급한 성격 때문에 예의바르고 학자적인 취향을 가진 제자들과는 매우 이질적인 존재였다. 자로도 이 점을 인식하였고 부족감도 느꼈지만, 그럴수록 자기가 가진 특성을 자랑하는 버릇이 더욱 커졌다. 한번은 이런 일이 있었다. 공자가 총애하는 제자 안회(顏回)의 능력을 칭찬하자 그는 불만스럽게 물었다. "만약 선생께서 3군을 지휘하게 된다면 누구와 함께 가시겠읍니까?" 이에 공자는 이렇게 말했다. "나는 맨손으로 호랑이를 때려잡거나 배없이 강을 건너면서 죽어도 후회하지 않겠다는 사람과는 결코 함께 가지 않을 것이며, 반드시 조심스럽게 일에 접하고 계획을 잘 세워 성사하는 사람과 함께 가겠다."[9] 불쌍한 자로는 항상 용맹스러움 때문에 꾸지람을 받았으며 때때로 공자는 계획적으로 덫을 놓았고 그때마다 자로는 걸려들었다. 하루는 공자가 이렇게 말했다. "도가 행해지지 않는구나! 뗏목을 타고 바다로나 흘러가 버릴까? 자로는 틀림없이 나를 따라오겠지……." 자로가 이 말을 듣고 크게 기뻐하자 공자는 매정스럽게 덧붙였다. "자로는 나보다 용기 있는 사람이니 뗏목도 필요 없겠지!"[10]

자로가 공자에게 비난을 많이 받은 것은 당연한 일이었다. 그의 장점은 직선적인 성격이었지만 그것은 공자가 제자들에게 요구한 이상적인 행동 규범과는 거리가 먼 것이었다. 그러나 공자는 자로가 너무 상심하지 않도록 부드럽게 비난하려 하는 등의 배려도 하였다. 커다란 기질상의 차이에도 불구하고(아마 이 때문이기도 하겠지만), 공자와 자로 사이에는 강한 애정의 유대가 흐르고 있었다. 공자는 자로의 지나친 열정을 항상 견제하려고 하였지만 이 꿋꿋한 제자의 장점을 충분히 인정하였다. 자로는 안회와 마찬가지로 공자의 여행 동안 고난을 함께 하였다. 공자가 항상 칭찬하였던 안회에 더 깊은 애정을 느꼈는지, 아니면 맨날 꾸짖기만 하였던 자로에게 더 깊은 애정을 가졌는지는 단언하기 어렵다. "애정이 있으면 항상 엄격하게 대하기 마련이 아니겠는가?"라고[11] 말한 사람은 바로 공자가 아닌가?

기원전 481년 공자와 자로가 노에 돌아왔을 때, 자로와 염구의 차이를 뚜렷하게 부각시킨 사건이 발생하였다. 이웃 나라인 소주(小邾)의 한 성읍을 다스리는 관리가 노에 와서 그 성읍을 노에 병합시키는 대가로 자기에게 일정한 보장을 해달라고 제의한 사건이 바로 그것이다. 이런 일은 흔히 있었던 것이며 그런 협정은 맹약을 통하여 맺어지는 것이 보통이었다. 그러나 이 사건의 특색은 그가 결코 맹약을 하지 않겠다고 한 점이다. 그 대신 그는 단지 자로와의 신사협정만 요구하였다. 당시 자로가 다시 노의 관리가 되었는지는 분명치 않은데, 어쨌든 자로는 그 소주인과 만나기를 거부하였다. 그래서 계강자(季康子)는 염구를 보내 그를 설득하였다. "이것이 어째서 그대에게 수치가 되는 일인가? 그는 대국의 맹약을 믿으려 하지 않지만, 그대의 말 한마디를 신용하고 있지 않은가?"라고 염구가 묻자, 자로는 이렇게 대답했다. "만약 노가 소주와 전쟁을 한다면 나는 이유를 불문하고 기꺼이 그 도성 아래서 죽을 용의도 있다. 그러나 그 친구는 소주의 반역자가 아닌가? 그가 원하는 대로 행동하고 그를 정직한 사람으로 대접하는 일은 나로서는 못하겠다."[12]

그 후 얼마 안 되어 자로는 그의 피보호자격인 자고(子羔)를 데리고 위(衛)로 갔다. 그들은 모두 공자가 위에 있을 때 관계를 맺었던 공씨(孔氏)의 가신이 되었는데 반란이 일어나 공씨가 위난에 처하자 자고는 달아나며 자로에게도 그렇게 하라고 설득하였다. 그러나 자로는 "나는 그들의 녹을 먹는 사람이다. 그들의 재난을 보고 도망갈 수는 없다"며 주인을 구하려다 도끼칼에 맞아 죽었다.[13]

염구도 초기 제자 가운데에서는 역시 뛰어난 인물이었지만 거의 모든 면에서 자로와 상반된 사람이었다. 그는 과도한 정열 때문에 고민하지도 않았고, 오히려 그 반대로 그것이 부족하였기 때문에 그를 자극하는 것이 필요하다고 공자가 말할 정도였다.[14] 한번은 염구가 공자에게 "제가 선생님의 가르침을 싫어하는 것이 아니라 힘이 부족할 따름입니다"라고 말하자 공자는 이렇게 대답한 적이 있었다. "힘이 부족한 사람은 할 수 있는 데까지 해보고 포기하지만, 너는 그것조차 하지 않는다."[15]

염구는 어떤 길을 택하기 전에 항상 예상되는 이익을 냉정하게 저울질 하였던 것 같다. 공자도 다소 싫지만 인정하지 않을 수 없었듯이 염구는 유능한 사람이었다.[16] 그는 부드러운 화술에도 능란하였고 유능한 행정가요 장군이기도 하였다. 이로운 길을 약삭빠르게 선택하는 그의 재주는 정치적 출세에 도움이 되었다. 공자가 일단 그를 계씨가에 취직시키자 그는 앞으로 자기를 도울 사람은 공자가 아니라 계씨라는 것을 즉각 간파하였기 때문에, 공자의 가르침보다는 계씨의 정책을 추진하는 사람으로 자신의 위치를 설정하였다. 그 결과 비타협적인 자로의 신임이 떨어진 반면 그의 신임이 높아진 것은 당연하였다. 공자는 점점 더 그에게 불만을 느꼈으며 이미 감당하기 어려운 세금을 또 인상한 계씨를 염구가 도왔을 때 공자가 그를 파문하였다는 것은 앞에서 이미 지적한 대로이다. 그러나 실제로 그는 공자문하에서 제적된 것 같지는 않으며 설사 그렇다고 해도 오랜 동안은 아니었던 것 같다.

앞에서 지적한 바와 같이 자로는 승산이 없음에도 불구하고 직무 이탈을 거부하였기 때문에 목숨을 잃었지만, 염구는 몇 년 뒤 그 이름이 더 이상 보이지 않을 때까지 계속 출세하였고 신임도 받았다.[17] 역시 도덕은 도덕가에게 맡길 수밖에 없나 보다.

보다 행복한 중용의 덕을 갖춘 사람은 자공(子貢)이었다. 그는 운좋게도 아첨하지 않고도 섬기는 사람을 기쁘게 할 수 있고, 원칙을 포기하지 않고도 출세할 수 있는 재주를 가졌던 것 같으며, 외향적인 성격과 내성적인 성격을 겸비한, 그야말로 잘 적응할 수 있는 사람이었다. 그는 나름대로 제법 철학자다운 면도 있었지만 그처럼 호감이 가는 태도를 보였기 때문에 누구나 그를 좋아했던 것 같다. 그는 말을 유창하게 하였고, 외교관으로서의 능력이 너무나 뛰어나 계씨의 종주가 외교회의에 그를 데리고 가지 않은 자신의 경솔을 후회한 적도 있었다고 한다. 권력자들은 정치문제에 대한 그의 의견을 열심히 물었으며, 경제적으로도 그는 성공하였던 것 같다.[18]

《논어》를 보면 자공이 공자와 매우 친한 사이라는 것을 분명히 알 수 있다. 나이와 능력 탓도 있었겠지만 바로 이 사실 때문에 공자가 죽은 뒤 자공이 상례의 주재자로 추대된 것 같다.[19] 공자에 대한 그의 충성은 항상 변함이 없었다. 두 번씩이나 다른 사람들이[한 번은 공자의 제자 자금(子禽)이 그랬다] 자공을 보고 공자에 필적할 만하다고 주장한 일이 있었지만, 그때마다 자공은 극히 조용한 어조로 그런 말은 이해가 부족한 소치라고 설명하였으며, 특히 자금에게는 바보라는 소리를 듣지 않도록 조심하라고 경고하였고,[20] 인류역사에서 공자에게 필적할 사람은 없다고 단언하였다.[21]

공자는 자공의 현명함을 칭찬하였으며 그를 사리에 통달한 사람으로 계씨에게 추천하였다.[22] 그러나 공자는 자공에게도 다소 불만을 갖고 있었는데, 그가 항상 회의를 가졌던 웅변술에 자공이 뛰어났기 때문이었다. 만약 재산도 있고 타고난 매력도 지닌 이 세련된 제자에게 조금이라도 화를 내지 않았다면 공자의 인간다운 맛은 훨씬 덜하였을지도 모른다. 공자가 자공의 유유자적한 태도를 뒤흔들어놓기 위하여 이따금 은밀한 술책을 쓰고 싶은 충동을 억제할 수 없었다는 것도 놀라운 일은 아니지만,[23] 특히 자공과 다른 제자들이 쉽게 출세한 반면 가장 뛰어난 제자로 생각하고 있는 안회(顔回)가 명성도 얻지 못한 채 가난을 면치 못한 사실은 공자를 슬프게 하였다. 한번은 공자가 자공에게 "너와 안회 중에 누가 낫다고 생각하는가?"라고 물은 일이 있었는데, 자기는 감히 안회와 비교할 수조차 없다고 대답하였다고 한다.[24]

공자의 애제자 안회는 평가하기 어려운 인물이다. 그에 관한 언급은 많지만, 그것을 종합해 보면 덕목의 나열에 불과하다. 공자 자신도 "그 사람의 결점을 알아야 비로소 그 사람이 유덕한지를 제대로 평가할 수 있다"는 것을[25] 인정하지 않았던가? 그러나 행간의 의미를 천착해 보면 안회의 중대한 결함을 감지하기는 쉬운 일이다. 다른 제자들과는 달리 안회는 자신이 무언가 말하는 경우는 거의 없었고, 단지 공자의 말에 동의하거나 공자의 발언을 논평없이 받아들이는 것이 보통이었으며, 자신의 생각이란 하나도 없는 단순한 바보가 아니었느냐는 의문마저 들 지경이다.

안회는 결코 따뜻하고 인간적인 태도를 취한 적이 없었다. 한번은 안회와 자로가 공자를 모시고 있을 때 공자가 말했다. "너희들이 원하는 것을 각자 말해 보아라." 자로는 즉시 대답하였다. "저는 마차와 말과 구의(裘衣 : 값비싼 털옷)를 갖고 싶습니다. 친구들과 그것을 함께 쓰면서 그들이 그것을 파손할지라도 상관하지 않겠습니다." 그러나 안회는 이렇게 말했다. "저의 희망은 자신의 장점을 자랑하지도 않고 남에게 베푼 것을 드러내지도 않는 것입니다." 당황한 자로는 황급히 공자에게 선생님의 희망은 무엇이냐고 물었다.[26] 그러나 안회가 전혀 동정심이 없는 사람이라는 인상을 받는다면 그것은 잘못이다. 자로는 사랑스러운 사람이었지만, 영원히 소년 같은 그의 자만심과 칭찬에 대한 열망 때문에 때로는 함께 지내기가 힘든 사람이었음에 틀림없다.

공자 자신도 안회의 유별난 유순함을 어떻게 다루어야 할지 고심하였다. 공자는 이렇게 말한 적이 있다. "내가 안회와 종일 이야기해도 그는 한 번도 나를 반대하는 일이 없으니, 마치 바보처럼 보인다. 그러나 그가 물러가서 하는 일을 살펴보면 내가 가르친 것을 완전히 터득한 것처럼 행동하므로 안회는 결코 바보가 아니다."[27] 다른 제자들도 안회의 탁월한 현명함과 유덕함을 칭송하였지만,[28] 공자도 근면한 점에서나 이상적인 행동을 변함없이 견지할 수 있는 점에서 안회는 다른 사람보다 훨씬 뛰어나다고 칭찬하였다.[29]

그럼에도 불구하고 안회는 끝내 관직을 얻지 못한 것 같다.[30] 그가 비교적 일찍 죽은 것은 사실이지만, 이것으로 모든 것이 설명되는 것은 아니다. 당시 군주들이 다른 제자들에게 관심을 보였던 것과는 달리 안회에게 관심을 가졌던 사람은 아무도 없었던 것 같으며,[31] 공자도 안회가 자기와 마찬가지로 관직을 얻지 못하였다고 말하였다.[32]

만약 그 이유가 어떤 결함 때문이었다면, 그것은 지적인 문제가 아니라 성격 때문이었을 것이다. 일생 동안 안회는 몹시 가난하게 살았는데, 이 사실과 아울러 내성적인 성격이 그를 자신의 내부로 몰입시켰던 것 같다. 다른 사람은 견딜 수 없는 궁핍에 처해서도 안회는 "변함없이 삶의 기쁨을 잃지 않았다"고 공자는 감탄하였지만,[33] 그러한 기쁨은 시간이 감에 따라 어느 정도 기계적인 것이 되기 마련이며, 지성도, 능력도 자기보다 못한 사람들이 계속 출세하는 것을 보아야 하는, 인간으로서는 최고의 시련을 감내하지 않을 수 없는 경우에는 특히 그렇다. 이것은 안회의 운명이었지만 동시에 공자의 운명이기도 하였다. 그러나 공자는 그것을 거의 완벽하게 초극할 수 있었다. 공자가 모든 시대를 통하여 위대한 인물이 된 이유 가운데 하나도 바로 이것이지만 안회가 대부분의 사람들처럼 약간 비뚤어졌다고 해도 그를 비난할 수는 없다.

공자는 안회를 마치 친아들처럼 생각하였다.[34] 안회가 죽자 공자는 "하늘이 나를 파멸시키는구나!"라고 소리쳤으며,[35] 더 이상 슬퍼할 것이 없는 사람 같았다. 안회의 집이 가난하였으므로 화려한 장례를 치를 수 없었으나 제자들은 힘을 모아 호화로운 장례를 치러주었다.[36] (공자는 이것을 천한 짓이라고 반대하였다.) 제자들은 깊은 존경심과 아울러 아마도 일종의 해방감이 뒤섞인 심정으로 안회를 묘까지 따라갔을 것이다. 스승의 귀염둥이란 가장 어려운 입장인 것이다.

이제까지 살펴본 몇 사람의 탁월한 제자들처럼 제자들이 모두 유능한 것은 결코 아니었다. 재여(宰予)는 순전히 반항심 때문에 유명해졌는데, 그는 공자의 교훈을 위반하였을 뿐 아니라 은근히 그것을 조롱하기까지 하였다.[37] 만약 아주 유능하였다면 이것도 문제가 안 되겠지만, 그는 그렇지도 못하였고 화술이 좋은 것이[38] 유일한 장점이었다. 공자는 이렇게 말한 적이 있다. "전에는 사람들의 말을 단지 듣기만 하곤 그들이 그것을 실행할 것으로 믿었으나, 지금은 말하는 것을 듣고 동시에 그 행동을 관찰한다. 재여를 겪어보고는 이렇게 변한 것이다."[39] 그는 또 공자가 참을 수 없을 정도로 게을렀다.[40] 그럼에도 불구하고 재여는 노공과 대담한 적이 있는데, 그러한 영예를 안회는 가져본 일이 없었다.[41]

후기 제자들이 매우 중요한 이유는 바로 그들을 통하여 공자의 가르침이 후세에 전해졌기 때문이다. 그들 가운데 자로나 자공·염구처럼 높은 정치적 지위에 오른 사람은 아무도 없었다. 그러나 공자가 세상에 중요한 영향을 미쳤던 이유는 자기 자신이나 제자들의 정치 활동 때문이 아니었고 오히려 제자들을 가르친 때문이었다. 그의 가르침은 제자들에 의해 선전되면서 비로소 가치를 발휘하게 되었는데, 여기에서 가장 중요한 역할을 한 것이 후기 제자들이다. 예상대로 그들이 가르친 것은 자신들이 배운 것과 완전히 일치한 것은 아니었지만, 그들은 공자의 가르침과 공자의 전설을 형체화하였고 최초로 방향을 부여하였다. 그러므로 그들이 어떤 사람이었는가를 살펴보지 않을 수 없는 것이다.

제자들 가운데에서 다소나마 교사활동을 한 사람이 누구인지를 확실히 가려내는 것은 쉬운 일이 아니며, 이 문제에 관해서 지금까지 전해 내려오는 것도 맞지 않는 것 같다.[42] 그 누구보다도 증거의 중요성을 잘 안 것처럼 보이는 최술은 자유(子游)·자장(子張)·자하(子夏)·증삼(曾參)을 주요 전파자로 생각하였다.[43]

증거라고는 《맹자》에 전하는 기이한 일화에 등장하는 것밖에 없지만 또 한 명의 후기 제자도 여기서 언급하지 않을 수 없다. 《맹자》에 따르면 공자가 죽은 뒤 자하와 자장(子張)·자유(子游)는 유약(有若)이 공자를 닮았다고 생각하여 공자를 섬겼던 것처럼 유약을 섬기자고 하며 증삼에게도 그것을 권했으나, 증삼은 아무도 공자와 비교될 만한 사람은 없다며 그 제의를 거부하였다고 한다.[44] 그 계획은 좌절된 것이 분명하다. 《논어》에 유약이 세 번씩이나 '유자(有子)'로 언급된 것을 보면 그가 문하생을 거느리고 있었던 것 같지만, 그에 관해서는 거의 알려진 것이 없다.

자유에 관해서는 이보다 약간 많은 것이 전하고 있다. 그는 문학에 재주를 보인 것으로 칭송되었지만,[45] 다른 후기 제자들과 마찬가지로 특히 의례에 관심을 가졌던 것 같다. 《논어》에는 다음과 같은 기사가 있다. 즉 공자가 자유가 읍재로 있는 무성(武城)을 찾아갔을 때 현악과 노랫소리가 들려왔다. 그래서 공자가 그 까닭을 묻자 보통은 조정에서 군자들만 사용하도록 되어 있는 음악과 의례를 자유가 읍민에게 가르쳤고, 이 방법으로 공자의 '도'를 그들에게 가르쳤다는 것이 자유의 설명이었다.[46] 그는 최초의 대중교육자 가운데 한 사람이었는지도 모른다.

자장은 후기 제자 가운데에서 가장 정력적인 사람처럼 보이는데, 실제로 공자도 그가 매사에 '지나치다'는 결함을 가졌다고 지적한 적이 있었다.[47] 그는 관직과 봉록을 얻기 위한 목적에서 공부하였다는 것을 솔직이 말하였고, 또 명성을 얻으려고 하였다.[48] 그러나 그는 미지근하게 '도'를 추구하는 사람들을 보면 참지 못하였고, 필요하다면 원칙을 위해 죽을 용의를 가져야 한다고 주장하였다.[49] 이 정력적인 제자는 동료들에게 전폭적인 인기는 얻지 못하였다. 증삼은 그를 '잘난 척하는 사람'이라고 불렀고, 자유도 "내 친구 장은 어려운 일을 잘하지만 그 덕은 아직 인(仁)의 경지에 이르지 못하였다"고 평하였다.[50] 《논어》에는 자장이 제자를 거느렸다는 말이 없으나 《한비자(韓非子)》와 《사기(史記)》는 공자가 죽은 뒤 학생을 가르쳤던 제자 가운데 자장의 이름을 들고 있으며, 특히 《한비자》는 자장이 유가 안에 일파를 세웠다고 한다.

《논어》에는 자하(子夏)가 제자를 가졌다는 것이 직접 언급되었을 뿐 아니라 그가 가르친 내용도 일부 전하고 있지만,[51] 《묵자》에도 묵자와 자하의 제자간의 대화가 실려 있다.[52] 《사기》에는 자하에게 배운 후 '왕후(王侯)의 사(師)'가 된 4명의 제자가 언급되어 있으며,[53] 자하 자신도 만년에는 위문후(魏文侯)의 선생이 되었다.[54] 공자의 가르침을 전수하고 체계화한 사람 가운데 자하가 매우 중요한 인물이었음은 의문의 여지가 없다.

자하는 다소 현학적인 사람처럼 보인다.[55] 《논어》에는 자하가 문학에 뛰어난 사람으로 칭송되어 있다.[56] 공자는 자장이 지나친 면이 있는 반면 자하는 미치지 못한 면이 있다고 두 사람의 성격을 대비시킨 적이 있는데,[57] 두 사람의 이러한 차이는 언쟁으로까지 발전하였을 정도였다. 한번은 자하의 문인이 자장에게 대인관계의 원칙이 무엇인가를 물은 일이 있었다. 그때 자장은 물었다. "자하는 무어라고 하던가?" 제자가 대답하였다. "올바르게 행동하는 사람과 사귀고 올바르게 행동하지 않는 사람은 멀리하라고 말씀하셨습니다." 그러자 자장은 이렇게 말했다. "내가 들은 것과는 다르구나. 군자(君子)는 현자(賢者)와 재주 있는 사람을 존경하지만 모든 사람에게 관대한 법이다."[58]

이런 종류의 논쟁은 공자가 죽은 뒤에 성행하였다. 《한비자》가 지적한 바와 같이 제자를 가르친 모든 공자의 문인(門人)들은 각기 자기가 공자의 진정한 가르침을 전한다고 주장하였지만 공자가 "다시 살아 돌아올 수 없으니, 누가 그 판단을 내릴 것인가!"[59)]

자유는 말했다. "자하의 제자들은 땅에 물을 뿌리고 소제하는 것이나 호출에 응하고 질문에 답하는 것, 나오고 들어가는 예절 따위는 썩 잘한다. 그러나 이런 것은 사소한 문제일 뿐이며, 더 본질적인 문제에 관해서는 어찌할 줄을 모른다." 이에 대해 자하는 학생들에게 모든 진리를 한꺼번에 알려줄 수는 없으며 점진적으로 가르쳐야 한다는 주장으로 변명하였다.[60)]

그러나 자하를 단순한 현학자에 불과하다고 생각하는 것은 잘못이다. 그는 읍재 경력도 있었고,[61)] 관심의 폭도 넓었으며 그의 말 가운데에는 공자의 말을 상기시키는 것도 있었다. 그럼에도 불구하고 그에게는 일종의 저속한 성격이 있었는데, 이것은 예컨대 "도덕적으로 중대한 문제의 한도를 크게 벗어나지 않는 한, 경미한 도덕문제에는 다소 융통성을 가질 수 있다"는 그의 말에 잘 나타난다.[62)] 여기서 그는 공자처럼 어떤 바람직한 목표를 달성하기 위한 긍정적인 강령으로서 도덕을 생각하였다기보다는 전체주의적인 관점에서 엄격하고 고정된 규칙문제로 도덕을 생각하였음이 분명하게 드러난다. 아마 이런 경향 때문에 공자는 자하에게 "소인유(小人儒)가 되지 말고 군자유(君子儒)가 되라"고 경고하였던 것 같다.[63)]

다른 제자들의 경우와 마찬가지로 자하에 관해서도 많은 일화가 있지만, 이것은 이 책이 주요자료로 이용하고 있는 것보다 후세에 속하는 문헌에 들어 있다. 법가서인 《한비자》에는 충실한 유가로서의 입장을 의심케 할 정도로 자하가 철저한 법가적인 발언을 한 것으로 수록되어 있는데,[64)] 이와 같이 다양한 사후의 개종(改宗)은 낯익은 이념투쟁 방법이다. 후세 유가 문헌에도 제자들에 관한 일화가 많이 들어 있는데, 그 가운데에는 사실도 있겠지만 허구가 분명한 것도 있다. 결국 이들 후기 문헌에서 참과 거짓을 가려내는 것이 거의 불가능한 일이고 보면, 분량은 적지만 좀더 신빙성이 있는 초기 기록 속에서 계속 진실을 찾을 수밖에 없는 것이다.

커다란 영향을 주었던 또 한 명의 제자는 증삼(曾參)이다. 《논어》에서는 그가 보통 증자(曾子)로 불리고 있는데, 이것은 그의 제자들이 그를 부른 호칭이었기 때문에 증삼의 학파가 《논어》를 편찬하는데 상당한 역할을 하였다는 종래의 주장도 전혀 근거가 없는 것 같지는 않다. 《맹자》는 증삼을 선생으로 불렀고 한때는 70명의 제자를 거느리고 있었다고 전한다.[65]

맹자는 또 증삼이 두려움을 모르는 사람이었다고 하였지만, 맹자가 전하는 증삼의 일화에는 그런 면이 보이지 않는다. 맹자에 따르면 증삼이 살고 있는 읍이 이웃나라 군대에게 침략받았을 때 증삼이 제일 먼저 도망갔으며, 이 때문에 비난을 받았다고 한다. 맹자는 증삼이 겁장이였다는 비난에 대해 변호하였는데, 그는 군인이 아니었기 때문에 그런 비난은 받지 않아도 좋을지도 모른다. 그러나 더 중요한 점은 적이 쳐들어오기 직전에 읍을 떠나면서, "사람들을 내 집에 머물지 못하게 하라. 그들은 초목을 파괴할지도 모른다"고 집 지키는 사람에게 말한 철저한 비인도적인 태도이다.[66] 공자가 이런 말을 했으리라고는 상상조차 할 수 없다.

그러나 증삼이 덕행을 중시하지 않았다고 생각하는 것은 커다란 잘못이다. 실제로 그는 덕행 이외에는 어떤 것에도 관심을 갖지 않았다. 《논어》에는 그의 어록이 많이 나오지만, 그 가운데 세상 문제나 정치적 행위에 관심을 보인 것은 거의 없고, 그 대신 오직 개인의 수양방법에만 관심을 보인 것이 많다. 그가 병에 걸려 맹씨의 종주가 병문안을 왔을 때, 그는 이렇게 말했다. "죽음이 임박한 사람의 말은 착한 법입니다. 군자가 도를 따르면서 귀하게 여기는 것이 셋 있습니다. 첫째는 용모와 행동거지에 있어서 난폭함과 자만심을 멀리하는 것이며, 둘째는 안색을 바로하여 신뢰를 보이는 것이고, 셋째는 모든 언사에서 비루함과 무례함을 제거하는 것입니다."[67]

증삼은 유교의 전승에서 효로 유명하다.[68] 그가 이 문제를 토론한 것이 《논어》에도 여러 번 나오지만[69] 《맹자》도 그의 유별난 효행을 꽤 길게 서술하고 있다.[70] 효에 특별한 관심을 가진 사람은 초기 제자들보다는 거의 예외가 없을 정도로 후기 제자들이었다는 사실은 흥미있는 일이다.

후기 제자들과 초기 제자들의 행동 및 관심에 커다란 차이가 있는 것은 명백하다. 그 이유는 확실히 공자의 개인적인 생활의 변화에도 있었다. 천하주유의 결과 마지막으로 그의 환상이 깨질 때까지도 공자는 자신이 설교한 것을 관리가 되어 실천하려는 희망을 품고 있었고, 세상을 개조할 수 있는 커다란 기회를 기다렸기 때문에 제자를 가르치는 것도 일시적인 일에 불과하였다. 그는 틈틈이 뜻을 같이하는 청년들에게 자기가 계획하고 있는 것을 어떻게 하면 그들 역시 행할 수 있는가를 즐겨 말해주었다. 그래서 그가 가르친 사람들은 열정에 사로잡혔다. 그러나 기회는 오지 않을 것이라는 사실을 직시하지 않을 수 없었던 이후, 공자가 책과 교육에 더 관심을 기울인 것은 당연하였다. 자신이 비참한 세상을 구할 수 없다면, 다른 사람에게 그 방법을 가르치지 않을 수 없지 않은가? 초기 제자들은 예전의 공자처럼 되려고 하였다. 그들은 의미 있는 정치참여를 원하였고, 그 가운데에는 실제 그렇게 참여한 사람도 있었다. 그러나 대부분의 후기 제자들은 공자가 원한 사람이 되려고 하지 않고, 만년의 공자처럼 되려고 노력하였다. 이것은 왜 그들이 교육과 의례에 더 많은 관심을 가졌고, 사회 전체보다는 개인에게 덕을 심어주려는 데 더 큰 관심을 가졌느냐는 이유를 설명하는 데 유용한 실마리가 될 것이며, 동시에 왜 공자에 비해 유교가 십자군적인 열광보다는 현학적인 형식이 더 강한가를 설명하는 데도 도움이 될 것이다.[71]

제7장 敎　　師

인류역사에서 수많은 교사가 있었지만, 단지 청년을 교육한 것만으로 인류 역사의 방향을 바꾸어놓은 교사는 정말 극소수였다. 공자가 바로 그런 사람이었기 때문에 그 교육 내용 및 방법에 특별한 관심이 간다.

공자시대 이전의 중국에도 교육이 있기는 있었겠지만, 알려진 것은 많지 않다. 공자시대 이전 수천 년 전부터 학교제도가 확실히 운영되어 왔다고 주장하는 문헌이 있는 것은 사실이지만, 이 문헌들은 대부분 공자가 사망한 뒤 몇 세기가 지나서 저술된 것으로서 신빙성이 의심스럽다.[1] 공자보다 겨우 1세기 뒤에 태어난 맹자는 주(周) 이전의 두 왕조가 각각 학교를 설립하였다고 주장하였지만[2] 이것도 미래에 실현되기를 원한 것을 과거의 일로 부회하였다는 의심을 면키 어렵다. 실제로 공자 이전부터 전해 오는 문헌들을 살펴보면 궁술을 가르치기 위해 설립된 것을 제외하면 학교에 대한 자료는 전혀 확인할 수가 없는데, 이 궁술학교(弓術學校)는 청동기의 명문(銘文)에 언급되어 있다.[3]

그러나 개인 교사에게 배우는 일은 확실히 많았던 것 같다. 장래 군주가 될 사람은 물론이고 대귀족의 자제들에게도 모두 개인교사가 있었을 것이며, 미관말직의 청년들은 상급자에게 교육을 받았다. 그러나 이것은 공자의 교육과정과 동일한 성격이 아니었다. 이것은 이미 관직을 갖고 있거나 세습에 의해 지배자의 운명을 타고난 사람들을 현직 관리인 교사들이 훈련하는 것이었고, 이 훈련은 기존 형식에 따라 행정사무를 수행하기 위한 것이었다.

공자는 이와 전혀 다른 것을 가르쳤다. 한낱 사인(私人)의 자격으로 공자는 자질이 좋다고 생각되는 사람이면 누구나 제자로 받아들였으며, 종래의 정치와는 다르지만 공자의 생각으로는 훨씬 더 좋은 정치를 구현하려는 목적으로 그들을 교육하였다.

그러므로 그의 교육목적은 실제적인 것이었으나, 흔히 좁은 의미로 말하는 실제적인 것은 결코 아니었다. 비록 교육의 목적은 선정(善政)을 구현하는 것이었지만, 그 교육의 결과 모두가 유능한 행정가가 되어야 하며, 그 이상은 아무것도 필요없다는 것은 아니었다. 실제로 그것을 훨씬 넘어서서, 교육을 받은 사람은 모든 관점에서 가능한 한 이상적인 인간이 되어야 하며, 특정한 기술만 가진 단순한 전문가가 되어서는 결코 안 된다는 것이다.[4)]

공자는 지혜가 있고 탐욕스럽지 않으며 용감하고 교양도 있을 뿐 아니라 예악(禮樂)에도 정통한 사람을 이상적인 인간이라고 정의(定義)한 적이 있는데,[5)] 이것이 공자가 제자들에게 제시한 모범이었음에 틀림없다.

공자가 제자들에게 요구하였던 덕성 가운데, 예컨대 용기나 성실 같은 것은 정치적 성공에 필수적인 요건은 아니다. 그러나 공자가 목표로 삼은 것은 입신출세가 아니라 훌륭한 정치였고, 이것은 통상적인 의미의 교육을 받았을 뿐 아니라 성실과 형평(衡平)의 덕을 갖춘 사람들이 정치를 운영할 때 비로소 가능하다는 것이 공자의 신념이었다. 그는 "자기 자신도 다스리지 못하는 사람이 어떻게 다른 사람을 다스릴 수 있겠는가?"[6)]라는 질문을 던졌다. 그는 실제로 군주와 모든 관리들은 최상의 모범을 행동으로 보여야 한다고 생각하였으며, 그렇게 하는 것이 설교나 형벌보다 훨씬 더 많은 성과를 거둘 수 있다고 믿었다.

이 점은 공자가 왕왕 오해를 받은 면이다. 공자시대보다 훨씬 뒤에 — 특히 한대(漢代)에 현저하였다 — 일종의 형이상학이랄까, 아니면 아마 의사과학론(擬似科學論)이라고 불러야 할 이론이 유행하였는데, 그것은 우주의 모든 부분이 놀라울 정도로 서로 밀접하게 연결되어 있다고 주장한다. 예컨대 황제의 미세한 행위도 우주의 기계적인 작용에 영향을 미친다는 것이다. 《예기(禮記)》(한대에 편찬)에는 다음과 같은 내용의 구절이 있다. 만약 황제가 하계(夏季)의 마지막 달에 붉은 옷 대신 흰옷을 입으면 "고원(高原)도 홍수로 범람하고, 들의 곡식이 여물지 않으며 유산하는 부인들이 많아진다"는 것이다.[7] 종래 많은 학자들이 이 형이상학적인 이론에 근거하여 공자를 이해하였으며, 공자가 군주의 덕은 세상을 일변시킬 수 있다고 말한 것은 이런 종류의 마술에 가까운 힘을 언급한 것이라고 생각하여 왔고,[8] 필자도 전에는 이런 견해를 가진 적이 있었다.[9]

그러나 진짜 초기 문헌을 주의깊게 연구하면 이런 종류의 관념은 공자 이전 시대에는 낯선 것이었을 뿐 아니라 공자보다 약간 후기에 속하는 문헌에도 나타나지 않는 것이 판명된다. 물론 상고시대에 미신이 없었다는 말은 아니며, 그런 것은 많이 있었다. 그러나 그것은 이와는 다른 성격이며, 불가사의하고 복잡한 '영험(靈驗)'보다는 때로는 자식을 낳게 할 수 있을 정도의 구체적인 귀신과 관련된 미신이었다. 초기 문헌을 보면 군주가 백성들을 마력(魔力)이 아닌 유덕한 모범으로 감화시키는 것으로 되어 있는 것이 일반적인데, 이 점은 공자의 경우도 마찬가지다.[10]

앞에서 본 바와 같이 공자의 제자 가운데에는 미천한 출신도 있었지만, 공자는 이들을 명실공히 지배능력을 갖춘 사람으로 만들려고 노력하였다. 제자들이 지향해야 할 이상적인 인간형을 공자가 '군자(君子)'란 말로 표현한 것은 아마 이 때문이었던 것 같다. 이 말은 문자 그대로 '군주의 아들', 즉 군주의 친척을 의미하며, 따라서 귀족의 성원을 뜻하는데, 이런 의미에서 '소인(小人)', 즉 평민과 대비되는 말이다.[11] 세습귀족을 지칭하는 의미의 '군자'란 단어는 초기 문헌에 아주 흔한데, 공자보다 앞선 시기의 문헌 가운데에서 이와 다른 의미로 사용된 예는 거의 없다.[12] 공자도 때때로 이 단어를 예전의 의미대로 사용하기도 하였지만 그것은 예외적인 것에 불과하며, '군자'를 언급할 때는 귀족이 이상적으로 갖추어야만 하는 덕성을 가진 사람, 즉 진정한 귀족(단순한 세습적인 귀족이 아니다)을 지칭한 것이 보통이다. 이런 의미상의 변화는 영어 'gentleman'의 의미 변화와 매우 유사하다. 이 단어도 본래는 사회적 지위가 우월한 집안에 태어난 사람을 의미하였으나, 지금은 출생신분을 불문하고 올바른 태도와 교양을 가진 사람을 지칭하는 것이 보통이다. 이 때문에 '군자'를 영어로 'gentleman'이라고 번역해도 무방한 것 같다.

'군자'의 옛 의미보다는 새로운 의미가 통용됨에 따라 유가의 행동규범에 따르지 않는 군주들은 자동적으로 '비군자(非君子)'로 분류되었다. 그러므로 유가들은 세습적인 군주들이 아니라 바로 자기들이 진정한 귀족이며, 따라서 자기들이 정부를 운영해야 한다고 주장할 수 있었던 것이다.

공자의 목적은 제자들을 군자로 만드는 것이었다. 그는 누구를 대상으로 이 작업을 하려고 하였는가? 너무나 가난하여 마른 고기 한 죽밖에 예물로 가져오지 못한 사람조차 가르치는 것을 거절한 일이 없다고 공자 자신은 공언하였다.[13]

이것은 단순한 자랑이 아니며, 또 미천한 사람에 대한 그러한 친절이 계속 유교에 남아 있었다는 사실을 시사하는 재미있는 일화가 《맹자》에 실려 있다. 즉 맹자는 대단히 호사스러운 여행을 하였는데, 그가 손님으로 머물고 있는 궁궐 관리인이 신발 한 짝을 잃어버렸다. 관리인은 그의 제자가 그것을 훔쳤다고 비난하자 그는 크게 화를 내었다. 그러나 그 관리인은 맹자가 배우기를 원하는 사람이면 누구나 심사도 하지 않고 받아들이는 것은 주지의 사실이며, 자기가 혐의를 두는 것도 당연하다고 지적함으로써 그 혐의가 옳다고 주장

하였다.[14)]

가난하다거나 출생이 미천한 것은 공자에게 배우는 데 장애가 되지 않았으며, 방해되는 조건은 따로 있었다. 공자는 멍청이를 가르치는 것은 거절한다고 스스로 말했고, 또 지적(知的)인 개발에 '정열을 불태우는 사람만'을 가르치겠다고 선언하였다.[15)]

뿐만 아니라 공자는 단지 부와 지위를 얻으려는 목적뿐인 학생들과 시간을 낭비하는 것을 피하려고 노력한 듯하며, 좀더 고상한 일에 관심을 가진 체하지만 초라한 옷과 거친 음식을 수치로 생각하는 사람들을 '더불어 말할 가치가 없는' 존재라고 내쫓았다.[16)] 그러나 그는 "3년 동안 물질적인 보답을 생각하지 않고 공부만 하려는 사람을 찾기 어렵다"고 한탄하기도 하였다.[17)]

집이 먼 제자들은 공자의 집에서 함께 숙식(宿食)하였던 것 같다.[18)] 그의 교육방법은 완전히 형식을 떠난 것처럼 보이며, 수업시간이나 일정한 시험도 없었던 것 같다. 그 대신 공자는 한 명, 또는 동시에 몇 사람과 대화를 나누었고 때때로 질문을 던지기도 하였다. 책은 그들이 스스로 학습하도록 했지만 공자가 학습해야 할 것을 지시해 주고 특별한 대목은 함께 토의하였던 것 같다. 비록 현재는 이런 개인적인 교습방법이 널리 이용되고 있지 않지만(너무 비싸기 때문에) 몇몇 일류 단과대학이나 종합대학에서 채택하고 있는 개인 교수방법과 아주 흡사하다.

이것은 공자가 목적을 달성하기 위해 사용할 수 있었던 유일한 방법이었다. 왜냐하면 그의 목적은 단지 학자를 가르치는 것만이 아니라 이 세상에서 결정적인 역할을 담당할 군자를 양성하는 것이었기 때문이다. 그는 어떤 주제를 가르친 것이 아니라 제자들이 어떤 사람이 될 것인가를 가르쳤던 것이다. 따라서 그의 방법은 극히 개인적이었으며, 제자마다 다른 문제를 제기하였기 때문에 가르치는 방법도 제자마다 달랐다.[19)]

따라서 각 학생의 인물됨을 관찰하는 것이 급선무였다. 훌륭한 교사가 모두 그래야만 하는 것처럼 공자도 주의깊게 한 사람 한 사람의 성격을 관찰하였다.[20] 그 방법 가운데에는 현대의 정신요법을 상기시키는 것도 있는데, 그것은 학생들의 마음을 편안하게 해준 뒤 그들의 소망을 기탄없이 자유롭게 말하도록 하는 것이었다. 그럴 때면 그는 중간에 말을 끊거나 논평하는 일이 없이 미소지으면서 끝까지 듣는 경청자의 입장이 되었으며, 논평을 하여도 속으로만 하였을 뿐이다. 그러나 그들이 말하는 동안 그는 자기가 받은 인상을 종합하여 그들의 장점을 어떻게 살리고 약점은 어떻게 극복할 수 있는가를 생각하였다.[21]

일단 개개인에 대한 분석을 끝내면 공자는 그에 따라 교육내용을 조정하였다. 때때로 그는 동일한 질문에 대해서도 제자에 따라 다른 대답을 하였다. 한번은 자로가 배운 것이 있으면 당장 그것을 실천해야만 하는가를 물었을 때, 공자는 아니라고 하며 먼저 부형(父兄)에게 의논해야 한다고 대답하였는데, 조금 후에 염구가 같은 질문을 하자 공자는 그렇다고 하며 배운 것을 즉시 실천해야 한다고 말했다. 이 두 가지 대답을 안 제자 공서화(公西華)는 의아해 하였고, 그 차이에 대한 이유를 묻자 공자는 이렇게 말했다. "염구는 열성이 부족하기 때문에 그를 자극한 것이고, 자로는 너무 활동력이 강해 견제한 것이다."[22] 앞에서 본 바와 같이 이것은 실제로 두 사람의 성격에 상응하는 답변이었다.

공자가 격식을 차리지 않은 것은 교육방법에만 국한된 것은 아니었다. 공자가 죽은 지 오래지 않아 중국의 교사들은 대단히 권위를 내세웠고 자기들이 말하는 것을 제자들이 무조건 받아들이기를 기대하였다. 그러나 공자는 후세의 교사들이 충격을 받을 정도로 아무 격식 없이 편안한 자세로 제자를 대하였고 엄격한 규율도 내세우지 않았다. 이것은 우연한 일이 아니었으며, 뒤에 설명하겠지만 그의 정치 및 지식철학과 상통하는 것이었다. 모든 면에서 공자가 강조한 것은 잘못에 대한 처벌이 아니라 선행의 권장이었고, 강제가 아닌 설득이었으며, 시종일관 부정적이라기보다는 긍정적인 것이었다.[23]

묵자의 어떤 제자는 묵자가 신참자인 자기에게 짧은 저고리를 입고 거친 음식만 먹으라고 강요하였다는 불평을 토로한 적이 있는데[24) 공자에게는 이와 견줄 만한 관행을 찾아볼 수 없다. 그 대신 공자는 제자들의 철저한 신뢰를 얻는 데 전력을 기울였다. 이것이 비교적 용이하였던 것은 그가 진심으로 청년들에게 호감과 존중심을 가졌기 때문이며, 또 젊은 시절에 자신이 겪은 곤경을 생생하게 기억하였기 때문이었다. 그의 태도는 아버지나 형, 또는 선배와 같았다. 그는 제자들에게 신비적인 인상을 주려고 애쓰지도 않았으며 그들에게 아무것도 숨기는 일이 없음을 선언하였고,[25) 제자들에게 끊임없이 충성을 요구하기보다는 오히려 자신이 제자들에게 충실한 태도를 보임으로써 효과적인 가르침을 주었으며, 학단외부(學團外部) 사람들에게 제자들을 비난함으로써 '그들의 체면을 깎는' 짓은 거의 하지 않았다.[26)

얼마 지나지 않아 중국에서, 그리고 유교 안에서도 교사의 권위는 당연시되었다. 공자가 죽은 뒤 약 1세기 뒤에 태어나 유교의 한 분파와 같은 철학을 세운 묵자는 이렇게 선언하였다. "내 말은 충분한 지침이 될 것이다. 내 말을 무시하고 자기 스스로 생각하는 것은 마치 추수를 포기하고 낟알을 주워 모으는 것 같으며, 자기 말로 내 말을 논박하는 것은 마치 달걀을 바위에 던지는 격이다. 천하의 달걀을 모두 던져도 바위를 훼손하지 못할 것이다."[27) 또 기원전 300년경에 명성을 날렸고 후세에 영향도 컸던 유가(儒家) 순자(荀子)는 이렇게 말하였다. "사법(師法)을 옳게 여기지 않고 자기 멋대로 하는 것은 마치 맹인으로 하여금 색깔을 판별케 하고 귀머거리로 하여금 소리를 판별케 하는 것 같으니 망령된 자가 아니면 누가 그런 짓을 하겠는가?"[28)

공자는 이런 맹목적인 믿음을 요구하지도 않았거니와, 실제로 그렇게 할 수도 없었다. 왜냐하면 그는 자기 자신이 절대적인 진리를 갖고 있다는 숭고한 확신감도 없었고, 제자들이 단순한 축음기판이 아니라 그 이상의 존재가 되려면 스스로 생각하는 것을 배워야만 한다는 것을 이해할 만큼 현명하였기 때문이기도 하다. 학생이 선생의 말씀 하나하나를 모두 신성불가침한 것으로 생각하면서 동시에 스스로 생각할 수는 없는 것이다. 공자는 제자들이 자기와 의견을 달리하여도 성내지 않았으며, 때로는 그들이 옳고 자기가 틀렸음을 솔직히 말하기도 하였고,[29] 제자들이 틀렸음을 확신하였을 때에도 문헌이나 선례 및 선생의 권위로 위압하지 않았다. 그는 제자들을 이치로 설득시키려고 노력하였으며, 그것이 불가능한 경우에는 그 문제를 덮어두었다.[30]

이처럼 공자는 학생을 편하게 해주는 선생이었지만 학생들에게 아무것도 기대하지 않았기 때문에 그런 것은 아니었다. 그와는 반대로 공자는 분명히 제자들에게 많은 기대를 걸었으며,[31] 각자가 어떤 사람이 되느냐는 것은 궁극적으로 그들 자신이 책임져야 한다는 것을 명백히 밝혔기 때문에 더 많은 것을 요구할 수 있는 입장에 있었다.[32] 공자가 제자들을 결코 꾸짖지 않았다고 생각하는 것도 잘못이다. 염구가 부강한 계씨를 도와 백성들을 더 착취하였을 때 공자가 그를 파문시키기까지 하였다는 것은 이미 앞에서 언급한 대로이다. 그러나 일반적으로 그는 부드럽게 질책하였고 야단맞은 제자의 자존심이 상하지 않도록 조심하였다.[33] 때때로 그는 자신의 입장을 밝히기 위하여 천연덕스럽고도 부드러운 농담으로 자신의 뜻을 밝혔는데 다음은 그 한 예이다. 자공이 항상 남을 비평하므로 공자는 말했다. "확실히 자공은 완전무결한 인간이 되었구나! 이런 짓을 할 수 있다니, 나는 아직 그럴 틈이 없는데……"[34]

이처럼 부드러운 훈도의 결과, 흔히 생각되는 것처럼 제자들이 규율없고 반항적인 존재가 되었던 것은 아니었다. 제자들이 항상 공자에게 복종한 것만은 아니었고, 특히 사회에 나가 책임 있는 자리를 차지한 이후에는 더욱 그랬지만, 공자에 대한 그들의 충성과 애정은 정말 대단하였으며, 확실히 인류역사에서 유례를 찾을 수 없을 정도였다. 맹자에 따르면 공자가 항상 꾸짖기만 하고, 야단칠 필요조차 없다고까지 말한 적이 있는 재여(宰予)조차 공자는 인류역사에서 가장 위대한 인물이라고 단언하였다고 한다.[35]

공자는 자기에게 찾아온 모든 사람들을(똑똑하고 부지런하기만 하다면) '군자'로 만들기 위해 어떤 교육과정을 채택하였는가? 그것은 현대 어떤 교육과정과도 달랐지만, 동시에 당시 귀족 청년들이 보통 받는 교육과도 달랐는데, 가장 큰 차이점은 사술(射術)과 어술(御術)을 제외시킨 것이다. 전쟁에 필요한 이런 기술을 세련된 기예로서 배운 것은 최근까지도 펜싱이 유럽 귀족들의 일반적인 교양이었던 것과 마찬가지였다. 공자 자신도 활을 쏜 적이 있었고, 공자의 제자 가운데에도 사술과 어술에 모두 숙달된 사람이 있었다. 공자도 이런 기예를 부정하지는 않았다. 그러나 자기가 생각하는 '군자'에게는 그것이 필요없기 때문에 가르치지 않은 것이다.[36] 여기서도 기본적으로 무사적인 세습적 귀족정치로부터 공로와 덕망, 그 가운데에서도 특히 행정상의 업적에 근거한 귀족정치로 이행하는 조짐이 보인다.

귀족의 전통적인 기예 가운데 공자의 목적에 꼭 적합한 것이 하나 있었다. 그래서 공자는 그것을 계승하여 그 특유의 강조점을 덧붙여 유가의 표지가 될 정도로 크게 발전시켰는데, 이것이 바로 '예(禮)'라는 것이다. '예'는 영어로 ceremonial(의례 : 儀禮), ritual(제의 : 祭儀), rules of propriety(예의규범) 등 다양한 용어로 번역되고 있지만, 장구(章句)에 따라서는 그런 역어(譯語)들이 '예'란 한자의 의미를 제대로 전달하지도 못할 뿐 아니라 때로는 그 진정한 의미를 전혀 흐리는 일조차 있다.

'예'라는 한자는 신령에게 바치는 귀한 물건을 담는 제기(祭器)를 표현하는 상형문자이다. 이 문자의 최초 의미는 '제물을 바친다'는 것이 분명하며, 아직도 이 의미가 남아 있다. 이 의미를 조금만 확대하여도 제사에 사용되는 제의라는 의미도 될 수 있다.

이것이 더 발전된 형태는 더욱 복잡한데, 이것을 이해하려면 고대 중국에서는 '종교적'인 행위와 '세속적'인 행위가 크게 구분되지 않았다는 것을 먼저 인식하지 않으면 안 된다. 실제로 그것은 거의 떼어놓을 수 없을 정도로 뒤섞여 있었으며, 산 사람과 죽은 사람을 구분하는 선도 명확하지 않았다. 청동제기는 보통 조상에게 제물을 바치기 위하여 만들었지만, 그 명문을 보면 귀신에게 제물을 바치기 위한 것과 동시에 '친구들을 대접하기 위해서' 만들어진 것도 많다는 것을 알 수 있다.[37] 로마황제들이 살아 있는 동안 신에 바치는 제사를 받은 것이 생각나지만,[38] 이와 마찬가지로 중국 고대 기록에서도 죽은 이에 대한 제사와 살아 있을 당시의 군주를 찬양하는 의식이 거의 똑같은 용어로 기술된 것을 볼 수 있다.[39] 사신을 파견한 군주가 사신이 귀국하기 전에 사망하면 사신은 귀국 후 그 군주의 시신이 누워 있는 빈소(殯所)에 가서 유해(遺骸)에 보고를 하였다.[40]

종교적인 관례는 거의 생활전반에 관련되어 있었다. 제사를 전문적으로 관할하는 사제는 없었고 가제(家祭)는 종주가, 국제(國祭)는 군주가 주재하였다. 원정(遠征)시에도 종묘(여기에 무기가 저장된 일도 있었던 것 같다)와 사직(社稷)에서 출진(出陣) 의식을 가졌고, 원정이 끝난 후 승전이 보고되고 장군이 포상되는 곳도 종묘였다.[41] 외교협상도 종묘에서 이루어졌는데 정말 조상들의 면전이라고 믿었기 때문이다.[42] 또 외교적인 연회도 그곳에서 베풀어졌으며, 신랑감의 아버지가 청혼을 받는 곳도 역시 조상의 영전인 종묘였다.[43]

종교적인 의식의 범위가 너무 넓었기 때문에 종교의식에서의 규범과 작법(作法)을 의미하였던 '예'란 단어가 좀더 확대되어, 때로는 적절한 행위 일반을 의미하는 용어로 사용된 것도 별로 이상한 일이 아니다. 공자보다 앞선 시기에 속하는 것으로 일단 믿을 수 있는 문헌에 '예'자가 그렇게 흔히 나오는 것은 아니지만, 비교적 초기에 속하는 문헌에도 '제의'라는 의미뿐 아니라 더 넓은 의미로 사용된 예가 3건이나 있다.[44] 공자가 처음으로 행동규범으로서 '예'란 개념을 창안한 것은 아니지만 그가 이 단어를 이용하고 토론함에 따라 그 이전의 어떤 용례보다도 행동규범이란 의미가 훨씬 강화되었다.

'예'에 따라 행동하면 '마술적'인 효험이 있다고 공자가 생각하였다는 것이 지금까지의 견해였다.[45] 공자가 종교에 대해 어떤 태도를 취하였느냐는 것은 어려운 문제지만 이 문제는 다음 장에서 다루겠다. '예'의 중요한 일부인 종교적인 의식에 관해 공자가 어떤 회의도

드러내지 않은 것은 확실하다. 그러나 그가 제자를 가르치는 것과 관련하여 '예'를 토론할 때는 매우 건전하고 상식적인 사회심리학의 관점에서 말한 것이 보통이었다. 반드시 기억해야 할 것은 공자가 살았던 세상은 도덕적 기준이 거의 철저하게 무너진 세상이었다는 점이다. 한 예를 들어보자. 진공(陳公)과 그의 대신 2명이 과부 한 사람과 동시에 관계를 맺었다. 세 사람은 모두 그 여자의 속옷 한 조각을 몸에 걸쳤으며, 조정에서 공공연하게 그녀와의 밀통을 농담 삼아 지껄였다. 어떤 대신은 이 공공연한 외설의 과시에 항의하였다고 해서 살해되었다.[46]

종교적인 의식을 거행할 때만은 그래도 사회적으로 용납된 규범에 규제받는 행동방식이 남아 있었다. 거기서는 인간의 행동이 순간적인 탐욕과 감정에 좌우되기보다는 일종의 협동적인 행동양식에 따라 움직이기 때문이다. 그래서 공자는 이러한 모습이 보편화되기를 바랐던 것이다. 그는 염옹(冉雍)에게 다른 사람과 교제할 때는 마치 큰 손님을 접대하듯 하고 만약 운좋게 백성을 다스릴 수 있는 위치가 되면 그 책무를 엄숙한 자세로 이행하되 마치 큰 제사를 받드는 것처럼 엄숙하게 그 책임을 다하라고 말한 적이 있다.[47]

'예'에는 제의를 행하는 형식도 포함되어 있지만, '내부의 정신적 인심(仁心)이 밖으로 표현되었을 때'만 비로소 그 가치가 있으며, 진정으로 인심을 가진 사람이 아니면 '예'와는 아무 관계가 없는 것이다.[48] 공자는 "마음속으로는 전혀 경외심도 없는 사람들이 단지 형식만 갖추는 예를 나는 도저히 참지 못하겠다"고 말했으며,[49] 죽은 사람을 위한 상례(喪禮)에도 모든 격식을 세세하게 지키는 것보다는 진심에서 우러나오는 슬픔이 더 중요하다고 선언하였다.[50] 공자는 단순한 외형적인 과시를 혐오하였다. "그들은 '이것이 예다', '이것이 예다'고 말하지만 예라는 것이 옥과 비단에 불과하단 말인가?"[51]

이와 반대로 진정한 '예'는 저속한 과시와는 양립할 수가 없다. 후세의 예론 가운데에도 "가장 경건한 행동은 문식(文飾)의 여지가 없다", "천자의 상징인 대규(大圭)는 다듬지 않는다"라는 말이 있지만[52]

공자도 "예란 지나치게 사치스러운 것보다는 차라리 너무 검소하다는 말을 듣는 편이 낫다"고 말한 적이 있다.[53] '예'를 두 단어로 정의한다면 아마 '좋은 취향'이라고 말할 수 있을지도 모른다.

좋은 취향이란 물론 어떤 상황에서도 적절한 행동을 하는 것인데, '예'가 바로 그런 것이다. 《예기》에는 다음과 같은 구절이 있다. "예는 적합한 것을 구체적으로 표현한 것이다. 어떤 관행이라도 이 적합성이란 기준에 맞으면 선왕의 관례에는 없는 것이라도 채용될 수 있다."[54]

공자는 이 점에 관해 자신의 견해를 아주 분명하게 밝혔다. 예법상으로는 제례에 참여하는 사람들이 마사(麻絲)로 된 비싼 모자를 쓰도록 되어 있었다. 그래서 공자는 말했다. "예에는 마사로 된 모자를 쓰도록 되어 있으나 현재는 사람들이 비단으로 된 모자를 쓰는데, 이것이 더 경제적이다. 그러므로 나도 일반적인 관례에 따르겠다."[55] 이 문제는 단순히 비용 문제이기 때문에 공자는 제의 규정을 떠나도 아무런 문제가 없다고 생각한 것이다. 그러나 바로 그 뒷문장에서 공자는 정해진 관례를 철저히 지키는 것이 어떤 경우에 중요한 것인가를 말하고 있다. 신하가 군주를 알현하려면 정전(正殿)으로 통하는 계단을 올라가야 하는데, 궁중의례에 의하면 계단을 오르기 전에 배례(拜禮)를 해야만 한다. 그러나 점차로 이것을 생략하는 것이 관행처럼 되었다. 이에 대해 공자는 이렇게 말했다. "이것은 주제넘은 짓이다. 비록 일반적인 관행에는 위배되는 것일지라도 나는 반드시 계단 아래에서 절하는 규정을 따르겠다."[56]

이것이 비굴하게 아첨하려는 것이 결코 아니라는 것을 주의해야 한다. 신하가 군주에 접근할 때는 그 지위에 대해 적절한 경의를 충분히 표해야 하며, 군주와 대화를 나눌 때는 비록 노여움을 사는 한이 있더라도 성심성의껏 자신의 깊은 신념을 표현해야 한다고 공자는 생각하였다. 이것 역시 '예'인 것이다.[57] 확실히 '예'는 단순한 예의규범은 아니며, 규칙에 융통성 없이 집착하는 것은 터무니없이 진정한 '예'를 모독하는 결과가 될지도 모른다. 그러나 반면, 단지 진실한 감정을 느끼는 것만으로는 충분치 않다. '예'는 감정을 표현하는 형식이며, 그 표현은 사회적으로 인정된 방식이 아니면 안 된다. 이런 것이 필요하다는 것은 명백하다. 오늘날에도 어떤 사회에서는 움켜쥔 주먹을 쳐드는 것이 우호적인 인사인 반면, 다른 사회에서는 그것이 적대적인 몸짓이다. 사회적인 존재로서 행동하려면 주위 사람들이 인정하는 인습의 노예가 될 필요까지는 없어도, 그것을 이용하지 않으면 안 된다. 그러므로 유가가 말하는 '예'의 실천은 사회의 전통적인 관행에 대한 지식과 아울러, 구체적인 상황과 상식의 요구에 따라 그것을 조정할 수 있는 능력까지를 의미한다.

개인에 관한 '예'의 기능은 사회적으로 용인되었을 뿐 아니라 사회적으로 유용한 방향으로 행동을 유도하는 것이다. '예'는 즉각적이고 무절제하게 감정을 표현하는 거친 야만인과, 그렇지 않은 문화인을 구분하는 기준이었다. 예컨대 주검에 대한 소박한 반응은 죽은 이에 대한 슬픔과 동시에 시신에 대한 기피감인데, '예'는 시체를 깨끗하게 처리하는 방법과 그렇지 않으면 혐오감을 주게 될지도 모르는 과정을 적절한 의식으로 미화하는 방법을 마련해준다. '예'는 누구나 받아들일 수 있는 복상(服喪)의 관습을 만들어 슬픔을 표현하고, 그럼으로써 슬픔을 달랠 수 있는 방식을 제공하였다. 전혀 상을 입지 않는다면 사회조직을 연결하고 있는 가족의 유대를 약화시킬지도 모르며, 또 언제가지나 격한 비통에 빠진다면 자신은 물론 주위 사람들의 생활을 파괴할지도 모른다. 그러므로 '예'는 사회의 요구라고 주장하면서 적절한 중용에 합치하는 하나의 방도를 규정한 것이다.[58]

'예'는 실제 행동에 대한 일종의 평형바퀴로서 과(過)와 부족(不足)을 모두 방지하고 사회적으로 유익한 중간길로 행동을 인도하는 것이었다. 그래서 공자는 이렇게 말했다. "공경도 예로 조절되지 않으면 단순한 수고로움이 될 뿐이며, 신중도 예로 조절되지 않으면 단순한 소심증이 된다. 용기도 예가 조절하지 않으면 단순한 난폭함이 되며, 솔직함도 예로 조정하지 않으면 단지 몰염치가 될 뿐이다."[59]

인간의 상호관계가 사회가 존립하는 데 불가결한 것은 말할 것도 없지만 이것을 지도하고 원활하게 하는 방법으로서 '예'는 매우 중요하다. 친구간에 의례적인 것이 어울리지 않는다고 느끼는 경향이 있지만, 지나치게 조심성이 없는 것도 우정을 해친다는 것을 동시에 인정하지 않을 수 없다. 공자는 이런 말을 한 적이 있다. "안평중(晏平仲)은 우정을 지키는 법을 잘 알고 있다. 오래 사귀었을지라도 그는 경의를 잃지 않는다."[60] 번즈(James F. Byrnes)는 미국의 예에 관해서 훌륭한 한 예를 기술하였다. 미국 최고재판소에서는 "어느 판사건 회의실에 들어가면 거기에 있는 모든 판사들과 서로 악수를 한 뒤 함께 법정으로 들어간다. 내가 처음으로 최고재판소 판사가 되었을 때는 이것이 어이없는 일처럼 보였다. 왜냐하면 때때로 그 가운데 몇 사람과는 방금 이야기를 마친 경우도 있기 때문이다. 그러나 전날 판사들이 아무리 열띤 논쟁을 벌였을지라도 악수와 말을 건네는 사이로 그날을 시작하면 의견 차이를 조정할 수 있으리라는 지론에서 몇 해 전 대법원장이 이 관습을 세웠다는 것을 알게 되었다."[61]

교육상 '예'가 중요하다는 것은 명백하다. 공자는 미천한 출신에게 정치에서 효과적인 역할을 담당할 수 있는 자질을 갖추어주려고 하였기 때문에 그들에게 군자간의 예의바른 교제 및 궁정의식의 형식을 가르치지 않을 수 없었지만, 이것은 순전히 외면적 단계의 '예'이다. 그러나 세련된 행동을 강조하면 그들을 어떤 개성도 없고 태도면에서만 찰찰하게 예의를 차리는 멋쟁이에 불과한 존재로 만들 우려가 항상 있기 마련이다. 실제로 이런 폐단은 후기 유교에 너무나 많이 나타났다. 공자는 이 위험성을 충분히 인식하였기 때문에 매우 분명한 어조로 이에 대한 경고를 하였다. 그는 단순한 예절과 상반되는 진정한 '예'란 훌륭한 인격을 표현하는 수단이지, 인격을 은폐하거나 대체하는 수단이 아니라는 점을 명백히 밝혔다. 그는 "군자가 지니는 인격의 바탕은 의며, 예로써 그것을 행한다"고 말했으며,[62] 또 "인간 본성이 교육을 웃돌면 조야(粗野)한 사람이 되고, 교육이 본성을 웃돌면 교육받은 종놈에 불과하다. 본성과 교육이 상호 조화

있게 보완될 때 비로소 군자가 될 수 있는 것이다"라고 말하기도 하였다.[63] 따라서 '예'는 인격의 본질이 아니고, 올바른 인격을 가꾸고 확립하는 수단에 불과한 것이다.[64]

제자인 자하가 그런 것은 분명하지만,[65] 공자도 제자들에게 '예'를 행하는 연습을 실제 시켰는지는 《논어》를 보아도 확실치 않다. 그러나 이처럼 몸을 움직여 습관을 몸에 배게 하는 방법을 공자가 사용했건 안했건간에, 그가 '예'를 감정을 절제하는 수단으로 생각하였고, 또 균형과 율동을 확고히 다짐으로써 어떤 위기에 처해서도 혼비백산하여 유감스러운 행동을 하는 일이 없도록 보증하는 수단으로 '예'를 생각하였던 것은 분명하다(감정의 절제라는 인간의 측면은 근대 서구교육에서는 유감스럽게도 경시되고 있다). 지적인 교양에 우선하는 이 감정통제라는 기능은 거듭 강조되었다. "선생께서는 말씀하셨다. 군자는 문헌을 광범위하게 섭렵하고, 그것을 예로써 규제하므로 규범을 어기는 일이 없다."[66] 《논어》에는 공자가 여행중 제자들과 함께 곤경에 빠져 굶주림에 허덕였을 때의 일화가 전해지고 있다. 자로가 격분한 나머지 "군자가 이러한 곤경을 참아야만 합니까"라고 묻자, 공자는 이렇게 대답하였다. "곤경에 처하여 의연할 수 있는 것은 군자뿐이며, 보통사람은 곤경에 처하면 금도(襟度)를 잃는다."[67]

공자시대 이래로 중국문화에서는 인생에 일정한 율동과 고상함을 부여하고 개인에게 균형감을 심어주는 '예'의 개념이 매우 중시되어 왔다. 린위탕[林語堂]은 '예'는 "중국민족 생활의 목표가 되어온 원리로서 사회를 조직하고 통제하는 역할을 해왔다……"고 말한다.[68] '예'는 중국민족에게 가장 두드러진 특성을 부여하였고, 중국적인 생활방식이 서구적인 것으로 대체된 이후에야 비로소 사라지기 시작하였다.

귀족의 기예 가운데 공자가 강조하였던 또 다른 하나는 음악이었다. 대부분의 의식에 음악이 연주되었을 뿐 아니라 음악이 음과 음의 관계를 율동과 조화로 구성한 체계라는 사실 때문에 음악과 '예'는 항상 붙어다녔다. 중국인들은 오늘날 우리들처럼 음악의 교육적 가치를 단지 세련된 교양에 불과한 것으로 생각하지는 않았다. 중국인의 태도는 고대 그리스인의 그것과 비교적 비슷한데, 그리스에서는 "음악의 일차적인 역할은 교육이며, 고대사회에서 교육이란 의미는 인격과 도덕을 함양함을 뜻한다."[69] 아리스토텔레스(Aristotle)는 "음악은 인격을 형성하는 힘이 있으므로 청년을 교육하는 데 이것을 도입해야 한다"는 견해를 피력하였고,[70] 플라톤(Plato)도 "율동과 조화는 영혼의 내면으로 깊이 파고들기 때문에, 음악교육은 다른 어떤 것보다도 유효한 수단이다"라고 기술하였다.[71]

공자는 음악에 깊은 관심을 갖고 있었다.[72] 《논어》에는 공자가 《시경》의 편찬과 정리에 관계하였음을 시사하는 구절이 있는데[73] 고대에는 시에 음악의 반주가 붙어 있었다. 그는 류트와 비슷한 현악기인 슬(瑟)을 탔고 노래도 즐겨 불렀다.[74] 플라톤과 마찬가지로 공자도 음악은 종류에 따라 품성 및 사회에 이로운 것도 있고 해로운 것도 있다고 생각하였기 때문에 음악은 개인뿐 아니라 국가의 관심사라고 생각하였다. 이 두 사람의 철학자는 모두 이상국가에서 어떤 음악은 권장되어야 하고 어떤 음악은 추방되어야 한다고 믿었다.[75] 《맹자》에도 "군주가 재가한 음악을 들어보면 그 군주의 덕을 판단할 수 있다"는 공자의 제자 자공의 말이 인용되어 있다.[76]

공자가 직접 음악을 가르쳤는지는 분명치 않다. 전혀 우연한 자료를 통해 두 명의 제자가(그 가운데 한 명은 고집센 자로이다) 슬(瑟)을 탔던 것을 확인할 수 있는데,[77] 다른 제자들도 모두 그랬을 가능성이 농후하다. 공자가 제자들에게 음악에 관한 이야기를 한 것은 확실하지만 다른 선생에게 더 깊이 배우기를 기대하였는지도 모른다. 공자는 완전한 인간이 되려면 인격도야의 마지막 장식으로서 음악과 '예'에 정통해야 한다고 말한 적도 있고, 또 한번은 학생들의 성품은 "시를 배움으로써 자극되고, 예를 배움으로써 확고해지며, 음악을 배움으로써 완성된다"고 말한 적도 있다.[78] 확실히 공자는 단순한 지성뿐 아니라 감정과 정신의 교사로서 예와 음악을 결합시켰다.

근대서양문화가 음악을 극도로 정치(精緻)하게 발전시킨 것은 의문의 여지가 없지만 음악의 좀더 깊은 의미에 대해서는 비교적 관심이 적었던 것은 기이한 사실이다. 음악은 듣는 사람의 감정은 물론 그 사상에도 영향을 미친다는, 이 부정할 수 없는 사실은 고래로 인정되어 왔지만, 이 소박한 관찰을 기초로 한 그 이상의 연구가 거의 진척되지 않았다는 사실은 놀라운 일이다. 음악에 혈압, 맥박, 호흡, 기초신진대사 및 내분비샘에 영향을 주는 특성이 있음을 시사하는 연구가 진행되었고[79] 또 어떤 조건 아래서는 음악의 음조가 대뇌조직의 파장에 명백히 영향을 준다는 것도 관찰되었다.[80] 물론 음악이 교육 및 도덕상 중요하다는 중국의 이론 가운데 과학적인 조사결과와 맞지 않는 것이 상당히 많은 것도 사실이지만, 더 놀라운 것은 그 문제에 관해 정말 연구다운 연구가 거의 없었다는 사실이다. 그러나 음악이 '정상적인' 사람에 미치는 영향에 관해 서구인들이 거의 관심을 보이지 않은 반면, 몇몇 정신병리학자들이 한동안 정신질환자의 치료에 음악을 이용하는 문제를 연구하고 실험해 온 것은 흥미있는 일이다.[81]

공자가 '예'나 음악 같은 교양을 제일 중요한 것으로 생각하지 않았다는 것은 충분히 강조되어야 한다. 그가 제자들에게 거듭 강조한 기본적인 요점은 첫째도 성실, 둘째도 성실, 셋째도 성실이었다. 그는 제자들에게 말했다. "성실함이 없는 사람이 어떻게 세상을 살아갈 수 있을는지 모르겠다. 그것은 마치 말을 매는 멍에가 없는 마차가 움직이지 못하는 것과 같지 않은가?"[82] 또 제자 자장이 처신하는 방법을 묻자 공자는 이렇게 말했다. "무슨 말을 하여도 성실하고 신뢰받을 만하며, 무슨 행동을 하여도 존경받을 만하고 신중하면, 비록 야만국에 갈지라도 문제가 없을 것이다."[83] 공자는 자기보다 지위가 낮은 사람에게 깨우침을 받는 것을 부끄럽게 여기지 않았으며 훌륭한 아랫사람을 자기와 동렬로 끌어올릴 만큼 정직한 사람을 칭찬하였다.[84] 그는 위선을 경멸하였고 비굴하게 교언영색하고 겉으로만 공경하는 체하는 것을 부끄럽게 여긴다고 말했으며,[85] 또 엄격하고 거만한 태도로 자기 내부의 약점을 은폐하려는 사람은 도둑보다 더

나을 것이 없다고 말하였다.[86)]

그러나 성실이 그 자체로 아무리 훌륭하고 불가결한 것이라 해도, 그것만으로는 충분치 않다. 인간은 철저하게 성실하면서도 동시에 오류를 범할 수도 있기 때문이다. 공자는 제자들에게 이런 말을 한 적이 있다. 어떤 대가를 치르더라도 자기가 한 말을 꼭 지키고, 어떤 상황에도 시작한 일은 반드시 끝내려고 하는 사람도 물론 가상하지만, 이것은 자기가 이상으로 여기는 행동은 아니며,[87)] 군자란 오류를 범할 수도 있지만 항상 그것을 고칠 자세를 가져야 한다는 것이다.[88)]

뿐만 아니라 공자는 제자들에게 단지 생각이나 말로만 성실한 것은 불충분하다고 말하였다. 진정한 성실은 행동으로 옮겨져야 하며, 따라서 관직에 나아가는 사람은 자기가 받을 수 있는 봉록이나 기타 보상은 부차적인 것으로 생각하고 임무달성에 전심전력을 다 해야 하며,[89)] 무엇이 옳은가를 알면서도 그것을 실천하지 않는 것은 비겁한 짓이므로,[90)] 필요하다면 원칙을 위해서 생명을 바칠 각오가 되어 있어야 한다는 것이다.[91)]

이런 행동을 권장하기 위해 공자는 제자들에게 '사(士)'의 이상을 제시하는 방법을 취하였다. 본래 이 용어는 단순히 청년을 의미하였던 것 같은데,[92)] '무사'를 의미하게도 되었고, 역사에서 흔히 볼 수 있는 과정을 거쳐 '귀족'을 의미하게도 되었다. 이런 의미에서 '사'란 단어는 유럽의 '기사(Knight)'란 말과 매우 비슷하다. 둘 다 최하층 귀족을 의미하는데, 이들은 대체로 무사였다. 공자는 이 단어에도 새로운 의미를 부여하였다. 천년 정도 지난 뒤 중세 유럽에서 기독교교회는 기사단의 절제 없는 포악성을 길들이는 사명을 떠맡아[93)] 여러 가지 수단을 강구하여 기사들로 하여금 교회의 이념과 덕성을 신봉하도록 노력한 결과 얼마간의 성공을 거두었다. 이것과 다소 비슷하게, 공자는 진정한 군자가 해야 할 행동을 하지 않는 사람은 '사'로 불릴 가치가 없으며, 유가의 덕성을 모범으로 보이는 사람이면 누구나(출신에 관계없이) 최상급의 '사'라고 선언하였다.

기독교교회는 전통적인 기사의 미덕, 즉 용기, 충성 및 헌신을 위한 헌신을 이용하여 짓밟힌 사람들, 과부 및 고아를 끝까지 보호할 것을 젊은 귀족들에게 서약시키고, 그들의 호전적인 정력을 십자군이란 성전(聖戰)으로 돌리려고 노력하였는데, 공자가 '사'를 논한 가운데에도 진정한 기사에게 요구된 열정과 헌신이 은연중에 암시된 것을 찾을 수 있다. 공자는 "단지 집안에 조용히 앉아 있는 것만 생각하는 사는 사로 간주될 가치가 없다"고 말했고,[94] 그 제자인 증삼도 "사는 원대한 뜻과 강한 의지를 갖지 않으면 안 된다. 그의 짐은 무겁고 길은 멀기 때문이다. 인을 달성하는 것을 자기의 소임으로 삼았으니 정말 짐이 무겁지 않은가? 그 길은 죽어야 끝나는 것이니 과연 멀지 않은가"[95]라고 말했다.

그러나 기독교의 기사는 계속 기사요 귀족의 성원이었지만, 유교에서 말하는 '군자'는 평민이며, 결코 무사도 아니라는 점은 강조될 필요가 있다. 일반적으로 '사'는 세습귀족도 아니었다. 공자는 제자들에게 귀족정치의 단점을 배제하면서 그 장점만 주입시키려 하였고, 전쟁기술을 가르치지 않은 채 귀족의 권위를 제자들에게 부여하려고 노력하였다. 결국 그 노력은 크게 성공하여, 중국인의 눈에는 전사가 더 이상 학자의 경쟁상대가 될 수 없는 존재로 비치게 되었다.

공자는 제자들로 하여금 자기들의 직업을 최상의 직업으로 느끼도록 만들었다. 그에 대한 보수로 공자가 말한 것은 마음의 평안과 정신적 희열감뿐이었다. 그러나 그것은 자기가 어떤 것보다 가치있는 일을 하려고 노력하고 있다는 확신에서(그것의 성공 여부는 중요하지 않다) 우러나오는 것이다. 그 의무는 막중하였다.

공자는 제자들에게 수신의 중요성을 끊임없이 역설하였고 그 책임은 오직 그들 자신에게 있다는 것, 따라서 아무리 사소한 것이라도 어떤 진보가 있으면 그 명예는 그들 자신의 것이고, 아무리 목표에 접근하였을지라도 이르지 못했다면 그 실패에 대한 책임도 그들 자신이 감수해야 한다는 것을 말했다.[96] 또 공자는 제자들에게 "대군을 거느린 장군은 사로잡힐 수 있을지 모르나, 필부의 의지를 빼앗을 수 있는 힘은 없다"[97]는 것을 기억하라고 말하였다. 자립심과 독립심은 공자가 즐겨 토론한 주제였다. "군자는 자기 안에서 구하고 소인은 다른 사람에게서 구한다."[98], "관직이 없는 것을 걱정하지 말고 관직에 나갈 수 있는 자격을 갖추는 데 신경을 써라. 자신이 알려지지 않은 것을 걱정하지 말고 명성을 얻을 가치가 있는 존재가 되도록 신경을 써라"[99]고 공자는 말했다.

도덕적 결함은 비판해야 하지만 남의 결함보다는 먼저 자기 자신의 결함을 비판해야 한다.[100] 공자는 이렇게 말한다. "자신의 결함에는 엄격하지만 남의 결함에는 관대한 사람은 원망을 피할 수 있다."[101], "세 사람이 함께 걸을 때도 나는 항상 다른 두 사람에게 배울 수 있다. 그들의 장점을 골라 배우고, 그들의 단점을 피한다."[102], "현자를 보면 그를 모방할 것을 생각하고, 그렇지 못한 사람을 보면 자기 자신의 내부를 성찰하라."[103]

공자는 제자들이 겸손해야 한다고 생각하였기 때문에 그렇지 못한 제자들을 비웃었다. 그는 제자들에게 말하였다. "맹지반(孟之反)은 자신을 내세우는 사람이 아니다. 군대가 패주하였을 때 맨 마지막으로 도망하였지만 성문이 가까와지자, 내가 뒤에 처진 것은 용기가 있었기 때문이 아니라 말이 움직이지 않았기 때문이다 하며 말에 채찍을 가했다."[104] 또 공자는 "군자는 말이 행동보다 앞서는 것을 수치로 여기며"[105] "먼저 행동하고 그 후에 그것을 말한다"[106]고 하였다.

자랑하는 말뿐 아니라 어떤 말도 지나치게 수다스러우면 공자는 눈살을 찌푸렸다. 그는 언어의 중요성, 예컨대 외교에서 그것이 결정적인 역할을 한다는 것을 충분히 인식했지만, 말이란 그때그때 정해진 범위 안에서 가능한 한 간단명료하고 사무적으로 해야 한다고 생각했다. 그는 "언어란 의사를 충분히 전달할 수 있으면 그만이지 그 이상은 아니다"[107]라고 말한다. 그는 수다스러운 것을 혐오하였으며, 다른 사람에게 들은 것을 즉각 옮기기만 한다면 들은 것도 아무 소용이 없을 것이라고 제자들에게 말하였고,[108] "군자는 달변(達辯)이 아니다"라고 말하였다.[109] 앞에서 이미 지적한 바와 같이 그는 웅변을 역겨워하였다. 공자가 안회에게 국가를 다스리는 데 지켜야 할 대원칙을 말한 적이 있는데 그 가운데 "말만 잘하는 사람을 멀리하라. 그들은 위험한 존재이기 때문이다"[110]라는 것도 들어 있다.

이처럼 웅변을 혐오하는 것이 너무 지나친 것 같기도 하고 어처구니없는 일로 보일지도 모른다. 그러나 실제로 거기에는 상당한 이유가 있었다. 앞에서 지적한 바와 같이 공자는 논쟁 상대를 설득하기 위하여 최종적인 권위에 호소하거나 그것을 주장하는 일이 한 번도 없었다. 그 대신 그는 사실을 끝까지 논증하였고 그 자체의 시비곡직을 토론하려고 하였다. 그러나 일단 웅변이나 논쟁의 언사가 끼여드는 순간, 진정한 논증은 불가능해지기 마련이다. 왜냐하면 논쟁하는 사람의 목적은 진리를 발견하는 것이 아니라 논쟁에 승리하는 것이고, 따라서 이 목적을 위해 가능한 한 본래의 쟁점에서 멀리 떨어지려고 하는 일이 자주 있기 때문이다. 웅변과 논쟁은 쟁점을 해결하기 위한 것이 아니라 사람들을 감동시키기 위한 것이다. 바로 이 때문에 그것들은 감정과 편견에 호소하는 경향이 강하며, 의견을 깊이 분석하기보다는 산뜻하고 재치있는 말을 구사하고 때로는 해학적인 어투도 이용한다. 공자는 이것을 모두 경멸하였다.

정치의 세계에서도 웅변은 매우 위험한 것이 될 수 있다. 웅변은 민주정치에서는 국민을 오도하고, 군주정치에서는 부도덕한 사람들이 군주를 좌우하기 위해 그것을 이용한다. 공자는 웅변적이 아니면 재난을 피하기가 매우 어려운 세태를 개탄하였다.[111]

앞에서 지적한 바와 같이 그 시대는 권모술수가 난무하였다. 공자는 "혀를 잘 놀리는 사람이 국가와 집안을 멸망시키는 것을 증오한다"고 선언하였다.[112] 권모술수가 단기적으로는 유가에 제법 도움이 될지 모르지만, 결국은 그 때문에 유가운동의 신용은 떨어지게 될 것이다. 공자는 현명하게도 "항상 작은 이익을 찾는 사람은 결코 큰 일을 이루지 못한다"[113]는 것을 잘 알았다. 공자는 자기 자신도 권모술수를 피하였고,[114] 제자들에게는 자기의 주의주장을 다른 사람에게 설득할 때는 예의바르고 성실한 태도를 취해야 하며, 전염병을 보듯

달변을 피하라고 가르친 것은 현명한 처사였다. 다른 나라에 비해 중국 역사에서 웅변의 역할이 아주 적었던 까닭의 실마리가 이런 공자의 주장에도 있는 것 같다.

유가들은 사명감을 가진 사람이었기 때문에 자신 및 그 집단의 평판을 떨어뜨리지 않기 위하여 의무적으로 다소 위엄 있는 태도를 취하지 않으면 안 되었다.[115] 그들은 아무리 주의주장에 불타도 긍지를 지켜 남과 가볍게 다투지 않고,[116] 신속한 결과를 얻으려고 서두르지 않으며, 신중한 고려 끝에 적절한 방향이라고 확신한 연후에 행동해야 한다.[117]

이기적인 동기에서 행동하는 것은 그들의 체면을 손상하는 일이다. 군자는 포식을 원치 않으며, 편안한 거처를 밝히지 않는다.[118] 군자의 관심사는 의뿐이며, 이익동기는 소인의 관심사이다.[119] 군자에게는 명성도 자존심보다는 중요하지 않다(온당치 못한 방법으로 얻은 것이면 특히 그렇다).[120] 자공이 물었다. "동향인이 모두 좋아하는 사람이면 어떻습니까?" 공자는 말했다. "그것도 충분치 않다." "그러면 향인이 다 미워하는 사람은 어떻습니까?" "그것으로도 그 사람을 평가할 수는 없다. 착한 동향인의 사랑을 받고 악한 동향인의 미움을 받는 사람이 가장 좋다."[121] 그러나 공자는 이처럼 허명(虛名)을 비웃었음에도 불구하고, 군자란 생전에 아무것도 이룬 것이 없어 죽은 후에 이름이 잊혀지는 것을 원치 않는다고 말하였다.[122]

공자가 제자들에게 제시한 진정한 군자의 이상은 숭고한 것이라고까지는 말할 수 없어도 일종의 정신적인 고귀함이라고 요약할 수 있을 것 같다. 공자가 살았던 세상이 비열함과 탐욕, 그리고 난폭함으로 가득 차 있었던 것을 생각해 보면 그를 비롯한 제자들이 그런 환경에서 정신적으로 벗어나는 것이 얼마나 필요하였던가를 이해할 수 있다. 그러나 그것은 매우 어려운 일이었음에 틀림없다. 그들은 그 사회에서 계속 생활하고 그 사회의 운영에 참여까지 하면서 그 어려운 일을 해냈으며, 더욱이 이 초연함이 형이상학에 입각한 것도, 종교에 의해 구체적으로 뒷받침된 것도 아니었다는 것을 생각할 때,

인간정신이 이룩한 커다란 성과의 하나로 인정하지 않을 수 없다.

군자란 자신감 때문에 교만해지지는 않는다고 공자는 생각하였다.[123] 군자는 사람들의 능력에 합당한 것만을 기대하기 때문에 섬기기는 쉽지만 지고(至高)의 원칙에 부합되지 않는 한 그를 기쁘게 할 수 없다.[124] 왜냐하면 그를 기쁘게 할 목적으로 꾸며낸 행동만으로는 그의 관심을 끌 수 없기 때문이다. 군자는 본래 협동심이 많고 온화하며 당파심이 없고 파벌을 조성하지 않으며,[125] 인격이 확고하기 때문에 위기에 처해서도 태연자약하고,[126] 언제 고문을 당해 죽을지 몰라도 두려워하지 않는다. "공자께서는, '자신의 내부를 성찰해 보아도 비난받을 만한 것이 없다면 무엇을 걱정하고, 무엇을 두려워하겠는가?'라고 말씀하셨다."[127]

이상의 서술은 모두 마치 설교처럼 들릴지 모르지만, 공자는 말만으로 사람이 착하게 될 수 있다는 식의 오류는 범하지 않았다. 《논어》에 거듭 보이는 것처럼 공자는 솔선수범이 지니는 힘에 훨씬 큰 비중을 두었고, '인격의 감화'를 진정으로 믿었다. 그래서 공자는 어떤 노인(魯人)을 평하여 "그런 사람은 정말 군자라고 하겠다. 만약 노에 진정한 군자가 없었다면 그는 어떻게 그런 인격을 가질 수 있었겠는가?"[128]라고 말했고, 제자들에게 교우관계를 가장 조심하지 않으면 안 된다고 경고하였다. 장인이 좋은 물건을 만들기 위해 연장을 가는 것과 마찬가지로 훌륭한 상사 밑에서만 일을 하고, 유덕한 사람과만 우정을 맺음으로써 인격을 도야하지 않으면 안 된다는 것이다.[129] 공자는 모든 사람에게 친절해야 하지만 친교는 진실로 유덕한 사람들과만 맺어야 한다고 말했고,[130] 충신의 의미를 잘못 생각하여 보잘것없는 걸 해놓고도 고칠 의사가 없는 사람과 우정을 계속하는 것을 거듭 경고하였다.[131]

공자 자신의 솔선수범이 제자들을 가르치는 데 가장 중요한 역할을 한 것은 의문의 여지가 없다. 그것이 쉽게 이루어진 것은 교육방식이 격식에 구애되지 않았고 제자들과 친밀한 관계를 맺었기 때문이다. 앞에서 지적한 바와 같이 공자가 남에게 설교한 것을 스스로 실천하지 못하였다는 예는 거의 없다. 공자가 반도(叛徒)의 제휴요청을 받았을 때 자로가 그것을 반대한 일이 두 번 있었다. 그때 공자는 비록 자신이 옳은지도 모른다고 느꼈지만, 결국 그 요청에 응하지 않았는데, 그런 결정을 내린 것은 예외가 있을 수 없는 모범을 청년들에게 보여야 한다는 책임감 때문이었음이 분명하다.

지금까지 책이란 것이 거의 언급되지 않은 사실은 의외라고 생각할지도 모르며, 특히 유가란 단어가 자주 책벌레와 거의 동의어처럼 간주되는 사실에 비추어볼 때 더욱 그럴 것이다. 공자가 죽은 지 백년도 못 되어 유가들이 지나치게 서적에 몰두하게 된 것은 뒤에 기술하겠지만, 그 후에도 과거시험 및 그것을 위한 교육이 전적으로 책 중심이 되었기 때문에 1058년 개혁가 왕안석은 당시 교육이 주로 '경전을 나누어 강설하는 것'이라고 불만을 토로하면서, 그러나 "그것이 고법(古法)은 아니다"고 덧붙였다.[132]

그것은 확실히 공자의 방법은 아니었다. 그는 문헌연구를 군자교육에서 극히 일부에 불과한 것으로 여겼으며, 좀더 근본적인 것은 인격의 도야와 사회적 존재로서 친척 및 동료들과 함께 살아가는 것을 배우는 것이라고 생각하였다.[133] 책 내용을 배우는 것은 그것을 정말로 이해하거나 배운 지식을 실제로 활용할 수 있다면 대단히 바람직한 것이지만, 만약 그렇지 못하면 단지 그것을 암기하는 것에 불과하므로 쓸모없는 것이라고 공자는 주장하였다.[134] 《논어》에는 공자가 문(文)·행(行)·충(忠)·신(信) 네 가지를 가르쳤다는 구절이 있다. 네 과목을 표시하는 이 한자를 정확하게 이해하는 것은 약간 문제가 있지만, 아마 문학·행동·충성·신실을 뜻하는 것 같다. 어쨌든 책은 교과과정의 일부일 뿐이라는 것이 명백하다.

《논어》에 자주 언급되는 유일한 책은 《시경》이란 시집뿐인데 공자는 이것을 단지 《시》라고 불렀다. 이것은 주초(周初)에서 기원전 600년 사이에 여러 사람들이 지은 각종 시를 모은 것이다. 현재 《시경》에는 311편의 시가 수록되어 있는데, 공자가 본 《시경》에는 약 300편의 시가 수록되어 있었다고 한다.[136] 그것은 현재 《시경》과 꼭

같은 것은 아닐지라도, 거의 동일한 것 같다.[137] 《시경》을 위시한 다른 책의 찬술(撰述)이나 편찬에 공자가 얼마나 관여하였는가는 다음 장으로 미루고, 여기서는 공자가 그것을 교육에 얼마나 이용하였는가만 살펴보자.

공자는 자기 아들에게 만약 자기가 '시'를 배우지 않았다면 벽을 보고 서 있는 사람처럼 되었을 것이라고 말한 적도 있지만,[138] 제자들에게는 이런 말을 한 적이 있다. "얘들아, 너희는 왜 '시'를 배우지 않느냐. '시'는 정서를 개발하고 공감대를 넓히고 시야를 확대하는 데 도움이 될 뿐 아니라 불의에 대한 분노를 조절해 준다. 그것은 집에서는 부모를 섬기고, 밖에서는 군주를 섬기는 데도 유익하다. 뿐만 아니라 조수(鳥獸)와 초목의 이름을 더 많이 알게 해주기도 한다."[139]

이것은 모두 사실 그대로이며 쉽게 납득할 수 있는 말이다. 그러나 고대 중국에서는 그렇게 단순치 않은 시의 또 다른 용도가 있었다. (이것은 대부분 잘못된 생각이지만) 시는 우언적(寓言的)인 의미를 전달하기 위하여 씌어진 것으로 생각한 것이다. 그래서 이 우언적인 의미와 관련하여, 외교관들은 공적인 대화에서 시들을 인용하였다. 회의나 연회석상에서 각국의 대표들은 미묘한 암시가 포함된 (또는 포함된 것으로 생각되는) 시구를 인용함으로써 은연중에 자국의 입장을 옹호하였고, 또 자신의 의중을 밝혔다. 그 인용된 시구를 즉각 알아보고 그 의미를 이해할 수 있는 것으로 기대되었기 때문에, 상대방도 이것을 논박하기 위해 가능하면 더 적절한 시구로 응수하였으며, 만약 그렇게 하지 못하면 상대에게 패배하게 된다.[140] 이 때문에 관계에서 출세하려는 사람에게는 '시'에 대한 깊은 조예가 필수적이었다. 공자가 아들에게 "네가 시를 배우지 않는다면, 대화할 때 쓸 말이 없을 것이다"라고 말한 것이나[141] "시 300편을 모두 암송할지라도 정사를 맡기면 실적을 올리지 못하고, 외교사절로 보내도 저 혼자 답변하지 못한다면(뒤에서 알려주는 사람 없이) 아무리 배운 것이 많은들 무슨 소용이 있겠는가?"[142]라고 말한 것은 모두

시의 이런 효용성을 언급하고 있다.

웅변가의 상투수단이 인용이라는 것은 오늘날에도 다소 비슷하지만, 적어도 요즈음에는 인용구를 사용한 방법에 대해서는 비판적인 태도를 가지려고 노력하고, 만약 그것이 본래 의도를 지나치게 벗어나면 결함으로 여긴다. 그러나 유교 정통파의 '시' 해석은 해석가들이 '시'의 명백한 의도를 인정하기보다는 오히려 무시한 경우가 훨씬 많은 것 같다는 것이 대다수 서구 및 현대 중국학자들의 견해이다.[143)]

예컨대 젊은 여인과 그 정부가 침실에서 나눈 대화임에 틀림없는 것처럼 보이는 〈계명(雞鳴)〉이란 시가 있다. 즉 여인은 남자에게 닭이 울었으니 새벽이 밝아온다고 말한다. 그러나 남자는 아니라고 하며, 그것은 닭 울음소리가 아니라 쇠파리가 윙윙거리는 소리이고, 새벽이 밝아오는 것이 아니라 달이 떠오르는 것이므로 아직 단꿈을 한 번 더 즐길 수가 있다고 말한다. 이에 참지 못한 여자는 미움을 받지 않으려면 빨리 돌아가라고 남자에게 말한다.[144)] 그러나 정통적인 해석은 이 여자를, 게으른 남편을 깨워 조정에 나가 일을 돌보라고 재촉하는 '현부'로 만들었다.

공자가 남긴 어떤 자료를 보아도 그는 시와 관련하여 이와 같은 어처구니 없는 잘못을 범하지는 않았지만 제자들과 함께 시 자체의 의미와 크게 동떨어진 비유로 시를 토론한 일은 두 번 있었다.[145)] 공자 자신이 시를 이렇게 이용하였기 때문에, 후세 유가들이 시를 기상천외하게 이용한 책임은 주로 공자에게 있다는 구제강[顧頡剛]의 주장에 동조하지 않을 수도 없다.[146)]

앞에서도 지적했지만 공자가 어떤 책을 놓고 규칙적으로 강의를 하였다거나, 제자들에게 체계적인 학습지도를 하였다는 증거는 없다. 그는 제자들에게 어떤 문제를 공부하라고 말한 뒤 그들과 함께 그 문제를 토의하였다. '시'의 경우는 공자가 책을 추천하였지만 음악 수업을 권장할 때도 어떤 책을 참고하였는지의 여부는 단언하기 어렵다. 음악에 관한 고대의 교본이 있었다고 생각하는 학자도 있지만 반면 그것을 부정하는 사람도 있기 때문이다. 어쨌든 공자가 그런 책을 이용하였다는 명백한 증거는 없다.

'예'에 관해서도 사정은 어느 정도 비슷하다. 십삼경에는 '예'에 관한 경전이 3종이나 있지만, 어느 하나라도 현재와 똑같은 형태로 공자시대에도 있었는지는 의문이다. 그 가운데 《예기》와 《주례(周禮)》는 후세 작품임이 틀림없고[147] 《의례(儀禮)》의 경우는 최소한 다른 두 책보다 다소 오래된 부분도 있는 것 같지만, 연대를 추정하기는 매우 어렵다. 전통적인 견해 가운데에는 그것을 주공이 지은 것으로 보고 그 연대를 주초로 소급한 견해도 있으며, 공자가 제자들에게 가르친 '예'에서 나온 것으로 믿는 사람도 있다.[148]

그러나 《의례》의 본문이 공자가 죽은 뒤에 최소한 개정 및 첨가 과정을 거친 것만은 확실한 것 같다. 그러므로 '예'에 관한 어떤 경전을 자신 있게 꼬집어서 그것이 현재 형태로 공자시대에도 확실히 존재하였다고 말할 수는 없다. 그러나 당시 '예'에 관한 모종의 기록이 있었다는 증거는 있다.[149] 그러므로 공자가 제자들에게 '예'를 학습하라고 말하였을 때, 어떤 문서를 읽음과 동시에 그 가르침을 실천하라는 의미로 생각되지만, 그 문서가 무엇이었느냐는 것은 알 수 없다.

마지막으로, 《논어》에 '서'라고 하는 모종의 문서가 언급되어 있는데, 문자 그대로 그것은 단순한 '문서'를 뜻하는 것이지만, 특히 공문서 보관소에 보관되는 유의 공문서를 지칭하는 용어가 되었다. 이런 문서들이 현재 《서경(書經)》이란 책으로 집성된 시기는 정확하게 알 수 없지만 공자가 죽은 뒤라는 것만은 거의 확실하다.[150] 그러므로 《논어》에 공자가 '서왈(書曰)'한 것을 보통 '《서경》에 말하기를'이라고 번역하고 있지만, 실제로 공자는 단지 '이런 말을 하는 문서가 있다'는 정도의 의미로 말한 듯하다.

《서경》은 오경 가운데 하나로 가장 오래 된 유가경전에 속한다. 그러므로 《논어》에 '서'에 대한 언급이 그토록 적은 사실은 기이할 정도이다. 《논어》에는 그것이 단 세 번밖에 언급되지 않았고,[151] 공자가 제자들에게 이 문서를 학습하라고 권한 예는 하나도 없다.

이런 증거로 보아 공자 자신은 교육에서 책의 비중을 상대적으로 적게 두었다는 결론을 내리지 않을 수 없다. 이것은 '유'를 '학자'로 번역하는 관용까지 나오게 한 후기 유교의 관행과는 뚜렷한 대조를 이룬다. 공자가 죽은 뒤의 유교사를 살펴볼 때, 책을 점점 강조하게 되는 것은 실제적인 개혁에서 추상적인 학문에 더 몰두하는 방향으로 관심이 옮겨가는 중요한 조짐임을 알 수 있다.

제8장 學　　人

선생께서는 말씀하셨다. "공부를 하고 때때로 기회가 있을 때마다 배운 것을 익힐 수 있다면, 그 또한 기쁜 일이 아닌가?"[1] 《논어》의 모두(冒頭)에 나오는 이 유명한 말을 보면 공자가 학자란 사실, 그리고 그 학문 목표는 실천적이었음을 단번에 알 수 있다.

공자는 호기심이 많은 사람이라 중요하다고 여기는 것은 무엇이나 질문하였고, 그 때문에 무식하다는 소리를 듣건 말건 개의치 않았다.

비록 공자가 최고의 과학적인 표준에서 요구하는 정도로 항상 신중하였다고 주장할 수는 없겠지만, 보고 들은 것을 비판적으로 받아들여야 한다는 것을 역설하였다. 그는 제자들에게 많이 보고 듣되 "의심나는 것에 대해서는 판단을 보류하라"고 충고하였으며,[2] 책을 전사(轉寫)할 때 확신할 수 없는 글자를 공백으로 남겨놓지 않고 상상으로 칸을 메우는 필경사들을 유감으로 여겼다.[3] "지식을 좋아하면서도 공부하기를 좋아하지 않으면 피상적인 종합으로 빠지는 폐단이 있다"는[4] 공자의 말이 《논어》 가운데서 후세에 첨가된 부분에 나오는데, 정곡을 찌른 말이다.

공자는 15세부터 '배움에 뜻을 두었다'고 스스로 말하였고,[5] 비록 모든 면에서 매우 겸손하였지만, 자기가 어느 누구보다도 공부하는 것을 좋아한다고 공언하였다.[6] 이 점은 다른 사람들도 인정하여 생전이나 사후를 막론하고 공자를 드물게 보는 독학지사(篤學之士)로 여겼다. 공자에 관한 전설이 발전함에 따라 그가 죽은 뒤 오랜 세월이 지나서 저술된 책에는 실제로 공자가 타고난 현자로 간주되어 있고, 또 고래의 각종 신비한 지식에 통달한 사람으로 묘사되어 있다. 그래서 이상한 물건이 발견되면 다른 나라에서도 그에게 설명을 부탁하였고, 공자는 그것을 설명해낼 수 있었다고 한다.[7] 이것은 물론 설화이다. 그러나 설화는 사실(史實)을 왜곡해서 표현한 경우가 가끔 있기 때문에 이 설화가 암시하는 것처럼 공자는 당시 가장 학식 있는 사람이었다고 해도 좋을 것 같다.

그러나 앞에서 지적한 바와 같이 공자가 제자들을 가르칠 때 주로 책에 의존하는 방법을 취하지 않은 것과 마찬가지로, 학문이란 것을 언급한 경우에도 단순히 독서만을 의미하지 않은 것도 사실이며, 인격 도야 역시 학문의 범위에서 논하였다.[8] 그러나 공자가 책을 공부하였다는 것도 의심할 여지가 없다. 이에 대한 증거는 《논어》만도 아니며 항상 공자를 비방하였던 묵자조차 공자가 《시경》과 역사문헌에 해박한 지식을 가졌고, 예와 음악을 명확하게 이해하였다는 것을 동의하지 않을 수 없었던 듯하다.[9]

공자가 책을 공부하였다는 것은 누구나 인정하지만 그가 책을 저술, 또는 편찬하였느냐는 문제에 이르면 으레 해묵은 중국학계의 논쟁에 휩쓸리게 마련이다.

공자가 왕성한 저술가였다는 것을 가장 극단적으로 주장한 사람은 유명한 정치이론가요, 동시에 개혁가로서 1927년에 사망한 캉유웨이[康有爲]인 것 같다. 그는 1897년 《공자개제고(孔子改制攷)》라는 책을 출간하였는데, 거기서 공자가 중국문화의 전반적인 개조를 계획적으로 완수하였다고 단언하였고, 공자가 자신의 개혁을 구미에 당기도록 만들기 위하여 모든 혁신을 고대 관습의 부활로 내세웠다고 주장하였다. 그는 이것이 사실은 아닐지라도 자식을 사랑하는 어머니가 아이들을 착하게 만들기 위해 귀신이야기를 꾸며내는 것이 옳은 것처럼 이것도 정당한 것이었다고 말한다.[10] 그의 의견에 따르면 공자는 자기의 말을 믿도록 하기 위하여 이 모든 초기 경전을 저술하였으며, 바꾸어 말해 공자 이전부터 보존되어 온 중국의 모든 문헌을 공자가 편찬하였다는 것이다.[11]

이 주장을 뒷받침하기 위하여 그는 한대의 (이것을 납득하기에는 너무 시대가 늦다) 증거를 많이 제시하였을 뿐 아니라 초기 문헌에서 뽑은 구절들로 자기의 관점을 입증하려고 하였지만, 그 근거는 극히 박약하다. 그의 첫째 '증명'은 다소 전형적인 것인데, 예컨대 유가들이 《시경》을 암송하였다는 묵자의 말을 인용하면서 이것이 공자가 《시경》을 지은 '가장 명백한' 증거라는 것이다.[12] 그가 왜 그토록 열렬하게 이런 식의 증거를 대면서까지 자기 이론을 주장하였는가를 이해할 수 없지만, 그의 경력을 일별하면 그 이유는 좀더 분명해진다. 캉 유웨이는 19세기 말, 중국이 서구의 기술을 대폭 채용하지 않으면 망한다는 것을 인식한 소수의 중국 학자 가운데 한 사람이었다. 그들의 근대화 기도는 보수주의 때문에 좌절되었으며, 바로 그 보수주의 때문에 그는 1898년 일본으로 망명하지 않을 수 없었다. 이것에 저항한 핵심분자는 유교의 정통파였다. 그러므로 1897년에 그가 공자 자신도 과거와 절연한 사람이었다는 관념을 널리 보급시키려고 노력한 것은(그것이 매우 진지한 것이었음은 분명하였을지라도) 일종의 약삭빠른 수단이었다. 그는 선례를 파괴하는 관례를 확립하려고 노력한 것이다.

이 근세의 일은 이 책의 연구범위를 벗어난 것처럼 보일지 모르나, 이 예는 역대 공자 및 그의 저술이 정치나 정책의 노리갯감이 되어 진실이 왜곡되는 가장 전형적인 방식이다. 이것이 시사하는 것은 공자가 무엇을 저술하였고 무엇을 저술하지 않았는가를 결정하려면 학자 및 정치가들의 모든 논쟁을 초기 자료에 소급하여 검토하지 않으면 안 된다는 사실이다.

《논어》에 이 문제 전체와 관련된 구절은 단 하나뿐이다. 앞뒤 문맥이 다소 모호하지만 공자는 스스로를 "전수자이나 창작자는 아니며, 옛것을 믿고 좋아하는 사람"[13]이라고 하였다. 이 구절은 공자가 무엇을 저술하였다는 것을 스스로 부정한 것으로 보통 해석되어 왔지만, 그것이 언제 어떤 상항에서 말한 것인지를 알 수 없기 때문에, 실제 그런 증거는 될 수 없다.

《사기》에 따르면 본래 3,000편으로 구성된《시경》을 공자가 가장 좋은 것만 골라 305수로 줄였다고 한다.[14] 그러나 공자에 관한 한 《사기》가 반드시 믿을 만한 것은 못 되기 때문에 이 말도 신중하게 다루어야 한다.《시경》에 수록되지 않은 시가 초기 문헌에 인용된 것이 거의 없다는 사실을 지적하며, 공자가《시경》의 양을 축소하였다는 주장에 의문을 제기하는 학자들은 예나 지금이나 있다.[15] 공자 자신도 두 번씩이나 '시 300수'를 마치 한 권의 시집처럼 언급하였는데,[16] 만약 그 숫자를 공자가 결정한 것이라면 다소 제멋대로가 아니냐는 생각이 든다. 더욱이 그는 현재《시경》에 없는 시를 한 번 인용하였고,[17] 현재《시경》에 수록된 일군의 시 전체를 두 번씩이나 비난하였다(한 번은 그것을 음란한 것이라고 하였다).[18] 공자가 이 책을 편찬하였다면, 이것은 이상한 일이 아닌가?

그러나 공자는 자기가 위(衛)에서 노(魯)로 돌아온 후에 어떤 종류의 시가 "제자리를 찾았다"고 말한 일은 있다.[19] 이것이 일종의 재정리를 의미한 것인지는 몰라도, 공자가 '시'에 손을 댔다면 그 정도가 고작이었을 것이다.

《서경》에 관해서도《시경》과 마찬가지로 공자가 편찬하였다든가, 혹은 3,420건이나 되는 일군의 문서 가운데에서 공자가 현재《서경》의 편장(篇章)을 뽑았다든가, 서문을 공자가 썼다는 등등의 말들이 후세 여러 문헌에 나오지만,[20] 그것을 조사하는 것은 시간 낭비일 뿐이다. 앞에서 지적한 바와 같이 공자시대에는 아직 이런 종류의 공문서가 한 권의 책으로 묶인 일은 없었다. 만약 공자가 특정한 일군의 공문서를 책으로 편찬했다면, 1세기 후에 맹자가 "서(書)를 다 믿는다면, 서가 전혀 없는 편이 더 낫다"고[21] 말했을 리가 없는 것이다.

《춘추》도 공자가 편찬하였다고 주장되어 왔는데, 유감스럽게도 이 주장은 간단하게 부정할 수가 없다. 이 책은 간결하고도 수식이 없는 노나라 연대기로서 기원전 722년에서 479년 사이의 사건을 기록한 것이다. 그것은 정치적 사건, 공가(公家)의 결혼, 중요한 인물의 사망 및 전쟁에 관한 무미건조한 기술로서, 때때로는 "이번 봄에는 얼음이 얼지 않았다."[22], "구관조[鸜鵒]가 날아와 나무에 깃을 쳤다."[23], "여섯 마리 물수리[鷁]가 날아가 송(宋)의 도성을 지나갔다."[24] 등등과 같이 암시적인 기록도 있다. 그것은 어떤 일이 일어나거나 전해 오면 사관이 아무 연결도 짓지 않고 그대로 사건을 기록한 연대기인 것처럼 보이기 때문에,[25] 《맹자》의 어떤 구절만 아니었다면 아마 아무도 이것을 연대기 이상으로 생각한 사람이 없었을 것이다.

그 구절에 따르면 공자가 《춘추》라는 책을 저술하였으며, 이것이 완성된 이후, "난신(亂臣)·적자(賊子)들이 두려워하였다"고 한다.[26] 그러나 현재의 《춘추》에는 이러한 효과를 노린 것처럼 보이는 것은 전혀 없다. 이런 사실들을 종합하여 후세 유가들은 《춘추》에 '숨은 뜻[微言大義]'이 있음에 틀림없다고 결론지었다. 그 결과 수많은 학자들이 전역사의 암호를 풀기 위해 밤낮을 가리지 않고 최대의 노력을 기울이게 되었는데, 예컨대 사람에 따라 그 사망을 기록한 용법이 약간씩 다른 것은 '포폄(褒貶)'의 뜻을 나타내기 위한 것이었다고 증명하려는 노력이 그것이었다. 그러나 《춘추》 전반에 걸쳐 적용될 수 있는 그런 원칙은 발견되지 않는다. 동일한 해석가라도 어떤 곳에서는 칭찬으로 해석한 바로 그 용어를 다른 데서는 비난으로 해석하게 마련이다.[27] 이런 노력을 상세하게 연구한 레그(J. Legge)는 "《춘추》 전체는 일종의 수수께끼집으로서 그것을 풀려는 사람의 수만큼 해답도 많다"고 지적한 바 있다.[28] 만약 그 안에 암호 같은 것이 있었다면, 이처럼 광범위한 노력으로 그것을 풀지 못했을 리가 없다. 결국 《춘추》는 단순한 연대기에 불과한 것이 분명한 것 같다.

그렇다면 맹자가 한 말은 어떻게 이해해야 하는가? 공자의 저술이라고 맹자가 말한 《춘추》는 현재의 《춘추》와 다른 것이라는 해석이 가능할지 모른다.[29] 고대 중국에서는 《춘추》라는 이름이 붙은 책이 다수 있었고, 맹자의 기술이 현재의 《춘추》와 부합되지 않는 점이 한두 가지가 아니기 때문이다. 그러나 과연 공자가 《춘추》라는 책을 실제로 썼느냐는 것도 의문이다. 맹자에 의하면 공자가 《춘추》를 자신의 명성을 판단하는 중요한 근거로 생각하였다고 하지만, 만약 그것이 사실이라면 《논어》에 《춘추》건 다른 책이건간에 책을 저술하였다는 시사가 일언반구도 없었다는 것은 매우 이상한 일이다. 맹자시대에는 이미 공자에 관한 전설이 크게 발전하였기 때문에, 예컨대 맹자는 공자가 왜 왕자(王者)가 되지 못하였는가를 설명할 필요를 느낄 정도가 되었다는 사실을 지나쳐서는 안 된다.[30]

공자는 또 '예'의 창시자로 간주되어 왔으며, 《예기》에 따르면 현재 남아 있는 '예'에 관한 가장 오래된 책의 일부는 공자가 직접 저술한 것은 아니지만 그의 자극을 받아 나왔다고 한다.[31] 이것은 의심스러운 말이지만, 공자가 '예'에 관한 관심을 크게 자극시켰고, 그 결과 적어도 간접적으로나마 이 '예'에 관한 저술을 촉진시킨 것은 분명하다. 《논어》는 '예'에 대한 공자의 관심을 입증해줄 뿐 아니라, 공자가 '예'를 역사적으로 연구하였음을 시사하고 있다. 실제로 그는 먼훗날 '예'가 어떻게 변하리라는 것을 예견할 수 있는 사람으로까지 여겨졌던 것 같다.[32] 그러나 공자가 '예'를 '편차(編次)'하였다는 《사기》의 말이[33] '예'에 관한 저술, 또는 편찬을 의미한다 하더라도 이것을 입증해주는 초기 자료는 하나도 없다.

음악에 관해서도 사정은 마찬가지다. 공자가 음악에 대한 흥미를 가졌고 공부를 한 것은 사실이나, 그것에 대한 어떤 저술을 남겼다는 시사도 없거니와,[34] 앞에서 이미 지적한 바와 같이 음악에 관한 전문적인 서적이 고대 중국에 있었는지조차 분명치 않다.

이와 관련하여 마지막으로 고찰해야 할 책은 《역경(易經)》이다. 이것은 실제 점복사(占卜師)의 지침서인데, 그 사용법을 아는 사람은 그것으로 미래를 예언할 수 있다고 한다. 이 책은 전혀 다른 두 부분, 즉 원본과 일련의 부록으로 구성되어 있다. 원본의 연대를 공자 이전의 시대로 보는 것은 대부분의 학자들도 찬성하고 있지만, 부록을 공자의 저술로 보는 견해가 끈질기게 전해 내려왔다. 오늘날 비판적인 안목을 가진 학자 가운데에도 아직 공자가 이 부록의 전부, 또는 일부를 저술하였거나 편찬하였다고 생각하는 사람이 있으며, 그것을 분석함으로써 공자의 철학을 논하기도 한다.

그러나 이제는 비판적인 안목을 가진 대다수 학자들은 공자와 《역경》은 전혀 관계가 없다고 생각한다는 말이 정확할 것이다. 이것을 증명해 주는 증거는 많이 있다. 비록 점술이 공자 이전에 적어도 천 년 이상 행해졌고,[35] 공자시대에도 일반적으로 행해졌을지라도 초기 자료에는 공자가 점을 쳤다는 흔적이 하나도 없다. 실제 공자 및 초기 유가들이 점술에 눈살을 찌푸렸다고 생각할 만한 이유는 많이 있다.

그러나 그 후 일부 유가들이 《역경》을 받아들여 정열적으로 연구하였기 때문에 《역경》은 오경 가운데 첫째 가는 자리를 차지하게 되었는데, 부록을 만들고 그것을 공자에게 끌어다 붙힌 사람들은 바로 이 후기 유가들이었다. 그러나 공자가 결코 점을 치지도 않았을 뿐 아니라 《역경》도 언급한 일이 없다는 사실은 방해가 되었을 것이며, 바로 이 때문에 공자가 《역경》 연구를 어느 정도 허용한 것처럼 보이도록 만들기 위해 《논어》 술이편(述而篇)의 한 구절이[36] 삽입된 것 같다. 후기 유교를 고찰할 때 이 과정을 상세하게 검토하겠고, 또 충분한 증거도 제시하겠지만(pp. 243~247 참조), 이 증거에 따르면 공자는 《역경》을 전혀 저술하거나 편찬하지도 않은 것이 극히 명백하다.

이상으로 공자가 저술한 것으로 추측된 각종 책들을 모두 검토한 결과, 공자가 어떤 책도 저술하였거나 편찬하였다는 확실한 증거는 없다는 결론을 내리지 않을 수 없다. 이것은 결코 새로운 결론도 아니고, 근래에는 이와 동일한 결론에 도달한 학자들도 점점 많아졌다.[37]

공자는 책을 저술하지는 않았지만, 책을 읽었고 그것을 가르치는 데도 사용하였다. 따라서 공자의 생각과 관련하여 그 책들이 어떤 역할을 하였는가를 묻는 것은 당연한 질문이다. 이 질문에 대한 해답을 찾는 데 도움이 되기 위하여 《논어》에 기록된 공자의 문헌이용 방법을 조사해 보자.

다른 어떤 책보다 《논어》에 가장 많이 인용된 것은 《시》이다. 공자 자신이 직접 그것을 인용하거나 원용한 것도 일곱 번인데, 그 가운데 세 번은 본래의 뜻을 손상하지 않은 의미를 그대로 적용한 인용이지만,[38] 나머지 네 번은 결코 그렇지 않은데, 모두 본래의 의미를 확대, 또는 왜곡한 것이거나 완전히 의미를 바꾼 것이었다.[39] 가장 현저한 예는 '사악한 생각을 갖지 말라'는 의미로 공자가 인용한 '사무사(思無邪)'라는 구절이다. 물론 이 말이 그런 내용을 포함할 수도 있다. 그러나 웨일리(A. Waley)가 지적한 바와 같이 여기의 '사(思)'자는 단순히 '아!'라는 감탄사에 불과하며, 이 구절은 말의 사육에 관한 시의 일절로서 '아! 재난이 없도록 하소서'라는 의미이다.[40]

《서경》으로 편찬된 유의 문서가 《논어》에 인용된 것은 단 두 번뿐인데, 그 가운데 공자가 직접 인용한 것은 단 한 번뿐이다.[41] 공자가 이 책에서 사상적인 영향을 상당히 받았다는 종래의 관점에서 볼 때 이것은 기이한 일이다. 더욱이 그가 '서운(書云)'이라고 말한 한 예는 자기의 목적에 맞도록 그 구절을 왜곡한 것처럼 보인다.[42]

'예'에 관한 글들을 공자가 실제 어느 정도 알고 있었는지는 분명치 않다는 것은 앞에서도 이미 지적하였지만, 공자가 그것을 《논어》에 인용하였는지도 확실치 않다. 공자가 '예왈(禮曰)'이라고 한 적은 한 번도 없다. 《논어》의 구절과 같거나 아주 비슷한 짧은 문장이 《의례》에 한 곳, 《예기》에 네 군데에 흩어져 있지만, 그 가운데 몇 예는 《논어》가 《예기》 및 《의례》를 인용한 것이라기보다는 그 반대가 확실하며, 나머지도 그럴 가능성이 농후하다.[43] (또는 《논어》를 근거로 만들어낸 유가의 전승물에서 인용하였을 것이다.)

공자는 《역경》에 나오는 8자로 된 구절을 인용하였는데, 다음 인용 가운데 고딕체로 된 부분이 바로 그것이다. "선생께서 말씀하셨다, '남쪽지방에 항심(恒心)이 없으면 무(巫)나 의(醫)가 될 수 없다'는 말이 있다. 옳은 말이다. **그 덕을 지키지 못하면 치욕을 받기가 쉽다**(不恒其德 或承之羞). 단순히 점을 치는 것만으로는 부족하다."[44] 이 구절은(《논어》에서 공자가 점술을 언급한 유일한 예다) 공자가 점복(占卜)을 별로 신용하지 않았음을 시사한 점에서 주목할 만한 가치가 있다.

물론 《논어》에 직접 인용된 문장이 시사하는 것보다는 훨씬 많은 책을 공자가 읽었으리라는 것은 의문의 여지가 없다. 그러나 그는 독서 결과를 독자적이고 일관성 있는 사상체계로 흡수한 듯하다. 공자는 주로 인용문이나 나열하며 떠드는 따위의 학자도 아니었고, 토론할 때 자기 주장을 강화하기 위해 문헌의 권위를 계속 들먹이는 사람도 아니었다. 그는 어떤 주장이 문헌에서 발견될 수 있느냐는 것보다는 그것이 합리적인 것이냐에 훨씬 더 관심이 많았다. 그는 독창성이 너무 강하여 때로는 문헌의 본뜻을 전혀 고려하지 않고 인용할 정도였다.

공자는 처음부터 교사가 될 생각이 없었던 것처럼 본래 학자가 될 생각도 아니었다. 그는 불행으로 가득 찬 세상에 태어나 그것을 행복으로 대체하려고 한 사람이었으며, 이 목적을 위해 여러 가지 방법을 써보았는데 책도 그 가운데 하나였다. 그러나 그의 관심 대상은 지식 자체를 위한 지식은 아니었다. 어떤 제자가 농사에 대한 가르침을 받고자 하였을 때, 공자는 그것은 군자에게 배울 가치가 없는 것이라고 선언하였다.[45] 그는 당시 사회의 절박한 해악이 윤리 및 정치와 관련된 분야에 집중되어 있다고 믿었기 때문에 자기 자신의 연구나 남을 가르치는 것도 모두 이 문제에 초점을 두었다. 아무리 박학다식하여도 무언가 실용적인 것이 될 수 없는 것이라면 공자는 크게 개탄하였는데,[46] 박학 자체는 나쁜 것이 아닐지라도 당시 상황이 허용할 수 없는 사치라고 생각하였기 때문이다.

제9장 哲　人

공자의 사상을 다룬 책은 엄청난 수에 달하며 공자처럼 많은 토론의 대상이 된 철학자도 아마 없을 것이다. 그럼에도 불구하고 그의 철학에 관한 신용할 만한 지식은 유감스러울 정도로 미미한 상태이다. 여기에는 몇 가지 이유가 있겠지만, 특히 중요한 것은 그의 사유형(思惟形)이 극히 포착하기 어려운 성격을 띠었다는 사실인데, 여기에는 실제로 불가피하다고 할 만한 이유가 있었다.

공자시대에 일어난 현상은 역사에서 유일한 예는 아니었다. 전통적인 종교적 신앙과 사회·경제·정치에서의 전통적인 형태는 수세기 동안 존속되어 왔지만, 주초(周初)의 봉건적 정치체제가 점차 붕괴됨에 따라 그 여파는 다른 모든 분야에 미쳤다. 오랫동안 인간을 결속시켜 왔던 유대는 상실되었고 그 결과 개인은 상대적으로 자유를 얻었지만 사회는 거의 혼돈상태에 빠졌다. 이와 비슷한 위기가 기원전 2100년 이집트에서도 있었고,[1] 이에 준하는 위기는 고대 그리스에서도 있었다. 빈델반트(Windelband)가 기술한 바와 같이 "개인주의의 화려한 발전이 공동의식·신앙·도덕이라는 전통적인 유대를 점점 이완시키고, 그리스의 발랄한 문명이 무정부상태에 빠질 위험이

가중되면 될수록 인생에 대한 태도나 통찰력 및 인격이 탁월한 사람들은 자기 반성을 통하여 사라져가는 규범을 회복하려는 의무를 더욱더 절실하게 느꼈다."[2] 그리스에서는 이런 상황이 소크라테스의 철학을 낳았고 중국에서는 공자의 철학을 낳았다.

이와 같은 도덕적 정치적 위기의 시대가 되면, 인간은 본래의 인간성을 되돌아보기 마련이다. 과거의 신과 권위는 반신반의하는 대상밖에 되지 못하기 때문에 그것을 단지 들먹거리는 것만으로는 이미 충분치 못하고, 따라서 좀더 근원적인 것으로 파고내려가 모든 사람이 이해할 수 있는 문제를 논하는 것이 필요하다. 이런 시대에 선구자적인 역할을 하는 사람들의 사상은 쉽게 받아들여지지 않기 때문에 회의적인 비판과 부단히 투쟁하지 않으면 안 되고, 그 결과 그들의 철학은 군더더기가 없는 단단한 것이 되기 마련이다.

그런 철학에는 보편성이 있으며 우리에게는 전혀 무의미한 용어를 약간 구사해도 별 문제는 없다. 공자는 자기 사명을 보증하는 존재로서 '천(天)'을 말했고, 소크라테스는 어떤 아름다운 사물과도 별개로 존재하는 '미(美)' 자체를 말하기도 하였지만, 우리는 이런 것에 동의하지 않아도 무방하다.[3] 그러나 시간의 격차와 문화의 상이에도 불구하고 그들은 우리가 이해할 수 있는 말을 한 것처럼 보이며, 그들이 진정한 문제를 논했기 때문에 그들이 말한 것은 어떤 해결에 도움이 될 수 있는 것처럼 느껴진다.

그러나 그런 철학은 영속될 수는 없다. 만약 그것이 세상을 풍미하게 된다면 바로 그 성공은 타락으로 연결되기 마련이며, 그 철학의 계승자들은 그 개념들을 원래의 형태보다 훨씬 정교하게 만든다. 위기가 일단 지나가면 사회는 안정되며, 새로운 제도가 옛 것을 대체하면 철학도 새로운 질서에 적응한다. 윌슨(John A. Wilson)에 따르면 이집트에서는 고왕국(古王國)의 붕괴에 따른 위기가 중왕국하(中王國下)에서 '사회도덕적인 진보'를 가져왔으나 그것도 제정시대(帝政時代)에 점차 자취를 감추었고, 그 결과 초기 개인주의는 인간의 무력감으로 바뀌었으며, 문화의 성격은 '순응적이고 형식주의적인' 것이 되었다고 한다.[4] 소크라테스의 철학적 사상은 플라톤에 의해 다듬어졌으나, 플로티노스(Plotinos)와 포르피리오스(Porphyrios)의 복잡한 신비주의적인 신플라토니즘(Neo-Platonism)에 빠지고 말았다. 이와 마찬가지로 윤리적이고 합리적인 성격이 지배적이었던 공자의 가르침도 300년 사이에 커다란 변화를 겪었다. 그 결과 유명한 한대의 유가 동중서(董仲舒)가 황제에게 강론한 이론은 도덕과 주문(呪文) 낭독 및 전우주를 포괄한 정교한 마술이 불가분하게 혼효된 것이었다. 두 경우 가운데 근세까지 번영한 것은 후기 철학이지만, 지적으로는 후기 철학이 초기 철학에 비교가 안 될 정도로 우리에게는 거리가 먼 것 같다.

공자철학에 대한 기본자료는 두 종류로 대별된다. 그 가운데 하나가 《논어》인데, 이것은 공자 자신이 저술한 것은 아니지만 그가 죽은 지 얼마 되지 않아 제자들간에 보존되어 내려온 것을 기초로 이루어진 것이 대부분이다. 또 다른 하나는 후세 유교의 관점에서 공자의 사상을 해석한 각종 저작들이다(그 가운데에는 공자가 저술한 것으로 잘못 부회된 것도 있다). 소크라테스의 전승도 사정이 다소 이와 비슷한데, 한편으로 그를 직접 알았던 플라톤과 크세노폰(Xenophon)의 저술이 있고, 다른 한편으로는 그가 창시한 철학을 정교하게 수식한 신플라토니즘이란 철학이 있기 때문이다. 그러나 소크라테스의 철학을 재구성하려는 사람치고 신플라톤주의자들부터 연구하는 사람은 아무도 없으며, 오히려 플라톤과 크세노폰 같은 사람의 증언이 어느 정도 믿을 만한 것인가를 판단하기 위하여 신플라토니즘을 연구하는 것이 보통이다. 그러나 공자의 경우에는 대체로 이와 상반되는 연구방법이 적용되어 왔으며, 그의 사상을 후기 유가의 형이상학에 맞추려는 방향으로 많은 노력을 기울여 왔다. 이 접근방법을 거꾸로 돌리고 연구 범위를 초기 자료에만 국한하면 상대적으로 빈약한 수확을 미리부터 각오하지 않으면 안 되지만, 그 결과로 얻은 지식은 비록 많지는 않을지라도 (만약 자료를 정확히 해석한다면) 올바른 지식은 될 것이다.

첫번째 문제는 공자사상의 근원에 관한 것이다. 그는 단지 실제인지 상상인지 알 수도 없는 상고(上古) 황금시대의 영광을 부활시키려고 시도한 인물로 자주 표현되어 왔다. 제자 자공은 공자가 주초 군주 문왕과 무왕의 교설(敎說)을 배울 수 있었기 때문에 일반적인 의미의 선생이 필요하지 않았다고 단언하였고,[5] 맹자는 공자가 신화적인 제왕 요(堯)·순(舜)으로부터 전해 온 가르침을 전수하였다고 한다.[6]

현대 어떤 중국학자는 당시 중국사회에서 일어난 변화를 저지시키고 과거를 부활시키려는 것이 공자 필생의 희망이었기 때문에(이 학자의 견해에 따르면), 공자는 반동가일 뿐 아니라 실제로 '반혁명분자'라고 주장한다.[7]

고대 유산에 대한 공자의 신뢰도를 철저히 검토하는 것은 다음 장으로 미루겠지만 여기서 미리 말할 수 있는 것은, 자료를 조사해 보면 다음과 같은 결론을 내릴 수 있다는 점이다. 즉, 공자가 한편으로는 고대 유산을 실제로 자주 언급하였고 공자사상의 중요한 일부가 거기서 나온 것도 확실하지만, 반면에 그는 고대문화의 부활을 위해 노력한다고 자처하지도 않았고, 공자사상의 가장 기본적인 개념 가운데 거기서 발견할 수 없는 요소도 있다. 공자는 중요한 면에서 비록 신중한 태도를 보였지만 실제 혁명가였다.

앞에서 지적한 바와 같이 공자는 사회적 정치적으로 격변하는 시대에 출생하였다. 근대에 많은 중국학자들이 이 문제에 탁월한 업적을 내고 있음에도 불구하고, 이 변화는 아직도 너무나 모호한 현상으로 남아 있다. 예술에서조차 그 시대는 변화의 시대였고, 예술도 (공자처럼) 영감을 얻기 위해 위대한 과거에 기대를 건 시대였다. 카를그렌(Bernhard Karlgren)은 이렇게 지적하였다. "기원전 7세기에서 3세기 사이에 중국사회는 의식적인 예술부흥운동이 충분히 가능할 정도로 문화가 진전되어 있었으며, 그 운동은 이제는 이미 옛것이 되어 존경받게 된 여러 요소들을 결합하였다……"[8] 그러나 예술도 사상과 마찬가지로 옛 것은 너무나 변질되었기 때문에 그 결과는 전혀 새로운 성격이 되었다.

이 문화적인 혁명에서 공자의 특수한 역할은 무엇인가? 그는 이 혁명의 선동가는 아니었다. 왜냐하면 이것은 공자가 통제할 수 있는 범위를 벗어난 여러 가지 힘에 의해 야기된 격변이었고, 그가 태어나기 이전에 이미 시작되었기 때문이다. 연구자 가운데에는 공자 이전에 공자보다 훨씬 유능한 사람들이 실제 발전시킨 사상으로 공자가 다소 우연하게 명성을 얻게 되었다는 견해를 제시한 사람도 있다. 특히 《좌전》을 비롯한 각종 문헌에는 공자 직전에 생존한 정치가 몇 사람이 등장하여 공자의 사상과 두드러지게 비슷한 사상을 피력하고 있으며, 실제로 그 가운데에는 《논어》에 보이는 것과 실질적으로 동일한 내용도 가끔 있다.[9] 오래 전부터 중국학자들은 이 사실을 주목해 왔으며, 이 정치가들의 사상이 공자의 사상보다 훨씬 진보적이라고 칭찬한 사람도 있다.[10] 그 학자는 그들이 모든 문제를 알고 있는 진짜 살아 있는 백과사전처럼 《좌전》에 등장하는 것을 탄복하기는 하였지만, 그들의 지식이 너무나 광범위하여 1세기 이후의 정치적 사건까지 정확하게 예언할 수 있었다는 것을(《좌전》에 따르면) 동시에 주의하지는 못하였다.[11] 이런 예언이 다 그런 것은 아니지만 대부분은 그것을 예언했다고 하는 사람들이 말했다기보다는 오히려 사건이 발생한 오랜 후에 기록된 것이 분명하다. 또 《좌전》이 여러 인물들의 입을 통해 전하고 있는 훌륭한 '유가'적인 연설도 전부가 다 그런 것은 아니지만, 공자가 죽은 지 오랜 후에 그런 사상이 일반화된 시기, 즉 《좌전》 자체가 저술될 때 기록된 것이 대부분이라는 것도 확실한 것 같다.

그러나 그런 사람들이 존재하지 않았다는 말은 아니다. 그들은 확실히 실재하였을 뿐 아니라 유능하고 현명한 사람들이었다. 그들은 공자와 매우 비슷한 사상을 가졌었을지도 모르며, 공자의 사상에 커다란 영향을 주었을지도 모른다. 그럴 가능성이 상당히 농후한 것은 사실이나, 누구도 이의를 제기할 수 없는 초기 문헌 가운데 그들의 사상이 서술된 것이 없기 때문에 그 사실 여부는 판단할 수 없다.

그러나 한 가지 분명한 것은 공자가 조금 앞선 사람들의 사상을 상당히 계승하였을지라도 그 사실이 《논어》는 물론, 공자의 논적(論敵)들이 저술한 책에도 전혀 보이지 않는다는 점이다. 이와는 반대로 전설은 공자의 독창성을 강조하고 있다. 격변하는 사회에 처한 그의 역할은 바람직하다고 생각하는 변화는 명확하게 표현하여 합리화시킨 한편, 찬성하지 않는 변화는 억제함으로써 중국문화가 나아가야 할 길이라고 믿었던 방향으로 그것을 인도하려던 것이었음이 분명한 것 같다.

공자의 철학을 검토하기 위한 배경으로서 그의 종교관을 먼저 고찰해 보자. 종교는 보수적인 것이 통례이나, 현재 알려진 범위에서 말한다면 수세기 동안 종교상의 중요한 변화는 없었다.

기원전 1122년 이전의 상대(商代)에는 왕은 물론이고, 추측컨대 그 밖의 사람들도 자기 조상 및 다른 신령들에게 정성스럽게 제물을 바쳤으며, 그 가운데 특히 중요한 것은 '제(帝)'라는 유력한 신령이었다. 은인(殷人)들은 신령, 그 가운데에도 특히 조상의 영이 인간의 운명을 지배한다고 믿었으며, 신령들은 기분이 좋으면 성공을 내리고, 기분이 맞지 않으면 전쟁의 패배로부터 치통에 이르는 갖가지 재난으로 인간을 징벌한다고 믿었다.[12] 은인들은 재난을 피하고 복을 얻기 위하여 제물을 바쳤고, 항상 점복(占卜)을 통하여 신들의 뜻을 물었다.

상(商)을 정복한 주족(周族)은 은인의 종교적 요소를 받아들여 자기들의 종교와 결합시켰다. 주족의 최고 신은 '천'으로 불리었다. 이 문자의 초기 형태는 '𠀘'로서 단순히 대인(大人), 곧 요인(要人)을 묘사한 글자였다.

'천'이란 문자의 연혁을 거의 확실하게 재구성할 수 있는 증거는 여러 가지 있다. '천'은 가장 중요한 인물, 죽은 뒤 하늘에 거처하는 선왕들을 지칭하게 되었고, 그들은 일종의 '제신(諸神)의 회의(會議)'처럼 집단적으로 인간의 운명을 지배하였다. 중국어에는 단수와 복수의 구별이 없기 때문에 그 후 '천'은 단수로 생각되었고 천공(天

空)에서 지배하는 '천제(天帝)'로 생각되었다. 이 동일한 문자는 구체적인 천공에도 사용되었으며, 그 결과 오히려 비인격적인 이지(理知)로서의 '천'이란 개념이 발생하였다. 주가 상을 정복하였을 때 '천'과 '제'가 동일시된 것은 로마인이 로마신의 일부를 그리스신과 일치시킨 것과 마찬가지다.[13)]

종교는 문화의 중심적인 위치를 점하였고, 왕은 '천자'로 불리었으며, 위대한 조상들의 도움을 받아 통치하였다. 왕 아래 귀족들도 귀족인 까닭은 유력한 조상들을 갖고 있었기 때문이었다. 여러 신령에 바치는 제사는 국가적 의식이었으며, 풍작을 얻는 데는 이것이 잡초를 뽑는 것보다 더 중요하였고, 전쟁에 승리하는 데도 이것은 군사를 조련하는 것보다 더 중요하였다.

그러나 점차 분식(粉飾)적인 요소가 많아짐에 따라 회의주의가 대두한 것은 불가피하였다. 교통이 발달함에 따라 사람들은 다양한 신앙 및 관습과 접촉하게 되었고, 귀신들이 보증하도록 되어 있는 조약들이 부단히 체결되고 파기되었지만, 고통을 받는 것은 늘 그 조약을 위반한 측이 아니라 군대가 약한 측이었다. 귀족이 명예를 상실하고 곤궁한 상태로 전락한 것도 조령(祖靈)의 힘에 회의를 던지게 하였다. 공자 직전의 시대부터 전해 내려오는 문헌이 없기 때문에 이 회의주의의 대두에 관한 상세한 내용은 알 수 없지만, 그것이 출현한 것은 분명하다. 공자가 세상을 떠날 무렵에 태어난 묵자는 유가가 "천(天)을 이지(理知)가 없는 존재로, 귀신을 의식이 없는 존재로 생각한다"고 비난하였다.[14)]

종교에 대한 공자 자신의 태도는 복잡하다. 그는 전통적인 종교의 어떤 측면은 찬성하고 강조하였지만, 어떤 측면은 반대하여 그것을 변형시키거나 억제하려고 하였다. 그러나 그는 일반적으로 종교에 관한 근본적인 문제를 제기하는 것은 삼갔다. 이것을 비겁하다고 해석할 수도 있고 지혜로운 처사라고 해석할 수도 있겠지만, 사실은 가장 중요하다고 생각한 정치적 개혁을 대체로 비형이상학적인 기초 위에서 이루려고 기도한 데서 비롯된 결과이다. 형이상학을 논하는 것은 그의 목적에 아무런 도움이 되지 못할 뿐 아니라, 오히려 방해가 될지도 모른다. 그래서 그는 형이상학적인 것을 논하지 않았던 것이다. 그렇다면 도대체 그는 무엇을 믿었느냐는 의문이 남는다.

공자가 마치 어린애처럼 종교적인 제의(祭儀) 자체를 즐겼음은 의문의 여지가 없지만,[15] 이것도 그의 신앙을 해명해 주지는 못한다.

고교회파(高敎會派 ; High Church : 교회의 권위, 지배 및 의식을 강조하는 영국 교회의 일파)의 의식을 즐기는 사람 가운데에도 회의주의적인 지식인이 많다. 공자는 또 부모를 위해 3년간 상을 입는 것을 자식의 의무라고 강조하였다.[16] 서구인들에게는 이것이 도에 지나친 헌신처럼 보이지만 이것도 사후세계에 대한 신앙을 확증해 주는 것은 아니며, 공자는 단순히 가족의 유대라는 관점에서 그것을 주장했는지도 모른다. 공자가 귀신에 관해 언급한 일은 거의 없다. 실제로 "선생께서는 기괴한 현상(前兆와 같은), 힘, 재주, 혼란 및 귀신에 관해 말씀하시지 않았다"는 것이[17] 구체적으로 전해진다.

공자가 전설상의 제왕 우(禹)를 "귀신에게 극진히 효를 바쳤다"고 칭찬하였다는 기록이 있는 것은 사실이다.[18] 그러나 자로가 귀신을 어떻게 섬길 것인가를 묻자 공자는 "너는 산 사람도 아직 섬길 줄 모르는데 어떻게 귀신을 섬기겠는가?"라고 답변하였고, 다시 자로가 죽음에 대해 묻자 "너는 아직 삶도 이해하지 못하는데 어떻게 죽음을 이해하겠느냐?"고 답하였다.[19] 또 제자 번지(樊遲)가 '지(知)'에 대해 물었을 때는 "그것은 백성들에게 합당한 일에 힘쓰고, 귀신을 존경하되 적당한 거리를 유지하는 것이다"[20]라고 말하였다.

이 마지막 구절은 종래 '귀신을 존경하면서 귀신으로부터 초연한 것으로' 번역되어 불가지론의 명백한 증거로 간주되어 왔으나, 이 해석은 대다수 중국 주석가들의 이해와도 일치하지 않으며,[21] 불가지론의 증거가 될 수 있는지도 의문이다. 칸트(Immanuel Kant)는 '서로 일정한 거리를 유지하는' 존경의 원칙이 인간을 지도한다는 것을 지적하였지만,[22] 귀신에 대해서도 마찬가지라 하겠다. 군주나 상관을 대하는 것과 마찬가지로 귀신들에게도 합당한 것은 모두 해야 하지만, 그 이상 지나친 배려를 하여 아첨해서는 안 된다는 것이 공자의 견해인 것 같다.

제사에 관한 구절이 《논어》에 많이 있지만, (뒤에 기술할 한 가지 예를 제외하면) 공자가 의식의 실제적인 효용성을 믿었는지, 아니면 단지 사회적 행위로서 그 가치를 인정하였는지의 여부는 알 수 없다.[23] 그러나 공자가 세상의 악을 교정하기 위해 적극적으로 주장한 여러 활동 가운데 제사는 물론 종교적인 것이 하나도 포함되지 않았다는 사실은 중요한 의미를 지닌다. 기도에 관해서도 공자가 중병을 앓고 있을 때조차 "오래전에 내 방식의 기도는 끝났다"며 자기를 위한 기도를 거절한 것은 앞에서도 이미 지적하였지만, 추측컨대 공자 방식의 기도란 말보다는 행동으로 하는 기도를 의미하는 것 같다.

종교적인 문제에 관해 공자 자신이 확고하고 솔직하게 표시한 신념을 찾으면, '천'과의 관계에서 가장 명백하게 드러난다. 《논어》 어느 곳을 보아도 '천'과 동일한 신격이지만 좀더 인격적인 측면으로 이해되는 '제(帝)'를 공자가 언급한 일이 없는 것은 흥미있는 사실이다.[24] 그러나 그는 자기에게 중국문화의 보위자라는 신성한 사명을 위탁하고 그 힘을 부여한 존재를 '천'이라고 생각하였다. 그는 위기에 처했을 때는 적들이 '천' 앞에서 무력한 존재에 불과하다고 일축하였으며, 절망에 빠졌을 때는 적어도 '천'은 자기를 이해할 것이라는 생각으로 자위하였고, 비난을 받을 때는 자신의 무죄를 증명하기 위해 '천'을 찾았다. 총애하는 제자 안회가 죽자 그는 "천이 나를 망치려 하는구나!"라고 외쳤다고 한다.[25]

이 마지막 구절은 '천'이 자기에게 특별히 악의 있는 행동을 취했다고 공자가 생각하였다기보다는 단순한 고통의 울부짖음으로 이해하는 것이 가장 좋을 것 같다. 왜냐하면 공자가 '천'을 그런 식으로 생각하였다는 증거가 없기 때문이다. 그러나 종래 '천'은 그렇게 생각되어 왔다. 그래서 '천'이 폭군의 가계를 단절하고 악덕을 징벌한 뒤 선인을 그 후계자로 세움으로써 그 덕에 보답하는 방법으로 왕조 교체를 주재한다는 기록이 《시경》《서경》 및 초기 금문(金文)에 계속 나타난다.[26] 이런 문헌 가운데에는 포악한 왕이 태도를 바꾸는가를 지켜보기 위해 "5년 동안 기다렸다"든가 "파멸을 내렸다" 또는 "분노를 발했다"는 식으로 '천'이 언급된 것도 있다.[27] 주왕조를 창건한 무왕의 아들 성왕은 임종시에 "천이 나에게 병을 내렸다"고 말하였다고 한다.[28]

이런 것은 모두 천상에서 부단히 자손들의 행동을 감시하며 기분 내키는 대로 상벌을 내리는 위대한 조상들의 집합체인 '천'의 기원으로 되돌아간 것처럼 보인다. 그러나 공자에게 '천'은 거의 비인격적인 존재였다. 그는 자신이 '천'을 어떻게 생각하고 있는지 전혀 말하지 않았으며, 제자인 자공도 선생께서는 천도에 관해 말씀하시지 않았다고 한다.[29] 그러나 공자가 인격이 없는 윤리적인 힘, 인간에 내재하는 윤리의식에 상응하는 우주적 존재, 또는 우주의 속성 자체에 인간의 정의감에 공명하는 것이 어느 정도 존재한다는 것을 보증하는 존재로 '천'을 생각한 것은 분명한 것 같다.

그러나 이것은 정의가 반드시 승리한다거나, 덕이 반드시 성공한다는 것을 의미하는 것은 아니다. 만약 공자가 그렇게 생각한 적이 있었다면, 역사는 물론 자신의 생애에도 환멸을 느꼈음에 틀림없다. 그는 결코 덕에 대한 대가로 성공을 약속한 적이 없었다. 그가 말한 것은 군주가 폭정을 행하면 자신의 파멸을 초래하는 것과 마찬가지로 덕망이 성공을 가져오는 경향도 있지만, 둘 사이에는 단순하고 필연적인 상관관계는 없다는 것이다. 오히려 유덕에 대한 최대의 보상은 그로 말미암은 마음의 평화와 다른 사람을 도움으로써 생기는 만족감이다. 인간으로서 반드시 행해야 할 바를 행한 것과 그 성패와는 직접적인 관계가 없다. "선생께서는, 군자는 자신의 계획을 세울 때 도를 생각하며, 먹고 살 것을 염두에 두지 않는다. 밭을 갈아도 때로는 굶주리는 경우가 있으며, 공부를 하여도 많은 녹을 받을 수 있다. 군자는 도의 실천을 근심할 뿐 가난함을 걱정하지 않는다고 말씀하셨다."[30]

이것은 초기 문헌이나 금문에서 흔히 볼 수 있는 것과는 현격한 차이가 있다. 거기에는 종교적인 의식, 특히 제사를 거의 물물교환을 방불케 할 정도로 취급하고 있다.

《시경》에는 가뭄 때문에 국내가 황폐되었을 때, 어떤 왕이 '천'과 조상들에게 왜 자기에게 이처럼 고통을 주느냐고 호소하며, "제가 제사를 드리지 않은 귀신은 하나도 없으며, 한 마리의 희생도 아깝게 생각한 적이 없는데……왜 제 기구가 허락되지 않습니까?"라고 말한 것이 나온다.[31] 《시경》과 《서경》에는 제사의 목적이 축복을 얻으려는 것이라는 말이 자주 나온다.[32] 수백은 못 되어도 수십 개의 청동제기의 명문에도 장수, 관직의 영향(永享), 자손의 번창 등의 복을 얻으려는 목적에서 청동기가 제작되었음이 솔직하게 표현되어 있으며, 공자가 태어날 무렵 제(齊)에서 주조된 청동종에는 주조자(鑄造者)가 신심(信心)의 대가로 조상에게 기대하는 이득이 특유의 장문으로 하나하나 자세하게 열거되어 있다.[33] 공자시대 직후의 인물 묵자는 "돼지 한 마리를 바치면서 수백 가지의 축복을 바라는" 관행을 비난하였지만,[34] 이것은 주로 거래의 불균형에 신경을 쓴 것 같다. 왜냐하면 그는 분명히 받은 재물의 양과 질에 따라 귀신들의 축복이 좌우된다고 믿었기 때문이다.[35]

공자는 이런 사고방식과는 전혀 다른 입장이었다. 공자보다 훨씬 이전의 문헌에 제물과 마찬가지로 덕도 '천'을 기쁘게 한다는 의미의 말이 때때로 눈에 띄는 것도 틀림없는 사실이다.[36] 만약 공자가 이런 문헌에서 자신의 사상을 끌어냈다면, 공자가 거의 전적으로 윤리적인 측면을 강조한 것을 감안할 때, 그는 이 측면만을 선택한 것이 분명하다.

그는 또 전통적인 종교에서 매우 중시되었던 요소들, 예컨대 인신희생 같은 것을 배격하였다. 상대에는 막대한 수의 인간이 제물로 공여(供與)되었고,[37] 이 관습은 주대에도 계속되어 《시경》에는 두 번, 《좌전》에는 열한 번이나 언급되어 있다.[38] 《좌전》에 언급된 인신희생의 예 가운데 세 건은 공자시대의 일이고, 그 가운데 한 예는 노에서 일어난 일이다. 공자 직후의 인물 묵자는 후장(厚葬)을 지지하는 사람들이 많은 순사자(殉死者)를 원하여 제왕의 경우는 수백 명에 이를 정도로 권세가의 사후생활을 시중들기 위해 수많은 사람들이 살해되었다고 지적하였다.[39] 기원전 210년 진시황의 장례 때 수많은 후궁들이 순사를 강요당하였다고 하며,[40] 훨씬 시대가 내려온 기원전 1세기에도 어떤 한(漢)의 제후왕이 노예악사들의 순사를 명하였기 때문에 그가 죽었을 때 16명의 악사가 자살을 강요당하였다.[41]

그러나 《논어》에는 인신희생에 관한 언급이 전혀 없다. 맹자에 따르면 공자는 죽은 이와 함께 용(俑 : 인형)을 매장하는 것조차 비난하였다고 하는데, 아마 용이 실제로 인간을 매장하는 것을 연상할 우려가 있었기 때문인 것 같다.[42] 《예기》에는 공자의 제자 자금(子禽)이 형의 장례 때 몇 사람의 죽음을 막은 것으로 생각되는 사건이 상세히 전한다.[43] 일반적으로 유가는 인신공여를 반대하였고 이것은 궁극적으로 성공을 거두었다. 이 때문에 앞에서 언급한 인신희생의 마지막 예는(즉 한대의) 가혹하게 처벌되었다. 노예를 순사시킨 제후왕은 황제의 후손이었지만, 그 아들은 왕위를 계승하지 못하였고 왕국도 폐치(廢置)되었는데, 그를 탄핵한 소장(訴狀)의 내용을 보면 유가적인 입장에서 취해진 조처임이 명백하다. 유가들은 인신희생의 관습을 감소시켰을 뿐 아니라, 그것을 문헌에 언급하는 것도 금지하였다. 그러므로 《좌전》에 인신공여가 언급될 때마다 반드시 그것을 혹평하였고, 그것은 '고대사회'에서도 행해지지 않았다는 주장을 여러 번 하였지만, 이것은 사실과 거리가 멀다. 20세기에 와서도 많은 고고학자들은 상족이 인신공여를 행하였다는 것을 믿으려 하지 않았고, 수백 명의 목이 잘린 희생의 유골이 발견되어 그것이 입증되자 비로소 수긍하였다. 유가는 성공의 흔적마저 거의 파괴할 정도로 이 문제에는 커다란 성공을 거두었다.

유교가 종교면에서 성취한 또 하나의 커다란 혁신은 거의 주목되지 않은 채 지나왔다. 공자 이전에는 군주의 가장 중요한 자산은 조상들이었다. 조선(祖先)은 군주에게 통치상의 정통성을 부여하였을 뿐 아니라 평화시에는 번영을, 전쟁에서는 승리를 얻을 수 있도록 신들의 강력한 도움을 주선해 주었다. 《시경》에는 주실(周室)에 관해 "하늘에 세 분의 선왕이 계시며, 왕은 왕도(王都)에 있는 그 분들의 대역"이라는 말이 있다.[44] 또 청동기 명문에도 어떤 소국의 군주가 그의 빛나는 조상들이 하늘 위에서 "땅에 있는 자손들을 위해 길을 크게 열어주셨다"고 자랑한 것이 보인다.[45]

공자는 이런 것을 모두 무시하였고, 더 나아가 중요한 것은 세습적인 신분이 아니라 자기 자신의 자질이라고 언명하였다. 제자 염옹(冉雍)의 가문은 확실히는 알 수 없지만 무언가 결함이 있었던 것 같다. 그러나 공자는 이것이 결코 그에게 불리한 요소가 될 수 없다고 선언하였을 뿐 아니라,[46] 제자 가운데 군주가 될 자격을 갖춘 사람은 염옹뿐이라고 말하였다. 훌륭한 조상을 갖지 못한 것처럼 보이는 사람을 두고 이런 말을 한 것은 가히 혁명적이라 하겠으며, 이 때문에 상대 종교의 핵심적인 요소가 조용히 사라지게 되었다.

이것은 결과적으로 통치자의 자격은 개인의 능력과 덕망에 달렸다고 말한 것과 같으며, 따라서 윤리적 행동을 크게 촉진시켰다. 물론 이와 같이 제의에서 윤리적 사고로의 이행이 이루어진 종교는 많다. 그것은 고대 이집트나 메소포타미아에서도 뚜렷하게 나타났지만, 가장 쉽게 생각나는 예는 헤브루의 예언자들이다.[47] 공자를 유일무이한 존재는 아닐지라도 특이한 존재로 만든 이유는 이지적인 인간이 평범하게 이해할 수 없는, 그 어떤 것에 윤리가 의존하는 것을 부정한 강도(強度)이다. 베버(Max Weber)는 이렇게 말하였다. "유교에는 형이상학도 전혀 없고, 종교적 연계의 잔재도 거의 남아 있지 않기 때문에, 종교적인 윤리라고 부를 수 있을지 없을지 모르는 경계선에 서 있을 정도로 유교는 합리주의적인 성격이 강하다. 동시에 비공리주의적인 규범을 인정하지 않고 배격한 의미에서 유교는 어떤 윤리체계보다(J. Bentham의 학설은 예외일지 모르나) 더 합리적이고 진지하다."[48]

베버가 말한 것이 공자가 아니라 유교였다는 것은 염두에 두어야겠지만, 베버가 '종교적 연계의 잔재'가 거의 남아 있지 않다고 한 것을 유의한다면, 이 논평은 공자 자신에게도 적용될 것이다. 공자가 말한 '천'의 개념에는 비인격적인 윤리적 섭리의 의미가 있다는 것은 앞에서 이미 지적하였지만, 동시에 공자는 이상적인 우주의 조화라는 관념도 갖고 있었던 것 같은데, 아마도 다음과 같은 구절은 그런 의미인 것 같다. "어떤 사람이 체(禘)라는 대제(大祭)의 의미를 물었다. 선생께서는, '나는 모른다. 만약 그 뜻을 아는 사람이라면 하늘 아래 모든 것을 내가 너에게 이것을 보여주는 것처럼 쉽게 처리할 수 있을 것이다'라고 대답하시며 손바닥을 그에게 보여주셨다."[49] 이 구절을 비롯한 다른 몇 구절을 보면, 막연하지만 종교와 어떤 관련이 있는 우주의 질서가 언급되어 있다. 그러나 이것도 강조된 것은 아니며, 있기는 있지만(베버의 표현을 빌면) 과거의 전능한 귀신이 희미하게 잔존한 것에 불과하다.

이 개념과 밀접하게 관련된 것이 '명(命)'의 개념이다. 이것은 영어로 'decree'로 번역되지만, 때로는 'fate'라 번역되기도 한다. '명'을 이런 의미로 사용하면 '천명'의 약어가 되지만, 공자는 '천명'이란 단어를 사용한 적이 없다.[50] 《묵자》는 만사가 인간의 노력으로는 어쩔 수 없는 운명에 의해 결정된다고 말하는 유가를 비난하였는데,[51] 후기 유가 가운데에는 이런 비난을 받을 만한 사람이 있었는지 모르나, 이것은 공자의 교의는 아니었다. 그는 '명'이란 단어를 '생명' 또는 '수명'과 동의어로 사용하였지만,[52] 이것이 고정되었기 때문에 인력으로는 어쩔 수 없는 것이라고 생각하지 않은 것은 의심의 여지가 없다. 왜냐하면 그는 '위기에 처했을 때 원칙을 희생하기보다는 생명을 포기할 용의가 있는' 사람을 말하고 있기 때문이다.[53] 만약 수명이 미리 정해진 것이기 때문에 인간이 어떻게 할 수 없는 것이라면, 이 말은 무의미할 것이다.

그러나 공자가 일견 운명론자처럼 보이는 구절이 하나 있다(이것이 유일한 것이지만). 자로가 계씨를 섬기고 있던 어느 날, 그의 친구요 동료이기도 한 어떤 사람이 공자에게 다른 동료가 자로를 계씨의 종주에게 중상하고 있다고 하며, 자기가 그 중상하는 사람을 사형에 처하도록 영향력을 행사하겠다고 말했다. 그러나 공자는 "도가 행해져도 명이고, 도가 행해지지 않는다 해도 그것 또한 명이다"라고 말하면서, 그 중상자가 이 명을 어떻게 할 수 있겠느냐고 반문하였다.[54)]

공자는 왜 이렇게 말하였을까? 그 가능성을 생각해 보자. 그는 그 중상자의 처형에는 동의하였겠지만 그것은 원칙에 위배되는 것이었다. 왜냐하면 장기적으로 볼 때 당파를 조성하고 음모, 술수를 조장하는 것은 좋은 방법이 못 된다고 생각하였기 때문이다. 그는 그 제안을 거절하면서 '네가 제안한 방법은 비열하다'고 말할 수도 있었겠지만, 이것은 호의로 말한 그 친구에게 불필요한 모욕감과 소외감을 줄 것이다. 그래서 공자는 그 대신 '명'의 통상적인 개념을 들먹이는 것으로 후퇴하였고, 감정을 해치지 않고 그 상황을 넘겼다.

그러나 공자 자신은 운명에 의존한 일도 없고, 다른 사람에게 그렇게 충고하지도 않은 것은 극히 명백하다. 반대로 그는 개인의 노력의 중요성과 최선을 다해야 할 도덕적 책임 및 노력의 효험을 거듭 강조하였다. 그럼에도 불구하고 《논어》에는 유교내부 한쪽에서 운명론이 발전하는 데 명백히 기여한 또 하나의 구절이 있다. 그 구절은 "자하가 말했다, 내가 들은 바에 의하면"으로 시작되고 있어, 자하가 공자의 말을 인용한 것으로 생각하는 것이 보통인데, 그 내용은 "죽고 사는 것은 미리 정해진 것이고 부귀는 천에 달려 있다. 군자는 경건하게 의무를 다할 뿐이며, 다른 사람과 사귈 때는 공경한 태도로 예를 지킨다"는 것이다.[55)] 이 구절을 인용하는 사람들은 보통 '천에 달렸다'까지만 인용하지만, 이것은 그 의미를 놓친 것이다. 삶과 죽음은 상대적으로 사람이 어떻게 하기가 어려운 문제이다. 최선을 다하지만 죽음이 찾아오면 결국 체념하면서 단지 '운명이다'라고 말할 수밖에 없는 것이다. 공자도 그랬고 오늘날 우리도 마찬가지이다. 부귀에 대해서는 사람이 무언가 하려면 할 수도 있지만, 군자는 그것을 하지 않는 법이다. 부귀는 군자가 관심을 갖고 추구해야 할 목표는 아니다. "군자의 관심은 도를 행하는 데 있으며, 빈곤 따위는 걱정하지 않는 법이다."[56] 그러므로 그런 문제에 대해서는 아무것도 하지 않고 '하늘에 달렸다'고 일축해 버린다. 군자가 해야 할 일은(이것이 위에서 인용한 구절 후반부의 중요한 점이다) 자기 자신의 인격과 동료들과의 관계에 관심을 갖는 것이다.

그렇다면 종교에 대한 공자의 태도를 이해하는 관건은 여기에 있다. 공자는 분명히 종교적인 신앙을 가졌지만, 깊은 흥미를 가진 것은 아니었다. 종교는 인간으로서는 어떻게 할 수 없는 힘의 세계에 관한 것이지만 공자는 견디기 어려운 이 세상을 살기 좋은 세상으로 만드는 일에 관심을 가졌으며, 인간의 힘으로는 어쩔 수 없는 문제는 그의 관심을 끌지 못하였다. 그는 우리가 효과적으로 행사할 수 있는 능력을 어떻게 최대한 활용할 수 있느냐 하는, 아주 실제적인 문제에 몰두하였다.

공자 철학의 중심개념은 '도'이다. 지금까지 이 책은 이것을 설명하지 않은 채 자주 언급하였다. '도'는 중국인의 사유 속에서 형이상학적인 개념이 된 경우가 많지만, 공자의 경우는 그렇지 않다.

보통 'way'로 영역되는 것이 '도'인데, 이것은 상대(商代)의 복골(卜骨)에는 나타나지 않는 것 같다.[57] 공자 이전의 금문에는 간혹 사용된 것 같은데, 본래 의미인 '길'의 뜻과 고유명사로 사용된 두 가지 용법밖에는 없었던 것 같다.[58]

공자 이전의 문헌을 통틀어 보아도 '도'가 사용된 것은 44회 정도인데, 이것은 《논어》에 나오는 횟수의 절반밖에 되지 않는다. 이들 초기 문헌에 가장 많이 나오는 '도'의 의미는 '길'이고, 간혹 '인도한다' '말한다'는 의미와 관련된 것도 있는데(안내한다는 뜻에서 발전한 것 같다), '행동의 지침'이란 의미도 6예나 있다.[59] 《논어》에 나오는 '도'는 이런 의미들을 모두 갖고 있다. 그러나 거의 대부분의 경우는 '행동의 지침'을 뜻하고, 다른 의미로 사용된 예는 거의 없다. '도'는 좋은 의미건 나쁜 의미건간에 모두 사용되었는데, 공자는 불충분한 방법도 '도'로 표현하였다.[60] 그러므로 이 정도만으로는 새로운 것이 없다고 하겠지만, 다른 어떤 지침보다 절대적인 '기준'을 의미하는

'도'의 용법은 공자 이전의 문헌에서는 전례를 찾을 수 없는 것 같다.

이 책은 이것을 '도'로 표현했다. 이 의미를 염두에 두었을 때, 공자는 비로소 "대신은 도에 따라 군주를 섬기는 사람"이라고[61] 말할 수 있었으며, 이 새로운 의미 때문에 《논어》에 '도'자가 가장 빈번히 사용되었다.

공자가 생각하는 '도'는 개인, 국가 및 천하가 모두 이에 따라 행동하고 또 인도되어야만 하는 방식이다.[62] 만약 '천하에 도가 있다'든가 어떤 국가에 '도'가 있다고 한다면 마땅히 그래야 할 방법으로 다스려지고, 도덕적 원칙이 행해진다는 것을 의미한다. 또 개인에게 '도'가 있다고 하는 것은 마땅히 그래야 할 방식으로 행동하는 도덕적 인격이 높은 사람을 뜻한다.

공자는 "나의 도는 하나의 원칙으로 일관되어 있다"고 말한 적이 있다〔문자 그대로 말하면, 실로 꿰어 있다고 하였다〕.[63] 그것이 어떤 원칙이라는 것을 공자는 말하지 않았지만, 역사적 배경 아래서 《논어》를 면밀히 검토해 보면 쉽게 알 수 있다. 그것은 협동적인 사회의 미래도였으며, 반목과 의심, 투쟁과 고통이 대체로 불필요하다는 확신이었다. 그것은 인간의 진정한 이해(利害)란 상충하는 것이 아니라 상호보완적이라는 것, 전쟁·불의·착취는 그것으로 고통받는 사람뿐 아니라 이득을 보는 사람까지도 해친다는 깊은 신념이었다. 사실 이것이 공자사상을 일관하고 있는 끈이며, 공자철학의 대부분은 이 끈에서 논리적으로 연결될 수 있다. 보다 살기 좋은 세상에 대한 이 꿈을 현실에 구현하는 방법으로서의 '도'란 개념은 불의를 행하지 말라는 단조로운 도덕률이 아니라, 적극적이고 때로는 위험한 행동조차 요구하는 원리의 집합체이다.

최근 한 연구에서 '도'라는 관념의 의미를 사회학적인 관점에서 분석한 크릴(Lorraine Creel)은 다음과 같이 지적하였다.

> '도'란 공자가…… 국가 및 개인의 이상적인 생활방식으로 생각한 것이다. 그것은 성실·공경·정의·친절 등의 모든 덕을 포함한 생활방식이

며, '예'와 음악을 최고로 존중한다. 그러나 이것은 인간의 신체와 마찬가지로 각 부분의 합계보다는 더 큰 의미가 있는데, 일종의 '의외(意外)의 종합'에 의해 그 독특한 성격과 힘을 얻기 때문이다……. 법률이 유덕한 군주보다 더 항구적이고 지속적인 행동규범을 제공한다면 '도'는 법률보다도 더 항구적이고 지속적인 행동규범을 제공한다. 법률은 지배집단의 일시적인 기분에 좌우되며, 그 권위가 지배집단으로부터 나오지만, 그 반면에 '도'는 어떤 정부에도 전혀 종속되지 않고, 그 권위도 자체에서 나온다. 그러므로 '도'는 춘추(B.C. 722~481)·전국(B.C. 468~221)시대와 같은 와해와 혼돈의 시대에서는 특별한 가치를 지닌다. 왜냐하면 중심적인 권위가 없는 상황에서 공통의 규범과 유대감을 사람들에게 제공할 수 있기 때문이다. 제의 군자도, 노의 군자도 모두 '도'를 그들의 규범으로 삼을 수 있었다. 또, '도'는 최소한의 행동규범보다 더 많은 것을 요구하는 점에서 법률보다 낫다……. '도'는 이웃을 죽이거나 해치는 것을 금할 뿐 아니라 우호적이고 협조적인 태도를 요구한다. 이것은 아마도 '도'가 제재에 의해 운영되지 않는다는 사실과 관련된 것 같다. 만약 그 규범에 순응하지 못할 경우 형벌이 가해진다면 많은 사람들이 따를 수 없는, 그처럼 높은 표준을 가질 수 없다……. 또 '도'가 제재를 수반하지 않는다는 것과 관련된 것은 덕에 대한 자극을 이기심으로 호소하지 않는다는 사실이다. '도'는 선량하게 되라고 권장하면서도 상벌을 약속하지 않기 때문에, 개개인이 자기 자신의 손익에 관심을 갖도록 하지 않는다. 행위의 궁극적인 목적을 자기 자신의 이익으로 일단 주장하게 되면, 불이익보다 이익이 많은 경우에만 도덕적으로 옳은 일을 하기 때문에, 이것은 매우 중요한 점이다.

만약 사람이 '도'에 따르려고 열심히 노력한다면, 자기 자신이나 자기의 이익은 더 이상 관심의 초점이 되지 않으며, 자신의 이익보다는 '도'에 순응하는 것이 행동의 기준이 된다. 그 행동은 절연되어 그 자체에만 의미가 있는 것으로 끝나지 않는다. 왜냐하면 이제는 '도'란 공동의 초점을 통하여 모든 행동이 관련을 맺기 때문이다. 마찬가지로 개인은 역사적인 시각에서 자신의 위치를 정립할 수 있게 되는데, 비록 시간과 공간은 서로 달라도 '도'의 발전에 관심을 갖는 집단의 일원으로서 자기를 생각할 수 있기 때문이다.[64]

공자가 개인 또는 국가에 '도'가 있다고 말할 때는 마치 '도'를 하나의 사물—아마도 형이상학적인 실재—로 생각한 것처럼 들린다. 분명히 그 개념은 그렇게 생각될 수 있는 소지가 있으며, 후세 중국

사상에서는 실제 그렇게 생각되었다. 그러나 공자가 생각한 '도'의 개념은 행동의 한 방식, 또는 보다 적절하게 말하여 행동의 정당한 방식에 그쳤다. 이 점은 다음과 같은 그의 말을 보면 명백해진다. "누가 문을 통하지 않고 밖으로 나갈 수 있는가? 어째서 이 '도'를 따르는 사람이 없는가?"[65] 그럼에도 불구하고 "선생께서 말씀하시기를, 아침에 도를 듣는다면 저녁에 죽어도 여한이 없을 것이다"라는[66] 유명한 구절을 보면 공자가 이것을 가장 중시하였던 것도 명백하다.

'도'가 공자철학의 전체를 집약한 것이라는 바로 그 이유 때문에 공자는 결코 이것을 명확하게 정의한 일이 없었다. 따라서 이것을 이해하려면 그의 철학을 전체적으로 고찰하지 않으면 안 된다. 그러나 '도'의 중심개념인 협동적인 세계의 관념이 어디서 유래한 것인가는 어느 정도 알 수 있다. 이 관념이 본래 가족성원간의 관계에 기초를 둔 것은 사실인 것 같다.

가족을 중시한 문화는 많지만 중국처럼 오랫동안 그것을 중시한 곳이 또 있는지는 의문이다. 가족 중시의 어떤 측면, 특히 가족끼리 해먹는 따위는 유감스러운 것이었지만, 중국문화가 놀랄 정도로 영속할 수 있었던 것은 어떤 제도의 덕택보다도 바로 이 가족제도 때문이었던 것 같다. 이 가족제도는 중국문화의 초창기에 많은 사회적 문제를 해결하였고, 이 제도 덕분에 중국은 방대한 수에 이르는 사회세포로 조직되었고 이 세포는 거의 자기완결적인 존재이므로 거국적인 파탄의 시기에도 그 기능이 조금도 손상되지 않았다. 가(家)는 도덕의 배양기(培養器)였고 국가의 축소판이었다. 어느 면에서 본다면 유교는 중국 가족제도의 철학이라고 정의할 수 있을지도 모른다.

가족문제에 관해 공자가 새로운 것을 첨가한 것은 거의 없는 것 같다.[67] 점복에 사용된 수골(獸骨)로 밝혀진 바에 의하면(많지는 않지만) 상대에도 가가 중시된 것 같으며, 주대의 문헌에도 가의 근본적인 중요성이 부단히 강조되어 있다. 그러나 초기 문헌에서는 일반 백성들에 관한 것을 거의 알 수 없다는 것은 염두에 두어야 한다.

귀족들에게는 가가 가장 중요한 것이었고, 그들은 조상의 덕분으로 그 신분을 획득하였다. 더욱이 전쟁에 승리한 주왕조는 봉건제도 및 가족제도의 유대망으로 결속되었는데, 왕족의 상호 결혼과 봉건을 통하여 이 두 가지 유대는 불가분하게 얽혀 있었다. 주초의 지배자들은 영내의 질서를 유지하는 데 가족의 기본적인 역할을 충분히 인식하였다. 《서경》의 한 편은 주공이(공자는 그를 '도'의 초기 선각자로 보았다) 동생에게 유고한 것이 내용인데, 주공은 앞으로 다스리게 될 영토를 어떻게 통치해야 할 것인가를 동생에게 교시하면서, 특히 집안통솔에 세심한 주의를 기울이라고 엄명하였다. 주공은 더 나아가 만약 신하들이 가족유대를 존중하지 않으면 '천이 인간에게 부여한 도덕의 대원칙이 파괴될 것이며' 불효자나 형을 공경하지 않는 동생은 도둑이니 살인자보다 더 악인이므로 가차없이 처벌해야 한다고 선언하였다. 그러니 불효자나 형을 공경하지 않는 동생뿐만 아니라 자애롭지 못한 아버지나 지나치게 횡포한 형도 똑같이 처벌받아 마땅하다고 비난하였으며, 이것이 가장 중요한 것이라고 하였다.[68]

효행의 의무는 초기문헌에서 부단히 역설되었다. 죽은 조상이 자손의 운명을 좌우한다면 그 중요성은 명백하다. 공자는 효를 사회적 의무로 해석하였으나, 그러면서도 그것을 강조하였다. 물론 아버지에게 복종해야 한다는 관념과 '도'에 따라 행동해야 한다는 관념이 서로 충돌할 소지는 있다. 만약 양자가 합치되지 못할 경우에는 어떻게 할 것인가? 공자는 이 문제에 대해 아무 말도 하지 않았지만, "부모를 간해도 좋지만, 단 공손히 하라"고 말한 적은 한 번 있었다.[69]

반면 국가와 가의 갈등이 뚜렷하게 나타나는 구절이 하나 있다. 즉 "섭공이 공자에게 말했다. '우리 마을[黨]에 정직한 자가 있는데, 아버지가 양을 훔치면 그 아들이 그것을 증언한다.' 공자는 대답하였다. '우리 마을의 정직한 자는 이와 다릅니다. 아버지는 아들을 숨겨주고 아들은 아버지를 숨겨줍니다. 우리는 그것을 정직한 것으로 봅니다.'"[70] 이런 갈등은 오늘날에도 존재하며 서양에도 있다. 아버지가 살인한 것을 알았을 때 그것을 당국에 고발할 사람이 누가 있겠는가? 공자도 사회적 요구를 의식하지 못한 것은 아니었지만 가족을 무엇보다 중시하였다. 친척이 살해된 경우, 공자가 '피의 복수'를 명하였다는 주장이 후세 문헌에 나오지만, 이것은 의심스럽다.[71] 공자는 가족과 국가의 이해가 근본적으로 상충된다기보다는 오히려 그 반대로 생각하였다. 공자가 이해하는 바로는 개개인이 복종과 협동의 태도를 배우는 장소도, 사회화된 행동의 경험을 쌓는 곳도 가이며, 그 결과 개개인의 유능한 시민이나 관리가 될 수 있다는 것이다.[72]

중국에서 가와 국가간의 유사성을 최초로 발견한 사람은 공자가 아니었으며, 초기의 시 가운데에도 군주를 '백성들의 부모'라고 지칭한 것이 두 편이나 있다.[73] 이런 표현이 흔해 빠진 나라는 많지만, 중요한 문제는 그것이 태도 및 행동에서 어떤 의미를 갖느냐는 점이다. 가부장적인 온정주의는 전제주의와 거의 동의어가 되다시피 하였고, 그 관념이 상대(上代) 중국의 일반 백성의 처지를 크게 완화하였다는 증거도 없다. 그러나 이 관념을 유가가 사용하는 경우에는 개혁에 대한 강한 힘이 되었다.

가와 국가의 유사성 가운데 가가 권위에 순종하는 형이라는 사실이 공자의 매력을 끌었음은 의심할 여지가 없다. 그러나 또 하나의 측면이 더욱 강하게 그를 매료시켰던 것 같다. 중국의 가는 본래 모든 성원이 '동등한' 조직이다. 물론 이것은 상하 복종관계가 없다는 의미는 아니다. 자식들은 부모의 권위에 복종하지만, 시간이 지나면 그들 역시 부모가 될 차례가 온다. 작은 아들은 정상적인 상황에서는 결코 가장이 될 수 없지만, 이것이 불명예스러운 일은 아니다. 그는 가족회의에서 발언권을 가질 수 있었고, 경제적 이득은 대단히 공평하게 분배되었다. 가족 가운데 어느 누구라도 부당하게 대우받으면 항의할 수 있었고, 그 항의는 대체로 받아들여졌다. 이론상으로는 가장이 전제군주처럼 될 수 있었지만, 실제로는 일상생활을 같이 하는 다수인의 불만에 가장이 오랫동안 대항하기는 어려웠다. 중국의 가(家)는 이론상으로는 항상 전제적인 것처럼 보이지만, 실제로는 대체로 민주적이었다. 그 결과 가족들은 몇몇 사회학자들이 지적한 것처럼 '우리 집단'의 일원이었으며, 수단이 아닌 목적으로서 대우받았다. 그들간에 복종관계는 있었지만 각자는 자기의 위치, 기능 및 존엄성을 갖고 있었다.

공자는 모든 사람들이 이런 신분으로 이와 같은 공동체에서 살기를 바랐다. 자하가 누군가로부터 들은 것이라며(공자에게 들은 것이 거의 확실하다) '사해내의 모든 사람이 형제'[74]라고 한 의미는 바로 이것이다. 공자가 이민족인 '이적(夷狄)'에 대해 국수주의적인 편견을 조금도 표현하지 않은 것은 주목할 만한 가치가 있는데, 웨일리(Waley)는 공자가 '어떤 고상한 야만의 이상화'를 시도하였다고까지 말한다.[75] 야만인들이 중국의 기준에 따라 '문명화'되기를 공자가 바랐던 것은 확실하지만, 그의 이상적인 국가는 세계국가였다. 국제연맹의 결성이 추진되고 있을 때, 윌슨(Wilson)대통령의 요청으로 캉유웨이[康有爲]가 자신이 이해하고 있는 공자의 세계국가관을 제출한 것은 흥미있는 일이다.[76]

모든 계층의 사람은 그들 스스로의 가치가 있으며, 단지 국가의 목적성취를 위한 수단으로서뿐만 아니라, 국가가 존재하는 목적 자체로서도 대우받아야 한다는 공자의 주장은 그 당시로서는 더욱 혁명적인 것이었다. 공자가 이런 견해를 갖고 있었던 것은, 예컨대 정치의 목적은 백성을 행복하게 만드는 것이라고 말한 것만 보아도 명백하다.[77] 제자인 유약은 국가란 하나의 상호협동체로서 지위의 고하를 막론하고 전국민이 행운이나 불운을 모두 분담해야 한다는 견해를 표명하였다. 즉 노 애공이 흉년 때문에 용도에 충분할 만큼의 세금을 어떻게 거두어야 할지 모르겠다고 하며 유약에게 자문을 구했을 때, 그는 십일세(什一稅)를 제안하였다. 이에 애공이, "십이세로도 충분치 못한데, 어떻게 십일세를 부과하겠느냐"고 대답하자, 그는 이렇게 말했다. "백성이 풍족하면 주군께서는 누구와 궁핍을 나누시게 됩니까? 또 백성이 궁핍하면 주군께서는 누구와 풍족함을 나누셔야 합니까?"[78]

강제의 의해 지배되는 사회와는 반대로, 자유로운(일정한 범위내에서) 주체자로 구성된 협동사회에서는 개인이 가장 중요하다. 사회는 그 구성원의 종합 이상의 것이 될 수 없으며, 만약 이 구성원 가운데 상당한 부분이 도덕적으로 결함이 있다면 그 사회는 위험하다. 그러므로 공자는 개인의 문제부터 착수하였다. 그는 자성(自省), 덕의 함양 및 교육의 필요성을 강조하였고,[79] 장래 위정자가 될 것으로 기대되는 사람들의 교육에 전념하였다. 교육에도 무척 많은 일이 있었지만 그 가운데에도 이것이 제일 먼저 시작할 만큼 중요한 문제로 보였기 때문이다. 그러나 《논어》의 몇몇 구절을 보면 공자의 목표 가운데에는 모든 사람에게 최소한 약간의 교육이나마 실시해야 한다는 것이 분명히 포함되어 있음에도 불구하고, 이것은 종래 충분한 주목을 받지 못하였다.[80] 교육의 보급은 논리적으로도 필요하다. 철저하게 무식한 사람은 맹종할지는 모르나, 그 방법을 모르기 때문에 협동할 줄을 모른다. 그래서 공자는 "소인이 도를 배우면 쉽게 부릴 수가 있다"고 말한 것이다.[81] 즉 하달된 명령의 목적을 이해하고 또 그것을 어떻게 수행할 것인가를 알고 있으면 공동의 선을 행하도록 시키기가 쉽다는 말이다. 군사훈련에 관한 최근의 논의들은 정치교육의 중요성을 강조하는데, 군인들이 무엇을 위해 싸우는가를 알면 더 잘 싸우기 때문이라는 것이다. 공자도 "가르치지 않은 백성으로 전쟁을 한다는 것은 그들을 내버리는 것과 같다"고[82] 동일한 견해를 표명하였다.

앞에서도 지적한 바와 같이 공자는 교육의 목적을 대체로 인격 도야로 생각하였기 때문에, 충(忠)·성(誠)·신(信)·의(義)·공(恭)·순례(循禮) 등의 덕을 함양하는 것을 교육 목표로 삼았다.[83] 그러나 충이 단순한 개인에 대한 충성이 아니라는 것을 주의하지 않으면 안된다. 공자는 봉건적인 관행 가운데에서도 맹목적으로 개인에게 충성하는 것을 특히 비난하였으며,[84] 그가 생각하는 이상적인 가신은 '도'에 따라 힘이 미치는 데까지 최선을 다하여 주군을 섬기지만, '도'와 주군 가운데 양자택일을 하지 않을 수 없는 경우에는 '도'를

견지하고 사임하는 사람이다.[85)]

이처럼 개인보다는 원칙에 충성하는 것은 민주주의의 기본적인 요건이다. 이것이 없다면 국가는 항상 추종자들을 규합할지도 모르는 장군이나 정치가들에 의해 좌우되기 마련이다. 유교는 이런 충성을 제시함으로써 민주정치의 기본요건의 하나를 확립하였다. 후세에 관리는 물론, 황제의 직무태만조차 비판하는 기능이 부여된 감찰기구가 중국 정부내에 2,000년 동안 존속할 수 있었던 것도 바로 이 원칙에 대한 충성 때문이었고, 감찰관들이 만용의 대가는 유배나 죽음이라는 것을 알면서도 두려워하지 않고 의무를 수행할 수 있었던 것도 이 때문이었다. 감찰관이 황제에게 대항한 빈도는 전설적으로 과장되었는지도 모르지만, 그런 전설이 존재한다는 자체가 의미심장한 것이다. 모든 것을 희생해가며 원칙에 충실하고 의무를 관철하는 사람들에게 공자는 어떤 보상을 약속하였는가? 부인가, 지위인가, 아니면 권력인가? 모두 아니다. 그런 것은 모두 불확실한 것일 뿐 아니라, 공자는 그런 사적인 이득으로 군자의 마음을 움직이는 것은 군자의 체면을 손상하는 것으로 생각하였다.[86)] 그렇다면 영원한 삶이나 죽은 뒤의 행복을 약속하였는가? 공자는 결코 이것도 언급한 적이 없다. 그렇다면 "위험한 줄은 알지만 목숨을 버려도 좋을 정도로" 크게 원할 만한 것이 이 세상에 도대체 무엇이 있단 말인가?[87)]

그것은 바로 이것이다. 즉, 덕을 쌓아 실천하고, '도'를 사랑하여 그것을 현세에 구현하려고 최선을 다하는 사람은 인간으로서 모든 의무를 완수하는 사람이다. 이런 사람은 빈곤에도 동요되지 않는다. 공자는 말한다. "조잡한 음식을 먹고 물을 마시며, 팔을 베개삼아 누워도 즐거움은 그 안에 있지 않는가?"[88)] '도'를 실천하는 사람이 고관이 되지 못한다면 그것은 불행한 일이다. 왜냐하면 그런 사람이 만약 고관이 된다면 좋은 일을 많이 할 수 있을지도 모르기 때문이다. 그러나 그 책임은 유덕한 사람에게 있는 것이 아니고 오직 그를 등용하지 못한 정부에 있을 뿐이다. "선생께서는 말씀하셨다. 관직 없는 것을 걱정하지 말고, 다만 거기에 맞는 자격을 갖출 것을 근심하라. 자기를 인정해 주는 사람이 없다고 근심하지 말고, 다만 인정받을 만한 사람이 되려고 노력하라."[89] 바로 이런 의미에서 공자를 '자기가 하려는 일이 불가능하다는 것을 알면서도 계속 추구하는 사람'이라고 진정 말할 수 있는 것이다.[90] 성공의 가능성을 주도면밀하게 타진하는 것은 당치도 않다. 공자는 "스스로 돌이켜보아 옳다고 생각하면, 수천만 명이 가로막아도 앞으로 나가겠다"고 말하였다고 한다.[91] 무엇을 해야만 하는가를 결정한 후 최선을 다하는 것만이 필요한 것이다.

그래서 공자는 마음의 평화라는, 값으로는 따질 수 없는 자산을 제공한 것이다. "자신의 마음을 성찰해 보아도 스스로 비난할 만한 소지가 없으면 무엇을 근심하고, 또 무엇을 두려워하겠는가?"[92] 공자는 마음의 평화를 모든 사람의 손이 미치는 곳에 두었고, 세상의 변덕스러운 유행은 무시하였다. 그는 말한다. "인은 먼 곳에 있는가? 진정으로 인을 원한다면 그것은 바로 여기에 있다"[93]고. 그러므로 개개인이 일종의 당당한 주체성을 갖게 되면, 자신의 마음이 곧 성채(城砦)가 된다. "대군을 지휘하는 장수도 포로가 될 수 있지만, 필부의 마음은 어떤 힘도 뺏을 수 없다."[94] 역사적으로 이것은 매우 중요하였다. 이것 때문에 유가들은 '국가에 도가 있으면 관직에 나아가고, 국가에 도가 없으면 자신의 원칙을 접어 가슴속에 간직'할 수 있었으며,[95] 유교가 한대까지도 세인의 인정을 받지 못한 채 시기를 기다리며 개인 학설로 존속할 수 있었던 것도 이 때문이었다.

개개인이 적당한 자부심을 가지면 상관없지만, 이것이 너무 지나치면 동료와의 관계가 모두 끊기고 만다. 그렇다면 원칙을 다소 누그러뜨리고 사람들과 어울려 '좋은 친구'가 되어야 하는가? 공자는 이것을 단호히 부정하며 "도덕적으로 너보다 못한 사람을 벗으로 사귀지 말라"[96]고 한다. 이것은 결국 평등을 이루기 위해 모든 사람을 보통 수준까지 끌어내릴 것인가, 아니면 대중의 수준을 올려야 할 것인가라는 낯익은 문제로 귀착된다. 공자는 단호히 후자의 입장에 동조하였지만, 그렇다고 공자가 전적으로 초연한 자세를 취했다는 의미는 아니다. 대인관계면에서는 너그럽다고 하는 제자들보다 공자가 더 관대하였다는 것은 앞에서 지적한 대로이다. 이 문제에 관해 공자와 칸트는 매우 비슷한 견해를 표명하였다. 칸트는 "스스로 확고한 원칙의 중심을 구축하되, 동시에 그 중심을 둘러싸고 있는 이 원을 만인을 포용하는 사해동포적인 동심원(同心圓)의 일부로 간주하는 것이……인간의 의무"라고 기술하였고,[97] 공자는 "모든 사람에게 애정을 갖되, 인자와만 친하라"고 말하였다.[98]

그러나 단순한 애정만으로는 불충분하며, 진정으로 덕이 있다면 다른 사람을 위해 무언가 하지 않으면 안 된다. 제자 증삼은 자기 선생의 가르침은 오직 '충(忠)·서(恕)'뿐이라고 단언하였다.[99] 레그(Legge)가 '충서'를 "인간 본성의 원리에 충실하고, 그것을 다른 사람에게 인자스럽게 행하는 것"이라고 번역한 것은 지나친 의역 같지만, 그 진의는 잘 포착하였다. '서'는 항상 실천해야 하는 원칙이라고 공자는 말하였으며, "자기에게 행해지기를 원치 않는 것을 남에게 해서는 안 된다"는 의미로 그것을 설명하였다.[100] 이 말은 소극적인 개념일 뿐이라는 비난을 때때로 받기도 하지만, 그것이 사실이건 아니건간에 공자가 인간의 의무를 단순히 소극적인 것으로만 생각하지 않은 것은 확실하다. "인자는 자기가 일어서려고 원하면 먼저 남을 일으켜 세우고, 자기가 성공하려고 생각하면 먼저 남이 성공하도록 돕는다. 자기가 속으로 원하는 것에서 다른 사람을 대하는 행동의 원리를 찾는 것이 인의 실천방법이다"라고 공자는 말하였다.[101]

독자는 여기서 금방 칸트의 유명한 정언적 명령(categorical imperative), 즉 "너의 의지에 따른 행위의 준칙이 자연의 보편적인 법칙이 되게끔 행동하라"[102]는 말을 상기하게 될 것이다. 예상한 대로 이 격언은 훨씬 수식적인 것이지만, 그 원리는 비슷하다. 칸트와 공자는 모두 개인주의자였기 때문에 개인의 관점에서 세계를 자아와 외계라는 두 개의 커다란 측면으로 구성된 것으로 생각하였다. 개개인의 입장에서 본다면 자기 스스로 자신을 통제해야 하기 때문에, 따라서 그 책임은 사실상 무한하다. 그러므로 인간은 끊임없이 부지런히 인격을 도야하지 않으면 안 된다. 그리하여 선이 무엇인가를 알게 되면, 만인을 위하여 그 선을 실현하는 데 최선을 다하지 않으면 안 된다. 이 때문에 칸트는 두 가지 목표, 즉 '자기 자신의 완성과 타인의 행복'을 추구하는 데 진력하는 것이 도덕적 의무라고 주장한 것이다.[103] 이것은 《논어》의 도덕적 교훈을 요약한 것이라고 보아도 좋을 것 같다.

이것은 준엄하고 합리적인 교의이지만, 동시에 인간성에 대한 상당한 낙관주의를 의미한다. 타인을 호혜적으로 대하는 것이 인간의 의무라면, 상대방에게도 이에 대한 반응이 반드시 있어야 하며, 사실 이것이 협동사회의 필수조건이다. 공자가 이 감응력을 믿은 것은 극히 명백하다. 진정한 군자의 모범은 영향력이 대단하여 군자가 이적 속에 들어 가는 순간 그들의 야만스러움이 없어지기 때문에 그는 거기서 야만스러운 것을 볼 수 없다고 공자는 단언하였고,[104] 노 계씨의 종주에게는 스스로 합당한 것만을 바라면 백성들도 선해질 것이므로 극형을 가하지 말라고 말한 일도 있었다.[105]

그러나 이 미사여구들을 너무 진지하게 받아들일 필요는 없다. 계씨의 종주에게 한 말은 '무도한' 사람을 모두 죽여 없애려는 정책을 방금 제안한 전제자에게 대답한 말로서는 매우 조리가 있지만, 공자도 하루아침에 완전한 것이 이루어질 수 없다는 것을 알았기 때문에 선인이 국가를 통치해도 극형을 일소하려면 백년이 걸린다는 것을 인정한 구절도 있다.[106] 마찬가지로 "선생께서는 말씀하셨다. 사람은 본래 정직하게 태어났다. 정직하지 않은 사람이 죽지 않는 것은 행운일 뿐이다"라는 말도[107] 너무 강조해서는 안 된다. 만약 이것이 사실이라면, 공자도 잘 알겠지만 당시 세상은 행운아로 가득 찬 셈이 아닌가?

인간에게는 선을 지향하는 경향이 확실히 있고, 교육으로 좌우될 수 있는 커다란 능력도 있다고 공자가 생각한 것은 의문의 여지가 없지만, "가장 현명한 사람과 가장 어리석은 사람만이 바꾸어질 수 없다"는 말도 하였고,[108] 또 너무 고집센 사람들을 가르치는 것은 쓸데없는 시간낭비라는 생각도 하였다.[109] 그러나 공자가 "인간의 본성은 서로 비슷하지만, 습관에 따라 크게 달라진다"고는 하였으나,[110] 성선이냐 성악이냐 하는 문제는 건드리지 않은 것 같다. 날 때부터 지식을 타고난 '생이지지자(生而知之者)'가 있다는 것을 공자가 믿었다고 생각하는 사람이 가끔 있지만, 그것은 도저히 있을 수 없는 일이다.[111]

그렇다면 인간은 어떻게 지식을 획득하는가? 그러나 더 중요한 문제는 지식을 획득하였을 때 그것을 어떻게 평가할 수 있느냐는 것이다. 과연 그 진위를 어떻게 판별할 것이며, 또 덕이란 무엇인가? '도'를 실천해야 한다고 하지만, 어떻게 '도'를 발견할 수 있단 말인가? 또 모든 것의 척도가 될 수 있는 대기준이란 무엇인가? 이것은 어떤 철학에서도 제기될 수 있는 가장 근본적인 질문인데, 공자에게 이런 질문을 제기하였을 때, 그 결과는 너무나 뜻밖이었다. 공자에게는 그런 기준이 전혀 없었기 때문이다.

그는 신화적인 제왕 요·순 같은 옛 성현을 모방하기만 하면 된다는 말도 하지 않았다. 맹자는 그렇게 말하였고,[112] 공자도 그렇게 믿었다고 종래 생각되어 왔지만, 《논어》에는 그런 말이 전혀 없다. 또 공자는 어떤 책 한 권이나 또는 한 질의 책에서 진리의 척도를 발견할 수 있다고 말한 일도 없다. 앞에서 지적한 바와 같이, 공자는 자신도 사상의 유일한 근원을 책에서 구하지 않았지만, 남에게 그렇게 하라고 충고한 흔적도 없다. 유교가 결국 어떤 종류의 책들을(즉 경전) 극도로 존중하게 된 것은 사실이지만, 이 경향은 후세에 나타난 것이며 공자 교의의 기본정신에 위배되는 것 가운데 하나인 것 같다.[113] 마지막으로 지적하고 싶은 것은, 공자가 자기 말을 궁극적인 권위로 내세우지 않았다는 사실이다. 반대로 앞에서 지적한 바와 같이 그는 자기도 오류를 범할 수 있음을 인정하였고, 제자들이 자기와 견해를 달리하여도 그것을 비난하지 않고 허용하였다.

그럼에도 불구하고 고대 성현이나 어떤 책이 진리의 궁극적인 근거를 제공한다는 공자의 말이 《논어》에 없다는 단순한 사실이 곧 그가 그렇게 생각하지 않았다는 반증이 되는 것은 아니다. 오히려 그것을 증명해 주는 것은 공자가 논증과정에서 아무리 급해도 성현이나 문헌에 호소하지 않은 사실이다.[114)]

공자에게 그런 식의 기준이 없었다는 사실은 《논어》에 여러 번 언급되어 있다. "선생께서 완전히 극복하신 것이 네 가지 있다. 결코 미리 결론을 내리지 않으셨고, 지나치게 적극적인 면도 없으셨으며, 완고하지도 않으셨고, 자기 관점에서만 사물을 보지 않으셨다."[115)] 공자 자신도 완고함을 증오한다고 말한 적도 있다.[116)]

항상 모든 상황을 세심하게 고려하여 행동하는 공자의 그 유연성은 너무나 유명하였기 때문에, 맹자는 백년이 지난 후에도 이것을 상세히 언급하면서 그를 "시의(時宜)에 따라 행동하는 성인(時之聖者)"이라고 할 정도였다.[117)] 이 원칙에 대한 공자 자신의 최상의 진술은 "군자는 천하의 어떤 일에 대해서도 미리 찬성하거나 반대하는 일이 없으며, 의에 따를 뿐이다"라는 구절이다.[118)]

여기서 '의'자는 'right'로 영역되는데, 이것은 또 하나의 매우 중요한 개념이다. '의'는 영어의 'right' 또는 'righteous' 같은 단어의 보통 의미처럼 단순히 '옳은'이란 뜻보다는[119)] 적합하고 합당한 것을 뜻한다. 그러므로 제자 유약이 "의에 가까운 약속을 하면, 그 말이 지켜질 수 있다"고 한 것은[120)] 무엇을 약속하기 전에 모든 상황을 고려하여 적절하고 합당한 것만 약속해야 한다는 의미이다. 공자가 "이(利)를 볼 수 있는 기회를 만났을 때, 의(義)를 생각하는"[121)] 사람의 행동을 찬성한 것도 이와 비슷한 생각이다. 그런 사람은 취해도 좋은 이익은 취하면서도 자기가 그 때문에 신의를 저버리지 않을지, 다른 사람에게 해를 끼치지 않을지, 또 그 상황 아래서 부당하게 행동하는 면이 없는지 등을 반성해 본다.

이런 '의'의 개념이 극히 중요한 도덕적 힘이 되는 것은 분명하다. 그것은 '예'나 '도'와 마찬가지로 인간의 행동을 규제하며, 항상 자기 자신의 책임감을 곧바로 의식하게 만든다. 왜냐하면 '도'는 일반적인 것이고 그것에 관한 안내를 다른 사람에게 다소 받을 수도 있지만,

주어진 상황 아래서 무엇이 타당한 것이냐는 문제는 개인 스스로가 판단하지 않을 수 없기 때문이다. 공자가 이러한 타당성을 기준으로 행동한 예는 이미 앞에서 지적한 대로이다.

그러나 문제는 아직도 남아 있다. 즉 무엇이 타당한지를 판단할 수 있느냐는 것이 또 문제인데, 이것이 사색으로 가능한 일인가? 이 문제에 관해 공자는 이렇게 말한다. "나는 하루 종일 먹지도 않고 밤새도록 잠도 안 자면서 사색한 일이 있었지만, 아무 소용이 없었다. 공부보다 나은 것은 없다."[122] 그러나 공부만으로 해결되는 것은 아니다. "선생께서는 생각 없이 공부만 하는 것은 수고로울 뿐이며, 공부하지 않고 생각만 하면 위험하다고 말씀하셨다."[123]

《논어》에는 공자가 진리를 얻을 수 있다고 생각한 방법을 전하는 몇 구절이 있다. "선생께서는, 나는 날 때부터 지식을 타고난 사람이 아니고, 과거를 좋아하고 그것을 부지런히 탐구하는 사람이다라고 말씀하셨다."[124] 과거를 탐구하는 것이 지식을 획득하는 주요한 원천임은 오늘날에도 변함이 없지만, 그것은 체계적인 것이 되지 않으면 안 된다. "선생께서는, 나는 하(夏)왕조의 예(禮)를 약간 말할 수 있지만, 기국(杞國)〔하왕의 후손이 지배하고 있다는 소국〕에는 그것에 관한 충분한 증거가 남아 있지 않다. 마찬가지로 나는 은왕조의 예를 약간 말할 수 있지만, 송국에도 그런 증거는 남아 있지 않다……. 만약 증거만 충분하다면 실제로 입증된 기술을 할 수 있으련만이라고 말씀하셨다."[125]

그러나 모든 자료가 똑같이 믿을 만한 증거가 되는 것은 아니다. 실제 정치를 담당할 때 어떻게 처신해야 할 것인가를 알고 싶어하는 제자에게 공자는 이렇게 말했다. "많은 것을 듣되, 의심스러운 것은 일단 젖혀놓고 그 나머지를 신중하게 말하면 허물을 받는 일이 적을 것이다. 많은 것을 보되, 의미가 불분명한 것은 일단 젖혀놓고 그 나머지만 신중하게 행한다면 후회하는 일이 적을 것이다."[126] 항상 눈을 크게 뜨고 경험에서 배울 수 있는 것을 모두 배우지 않으면 안 된다. 그러나 모든 것을 이해하는 것은 기대할 수 없기 때문에, 이해할 수 있는 것만 이해하고 나머지는 판단을 유보하지 않으면 안 된다는 것이다. 이 때문에 공자는 판독할 수 없는 문자를 어림잡는 대신, "그 부분을 공백으로 남겨놓는" 필경사의 관례를 칭찬하였다.[127] 공자는 자기 자신이 지식을 얻는 방법을 이렇게 묘사하였다. "많이 들으면서, 그 가운데 좋은 것을 택하여 그것을 따르고, 많이 보면서 그것을 기억한다. 이것이 지식(또는 지혜)을 얻는 순서이다."[128]

이런 말을 보면 공자는 지식을 전적으로 경험에 의존하는 사람, 즉 철학자들이 말하는 경험론자와 매우 흡사하게 보인다. 그러나 공자는 제자 자공에게 "너는 내가 지식을 얻는 방법이 단순히 많은 것을 배우고 기억하는 것이라고 생각하는가?"라고 물은 적이 있다. 자공은 "그렇습니다. 그렇지 않습니까?"라고 대답하였다. 그러나 공자는 "그렇지 않다. 나에게는 모든 것을 꿸 수 있는 한 가닥 실 같은 하나의 원리가 있어 그것을 사용한다."[129]고 하였다. 여기서는 공자가 자기 마음속에 있는 원리에 따라 세상의 현상들을 정리하려고 하는 합리론자처럼 보인다. 실제로 그는 앞에서 본 바와 같이 경험론자적인 면도 있고, 동시에 합리론자이기도 하였다.

그러나 진리의 척도가 무엇이냐는 질문에 대한 답은 아직 나오지 않았는데, 이 답은 공자에게서 얻을 수 없는 것 같다. 만약 그것을 공자에게 묻는다면 그는 모든 사람이 각자 그것을 발견해야 한다고 대답할 것이 분명한데, 진정한 협동적인 사회에서는 그렇게밖에는 답변할 수 없을 것이다. 기계는 조작될 수는 있으나 협동할 수는 없다. 진리나 권위의 척도가 고정된 사회에서는 개인의 역할이 기계 이상의 창조력을 발휘할 수 없으며, 개인은 그것에 순응하거나 순응하지 않을 수도 있을지 모르나 진정으로 세상에 공헌할 수는 없다. 개개인에게 사회의 목표 달성에 대한 책임이 있다면, 그 목표의 선택, 즉 진리의 발견(그 정체를 드러내는 것만이 아닌)에 조력할 수 있는 기회를 갖지 않으면 안 된다. 그러므로 칸트는 "자신의 의무관념에 따라 스스로 자신의 목표를 결정하는 힘"이 없다면 완전히 성숙된 인격을 갖추기는 불가능하다는 것을 명확하게 인식하였던 것이

다.[130)]

여기서 문제는 다시 개인으로 되돌아오는데, 그렇다면 인간은 모두 무엇이 옳고 무엇이 진실인가를 판단할 수 있는 능력을 똑같이 가졌다고 결론지어야 하는가? 어느 의미에서는 그렇다고 말할 수 있다. 여기서 우리는 과학의 사유방식과 비슷한 사유형을 다루고 있는 셈이다. 과학자들은 경험에서 논거를 구하고 포괄적인 하나의 가설, 또는 일련의 가설로써 그것을 모두 연결시키려고 하는데 이 점은 공자도 마찬가지였다. 또 과학자들은 모든 정상인에게는 진리의 훌륭한 판단자가 될 수 있는 잠재능력이 기본적으로 있다고 믿는다. 따라서 어떤 과학자가 왕족 출신이나 억만장자라는 이유 때문에 그 의견이 더 존중되는 것은 아니며, 오직 교육과 경험, 그리고 입증된 능력만이 존경의 관건이 된다.

공자도 이와 비슷한 판단을 내렸다. 그는 모든 사람이 잠재적으로 평등하다고 생각하였기 때문에 지위가 높다고 두려워하지도 않았고, 가난하다고 경멸하지도 않았다. 그러나 학문과 수양을 통해서 그 잠재력을 발휘한 사람의 의견은 존중되어야 하며, 따라서 식견 있는 한 사람의 의견이 생각없는 대중의 의견보다 더 중요하다는 것이다.[131)]

오해를 피하기 위하여, 여기서 공자가 '근대과학의 방법을 앞질렀다'고 주장할 의도는 없다는 점을 밝혀둔다. 공자의 사유에는 과학적인 이상과 현격한 차이가 있는 점도 있지만,[132)] 이것은 놀라운 일은 아니다. 그러나 판단유보의 필요성을 명확하게 인식한 점, 그리고 지적 민주주의를 주장한 점에서 교조적인 성격이 없다는 것이 공자 사유의 특징이다. 이와 같은 과학적 사유에 필요한 최소한의 철학적 조건을 솔직하게 인정한 것은 매우 괄목할 만한 일이다. 이것이 사실이라면, 중국인들이 왜 오래 전에 벌써 과학적 방법론을 발전시키지 못하였느냐는 의문이 제기될지도 모른다. 중국인이 과학적 방법론을 발전시키지 못한 것이 사실인지 아닌지는 몰라도 공자사상의 이러한 측면이 얼마 후 유교에서 현저하게 사라진 것은 확실하다.

공자와 마찬가지로 과학도 변하지 않는 진리의 척도를 인정하지 않는다. 과학은 진리를 탐구하는 것이지, 미리 정해진 공식에서 진리를 끄집어내는 것은 아니다. 그러나 이것은 과학이 진리를 발견하는 데 아무 도움이 되지 못한다는 의미는 아니며, 과학은 무엇이 진리라는 것은 말해 주지 않지만 진리를 어떻게 발견할 것인가에 대해 많은 충고를 해준다는 뜻이다. 공자의 입장도 바로 이런 것이었다.

확실히 철학자 가운데 공자처럼 유연성을 그렇게 강조한 사람은 (적어도 근대과학 이전의 철학자들 가운데에는) 없었다. 서양에서는 진리를 고정불변한 것으로 여겼고, 신이나 현자는 절대진리의 불변성을 띠지 않으면 안 된다고 생각하는 경향이 있었다. 고대 메소포타미아인들은(이들은 헤브루인을 통해서 서양인의 지적 조상 가운데 하나가 되었다) 불요불굴을 신성의 속성으로 생각하였으며 "왕의 말씀은 정당하다. 그의 말씀은 신의 말씀처럼 변경될 수 없다"고 말하였다.[133] 높은 지위를 가진 사람이 마음을 바꾸고 자신의 과오를 인정하면 체면이 손상되는 것으로 느끼는 것이 보통인데, 이것은 그가 당연히 불변의 진리를 갖고 있어야 함에도 불구하고 그렇지 않다는 것이 드러났기 때문이다.

공자의 주장은 이와 달랐다. "오류를 범하고도 고치지 않는 것이야말로 오류를 범하는 것이며", "만약 과오를 범하였을 때는 그것을 인정하고 고치는 것을 꺼리지 말라"라는 것을 거듭 강조하였다. 제자 자공도 이렇게 말한다. "군자의 과실은 일식이나 월식에 비교될 수 있다. 군자가 과실을 범하면 모든 사람이 그것을 쳐다보지만, 그가 그것을 고쳤을 때는 모든 사람들이 우러러본다."[134]

이처럼 항상 고치려는 자세를 갖는 것은 판단유보의 상태에서 생활하는 데 불가피한 일면에 불과하다. 그러나 아무리 그 상태가 고상한 것일지라도 전적으로 쾌적한 상태는 아니다. 매일 집앞의 보도를 걷는 사람은 그 보도가 항상 아무 일도 없기를 기대한다. 그러나 만약 어느 날 아침 그곳에 크게 벌어진 구멍이 생긴다면, 그는 그 새로운 상황에 대처하여 사고를 피하려고 할 것이다. (그럴 것으로 희망해 보자!) 그러나 사실은 어떤 사정에 의해 그 보도 밑이 파괴되었을지도 모르며, 따라서 아직은 그것이 단단하게 보일지라도 실제 발을 딛기만 해도 붕괴될 함정인지도 모른다. 그렇다면 그는 차도로 걸어가야 하는가? 아마 차도는 더 위험할지도 모른다. 만약 이런 식의 걱정을 지나치게 하기 시작한다면 밥먹는 것도 중단해야 할 것이다. 그러나 실제로 그런 짓을 하는 사람은 아무도 없으며(소수의 정신이상자를 제외하면) 주어진 조건 아래 성패의 가능성과 안전도를 감안하고, 그 판단에 근거하여 행동하는 것이 보통이다. 이것은 우리가 항상 하고 있는 것이며, 또 우리가 사는 방법이기도 하다. 이런 경우의 판단은 과거의 교육과 경험의 제약을 받는 것이므로 사람에 따라 다르지만, 실제적인 판단이다. 그때는 자기가 알고 있는 모든 이론을 동원할 수도 있겠지만, 결국 두 개 또는 그 이상의 가능한 방법 가운데에서 하나를 선택하여 그것이 옳은 선택이 되기를 희망할 수밖에 없다.

이와 마찬가지로 판단을 유보한 문제에 관해서도 실천적인 선을 긋지 않으면 안 된다. 예컨대 절대적인 진리에 관해 아는 것이 아무것도 없기 때문에 굶어죽어가는 이웃을 먹이는 것이 자기의 의무인지 아닌지 모르겠다고 말하는 것은 옳지 않다. 공자는 지식에 관한 문제에도 실천적인 선을 그을 필요성을 인정하였다. 그는 "무엇을 알고 있을 때는 알고 있다고 인정하고, 모를 때는 모른다고 인정하는" 것이 지식이라고 정의하였다.[135] 이 말을 보면 물론 공자가 '지'란 단어를 절대적인 의미로 사용하지 않은 것은 명백하다. 오히려 그는 모든 것을 포괄하는 교조적인 확신과 별다른 이유도 없는 회의론 사이에서 합리적이고 적절한 균형을 취할 필요성을 계속 주장하였다.

중도를 지키면서 균형을 취한다는 이 관념은 공자에게 매우 중요한 것이었다. 맹자는 공자가 "극단에 빠지지 않았다"고 하는데,[136] 《논어》에도 "선생께서 말씀하시기를, 나는 나의 이론을 함께 실천할 수 있는 중도를 걷는 사람을 얻지 못한다면, 지나치게 급한 사람이나 지나치게 조심스러운 사람을 택할 수밖에 없다고 하셨다."[137] 그는 결합이란 종류는 달라도 모두 나쁜 것이라고 생각하였다. 그래서 "지나친 것도 미치지 못한 것과 마찬가지로 나쁘다"고 하였고,[138] 또 "중용은 실로 지고의 덕이지만, 오래 전부터 그것을 실천하는 사람이 드물다"고 말하였다.[139]

여기서 본질적으로 타협의 철학이 나온다. 서양사상에는 타협을 기피하는 경향이 어느 정도 있다. 이것은 진리나 덕이 어쨌든 고정된 것일 뿐 아니라 절대적인 것이며, 현자나 선인은 정신적으로 그것과 결합되어 있고, 따라서 그들은 엄격하게 그 정도를 고수해야 한다는 관념의 소산이다. 공자 역시 어떤 선을 긋고, 죽음의 대가를 치를지라도 그 선을 넘어서서 원칙을 양보하고 타협해서는 안 된다고 생각하였다. 그러나 그는 진리가 변할 수 있느냐는 문제에 관해 직접 언급한 일은 없지만, 인간이 항상 생각하는 능력을 가진 도덕적 존재인 이상, 진리에 대한 이해도 항상 변한다고 생각한 것은 극히 명백하다. 더욱이 자신을 신이 보증한 유일한 진리의 수호자로 자처할 권리는 누구에게도 없다. 의견이 서로 다르면 그 문제를 서로 토론하지 않으면 안 되는 이유는 쌍방의 의견에 모두 일면의 진리가 있을 수도 있고, 그 중간에 진리에 좀더 가까운 것이 있는지도 모르기 때문이다. 물론 사회의 개념을 협동적인 것으로 본다면 논리적으로도 그런 식의 타협은 필요한데, 이것이 민주주의의 가장 본질적인 것이다.

뿐만 아니라 설사 진리를 안다고 할지라도 구체적인 상황에서 그것을 어떻게 적용하느냐는 것은 진리도 가르쳐주지 않는다. 예컨대 반란을 일으킨 배신(陪臣)들이 공자에게 정치를 맡기려고 그를 초청하였을 때, 공자의 마음이 동하였다는 것은 앞에서 언급하였지만, 그때 공자가 그들의 행위를 전적으로 찬성한 것은 아니었다. 그러나 개인적인 순수성을 지키려는 욕망 때문에 백성들의 고통을 경감시킬지도 모르는 기회를 거절한 처사가 과연 정당한 일이었는가? 이것은 정말 대답하기 어려운 문제이다. 베버는 이렇게 지적하였다. "많은 경우, '선한' 목적을 달성하려면 도덕적으로 의심스러운 수단, 또는 적어도 위험한 수단을 사용하지 않을 수 없고, 그 결과 실제로 악이 파생할지도 모른다는 사태조차 감수하지 않을 수 없다는 사실에 대해 세계의 어떤 윤리학도 그것을 회피할 수는 없다. 목적이 윤리적으로 선하다면 윤리적으로 위험한 수단을 사용할 경우 필연적으로 악이 파생될지라도 어느 정도 그것을 사용하는 것이 좋은지, 또 언제 그것을 사용하는 것이 좋은지에 관한 결론을 세계의 어떤 윤리학에서도 도출할 수 없다."[140]

공자는 개인이 항상 이러한 문제에 직면하고 있다는 것을 인정하였다. 동일한 상황은 결코 두 번 다시 일어나지 않기 때문에, 개개의 문제는 어느 정도 특수성을 갖는다. 이런 인식은 현재까지도 중국의 법률에 엄존해 있다. 프랑스의 법률가(J. Escarra)는 그의 저서 《중국법(*Le Droit Chinois*)》에서 중국의 법률 절차는 기본적으로 유가적인 것으로 남아 있다고 지적하면서 이렇게 말하고 있다. "그러므로 중국의 관헌들은 인정적이랄까, '개인화'된 것이랄까도 표현할 수도 있는 법률의 적용을 통하여, 〔법에 규정된〕 형벌의 명목적인 가혹성을 완화하려는 데 열중하고 있다. 중국에서 범행동기의 결의론(決疑論 : 사회적 관행이나 교회의 성전, 율법 따위에 비추어 도덕문제를 해결하는 학문)적인 분석으로부터, 공범 · 면소(免訴) · 정상참작 · 상습범 · 누범(累犯) 등에 이르기까지, 극히 정치(情緻)하고도 세련된 다양한 형법 이론을 창조한 형법 저술가들의 그 천재적인 능력도 이 사실로써 설명된다."[141] 중국에서는 도덕이란, 개인으로 하여금 항상 일련의 엄격한 규칙에 따라 행동하도록 만드는 따위의 단순한 문제가 아니라는 것을 재판소조차 알고 있었다.

공자철학에서는 개인에게 너무나 많은 책임이 남겨졌기 때문에, 개인을 위해서 할 수 있는 것은 그 책임을 다할 수 있도록 정신을 교육하여 인격을 강화시켜 주는 것밖에는 없다. 인격을 도야하는 데는 중용의 이상이 중요한 역할을 하는데, 이것은 '예' '도' '의'처럼 자기 수양을 도울 수 있는 또 하나의 원리이다. 온건한 사람은 과오를 범할 수도 있지만, 극단적인 사람처럼 커다란 잘못을 저지르지는 않는다. 공자는 아무리 수양을 쌓아도 인격의 진정한 기초가 되는 인간성을 흐리게 할 정도로 지나치게 세련되어서는 안 된다고 주장하였다.[142)]

그러므로 인(仁)조차 이성의 절제를 받지 않으면 안 된다. 고집센 제자 재아(宰我)가 어느 날 공자에게 물었다. "진정으로 유덕한 사람이라면 우물 안에 사람이 빠졌다는 말을 들으면 곧장 우물 속으로 쫓아 들어가겠지요?" 공자는 대답했다. "왜 그렇게 생각하는가? 그런 식으로 군자를 우물로 가게는 할 수 있지만 거기에 뛰어들게 할 수는 없다. 군자를 일단 속일 수는 있지만 천치바보로 만들 수는 없다."[143)]

그러므로 공자에게는 진리와 덕이 편안하고 안락한 피난처가 아니며, 오히려 부단히 나아가야 할 목표였다. 공자는 "학문을 하는 것은 마치 따라갈 수 없는 사람을 쫓아가면서 그를 놓치지 않으려고 애태우는 것과 같다"고 말한다.[144)] 그러나 이것은 인생이 항상 열기에 들떠 있어야 하고 항상 마음을 애태워야 한다는 의미는 아니다. 그와 반대로 경주의 우승은 항상 빠른 사람이 차지하는 것도 아니고, 가장 열심히 찾는 사람이 항상 목표를 발견하는 것도 아니다. 교육과 자기 연마를 통하여, 그리고 중용을 지킴으로써, 혼란으로부터 자유와 평정을 얻을 수 있는 것이다. 그러나 우리가 살고 있는 한 우리에게는 도덕적 능력이 있기 때문에, 그 능력을 발휘하고, 그때그때 새로운 상황 아래서 우리에게 열려진 다양한 행동 방향 가운데 그 하나를 선택하지 않으면 안 될 의무가 우리에게 있다. 공자는 "어떻게 해야 할지 모르겠다고 항상 자문하지 않는 사람은 정말 어떻게 해야 할지 모르겠다"[145)]고 말함으로써 이 점을 분명히 밝혔다.

제10장 改 革 家

공자와 거의 같은 시기의 사상가 가운데 정치학을 많이 다룬 사람으로서 유명한 사람은 플라톤과 아리스토텔레스이다. 그러므로 서양 학자들이 그들의 사상을 《논어》에 서술된 공자의 정치철학과 비교하는 척도처럼 삼는 것은 당연하다. 그런 비교를 처음 할 때는 공자의 사상이 상대적으로 단순하고 비조직적이란 인상을 받는다. 이것이 어느 정도 사실이기는 하지만, 공정을 기하려면 몇 가지 중요한 상이점을 염두에 둘 필요가 있다.

가장 뚜렷한 차이는 플라톤과 아리스토텔레스는 상세한 정치학 논문을 남긴 반면, 공자에게는 우연히 남은 장구를 모은 것밖에는 없다는 점이다. 이에 못지않게 중요한 사실은 플라톤과 아리스토텔레스가 상정한 국가는 조그마한 도시국가였다는 점이다. 플라톤이 그의 저서인 《법률(Law)》에서 도시국가의 규모를 5,040호로 제한한 것에 비해[1] 공자는 적어도 중국 전체를 포함하는 국가를 상정하였는데, 바로 이것만으로도 짜임새라는 면에서도 훨씬 뒤떨어질 뿐 아니라 문제가 한층 더 어렵게 되었다. 또 그리스에서는 정치적 다양성 때문에 사상가들이 군주정치 · 과두(寡頭)정치 · 민주정치 및 독재정치

등을 비롯하여 크게 상이한 정치적 경험에 접근할 수 있었지만, 공자가 아는 것은 중국의 봉건국가 및 그 붕괴에 따른 현상들뿐이었다. 마지막으로, 아마도 가장 의미가 큰 상이점은 플라톤과 아리스토텔레스는 모두 실제적이고 실행 가능성이 있는 국가뿐만 아니라 이상적인 국가도 동시에 논한 반면, 공자는 이론을 논한 일이 거의 없고 대개의 경우 가까운 장래에 실현될 가능성이 있다고 생각한 개혁에 관해서만 언급하였다.

공자가 개혁을 하고자 한 현실이 무엇이었는가는 앞에서 이미 언급한 대로이다. 일반 백성들은 가혹하게 억압받았으며 거의 아무런 권리도 없었다. 지배자들은 기분내키는 대로 백성들을 부릴 수가 있었지만, 그들을 견제할 수 있는 것은 어쩌다가 일어나는 무기력한 반란뿐이었다. 지배층에 속하는 사람들도 그 시대의 일반적인 무법상태나 잦은 전쟁의 피해자였다. 군주와 중신들은 모두 세습귀족의 후예들이었지만, 여러 세대에 걸쳐 권력과 부를 부자상전(父子相傳)해 온 가문들도 퇴폐풍조에 빠진 것이 보통이었고, 예외는 아주 드물었다. 그들에게는 전쟁에서의 용맹과 권모술수의 수단이란 두 가지 장점이 필요하였기 때문에, 이것을 연마하는 데 최선을 다하였다. 그 결과, 인간의 존엄성과 행복에 관심을 가진 사람이 조용히 사색할 수 있는 것도 불가능한 세상이 되고 말았다.

공자는 바로 인간의 존엄성과 행복에 관심을 가진 사람이었기 때문에 깊은 번뇌에 빠졌고, 보다 좋은 세상을 만들기 위하여 일생을 바쳤다. 그 이유는 무엇이며, 또 주위의 가치관과 맞지 않았던 그의 이상의 근원이나 세상을 개조하려는 수단으로 내세웠던 사상의 근원은 무엇인가?

공자는 단순히 고도(古道)의 부활만을 추구하였고 사람들에게 유덕한 '선왕'의 도로 돌아가라고 권고하였을 뿐이라는 것이 종래의 일반적인 견해였다. 공자가 고도를 자신의 사상적 근원으로 시사한 적도 두 번 있었고,[2] 과거와 비교하여 현재를 자주 비난한 것도 틀림없는 사실이다. 그러나 당시 정권을 쥐고 있었던 사람들을 조롱한 공자의 발언은, 단지 자기에게 개혁을 수행할 기회를 주려고 하지 않는 사람들만을 비난한 일면이 있다는 점을 염두에 두지 않으면 안 된다.

전통을 강조한 사람도 공자만은 아니었다. 플라톤의 개혁안에는 처자와 재산을 공유하는 것까지도 포함되어 있지만, 그는 "악을 제거하는 것은 문제가 다르지만, 그 밖의 어떤 것을 변혁하는 것도 위험천만한 일"이라고 단언하였으며, 입법자들은 '옛것을 숭상하는 정신'을 심어주는 방법을 발견하지 않으면 안 된다고 말하였다.[3] 고대 중국에는 옛것을 숭상하는 일은 일반적인 것이었다. 둥쭤빈[董作賓]은 상대(商代) 갑골문의 연구를 통하여, 의식적으로 과거를 모방하는 관행이 공자가 태어나기 500여 년 이전에 이미 존재하였음을 밝혔다.[4] 그 후 비교적 문화가 낮은 주족이 상왕조를 정복하고 대신 들어섰을 때, 그들은 '선철왕(先哲王)'의 규범에 따를 의사를 명백히 공언하였고, 상은 '옛 규범을 방기하였기' 때문에 멸망하였다고 주장하였다.[5] 《시경》《서경》 및 금문(金文)에는 전통준행(遵行)의 중요성이 거듭 강조되어 있다.[6] 고대 중국에서는 옛 유행에 따르는 것이 유행을 따르는 것이었다.

이런 배경에 비추어본다면, 공자는 노예처럼 전통을 추종한 것처럼 보이지는 않는다. 반대로 그는 인간의 제도가 변화, 발전한다는 것을 인정하였으며, 적절하고 상식에도 맞는다면 그것을 적극적으로 개변시키거나 그 변화를 받아들이려는 자세를 가졌다. 이러한 공자의 태도는 한대(漢代)에 가서야 비로소 유가들의 주목을 받았다.[7] 공자는 "주는 앞선 두 왕조의 경험을 살필 수 있는 이점을 갖고 있었다. 주의 문화는 정말 찬란하구나. 나는 주의 전통을 따르겠다"고 말했지만,[8] 전통적인 것이라는 이유만으로 어떤 방향을 추천한 예는 거의 없었다. 그는 정치란 어떻게 해야 하는 것이냐는 질문을 열한 번이나 받았지만, 전통적인 관행의 관점에서 대답한 것은 단 한 번뿐인데, 그때 그는 "하대(夏代)의 역(曆)과 은대(殷代)의 가마[輅], 주대(周代)의 모자[冕]를 사용하라"고[9] 말하였다. 여기서도 그는 단순히 옛 것만을 따르라고 충고한 것이 아니고, 각 시대에서 따를 수 있는 관행만을 선택하라고 말한 것이다. 이것이 그의 특징인데, 그는 전통주의자였지만 전통이면 무조건 따르는 사람이 아니라 취사선택하여 따르는 사람이었다.

이 점은 우리도 모두 마찬가지인데 지나간 좋은 시절을 동경할 때는 과거의 좋은 면을 생각하기 마련이다. 그렇다면 캉유웨이가 주장한 것처럼 공자는 과연 자신의 새로운 사상을 의도적으로 상고의 것이라고 속인 것이 아니냐는 의문이 제기된다. 그러나 캉유웨이의 주장은 대단히 의심스럽다. 왜냐하면 《논어》에 나오는 실제의 공자는 후대의 불확실한 문헌에 등장하는 공자보다 옛것을 언급하는 일이 훨씬 적을 뿐 아니라, 자신의 가장 혁명적인 사상을 뒷받침하기 위한 전거를 전통에서 찾으려는 노력도 한 것 같지가 않기 때문이다. 그러나 언젠가 한번은 비교적 새로운 것이 틀림없는 관념을 옛것이라고 말한 것도 부정할 수 없는 사실이다.[10] 그럼에도 불구하고 의식적으로 속임수를 썼다는 명백한 증거도 없다. 그런 짓은 그 자신이 천명한 원칙에 위배되는 일이다.

맹자에 따르면 공자의 교설(敎說)은 기원전 22세기경 중국을 통치하였다고 하는 상고의 제왕 요·순·우으로부터 전수된 것이라고 한다.[11] 그 후 이 말은 전통적인 견해가 되어, 공자는 이 상고제왕들의 '황금시대'를 재현하려고 노력하였다는 것이 일반적으로 주장되어 왔다. 그러나 《논어》에는 이것을 뒷받침해 주는 자료가 전혀 없다. 공자가 이 상고의 제왕들을 높이 평가한 것은 사실이다. 그러나 그는 맹자나 후세의 학자들과는 달리 완벽한 정치를 구현하기 위해 그들을 모방하기만 하면 된다는 따위의 제안을 결코 한 일이 없으며, 사실 《논어》보다 약간 뒤늦게 나온 저술과 비교해 보면 《논어》에는 상고제왕이 언급된 일이 매우 드물다고 할 수 있다.

여기에는 그럴 말한 이유가 있다. 금세기에 들어와 중국학자들은 요·순·우 등이 어느 모로 보나 완전히 설화적인 존재라는 것을 발견하였다.[12] 요·순은 공자 이전의 문헌이나 금문(金文)에는 전혀 언급된 것 같지 않다. 우는 대하천을 준설하고 땅을 간척하여 사람이 살 수 있고 농사를 지을 수 있도록 만든 문화적인 영웅으로 《시경》과 《서경》,[13] 금문[14]에 언급되어 있으며, 주왕실의 신화적인 시조 후직(后稷)과도 연결되어 있다.[15] 그러나 그가 제왕이었다고 말한 최초의 문헌은 요·순의 이름이 처음으로 보이는 《논어》인 것 같다.

그들에 관한 설화는 대부분 공자 이후에 형성되었으며, 이 설화적인 제왕들은 점차로 모든 유가덕목의 원형 그 자체가 되었다. 공자가 이런 인물들을 만들어냈다고는 도저히 생각할 수 없다. 만약 그랬다면, 그는 그들에 관한 더 많은 것을 언급하지 않을 수 없었을 것이다. 그러나 공자시대에는 그들의 설화가 그렇게 오래 된 것은 아니었다. 그러므로 공자는 요·순·우로부터 어떤 시사를 얻었을 가능성이 희박하며, 실제로 그들이 공자의 사상으로 윤색되었다고 말하는 것이 훨씬 사실에 가까운 것인지도 모른다.[16]

공자는 스스로 주문왕(주왕조 창건자의 아버지)의 정신적 계승자라고 자처하였고,[17] 또 다소 애매하기는 해도 문왕의 아들 주공을 자기에게 영감을 주는 존재로 존경한다고 말한 구절도 있다.[18]

주공이 공자보다 500년 이상 앞선 인물임에도 불구하고 중국에서는 아주 일찍부터 주공을 유가사상의 근원으로 간주하는 설이 전해 내려왔고, 그 가운데에는 주공을 유교의 창시자로까지 여기는 전설도 있다.[19] 《시경》과 금문, 그리고 특히 《서경》에는 주초의 통치자들에 관한 자료가 많이 남아 있으며, 《서경》 가운데에는 주공이 직접 저술한 것처럼 보이는 것도 있다. 이러한 문헌들이 어떤 면에서는 공자사상과 유사성을 보이고 있다는 것은 실로 놀라운 일이다.

왜냐하면 비교적 문화적으로 조야한 주족이 보다 문화가 높은 이웃 상을 정복하고 북중국의 상당부분을 장악하였으므로 그 지배는 필연적으로 가혹할 수밖에 없었기 때문이다. 주 초창기 통치자들은 광대한 지역에 걸쳐 과감한 정복사업에 성공할 수 있을 정도로 매우 유능한 인물이 아니면 곤란하였다. 그 가운데 특히 유능한 인물이 주공이었는데, 그는 새로 획득한 영토가 와해의 위기에 처했을 때

섭정으로서 권력을 장악하였고, 7년 후에는 훌륭하게 조직된 제국을 왕인 조카에게 돌려주었다. 주초의 통치자는 지적으로 깬 사람들이었다. 그러나 이 점을 제대로 인정한다고 해도, 그들의 인도주의적인 발언을 모두 순수한 감정의 발로로 생각할 필요는 없다.

주족의 지배자들은 고도의 중앙집권적인 정치에 필요한 경험도, 수단(교통 및 화폐제도)도 갖지 못하였기 때문에 대부분의 영토를 친족이나 정복사업에 조력한 부족의 장들에게 갈라주었고, 그들이 영내의 질서를 유지하고 전쟁시 왕을 돕기만 하면 편의대로 봉토를 통치하도록 허용하였다. 물론 그들은 일정한 공납을 바치지 않으면 안 되었다. 이것이 사실 봉건제인데, 그 결과 전제국에 전략적으로 흩어져 있는 수비대의 역할을 제후들이 담당하게 되었다.

주초의 왕들은 현명하게도 중국을 정복할 때와는 달리 힘만으로는 중국을 계속 장악할 수 없다는 것을 인식하였지만, 상족이 일으킨 대규모 반란 때문에 이를 더욱 강하게 느꼈다. 그러므로 주왕조는 그들의 정복과 통치가 정당하다는 명분을 정교하게 만들어 공포하였다. 대부분의 정복자들과 마찬가지로 그들도 목적을 일단 달성한 후에는 무력 사용을 부정하였으며, 그들도 무력사용은 크게 주저하였지만 '천(天)'이 명령한 것이라고 주장하였다. 또 '천'은 관례상 군주의 행동을 부단히 감시하고 만약 그가 고칠 수 없을 정도로 포학한 경우에는 새로운 왕조의 창건을 위임한 사람에게 천명을 내리는 법이며, 따라서 주가 상을 정복한 것은 '천'의 하인으로서 그 명령에 따른 것뿐이라고 말하였다.[20]

왕으로서 망해야 마땅한 '포학'이란 무엇인가? 주족은 신들에 대한 합당한 제사를 소홀히 하는 것과 음주벽을 특히 강조하였으나, 주공은 백성을 잘 대하지 못한 것도 그 죄악 속에 포함시켰다.[21]

주왕들이 매우 '유덕하였다'는 기록이 많이 전하고 있지만, 그 말이 무엇을 의미하는가를 이해하지 못한다면 별 의미가 없다.

로마인이 고대 덕(德)의 전형으로 생각하였던 카토(Cato)를 키케로(Cicero)도 "용감하고 존경스러운 마르크스 카토"라고 칭찬하였지만,[22] 플루타르코스(Plutarchos)에 따르면, 그는 손님을 접대한 뒤에 반드시 가죽채찍을 들고 노예들을 찾아가 "부주의하게 시중을 들었거나 고기를 잘 조리하지 못한 노예들을 직접 때리는 것이" 습관이었다고 한다.[23] 주초의 '유덕한' 귀족들 가운데에도 일반 백성에게 대단히 억압적인 사람이 많았던 것은 의문의 여지가 없다. 그러나 새로운 정복자로서의 위치가 매우 불안하였기 때문에 예방조처로서 백성들의 비위를 맞출 필요성을 그들이 느꼈다는 것은 매우 중요한 사실이다. 주공이 특히 이 점을 인식하였던 것처럼 보이는 것은 주공이 지은 것이 거의 확실한 현존문서에서 형사사건을 처리할 경우 정의는 물론 자비도 베풀어야 하며, 백성을 관대하게 다루고 힘없고 의로운 자를 억압하지 않는 것이 중요하다는 것을 거듭 역설하였기 때문이다.[24]

이런 것들은 샤를마뉴(Charlemagne)가 신하들에게 요구한 서약을 생각나게 하는데, 그 서약은 "신성한 교회·과부·고아·이방인과 같은 모든 존재의 보호자 및 방위자로서 황제가 임명되었다는 사실을 이해하여 그들을 침범하거나 배신하지 않도록" 신하들을 구속하였다.[25] 주공과 마찬가지로 샤를마뉴는 광대하지만 조직이 약한 영토를 공고히 지배하려고 노력하였다. 두 경우 모두 인도주의와 정책이란 두 가지 동기가 결합된 것이었고, 두 사람 모두 전설적인 인물이 되어 후세 역사에 심대한 영향을 미쳤다.

중국에서는 그 결과 왕권의 현상적인 형태를 일종의 관리권의 형태로 생각하는 전통이 남았는데, 그 관념에 의하면 백성에게 복리를 가져다주는지의 여부가 현군인지 아닌지를 판단하는 기준이 된다. 폭군을 대체하였다는 주장으로 통치의 정통성을 삼았기 때문에 정의와 온정이 이후 모든 군주의 의무가 되었으며, 권력을 가진 모든 사람은 그의 직책을 신성하고 어려운 신탁으로 간주해야 한다는 이론이 정립되었다. 실제로는 이것이 지켜지지는 않았지만 겉으로나마 거의 보편적으로 존중되었다는 것은 앞에서도 여러 번 지적하였다. 그러나 이런 규범이 존재하였다는 사실만으로도 매우 중요한 의미가 있었다. 공자는 이 규범 가운데 자기의 의도에 크게 도움이 되는 것을 손쉽게 얻을 수 있는 것이 많다는 것을 알았다. (예수의 가르침과 마찬가지로) 이것이 설령 실현성이 없는 것으로 여겨졌을지라도, 정당하다는 것이 보편적으로 인정되었다는 사실은 다른 어떤 방법으로도 얻을 수 없는 이론적 뒷받침을 공자에게 제공하였다.

공자는 흔히 봉건제도의 옹호자로 간주되어 왔기 때문에, 그가 주초의 봉건제도를 부활시키려고 노력하였다고 생각하는 학자들도 많다. 이 관념은 주로 공자가 죽은 뒤 266년 만에 유가로 추측되는 어떤 학자가 황족(皇族) 및 공신들을 봉건하지 않는다고 진시황을 비난한 것과[26] 관련된 것처럼 보인다. 그러나 이 학자가 단지 귀족 출신이란 이유만으로 관직을 수여하자고 주장한 것을 보면 공자의 가르침과는 거리가 먼 사람이었다. 실제로 엄격한 문헌비판학자들이 진본으로 생각하는 《논어》에는 봉건제도를 지지하는 말이 전혀 보이지 않지만,[27] 한편 공자는 결코 봉건제도를 직접 부정한 일도 없었다. 그러나 그가 원한 실제 정치상의 변혁은 너무나 전반적이고 철저한 것이었기 때문에 봉건질서와 유사한 것이 남아 있을 여지는 전혀 없는 것 같다.

플라톤과 아리스토텔레스가 어떤 종류의 정치를 주장하였는가를 쉽게 알 수 있는 것은 그들 자신이 이 문제를 언급한 《공화국(*Republic*)》《법률(*Law*)》《정치학(*Politics*)》을 들쳐보기만 하면 되기 때문이다. 그러나 공자에게는 그런 저서가 없고 단지 《논어》에 수록된 단편들만 있을 뿐이다. 설사 그가 제자들에게 이상국가의 청사진을 제시하였다고 할지라도, 오늘날에 전하는 것은 없다. 그러므로 그 단편들을 종합하여 가능한 한 그의 이상국가상을 묘사할 수밖에 없다.

공자가 살았던 세상은 이상과는 거리가 멀었기 때문에, 그 시대에 현저하게 결여된 것을 갖춘 국가, 즉 모든 백성이 평화와 안전 및 풍요를 향유할 수 있는 국가를 그가 최선의 국가로 생각한 것은 당연한 일이다. 여기서 평화를 언급했지만, 공자가 평화론자였다고는 생각되지 않는다. 분명히 그는 평화론자는 아니었다. 그러나 불필요한 전쟁은 그의 원칙에 위배되는 것이었고, 당시 대부분의 전쟁은 살육전이었을 뿐 아니라 일반적인 무법상태의 일부였기 때문에, 만약 공자가 주장한 정치적 개혁이 성공만 한다면 전쟁은 자동적으로 소멸될 것이다.

"자공이 정치에 관해서 묻자 선생께서는 '훌륭한 정부란 충분한 식량과 무기를 갖추어야 하며 백성의 신뢰를 받아야 한다'고 대답하셨다. '만약 부득이 세 개 가운데 하나를 빼야 한다면 무엇부터 빼야 합니까?' '무기를 빼라.' '또 부득이 남은 두 개 가운데 하나를 빼야 한다면 무엇을 먼저 빼야 합니까?' '식량을 빼라. 옛부터 사람은 죽기 마련이지만, 백성이 신뢰하지 않는 정부는 지탱하지 못한다.'"[28)]

이 마지막 말이 대단히 중요하다. 이것은 정부 자체의 존립을 위해 백성을 굶겨 죽여도 좋다는 의미는 아니다. 그런 의미라면 공자답지도 않은 말이다. 이 말의 진정한 의미는 백성들이 너무나 어리석어 군주의 참뜻을 파악하지 못한다고 해서 군주가 경제적 이득을 얻기 위해 백성을 위한 것이라는 구실로 무자비하게 백성을 몰아내고 착취해서는 안 된다는 것이다. 더욱 중요한 점은 이 말이 국가는 지배자와 피지배자가 다 같이 그 목적에 대한 이해를 함께 하고 그 이익을 함께 향유하는 협동체라는 것을 주장한 점이다.

오늘날 우리에게는 이것이 상식적이고도 명백한 것처럼 보이지만, 공자시대에는 결코 그렇지 못했다는 것을 증명해 주는 역사적 사실은 너무나 많다. 그의 시대에는 세습귀족들이 자신의 이념을 표명한 일이 거의 없었으며, 유교의 '파괴적인' 이론이 그들을 수세로 몰아넣은 이후에야 비로소 그들은 자신의 명확한 철학을 발전시키지 않을 수 없었던 것이다. 기원전 3세기 한(韓)의 공족(公族) 출신인 한비자(韓非子)가 군주와 신하의 이해(利害)가 기본적으로 일치한다는 관념을 부정한 것은 대단한 설득력이 있었다. 그는 군주를 아버지에 비유하는 것은 어리석은 일이라고 단언하였다. 아버지는 아들을 보호하려고 하지만, 군주는 전쟁이 일어났을 때에는 백성들이 자기를 위해 죽기를 원하며 평화로울 때에는 백성들의 힘을 철저히 이용하려고 하기 때문이다. 또 백성들은 어리석기 때문에, 그들의 환심을 사려고 노력할 필요가 없으며, 똑똑한 군주는 자비와 정의를 베풀 필요가 없다는 것이다. 그것은 실제로 혼란만 초래할 뿐이며, 군주를 살해하고 그 자리를 차지하려는 것은 모든 신하의 본성이기 때문에, 군주는 자신을 부강하게 유지하는 것이 훨씬 유익하다는 것이다. 그러므로 군주는 아무도 믿어서는 안 되며, 모든 사람을 엄격하게 감시해야 하고, 재상에게조차 너무 많은 권력을 부여해서는 안 되며 군주를 두려워하게 만들어야 한다는 것이다. 이런 방법만이 백성의 행복을 보장하는 데 필요한 질서와 선정을 구현할 수 있다는 것이 한비자의 주장이었다.[29]

이것은 훌륭한 이론이었고, 이를 뒷받침하는 증거도 많지만, 공자의 생각은 이와 달랐다. 공자는 모든 사람의 이해가 상반되는 상황을 불가피한 것으로 받아들이지 않았고, 반대로 인간이 하나의 대가족내에 서로 연결되어 있기 때문에 '사해 안의 사람이 모두 형제'라고 생각하였다.[30] 가족내에는 질서는 물론 규율도 있지만 그것을 규제하는 자극제는 공포가 아니라, 공동목적을 수행하도록 협력하게 하는 능동적인 욕구이며, 정치도 이렇게 되어야만 한다는 것이다.

"선생께서는 말씀하셨다. 백성을 법으로 인도하고 형벌로써 질서를 유지하면, 백성들은 도덕적인 책임감이 없이 형벌만 면하려고 한다. 그러나 덕으로(가르침과 모범을 보이는 두 가지 방법으로) 인도하고 예로 질서를 잡으면 도덕적 책임감을 느끼고 스스로 올바르게 된다."[31] 여기에 바로 공자 정치철학의 요체가 있다. 즉 금지를 위한 처벌이 아닌, 권장을 위한 솔선수범, 다시 말해 무엇을 해서는 안 된다는 장광설이 아니라 무엇을 해야 한다는 교육을 백성들에게 제공해야 하며, 공포로 지배하는 경찰국가가 아닌, 다스림을 받는 사람과 다스리는 사람 사이의 상호이해와 선의가 깔려 있는 협동적인 국가가 되어야 한다는 것이다. 공자의 견해가 최근 민주주의 이론과 일치하는 점이 바로 이것이다. 린지(A. D. Lindsay)의 말을 빌면 "민주주의 사회의 성패는 각자가 자기 자신 이외에 다른 사람도 각기 목적을 갖고 있다는 것을 서로 이해하는 것에 달려 있다"[32]고 한다.

모든 정치철학은 어느 정도 그 창시자의 정치적 환경을 반영하기 마련이다. 고대 그리스는 민주정치의 경험을 많이 하였지만 반드시 그것이 순조롭게 진행된 것만은 아니었고, 그 때문에 플라톤과 아리스토텔레스는 일면 민주주의적인 경향을 보이면서도, '순수한' 민주정치에 대해서는 커다란 유보조건을 붙였다.[33] 반면에 고대 중국에는 오늘날 우리가 알고 있는 것과 같은 민주정치의 가능성을 꿈꾼 사람은 아무도 없었으며, 이 점은 공자도 예외가 아니었다. 백성들은 한 번도 권력을 장악한 적이 없었기 때문에, 정치적 죄악에 대한 책임을 그들에게 물을 수는 없었다. 따라서 공자는 시종일관 백성들의 편을 들었고 모든 불의의 책임을 백성을 착취하는 세습귀족에게 물었다. 그는 군주가 선량하고 유능하기만 하다면, 준엄한 처벌 없이도 백성들은 할 바를 다한다는 것을 거듭 주장하였다.[34] 비슷한 어조로 제자인 증삼도 사법관에 임명된 사람에게 다음과 같이 말했다. 즉 일반 백성이 유죄라는 증거를 발견하였을 때는 그것을 기뻐하기보다는 오히려 슬픔과 연민을 느껴야 한다. 왜냐하면 그것은 군주가 '오랫동안 도를 저버린' 사실에서 비롯된 결과이기 때문이다.[35]

플라톤은 철학자로 분류되고, 공자는 흔히 종교적인 교사로 불린다. 그러나 플라톤이 신을 섬기는 일에 비해서 "인간사는 진지하게 생각할 가치가 거의 없다"는 견해를 표명한 적이 있는[36] 반면, 공자의 깊은 관심은 거의 전적으로 인간생활에 관한 것이었고, 그것도 현재의 인간생활에 관한 것이었다. 번지(樊遲)가 인(仁)에 대해 묻자 공자는 "그것은 사람을 사랑하는 것"이라고 대답하였고, 지식에 관해 묻자 "그것은 사람을 아는 것"이라고 말하였다.[37] 절대 다수를 차지하고 있는 백성이 가혹하게 억압받았기 때문에, 그들의 행복을 증진할 수 있도록 정치를 개혁하는 것이 공자의 가장 큰 소원이었으며, 백성을 잘 대하는 군주에게 공자는 최대의 찬사를 보냈다.[38] 백성들이 극도의 빈곤상태에 빠져 있는 한, 어떤 개혁도 별 효과가 없다는 이치를 공자는 알고 있었기 때문에 백성들을 위해 제일 먼저

해야 할 일이 무엇이냐는 질문을 받았을 때 "그들을 부유하게 만들라"고 대답하였다.[39] 그러나 거부(巨富)에 대해서는 경멸감은 물론 적대감마저 가졌기 때문에 자신을 위해서건 남을 위해서건 축재하는 제자들을 비난하였다.[40] 그는 "군자는 궁핍한 사람은 돕지만, 부자를 더 부자로 만들지 않는다"고 말하였으며,[41] 계씨의 재산을 불려주려고 염구가 세금을 더 거두었을 때, 공자가 그를 파문하였던 것은 앞에서도 지적하였다.

가난한 사람보다는 부자가 정치문제에 다소 큰 영향력을 행사하지 않으면 안 된다고 주장한 정치이론가도 많지만,[42] 공자는 그런 생각을 해본 적이 없었다. 고대 중국에는 상업이 미미하였기 때문에 주된 축재 방법은 지배자가 되어 세금을 징수하는 것이었고, 큰 부자가 되려면 과도한 세금을 징수할 수밖에 없었다. 따라서 공자가 큰 부자를 압제자로 생각한 것은 당연하였다. 그러나 그는 공산주의자는 아니었기 때문에 군주가 자신의 직분만 다한다면, 사치가 아닌 한 신분에 상응하는 생활을 누릴 자격이 있다고 생각하였다. 군주가 백성을 위한 정치를 한다면 아무도 그 정도를 아까와할 사람이 없겠지만, 그렇지 않다면 군주는 거머리에 불과할 뿐이다. "선생께서는 국가가 도에 의해 통치된다면, 빈천한 것이 부끄러운 일이지만, 그렇지 못하다면 부귀를 누리는 것이 부끄러운 일이라고 말씀하셨다."[43]

공자는 백성의 빈곤이 일단 해결되면 그들을 교육해야 한다고 말하였다.[44] 최소한의 교육을 모든 사람에게 베풀어야 한다는 공자의 주장은 앞에서 이미 지적하였지만, 아무리 비천한 출신일지라도 진리를 찾기 위해 자기에게 오는 사람에게 문제를 해결하도록 돕는 데 필요한 시간이라면 언제라도 할애할 용의가 있다고 선언한 일도 있었다. 그는 학생을 사절한 적이 한 번도 없었다고 자랑하였지만, 똑똑하고 부지런한 사람이면 가문이나 빈부 차이 따위는 일체 무시하고 모두 받아들여 정치기술을 가르친 것은 사실인 것 같다.

이와 같이 공자가 모든 사람에게 일정한 교육을 베풀어야 한다고 주장하고, 또 패기 있는 평민을 교육받은 '군자'로 만들려고 노력한 것은 결국 세습적인 귀족질서에 최후의 일격을 가한 것이었다. 모든 국민이 다 교육 받는 것을 당연한 것으로 생각하는 오늘날, 이것이 얼마나 혁명적이었는가를 이해하기란 쉬운 일이 아니다. 그러나 번즈(C. Delisle Burns)는 유럽에서 "교육이 널리 보급되기 시작한 것은 1850년경 이후의 일이며, 그 이전에는 교육이 지배계층에게만 필요한 것으로 생각되어 왔다"고 말한다.[45] 공자는 제자들에게 관리가 될 수 있는 교육을 한 것은 사실이지만, 비교적 미천한 출신을 받아들여 그런 교육을 하였다는 것은 현상타파적인 것이었다.[46] 이 점은 1822년 《빈민교육정책(*The Policy of Educating the Poor*)》이란 소책자를 쓴 영국의 성직자 트위스트(J. Twist) 목사가 잘 지적하고 있는데, 그는 이렇게 경고하였다. "지력(知力)을 증진하는 권리에 관한 한, 상층계급과 동등하다는 돼먹지 않은 생각을 빈민층이 갖는 것은 빈민층에게 할당된 노동과 궁핍이 신의 의지에 의한 것이 아니라, 인간의 편의에 따른 결과일 뿐이라고 대중에게 설교하는 혁명광신자들의 계획 못지않게 공공의 안녕질서에 위험한 결과가 될지도 모른다."[47]

공자의 교육론이 혁명적인 성격을 띠었다는 사실은 당시에는 제대로 평가되지 못한 것 같은데, 어쩌면 너무나 환상적이라 실효성이 없는 것으로 간주되었는지도 모른다. 지식이란 병균이 상당히 만연된 이후에야 비로소 그 위험성이 비난되기 시작하였다. 《노자》란 도가서(道家書 : 현재 이것은 공자보다 훨씬 이후에 씌어진 것으로 생각하는 학자들이 많다)[48]의 저자는 "백성들을 다스리기가 어려운 이유는 그들이 너무 많은 것을 알고 있기 때문이다"라고 공언하였고,[49] 법가(法家)인 한비자는 공자를 비롯한 사람들의 위험한 선례 때문에, 당시 생산활동에 쏟아야 할 시간이 너무나 많이 학문에만 낭비되고 있다고 주장하면서 이런 악폐를 시정하기 위하여 전적(典籍)을 없애버릴 것을 권고하였다.[50]

공자시대에는 분명히 그의 주장에 아무도 경계심을 느끼지 않았다는 사실은 공자가 개혁가로서 상당한 능력을 갖고 있었음을 잘 말해

준다. 맹자와는 달리 공자는 결코 폭군을 죽여야 한다거나 제왕과 농민이 본질적으로 차이가 없다는 것을 직선적으로 주장하지는 않았다.[51] 만약 그랬다면 그의 전체적인 운동은 시작도 되기 전에 중단되지 않을 수 없었을 것이다. 그는 좀더 신중한 태도를 취함으로써 1세기 뒤에 맹자가 아무 탈없이 직선적으로 행동할 수 있는 기초를 쌓았던 것이다. 이것은 확고한 방침에서 나온 것 같은데, 부패한 정부 아래 살고 있는 사람은 기회가 오면 용감하게 행동할 용의를 갖고 있어야 하지만 말을 할 때는(그 자체로는 상황을 바로잡을 수 없기 때문에) 다소 신중해야 한다는 견해를 공자는 표명한 적이 있었다.[52]

그러나 공자는 항상 조심만 한 것은 아니었으며, 인간이 그 자체로 위대할 뿐 아니라, 모두 동등한 가치가 있다는 신념을 숨기려고 한 일은 결코 없었다. 그는 언젠가 제자 자로를 "떨어진 삼베조각으로 기운 옷을 입었지만 좋은 털옷을 입은 사람과 나란히 세워놓아도 조금도 부끄러울 것이 없는 사람"이라고 칭찬한 일이 있었다.[53] 맹자에 따르면, 공자는 자기가 옳지 않은 경우에는 가장 미천한 사람과 다투는 것조차 두려워하였으나, "자신을 돌이켜보아도 옳다고 느끼면 수천, 수만 명이 앞을 가로막고 있어도 밀고 나가겠다"고 말하였다고 한다.[54] 비슷한 의미에서 그는 군주의 명령보다 일개 대신의 양심이 더 권위가 있다고 공언하기도 하였다.[55] 그는 인간상호간에 차이가 발생하는 가장 중요한 요인을 도덕으로 보았다. 도덕적으로 위대한 사람은 거의 없을지라도, 누구나 다 그렇게 될 가능성은 있으며, 인간의 진정한 가치는 가문이나 재산 또는 지위와는 아무 관계가 없고, 자신의 행동 즉 자기 자신에 달렸다는 것이다.

공자는 미국 독립선언서의 "모든 인간은 평등하게 태어났다"는 말을 찬성하지 않았을는지는 모르지만, 1789년 프랑스의 인권선언서에 나오는 "인간은 모두 동등한 권리가 있다"는 말에는 찬성하였을 것이다. 공자가 왕자도 아닐 뿐 아니라 가계에 무언가 먹구름의 그림자가 걸려 있는 것 같은 제자를 보고 군주가 될 자격이 있다고 말한 것은 이미 지적하였지만, 그 제자의 가문이 문제가 되지 않은 것은 그에게 덕망도 있고 능력도 있었기 때문이었다. 또 똑똑하고 부지런하기만 하면, 누구에게나 교육을 받을 수 있는 동등한 권리가 있다는 공자의 주장도 앞에서 지적하였지만, 이 말은 근본적으로 중요한 의미가 있다. 왜냐하면 그는 관직이 덕과 능력이란 기준에 따라 엄격히 안배되어야 한다고 생각하였기 때문에, 교육에서 기회균등은 사회적 정치적으로 상승하는 데 거의 무제한의 기회균등을 의미하기 때문이다.

분명히 공자는 백성 편이었다. 그는 결코 키케로처럼 '무지한 군중'[56]이란 모멸적인 말을 사용한 일은 없었다. 그럼에도 불구하고 그는 백성들이 사실 무지하다는 것을 인정하였기 때문에, 지나가는 말로라도 정치를 대중의 손에 맡기자고 제안한 적이 없었다. 그는 세습귀족에 대해서도 그랬지만, 대중이 내린 판단의 정확성을 신용하지 않았기 때문에,[57] 그들 모두에게 교육이 필요하다고 생각하였다. 그는 "백성들을 합당한 방향으로 행동하도록 인도할 수는 있어도, 그것을 이해시킬 수는 없다"고 말한 적이 있지만 이처럼 다소 비관적인 발언과는 반대로 정치를 원활하게 하는 수단으로 소인에게 도를 가르쳐야 한다고 주장한 일도 있다는 것을 기억하지 않으면 안 된다.[58]

공자는 어느 면에서 실제 보통사람의 상식을 표준으로 삼았지만, 앞장에서 지적한 바와 같이 공자에게는 진리의 고정된 근거는 없었다. 이 점은 과학도 마찬가지이지만, 과학에 대하여 만인이 평등하다는 말은 성립되지 않는다. 왜냐하면 그것은 화학실험실이나 병원의 관리를 누구에게나 안심하고 맡길 수 있다는 의미가 되기 때문이다. 적절하게 교육받은 사람만이 과학에 능력을 발휘할 수 있지만, 정상적이고 똑똑한 사람이면 누구나 그 교육을 받을 수 있다. 공자의 생각도 바로 이런 것이었다. 그는 가문의 배경을 따지지 않고 똑똑한 학생이면 누구나 받아들여 자기 스스로 도덕적 판단을 내릴 수 있을 때까지 가르치려고 하였다. 그러나 그는 자신의 견해를 납득시키기 위해 신의 계시 따위에는 의존하지 않았고, 특별히 자신의 권위도 내세우지 않았으며, 과학자들처럼 이성에 호소하면 사람들을 설득시킬 수 있다고 믿었다. 다소 애매한 구절이지만 《논어》에는 공자가 자신의 행동이 정당한지의 여부를 판단하는 기준은 백성이라고 말한 구절이 있는데,[59] 이 구절은 바로 이런 것을 의미하는 것 같다.

공자는 가장 훌륭한 정치는 백성의 행복을 보장하는 것이라고 생각하였다. 이것이 가장 중요한 점인데, 이것은 단순히 복리만을 목표로 하는 것과는 전혀 다른 것이다. 대부분의 폭군들도 자신이 백성의 복리를 위해 모든 것을 장악하고 자비로써 다스린다고 주장할 뿐 아니라, 그 가운데에는 그것을 진지하게 믿는 폭군도 있는 것 같다. 기원전 3세기 전체주의적인 군주 진시황은 수많은 사람들을 문자 그대로 죽음의 강제노역으로 몰아대며 거대한 궁전을 짓고 방대한 토목공사를 벌였지만, 자기 말로는 자신이 "성덕을 체득하여……잠시도 쉬지 않고 정사에 매달렸기 때문에 모든 사람이 자신의 성은을 입었을 것"이라는 확신을 갖고 있었다.[60] 그러나 법가인 한비자에 의하면 백성들은 너무나 어리석기 때문에 이런 군주가 그들에게 베푼 은혜를 감사할 줄도 모르는 경우가 적지 않다는 것이다.[61]

정치란 백성의 복리를 증진시키는 것이라는 주장도 전혀 의미가 없는 것은 아니지만, 행복을 증진시킨다는 것과는 다른 것이다. 섭공이 정치를 물었을 때 공자는 "선정을 베풀면 가까이 있는 사람은 행복하게 되고, 멀리 있는 사람은 찾아온다"고 대답하였으며,[62] 또 다른 나라 백성도 진정으로 선정이 행해진다는 것을 들으면 그 치하에서 살기를 열망하여 "자식들을 등에 업고 달려온다"고 말한 적도 있었다.[62] 요컨대 이런 말은 정치가 선한가 아닌가를 판단하는 사람은 백성뿐이며, 그 밖에는 누구도 아니라는 것이다. 인간은 강제로 질서를 지키게 하고 생산에 종사시킬 수는 있으나 말에게 강제로 물을 마시게 할 수 없는 것과 마찬가지로 억지로 행복하게 만들 수는 없으며, 백성 자신의 눈으로 보아 선정이라고 판단할 때만이 그들은 행복해질 수 있다.

여기서 제기하지 않을 수 없는 또 다른 문제는 공자가 백성[民]을 언급하였을 때, 그것은 귀족이 아닌 모든 사람을 의미한 것인지에 관한 것이다. 현대의 관점에서 본다면, 그리스의 민주정치는 방대한 노예계급이 존재하였기 때문에 커다란 결함을 지닌 것이었다. 플라톤과 아리스토텔레스 두 사람은 모두 인간이 단순한 '도구'가 되는 상황을 주저하면서도 받아들인 듯하다.[64] 공자도 그렇게 생각하였는지의 여부를 밝히는 것은 이 책의 연구에 중요한 일이다.

공자의 발언이 틀림없는 것 가운데에는 노예나 노예제도에 관한 언급이 전혀 없는 것 같다. 이것은 그가 논평할 여지도 없이 노예제도를 전적으로 용인하였기 때문인 것 같기도 하고, 또 노예 수가 너무 적어서 노예제도가 상대적으로 중요하지 않았기 때문인 것 같기도 하지만, 분명히 후자가 정확한 설명인 것 같다. 공자의 시대나 그 이전에 노예가 존재하였다는 증거는 있지만, 극히 미미하고도 산발적인 것뿐이었다. 윌버(C. Martin Wilbur)는 《전한(前漢)의 노예제도(*Slavery in China During the Former Han Dynasty*)》라는 저서에서 한대(漢代) 이전의 중국 노예제도는 "충분히 발전되지 못한 미약한 제도"일 뿐이라고 말한다. 그는 한대의 노예는 전인구의 1퍼센트 정도이며, 그 이전에는 이보다도 훨씬 적었을 것으로 추정하고 있다.[65]

그러나 나머지 인구가 완전한 자유인이었다고 속단해서는 안 된다. 백성들이 일반적으로 농노와 다름 아닌 상황에 처해 있었다는 증거는 많다. 당시 강력한 지배자들이 그 신민에 대해 행사하는 지배권을 견제할 만한 것은 거의 아무것도 없었다는 것은 앞에서도 지적하였지만, 《좌전》이나 《국어(國語)》의 기록을 믿어도 좋다면 그들은 때때로 백성들의 생활을 여러 면으로 매우 엄격하게 규제하였다. 적어도 몇몇 경우에는 대신 같은 고관조차 도성에서 살고 있는 집이 자기 소유가 아니었기 때문에 군주가 마음대로 그들을 이사시킬 수도 있었던 것처럼 보이며, 일반 백성들의 경우는 어디에 살 수 있고, 무슨 직업에 종사해야만 하는가를 지시받았고 그것에 따르지 않으면 처벌되었다.[66] 물론 이 후세의 문헌들이 사실을 윤색하여 실제로 행해졌던 것 이상으로 계획적이고도 정밀한 백성 규제를 제시한 것은 의심할 여지가 없다. 그럼에도 불구하고 주말(周末)에 법가들이 백성의 엄격한 통제를 주장하였을 때, '고법(古法)으로의 복귀' 같은 것을 추구한 것은 실제 유가가 아닌 (혁신론자로 생각되어 온) 법가였다는 것은 명백한 것 같다. 공자가 투쟁한 것은 바로 이런 강제규제를 반대하고, 보다 많은 자유를 얻기 위한 것이었다.

이로써 공자가 원한 것이 무엇이었는가를 알게 된 셈이다. 세습귀족의 전제정치 대신 가장 유덕하고 능력 있는 사람이 모든 백성의 이익을 위해 정치를 해야 한다는 것이 그의 신념이었으며, 강자가 약자를 착취하여 생활하는 약탈의 세계 대신, 각자가 모든 사람을 위하여 할 수 있는 최선을 다하는 협동사회가 구현되는 것을 공자는 염원하였다. 실로 훌륭한 이상이다. 그러나 과연 어떻게 이것을 실현한단 말인가?

철저한 좌파 성향을 가진 중국의 탁월한 학자 궈모뤄[郭沫若]는 최근에 출판된 저서에서, 공자를 단지 인민의 옹호자였을 뿐 아니라 무장혁명의 선동자로 묘사하였다. 그러나 공자가 무장혁명의 선동자라고 제시된 근거는 매우 부족하며, 공자가 당시 '기존이익'의 도구였다는 과거의 잘못된 비난을 씻으려는 열의가 지나친 나머지, 정반대의 극단에 빠지고 만 것이 분명하다.[67] 앞에서도 지적한 바와 같이 공자가 두 번씩이나 주군에게 반란을 기도한 집단에 참여하는 문제로 마음이 동한 것은 사실이다. 그러나 만약 그가 그렇게 하였고 또 그 반란이 성공하였을지라도, 이것은 단지 일단의 세습귀족을 다른 세습귀족으로 대체하는 것에 불과하였을 것이다. 정치형태를 강압적으로 철저하게 변경한다는 의미에서의 진정한 혁명은 당시로서는 거의 불가능한 일이었다. 귀족들의 반란은 흔한 일이었고 백성들도 폭군에게 등을 돌려 맹목적으로 그들을 공격하는 일이 때때로 있었지만, 그런 폭동에는 정치형태를 바꾸려는 의도 같은 것은 전혀 없었다.[68] 백성들은 통치 방법도 몰랐고 자기들에게 통치할 능력이나 권리가 있다는 것을 상상조차 하지 않았다. 평민 출신이 제위에 오르게 된 것은 유교교육이 여러 세기 동안 행해진 이후에 비로소 일어난 일이었다. 공자가 무력에 호소하여 자신의 이상을 구현하려고 노력하는 것은 실현성도 없었을 뿐 아니라 그의 성격에도 맞지 않았을 것이다.

공자가 투표하는 방법도 이용할 수 없었던 것은 물론이다. 당시 이에 필요한 평민교육도 전혀 존재하지 않았을 뿐 아니라, 보다 중요한 점은 고대 그리스에서는 투표라는 것이 잘 알려졌을지라도 고대 중국에는 이것을 생각해본 사람도, 들어본 사람도 전혀 없었다는 사실이다. 따라서 공자가 왕권을 차지하고 있는 세습귀족을 통해서 공작하지 않을 수 없었다는 것은 자명한 일이다. 앞에서도 지적한 바와 같이 공자는 세습주의를 찬성하지 않았지만, 다른 선택의 여지가 없었다는 것도 역시 분명한 사실이었다.

공자가 명목적으로 군림하는 주왕의 권력을 회복시키려고 노력하였다는 추측이 이따금 제기되고 있지만, 이에 대한 증거는 전혀 없으며, 《논어》에도 공자가 주왕을 언급한 일이 없다. 주왕은 오래 전부터 정치권력도, 인격적인 매력도 없는 꼭두각시에 불과하였으며, 공자의 생존기간에도 왕위를 둘러싸고 참칭(僭稱)하는 이들 사이에 장기적인 투쟁이 계속되었고 피비린내 나는 전쟁이 일어난 일도 있었다.[69] 공자가 중국에는 '군왕이 없다'[70]고 말한 것은 그의 입장을 충분히 밝힌 것이었다. 무능력한 주왕가의 권력을 회복하는 것은 누구에게도 유익하지 않았으며, 공자에게도 그럴 생각은 없었다. 이와는 반대로 그는 오히려 (후에 맹자가 그랬던 것처럼)[71] 주왕가를 대체할 새로운 중앙권력을 세울 생각을 품고 있었다. 공자가 '동방의 주'를 만들려고 하였다는 의미는 바로 이것을 뜻한 것이 분명하다.[72] 그는 만약 어떤 나라에 진정으로 선정이 행해진다면, 다른 나라 백성들도 모두 그 나라에 강한 매력을 느끼게 될 것이므로, 그 나라 군주는 머지않아 전중국을 장악하게 될 것이라고 생각하였다.

이 구상을 실현하기 위하여 공자는 진정으로 유덕하고 개명된 군주를 찾으려고 하였다. 공자는 맹자처럼 직선적으로 혁명의 권리이론을 표명한 일은 결코 없었지만,[73] 단지 세습만으로는 통치 자격을 부여할 수 없으며, 자기 직무를 제대로 수행하지 않는 군주는 통치할 자격이 없다는 견해를 거듭 밝혔다. "선생께서는, '진실로 자신을 바르게 한다면 정치를 하는 데 무슨 어려움이 있겠는가? 그러나 자신을 다스리지 못한다면 어떻게 다른 사람을 다스릴 수 있겠는가?'라고 말씀하셨다."[74] 당시 대부분의 군주들에게는 자제력이 크게 결여되어 있었으므로 그런 말은 특히 신랄한 것이었다.

군주가 반드시 갖추어야 한다고 공자가 생각하였던 덕목을 일일이 나열할 필요가 없는 이유는 그것이 이상적인 유가 덕목과 완전히 일치하기 때문이다. 여기서 "철학자가 왕이 되거나, 이 세상의 왕과 왕자들이 철학의 정신과 힘을 구비하여 정치적인 위대함과 지혜가 합일할 때까지는……도시들은 결코 악에서 해방되어 편안하게 될 수 없다. 내 생각으로는 이 점은 인류도 마찬가지이다"[75]라는 플라톤의 말이 생각난다. 플라톤도 이것은 매우 실현하기 어려운 상황임을 인정하였지만, 공자도 자신의 철학을 배울 군주를 찾기 위하여 여러 해 동안 성과 없는 여행을 계속한 끝에, 더 이상 그토록 가냘픈 희망에 세계의 전운명을 걸 수 없다는 사실을 인식하게 되었다. 그래서 그는 군주의 지위를 실제로 '군림하지만 통치하지 않는' 것으로 격하시켜야 한다는 발언을 자주 하였다. "선생께서 말씀하시기를, '순임금은 아무것도 하지 않으면서도 잘 다스린 사람이라고 할 수 있지 않은가? 그는 무엇을 하였는가? 그는 단지 자신을 바르게 하고 군주로서 적합한 위치를 지켰을 뿐이다'라고 하셨다."[76]

그러나 이것은 어느 누구도 정치상 아무것도 하지 않는다는 의미는 아니며, 오히려 그런 군주는 모든 행정을 대신들에게 위임하지만, 물론 군주에게는 훌륭한 대신을 선발하지 않으면 안 될 책임이 있다는 뜻이다. 한번은 공자가 군주는 정직한 사람을 등용해야 한다고 말하였는데, 제자 가운데 한 사람이 그 말의 뜻을 이해하지 못하자 자하가 "순임금이 많은 사람 가운데 고요(皐陶)를(그는 유덕한 대신으로 유명하다) 선발하자마자 사악한 사람들이 멀리 도망갔다"는 전설을 인용하여 설명해 주었다.[77] 《논어》에는 오로지 덕과 능력을 기초로 한 관리 선발 및 승진이 중요하다는 것을 공자가 거듭 강조한 것이 보인다.[78] 그러므로 관료선발을 위한 중국의 그 유명한 과거제도의 초기 형태가 비록 공자가 죽은 지 수세기 만에 비로소 나타난 것이라고 해도, 공자는 그 목표를 마음에 품고 있었고, 따라서 이 문제에 관한 그의 견해가 그 제도 확립에 기여한 것은 의문의 여지가 없다.

그러므로 공자는 행정 중심을 군주가 아닌 대신에게 두었다. 중화민국 성립 이전의 중국 정치이론을 기술한 라인바거(Paul M. A. Linebarger)는 "황제는 일상적인 문제에는 직접 간여하지 않았지만, 그것을 수행하는 대신들을 선발하고 감독하였다"[79]라고 말한다. 이런 생각이 받아들여진 것은 주로 공자의 영향 때문으로 생각된다.[80] 이 견해는 법가인 한비자의 강한 도전을 받았는데, 그는 현명한 군주는 대신들에게 권력을 위임하지 않는 법이라고 주장하였다. 그의 주장에 따르면, 현명한 대신들은 군주를 속이게 마련이므로 현군은 결코 그들을 등용하지 않을 것이고, 반면 순진한 대신들은 다른 사람에게 기만당하기 마련이므로, 현군은 그런 대신도 쓰지 않는다는 것이다.[81]

중국 정치이론의 이 기본적인 측면에 공자의 체험이 영향을 미친 것은 거의 확실한 것 같다. 만약 공자가 마음에 맞는 군주, 즉 자신의 이상을 실천하기 위해 권력을 사용할 용의가 있는 군주를 발견하였다면, 그는 군주의 권력분산이란 문제에 이처럼 노심초사하지는 않았을지도 모른다. 그러나 그는 군주 가운데에서는 자기에게 귀를 기울이는 사람을 전혀 찾을 수가 없었고, 그런 사람은 현재의 대신, 또는 장래에 대신이 될지도 모를 사람뿐이었다. 그래서 공자는 군주 자신이 훌륭한 것은 훌륭한 대신을 갖는 것만 못하다고 말할 정도로 대신의 지위를 추켜올렸다.[82]

동시에 공자는 대신에게 더 높은 도덕적 책임을 요구하였다. 대신은 반드시 '도' 교육을 받은 사람이어야 하지만,[83] 이 요건을 세습군주에게 반드시 기대할 수는 없기 때문이었다. 그래서 공자는 대신이 반드시 군주에게 충실해야 하지만 "그 대상을 깨우치지 않는 충실함이 있을 수 있는가?"라는 질문을 던졌으며,[84] 자로가 군주를 섬기는 방법을 물었을 때, "그를 속이지 말라. 그러나 필요하다면 그 면전에서 반대하라"고 대답한 것이다.[85] 공자는 이 평이한 말을 스스로 실천하였는데, 노나라 정공(定公)에게 군주의 정책이 잘못되었을 때 아무도 반대하는 사람이 없을 정도로 무기력하다면 나라가 망하기에 족하다고 말한 것은[86] 그 한 예라 하겠다.

그러므로 대신은 충성스러울지라도 무기력해서는 안 되며, 앞에서 지적한 바와 같이 궁극적인 충성을 개인이 아닌 '도'에 바쳐야 하는 법이다. 그러나 이것은 공자가 권위를 존중하지 않았다는 의미는 아니며, 오히려 반대로 그는 당시의 정치적 무정부상태를 개탄하였고, 주군의 권력과 특권을 탈취하는 사람들을 비난하였다.[87] 바로 이 때문에 공자가 현상유지를 위해 견고한 보수주의의 보루를 구축하였다고 생각하는 사람도 있다. 그러나 오늘날에도 "민주국가의 권력기구 그 자체는 민주적으로 조직되지 않고 있으며, 또 그렇게 조직될 수도 없다……. 규율 있는 계급조직이 기술적인 효율성을 확보하는 데 가장 효과적인 방법"이라고 한다.[88] 공자는 당시의 정치를 철저히 개혁하려고 하였지만, 그것이 완료된 뒤에는 관리들이 정당한 상급자에게 합당한 복종을 하는 것은 필요하다고 인정하였다. "군주는 군주, 신하는 신하, 부모는 부모, 자식은 자식답지 않으면 안 된다."[89]

이 정치구상의 약점은 명백하다. 권력을 장악한 것은 군주이고, 그들이 원하지 않을 경우 그들에게 훌륭한 대신을 선발하도록 강제할 수단이 없기 때문에 결국 정치가 잘되고 못되는 것은 군주에게 달려 있지 않은가? 그러나 사실 공자에게는 그들을 강제할 방법이 없었다. 그러므로 그는 장래 대신이 될 만한 청년들이나, 가능하다면 장래 군주가 될 사람들에게 교육을 통하여 영향을 주는 방법과, 교양 있는 여론의 결과로 형성되는 사회적 압력에 의존할 수밖에 없었다. 그 당시에는 이 운동도 초기단계였기 때문에 별다른 효과가 없었지만, 여러 세기가 경과하면서 이것은 거역할 수 없는 힘이 되었다(후술하는 바와 같이). 그 이유는 유가들은 주로 학문에 관심을 가진 사람들이었기 때문에, 점차 교육과 학문을 독점하게 되었고, 대부분의 역사도 그들이 저술하였으며(선전 목적을 위한 공작도 하였다), 대부분의 군주를 교육하게 된 것도 결국 그들이었다.

이 때문에 유가의 교화를 받은 사람 및 유가 자체의 문제를 다시 강조하지 않을 수 없는 것이다. 공자는 정치권력의 행사도, 실제적인 개혁을 단행하는 것도 불가능하였기 때문에, 자신의 개혁을 추진할 수 있는 유일한 실제적인 방법으로서, 교육을 통해 그런 인물을 양성하는 방향을 택하였다. 최초의 유가들은 학생에 불과하였지만, 후에는 교사가 된 경우도 많았고 주변 사정이 허락하면 정부관리가 되기도 하였다. 공자의 주장대로 유가는 전문가가 아니었기 때문에,[90] 한 알의 씨앗처럼 적합한 토양이면 어느 곳에서나 뿌리를 내렸으며, 가능한 방법을 모두 동원하여 이 운동을 선전할 수 있는 자격을 충분히 갖추고 있었다.

이런 학자는 훌륭한 정부, 또는 그의 충고를 따를 용의가 있는 정부가 아니면 관직에 나아가지 않아야 하며, "나라에 도가 없으면 자신의 원칙을 접어 가슴에 간직해야 한다"고 공자는 생각하였다.[91] 물론 후세의 유가들이 다 그런 것은 아니었지만, 그 가운데에는 이 말을 근거로 위험이 예상되는 상황에서 자신의 생명이나 평안의 위험을 무릅쓰고 행동해서는 안 된다는 것이 공자의 생각이었다고 편리한 대로 생각한 사람들도 약간 있었다. 그러나 이것은 "옳은 것을 보고도 행하지 않는 것은 겁쟁이"라는 공자의 말뿐만 아니라 그 밖의 《논어》의 몇몇 구절과도 상충된다.[92] 실제로 탕용통[湯用彤]이 지적한 것처럼 부정과 타협을 거부하는 것이 유가의 원칙이며,[93] 이 때문에 유가들은 실제 목숨을 던지기도 하였다.

플라톤은 공자의 이런 생각을 완벽하게 표현한 것 같다. 《공화국》에서 그는 소크라테스에게 다음과 같은 발언을 시켰다. 즉 진정한 철학자가 사악한 환경에 처했을 때는,

동료들의 죄악에는 가담하지 않지만, 그들의 포악한 성질에 홀로 대항

할 수도 없다. 따라서 자신이 국가나 친구들에게 아무 쓸모가 없다는 것을 깨닫고, 자신이나 타인에게 아무 도움도 주지 못한 채 인생을 낭비해야만 한다는 것을 반추하면서도 그는 평온을 유지하며 자신의 길을 걸어간다……그는 자신의 인생을 살아가고, 악과 부정에 물들지 않음으로써 평온과 호의 그리고 밝은 희망을 갖고 죽을 수만 있다면……만족한다.

〔아다이만투스(Adeimantus)〕 그렇다. 그것만으로도 그는 죽기 전에 위대한 일을 하는 셈이다.

그렇다. 위대한 일을 하는 셈이다. 그러나 그에게 어울리는 국가를 찾지 못하면, 그는 가장 위대한 일은 하지 못한다. 왜냐하면 그에게 어울리는 국가라면, 그는 더 큰 성장을 하여, 자신은 물론 국가의 구세주가 될 수 있기 때문이다.[94]

이렇게 관심의 초점이 개인에게 집중되었기 때문에, 자연히 유가는 정치문제에 관한 한 행정기구보다는 관리의 인격을 강조하게 되었다. 순자는 "품성을 도야하는 방법은 들었지만, 국가를 통치하는 방법은 들은 일이 없다"고 말한다.[95] 만약 관리가 인격만 제대로 갖춘다면 정치의 조건은 완비된다는 것이다. 물론 이것은 과장이지만, 서구에서는 이런 식의 과장은 전혀 관심 밖이다. 서구에서는 판사 후보생에 대해 법률지식의 유무를 엄격히 따지지만, 지혜나 인간애 및 관용성의 유무에 대해서는 별로 신경쓰지 않는다. 이 유가적인 태도는 중국인의 일반적인 습관으로 오늘날까지 내려와 중국인들은 사물을 비인격적인 방법보다는 인격적인 방법으로 다루며(일부 사회학자들은 이것을 '일차적 접촉'이라고 한다), 직책이나 조직보다는 개인을 더 중시한다. 반면 법가는 거의 전적으로 행정제도와 법률에 중점을 두었는데 이 두 가지만 잘 정비되면 정치는 저절로 잘될 것이라는 것이 그들의 입장이었다. 아리스토텔레스가 지적한 "최선의 법률이 다스려야 하는가, 아니면 가장 훌륭한 사람이 다스려야 하는가라는 성가신 문제"를 여기서도 뚜렷하게 볼 수 있다.[96] 공평하게 말하자면 한비자도(법가 가운데 제일인자라고 할 수 있다) 군주 자신에게 지능도, 정력도 없어도 정치가 잘 되어나간다고 생각할 정도로 어리석지는 않았고, 다만 군주가 개인적인 힘과 주도권을 독점적으로 장악해야 한다고 확신하였을 뿐이라는 것을 주목하지 않으면 안 된다.[97] 그러나 공자는 법을 경시하여 인간을 강제로 선량하게 만들기 위한 일련의 규칙 정도로밖에 생각하지 않았고, 정치는 훌륭한 위정자의 창조적인 판단에 의존하지 않으면 안 된다고 생각하였지만, 위정자가 변덕스럽게 기분내키는 대로 정치를 해도 좋다고 생각한 것은 아니었다는 점을 제대로 인식하지 못하는 사람이 있는 것 같다. 이와는 반대로, 그는 공직을 맡으려는 사람은 도덕과 정치의 원칙에 대한 철저한 교육으로 무장되어야 하며, 그런 교육에 의해 훈도되었다는 증거를 기준으로 관리를 선발해야 한다고 생각하였으며, 또 양심과 여론의 힘으로 위정자가 '도'의 범위에서 일탈하는 것을 막으려 하였다. 유교는 어느 의미에서 법을 반대하였지만, 결코 무법상태를 주장한 것은 아니었다.[98] 유교적인 색채가 강한 전통시대의 중국 정치제도에 관한 저술에서 라인바거(Linebarger)는 "학자들도 가장 미천한 사람들과 마찬가지로 기존의 전통을 존중하였으며, 누구나 전통이 무엇인가를 알고 있었다"고 말한다.[99]

아리스토텔레스는 "법에 의한 지배는 어쨌든 개인에 의한 지배보다 바람직하다"는 의견을 표시하였지만, 동시에 "관습법이 성문법보다는 더 비중이 높고 더 중요한 문제에 관련되어 있기 때문에, 개인은 성문법보다는 더 안심할 수 있는 지배자이지만, 관습법보다는 못하다"고 말하였다.[100] 공자의 생각도 이와 비슷하지만, 결국 사회의 진로를 관습에 일임하자는 것인데, 이것 역시 전적으로 이상적인 방법은 아니다.

린지(Lindsay)에 따르면 그리스인들은 "스토아철학이 출현하기 이전에는 실정법도 종속되지 않으면 안 될 정도의 포괄적인 최고의 자연법이란 개념을 갖지 못하였으며……법을 공포하고 발전시키는 재판관의 판단을 인도하는 보편적인 원리로서 법이란 개념을 거의 갖지 못하였다"고 한다.[101] 그러나 이러한 원리가 로마인의 만민법이란 개념에는 나타난다. 만민법은 서구 민주주의 사상의 발전에 중요한 의미를 가졌던 것 같은데, 키케로는 그것을 "인간의 타고난 이성이 모든 민족에게 확립시킨 법"이라고 정의하였다.[102] 인간의 평등에 바탕을 둔 스토아철학의 자연법 개념도 이와 똑같은 작용을 하였다.[103] 이런 사상들이 유가의 '도'나 '의'란 개념과 비슷한 것이 너무나 명백하기 때문에 더 이상 이 점을 논할 필요가 없을 것이다.

이제는 공자가 주장한 개혁이 과연 '민주적'이었다고 말해도 좋은지, 또 만약 그렇다면 어느 정도 '민주적'이었느냐는 문제를 고찰할 단계가 되었다. 이 문제가 터무니없는 것은 아니지만, 만약 공자가 주장한 것과 오늘날 민주정치라고 하는 것은 동일한 것도 아니고, 동일할 수도 없다는 것을 일단 인정하지 않는다면, 이 문제를 다루는 것은 우스운 일이 될 것이다. 오늘날의 민주정치는 19세기 및 20세기의 산물이며, 최근에 확대된 인류의 경험뿐 아니라, 자연과학·사회과학 및 산업화 등과 같은 현대적인 혁신에 크게 기초를 둔 것이다.[104] 그러나 공자가 처했던 상황이 현대 민주주의 옹호자들이 처했던 상황과 크게 상이하였다는 바로 그 이유 때문에, 그 사상 사이에 어떤 상치점(相致點)이 있다면 오히려 특별한 흥미를 자아낸다.

공자가 민주적이었는가를 물으려면, 먼저 민주주의가 무엇이냐를 묻지 않으면 안 될 것이다. 일찍이 아리스토텔레스는 "확실히 민주주의 형태는 한 가지만 있는 것은 아니다"라고 말한 적도 있지만,[105] 그 이후라고 문제가 더 단순해진 것도 아니며, 이 문제에 관한 훌륭한 저술이 너무나 많아서 그 견해들을 요약하기조차 힘들 정도이다. 메리앰(C. E. Merriam)은 '민주주의의 기본적인 가정'을 다음과 같이 서술하였다.

1. 인간의 기본적인 존엄성, 차별보다는 우애 원칙에 근거한 개성의 보호 및 함양의 중요성, 근거도 없이 또는 과도하게 인간 차별을 강조하는 데서 비롯된 특권의 폐지.
2. 인류의 완벽성을 부단히 지향하는 것에 대한 확신.
3. 국가의 수익은 본래 집단적인 수익이므로 크게 지연되거나 지나친 차별 없이 가능한 한 신속하게 전사회에 분배되어야 한다는 가정.

4. 사회의 방향과 정책의 기본적인 문제에 관해 최후 결정을 대중이 내리는 것이 바람직하다는 생각, 그리고 그런 결정을 표현하기 위한 절차를 인정하고 그 결정이 정책으로 반영되는 것이 바람직하다는 생각.
5. 폭력적인 방법을 쓰지 않고 합의 과정을 거쳐 의식적인 사회변화를 성취할 수 있다는 신념.[106]

이 가운데 4개의 항목은(4번을 제외한 모두) 기본적으로 공자의 사상과 일치하는 것이 분명하고 어떤 것은 놀라울 정도로 일치하는 것도 있다. 투표와 관련된 나머지 한 항목이 실제로 가장 중요한 것 같은데, 공자가 대중이 정치를 좌우할 수 있는 어떤 방법도 생각해 본 일이 없는 것은 분명하다. 그러나 앞에서도 지적하였지만 고대 중국에는 투표라는 개념은 없었던 것 같다. 프랑스혁명이 한참 진행 중이었던 1791년 프랑스헌법이 제출되었을 때, "보통선거안을 부결하는 것이 무산계급은 문맹이고, 투표를 하려면 일정한 훈련과 경험이 필요하다는 이유로 변호될 수 있었다면"[107] 기원전 500년경 공자가 중국의 정치를 농민계급에게 넘길 것을 제안하지 않았다는 것은 조금도 이상한 일이 아니다.

어쨌든 그런 제안은 시대착오적이고도 쓸데없는 일이었을 것이다. 보다 중요한 문제는, 공자가 이상적인 교육 상태나 그 비슷한 상황이라면 대중이 정치를 좌우해야 한다고 생각하였는지의 여부이다. 이것은 답변하기 어려운 문제인데, 아마도 그렇게 생각하지는 않은 것 같다. 그러나 이미 언급한 것을 종합하여 정치권력에 관한 그의 의견을 체계적인 서술로 제시해 보자(공자가 결코 이런 것을 제시한 일은 없는 것 같지만). 그는 다음과 같은 신념을 갖고 있었던 것 같다.

정부의 고유한 목적은 전체 백성의 복리와 행복이다.

이 목적은 정치에 가장 유능한 사람이 국정을 담당할 때 비로소 달성될 수 있다.

위정자의 능력은 가문, 재산 또는 지위와 필연적인 관련성이 없으며, 오직 인격과 지식에 달려 있다.

인격과 지식은 적절한 교육의 산물이다. 가장 뛰어난 인재들이 능력을 발휘하도록 교육은 널리 보급되어야 한다.

따라서 적절한 교육을 받은 결과 가장 능력을 발휘할 수 있는 존재가 된 사람을 전체 국민 가운데에서 선발하여 정치를 위임해야 한다.

이것은 백성 전체가 정치를 좌우해야 한다고 말하는 것과 다르다는 것은 명백하다. 그러나 정부의 운영과 행정에 참여할 수 있는 자격 유무를 보일 수 있는 기회를 누구나 가져야 하며, 그런 능력이 입증된다면 누구에게나 그 참여가 허락되어야 할 뿐만 아니라, 그것을 촉구해야 한다는 것을 말하고 있다. 이것은 결국 일종의 귀족정치 제도이지만, 가문이나 재산에 의한 귀족정치가 아니라, 덕망과 능력에 의한 귀족정치이다. 민주주의의 관점에서 본다면 공자의 태도에는 가장 유능한 사람이 임용되는 것을 보장할 수 있는 제도적인 장치가 없다는 결함이 있지만, 이것은 역사적인 입장에서 본다면 어쩔 수 없는 일이었다. 보다 중요한 것은 공자의 제도에는 전체 백성이 정치에 영향력을 행사할 수 있는 효과적인 방법이 마련되어 있지 않다는 사실이다. 정치란 백성을 행복하게 만들어야 한다는 이론은 확실히 백성들에게 막연하나마 '이론상'의 거부권을 부여한 것이 사실이지만, 그 이상은 아무것도 없다.

한편 민주주의의 충실한 신봉자 가운데에는 논조가 지나치게 '인민'정치의 방향으로 기울고 있지 않느냐고 우려하는 사람도 있을지 모른다. 칸트가 "모든 나라의 시민헌법은 공화주의적인 것이어야 한다"고[108] 말한 바로 그 논문에서 자신이 민주주의라고 부른 것을 부정하게 된 것도 바로 이런 것을 두려워했기 때문이다. 하터슬리(Alan F. Hattersley)는 《민주주의 소사(*Short History of Democracy*)》라는 저서에서 이렇게 말한다. "행정부와 사법부에 인민이 참여하는 것은 주권재민설(主權在民說)의 극단적인 해석에 근거한 것이다. 정부의 제도는 그 실제 운영면에서 판단되어야만 한다. 모든 사람이 적성에 관계없이 국정에 참여할 수 있는 권리가 있고, 그것은 파기

될 수 없는 것이라는 이론은 행정의 무능력과 정책의 지속성 결여라는 결과를 초래하였다. 행정관리와 사법관을 인민이 선거하는 것은 일반 대중이 도저히 평가할 수 없는 특별한 자질이 그들에게 필요하다는 것을 무시하는 것이다."[109]

이 방면의 다른 권위자들도 숙련되고 유능한 관리의 봉사가 없으면 민주정치는 유지되지 않는다는 것을 강조한다. 린지는 "민주주의 국가에서는 권력과 전문지식을 소유한 사람이 국가에 봉사하고, 권력도 지식도 없는 일반 국민이 감독한다……. 정확하게 말한다면 민주주의는 국민이 하는 정치가 아니다"라고 하였으며,[110] 메리앰은 "민주주의는 재능을 짓밟는 것이 아니라, 유능한 사람에게 최고의 포상금을 지불하고 재능을 가로막는 모든 인위적인 제약을 파괴한다"고 말한다.[111] 또 헐콤(Arthur N. Holcombe)은 실제로 "현대 민주주의는 가장 중요한 관직들을 비롯하여 다수의 관직이 재산이나 인기에 관계없이 공적에 따라 분배되는 일종의 귀족정치"이며, "이 공적제도가 더욱 확대되고 국가기획이 일반적으로 더욱 조직화되면, 보다 현명하고 유능한 사람을 공직으로 끌어들여 정부조직 전체의 권력을 강화하지 않을 수 없는데, 이것이 진정한 귀족정치의 본질이다"라고 주장한다.[112] 공자가 귀족정치를 옹호한 것이 사실이라면, 그것은 바로 이런 것과 매우 유사한 의미의 귀족정치를 옹호하였을 것이다.

정부의 형태나 제도적인 장치의 중요성은 과소평가될 수 없는 것이다. 그렇다고 해도 그 형태나 제도의 기초가 될 뿐 아니라 그것을 수행하는 데도 필요한 정신이나 철학보다는 그것이 중요하지 않다는 것은 인간의 경험으로 충분히 증명되었다. 뿐만 아니라 진리는 (또는 적어도 진리의 이해는) 부단히 발전 또는 개화 과정에 있으며 모든 사람이 진리를 창조하고 발전시키는 데 참여할 수 있다는 신념은 정치적 민주주의를 지향하는 반면에, 진리를 고정적이고 절대적인 실재로 생각하는 철학은 모두 정치적 전체주의의 방향으로 흐르기 쉽다는 것도 명백해졌다.

여기에는 충분한 이유가 있다. 만약 진리가 변하지 않는 절대적인 것이고, 그 사회의 일부 인사들이 그것을 소유하고 있다면, 그들이 보다 깨이지 못한 사람들을 강제로 그 진리에 순응시키려는 것은 정당하고도 자비로운 일이다. 그러나 만약 진리가 무엇인가를 절대적으로 확신할 수 있는 사람이 아무도 없고, 또 그것을 찾는 것도 실험적인 과정에 불과하다면, 사회의 모든 구성원이 정치생활의 바람직한 목표와 방법을 결정하기 위한 협동적(즉 민주적인) 노력에 참여할 수 있는 여지가 있다.

현대 전체주의 국가와 철학적인 절대론이 서로 비슷한 점이 있다는 것은 자주 주목되었다. 번즈(C. Delisle Burns)는 독재정치의 교육제도에서는 "결코 오류를 범할 리 없다는 지도자에게 제시된 진리가 교육의 내용으로 미리 정해진다"는 것을 지적하였고,[113] 파이너(Herman Finer)는 독재체제는 "사회적 완성의 마지막 형태가 이미 인간에게 현시되었다고 확신하거나 적어도 그렇게 주장한다." 그러나 민주주의 국가에서는 "완벽한 정치형태는 아직도 발견되지 않았으며, 그것은 항상 발전하는 세계에서 계속 탐색되고 있다는……고유한 관념이 있다"고 말한다.[114]

이 논쟁에서 공자가 절대론의 입장이 아니라 진리의 부단한 탐구론의 입장을 취하고 있는 것은 명백하다. 확실히 그에게는 성과를 거둘 수 있는 계획을 갖고 있다는 자신감이 있었으며, 현대의 민주적인 개혁을 주장하는 사람 가운데에도 이에 못지않은 자신감을 갖고 있는 사람이 있다. 그러나 공자는 제자들에게 진리를 말하지도 않았고, 절대적인 가치 척도를 제시하지도 않았으며, 그들 스스로 진리에 도달하도록 교육하였다. "선생께서 말씀하시기를, 인간이 도를 넓힐 수는 있지만, 도가 스스로 인간을 넓게 할 수는 없다고 하셨다."[115]

인간으로서 우월성과 그 가치를 이처럼 강조하였기 때문에 공자는 민주진영에서 확고한 지위를 점한다. 전체주의자치고 선량한 사람을 위하여 악한 자를 처형해야 한다는 제안에 대해 주저하는 사람은 거의 없겠지만, 공자는 그것을 용인하지 않았다. 그는 모든 극형을 무조건 비난하지는 않았지만, 정치와 교육이 제대로 되면 극형에 의존할 필요가 없다는 생각이었다.[116] 전체주의 이론은 개인에게는 국가에 저항할 권리가 없으며, 자신을 전적으로 국가에 종속시켜야 한다고 주장한다. 파이너에 따르면 "독재국가는 개개 당원의 양심으로부터 책임감을 제거하며 정신을 마취시키거나 최면상태로 만들지만, 민주국가에서 개개인의 양심은 완전한 책임을 가지며 능동적인 신념의 파동으로 활기에 넘치기도 하고, 또 고민하기도 한다"고 한다.[117] "항상 어떻게 해야 좋은가?를 자문하지 않는 사람은 어떻게 해야 좋을지 나는 모르겠다"고 공자는 말한다.[118]

이상적인 민주주의 국가란 자제하는 사람들의 사회를 의미하기 때문에, 민주적인 사고방식을 가진 사람들은 "국가가 강제를 행사하는 것을 영광으로 생각하지 않고, 국가에 내재한 결함"으로 간주하는 것은 당연하다.[119] 페인(Thomas Paine)을 비롯한 일부 학자들은 "문명은 자체의 문제를 스스로 규제하고 다스리는 일이 더 많기 때문에, 문명이 진보하면 할수록 정치가 무력을 사용하는 기회는 더욱 적어진다"고 믿는다.[120] 공자의 생각도 바로 이와 같았다는 증거는 적지 않은데, "소송사건을 판결하는 일이라면 내가 다른 사람보다 나을 것도 없지만, 정말 필요한 것은 소송이 없어지는 상태로 만드는 일이다"라는[121] 말도 그 한 예라 하겠다.

확실히 이것은 이상적인 상태이지만, 인간이 적극적인 이상에 철저하게 물들지 않으면 실현될 수 없는 것도 분명하다. 전체주의와 민주주의의 대결에서 가장 큰 문제점은 전자에는 자기 사회를 속박하는 사슬을 만드는 데 광적인 열정을 가진 사람이 많은 반면, 후자에는 자신들이 누리고 있는 자유에 대해 무관심하거나 그것을 의식조차 하지 않는 사람이 너무나 많다는 사실이다. 민주정치가 존속하려면, 모든 국민들이 민주주의 원칙의 정당성을 확신하고 이해하는 것이 필요하며, 또 정치활동의 주도권을 잡고 있는 다수의 사람들이 그 이상에 대한 진정한 정열을 갖는 것도 필요한데, 이 점은 종래에도 항상 강조되어 왔다.

공자의 커다란 공적은 이런 정열에 불을 붙일 수 있었던 점이다. 그는 문도들에게 항상 양심을 지키도록 허용하였고, 누구에게도 굴복해서는 안 된다고 주장하기도 하였지만, 그 밖에 인류에게 봉사하는 일이라면 무엇이든지 하라고 요구하였다. 재산이나 세속적인 명예는 물론, 생명조차도 '도'와 양립할 수 없다면, 그것을 향유할 수 없다는 것이다. 이 신조가 종교에서나 볼 수 있는 정열을 띤 것은, "아침에 도를 들으면 저녁에 죽어도 여한이 없다"[122]는 것만 보아도 명백하다. 단순히 지적으로 '도'에 묵종하는 것만으로는 충분치 않다는 것은 "그것을 단지 알기만 하는 사람은 그것을 좋아하는 사람만 못하며, 그것을 좋아하는 사람은 그것을 즐기는 사람만 못하다"[123]는 공자의 말을 보면 알 수 있다.

그러나 '도'는 종교가 아니었기 때문에, 이 점이 오히려 강점이었다. 특수한 형이상학적인 이론이나 철옹성 같은 독단, 또는 인간 및 자연의 본질에 관한 사색에 묶인 신앙은 인지(人智)가 발달되어 그 근저가 공격될 때는 동요되기 마련이다. 그러나 공자사상에는 절대론이 없었고, 인간의 단순한 욕구 및 공감에 접근하고 있었다는 사실 때문에 현란한 지식체계가 전반적인 혁명을 거쳤음에도 불구하고 공자사상의 기본적인 원리는 오늘날까지 살아 남을 수 있었다.

중세 유럽에서는 "교회의 존재 및 그 권위가 사회 안에 국가에 대항할 수 있는 하나의 조직을 유지시킴으로써……사회가 전체주의화되는 것을 방지하였고 만능적인 국가의 출현도 저지하였다"고 한다.[124] 번즈는 "공익을 옹호하거나 그 실현에 보다 정열적인 사람들을 규합하는 교단과 다소 비슷한 성격의 단체……즉 자발적으로 이념과 새로운 습관을 전파하는 단체 같은 것을 만들 여지가 오늘날에도 있을지도 모른다"는 견해를 발표한 적이 있지만,[125] 유교는 중국에서 바로 그런 기능을 하였다.

그러나 유교가 결코 조직화된 일이 없었던 것은 다행한 일이었다. 유교에는 수장(首長)도, 교리도, 조직도 없었기 때문에 결코 파괴되거나 철저하게 지배될 수도 없었다. 공자에 대한 제사는 있었지만, 그것은 국가의 행사였고 유교의 행사는 아니었다.

공자 개인의 매력에 대한 제자들의 자발적인 반응에서 유교가 출발한 경위에 관해서는 이미 앞에서 지적하였다. 공자는 제자들이 '도'에 충실할 것을 기대하였지만, 그들이 공자 개인에게 경복(敬服)한 것은 결코 규율 때문이 아니었으며, 맹자가 말한 바와 같이 "충심에서 우러나오는 진지한 경복"이었다.[126] 그는 정치에서조차 규칙보다는 자발적인 협동이 좋다고 생각하였기 때문에 단체를 조직하지는 않았지만, 그가 의식적으로 운동을 전개한 것은 의문의 여지가 없다.

이 운동은 당시 권력과 특권을 독점하고 있었던 군사적인 색채가 농후한 세습귀족정치에 평형추(平衡錘)를 제공하기 위한 것이었다. 중세 유럽의 '용감한' 기사들처럼, 귀족 가운데에는 전쟁을 일종의 오락으로 생각하고 만용과 살인을 목적 자체처럼 소중히 여긴 사람도 많았다.[127] 그들이 건설적이라기보다는 파괴적인 일에 힘을 쏟는 것을 개탄한 사람은 고대 중국에서도 공자 한 사람만은 아니었다. 《국어》에는 어떤 관료가 분개한 듯한 말투로 군주에게 말한 것이 있는데, 그 내용은 다음과 같은 것이었다. 즉 자기는 오랫동안 행정관으로 충실히 일해 왔고 또 뛰어난 성과도 올렸지만, 이것은 모두 인정받지 못한 채 지나왔는데, "하루아침에 미친 사람이 되어" 전쟁에 나가 사람을 죽였더니, 주군께서는 "반드시 너에게 상을 내리겠다고 하시니" 그것을 어떻게 받겠느냐는 것이다.[128]

공자는 평화론자도 아니었고 귀족정치의 전통이나 관습과 완전히 절연한 사람도 아니었다. 그는 자신도 궁술을 익혔을 뿐 아니라 남에게도 그것을 추천하였는데, 대체로 한대까지는 학자들도 모두 궁술에 능했던 것 같다.[129] 그러나 공자는 귀족정치를 철저하게 변혁시켜, 세습보다는 오히려 공적에 기초를 둔, 그리고 약탈적인 존재라기보다는 오히려 봉사하는 존재로 만들려고 하였다.

공자는 전쟁이 불가피할지도 모른다고 생각한 적도 있으나, 그것을 명확하게 죄악으로 간주하였다. 그는 정의를 위하여 사용되지 않는 한 어떤 무용(武勇)도 인정하지 않았고, 육체적인 용기를 도덕적인 용기보다 항상 낮게 평가하였으며, 또 인류에게 공헌하는 사람에게는 칭찬을 아끼지 않았으나 일반적으로 무력 사용이나 무공(武功)은 대수롭지 않게 여겼다.[130)]

이런 생각을 가졌기 때문에 거드럭거리는 귀족들이 공자를 조롱한 것은 당연하였다. 용기보다는 학식에 의존하는 사람들을 경멸하는 의미에서 '유(儒)'라고 부르기 시작한 사람들이 바로 그들이었던 것 같다.[131)] 《논어》에서 공자가 '유'자를 사용한 것은 단 한 번뿐이다. 따라서 외부인은 유가집단을 '유'라 불렀지만, 유가 자신이 그것을 받아들이기까지는 상당한 세월이 걸린 것 같다.[132)] 그러나 기원전 3세기경의 유가들은 '유'자를 자랑스럽게 사용하였으며, 본래의 의미는 망각되었다.

어쨌든 공자가 희망을 건 것은 바로 이 '유'란 집단이었다. 그는 일생 동안 그들을 위해 진력하였고, 특히 그들의 마음속에 정열의 불을 붙였는데, 그 불꽃은 오늘날까지 전해내려 왔다. 그는 세습적인 권력을 빼앗아 그들에게 권력을 부여하지는 못했지만, 은근히 그들에게 '군자'란 명칭을 독점하도록 만들었는데, 그 후 이 말은 일반적으로 귀족 출신보다는 많은 학식과 교양을 갖춘 사람을 의미하게 되었다. 공자는 그들을 '사(士)'로 불렀고, 인간이 보통 전쟁을 위해 예비하고 있는 자기 희생정신과 공익을 위해 헌신하는 정신을 건설적인 평화목적을 위해 바칠 것을 그들에게 요구하였다. (이것은 놀라울 정도로 성공하였다.) 그는 그들에게 붓과 책을 무기와 방패로 주었으며, 인류애란 명분으로 인류애를 위해 세상을 다스리기 위해 용감하게 나아가 권좌에 앉아 있는 강자를 대체하라는 사명을 부여하였다. 공자가 죽었을 때는 공자 자신도 이것이 성공할 가능성은 희박하다고 생각하였음에 틀림없다.

Ⅲ. 儒　　教

제11장 儒

‘유한 사람’이라는 의미의 ‘유(儒)’는 유가로 이해되는 것이 일반적인 예이며 여기서도 그 관행을 따랐다. 중국에서는 공자의 이름이 그 학파와 관련해서 사용되는 경우는 매우 드물다. 공자시대에는 ‘유’가 유가를 지칭하는 통용어가 아니었음은 명백하지만, 그 후 얼마 되지 않아 그렇게 되었다.

유교가 기원전 2세기경에 승리를 쟁취하였다는 것은 일반적인 견해이지만, 그렇게 되기까지는 많은 우여곡절을 겪었고, 역전의 용사처럼 수많은 상처를 입었으며, 3세기에 걸친 투쟁 결과 처음과는 다른 성격이 되었다. 이와 마찬가지로 공자에 대한 관념도 크게 변하였다.

중국역사에서 공자가 죽은 뒤 3세기 동안의 시기만큼 중국의 정신적 사회적 정치적 생활에 결정적인 영향을 미친 시대도 없을 것이다. 그 기간은 가장 격심한 변화의 시대였으며, 거의 모든 것이 과거의 속박을 벗어나는 것처럼 보였다.

사회적 신분은 어지러울 정도로 급속히 부침하였으며, 교통망이 크게 개선되어 일찍이 볼 수 없을 정도로 여행이 성행하였다. 화폐가 유통되고, 상업도 크게 발전하였으며, 토지 사유제는 봉건적인 토지제도를 대체하였다. 전쟁 규모는 크게 확대되었고 전례없는 참상을 가져왔다. 정치적으로는 공자시대에 최고조에 이르렀던 분권화 방향이 다시 역전되었으며, 약소국은 이웃 강대국에게 급속히 정복, 병합되었다. 비교적 하급귀족으로서 군주의 실권을 탈취하였던 사람 가운데에는 스스로 권좌를 차지하는 데 성공한 사람도 있었고, 그들은 일단 군주가 된 이후에는 다른 사람이 자기를 몰아내는 것을 방지하기 위해 강력한 행정제도 발전에 관심을 기울였다. 그런 과정에서 그들은 친족이나 유력한 귀족에게 권력을 부여하는 것보다는 미천한 출신이지만 정치기술을 배운 사람들을 등용하는 것이 더 안전하다는 것을 알게 되었다.

공자조차 이제는 비참한 꼭두각시에 불과한 주왕을 대체하여 전중국을 통치하는 새로운 권위를 수립할 수 있을지도 모른다는 희망을 품었다는 것은 앞에서도 지적하였지만, 새로운 왕조가 틀림없이 출현하리라는 것은 일반적인 인식이었다. 다만 누가 그것을 수립할 수 있느냐는 것이 문제였을 따름이다. 거의 모든 강대국의 군주들은 왕좌를 호시탐탐 노렸으며 이 커다란 경쟁에 이기기 위해 국가체제를 정비하고 군대를 조련시켰다.

이런 상황에서 철학에 관심을 가질 사람은 아무도 없을 것이라고 생각할지도 모르지만, 사실은 그 반대였다. 철학자란 어디나 있는 것이 아니었기 때문에 군주들은 철학자들을 찾아서 우대하였다. 서적을 불태우도록 명령하고 관리 이외에는 철학을 배우는 것을 금지하였던 전제군주 진시황조차 한비자의 책을 읽은 뒤에 “아! 이 사람을 만나 알게 된다면 죽어도 여한이 없겠다”고 말하였다고 한다.[1)]

군주들 사이의 그런 관심은 순수한 지적 이유에서 나온 것은 아니었다. 중국 철학은 대체로 인간적인 관심사 및 윤리적, 정치적인 문제에 밀착되어 있었기 때문에 군주가 올바른 철학을 터득하기만 하면 전중국을 지배할 수 있다고 생각되었다(철학자들도 이 생각을 부인하지 않았다). 초기 유가로서 가장 유명한 맹자와 순자는 모두 유가의 주장을 실천에 옮기고 유가를 등용하여 정치를 맡기는 군주는 틀림없이 전중국의 지배자가 될 것이라는 주장을 직선적으로 하였다.[2)] 그 반대파들은 그것을 부정하였고 자기들의 철학을 내세우며 그것에 버금가는 주장을 하였다.

당시 '학파'를 관행상 유가·묵가·도가·법가 등으로 부르고 있는데, 이것이 서로 다른 사조(思潮)를 구분하는 데 도움이 되는 것은 사실이지만, 많은 학자들이 인정하는 것처럼 모든 학파가 각기 폐쇄적인 조직을 이루었다고 생각하는 것은 잘못이다. 한대 이전에는 묵가만이 그런 식으로 존재하였던 것 같다. 인간은 서류함으로 분류될 수 있는 종이조각이 아니므로, 대부분의 사람들이 자기가 특히 어떤 지적 전통에 속한다고 생각하는 것은 사실이지만, 실제로는 모든 사상의 영향을 받는다. 그러므로 순전히 유가 문헌이라고 생각되는 것 속에서 법가나 도가의 요소가 많이 발견되기도 하며, 반대로 유교도 다른 철학에 심대한 영향을 주었다.

사조의 혼란을 초래한 것은 개인에게 미친 영향 때문만은 아니었고, 그 밖에 내부에서 구멍을 뚫는 방법, 즉 어떤 문헌에 아무 관계도 없는 문장을 삽입하는 방식도 행해진 것 같다. 《논어》에 비(非)유가적인 구절이 삽입되었다는 것은 앞에서도 지적하였고, 앞으로도 더 많이 지적되겠지만, 후스[胡適]는 《묵자》라는 책의 첫 3편이 "묵가정신과 아무 관계가 없다"는 것을 지적하였는데,[3)] 실제로 그것들은 《묵자》 원본에 유가적인 것이 첨가된 것으로 보아도 좋을 것 같다. 이처럼 각 학파의 기본적인 문헌에서조차 그 학파와 관계없는 것을 보게 되는 것은 흔한 일이다. 이 때문에 혼란이 생겼고 곤란한 문제도 발생하였지만 그렇다고 절망적인 상태는 아니다. 결국 이 철학들은 일정한 주요 원리를 중심으로 각각 구성되어 있기 때문에 각 학파의 문헌에서 이질적인 것을 완전히 제거할 수는 없어도, 각 문헌의 주요 교의와 정면으로 상충되는 삽입부분을 찾아내는 것이 결코 불가능한 일은 아니다. 3세기 동안에 걸친 사상발전의 윤곽이나마 이해하려면 이러한 판별작업이 필요하며, 또 유교의 발전과 공자관의 변천을 추적하려면 이 점을 이해하지 않으면 안 된다.

앞에서 지적한 바와 같이 공자가 살았을 당시에도 제자들 사이에 단순한 논쟁 이상의 심각한 의견 차이가 있었지만, 공자가 사망함에 따라 선사(先師)의 권위가 없어지자마자, 틀림없이 이런 의견 차이는 더욱 커졌을 것이다.

맹자에 따르면 유약을 공자의 후계자로 삼으려는 시도가 있었지만 이루어지지 못하였다고 하며[4] 한비자는 유가가 8파로 나뉘어 "각기 자기만이 공자의 진정한 전통을 계승하였다고 주장한다"고 말한다.[5] 또 《사기》에 따르면 "공자가 죽은 뒤 70명의 제자들은 각기 흩어져 제후 사이를 떠돌아다녔으며, 그 가운데 뛰어난 자는 군주의 교사나 대신이 되었고 그보다 약간 못한 사람들은 관리의 교사가 되거나 은퇴하여 더 이상 눈에 띄지 않게 되었다"고 하며, 또 자하의 제자 4명도 "모두 제왕의 사(師)가 되었다"고 하는데 자하 자신도 위후(魏侯)의 사를 지낸 적이 있었다.[6] 맹자는 초기 유가 가운데 일국의 대신이 된 사람의 이름을 들고 있는데, 그 가운데 한 사람은 공자의 손자 자사로서 그는 연이어 두 나라의 대신을 지낸 것 같다.[7]

이 공자의 손자는 자기가 섬긴 군주에게 군주는 학자를 섬겨야 하며 벗삼으려고 해서도 안 된다고 말하였다고 한다.[8] 즉 학자가 세습귀족들을 역습하여 '그들을 그들에게 상응한 지위에' 놓는, 형세일변 과정이 시작된 것이다. 맹자는 "신분이 높은 사람에게 조언할 때는 그들을 경멸해야 한다"고 말했으며,[9] 순자도 진정한 군자는 "천지와 동격이기 때문에 훌륭한 유자가 극도의 궁핍한 처지에 빠져도 왕후는 감히 그와 명예를 다툴 수 없다"고 선언하였다.[10]

맹자는 자기도 정당한 대접만 받는다면 왕이 될 수 있다고 생각한 것 같지만,[11] 그런 기회가 없었기 때문에 오기에 가득 찬 철학을 전개하면서 군자의 즐거움 가운데에는 "천하의 왕자가 되는 것은 포함되지 않는다"고 단언하였다.[12]

그 대신 맹자를 비롯한 유가들은 자기들이 매우 우수한 종자에 속하므로 때로는 군주를 돕기 위해 관직도 불사하지만, 골치 아픈 책임을 맡는 것보다는 단지 자유로운 조언자가 되어 그 조언의 대가로 증물(贈物)을 받는 편이 더 즐겁다고 생각하였다.

이것이 모든 유가들에게는 즐거운 일이었음에 틀림없었겠지만, 당시 군주들이 왜 그것을 허용하였느냐는 의문을 제기하지 않을 수 없다. 기분내키는 대로 학자들을 가루로 만들 수도 있었던 포악한 군주들이 왜 그들이 혁명을 설교하는 것을 그대로 두었으며, 극단적인 모욕을 감수하면서까지 그들에게 떠나지 말라고 애원하였는가?

한 가지 이유는 앞에서도 지적하였지만, 군주들이 전중국을 차지하려는 각축전에서 학자들의 도움을 받으려고 희망하였기 때문이다. 더욱이 시대는 변하였으며, 적어도 중국 동북지방(대부분의 유가활동이 여기서 이루어졌다)에는 평민에게 교육이 점차 보급됨에 따라 해방의 기운이 조성되었다. 군주가 마음대로 권력을 행사할 수 있었는지는 몰라도, 어느 선을 넘어 함부로 백성을 억압할 수는 없게 되었고, 유가들은 민주적인 것은 아닐지라도, 적어도 박애적이고 실천적인 정치철학을 갖고 있었다. 또 하나의 이유도 앞에서 지적한 것이지만, 유가에는 관료후보생을 교육하는 일정한 기율(紀律)이 있었기 때문이다. 그것은 유가에만 있었던 것이 명백한데, 근대 문관제도의 표준에서 본다면 유치하게 보일지 모르나 없는 것보다는 훨씬 나았다.

이유야 어쨌든 당시 군주들은 유가들의 협력과 조언을 얻으려고 서로 경쟁하였으며, 실제로 각양각색의 학자나 철학자들을 열심히 초빙하였고, 또 그들을 떠받들었다. 맹자는 "수십 대의 수레와 수백 명의 종자를 거느리고 여행하였고, 제후 사이를 전전하면서 식록(食祿)을 받았다"고 한다. 그는 궁전의 빈객으로 대접받았으며, 군주들은 그에게 거금을 기증하며 후원하였다.[13] 기원전 322년에서 314년 사이에 재위한 제 선왕(宣王 ; 당시 많은 군주들이 왕을 자칭하였다)은 특히 철학의 보호자로 유명하였다. 한대 어떤 저술가는 "선왕(宣王)이 천 명 이상의 학자들을 모았으며, 맹자 같은 사람들이 고관의 봉록을 받으면서도 아무 직책도 맡지 않고 정사도 돌보지 않았다"는 기록을 남겼는데,[14] 《사기》에 따르면 이 밖에도 선왕은 학자들을 더 끌어모으기 위해 이 철학자들에게 높은 저택을 지어주고 최고의 경의를 표하였다고 한다.[15] 기원전 3세기에 법가인 한비자는 군주들이 쓸모없는 학자들에게 부와 지위를 마구 뿌리기 때문에 유용한 일을 하려는 사람이 아무도 없다고 말하였다.[16]

공자는 인물을 잘 평가하였으며, 높은 수준의 덕성을 제자들에게 요구한 것 같은데, 제자 가운데에는 게으른 사람과 불성실한 사람도 있었고, 돈만 밝히는 사람조차 있었다. 공자가 죽은 뒤 수세기 동안, 지적인 면에서나 구성원 개개의 인격면에서 유가집단의 수준이 전체적으로 크게 떨어진 것은 분명하다. 공자시대 이전에는 높은 지위에 오를 수 있는 거의 유일한 길은 신분이 높은 가문에 태어나는 것이었지만, 이제는 가장 미천한 출신도 배운 학식과 말재주로 호사스러운 저택에서 살며, 최고급 털옷을 입고 미모의 첩을 두면서 최상의 사회적인 지위를 즐길 수 있는 희망을 품을 수 있었다. 제상이 될 가능성도 있었고, 비록 군주는 될 수 없을지라도 최소한 아무 탈없이 군주를 경멸하고 모욕할 수 있는 쾌감을 맛볼 수 있었다(만약 그 정도의 실력을 인정받기만 하면).

학문과 말재간을 연마하여 수고도 하지 않고 안전하게 재산과 명예를 얻을 수 있다면, "누가 그 짓을 하지 않겠는가?"고 한비자는 묻는다.[17] 사실 그렇다. 유명한 선생을 찾아가 배우기 위하여 수레를 타거나 걸어서 수백 마일을 여행하였다는 것이 어떤 책에 나오지만, 조금도 놀라운 일이 아니다.[18]

그 결과는 뻔한 것이었다. 유가를 자칭하게 된 사람 가운데에는 공자도 자랑스럽게 여겼을지 모를 정도로 학문에 열성적인 사람도 적지 않았지만, 그보다는 처음부터 쾌적하고 안락한 생활을 보내는 데 관심을 가진 사람이 훨씬 더 많았다. 유가 문헌에도 그런 사실이 언급되어 있기 때문에 이것을 확인하기 위해 반유가파(反儒家派)의 문헌까지 볼 필요도 없다. 즉 맹자는 당시 사람들이 인격을 수양하는 유일한 목적이 높은 지위를 얻으려는 것에 불과하기 때문에, 일단 목적을 달성하면 주의주장은 더 이상 불필요한 것으로 내던져버린다고 말하고 있으며,[19] 순자도 자기 자신이 유가이면서도 그가 '속유(俗儒)'라고 부른 자들을 통렬히 비난하였다. 그들은 특별한 의관을 걸치는 것을 중시하지만 학문도 천박하고 잡스러우며, 옷모양이나 행동이 속된 사람들과 다를 바 없고, 어리석은 자를 속여가며 생활방편을 얻기 위하여 선왕을 논하지만 군주의 총신과 가신들의 식객 노릇을 한다고 순자는 말한다.[20] 유교경전 가운데 하나인 《예기》에도 "오늘날 사람들이 유자라고 부르는 자들은 진정한 유자가 아니다"라는 구절이 들어 있다.[21]

유가의 반대파는 더 지독하게 유가 전체를 비난하였지만, 악의의 소산이 명백한 그런 공격은 설득력이 훨씬 부족하다. 그러나 비교적 훌륭한 유가형제들이 자랑할 수 없는 유가들도 상당히 많았던 것은 분명하며, 또 수적으로는 '속유'가 더 많았던 것 같다. 어떤 직업이라도 쉽고 유리하면 썩은 고기에 독수리가 몰려들듯이 어중이 떠중이가 그곳으로 몰리기 마련이다. 그렇다면 그들은 어떻게 생계를 유지하였는가? 그 가운데 교사나 정치가로 성공할 수 있는 자질을 가진 사람은 극소수였다. 《묵자》에는 묵자시대보다는 후기에 속하는 것이 분명하지만[22] 매우 흥미있는 구절이 들어 있는데, 그것은 유가를 다음과 같이 평하고 있다.

> 음식을 탐하지만 일하는 데는 너무나 게으른 그는 추위와 굶주림으로 죽을 위험에 처해 있다. 봄과 여름에는 곡식을 구걸하고, 추수가 끝나면 장례식에 따라다니며 자식과 손자들을 데리고 가서 그 음식으로 배를 채운다. 그는 몇 개의 장례식을 치러주기만 하면 된다……그는 부자집에 상사가 난 것을 들으면 기뻐서 어쩔 줄 모르고 "음식과 옷을 얻을 기회가 왔다"고 외친다.[23]

이것은 물론 악의에 가득 찬 희화이기는 하지만, 약간의 진실이 담겨 있는 것도 의문의 여지가 없다. 앞에서도 지적하였지만, 공자의 직제자들 가운데에는 의식을 정확하게 행하는 문제에 커다란 관심을 갖고 사소한 절차에 대해서조차 논쟁을 벌인 사람도 있다. 《예기》,

특히 단궁편(檀弓篇)에는 장례와 복상(服喪)의 의식을 치르는 방법에 관한 상세한 기록들이 많이 있는데, 더욱이 공자 자신 및 제자들의 말로 되어 있다. 이것은 의문의 여지가 많지만, 유가의 관심을 반영하고 있는 것은 확실하다. 고대 중국에는 직업적인 승려가 없었고 유가가 제례에 정통하였기 때문에 비교적 능력도 모자라고 궁핍한 유가들이 보수를 지불할 수 있는 집안의 장례를 주관함으로써 생계를 꾸려나갔으리라는 것은 충분히 가능한 이야기이다.

이것은 모두 공자의 의도와는 너무나 거리가 먼 것이며, 아마 이런 것을 공자는 상상조차 하지 못하였을 것이다. 그는 '예'의 자구에 얽매여 그 정신을 망각하는 것을 특별히 경고하였으며,[24] '도'에 뜻을 두고 있는 척하면서 개인적인 쾌락과 출세에 관심을 가진 사람을 비난하였다. 그런에도 불구하고 공자를 추종하고 신봉한 사람들이 정도를 벗어났다는 비난을 받게 된 것에 대해 공자가 전혀 책임이 없다고는 할 수 없다. 모든 사람이 교육을 받아야 한다고 주장한 공자의 태도 자체를 비난하는 것은 아마 온당하지 않을지도 모른다. 그는 단지 교육의 문호개방을 주장하였던 것이다. 그러나 이 문제에 관한 그의 발언 때문에 후세 유가들이 적당한 학생을 선발하기에 적합한 '입문조건'을 내걸기가 더욱 곤란하게 된 것은 분명하다.

보다 중대한 공자의 실책은 제2의 공자가 결코 나올 수 없는 것이 거의 확실한 교육을 창시한 점이다. 공자의 경우는 청년시대부터 스스로 분투하지 않으면 안 되었기 때문에 공자라는 인물이 나온 것이 명백하다.[25] 그는 미천한 환경에서 성장하였기 때문에 인민대중에 대한 동정을 결코 잃지 않았다. 플라톤은 페르시아왕 다리우스(Darius)의 위대함이 "왕자가 아니었기 때문에 호사스러운 교육을 받지 않은" 사실에 기인한지도 모른다고 지적하였는데,[26] 고대 중국에서도 이처럼 건전한 견해가 표명된 것은 한두 번이 아니었다. 맹자는 "덕과 지혜를 가진 사람은 대체로 시련과 고난을 겪은 사람 가운데에서 찾을 수 있다"고 말하였다.[27] 그러나 유감스럽게도 공자는 이 점을 깨닫지 못하였다. 그는 자신의 젊은 날의 고투를 별로 중시하지 않았고, 거의 전적으로 정치술과 정치철학 및 궁정생활에 관심이 집중된 교육을 주장하였기 때문에, 점차 제자들이 주변의 백성들로부터 유리되는 경향을 띠게 되었다.[28] 그런 교과과정을 통해 교육을 받고, 더욱이 자기가 대단한 일을 할 운명을 걸머졌다고 느끼는 청년이 귀족 티를 내는 속물이 되지 않기란 쉬운 일이 아니다. 공자는 자신이 위대한 인도주의자인 동시에 위대한 교사였던 만큼, 자기 직제자들이 그렇게 되는 것을 방지할 수 있었지만, 그 후에는 공자처럼 그런 기율을 유지할 수 있는 사람이 거의 없었다.

대체로 유가들이(다 그런 것은 아니더라도) 편협하고 허영심이 많으며 이기적이었다고 말하는 사람도 있지만, 그것은 잘못이며 순전한 중상모략이다. 유가 가운데에는 놀라울 정도로 관용심 많고, 학식도 높고, 사심이 없는 사람도 많았다. 그러나 구성원이 많은 큰 집단치고 그런 사람이 다수를 점하는 일은 결코 없는 법이다. 맹자나 순자 같은 위대한 유가도 소수 있었지만, 동시에 다수의 평범한 유가도 있었다는 것을 인정하지 않는다면, 유교 내부의 전개과정을 제대로 이해할 수 없다. 대다수 평범한 유가들은 책을 저술할 재능이나 정력도 없었고, 설혹 저술을 남겼을지라도 《예기》의 비교적 평범한 부분이나 《역경》의 십익(十翼) 정도의 수준을 능가하지는 못하였다. 《맹자》나 《순자》를 10번, 100번 읽는 것에 비해 이런 책들을 단 한 번밖에 읽지 않은 것은[29] 공자의 사상과 정반대의 분위기를 주고 있기 때문이다. 1대 1로 보면 평범한 사람은 천재보다 영향력이 약하지만, 그들이 집단을 이루면 막강한 힘을 발휘하여 그들 가운데 섞여 있는 정신적인 거인까지도 움직일 수 있는 지적 환경을 조성한다. 이런 식으로 공자의 이론도 점차 왜곡되어 이해력이 부족한 사람들에게는 더 알기 쉽고도 실용적인 것이 되었다. 실제의 공자에 관해서는 사실상 알려진 것이 별로 없었지만, 그들은 공자의 전설을 창조하거나 수식함으로써 그 공백을 메웠다. 그런 과정에서 그들이 공자를 자기 자신들처럼 만들거나 또는 자기들이 숭배하는 사람, 즉 세력이 많은 사람, 사랑받는 사람, 멋진 사람, 약삭빠른 사람 등으로 묘사한 것은 당연한 일이었다. 그러므로 우리는 이 전설의 전개과정을 간단하게나마 추적하지 않을 수 없는데, 이것을 위해서는 반유가파들의 사상도 아울러 고찰하지 않으면 안 된다.

제12장 傳說의 發展

묵자(墨子)는 공자가 사망한 직후에 태어나 묵학(墨學)이라는 철학을 창시하였으며, 묵가(墨家)라는 견고하게 조직된 집단의 기초를 확립하였다. 묵가사상 및 묵가집단은 모두 한때는 중요한 위치를 점하였지만, 한대에는 이미 크게 쇠퇴하였고, 그 이후에는 사실상 소멸하고 말았다. 공자와 마찬가지로 묵자도 빈곤과 혼란, 전쟁으로 야기된 재난으로 가득 찬 현실에 크게 충격을 받았으며, 이러한 현실의 구제책을 설교하면서 각처를 돌아다녔다. 중국인들이 묵자의 주장 대신 공자의 주장을 따름으로써 커다란 과오를 범하였다는 견해가 근년에 들어와 비교적 자주 제기되고 있다. 묵자사상을 상론하거나 평가하는 것은 이 책의 범위를 벗어나는 것이지만, 현재 남아 있는 묵자의 언설에 중대한 지적 결함이 있다는 점은 주목할 필요가 있다. 그가 유가를 비롯한 다른 학파를 비판한 것 가운데에는 정곡을 찌른 것도 있지만, "아무도 운명을 보거나 듣지도 못했기 때문에 그것은 존재하지 않는다"는 식으로 운명론을 부정한 논리는 전혀 철학자답지 못한 일면이며, "봉건제후가 서로 사랑하게 된다면 더 이상 전쟁이 없어질 것이다"라는 전쟁 방지책도 설득력이 없고, 또 청년들을 제자로 끌어들이기 위해 취직을 약속하고 나서는, 그 약속은 본인을 위해 공부시키려는 술책에 불과하였다고 말한 것은 윤리적으로 의심스러운 행동이었다.[1)]

《묵자》에는 후인의 손에 이루어진 부분은 물론, 묵가사상과는 전혀 무관한 부분조차 들어 있지만, 이처럼 《묵자》와 무관한 부분은 자신 있게 가려낼 수 있다.[2)] 이런 부분을 제외한 나머지 부분은 공자 직후의 중국 사상을 당대인이 묘사한 유일한 자료이다. 묵자는 유가로서 학문을 시작하였으나[3)] 나중에는 유가와 절연하고 독자적인 학파를 형성하였다고 한다. 그는 자신의 독자성을 강조하기 위하여 유가를 통렬히 비난하였지만, 실제 그 이론의 광범위한 기반은 대체로 그 당시 유교에서 나온 것이 분명하므로 그가 유가를 공격하거나 지지한 점을 통해서 당시 유교를 알 수 있는 것이다.

묵자는 운명론을 비난하였고, 그것을 유가의 설이라고 단정하였다.[4)] 앞에서 지적한 바와 같이 공자를 운명론자로 부르는 것이 부당하지만, 공자가 죽은 뒤 운명론이 유가 사이에 침투해 들어온 것은 거의 확실하다. 묵자는 또 후장(厚葬)의 관습을 비난하였는데, 그 때문에 "평민이 죽으면 가산이 탕진되고 제후가 죽으면 일국의 재정이 고갈된다"는 것이다.[5)] 이 점은 공자도 분명히 묵자와 의견이 일치하였을 것으로 생각되는데, 묵자에 따르면 당시 유가들은 이 문제를 놓고 의견이 엇갈렸다고 한다.[6)] 그러나 만약 당시 '속유'들이 장례를 치러주는 것으로 생계를 유지한 것이 사실이라면, 그들이 후장을 찬성한 것도 무리는 아니며, 실제 순자는 호사스러운 장례를 옹호하고 나섰다.[7)]

《묵자》를 보면, 당시 유가가 복장면에서 어떤 고풍을 모방하는 데 특별한 관심을 가졌고 다른 면에서도 지나칠 정도로 옛것을 무조건 모방하였다는 인상을 받는다. 또 유가는 조정에서 "의견을 물을 때만 입을 열었다"고 한다.[8)] 유가와 경쟁하는 학파의 지도자인 묵자가 가장 훌륭한 유가를 놓고 유가를 논하였을 리는 없겠지만, 유가 가운데 유교의 진정한 원리는 전혀 알지도 못하거나 거기에는 관심도 없으면서 정치적인 출세에 가장 도움이 되는 것에만 몰두한 사람이 너무나 많았던 것도 의심할 여지가 없다.

《묵자》 비유편(非儒篇)은 유가 전체를 비난하면서 공자를 통렬하게 공격하고 있는데, 한 예를 들면 공자는 한때 제자들이 훔쳐온 것으로 살았다는 것이다. 그러나 이런 이야기들에는 대체로 명백한 역사적 오류가 포함되어 있을 뿐 아니라 비유편 전체도 《묵자》의 다른 편들과는 성격이 다르다. 메이이바오[梅詒寶]가 지적한 바와 같이 그것은 '훨씬 후에 씌어져' 원전에 첨가된 것이 분명하다.[9] 《묵자》 가운데 원본에 속하는 편에는 묵자가 공자 개인을 언급한 예가 거의 없으며, 공자를 기술한 편은 단 하나뿐인데 거기에는 공자가 바보로 취급되어 있다.[10]

묵자는 자기가 누구보다도 세상의 악을 고치는 방법을 잘 알고 있다고 믿었으며, 공자와는 달리 다른 사람에게 자유로운 선택이나 판단의 여지를 허용하려고 하지 않았다. 그 자신의 말을 들어보자. "나의 가르침만으로도 충분하다. 내 가르침을 버리고 스스로 생각하려는 것은 추수를 포기하고 낟알을 줍는 것과 같다"[11] 즉 아무도 자신의 가르침을 논박할 수 없다는 것이 그의 주장이다. 그러므로 그는 제자들을 엄격한 규율 아래 두었고 평생토록 복종을 요구하였기 때문에, 묵가집단의 지도자는(이 지위는 계승되었다) 단원들에게 생살여탈권(生殺與奪權)을 행사하는 존재로 생각되었다.[12] 묵자는 빈곤, 무질서 및 전쟁을 비롯한 이 세상의 죄악을 엄격한 권위주의적인 체제로 구제할 수 있다고 믿었다. 각 집단의 구성원은 "한 사람도 빠짐없이 그 지도자와 일치되어야 하며" 각 집단의 지도자는 다시 그 상급자와 일체가 되는 방식으로 최종적으로는 천자에게까지 연결되어야 한다. 즉 "윗사람이 옳다고 생각하는 것은 모두 옳다고 생각해야 하고, 윗사람이 옳지 않다고 여기는 것은 모두 옳지 않다고 여겨야 하며" 이것에 순응하지 않는 사람은 처벌되어야 한다는 것이다.[13] 이것을 히틀러(Adolf Hitler)의 《나의 투쟁(*Mein Kamph*)》에 나오는 다음과 같은 말과 비교해 보면 흥미롭다. "통합국가의 헌법을 제정하는 원리는 모든 지도자는 하급자에 대해 권위를 갖고, 하급자는 상급자에 대해 책임을 지는 것이 되지 않으면 안 된다."[14)]

그러나 최고지도자인 천자가 올바른 원칙과 순수한 동기를 가졌다는 것을 어떻게 확인할 수 있는가? 천자는 예(例)의 순서에 따라 하늘[天]과 일체가 되어야 한다는 것이다. 그렇다면 천자가 그렇다는 것을 어떻게 알 수 있단 말인가? 묵자의 말로는 그것이 아주 쉽다고 한다. 즉 만약 천자가 천과 일치되지 않는다면 "천은 혹한과 혹서, 때아닌 눈·서리·비·이슬을 내리기 때문"에 오곡이 익지 않고 육축(六畜)이 성장하지 않으며, 질병과 악성 전염병이 만연하고, 태풍과 홍수가 빈발한다. 이것은 바로 천과 지상의 인간이 일체가 되지 않기 때문에 '하늘이 내리는 벌'이라고 한다. 묵자에 따르면 천은 때로 불만을 강하게 표시해, 그 때문에 "3일간 피의 비[血雨]가 계속 내리거나 신전에 용이 출현하는" 등등의 현상이 나타난다는 것이다.[15)] 묵자는 이것을 뒷받침하기 위하여 그런 이변의 예를 많이 제시하면서, 그것이 모두 역사적인 사실이라고 주장하였다. 최소한 묵자 자신이 그런 이야기를 날조한 것이 아니라 일반적으로 믿고 있는 전승을 이용한 것은 있을 수 있는 일이다.

오늘날 우리에게는 이런 이야기가 우스꽝스럽게 들리지만, 공자도 거의 마찬가지로 생각하였던 것 같다. 묵자는 자신이 진심으로 믿고 있는 귀신의 존재를 유가가 부정한다고 비난하였다.[16)] 그럼에도 불구하고 천재가 천의 응징이며 폭정의 표시라는 묵자의 생각은 소위 한대 정통유교 속에 거의 동일한 형태로(보다 정치한 것이지만) 나타난다. 그 이유는 무엇인가? 묵자가 직접 유교에 영향을 주었다고 보기는 어렵고, 오히려 묵학도, 또 결국은 유교도 공자의 합리적인 철학보다 훨씬 인기를 모으고 있는 세속적인 미신의 영향을 받았다고 보는 것이 타당할 것이다.

공자가 고대문헌의 권위를 중시하여 '고성왕(古聖王)'의 예를 들먹인 것처럼 흔히 생각되고 있으나, 앞에서 지적한 바와 같이《논어》에는 이것을 뒷받침하는 구절이 전혀 없다. 그러나 묵자는 자기 주장을 입증하기 위하여 문헌이나 성왕을 부단히 인용했다. 그는 "삼대의 성왕 요·순·우·탕·문왕·무왕의 언행과 일치되는 언행은 모두 실천해야 하며, 삼대 폭군의 언행과 일치하는 모든 언행은……일체 피해야 한다"고 단언한다.[17] 《논어》에 나오는 공자가 이처럼 권위주의적인 행동기준을 제시할 수 있으리라고는 상상조차 하기 어렵지만, 반면 묵자가 처음에 배웠던 동시대 유가들이 이 점에 관한 한 묵자와 크게 달랐으리라고 생각할 이유도 없다.

공자는 사유에 대한 원칙을 제시하였지만, 진리의 고정된 척도는 제시하지 않았기 때문에 개개인에게 스스로 진리를 발견하는 책임을 맡겼고 그것도 각자의 자유에 일임하였다. 그러나 지적 자유에는 정신적 노고가 필연적으로 따르기 때문에, 인간은 대체로 그것을 원하지 않는다. 오늘날에도 "무슨 직업에 종사하건간에 사람들은〔대부분의 철학자를 포함하여〕 자기 철학이 인간 및 우주의 궁극적인 본질과 운명을 최종적으로 확정짓는 유일한 체계가 되지 않으면 안 된다고 생각한다"고 한다.[18] 그러나 공자가 인간의 정신에 제공한 것은 '평화가 아닌 검'이었다. 제자 가운데 공자를 제대로 이해한 사람은 극소수였고, 따라서 공자의 시체가 식자마자 제자들이 아늑한 지적 안식처를 세우고 그 안에서 성전(聖典) 및, 결코 오류를 범할 수 없는 성인의 권위를 찾기 시작한 것은 별로 이상한 일도 아니다.

옛 성왕에 관한 설화는 급속히 증가하였다. 《논어》에 요·순·우가 고대의 유덕한 왕으로 등장한 것은 앞에서 이미 지적하였지만, 《논어》에는 우를 제외한 나머지 사람이 정상적인 방법으로 왕이 된 것이 아니라는 증거는 조금도 없다(후술하겠지만 일반적으로 후대 위작으로 인정되고 있는 마지막 편을 제외하면).[19] 우는 한때 농부였다고 하지만, 이것은 어떤 왕실의 이름 없는 후손이라는 것보다는 낫지 않은가? 《논어》에는 대신은 전체 백성 가운데에서 덕망의 유무를 기준으로 선발되어야 하는데, 상고시대에는 이 원칙이 실제 행해졌다는 주장도 보인다.[20] 이것을 논리적으로 일보 진전시키면, 왕위도 세습될 것이 아니라 덕과 능력을 기초로 선출해야 한다는 것이 된다. 공자가 그런 생각을 가졌던 것은 의문의 여지가 없지만, 명백하게 언명한 기록은 없는 것 같다. 묵자시대가 되면, 그것이 명확하게 언명되었을 뿐 아니라, 옛 성왕 시대에는 군주가 이 원칙에 근거하여 모든 백성 가운데서 후계자를 뽑는 것이 정상적인 방식이었다고까지 주장되었다. 이 학설에 따라 국면은 완전히 일변하여, 학자들은 세습귀족이 본래 유능하고 덕망 있는 학자들이 차지해야 할 자리를 차지하고 있으니 결과적으로 찬탈자에 불과하다고 몰아붙였다.

이 이론이 최초로 언급된 곳은 《묵자》이다. 바로 이 때문에(다른 이유도 물론 있으나) 묵자가 이 이론을 창시하였다는 견해가 종래 주장되었지만, 그런 것 같지는 않다.[21] 묵자 자신도 그런 생각을 가졌던 것은 사실이나, 동시에 그는 "옛날 성왕들이 신분의 고하를 정할 때는 최상의 성인을 천자로 세우고, 그 다음으로 공적이 많은 사람들을 대신 및 고관으로 삼았다. 공자는 널리 《시》《서》에 정통하고 《예》《악》에도 식견이 있었을 뿐 아니라 만사에 깊은 지식을 갖고 있었기 때문에 만약 공자가 성왕의 치세에 살았다면 틀림없이 천자가 되었을 것이다"라는 어떤 유가의 말을 인용하였다.[22] 그 후 맹자도 거의 비슷한 말을 하였다.[23] 옛 성왕이 왕위를 세습받은 것이 아니라, 자신이 유덕하였기 때문에 획득하였다는 관념은 공자가 사망한 직후에 나타나,[24] 유가와 묵가의 지지를 모두 받은 것이 분명한 것 같다.

그럼에도 불구하고 유가 가운데에는 이것을 경계의 눈초리로 바라보는 사람도 있었다. 왜냐하면 학자 전체의 권위를 높이기 위한 선전으로서는 좋지만, 만약 귀족들이 이것을 너무 액면 그대로 받아들인다면 곤란한 사태가 일어날지도 모르기 때문이다. 오늘날 꽤 민주적이라는 사람 가운데에도 세습적인 입헌군주제도가 안정성이 있다는 이유로 그것에 호감을 느끼는 사람이 있다. 만약 군주가 왕위를 물려줄 만한 훌륭한 사람을 찾아 두리번거리기 시작한다면, 그 결과 가장 말재간 있는 사람이 왕이 되고, 혼란이 뒤따를지도 모른다는 것은 잘 알려진 사실이다. 바로 이런 사태가 기원전 314년 연(燕)에

서 일어났다.[25)]

설화가 발전함에 따라 옛 성왕들은 노령이 되면 유덕한 대신에게 양위하였다는 것이 근거도 없이 주장되었다. 연왕은 재상에게 양위를 제의하라는 건의를 받았다(이 제안을 한 것은 뇌물을 받은 그 재상의 친척이었다). 연왕은 재상이 그 제의를 거부할 것으로 확신하였으나 그 재상은 실제로 그것을 받아들였다. 3년 후 반란이 일어나 "수만 명이 목숨을 잃었다."[26)]

맹자는 연왕이 국가를 양도한 사실을 비판하였으며, 왕위계승자 이외의 다른 사람에게 국가를 양도하는 것은 하늘[天]만이 가진 권리라고 선언하였다.[27)] 하늘이 어떤 사람에게 왕위를 부여한다는 의미가 무엇인가를 따져보면, 그것은 백성들이 그를 군주로 용인하는 것으로 판단될 수 있을지도 모른다.[28)] 순자는 상고에는 신분의 고하가 덕망에 따라 할당되었기 때문에 왕이 죽은 뒤 왕권이 그 집안을 떠나는 일은 가끔 있었다고 생각하였지만, 성왕이 생존중에 퇴위한 일은 없었다고 이를 부정하였다.[29)] 훨씬 뒤의 일이지만, 한나라 문제(文帝)도 이 설화를 진심으로 받아들였다. 둡스(Dubs)는 그의 재위 기간을 '한대 유가세력'의 대두기로 보는데,[30)] 기원전 179년 문제는 "제위를 물려줄 만한 유능하고 덕망 있는 성인을 전국에서 널리 구해야 한다"는 내용의 조서(詔書)를 내렸다. 어쨌든 그는 자기 아들을 후계자로 삼지 않겠다고 말한 것이다. 그러나 황제의 고문관들은 이의를 제기하였으며, 제위의 세습적인 계승을 유지하는 것이 제국의 안정에 기여할 수 있는 최선의 방법임을 역설하였다(결국 그들의 주장이 관철되었다).[31)]

이 문제에 관한 유가의 입장은 충분히 이해할 수 있다. 능력과 덕망을 기준으로 대신들을 선발해야 한다는 원칙은 선정에 불가결한 요소였다. 과거에는 이 원칙에 의해서 군주도 선출되었으며, 현재도 그래야만 한다는 관념은 학자들의 권위를 크게 높였을 뿐 아니라, 마음만 먹으면 언제라도 자의적인 전제군주가 될 수 있다는 제왕의 충동을 심리적으로 견제할 수 있는 가장 효과적인 수단이었다. 그러나 만약 이것이 실제 행해진다면, 제위는 더할 나위 없는 난폭한 음모의 노리갯감이 될지도 모른다. 더욱이 자신의 지혜와 덕망 때문에 제위를 획득하였다고 생각하는 군주는 유교교육으로 적절하게 교양을 쌓은 세습군주보다 훨씬 더 자의적이고 비합리적인 사람이 될지도 모른다. 그렇다면 가장 현명한 유가들이 유덕자에게 제위를 선양(禪讓)하는 원칙을 지지하면서도 그것을 먼 옛날 역사의 한 장면으로 위치시키려고 원한 것은 당연한 일인지도 모른다. 물론 그것은 실제 역사적인 사실도 아니었다. 고대중국에서는 공자시대와 아주 가까운 시대까지 거슬러 올라가도 평민출신이 제왕이 된 것은 말할 것도 없고, 고관조차 될 수 있었는지도 의심스럽다.[32] 반면에 일반적으로 귀족가문이 요직을 세습하였다는 증거는 대단히 많다.[33] 그러나 학자들이 고대에는 유덕자가 군주가 되었다는 것을 주장하려면, 그것을 입증할 역사문헌을 제시할 필요가 있었다. 수요는 공급을 창조하게 마련이므로, 얼마 되지 않아 이것을 입증하는 역사문헌이 풍부하게 나돌게 되었다. 이런 문헌 가운데 하나인 요전(堯典)은 공자가 죽은 뒤 150년 사이에 씌어진 것이 명백하다(적어도 그 초고는).[34] 요·순·우의 제위 계승에 관한 짤막한 문장도 《논어》의 최종편 첫 부분에 삽입되어 있는데, 이것은 공자와 전혀 관계가 없으며 오래 전부터 《논어》와 관계없는 부가물로 인정되어 왔다.

중국에서 위서가 만들어지기 시작한 것은 적어도 주초까지 거슬러 올라가는 것은 명백하지만[35] 이런 방식의 위작은 공자시대나 공자가 죽은 직후에야 비로소 성행하기 시작한 것 같다. 앞에서도 지적하였지만 맹자시대가 되면, 진위가 의심스러운 문헌이 너무나 많아 맹자도 "역사문헌을 모두 믿는다면, 차라리 그것이 하나도 없는 것이 낫다"고 말할 정도였다. 그러나 위작자들은 바쁘게 활동하였으며, 설화상 과거에 일어났다고 하는 각양각색의 사건이나, 그들이 미래에 실행되기를 원하는 여러 가지 이상향적인 계획들을 과거의 사실(史實)로 생각되는 것 속에 써넣었다. 예컨대 《서경》에도 그것이 편찬되었다고 주장되는 시기에 실제 씌어진 것은 4분의 1 정도밖에 없으며, 그 나머지는 전부 후대의 위작이지만, 다른 문헌의 경우는 이보다 더 심하다. 그 결과 중국의 고대역사는 찬란한 것이 되었지만, 사실과 허구가 뒤섞여 구제불능 상태가 되고 말았다. 과학적인 학문의 힘으로 이것을 가려내어, 어쨌든 커다란 성과를 거두기 시작한 것은 최근의 일이다.

이런 위작은 공자를 이해하는 데도 매우 참담한 결과를 가져왔다. 그의 생애나 사상에 관한 사실들도 완전히 왜곡되었을 뿐 아니라, 전체적인 역사적 배경도 너무나 날조되었기 때문에 더 이상 그를 정확하게 보는 것이 불가능해진 것이다. 상고시대에는 제위가 세습되지 않고 덕망에 의해 획득되었다고 주장되었지만, 공자는 그렇게 되어야 한다는 것을 결코 명확하게 언명한 일은 없었다. 이것을 종합하면 공자가 세습제란 원칙을 신봉한 것처럼 보인다. 그러나 앞에서 지적한 바와 같이 사실 공자는 세습제를 신봉하지도 않았고, 대담하게도 한걸음 더 나아가 최고대신은 출신가문을 무시하고 능력과 덕을 기준으로 임명해야 한다고 역설하였다.

맹자는 기원전 400년 직후 공자가 죽은 뒤 약 100년경에 태어났다. 그는 공자의 손자인 자사의 제자 밑에서 수업(修業)하였다고 하는데,[36] 현재 그 사상이 비교적 완전하게 전해지고 있는 유가 가운데에서는 맹자가 가장 오래된 인물이며, 《맹자》라는 장편의 책은 그의 제자들이 편찬한 것이 거의 확실하지만,[37] 고대문헌 가운데에서는 가장 신빙성이 높은 자료처럼 보인다. 맹자도 공자처럼 관직을 얻기 위해 각지를 돌아다녔는데, 때로는 관직을 얻기도 한 것 같다.[38]

공자와 마찬가지로 그는 '백성이 국가의 가장 중요한 요소'이므로 그들의 복리가 정치의 일차적인 목적이 되어야 하며, "정부의 정당한 권력은 피치자의 동의에서 나온다"(거의 이 말 그대로)는 것을 신봉하였다.[39] 그는 또 군주는 사형을 집행하기 전에 백성의 동의를 얻어야 한다는 것,[40] 그리고 정치는 유덕하고 능력 있는 유가의 손에 위임하고 정치술을 배운 일이 없는 군주는 정치에 간섭해서는 안 된다고 주장하였다.[41] 그는 공자의 학설을 일보 진전시켜 구체적인 경제정책을 제창하였는데 천연자원의 보존에 관한 그의 주장은 매우 근대적인 냄새를 풍기고 있다.[42] 그러나 그는 현명하게도 이익동기만으로는 국가정책의 기초가 될 수 없다는 것을 역설하였다(공자나 칸트처럼).[43]

맹자는 무능한 군주는 군주로서 정당한 자격이 없다는 공자의 견해에 동의하였지만,[44] 한걸음 더 나아가 군주가 백성의 복리를 가져오지 못할 경우에는 반란을 일으켜 군주를 바꾸는 것이 백성의 엄숙한 의무라고 선언하였다.[45] 그러나 대신들은 군주의 과오를 고치게 함으로써 이런 사태가 발생하는 것을 방지해야 한다는 것이다.[46] 앞에서도 지적한 바와 같이, 맹자는 학자에게 가장 중요하고도 명예로운 지위를 주어야 한다고 주장하였다. 그는 군주가 학자에게 주는 증여물에 대해서도 불평하였지만, 그것은 증여물이 적기 때문이 아니라 학자들이 감사를 해야 하는 방식으로 증여되었기 때문이었다.[47] 제왕이라도 탁월한 학자를 고자세로 소환해서는 안 되며, '유덕하고 유능한 옛 성왕'이 그랬던 것처럼 학자를 만나러 가야만 하며,[48] 또 이전의 학생이 군주가 되더라도 선생과는 신하보다는 오히려 부형(父兄)의 관계를 맺어야 한다는 것이 맹자의 주장이다.[49] 대부분의 학자들이 유가였고, 따라서 왕후의 개인교사도 대부분 유가였기 때문에 이 주장은 유교가 세력을 얻는 데 중요한 역할을 하였다.

맹자가 여러 나라의 궁정에서 환대를 즐긴 것을 보면, 유학자를 위한 권리주장이 주장에 그친 것이 아니라 어느 정도 성과를 거둔 것 같기도 하다. 맹자의 입심 좋은 주장을 읽으면, 진정한 유교가 득세할 날도 머지 않았다는 생각을 갖게 될지도 모르지만, 당시 비교적 우수한 유가 가운데에서도 가장 뛰어난 사람에 속했던 맹자에게도 유가 특유의 약점이 있었던 것은 명백하다.

그것은 맹자가 상류사회를 선망하는 속물이었다는 사실이다. 그의 생활이나 여행은 사실 극히 사치스러웠지만, 그는 훨씬 더 사치스러운 왕후들을 크게 선망하였다. 앞에서 지적한 바와 같이, 맹자는 정의만 구현된다면 자기도 왕이 될 수 있다고 생각하였으나, 이것이 불가능하였기 때문에, 지위나 사치를 경멸하고 덕 이외에는 관심이 없는 척하였지만, 〔햄릿에 나오는〕 귀부인처럼 도에 지나친 항의를 많이 하였다.[50] 그의 말 가운데에는 그가 세습귀족에 대해 동정을 갖고 있었음을 스스로 폭로하는 것도 많이 있다. 그는 "정치를 하는 것은 어려운 일이 아니다. 다만 명문거족을 침범하지 않기만 하면 된다"고 하였으며, 또 유력한 세족(世族)의 호의를 얻기만 하면 천하에 덕교(德敎)를 펼 수 있다고도 하였다.[51] 맹자는 관리가 될 수 있는 가장 진정한 자격을 덕이라고 자주 말했지만, 또 "일국의 군주는 불가피한 경우에만 훌륭한 사람을 등용해야 한다. 왜냐하면 그것은 비천한 사람을 신분이 높은 사람 위로 올라가게 하고, 왕실과 관계없는 사람을 왕의 친척보다 높은 자리에 놓기 때문이다. 그러니 군주가 이런 것을 신중히 하지 않을 수가 있겠는가?"라는 말도 하였다.[52]

이것은 맹자의 다른 발언과 전적으로 모순될 뿐 아니라,[53] 공자의 생각과도 전혀 일치하지 않는 것은 물론이다. 그러나 이런 종류의 모순은 비교적 초기에 속하는 유가문헌의 도처에서 나타나고 있는데, 유가도 인간이기 때문이리라. 하나의 집단으로서의 유가는 세습귀족정치에 반대하여 투쟁한 공자와 한편이 되었지만, 한편 개인적으로는 귀족출신도 있었고, 또 관직이나 출세 또는 나날의 생계를 위해서 누구나 귀족 가운데 누군가의 비호를 받지 않을 수 없었다. 그들의 충성과 원칙이 때때로 혼란을 일으키게 되는 것도 놀라운 일은 아니다.

이러한 혼란에도 불구하고 맹자는 인간의 평등을 철석같이 믿었다.[54] 이것은 맹자 자신이 군주와 대등하다는 것을 입증하기 위한 것일 뿐이었다고 주장하는 사람도 있을지 모르지만, 적어도 맹자는 자기가 날 때부터 다른 사람보다 우월하다는 주장은 하지 않았다는 점을 인정하지 않으면 안 된다. 실제로 맹자는 모든 사람의 천성이 선하다고 믿었으며, 상고의 대성인이란 단지 이 천성을 완전히 발전시킨 사람일 뿐이라고 생각하였다. 맹자는 이 문제 및 심리학에 관해서도 많은 언급을 하였는데, 오늘날 심리학자나 정신병리학자들조차 그것에 흥미를 느낀다.[55] 이 문제에 관한 그의 생각은 독창적이고도 예리한 면이 있었지만, 그 결과가 모두 좋은 것만은 아니었다.

인간이 본질적으로 선하다는 이론은 누구에게나 정상에 오를 수 있는 가능성을 개방한 것이므로, 인간에게 더 열심히 노력하라는 자극을 줄 수 있으나, 반면에 별다른 노력을 하지 않더라도 결국 덕을 가질 수 있다는 의미도 되기 때문에 인간의 창의성을 억제하는 역할을 할 수도 있다. 확실히 맹자도 인격의 수양을 강조한 것은 사실이나, 《논어》에서 보이는 것과 같이 자신의 운명에 대한 개인의 책임을 엄격하게 주장하는 것이 《맹자》에는 보이지 않는다. 이것은 어쩌면 당연한 일인지도 모른다. 하층계급이 세습적인 특권에 대항하여 싸우기 시작할 때는 미천한 출신 가운데에도 귀족 못지않게 훌륭한 사람이 있다는 것을 강조하게 마련이지만, 이념적인 투쟁이 일단 성공하기 시작하면 강조의 초점이 평등으로 옮겨지게 되고 개인의 문제는 사라진다. 프랑스 혁명 이전의 프랑스 철학자들은 개인주의자였지만, 혁명의 구호가 평등이 된 것은 바로 이 때문이었다.

공자사상의 특징은 도덕적인 면에서뿐만 아니라 지적인 영역에서도 투쟁적인 것이었지만, 맹자의 경우는 이것이 모두 약간씩 후퇴하였다. 맹자는 인간의 본성이 선할 뿐 아니라 일종의 소우주이므로 "인간의 자아 속에 모든 것이 완비되어 있다"고 믿었다.[56] 그는 여기서 연역하여 자신의 마음속을 고찰하는 비교적 간단한 방법으로 우주에 관한 지식을 얻을 수 있다고 주장하였다.[57] 크릴(Lorraine Creel)은 맹자가 이런 견해를 가질 수 있었던 것은 우주의 여러 측면 가운데 도덕의 원리만이 관심거리가 될 만하다고 느꼈기 때문이며, 이 신념 때문에 그는 공자보다 학문의 필요성을 강조하는 면이 훨씬 약하다고 지적한다.[58]

당시 중국철학은 아직 요람기였지만, 스스로 진리를 발견하고 새로운 경험에 비추어 자신의 이해를 부단히 수정하는 것이 만인의 권리이자 의무라는 공자의 주장에 사람들은 이미 싫증을 느끼게 되었다. 그들은 더 쉬운 길을 원하였으며, 물론 그것을 발견하였다. 공자와 맹자가 각각 제시한 인물판단의 방법을 비교해 보자. 공자는 다음과 같이 말하였다.

> 그 사람의 목적을 자세히 관찰하고, 그가 목적을 달성하기 위해 사용하는 수단을 보라. 그리고 그를 만족시키는 것이 무엇인가를 살펴라. 이렇게 하면 그 사람이 자기의 사람됨을 어떻게 숨길 것인가?[59)]

그러나 맹자의 방법은 더 간단하였다. 즉,

> 인간의 신체 가운데에서 눈동자보다 더 훌륭한 것은 없다. 눈동자는 악을 감추지 못한다. 가슴속에 아무 잘못이 없다면 눈동자는 밝게 빛나고, 그렇지 못하면 흐릿하다. 사람의 말을 들으면서 눈동자를 바라보라. 그러면 그 사람이 어떻게 자신의 인격을 감출 수 있겠는가?[60)]

맹자의 비결에는 거의 마법(魔法)의 공식과도 같은 손쉬운 효험이 있는데, 이 특성이 중국사상에 다시 출현한 셈이다.

학문이란 진리를 스스로 이해하려고 탐구하는 것을 의미한다면, 더 쉬운 방법을 찾는 것은 그만큼 학문에서 멀어지는 셈이다. 그러나 역설적으로 들릴지는 모르지만, 그것은 고대문물과 경전으로 생각되는 서적을 오히려 강조하는 결과가 되었다. 스스로 진리를 발견하려고 하지 않는다면 손쉽게 이용할 수 있는 진리를 제공해 주는 편리한 서적이나 전통이 필요하기 마련이다. 이 때문에 맹자는 "선왕의 도를 따르는 사람치고 과오를 범하는 사람은 없다"든가,[61)] 완벽한 군주나 대신이 되려고 원하는 사람은 "요·순을 모방하기만 하면 되며, 그 이상은 필요없다"고[62)] 말하였는데, 이것은 묵자와 대단히 비슷하지만 공자와는 전혀 다른 입장이다. 요·순의 정치는 완전무결할 뿐 아니라 어느 시대 어떤 장소에도 적합한 것이므로, 요·순보다 세금을 더 걷는 것도, 덜 걷는 것도 모두 잘못이라고 맹자는 말한다.[63)] 문헌에 관해서는 맹자도 공자처럼 그 연구를 강조하지는

않았지만, 공자보다 훨씬 그것을 많이 인용하였다.[64]

맹자와 공자의 사상간에 크게 다른 점이 많기 때문에, 《논어》에 보이는 공자와 《맹자》에 나오는 공자가 상당히 차이가 있는 것으로 예상할지도 모르지만, 전체적으로 볼 때 그렇지는 않다. 실제로 《맹자》에 나타나는 공자는 일반적으로 후대에 편찬된 것으로 알려진 《논어》의 마지막 5편에 보이는 공자보다는 《논어》의 첫 15편에 보이는 공자와 훨씬 가깝다.[65] 이것은 《논어》와 《맹자》가 모두 정확하다는 것을 잘 말해 주는 것이다. 그렇다고 공자에 관한 전승이 전혀 변경되지 않았다고 생각하는 것도 지나친 기대이다. 맹자는 인류역사에서 공자가 가장 위대한 인물이었다고 믿었던 만큼, 공자가 왜 제왕이 되지 못하였는가를 설명할 필요가 있었을 것이다. 맹자는 공자가 그토록 오랫동안 전혀 관직도 없었을 뿐 아니라 정말 권력 있는 자리에는 결코 오른 일이 없었다는 사실을 인정하기 어려웠을 것이다. 때문에 그는 공자에 관한 설화 가운데 일부는 단순한 허구로 배제하였을지라도,[66] 공자가 생애의 대부분을 관직생활로 보냈으며, 여행중에도 관직을 가졌다는 설화는 믿은 것 같다. 그래서 그는 공자가 노의 사구(司寇)를 지냈다고 말한 것 같은데,[67] 《맹자》의 이 구절은 공자가 그처럼 높은 관직을 지냈다고 주장한 최초의 기사 같다.[68]

맹자 자신은 공자의 사상을 그렇게 심하게 곡해하지는 않았지만, 《맹자》라는 책은 공자를 곡해하는 데 크게 기여하였다. 그 이유는 《맹자》가 유가철학을 논한 최고(最古) 최장(最長)의 현존문헌(現存文獻)이고 논지도 명료하고 맥락도 잘 연결되었을 뿐 아니라, 《논어》보다도 훨씬 이해하기가 쉽기 때문이다. 따라서 《논어》에 불분명한 점이나 언급되지 않은 부분이 있을 경우 연구자들이(때때로 무의식적으로) 그 탈누(脫漏)를 보충하기 위하여 《맹자》를 이용한 것은 오히려 당연한 일이었는지도 모른다. 맹자가 지나가는 말로 세습귀족정치를 변호하고, 봉건제도에 약간의 관심을 보인 것은 공자가 봉건제도의 옹호자라는 관념을 뒷받침하는 역할을 하였고,[69] 또 맹자가 옛 성왕을 모방하기만 하면 된다고 말하였기 때문에, 공자도 동일한 충고를 하였을 것으로 가정되어 왔다.

맹자가 "인간의 자아 안에 모든 것이 완비되어 있다"고 말한 것은 신비주의로 기운 태도였고, 적어도 공자가 말한 상식과는 현격한 차이가 있는 것이다. 맹자가 "대중들은 일생 동안 도를 따르면서도 그것을 이해하지 못한다"라고[70] 말한 것이나, 성왕치하(聖王治下)의 생활을 "그 백성은 깊은 만족감에 젖어 있어, 설령 왕이 그들을 죽여도 원망하지 않으며, 그들에게 이로운 것을 행하여도 자기들에게 이롭다는 것을 느끼지 않는다. 그들은 매일매일 선을 향해 나가고 있지만, 왜 그런지를 모른다. 군자가 지나가는 곳은 모든 사물이 교화되고, 군자가 거처하는 곳이 어디건간에 그 영향력은 마치 신 같아 상하에 미치고 천지와 합일한다"[71]라고 묘사한 것들은 더욱 공자의 상식과 거리가 먼 것들이다. 반면에 이런 것은 도가서(道家書)의 문장들과 흡사하다.[72] 만약 《맹자》 가운데 이런 부분이 위문(僞文)이 아니라면 맹자는 도가사상의 영향을 받은 것처럼 보인다.[73] 어쨌든 얼마 되지 않아 도가적인 사유방식이 유가사상 전체에 심대한 영향을 미치게 된 것은 잘 알려진 사실이다.

도가사상을 제대로 논하려면 여러 권의 책을 써야겠지만, 여기서는 극히 간단하게 다룰 수밖에 없다. 잘 알려진 바와 같이, 도가서 가운데 가장 중요한 책은 《노자》와 《장자》이다. 전통적인 견해에 따르면 《노자》는(《도덕경》이라고 한다) 공자보다 약간 나이가 많은 노자라는 사람이 저술하였다고 한다. 그러나 최근에는 노자는 아마 설화적인 인물이고, 《노자》가 저술된 것도 아무리 빨라야 맹자시대 정도라는 증거가 제시되었다. 후자의 견해가 옳은 것은 분명한 것 같으며, 비록 논쟁이 계속되고는 있지만, 오늘날 대부분의 학자들은 이 견해를 지지하고 있는 것 같다.[74] 장자는 대체로 맹자와 동시대 인물로 생각된다. 그러나 《장자》나 《노자》는 모두 한 사람에 의해 저술된 것 같지는 않은데, 학자들 가운데에는 두 책의 개변 및 첨가가 한대에도 이루어진 것으로 생각하는 사람들이 있다. 두 책은 동일한 철학을 논하는 것도 아닐 뿐 아니라, 사실 그 자체내에도 많은 모순이 있지만 모두 도가라는 독특한 사상체계를 명확히 제시하고 있다.

도가사상은 본래 당시 성행한 사유방식에 대한 반동이었다. 군주와 그 아첨꾼들은 가능한 한 많은 사람을 노예로 삼고 착취하는 데 여념이 없었다. 바로 이 때문에 유가와 묵가는 방법은 달랐지만 평화, 정의 및 인도주의를 위한 투쟁에 참여하는 것이 인간의 의무라고 선언한 것이다. 그러나 도가는 '유가도 묵가도 모두 염병할 놈들'이라고 하면서, 개인에게는 자기 자신의 독자적인 생활을 영위할 권리가 있다고 주장하였다. 사람들은 입만 열면 인간의 의무를 논하지만, 그 의무가 무엇인지 누가 안단 말인가? 인간은 구운 고기를 먹고 올빼미는 쥐를 먹는데 어느 것이 옳단 말인가?[75] 만약 모든 것이 상대적이라면 유가가 지껄이는 '인'과 '의'의 정당성은 어떻게 된단 말인가? "일찍이 장주(莊周, 즉 장자)는 나비가 되어 즐겁게 날아다니는 꿈을 꾸었다. 그는 자기가 장주라는 것을 알지 못하였는데 갑자기 잠이 깨어 다시 자기가 되었다. 그러나 이제는 나비가 된 꿈을 꾼 이전의 장주가 자기인지, 지금 장주가 된 꿈을 꾸고 있는 나비가 자기인지를 알지 못하였다."[76]

이것은 기본적으로 신비철학의 입장이다. 공자에게는 행위의 방법인 '도'가 도가에게는 우주의 기본적인 원리이자 기본질료(基本質料)이다. 이것은 원래 형체도 없고 욕망도 없으며, 애타는 노력 없이 지고의 상태에서 만족하고 있으며, 따라서 행복하다. 이것은 천지보다 먼저 존재하였다. 사물이 생성하고 제도가 생겨남에 따라 인간이 최초의 상태에서 점점 멀어지면 멀어질수록 더욱더 불행하게 되었다. 그러므로 인위적인 것은 모두 좋지 않다. 사람들이 만든 덕이란 진정한 덕이 사라진 이후에 비로소 유행한 것이며,[77] 학문은 인간을 지나치게 긴장시키기 때문에 무용할 뿐 아니라 위험한 것이기도 하다.[78] 어쨌든 "현자는 학자가 아니며, 학자는 현자가 아니다."[79] "인간이 학문과 절연하면 걱정할 것이 없어진다."[80] 정치도 인위적인 제도이므로 옳지 못한 것이며 "소도(小盜)는 투옥되지만 대도(大盜)는 왕후(王侯)가 된다."[81] 《노자》에 유가서와 마찬가지로 포악한 형벌, 과도한 징세 및 전쟁을 매도한 것도 있다.[82] 도가의 성인은 자족을 높이 평가하기 때문에, 고관은 물론 왕위를 주어도 거절한다.[83]

도가사상의 이러한 측면은 거의 순수한 개인주의로 일관되어 있다. 도의 진정한 목적은 "자신을 다스리는 것이다."[84] 《장자》에는 이런 이야기가 있다. 어떤 도가에게 천하를 다스리는 방법을 묻자, 그는 "순수한 질박(質朴) 속에서 마음의 즐거움을 찾고, 무위허심(無爲虛心)으로 청명한 기에 자신을 융합시키며, 만물자연의 질서에 순응하고 자기중심적인 생각을 일체 버려라. 그러면 천하는 잘 다스려질 것이다"라고 대답하였다.[85]

여기까지는 도가사상이 도전적이고 화려할 뿐 아니라 일관성도 있다. 이런 도가철학의 핵심은 사상이나 종파의 차이를 불문하고 모든 중국인의 마음에 호소하는 점이 있었다. 중국인의 유쾌한 회의주의, 관용성 및 어떤 환경에 처해서도 인생을 즐길 수 있는 능력은 바로 여기서 유래하였다고 해도 과언이 아니며, 이것이 없었다면 중국의 회화(繪畫)와 시는 상당히 달라졌을 것이다. 이것은 실로 중국문화의 가장 중요한 요소 가운데 하나이다.

그러나 도가사상에는 또 다른 일면이 있는데, 이것은 전체주의를 용인하는 방향으로 흘렀기 때문에 좋지 못한 결과를 가져왔다. 이것은 아마도 '순수한' 도가사상의 포기로 간주해야 하겠지만, 가장 오래된 원전에도 이 요소는 발견된다. 도가의 성인은 자신과 우주 전체가 일체라는 것을 인정하였기 때문에, 어떤 모욕도 위해(危害)도, 또 죽음조차도 그를 해칠 수 없다. 그러므로 그는 난공불락의 인격체이며, 따라서 저항할 수 없는 존재이다(이 변화를 주목하라). 그는 귀하게도, 천하게도 만들 수 없기 때문에 만물 가운데 가장 높은 존재이다.[86] 그는 도와 일체이기 때문에 도의 속성을 가졌고, 또 자연의 막강한 힘을 발휘한다. 그는 천지와 마찬가지로 인자하지도 않고[不仁], 자신이 친절하게 보이건 잔혹하게 보이건, 거기에는 아무 관심도 없으며 어리석은 백성을 장난감처럼 취급한다.[87] 실제로 도가의 성인은 신의 역할을 하는 존재였다.

인간은 원시의 질박상태로 복귀해야만 하기 때문에 그것을 사람들에게 강요해야 한다는 생각을 떨쳐버리기란, 적어도 일부 도가들에게는 어려운 일이었다. 이 때문에 그들은 도가가 천하를 지배할 수 있는 방법과, 또 백성을 억제하여 무욕(無欲)의 상태로 만들면서 어떻게 다스려야 하느냐는 문제에 관해 오히려 놀라운 발언을 하게 되었다.[88] 《노자》에는 "성인은 백성의 마음을 비게 하고 배를 채우며, 의지를 약하게 만들고 뼈[骨]를 강하게 만들어 항상 무지·무욕 상태가 되도록 다스린다"는 말이 있으며,[89] 《장자》에도 "가혹하기는 해도 반드시 공포하지 않으면 안 되는 것이 법령이다"라는[90] 말이 있다. 이런 관념은 도가사상의 철학적인 핵심과 명백히 모순된 것이므로 그것을 전도(轉倒)한 것으로 생각되지만, 이런 관념의 영향력은 실로 지대하였다.

《노자》가 유가철학을 공격한 것은 명백하지만, 공자나 유가의 이름을 언급한 일은 한 번도 없다. 이에 비해 《장자》는 유교를 최대의 적으로 인정하였으며, 《장자》 33편 가운데 21편 이상이 공자를 논하고 있다. 《장자》에는 공자의 비행을 비난하거나 조롱·매도하면서 직접 공격한 구절도 있지만,[91] 대체로 좀더 교묘한 방법으로 공자가 자기 잘못을 깨닫고 도가로 전향하였다고 주장하는 경우가 많다. 이 때문에 철저한 도가 입장에서 말하거나, 유교를 실천하는 사람을 조롱하는 공자가 《장자》에 여러 번 등장한다.

오늘날에는 이런 이야기들을 믿는 학자는 극소수지만, 과거에는 공자가 만년에 노자에 의해 도가로 전향되었다고 믿는 사람이 많았다. 이 이야기들은 결함투성이이다. 공자에게 그런 변화가 있었다는 암시조차 《논어》에 보이지 않는 것은 사실이나, 《논어》에는 공자가 도가로 전향하기 이전의 사실만 실려 있다는 주장이 성립할 수 없는 것은 오히려 그 반대의 증거가 있기 때문이다.[92] 더욱이 《장자》에는 공자시대에는 없었던 말이 공자의 입을 통해 나오는 구절도 있다.[93]

마지막 결함은 공자의 전향시기에 대해 《장자》 자체내에서도 일관성이 없다는 점이다. 공자는 50대 초반에 노자의 가르침을 받았고 60세에 전향하였다는 주장이 있는가 하면,[94] 공자가 69세 때 자기는 도가의 가르침을 들어본 일이 없다고 하였다는 구절도 있다.[95] 그렇다면 그 사이에 공자가 다시 개종하였단 말인가? 또 《장자》에는 71세의 공자를 개전(改悛)의 정(情)이 있는 유가라고 매도하면서도 일찍이 그가 도가였다는 언급은 전혀 없다.[96]

현란한 역설과 신랄한 비판이 가득 찬 이 도가서들을 읽으면서 깊은 감명을 받지 않는 사람은 오늘날에도 없을 터인데, 이것이 고대 중국의 사상계에 천둥번개와 같은 충격을 준 것은 당연한 것 같다. 유가를 자칭하는 사람 가운데에도 깊은 영향을 받은 사람이 많았다. 결국 《장자》의 주장대로라면 공자도 노자의 제자가 되지 않았던가? 이 때문에 비교적 후대에 첨가된 《논어》의 후반부를 보면, 공자 자신이 말하였다고 하는 것 가운데에도 도가사상의 영향이 많이 발견된다.[97]

이들은 전적으로 도가사상은 아니지만, 도가사상과 결합하는 경향을 지닌 사고방식이 유교에 대거 침투한 현상 가운데 한 예이다. 앞에서 지적한 것처럼 평범한 유가는 진리에 도달하는 공자의 공식 — 부지런히 공부하고 직선적으로 생각하는 방식 — 을 너무나 힘든 것으로 생각하였는데, 《노자》는 훨씬 쉬운 방법을 제공하였다. 도가 성인의 예지를 얻기만 하면 "문밖을 나가지 않고도 천하를 알 수 있으며, 창밖을 내다보지 않고도 천도(天道)를 볼 수 있다……. 그러므로 성인은 여행을 하지 않아도 알며, 사물을 보지 않아도 정확한 이름으로 그것을 부를 수가 있고, 일을 하지 않아도 성과를 거둔다."[98] 이 얼마나 매력적인 방법인가?

지식을 얻는 또 다른 지름길도 꾸준히 개발되었다. 만물이 음양의 원리로 구성되었으며, 복잡한 자연현상도 이것을 기초로 대단히 쉽게 설명할 수 있다는 이론이 이 무렵 발달하고 있었다.[99] 또 사람들은 숫자에 매혹되기 시작했으며, 그것을 우주의 신비를 푸는 열쇠로 간주하였다.[100] 이 원리는 《역경》이라고 하는 고대 점복가의 수책(手册)을 연구하는 데 응용되었다. 《역경》의 원본은 공자 이전으로 소급되지만, 십익(十翼)이란 부분은 이때에 첨가되었다. 십익은 여러 시기에 걸쳐 성립되었지만, 모두 공자 이후에 속하는 것 같으며, 한대 이전으로는 볼 수 없는 부분도 있는 것 같다.[101]

공자가 십익을 저술하였다는 주장은 그것에 권위를 부여하기 위한 것이었다. 그것은 본래 십익이 아니고 칠익뿐이었는데, 앞의 삼익을 각각 둘로 나누어 10으로 만든 것이다. 십익은 여러 사람에 의해 만들어진 것이 명백하기 때문에, 개별적으로 다루어져야 하겠지만, 그렇게 하면 불필요한 논의가 길어질 뿐이다. 대충 말하자면 십익은 본문에 주석을 달고 부연한 것으로서 본문보다 알기 쉽고 더 철학적이다. 십익 가운데 제 3, 제 4에는 '자왈(子曰)'이란 말이 자주 나오는데, 이것이 공자를 가르치는 것은 분명하지만,[102] 이 사실 자체가 공자의 저술이 아니라는 증거이다.

공자가 십익의 저자가 될 수 없는 것은 십익 가운데 공자시대의 문헌에서는 볼 수 없는 용어가 자주 나오는 사실로도 증명된다. 그 용도는 《논어》는 물론이고, 시대가 내려가는 《맹자》 같은 문헌에도 나오지 않는다. 음양의 이원론적인 개념도 그 한 예인데,[103] 이것은 마지막 2(傳)전을 제외한 도처에서 발견된다. 마찬가지로 형이상학적인 천(天)·지(地) 이원론의 '천'에 대응하는 '지'의 개념도 공자 이전의 문헌이나 《논어》에는 나오지 않지만, 마지막 2전을 제외한 십익의 도처에 분명히 형이상학적인 용어로 나온다.[104] 이들 새로운 용어가 마지막 2전에 없다는 사실은 확실히 중요한 의미가 있지만, 여기서는 별로 중요하지 않다. 이 마지막 2전은 극히 간략하고 피상적인 것이다. 공자가 그렇게 하잘것없는 것을 읽으려고 애쓴 것 같지도 않고, 더군다나 그것을 저술하였다는 것은 말도 안 된다.

십익의 다른 부분도 분량은 많지만 하잘것없는 것은 역시 마찬가지다. 황당무계한 것이 대부분이고 그렇지 않은 것은 극히 진부하거나 상식적인 것에 불과하다. 《역경》은 오늘날에도 출판되고 있는 수

상술(手相術)·골상술(骨相術)·비전술(秘傳術)에 관한 소책자와 비슷한데, 이런 책을 쓰는 사람들은 사상이 빈곤한 만큼 용어만은 인상적인 것을 풍부하게 구사하여 흥미 있게 말할 것이 조금도 없다는 것을 은폐하려고 한다.

공자가 십익의 저자가 아니라는 가장 확실한 증거는 십익의 구석구석까지 스며 있는 철학이 《논어》에는 전혀 나오지 않을 뿐 아니라, 《논어》의 철학과 상반된다는 사실이다. 《논어》는 공자가 괴이한 현상이나 귀신에 관해서는 말하지 않았다고 한다.[105] 그러나, 십익의 제4전에는 "선생께서 말씀하셨다……구름은 용을 따르고, 바람은 호랑이를 따른다"는[106] 말이 있으며, 일반적으로 십익은 신비적이고 형이상학적인 말로 가득 차 있다. 공자는 지식이 경험과 사고를 통하여 어렵게 얻어지는 것이라고 생각하였지만, 《역경》은 훨씬 쉬운 방법을 제공하였다. 즉 이 책으로 신비적인 수에 대한 학문과(만물에 상응하는 수는 11,520이다) 6선형(線形)을 배우기만 하면 되고, 이것만 충분히 배운 사람은 '모든 것을 다 안다'는 것이다.[107]

만약 공자가 모든 의문을 풀 수 있는 그렇게도 간단하고 훌륭한 방법이 있다고 생각하였다면, 《논어》에도 그것이 어느 정도 언급되었을 것이다. 그러나 후세의 삽입이 분명한 《논어》 술이편(述而篇) 제16장을 제외하면[108] 그런 것이 전혀 없다. 더욱이 초기 어떤 자료에도 공자가 점술을 행하였다는 언급이 없다. 당시 점술이 일반적으로 행해졌던 사실을 상기할 때 이것은 놀라운 일이다. 공자가 태어나기 훨씬 전 상대(商代)에는 점복의 인도를 부단히 받았고, 주초에도 이것이 행해진 것은 주지의 사실이다.[109] 《좌전》 및 《춘추》를 보면 공자시대의 노국에서도 개인이나 국가에 의한 점복이 정기적으로 행히진 것이 분명하다.[110] 《역경》에도 군자는 행동하기 전에 반드시 점을 친다고 되어 있다.[111] 그러나 우리가 알고 있는 한 공자는 결코 점복에 의존하지 않았으며, 분명히 맹자도 그렇지 않았다. 점복에 관한 철학 및 그 세계관은 《역경》 십익의 대부분에 나오지만 공자사상은 물론 초기 유교사상과도 무관한 것이었다. 중국, 일본 및 서구 학자 가운데에는 이 결론에 찬성하는 사람이 많다.[112] 공자가 점복을 언급한 구절이 《논어》에 단 한 번 나오지만 이것은 공자가 점복을 비판한 것이다.[113] 뿐만 아니라 푸쓰넨[傅斯年]이 지적한 것처럼 "맹자는 《역경》에 대해 일언반구도 하지 않았으며, 순자는 지나가면서 그것을 언급하였지만……점복의 관행을 비난하였으며"[114] 유가가 공부해야 할 문헌목록을 열거하였지만 《역경》은 포함시키지 않았다.[115]

그러나 유가교의를 공자 및 소수 위대한 유가들이 전적으로 만들었다고 생각하는 것도 불합리한 일이다. 기번(E. Gibbon)이 "회의와 판단유보 상태는 탐구적인 정신을 가진 소수 사람을 즐겁게 할지는 몰라도, 대중들에게는 미신적인 관행이 구미에 맞기 때문에, 억지로 일깨워지면 오히려 기분좋은 꿈을 잃었다고 아쉬워한다"[116]라고 한 것은 적절한 지적이었다. 그래서 그들은 그것을 다시 얻으려는 수단을 강구하기 마련인데, 이 점은 고대중국이나 고대로마에서도 마찬가지였다. 대다수 유가들은 도가사상과 점복을 원하였으며, 또 이런 일에 공자가 축복하기를 원하였는데, 이 세 가지를 모두 《역경》 십익에서 얻게 되었다.

십익은 도가와 유가의 사상을 분리할 수 없을 정도로 뒤섞어 놓았으며,[117] 공자를 '자'로 부르는 등 최상의 경의를 표하면서 그의 말을 자주 인용하였다. 그 결과 공자는 《역경》을 가장 완전한 책이라고 하면서 모든 사람에게 그것을 추천하는 사람이 되고 말았다.[118] 그는 또 진리에 쉽게 도달하는 《역경》의 방법을 지지한 사람으로서 "생각하는 것이 무슨 필요가 있는가? 무엇 때문에 마음을 애태울 필요가 있는가"[119]라고 반문하기도 한다. 이 말은 글자 하나 틀리지 않고 도가서 《장자》에도 나오는데,[120] 《장자》에서 발췌하여 공자의 입으로 옮겨놓은 것이 분명하지만, 《논어》에서 공자가 "멀리 있는 것을 걱정하지 않는 사람은 반드시 가까운 곳에 근심을 갖게 된다"고[121] 말한 것과는 현격한 차이가 있다. 《장자》는 이런 속임수를 더 확대하여, 공자가 수(數)로 점을 치는 법과 음양학, 그리고 《역경》도 공부하였다고 말하는 구절을 싣고 있다.[122] 한대까지는 십익 전부를 공자가 저술하였다는 주장이 뿌리를 내렸고, 이에 대한 반론이 때때로 제기되기도 하였지만 현재까지도 공자가 십익의 전체, 또는 그 일부를 저술하였다고 생각하는 학자들도 있다.

그러나 한 가지 빠뜨린 점은 《논어》에 《역경》이 전혀 언급되지 않은 사실인데, 물론 이 점에 대해서도 신경을 쓰지 않는 것은 아니다. 학자에 따라서는 《논어》 술이편(述而篇) "子曰 加我數年 五十以學易 可以無大過矣"의 '易'자는 《역경》을 가리키는 것처럼 보이도록 변조된 것일 뿐이라고 믿거나, 또는 이 구절 전체가 《논어》의 원전에 삽입된 것으로 생각하고 있다.[123] 《논어》 술이편 34장도 점복을 가르치는 것으로 변경되었지만, 그 변경된 문장은 도가서에만 나올 뿐, 그것이 전승되는 과정에서 《논어》에 끼여들지는 못하였다.[124] 《논어》의 또 다른 구절도 이와 동일한 영향 아래 후세에 첨가된 것 같은데, 자한편(子罕篇)의 "선생께서 말씀하시기를, '봉황은 이르지 않고 황하(黃河)는 도판(圖版)을 내놓지 않는구나. 내 운명도 이미 끝났구나'라고 하셨다"는 구절이 곧 그것이다. 봉황은 길조를 상징하는 새이고 황하의 도판은 점술방법인데, 공자가 다른 곳에서 이들을 언급한 예는 전혀 없으며, 구제강[顧頡剛]이 지적한 바와 같이 《논어》 가운데 공자가 초자연적인 것을 언급한 것은 이 구절이 유일한 예이다. 구제강이 이것을 '크게 의심할 여지가 있는' 것으로 생각한 것도 당연하다.[125]

중국사상의 새로운 조류가 공자에 대한 관념을 크게 변화시킨 흔적은 여러 문헌에서 찾아볼 수 있다.

이미 여러 번 언급하였지만, 《좌전》은 아마도 주대(周代)에 관한 유일하고도 가장 중요한 자료로서 옳고 틀린 정보가 가득 찬 금광이라 해도 과언은 아니다. 몇몇 학자들은 각종 판단 기준에 근거하여 《좌전》의 편찬연대를 대체로 기원전 300년 전후의 시기로 결론짓고 있다.[126] 이 책은 현재 《춘추》에 대한 주석서의 성격을 띠고있고, 또 그렇게 여겨왔으나, 많은 학자들이 지적한 바와 같이 《춘추》와는 무관한 점이 많고, 오히려 그 이전에 있었던 여러 문서에서 자료를 뽑아 집성한 것처럼 보인다. 그럼에도 불구하고 《좌전》은 아무런 편차(編次)도 없이 잡다한 조각을 모아 한데 엮은 것처럼 보이지는 않고, 오히려 그 반대인데, 장신하이[張歆海]가 "《좌전》은 강력한 동기에 의해 영감을 받았으며……한 역사가의 개인적인 신념을 밝히기 위해 사실들이 선택되었다"고 한 것은 정곡을 찌른 지적이라 하겠다.[127] 전체적으로 보면 《좌전》에 제시된 견해는 유가적인 것이고, 비록 이와 상반된 것이 산견(散見)되기는 하지만 그토록 방대한 대작에서는 그런 것은 별로 대수로운 일이 못 된다.

《좌전》의 저자가 — 또는 저자들인지도 모른다 — 한편으로는 역사 문서를 다루었지만 다른 한편으로는 자신의 논지를 입증하기 위하여 그것을 윤색하는 데 주저하지 않은 것도 분명한 것 같다. 그렇지 않았다면 《좌전》 속의 인물들이 때때로 미래를 예언하고, 또 그것이 왕왕 조금도 틀리지 않고 정확히 들어맞는 전후관계의 일치를 달리 설명하기가 어렵다.[128] 그런 예언 가운데 하나로 마스페로(Maspero)가 이미 지적한 것이지만, 기원전 629년조에 300년 후에 일어날 것으로 예언한 사건이 기원전 320년에 실제로 발생한 것이 있는데, 이것은 기원전 300년경 《좌전》을 편찬한 사람들이 원자료에 덧붙인 것이 명백하다.[129] 더욱이 《좌전》은 그것이 편찬된 시대의 용어를 부단히 사용하고 있으며, 운명의 전조(前兆), 용, 악령, 6일 후에 부활한 시체, 말하는 돌 등 기이한 현상에 관한 것이 많다.[130] 또 《역경》에 의한 점복도 자주 언급되었고(그 결과는 불가사의하다),[131] 음양·오행의 관념을 언급한 것도 많은데, 이런 것들은 《좌전》이 다루고 있는 시대, 즉 기원전 723년에서 464년경에는 실제 없었다.[132] 이것에 현혹되어 근대 비판적인 학자 가운데에도 이런 관념들이 일찍부터 존재하였다고 생각하고 사람이 있는데, 그런 관념들이 언급된 《좌전》 속의 대화를 그 옛날에 실제 있었던 일로 믿기 때문이다.

그러나 앞에서도 언급한 바와 같이 《좌전》의 대화 가운데 상당수가 대부분 허구로 구성된 것이 명명백백하다. 《논어》같이 간결한 문체를 가진 초기 기록들과 연대를 맞추기 위하여 《좌전》은 은밀한 모반회의에서 나온 말까지 상세하고 길게 서술하였으며, 인간의 내적인 동기를 적나라하게 파헤쳤다. 이런 것은 훌륭한 창작이지만, 역사로서는 카이사르(Caesar)의 《갈리아전기(*Gallic Wars*)》보다는 오히려 셰익스피어(Shakespeare)의 《줄리어스 시저(*Julias Caesar*)》에 비견될 만하다. 그러나 셰익스피어와는 달리 《좌전》에는 시종일관한 면이 결여되어 있는데 그것은 일차적인 동기가 예술도, 역사도 아니고, 선전이었기 때문인 것 같다. 이 때문에 긴 연설은 모두 유가의 경구를 슬그머니 집어넣는 기회가 되었고, 그 결과 앞뒤가 맞지 않는 경우도 때때로 생기고 말았다. 노의 어떤 고관이 군주를 시해하는 것은 용서할 수 없는 죄악이라고 열띤 어조로 길게 연설한 기록이 있는데, 이것은 바로 그 사람이 군주를 시해한 것이 자기라고 공공연하게 인정한 다른 기사와 반드시 상충되는 것은 아니더라도, 기원전 609년의 사실로 되어 있는 이 장광설이 요·순을 비롯한 후대 설화에 나오는 인물들을 계속 언급한 것을 보면, 크게 의심하지 않을 수 없다.[133] 기원전 613년에서 기원전 591년까지 재위한 '이적'의 나라 초의 장왕(莊王)은 전제적이고도 호전적이며 쾌락을 탐하는 인물이었다. 어떤 나라(陳)의 대신이 방탕무쌍한 군주를 살해하자 장왕은 그 나라를 공격하여 영토를 차지하고 그 대신을 거열형(車裂刑)에 처한 후[134] 미인으로 유명한 그 대신의 어머니를 첩으로 삼으려고 하였다. 그러나 그것이 지각 없는 것이라는 충고를 받아들여 그 여자를 신하에게 주고 말았다. 그는 만년에 이르기까지 침략전쟁을 계속하였다.[135] 그러나 《좌전》에는 장왕이 중년기에 하였다는 연설이 실려 있는데, 여기에서는 극히 유가적인 용어를 써가며 겸양과 신의의 필요성을 상론하고, 전쟁을 비난하면서 자기 자신을 잔인한 침략자로서 저주하고 있다.[136]

《좌전》의 저자는(또는 저자들은) 적절한 곳마다 짤막한 유가의 경구를 본문 속에 첨가하는 것을 잘못이라고 생각하였다기보다는 오히려 그 반대로 생각한 것이 분명한 것 같다. 반면에 그들은 자기들이 알고 있는 사실을 개변하지 않는 정도의 양심은 가졌던 역사가인 것 같은데, 적어도 그들은 등장인물들을 위해 만들어낸 연설을 아주 그럴 듯하게 보이도록 사실마저 개변하는 짓은 하지 않았다. 마콜리(Macaulay)는 "마키아벨리(Machiavelli)와 구이차르디니(Guicciardini)는 리비우스(Livvius)와 투키디데스(Thucydides)를 모방하여, 자기들이 쓰고 있는 역사에 등장하는 인물을 위해 연설을 창작하였다"고 지적하면서, 유럽의 저술가 가운데 이런 관행을 아직도(1828년) 따르고 있는 사람이 있음을 우려하였다.[137)]

물론 《좌전》에 보이는 유교가 공자의 그것과 동일하다거나 《좌전》에 묘사된 공자가 역사적인 공자의 존재와 완전히 일치할 것으로 기대할 수는 없다. 미래를 예언하고 초자연적인 것에 대한 지식을 가진 공자, 또는 용이나 다른 신비적인 사건의 전승에 해박한 사람들에게 배우는 공자가 《좌전》에 보이는 것은 당연한 일이며,[138)] 공자를 상왕(商王)의 후예요 송나라의 정당한 계승자로 만들기 위하여 공자의 가계를 추적한 것도 놀라운 일이 아니다.[139)] 또 《좌전》에 무모할 정도로 권력자의 비행을 비판하는 사람들을 질책하는 공자의 말이 있는 것도[140)] 별로 이상할 것이 없는데, 그 무렵에는 유가를 자칭한 사람들 가운데에는 신중함이 보다 용기 있는 행동임을 충분히 터득한, 이른바 '분별있는' 사람들이 많았기 때문이다.

그러나 이 역사서가 공자의 생존기간 전체를 포함하였을 뿐 아니라, 극히 유가적인 입장에서 서술된 것인데도 공자의 생애에 관한 것이 실제로 거의 없다는 사실은 뜻밖이다. 공자의 전기는 물론, 그 재료가 될 만한 것조차 없으며, 기록된 것이라고는 몇 개의 맥락조차 없는 사건뿐인데 그 가운데에는 분명히 사실과 거리가 먼 것도 있다. 예컨대 공자가 정치적으로 중요한 역할을 하였다는 장문의 일화가 《좌전》에 있지만, 너무나 불합리하기 때문에 18세기에 흠정(欽定) 《좌전》이 편찬될 때 거기에 참여한 학자들은 종래의 비판론을 대거 인용하면서 '속유(俗儒)'가 날조하였다는 결론 아래 그것을 삭제해 버렸다.[141)]

초기에 나온 《춘추》 주석서로는 이 밖에도 《공양전(公羊傳)》과 《곡량전(穀梁傳)》이 있는데, 모두 유가가 저술한 것이지만 공자의 생애에 관해서는 거의 언급한 것이 없다. 더욱 기이한 것은 《국어》의 경우이다. 《국어》는 카를그렌(Karlgren)의 연구에 따르면 《좌전》과 비슷한 시기에 저술되었다고 하는데,[142] 그 가운데 두 편이 노나라 역사이다. 확실히 여기에는 공자의 생애에 관한 이야기가 나올 것으로 기대해 볼 만도 하지만, 그런 종류의 기사는 전혀 없고 단지 현자인 공자에게 자문을 구하는 기사가 몇 건 있을 뿐인데, 그 자문도 대체로 초자연적인 문제에 관한 것이었고, 공자의 답변에도 영혼이나 전조가 자주 나온다.[143] 그러나 공자가 관직을 지낸 일이 있다는 시사는 전혀 없다. 확실히 공자가 죽은 뒤 약 200년 동안은 공자의 생애에 대해 거의 알려진 것이 없었으며, 이 공백을 메우기 위해 쏟아져나온 후세의 설화도 아직 초보단계에 불과하였다.

이런 상황은 오래 계속되지는 않았다. 역사가 공백으로 남긴 부분은 곧 상상력으로 모두 채워지게 마련이다. 풍부한 상상력의 성과를 모아놓은 것이 바로 《공자가어(孔子家語)》란 책인데, 이 책의 성립연대에 관한 학계의 정설은 아직 없는 것 같다. 웨일리(Waley)는 이것이 "기원전 3세기에 발전한 공자의 설화를 반영한 것"이라고 생각하고 있지만, 이에 못지않게 3세기의 위작(僞作)이라고 확신하는 사람들도 있다.[144] 현본 《공자가어》가 《공자가어》 초본과 다르다는 것은 분명한 것 같지만, 처음에 나온 그 초본에 약간의 개변과 첨가를 가한 정도에 불과하다는 설도 있다. 어쨌든 이 책에서 공자에 관한 정말 확실한 지식을 얻는 것은 기대할 수 없다. 거기에 나오는 사건 가운데에는 사실임에 틀림없는 것이 있다 해도(사실일지도 모른다), 전혀 사리에 맞지 않는 것들과 뒤섞여 있기 때문에, 그 전체를 믿을 수 없는 상태이다. 공자는 거듭 전조를 판단하고 미래를 예언하고 있으며, 실제로 이 책에는 어떤 제자가 "선생님은 모르시는 것이 없다"고 한 말도 실려 있다.[145]

《공자가어》나 이와 비슷하게 공자에 관한 후세의 기발한 설화를 전하는 책들이 일반적으로 받아들여진 공자의 상(像)을 형성하는 데 《논어》보다 더 큰 영향력을 발휘한 것은 불행한 일이었다. 순자가 당시 너무나 많은 유가들이 귀족에 붙어먹는 아첨꾼에 불과하다고 개탄한 것은 앞에서도 지적하였지만, 《공자가어》는 당시 유가들의 속물근성을 잘 반영하고 있으며, 공자의 입을 빌어 엄격한 계급차별을 용인하였다.[146] 또 《공자가어》에는 공자가 노에 대한 단 한 번의 공격을 피하기 위하여 중국 동부지역 일대를 피비린내 나는 전쟁으로 몰아넣는 대규모의 음모를 기도하였다는 기사가 있는데,[147] 이것이 허위날조라는 것은 다른 것은 차치하더라도 그것이 역사적인 시대착오라는 점만 지적하면 족할 것이다. 또 이 책은 공자가 "이적을 기만하였고" "이상한 의복을 만드는" 죄를 비롯한 많은 범죄에 극형을 권고하였다고 하는데, 모두 《논어》와 정면으로 상충되는 것들이다.[148] 이런 종류의 기사는 이 밖에도 많이 있지만 더 이상 지리하게 열거할 필요도 없을 것이다.

공자에 관한 《공자가어》의 허위성이 어느 정도로 악의의 소산인지 분명치 않지만, 이 책이 도가의 강한 영향 아래 저술된 것은 의심의 여지가 없다. 《공자가어》에 의하면 공자가 점복에 관한 서적을 수집하였고 《역경》을 이용하여 점을 쳤다고 하며,[149] 적어도 한 구절은 《노자》의 말을 쉽게 풀어 공자의 말로 바꾼 것이고,[150] 후세 다른 책들에도 나오지만 공자가 노자에게 배우려고 그를 찾아갔으며, 공자는 노자를 만나기 전부터 그를 '스승'이라고 불렀고, 또 노자의 가르침을 받은 이후에야 비로소 공자가 명성을 얻기 시작하였다고 한다.[151] 공자와 노자의 회견에 관한 설화를 자세히 검토한 사람이면 "이것은 무한한 상상의 날개를 펴며 정확성은 조금도 개의치 않는 ……도가들이 꾸며낸 것"이라는 샤반느(Chavannes)의 말에[152] 누구나 찬성할 것이다.

이 밖에도 공자에 관한 일화를 전하는 책이 많이 있지만 오늘날 문헌 비판에 따르면 모두 기원전 3세기 또는 그 이후에 편찬된 것이라고 한다(비록 그 가운데에는 상당히 오래된 것이라고 주장하는 것도 있지만). 이런 이야기들을 모두 검토하는 것은 불가능한 일이지만 《공자가어》에 대한 지적이 그런 책에 나오는 공자의 일화에도 대체로 해당되는 것 같다. 어쨌든 공자가 정말 어떤 사람이었는가를 알고자 하는 사람은 그런 책을 안심하고 이용할 수는 없다.

초기의 위대한 유가 가운데 최후의 인물은 순자이다. 그의 생졸연대(生卒年代)는 분명치 않지만, 그의 생존기간 가운데 기원전 3세기 전반이 모두 포함되는 것만은 확실한 것 같다.[153] 순자는 북방에 위치한 조(趙)에서 태어나 제(齊)에 가서 관직을 받았고, 그 후 남방의 대국 초에서도 관직생활을 하였으며, 진(秦)을 방문한 일도 있었다. 이 때문에 순자의 경험은 공자나 맹자보다 더 넓고 다양하였던 것 같은데, 이 사실은 그의 사상에도 반영되었다.

순자는 세계적인 위인이다. 그의 사상에는 경탄할 만한 것이 상당히 많이 있으며, 유럽인의 현세적인 관점에서 보아도 근대적이라고 할 만한 것도 많이 있다. 《순자》 정명론(正名論)은 단지 한 편의 논설에 불과하지만 어떤 철학자들의 전집보다도 예리한 분석과 심오한 예지가 훨씬 풍부하다.[154] 그의 사유에는 유교의 높은 지적 전통을 새로운 차원으로 명쾌하고도 논리적으로 발전시킨 면이 상당히 많다. 비록 그는 후세 유가들 사이에서 큰 인기를 누리지는 못하였지만(그 이유는 곧 고찰하겠다), 후기 유교에서 가장 뛰어난 부분은 그에게서 결정적인 영향을 받은 것이 많다. 그는 공자가 단지 시사에만 그쳤던 교육에서 '예'의 역할이란 이론을 크게 발전시켰으며, 사실 영향력이 컸던 경전 《예기》에는 《순자》에서 그대로 전사된 것도 상당히 많다. 그는 당시 성행하였던 미신을 정면으로 비판하였고 '천'을 자연의 질서로 해석하면서, 두려워할 것은 전조나 유령이 아니라 오히려 악정과 혼란이라고 단언하였으며, 비를 바라는 기도 끝에 비가 오는 이유는 무엇이냐고 질문한 사람에게 기도와는 아무 상관없이 비가 내린 것뿐이라고 답변하였다.[155]

어느 면에서는 순자의 사상을 초기 유가사상의 최고봉이라고 할 수 있지만, 최대의 성공을 거둔 순간이 곧 몰락의 순간이라는 중국의 속담처럼, 순자는 공자가 개탄한 방향으로 유교를 끌고간 면도 분명히 있었는데, 그 근본적인 이유는 인간성을 신뢰하지 않았기 때문인 것 같다. 인간은 단순히 양떼처럼 모여 사는 것이 아니라, 개개인이 자신의 목적을 선택하는 데 일정한 참여를 해야 하고, 서로 이해하고 신뢰하며 함께 일하는 협동적인 사회에 대한 가능성을 믿은 것이 공자사상의 본질이다. 그러나 순자는 인간은 가야 할 방향을 엄격하게 지도받지 않으면 안 된다고 생각하였다.

맹자는 성선설을 거의 감정적일 정도로 주장함으로써 공자의 말보다 일보 전진하였지만, 순자가 인성을 선하게 만들려고 해도 인성에 의존할 수는 없다고 주장한 것은 아마 여러 다른 문화적 환경을 폭넓게 경험한 때문인지도 모른다. 그는 서로 다른 환경 아래서 같은 인간이라도 크게 달라지는 것을 목도하였으며, 바로 이 때문에 교육의 절대적인 역할을 강조하였다.[156] 그는 한걸음 더 나아가 "인간의 천성은 악한 것이며, 교육만이 인간을 선하게 만들 수 있다"고 선언하였다.[157] 이미 지적한 바와 같이 묵자는 권위주의를 설교하였지만, 인간이 적절한 교육을 받지 못하면 예외없이 '이기적이고 사악하며 부정한' 사람이 된다는 생각 때문에[158] 순자도 묵자와 같은 방향으로 나아갔다.

만약 인간이 본래 악한 존재라면, 인간을 선하게 만들기 위해서는 외부로부터 무언가를 부가하지 않으면 안 된다. "그러므로 옛 성왕은 그들을 위하여 '예'와 '의'를 발명하였다"고 순자는 말한다.[159] 순자가 말한 지혜와 도덕이란 인간이 그것을 배울 수는 있지만 그것에 대해 아무것도 기여할 수 없는 고정된 진리의 실체로서, 실제 자격 있는 교사를 통하지 않고는 배울 수조차 없는 것이다. 따라서 감히 그런 교사와 견해를 달리해서는 안 된다는 것이다. "교사가 정한 규칙을 옳게 여기지 않고 자기 자신의 방법을 택하는 것은, 마치 장님이 색깔을 구분하려 하는 것이나 귀머거리가 소리를 판별하려고 하는 것과 같다. 어찌 혼란과 과오를 피할 수 있겠는가?"[160]

인간이 타고난 도덕적 결함에서 탈출하는 유일한 길은 배우는 것뿐이기 때문에 순자는 학문의 중요성을 크게 강조하였다. 그러나 순자가 말한 학문은 공자가 주장한 것처럼 '많은 것을 견문하여' 자신의 경험과 이해를 바탕으로 스스로 그것을 해석하는 과정[161]이 아니라, 오히려 명확하게 한계가 그어진 주제를 집약적으로 배우는 것일 뿐이었다. 이 점은 순자가 도가사상의 영향을 받았는지도 모르지만, 유가 가운데 상당수가 그랬던 것과는 달리, 그는 도가사상에 정신을 판 일이 없었다. 미신과 신비주의에 대한 직선적인 배격도 도가사상의 조야함을 반대한 것이지만, 특히 순자는 노자나 장자의 이름을 맞대놓고 비난하였다.[162] 그럼에도 불구하고 당시 도가사상이 일반적으로 유행하였기 때문에, 순자 역시 전혀 물들지 않을 수는 없었다.

앞에서 지적한 바와 같이 공자는 제자들에게 매우 엄격한 선생으로서 진리를 부단히 탐구하라고 요구하였다. 도가들은 이것을 조롱하였으며, 그러한 노력은 해로울 뿐 아니라 위험한 것이라고 주장하였다. 이러한 입장은 나태라고 할 것까지는 없어도 어느 정도 이완감을 바라는 인간의 자연적인 욕구에 크게 호소하였다. 《장자》에는 "인간은 유한하지만 지식은 무한하다. 유한한 것으로 무한한 것을 구하는 것은 실로 위험한 일이다"라는 말이 있는데,[163] 순자도 표현은 달라도 의미는 꼭같은 말을 하였다.[164] 이 때문에 그는 자기가 진정한 전통이라고 생각하는 것과 관련이 없는 연구나 탐구는 그것이 무엇이건간에 모두 부정하였고,[165]특히 특정한 경전들만을 연구하라고 권하였다. 순자는 "학문이란 경전을 암송하는 것으로 시작하여, 예를 배움으로써 끝난다"고 말하였는데,[166] 둡스가 "순자는 모든 진리가 성현의 말씀에서 유래한다는 식의 권위주의적인 체계로 유교를 발전시켰다"고 한 것은[167] 적절한 지적이라 하겠다. 이 권위주의는 지적인 문제에만 국한된 것은 아니었다. 순자는 옛 성왕이 백성을 다스리기 위해 '예'와 '의'를 만들었다고 믿었기 때문에 이단적인 사상을 통탄해 마지않았고, 현세의 현군은 백성을 권위로써 다루고 '도'로 인도하며……형벌로써 그들을 규제해야 한다고 주장한 것도 극히 논리적인 귀결이었다.[168] 얼마 후 법가의 전체주의 아래서 전개된 사상통제는 순자의 이런 사고방식에 일말의 책임이 있다는 평유란[馮友蘭]의 주장에도 일리가 있다.[169]

맹자가 모든 사람의 천성이 한결같이 선하다고 말한 것에 비해, 순자는 인간의 천성이 모두 악하다고 말하였지만, 두 사람 모두 만인을 동일한 차원에 놓은 점에서는 일치한다. 순자가 세습적인 신분보다는 능력을 근거로 지위를 부여해야 한다고 주장한 젊은 맹자보다 일보 진전한 것처럼 보이지만,[170] 순자는 그 근거가 무엇이건간에 계급차별에 대한 강한 신념을 갖고 있었으며, 그것이 선량한 질서에 반드시 필요하다고 주장하였다. 또 공자는 '백성을 부유하게' 만들기를 원한 것에 비해, 순자는 백성의 행복을 위해 성왕이 백성을 '빈부·귀천'으로 나누었다고 주장하였으며,[171] 귀족신분은 예악으로 규제해야 하지만 일반 백성은 준엄한 법으로 다스려야 한다는 것이다.[172] 이 점에서도 순자는 공자와 절연한 셈이지만 그 후 새로이 등장한, 능력에 기초한 유가적 귀족정치의 독특한 특권을 예고한 것이었다.

《순자》에 언급된 공자의 기사는 대체로 《논어》에 나오는 것과 큰 차이는 없지만, 본래 모습보다 확대된 것은 물론이다. 《순자》에는 공자가 노의 사구(司寇)였다는 기사뿐 아니라, 그 때문에 백성들의 태도를 현저하게 바꾸어 놓았다는 기사도 나오지만,[173] 그래도 괴기하다거나 전혀 믿을 수 없는 요소는 없다. 물론 이 말은 마지막 6편에는 해당되지 않는다. 거기에는 기이한 일화가 다수 실려 있고 공자를 '사실상 노의 재상'이란 지위까지로 추켜올리려는 기사도 있다. 그러나 이 6편이 후세에 첨가된 것은 전혀 의심할 여지가 없다.[174]

제13장 災　　難

앞에서 지적한 바와 같이, 공자시대는 정치적 분권화 과정의 절정기로서 격심한 혼란이 극에 달하였다. 그 때문에 구제책의 필요성을 누구나 절감하였으며, 각양각색의 사람들이 다양한 방법으로 중국을 재통합하려는 대책을 강구하였지만, 공자는 계명분자(啓明分子)의 자발적인 협력을 기대하였다. 그의 이상은 근대 민주주의 이상과 아주 비슷하였지만, 교육이 일반화되지 못하여 그것을 실현할 제도적인 장치를 마련하지 못하였기 때문에 그 희망은 결국 실현불가능한 것이 되고 말았다. 묵자의 해결책은 더욱 실현 불가능한 것이었다.

그러나 훨씬 실제적인 것처럼 보이는 방안을 가진 사람들도 있었다. 그들은 정치를 하는 데 있어서 법의 역할을 강조하였기 때문에, 흔히 법가로 불리고 있지만, 좀더 구체적으로 말한다면 실제 전체주의자라고 불러도 상관이 없는데, 그것은 그들이 가장 강력한 중앙집권적인 정치를 주장하였고 개인을 국가에 완전히 예속시키려고 하였기 때문이다.

법가라는 사상가들은 실제 하나의 학파를 형성한 일은 없었다. 오히려 그들은 서로 비판하였고 어떤 유명한 사건에서는 서로 파멸시킨 일조차 있었다. 더욱이 법가서(法家書)로 알려진 책 가운데에는 연대나 저자가 불명한 것도 있으며, 또 내용이 잡다하여 다양한 유형의 학설이(유가의 견해조차 포함된) 동일한 책 속에 산재해 있는 경우도 있다. 확실히 그런 책에서 자료를 뽑으면, 각도에 따라서는 법가사상에 대한 여러 가지 상이한 해석을 얻을 수도 있지만, 여기서는 기원전 3세기 진제국(秦帝國)에서 구체적으로 실행된 유형의 법가사상을 주로 살펴보자. 법가 사상가인 한비자의 이름이 붙여진 《한비자》란 책 가운데에서 위작이 아닌 부분은(확증될 수 있는 범위에서) 진제국의 이념적 배경에 관한 주자료로 삼아도 무방하다.[1] 왜냐하면 진시황 및 그의 최고 고문이었던 법가가 모두 한비자 사상의 영향을 크게 받았기 때문이다.

법가사상의 근저에는 약간의 주지(主旨)와 동기가 깔려 있다. 법가로 자처하는 사람들은 자기들이 백성의 행복을 위해 질서 있고 절제 있는 세상을 구현하려고 노심초사한다고 주장하였고, 때로는 그들의 진심을 의심할 수 없는 경우도 있는 것은 사실이다. 그러나 군주들은 법가사상이 그들에게 절대적인 전제권력을 제공한다는 사실에 매력을 느꼈다. 법가사상에는 도가적인 요소가 다분히 있다. 법가 가운데 가장 위대한 사상가라고 할 수 있는 한비자는 《노자》를 인용하였으며, 《사기》에도 그의 사상이 도가사상에 기초를 둔 것이라는 말이 있다.[2] 도가사상과 법가사상은 모두 유교의 큰 적이었다. 앞에서 지적한 바와 같이 도가사상은 논리적으로는 무정부주의를 찬성하지 않을 수 없었지만 실제로는 군주가 도가적인 성인이기만 하다면 전제군주로서 아무 제한을 받지 않고 마치 신 같은 역할을 하여도 무방하다는 입장이었다. 전체주의에는 조잡하고도 신비주의적인 수사법을 동원하여 자기의 주장을 표현하는 속성이 있는 것 같은데, 이런 경향은 중국 이외의 지역에서도 볼 수 있다. 법가들은 자기들에게 적합한 그런 용어들을 도가사상에서 발견하였다. '용좌(龍座)'에 앉아 경외감을 느끼게 하는 권력을 가진 신비스러운 성인이라는 후세 중국의 황제관은 원래 유교에서 나온 것이 아니라 법가사상을 거친 도가사상에서 나온 것이다.

더욱이 도가사상과 법가사상의 결합은 사물을 처리하는 데 좀더 쉬운 방법을 모색하는 시대적인 추세와 부합되었다. 법가사상에는 극단적으로 완고하면서도 현실적인 면도 많지만, 법가들은 형이상학적인 권위나 가히 마술적이라 할 효험을 가진 형식으로 자기들의 주장을 제시하는 것을 결코 싫어하지 않았다. 중국 역사에서 가장 법가적이었던 진시황은 도가적인 미신과 마법에 몰두하였는데,[3] 만약 자기들의 방법을 채용한다면 "침상에 누워 음악을 듣기만 하여도 천하가 잘 다스려질 것"이라는 법가들의 주장에 매료되지 않을 수 없었던 것이다.[4]

기원전 3세기의 유가들은 고도(古道)의 부활을 원하는 집단으로 일반에게 인식되었을 뿐 아니라 자신들도 그렇게 생각하였다. 이와는 반대로 법가들은 새로운 방책으로 새로운 시대에 대응하는 과감한 개혁가로 자처하였다.[5] 이 주장에도 전혀 일리가 없는 것은 아니며, 사실 그들의 대응책에는 참신한 것이 많았다. 그들의 경제정책 가운데, 예컨대 토지 매매를 허용한 것 같은 것은 평민계급에게 행동의 자유를 대폭 증진시켜 주는 방향으로 생각된다.[6] 그럼에도 불구하고 대체로 자유에 대한 법가의 입장은 확실히 반동적이었다. 봉건제 전성기에는 알려지지 않았던 개인의 자유가 새로이 주장되었을 때 유가는 이것을 옹호하고 나섰지만, 법가들은 이 자유를 질서의 파괴자로 생각하였다. 한비자는 다음과 같이 학자들에(특히 유가를 지칭하였다) 대한 반대입장을 분명히 하였다. "그들은 인의란 덕을 쌓음으로써 신용을 얻어 지위를 획득하고, 또 학문을 닦음으로써 유명한 교사가 되어 명성을 날린다. 이런 것은 모두 필부의 영달이다. 그 결과 실제로 아무 공적도 없이 지위를 얻고, 귀족이 아니면서도 영달하는 사태가 벌어진다. 정치가 이런 관행을 따르게 되면, 국가가 혼란에 빠지고 군주도 위태롭게 될 것은 뻔한 사실이다."[7]

법가가 봉건제도를 폐지하려 한 것은 봉건제도 때문에 강력한 중앙정부가 출현할 수 없었기 때문이었지만, 실제로 그들이 군주를 위해 마련한 전체주의적인 권력은 봉건영주가 무력하고 무지한 농노에게 행사하였던 권력과 다를 바 없다고 해도 지나친 말은 아니다. 이 때문에 법가는 도가와 마찬가지로 '백성의 힘을 약하게 만들어' 다만 무지한 상태로 묶어두려고 한 것이다.[8] 이러한 관점에서 본다면 "백성을 다스리기 어려운 이유는 그들이 너무 많은 것을 알기 때문이다"[9]라는 《노자》의 말은 그들의 입장을 단적으로 지적한 것이라 하겠다.

그러나 도가와 법가가 지식을 독소적인 요소로 간주하고 그 책임을 유가에 돌린 것은 정확한 판단이었지만, 이 지식의 물결은 중국에서도 비교적 문화가 높은 지역에 이미 너무나 철저하게 파고들었기 때문에, 아무리 법가가 열심히 노력하여도 역사의 방향을 되돌려 놓을 수는 없었다. 역사를 일별할 때, 전체주의는 전제적인 지배와 규율에 복종하는 것이 오랫동안 습관화된 사회가 아니면 실제로 거의 성공한 예가 없다. 따라서 중국에서 가장 문화적으로 발전하였고 새로운 자유의 발달을 경험한 지역에서 법가사상이 발생하지 않은 것도 결코 우연이 아니다. 삼대법가 사상가 가운데 한비자가 태어난 나라나, 상앙(商鞅)이 사상적인 영향을 많이 받았던 나라는[10] 중원 문화권에 속하는 것은 사실이지만, 공자가 주로 활동한 지방의 서쪽에 위치한 나라들이며, 삼대법가의 한 사람인 이사(李斯)가 태어난 곳은 아직도 이적의 요소가 남아 있는 나라였다. 더욱이 그들의 학설이 완전히 인정받고 실현된 나라는 멀리 서쪽 변방에 위치한 진나라뿐이었다.

뒤벤다크(J.J.L. Duyvendak)가 지적한 것처럼 진은 문화적으로 "낙후된 나라이고, 주민의 반 이상이 이적 출신"이라는 증거는 적지 않다.[11] 인접한 이민족과의 부단한 전투 때문에 백성들은 항상 호전적이 될 수밖에 없었고 문화를 즐길 여유도 없었다. 이 때문에 그들은 항상 규율을 존중하고 권위에 순종하는 사람이 된 것 같다. 유가 철학자 순자는 진을 방문하였을 때, 모든 사람들이 국가가 부여한 임무를 엄격하게 수행하고, "일체 사적인 일에 관심을 갖지 않는"

것을 보고 크게 감탄하였는데, 그의 표현은 마치 개미무덤을 묘사한 듯한 인상을 준다. 그는 백성들이 "관원을 크게 두려워하고 복종하는" 사실에 몹시 호감을 느꼈던 것 같으며(공자라면 이런 상황을 달리 논평하였음에 틀림없다), 사실 순자가 진에서 발견한 유일한 결점은 유가가 많지 않다는 것뿐이었다.[12] 현대인 가운데에도 그런 사람이 있지만, 순자는 민주정치의 자유와 이른바 전체주의의 능률이라는 것을 모두 좋아하였지만 왜 그것을 동시에 가질 수 없는지를 이해하지 못한 사람이다.

진은 위(衛)나라 공실의 후예 상앙 때문에 번영하기 시작하였다고 한다. 그는 중원에서는 인정받지 못하였으나 기원전 4세기 중엽 진에 가면서 명예와 권력을 얻었다. 그는 고위 대신으로서 귀족을 억압하고 강력한 중앙집권적인 정치를 시행하는 정치개혁을 하였으며, 경제개혁에도 착수하였고, 가부장적인 가족결합을 해체시켰으며 밀고자에게 상을 주면서 백성을 서로 대립시키기도 하였다. 전하는 바에 따르면 그는 다가올 통일전쟁에 대비하여 진을 강력하게 만드는 각종 대책을 강구하였으며, 또 장군으로도 활약하고 전술과 모략으로 진의 영토를 확장하였다고 한다.[13]

진은 점차 영토를 확장하였고, 다른 나라들은 멸망하지 않으려고 투쟁하였기 때문에 전쟁은 1세기 이상 계속되었다. 다른 나라들은 때때로 연합하기도 하였지만, 그 연합은 오래 계속되지도 못하였을 뿐 아니라 별다른 효과도 없었다. 진군의 무용도 중요하였지만, 타국에 비해 군대통솔법도 훨씬 뛰어났던 것 같으며, 진은 전투에만 의존하지는 않았고 각국으로 밀정을 파견하여 뇌물, 또는 필요하다면 암살이란 수단까지 동원하여 동맹자를 만들거나 분열의 씨앗을 뿌리기도 하였다.[14]

여기에 중요한 역할을 한 두 사람은 모두 순자의 제자였다. 순자는 진의 정복사업을 비난하였고,[15] 여러 면에서 법가사상을 반대하였지만, 공자가 주장한 협동적인 사회의 이상을 포기하고(물론 무의식적이겠지만) 권위주의적인 통제를 찬성한 사람이다. 인간의 천성이

악하다는 그의 사상이 논리적으로 법가사상에 귀일(歸一)할 가능성을 내포한 것이라면, 그의 수제자 한비자가 가장 위대한 법가철학자가 된 것도 전혀 의외는 아니다.

한비자는 진의 이웃이요 주요 적국이기도 한 한(韓)의 공자였는데, 언어장애 때문에 관심을 저술 쪽으로 돌렸다고 한다. 현본《한비자》라는 책에는 확실히 후세에 첨가되었거나 변경된 부분도 있지만, 그의 저술임이 명백한 부분을 가려낼 수는 있다. 그 부분은 냉철할 정도의 명쾌함과 엄격한 논리로 철두철미한 전체주의적인 전제정치 이론을 전개하고 있다. 한비자가 지상최고의 존재로 인정한 것은 오직 힘뿐이며 군주를 부강하게 만드는 것이 그의 목표였다. 군주는 철저하게 백성을 자기 계획의 도구로 이용해야 하며, 그들의 생사도 군주의 목표에 따라 좌우될 뿐이다. 군주가 인자한 것도, 포악한 것도 모두 잘못이며 부적절하다는 점에서도 마찬가지이다. 빈민을 구제하는 것은 그들을 가난하게 만들 뿐이므로 빈민을 구제해서는 안 되며, 백성의 인기란 아무 쓸모도 없다. 군주는 모든 권력을 확고하게 일신에 장악해야 하며, 능력에 따라 대신들을 선발하여 부와 지위를 약속하되 결코 권력과 세력을 주어서는 안 된다. 대신들도 반드시 유덕자일 필요는 없는데, 유덕자란 실제로 거의 없기도 하거니와 대신이 현명하면 군주를 기만하기 마련이므로 현명해서도 안 되고, 순진한 대신은 백성들에게 기만당하기 마련이므로 순진해서도 안 된다. 군주는 모든 대신 및 신민들을 감히 잘못을 범하지 못할 정도의 공포상태에 두기만 하면 된다. 무엇보다도 군주는 개인이 오직 국가만을 위해서 살도록 강요해야 하며, 개인적인 생각과 감정은 모두 억압하지 않으면 안 된다. 즉 "법률과 명령에 위배되는 모든 언행은 금지해야 한다"[16]는 것이다.

《한비자》를 보고 나면 마키아벨리의 《군주론》에 제시된 정책은 소극적이고 일정한 견해가 없는 것처럼 보인다. 한비자의 글을 두 편 읽은 진시황은 크게 기뻐하며 그를 만나고 싶어하였다고 한다. 얼마 후 한비자가 사신으로 진에 가 진시황을 만났으나, 이미 다른 법가가 그보다 먼저 진에 와 있었다.

그 사람이 바로 이사인데, 그는 일찌기 순자 문하에서 한비자와 함께 공부한 일이 있었다. 이사는 한비자보다 훨씬 재주가 없었고 자신도 그것을 알고 있었던 것 같다.[17] 그러나 그에게는 한동안 진에 있었고 또 진시황의 신임을 받고 있다는 이점이 있었기 때문에 한비자를 사형시킬 계책을 세웠으며,[18] 그 후 주로 살해된 동료의 사상에 의거하여 진을 승리로 이끌었다

진의 홍성은 피비린내 나는 과정이었다. 진에 항복한 40만 명의 군사가 한꺼번에 학살되었다는 기록도 있는데,[19] 물론 이 숫자는 과장된 것이겠지만 대체적인 상황을 시사해 주고 있다. 기원전 221년까지 진은 전중국을 병탄하였으며,[20] 그 결과 법가적인 전체주의 국가가 천하를 호령하게 되었다.

능률은 곧 그 시대의 질서였다. "법령은 일원화되고 도량형, 수레바퀴의 간격"[21] 및 문자도 통일되었다. 이와 동일한 단순화 정신에서 진왕은 스스로 '시황제'란 칭호를 취하였으며, 자기의 후계자들은 '천세, 만세 무궁토록' 단순히 세대마다 숫자만 더해 가는 칭호를 갖도록 명령하였다(왕조의 교체가 다시는 없을 것이라고 생각하였기 때문에).[22] 이런 것은 좀 과대망상증이 아니냐는 인상을 받았다면 정확히 본 셈이다. 진시황이 상당히 미신을 믿었던 사실은 앞에서도 지적하였지만, 기원전 219년에는 어떤 산에 대해 격노한 끝에 3,000명의 형도(刑徒)를 보내 그 산의 나무를 모두 베어버린 일도 있었다.[23] 이런 사건은 그래도 웃어버리고 말 수도 있겠지만, 격노나 변덕의 대상이 인간일 경우, 그 결과는 조금도 웃을 일이 아니다. 법가의 원칙에 따라 사소한 범죄에도 잔혹한 형벌을 내렸고, 수많은 사람들을 마치 장기 두듯이 가볍게 먼 지방으로 이동시켰으며, 형도 및 강제요역을 동원하여 많은 궁궐을 짓고 방대한 토목사업을 벌였다. 수도 부근에만도 진귀한 보물과 미녀로 가득 찬 궁궐이 270개나 있었고,[24] 자신의 능을 건설하기 위해 70만 명을 동원하였다고 하며, 만리장성을 쌓는 데도 수많은 인명이 희생되었다. 이런 사업들을 감당하기

위해서는 엄청난 중세(重稅)가 불가피하였다.

이보다 1세기 앞서 그리스의 아리스토텔레스는 '폭정을 온존하기 위한 고대의 비결'을 열거하였는데,[25] 마치 법가 및 진시황의 정책을 기술한 듯한 인상을 준다. 그 가운데에는 백성이 딴마음을 먹지 못하게 하고 또 빈궁한 상태를 벗어나지 못하게 하기 위해 중세를 부과하고 거대한 토목공사를 벌이는 정책도 들어 있다. 아리스토텔레스는 폭군은 교육을 금하고 "학문적인 모임이나 토론회를 금지하지 않으면 안 된다"고 말한다. 이와 같이 한비자도 학문을 비난하였으며, 학문에 소비하는 시간은 유익한 작업에 몰두해야 할 시간을 빼앗기 때문에 국가와 군주를 부강케 해야 할 백성들의 의무를 방해할 뿐이라고 주장하였다. "그러므로 명군이 다스리는 국가에는 학문이 없다"는 것이다.[26]

학자들이 — 그 가운데에서 유가가 가장 큰 비중을 차지하였다 — 진시황의 전체주의적인 국가에 동화되기 어렵다는 것은 곧 판명되었다. 그들은 용감하게도 진시황을 비판하기도 하였지만, 진시황은 그것을 '순전히 언어도단'이라고 생각하였다.[27] 학자들은 주로 진시황이 친척들에게 봉토를 나누어주지 않음으로써 옛 도를 따르지 않았다고 비판하였다고 하는데,[28] 만약 이것이 사실이라면 당시 유가들은 딱한 친구들이 아닐 수 없다. 더욱이 그들은 상당히 많은 말썽을 일으켰기 때문에 그들이 백성을 선동하지 못하도록 방지할 필요가 있다고 생각될 정도였다. 그 결과 '백성들 사이에 의혹과 혼란'이 유포되는 것을 방지하기 위하여 백성들이 소지하고 있는 책 가운데에서 의술·점복·농업에 관한 것을 제외한 모든 서적을 불태워야 한다는 이사의 제안이 재가(裁可)되었으며, 소지한 책을 내놓지 않은 사람은 낙인을 찍어 강제요역에 보내고, 앞으로 감히 《시경》《서경》을 논하거나 '과거에 빗대어 현재를 비방하는' 사람들을 사형에 처하도록 하였다.[29]

희생자 수는 정확히 알 수 없지만 그 이듬해인 기원전 212년 진시황은 460명의 '제생(諸生)'을 생매장하라는 명령을 내렸다. 그러나 이것은 어떤 유생이 자기를 비난한다는 말을 듣고 단순히 화풀이 한 것에 불과한 것 같고,[30] 더욱이 이 '제생' 가운데에는 실제 무술사(巫術士)가 많았지만, 그래도 횡액을 당한 사람 가운데에는 유가도 분명히 있었다.[31]

'분서(焚書)'의 결과 상실된 문헌의 양도 아마 과장된 것이며,[32] 진대에 유교를 박해한 것도 유교운동을 약화시켰다기보다는 오히려 강화시켰던 것 같다. 법가사상이 유교에 가한 진정한 타격은 유교를 박해한 것이 아니라 유교를 왜곡시킨 점이다. 한대의 권위주의적인 정통유교의 성격에 실제 법가사상의 요소가 상당히 많은 점은 때때로 지적되어 왔으며, 앞에서 지적한 바와 같이 순자의 권위주의적인 면이나 사회통제 수단으로 형벌을 용인한 점은 법가사상의 경향을 띤 것이다. 실제 법가사상은 장기간에 걸쳐 유가사상에 부단히 침투되었다.

이 과정은 일방적인 것만은 아니었다. 《한비자》에도 법가철학을 논박한 구절들이 있는데,[33] 아마 유가들이 그 원본에 첨가한 것 같다. 그러나 법가 역시 이러한 조작을 하였으며, 그것도 기술적으로 하였다. 《한비자》에는 공자를 비난한 것이 많으며, 그 가운데에도 후세 법가의 저술로 보이는 부분에는 공자와 그 제자 한 사람이 법가처럼 대담하는 구절이 있다.[34] 그 가운데 적어도 한 예는 명백한 위작임에도 불구하고[35] 유가 가운데에도 아무 의심없이 그것을 받아들이는 사람이 적지 않다. 법가의 입장을 주장하기 위해 만든 설화 가운데, 공자를 위(衛)의 재상으로 묘사한 기사도 있는데, 이것은 유가로 하여금 그 설화를 더욱 부정하기 어렵도록 만들려는 의도에서 나온 것이 분명하다.[36]

그러나 법가의 진정한 개가(凱歌)는 유가 문헌의 정수(精髓) 속에 법가사상을 삽입한 것이다. 이것이 법가가 삽입한 것인지, 아니면 유가 자체내의 법가적인 경향 때문에 생긴 것인지를 일일이 확인하기란 쉬운 일이 아니다. 이런 문제는 예컨대 《서경》의 일부 편장에도 걸려 있는데, 이 부분은 후세에 쓰여진 것일 뿐 아니라 전적으로 법가적인 자료들이 약간 포함되어 있기 때문이다.[37] 그러나《순자》종반부의 한 편에 공자의 언행으로 되어 있는 법가적인 언행은(경쟁자를 즉결처분한 것도 포함한)[38]《순자》의 원본을 멋대로 변조한 어떤 법가사상가가 순전히 날조한 것이라고 해석하는 것 이외에는 달리 설명할 길이 없다. 이 경우 법가적인 수법이 금방 눈에 띄는데, 공자에게 '노의 재상서리[攝相]'란 지위를 갖다붙인 것이 바로 그것이다.

이것이 사기라는 것은 일찍부터 학자들 사이에 인정되어 왔지만,[39] 법가의 침투가 이처럼 명료하게 드러나지 않은 것도 많다.《예기》(이것에 대해서는 뒤에서 좀더 상세하게 언급하겠다) 중용편(中庸篇)은 적어도 그 일부가 후세에 편찬되었다는 것을 인정한 학자들이 일찍부터 많았음에도 불구하고, 커다란 영향력을 행사해 왔다(특히 송대 이래로).《중용》은 송대에 사서 가운데 하나가 되었고 사서는 근세 정통유교의 특별한 성전(聖典)이었다.《중용》에서 '자(子)'라고 한 것은 공자를 의미하는데 다음과 같은 구절이 들어 있다.

> 선생[子]께서 말씀하셨다. "어리석으면서도 자기 주장을 내세우기 좋아하는 사람, 미천하면서도 자기 뜻대로 행동하는 사람, 오늘날에 살면서도 옛 도로 돌아가려는 사람, 이들은 모두 화를 입게 마련이다. 천자만이 예를 논할 수 있고 제도를 만들 수 있으며 문자를 고정(考定)할 수 있다. 지금 천하의 모든 수레는 바퀴간의 간격이 똑같으며, 모든 책은 동일한 문자로 씌어지고 (사람들은) 동일한 윤리규범에 따라 행동한다."[40]

이것은 유교의 가장 신성한 경전 중의 하나 속에서 공자의 입을 빌어 진대의 법가사상을 표현한 것이 명백하다. 마지막 문장이 진시황의 획일화정책을 표현한 바로 그 단어들을 사용하고 있는데, 이는 기원전 221년 이전의 기록에는 나올 수 없는 것이고,[41] 또 '천자만이 예를 논할 수 있다'는 말도 결코 공자가 했을 리 없다. 실제로 공자는 자기와 동시대의 제왕들을 언급한 일은 전혀 없지만, 모든 지적인 문제에 관해 세습귀족 전체를 누군가가 반드시 지도하지 않으면 안 된다는 것을 잘 알고 있었다. 정치권력을 가졌다고 군주가 만사를 결정하는 것은 전체주의 국가에서나 있는 일이다. 마찬가지로 '미천하면서도 자기 뜻대로 행동하는' 것을 비난하는 것은 전적으로 법가적인 발상이다. 공자는 스스로 젊은 시절의 자신이 '미천'(《중용》에도 동일한 단어로 표현되어 있다)하였다고 말했지만, 어떤 군주에게도 자기 자신이나 제자들이 뜻을 굽혀 복종하는 것은 거부하였다.[42] 위의 인용문에는 '옛 도로 돌아가는' 사람을 공자가 반대하였다고 되어 있지만, 이것은 한비자와 이사가 유가의 행동이라고 거듭 비난한 바로 그것이 아닌가?[43]

《공자가어》에도 동일한 말들이 공자의 말로 나오는데, 한 가지만 빼놓고는 모두 무시해도 좋을 정도의 차이밖에는 없다. 즉 《공자가어》에서 "금일(今日)에 살면서 옛 도에 마음을 두는" 사람을 공자가 칭찬한 것이 바로 그것이다.[44] 이 시기가 되면 모든 것이 너무나 뒤섞여서 공자가 실제 무엇을 말하였고, 무엇을 말하지 않았는가를 누구도 판별할 수 없으며, 법가의 영향은 《논어》 가운데 공자의 발언으로 되어 있는 부분에까지 미칠 정도로 확대되었다.

《논어》 계씨편에는 다음과 같은 구절이 있다. "공자께서 말씀하셨다. 천하에 도가 있으면 예악과 정벌이 천자로부터 나오고, 천하에 도가 없으면 예악·정벌이 제후로부터 나온다. 예악·정벌이 제후에서 나올 때 십세대 안에 나라를 잃지 않는 제후가 드물며, 예악·정벌이 대부에서 나올 때 오세대 안에 권력을 상실하지 않는 대부가 드물다. 또 배신(陪臣)이 권력을 잡으면 삼세대 안에 몰락하지 않는 자가 드물다. 천하에 도가 있으면 정치가 대부의 손에서 좌우되지 않으며, 천하에 도가 있으면 서민이 정사를 논하지 않는다."

여기서 봉건적인 위계질서를 강조한 점을 법가사상의 특징이라고 말할 수는 없지만, 법가사상의 영향은 명백하며, 역시 정치권력으로 음악을 비롯하여 만사를 재정(裁定)하는 전체주의적인 군주의 면모가 보인다. 모든 권력 및 지적인 문제의 주도권이 군주에게 집중되어 있고, 그것은 등차적인 서열을 통하여 하급자에게 하달될 뿐인데,

공자가 그렇게도 강조한 학식과 덕망 있는 대신의 역할을 여기서는 볼 수 없으며, 《논어》의 다른 부분에서 공자가 백성들에게 '도'를 가르쳐야 한다고 주장한 것에 비해,[45] 여기서는 백성들이 정사를 논하는 것조차 불가한 것으로 되어 있다.

이 구절의 용어는 많은 점에서 스스로 정체를 폭로하고 있어 후세에 첨가된 것이 분명한데도,[46] 이 구절은 비판적인 안목을 가진 학자들 사이에서조차 통용되고 있는 공자사상의 개념을 고착시키는 데 결정적인 역할을 해왔다. 공자가 주왕의 권력을 회복시키려고 노력하였다든지, 왕의 권위주의적인 독재를 찬성하였다든가, 또는 그가 봉건제도의 옹호자였다는 따위의 생각은 주로 여기서 유래된 것이다.[47]

《논어》 가운데 분명히 후세에 첨가된 것으로 보이는 또 하나의 구절은 자로편 제3장이다. 여기서 공자는 정명론을 전개하고, 정치에 있어서 형벌의 사용을 크게 강조한 것으로 나오는데, 이 구절은 법가가 직접 썼거나, 아니면 법가의 결정적인 영향 아래에 씌어진 것 같다.[48] 이 점은 계씨편 제9장에도 해당되는 것 같은데, 여기서 공자는 "태어날 때부터 아는 사람은 최상의 인간이고 배워서 아는 사람은 그 다음에 속한다"라는 말을 하고 있다. 이것은 성인이란 신비하게도 날 때부터 모든 지식을 겸비한다는 관념으로서 경험과 반성, 그리고 부단한 배움을 통한 지식 습득을 강조하는 공자의 입장과는 크게 다르다. 그러나 법가는 공부라는 것을 경멸하였으며, 학식을 가졌다는 이유만으로 존중되는 사람들을 신용하려 하지 않았다. 이 때문에 한비자는 "사람이 현명하고 안 하고는 타고난 것이다……. 지혜란 다른 사람에게 배운다고 얻을 수 있는 것이 아니다"라고 말한다.[49] 이것은 법가의 영향 아래 씌어진 《논어》 계씨편 제9장의 입장과 비슷하다. 그럼에도 불구하고 《논어》 계씨편 제9장은 공자 자신의 지식론과는 그 근본부터가 다른 관념, 즉 태어날 때부터 무소부지(無所不知)라는 성인의 관념을 유교 안에 확고하게 정착시키는 데 성공하였다.[50]

법가이론이 유교 안에 침투한 시기를 정확하게 말할 수는 없지만, 이 추세는 한대에도 의연히 계속된 것처럼 보인다. 다만 한 가지 분명한 사실은 법가가 방해공작을 완료한 시기에는 이미 공자사상의 진면목이 철저하게 퇴색되었다는 점이다.

제14장 勝　利

기원전 2세기에 한(漢)의 황제가 유교를 공인하였으며, 그 이유는 유교가 황제의 권위를 지지하는 이론이었기 때문이라는 것은 일반적인 견해이다. 역사적인 사건의 원인이란 단순한 것이 아니므로 이 견해에도 전혀 일리가 없는 것은 아니다. 그러나 이 견해와는 정반대처럼 보일지도 모르지만, 유교가 끝내 성공을 거둘 수 있었던 것은 일반 백성들이 유교를 지지하였고, 장기간에 걸쳐 유교의 공인을 군주에게 거의 강요하다시피 요구하였기 때문이라는 설명이 좀더 진상에 가까운 것 같다.

기원전 2세기 후반의 중국에서처럼 두 개의 정치원리가 그처럼 첨예하게 대립되었고, 또 그처럼 분명하게 판정된 예도 없을 것이다. 한편에는 백성들에게 만족을(단순한 복리가 아니라) 줄 수 있는 능력 여하에 따라 정치가 판정되어야 하며, 또 국가란 모험에 찬 협동체이므로 교육은 보편적으로 보급되어야 하고, 전체 국민 가운데에서 가장 유능하고 덕망 있다고 인정된 사람을 뽑아 정치를 위임해야 한다고 생각하는 공자의 정치론이 있었다. 이와 상반된 것이 법가의 이론이다. 법가는 군주가 만사를 지시하고 독재해야 한다고 생각하며, 백성은 아무것도 이해할 필요가 없고 다만 복종하기만 하면 되기 때문에 교육 같은 것은 필요도 없으며 단지 법령을 두려워하기만 하면 된다는 것이다. 한비자는 이것을 "정치에 대해서 아무것도 모르는 사람들은 군주가 민심을 얻지 않으면 안 된다고 말하지만…… 이것은 결국 백성들의 명령을 받는 것과 무엇이 다른가? 백성의 '지혜'란 쓸모없는 것이며, 그들은 어린아이와 같다"고 간단명료하게 표현하였다.[1)]

쟁점은 명료하다. 즉, 치적을 올리기 위해서는 민심을 얻을 필요가 있느냐 없느냐는 것인데, 진시황은 그것이 필요없다는 전체주의적인 입장을 택하였다. 그러나 진시황이 철저한 법가철학을 갖고 있었다고는 생각되지 않으며, 법가사상을 충분히 이해하였는지조차도 의심스럽다. 그에게는 개인적인 동기가 더 중요하였다.

진시황은 13세란 어린 나이에 팽창일로에 있었던 진나라의 왕이 되었는데, 한 소년에게 결코 순탄한 지위라고는 할 수 없다. 부친은 사망하였고, 어머니는 한때 매춘부였다고 한다. 이것이 사실이건 아니건간에 그녀는 진시황의 아버지와 결혼하기 전에 다른 남자와 살았었고, 덕행보다는 미모로 유명한 여자였다. 진시황은 어머니의 정부에게 광대한 봉토와 거대한 권력을 주었다(어머니의 요구 때문인지는 분명치 않지만). 스무 살 때에는 군대의 지휘권을 장악하고 있었던 동생이 모반을 일으켜 상당한 유혈 끝에 진압한 일도 있었으며, 그 다음해에는 어머니의 정부가 반란을 일으켜 군대를 이끌고 도성으로 쳐들어와 친위대를 공격하였으나 실패로 끝난 일도 있었다. 정확한 판단인지 아닌지는 몰라도 진시황은 어머니가 이 음모에 연루되었다고 믿었던 것 같다.[2)] 진시황이 믿을 사람이란 아무도 없다고 확신하게 된 것도 이상한 일은 아니다. 이런 경험들이 전제적인 지배를 좋아하는 그의 천성과 결합되었기 때문에 그가 법가사상에 호감을 갖게 된 것은 필연적인 결과였다. 군주는 모든 사람을 의심하고 모든 권력을 일신에 장악해야 한다는 것이 법가의 주장이 아닌가?

그 결과 진제국은 오직 한 사람에 의해서만 지배되었고, 오직 그 사람을 위해서 전적으로 봉사하는 체제가 되었다. 감히 진시황을 반대하거나 그가 불쾌하게 여기는 말을 하는 사람은 처형되었기 때문에 그의 귀에 그러한 말이 들어가는 일도 거의 없었다. 그는 자기 혼자서 거대한 제국을 충분히 통치할 수 있도록 만들기 위해 노력을 기울였다. 시황(始皇)이 중국 각처에 세운 송덕비에는 자기가 어떻게 난폭하고 잔인한 자를 제거하였고(산 채로 삶아 죽임으로써), 어떻게 자신의 은덕을 모든 것에(우마에게조차) 미치게 하였으며, 제국을 위해 자기가 얼마나 열심히 일하는가를 강조한 것이 보인다.[3] 실제로 그는 중요한 결정을 모두 스스로 내렸으며, 신하들이 창의성을 발휘하는 것을 허용하지 않았다. 그는 정치상의 문제는 세부적인 것까지도 자기가 직접 감독해야 한다는 주장을 관철하기 위하여 매일같이 백근 이상의 공문서를 검토하였고, 그것을 끝내지 못하면 잠자는 것도 거부하였을 정도였다고 한다.[4] 그는 50세의 나이로 세상을 떠날 때까지 감사하게 생각하지도 않는 백성을 위하여 문자 그대로 분골쇄신하다가 죽은 셈이라고나 할까? 그럼에도 불구하고 이 모든 노력이 결국 아무 소용 없었다는 것이 판명되었다. 왜냐하면 아무리 능력이 탁월하고 부지런해도 한 사람의 힘으로는 국가를 통치할 수 없기 때문이다. 그러나 겉으로 보면 진시황은 대단히 성공한 것처럼 보일지도 모른다. 기원전 221년에 통일정복사업을 완료한 이후 기원전 210년 그가 사망할 때까지는 본격적인 반란도 없었던 것 같으며, 뒤이은 제국의 붕괴는 환관의 조종을 받은 연약한 소년 황제가 제위할 때의 일이다. 그러나 시황제가 계속 살아 있었다 해도 어쨌든 틀림없이 반란은 일어났을 것이다. 장기간의 전쟁 끝에 평화가 왔기 때문에 처음에는 축제 분위기가 널리 퍼졌고 이러한 상황에서는 전쟁보다는 어쨌든 평화가 더 낫게 생각되었을 것이다. 그때 시황제는 모든 무기를 몰수하였고 반란을 일으킬 가능성이 있다고 판단되는 사람들을 모두 수도 부근으로 이주시켰다. 그러나 이런 조처들을 비롯한 가장 야만적인 탄압조차도 완벽한 평온을 보장하지는 못하였다. 수많은 사람들이 산중으로 도망가 무법자가 되었고[5] 도망가지는 않았지만 형리가 무서워서 침묵을 지키고 있는 사람들도 날이 갈수록 더욱 불평이 심해지면서 그들의 지배자를 유가가 주장하는 '진정한 왕자'와 대비하기 시작하였다.

그러나 진시황은 실제로 철저하게 법가사상을 신봉하지도 않았던 만큼 전적으로 반유교적인 인물도 아니었다. 그가 유가를 약간 죽인 것은 사실이지만, 그것은 자기를 비난한다고 의심되는 사람을 모두 처형한다는 입장 정도라 하겠다. 그러나 그는 자화자찬조의 송덕비 중의 하나를 건립하기 전에 "노지방의 유가학자들과 그 명문에 관해 의논하였고" 그가 남긴 여러 명문 가운데에도 법가사상이나 문구가 유가의 그것과 가려내기 어려울 정도로 뒤섞여 있다. 명문에는 《시경》이나 《서경》의 어구를 그대로 사용한 것도 있고, 그 가운데 하나는 《논어》를 인용한 것도 있다.[6] 진시황은 모든 종류의 학자들을 등용하였고 유가서적을 금지한 이후에도 죽는 날까지 계속 유학자들을 궁정에 두었다.[7] 그가 격분한 대상은 학문 그 자체가 아니라 민간에 유포되어 문제를 일으킬 소지가 있는 학문이었다.

그러나 유가들은 진시황에게 점점 더 큰 골칫거리가 되었으며, 적어도 그 가운데에는 시황제가 친척들을 분봉(分封)하지 않은 것을 비난한 사람들도 있었다. 이 문제라면 공자는 진시황 편을 들었을 것이다. 왜냐하면 봉건제도를 계속한다면 혼란에 빠질 우려가 있다는 것은 전적으로 옳은 견해이기 때문이다. 그러나 당시 유가들은 선생보다도 훨씬 전통을 고집하는 사람들이었다. 그러나 유가 가운데에는 자기의 정책 전체를 비난할 만큼 용감한 사람도 있다는 사람이 진시황의 비위를 훨씬 더 거슬리게 한 것 같다. 시황제는 그것을 '백성들 사이에 의혹과 혼란을 양성하는' 것으로 판단하였고, 그 결과 유가서가 추방되고 유교수업은 금지되었다. 그러나 진시황의 장자가 아버지에게 공자의 신봉자를 박해하는 것은 "천하를 불안하게 만들지도 모른다"고 경고한 사실을 보면, 그들의 세력이 무시하기 어려운 존재였음을 추측할 수 있다.[8]

이 경고에 대한 벌로써 이 아들은 북방 변경으로 사실상 유배되었다. 얼마 후 진시황이 사망하자 그는 환관 1명과 법가인 이사가 공모하여 위조한 조서를 받고 자살했고, 이사 등은 그의 유약한 동생을 2세 황제로 세웠다. 반란의 깃발을 처음으로 든 것은 한낱 농민인 진섭(陳涉)이었다. 이전의 많은 사람들처럼 그는 요역에 징발되었으나 호우 때문에 기일을 지키지 못하여 법에 따라 동료들과 함께 처형될 처지가 되었다. 그래서 그는 사람이란 한 번 죽는 것이므로 가능한 한 값지게 생명을 던져야 될 것이 아니냐고 동료들을 설득하였고, 일촉즉발의 상황이었으므로 이 반란은 순식간에 동부전역을 휩쓸었다. 많은 사람들이 진섭에게 가담하려고 운집하였으며, 그는 얼마 되지 않아 '초왕(楚王)'을 칭할 수 있었다.

진섭은 비록 한낱 농민에 불과하였지만 야심만만하였을 뿐 아니라 현명한 사람이었다. 그는 자기가 지도자로 인정받기 어렵다는 것을 알고 있었기 때문에 미신을 이용하거나 추종자들의 동정을 끄는 등 자기가 할 수 있는 일이라면 무엇이든지 다 하였다. 한편으로는 추종자들로 하여금 자기가 귀신의 가호를 받고 있다고 믿게 하려고 애썼으며, 다른 한편으로는 살해된 진시황의 장자의 대의에 따른 것임을 선언하였다.[9] 진시황의 장자는 자기 아버지를 비판하였기 때문에 백성들이 좋아하였지만, 그가 유가를 보호하였다는 사실 역시 기억하지 않으면 안 된다. 진섭이 공자의 8대 직계손을 고문으로 모신 것은 당시 유가가 인기를 모으고 있었기 때문일 것이다.[10] 동북지방의 유가와 묵가들은 진섭이 반기를 들자마자 떼지어 그를 찾아왔다고 한다.[11]

후세에 유교가 갖는 중요성을 생각할 때 초기 유교사에 관한 지식은 실로 놀라울 정도로 빈약하다. 《사기》에 따르면 공자시대에서 진대까지는 동북지방 노·제를 제외한 곳에서는 유교가 거의 존중되지 않았다고 한다.[12] 그럼에도 불구하고 유가사상은 점차로 유포되었으며, 예컨대 진대에 대단히 빈천한 사람(아마 농부였을 것이다)의 아들 한 명이 오늘날 장쑤성[江蘇省] 북부에서 순자의 제자에게 《시경》을 배운 예를 보면,[13] 유가는 부귀층에만 침투된 것이 아니었다. 황제의

적은 모두 인민의 벗이란 결론을 피하기 어려운 현실이라면, 진시황에 의한 유가서적의 추방과 유가의 탄압은 오히려 유가의 평판을 크게 높인 결과가 되었을 것이다. 진섭이 반란에 가담한 유학자들을 환영한 것도, 또 공자의 자손을 '박사(博士)'란 관직에 임명한 것도 바로 이 때문이었을 것이다. 얼마 후 농민출신의 왕에게는 진군이 너무나 벅찬 상대라는 것이 판명되면서 진섭이 살해되었을 때, 이 공자의 후예도 그와 함께 죽었다.[14)]

그러나 혁명은 계속되었다. 이 무렵 전제주의적인 진의 정치는 혼란에 빠졌지만, 비교적 민주적인 통치를 수창(首唱)한 사람도 이미 고인이 되고 말았다. 그러나 두 원리간의 투쟁은 그치지 않았으며, 그것을 각각 지지하는 새로운 투사 두 명이 이번에는 모두 혁명의 대오 속에서 나타났다.

진섭이 죽은 뒤 혁명의 실질적인 지도권은 항우(項羽)에게 넘어갔으나, 그는 유명무실한 왕호는 칭하지 않았다. 항우의 조상들은 여러 대(代) 초(楚)의 장군을 지냈으며, 봉토도 영유하고 있었다. 그는 자신이 직접 지휘한 전투에서는 결코 패배한 적이 없을 정도로 탁월한 장군이었지만 극히 횡포하였기 때문에 "그가 진중에 들어가면 무릎으로 기지 않는 사람이 없었고 아무도 감히 머리를 들어 그를 쳐다보지 못하였다"고 한다. 전장에서는 그의 눈길 하나에 최강적도 팔이 마비되었고, 말들조차 놀라 도망갔다고 한다. 그는 살인을 즐긴 것처럼 보이는데, 실제로 그는 역사에서 최대의 살인마 가운데 한 사람이었다. 그는 때로는 공공연하게, 때로는 은밀하게 암살을 자행하였고, 항복한 군인들을 학살하기도 하였으며(한번은 20만 명을 죽였다고 한다), 뚜렷한 이유도 없이 한 지역의 전주민을 도살한 적도 있었다. 극히 드물게 보는 용감하고 충성스러운 사람이라도 그 충성이 자기에 대한 것이 아니면 삶아 죽이거나 불태워 죽였다.

한번은 13세 소년의 설득으로 항복한 읍의 주민을 학살하려는 생각을 버린 일이 있었다. 그때 그 소년은 그것이 다른 읍의 저항을 강화시킬 뿐이라고 지적하였는데, 항우 자신도 이미 그런 결론을 내리고 있었는지도 모른다. 항우가 고상하거나 이기심이 없는 행동을 하였다는 기록은 전혀 없다.

항우는 죽기 직전에 "나를 망하게 한 것은 하늘이다. 내가 전쟁에서 패한 일은 한 번도 없다"고 외쳤다고 한다.[15] 그는 전투에서는 자기를 이길 상대가 없었음에도 불구하고 왜 지지자들이 점점 떨어져 나가는지를 결코 이해하지 못한 것이다. 그러나 다른 사람들은 그 이유를 알고 있었다. 1세기 후에 한 역사가가 "그는 패왕의 업을 이룬다는 구실로 힘만으로 천하를 정복하여 지배하려고 하였다"고 지적한[16] 것은 정곡을 찌른 것이다.

비교적 민주적인 통치노선을 지지하고 나선 사람은 아무도 그에게 그런 역할을 기대하지 않았던 인물이었다. 그는 역사에서 한고조(漢高祖)란 명칭으로 알려졌기 때문에 여기에서도 그렇게 부르는 것이 가장 편리할 것이다. 그는 농부의 아들로서 소년시절에는 게으르고 거만하여 "단두대가 아니면 왕좌에서 생애를 마칠" 그런 종류의 소년이었다. 남을 지휘하는 능력을 타고난 그는 몇 개의 촌을 관장하는 하급관리가 되었으나 뜻하지 않게 진법에 따르면 처형될 수 있는 '죄'를 저지르게 되자 황야로 달아나 비적(匪賊)의 우두머리 노릇을 하다가, 혁명이 터지자 가담하여 장군이 되었다. 진이 망한 후 항우와 한고조는 누가 천하를 차지하는가를 놓고 4년 이상 싸움을 계속하였다.

처음에는 항우가 한고조보다 훨씬 위망(威望)도 높았고, 거느린 군대도 훨씬 많았을 뿐 아니라 더 뛰어난 장군이었기 때문에 항우가 유리하였다. 그러나 한고조는 항우보다 더 현명하였다. 그는 다른 사람의 유익한 충고를 기꺼이 받아들이려 하였을 뿐 아니라 그것을 열망하기조차 하였으며, 또 어떻게 하면 협력자와 백성들의 호감을 살 수 있다는 것을 알고 있었기 때문에 여러 가지 방법으로 자기야말로 백성들의 벗이라는 것을 느끼도록 만들었다. 항우가 가는 곳마다 약탈과 학살을 자행한 반면, 한고조는 규율을 엄하게 하고 백성을 잘 대하도록 노력하였으며 향촌에 갈 때마다 반드시 그 지방의 장로들과 만나 자기의 목적을 설명함으로써 광범위한 지지기반을 확립하였다. 또 그는 전사자를 위해 관을 준비하였으며 그 유해를 고향으로 돌려보내기도 하였다. 황제가 된 후에는 "기근이나 기아 때문에 스스로 노예로 팔린 사람들"을 해방시켰으며,[17] 때때로 여러 가지 특사나 면세를 선포하였고, 진의 황제들이 사적으로 이용하려고 막아놓은 많은 원지(園池)와 금렵(禁獵)지구를 백성들에게 개방하였다. 이것은 모두 항우나 진이 취한 행동과 극단적인 대조를 이룬다.

'백성의 벗'처럼 행동한 고조의 태도가 보다 설득력이 있었던 것은 그가 평민 출신이었을 뿐 아니라 그것을 결코 잊지 않았기 때문이다. 그가 일부러 조야(粗野)한 행동을 취한 것이 교양 있는 사람들에게는 불쾌감을 주었지만, 대부분의 신하들은 오히려 그것을 기뻐한 것이 틀림없다. 또 한 신하가 그를 위해 거대하고 사치스러운 궁궐을 지었을 때 "여러 해 동안 고통과 피로에 지친 울부짖음이 천하에 가득한데……너는 무엇 때문에 이처럼 법도를 무시한 궁실과 고대광실(高臺廣室)을 지었는가?"라고[18] 책망한 것도 진정에서 우러나온 말처럼 들린다.

물론 고조도 전적으로 경복할 만하다거나 자비에 넘친 인물은 결코 아니었다. 그는 자신의 권력을 위태롭게 한다고 생각되는 사람을 제거할 때는 무자비할 수도 있는 기민한 정치가였다. 그러나 자기가 권력을 보지하려면 전제적이고 자의적으로 보여서는 안 된다는 것을 충분히 인식할 만큼은 현명하였다. 이전의 권력자들이 공포분위기를 능사로 삼았던 것에 비해 그는 친구를 만들려고 애썼으며, 그들은 반역자를 즉결처분하였지만 그는 관대하게 피해 버리거나 정상을 참작하려고 애쓴 것도 한두 번이 아니었다.[19]

이러한 기본방향이 설정된 것은 고조가 진의 수도지역을 처음으로 장악한 때였다. 주민들은 그가 무력으로 자기들을 짓밟을지도 모른다고 생각하였으나(후에 항우는 그렇게 하였다), 고조는 각 지역의 장로들을 불러 모아놓고 두려워하지 말 것을 당부하면서 진의 법률을 철폐하겠다고 선언하였으며, "부로(父老)들이여, 그대들은 오랫동안 진의 가혹한 법률 때문에 고통을 받아왔다……. 나는 단지 3장으로 된 새로운 법을 그대들과 약정하고자 한다"라고 말하였다.[20] 여기서 중요한 것은 약정[約]이란 단어이다. 만약 새로 정복된 진나라 백성에게 새로운 법률이 필요하다면 고조가 일방적으로 만들 것으로 예상되었는데, 그는 백성과 함께 그것을 '약정한' 것이다. 진나라 백성들이 그 문제에 실질적인 발언권이 없었다는 것은 중요한 사실이 아니며, 중요한 것은 이런 태도가 귀중한 선례를 남겼다는 점이다. 그 후 고조는 항우와 싸우면서 선전효과를 노린 것이 분명하지만, 나이도 지긋하고 덕망도 있어 백성들의 존경을 받을 만한 사람을 각 지역에서 한 사람씩 뽑도록 명하였으며, 그들로 하여금 백성들을 대변하고 행정관리들에게 조언하도록 하였다. 결국 백성들에게 정치상의 발언권을 조금은 준 셈이다.[21]

고조는 공공연하게 자신의 위업을 고문이나 대신 및 장군들의 공으로 돌렸으며, 자기는 단지 사람의 재능을 판단하여 그것을 이용하는 능력밖에 없다고 말하기도 하였고,[22] 황제로서의 권력을 확고하게 다진 뒤에도 최소한 자기 마음대로 행동하지 않고 남의 충고에 따른다는 식의 태도를 견지하였다. 고조가 속으로 바라고 있는 조언을 얻는 것은 어렵지 않았을 것이다. 그러나 이런 관행은 정치이론에 근본적인 영향을 미쳤다. 그 결과 "황제 자신은 일상적인 문제에 간여하지 않지만, 그것을 직접 처리하는 대신들을 선임하고 감독한다"는 원칙이 성립되었는데, 이것은 그 후 중국정치의 기본원칙이 되었다.[23] 고조 후계자들의 치하에서도 이 원칙이 이론적으로 절대적인 황제권을 실제 운영면에서는 제약하였는데, 이 원칙이 극히 유교적이라는 것은 말할 필요도 없다.

둡스는 "고조의 즉위는 자의적이고 전제적인 법가적 왕권관념에 대한 유가적 관념의 승리, 즉 황제권력은 제한되어 백성의 이익을 위해 행사되고 정의에 기초를 두어야 한다는 관념의 승리였다"고 지적하면서, 유가를 경멸하였던 농민출신의 조야한 고조가 장기간에 걸쳐 점차 모습을 드러낸 유가세력에게 어떻게 굴복하였는가를 밝혔다.[24] 고조는 교육을 받지 못한 사람이 흔히 그렇듯이 서생을 책벌레처럼 불신하는 태도를 끝까지 버리지는 못한 것 같다.[25] 그러나 순자의 제자 밑에서 공부한 그의 동생은 유가였지만, 그의 가장 친밀한 조언자 가운데 한 사람이 되었고, 고조의 일급 고문 가운데에도 정도의 차이는 있어도 철저한 유가적 인물이 몇 사람 있었다. 그들은 고조를 유교적인 인물로 만들기 위하여 상당한 노력을 하였으며, 그 가운데 한 사람은 그것 때문에 책 한 권을 저술하기조차 하였는데, 고조는 그것을 보고 크게 기뻐하였다고 한다.[26] 고조는 현학자에 불과한 사람은 쓸모없다고 여겼기 때문에 주변에 그런 사람은 한 명도 두지 않았으며, 그가 받은 유가의 조언은 대체로 상식과도 잘 부합되는 것이었고, 실제로 효과도 있었다. 바로 이 점이 그의 관심을 끌었던 것은 분명하다.

장기간에 걸친 항우와의 전쟁중에 고조는《논어》나《맹자》를 금방 연상시키는 용어를 구사하여 항우에 대한 성전(聖戰)을 선포하라는 진언(進言)을 받아들여 항우를 '무도한 자'로 단죄한 격문(檄文)을 반포하였는데, 이 때문에 그는 많은 추종자들을 규합할 수 있었다.[27] 고조의 치하에서 반포된 다른 성명문도 유가적인 색채가 농후하다. 이것은 특히 신하들이 그에게 황제가 될 것을 청원하였을 때 사용한 단어를 보면 느낄 수 있는데, 고조는 일단 자신을 비하하는 말로 적당히 그 영광을 거절하였지만 '백성들의 행복을 위하여'라는 명분으로 다시 그것을 받아들였다.[28]

만약 그런 태도가 인기를 모을 수 있고, 따라서 정치적으로도 현명한 방책이라고 생각하지 않았다면 고조는 유교에 그처럼 많은 양보를 하지는 않았을지도 모른다. 고조의 그런 생각이 명료하게 드러난 것은 후사(後嗣) 문제가 대두되었을 때였다. 그가 여후(呂后)에게 아무런 애정을 갖지 않게 되었다는 것은 별로 이상할 것도 없지만(이 여자는 극히 잔혹하고 집념이 강한 인물이라는 것이 후에 드러났다), 동시에 그는 여후가 난 아들이 유약한 것을 걱정하였는데, 실제로 그 아들은 유약한 위인이었다. 이 때문에 그는 후계자를 바꾸려고 하다가 생각을 바꾼 일이 있었는데 그 주된 이유는 자기가 끌어들이지 못한 몇몇 유가들이 태자의 추종자였기 때문이었던 것 같다. "이리하여 고조는 마침내 유가세력에 굴복하였다"고 둡스는 말한다.[29)]

그러나 이것이 다른 철학을 모두 아주 내버린 것을 의미하는 것은 아니었다. 이때는 도가사상이 이미 철학이라기보다는 일종의 조잡한 미신의 복합물처럼 되었지만 그래도 계속 존중되었고 한초에는 궁정 안에서 한때 큰 세력을 떨치기도 하였다. 여러 종류의 종교 및 철학이 모두 관용되었으며, 법가도 결코 광범위한 지지를 받은 학파는 아니었지만 계속 실제 정치에 많은 근거를 제공하였고, 고조가 철폐를 공인하였음에도 불구하고 가혹하고 번잡한 진법은 대부분 그대로 시행되었다. 예컨대 금서소지(禁書所持)를 엄금한 법률은 고조가 사망한 이후에도 폐지되지 않았던 것이다.

사실 법가적인 관행이 실제 정치에 계속 이용되는 것은 불가피한 일이었다. 유가들은 거대한 중앙집권적인 제국의 정치를 담당한 경험이나 방책도 없었기 때문에 관료요원과 정치방법도 진의 것을 그대로 계승하지 않을 수 없었고, 그 결과 행정관료들의 실제적인 철학도 의연히 법가적인 것일 수밖에 없었다. 물론 한 개인이 법가 아니면 유가란 식으로 항상 명확하게 구별되는 것은 아니다. 앞서 지적한 바와 같이 유가철학도 이미 그 적대세력인 법가의 영향을 크게 받기 시작하였다.

그럼에도 불구하고 유교 세력이 점차 증대한 데에는 몇 가지 이유가 있었다. 그 가운데 하나는 유가들이 궁정의례를 보존하여 왔다는 사실인데, 이 때문에 무식하기 짝이 없는 농부출신인 고조조차 이 문제에 관한 한 그들에게 의존할 필요성을 느꼈다. 보다 더 중요한 이유는 유가가 고대문화 및 문헌의 유일한 수호자라고 해도 지나친 말이 아니라는 점이다. 이 때문에 그들은 젊은 황제들의 개인교사가 되는 것이 통례였고, 이것은 그들의 세력이 세대가 내려갈수록 신장되는 것을 보증한 것이나 다름없었다. 그러나 가장 중요한 이유는 유가가 가혹하고 전제적인 지배와는 상반된, 비교적 온화하고 민주적인 정치를 지지하였다는 사실이다. 물론 일반백성들은 《논어》나 《한비자》 같은 책은 몰랐지만, 온화한 정치와 참수형의 차이나 경세(輕稅)와 사실상 생계마저 박탈하는 것과의 차이는 잘 알고 있었으며, 더욱이 온화한 정치와 경세가 옛 성현 및 공자의 방법이며, 참수와 사실상 생계마저 박탈하는 것은 법가와 진의 정치방법이라고 백성들에게 가르치는 유가들도 많았다. 유가 가운데에는 빈천한 사람들이 많았기 때문에[30] 백성들은 그들의 말에 귀를 기울였다.

한나라 왕실이 이렇게 쌓아온 백성들의 지지는 고조의 외척이 제위 찬탈을 기도하였을 때 그 진가를 발휘하였다. 고조가 죽은 뒤 그 미망인은 점차 친정집의 세력을 다졌고, 마침내 사기적인 수법을 동원하여 그 집안의 떡애기를 황제로 삼았으나 대신들은 이 행동을 인정하지 않았다. 결국 황제권력이 무한한 것인가, 아니면 대신들의 동의를 얻어야만 행사될 수 있는 것인가 하는 것이 문제였다. 기원전 180년 여후가 사망하자 여씨와 한실의 갈등은 터지고 말았다. 여러 군대 가운데 한 군대의 병사들이 누구에게 충성을 하느냐는 것이 당시 문제가 되었지만, 두 집안 가운데 누구를 택할 것인가를 물었을 때 그들은 한실의 지지를 선언하였다.[31] 그래서 대신들은 모반자 일족을 소탕하고 생존한 고조의 아들 가운데 최연장자에게 수도로 와 제위에 오를 것을 청하였다. 그는 이것이 음모가 아니냐는 의구심을 가졌지만 가신 한 사람이 두려워할 필요가 없다는 이유를 들면서 그를 설득하였는데, 그 이유 가운데에는 다음과 같은 것도 있었다. "한조는 발흥초에 진의 가정(苛政)과 남형(濫刑)을 제거하였고 진의 법령을 축소하였으며 은덕을 베풀었기 때문에 모든 사람이 만족하였습니다. 그러므로 그들의 충성심을 동요시키기는 어려운 것입니다." 그는 또 일반 병사들이 한실의 지지를 선언한 사실을 환기시키면서 이렇게 말했다. "설사 대신들이 변을 일으키려고 해도 백성들이 그들에게 이용되려 하지 않을 것입니다……. 대왕이 현(賢)·성(聖)·인(仁)·효(孝)의 덕을 갖추었다는 것은 천하가 다 아는 바입니다. 그러므로 대신들이 천하의 뜻에 따라 대왕을 황제로 영입하려는 것

입니다.” 그래서 그는 제위에 올랐는데, 그가 바로 한문제(漢文帝)이다.[32)]

역대 중국황제 가운데에서 공자가 가장 의기투합한다고 생각할 사람은 바로 문제가 아닌가 싶다. 이것은 문제가 교조주의적인 유가란 말은 아니며, 실제로 그렇지도 않다(공자도 역시 그렇지 않다). 그러나 그의 통치정신은 정말 공자의 정신처럼 보인다. 둡스가 지적한 바와 같이 “문제는 군주란 신민의 복리를 위하여 존재한다는 유가의 교설을 진심으로 받아들여 실천하였다. 그는 세금을 감면하고 백성들의 부담을 경감시켰으며, 사적으로 사용하는 경비를 절약하였고 거창한 과시를 피하였다……. 자신의 정치에 대한 비판을 백성들에게 요청하였으며(그의 경우는 이 요청이 조금도 위선적인 의미가 없었다), 정치를 보좌할 유능한 서민을 물색하였고 경작지에 대한 세금을 폐지할 정도로(그 후계자들은 곧 이것을 부활시켰지만) 백성들의 기근과 궁핍을 근심하였다.”[33)] 그는 정부의 비용으로 기근을 구제하기 위해 실제적인 조처를 강구하였으며, 노령자에게는 연금을 지급하였다. 이 목적을 위해 동원된 수단 가운데에는 《맹자》의 권고를 따른 것도 있는데, 문제의 조서에는 비록 《맹자》란 이름이 언급되지 않았지만 그 책에서 인용한 것이 보인다.[34)] 문제는 또 관노비를 해방하는 조서를 내렸고,[35)] 황제가 ‘자신의 과오를 들을 수’ 없다는 이유로 황제나 정부에 대한 비판을 처벌하는 법률을 폐기하기도 하였다. 또 육형(肉刑 : 신체의 일부를 훼손하는 형벌)을 폐지하고 사법행정을 엄격히 규제한 결과 사형이 크게 감소하였다.[36)] 그는 아들보다는 가장 현명하다고 판단되는 사람에게 제위를 물려주는 문제도 진지하게 고려하였던 것 같으며,[37)] 또 자신을 위한 복상은 극도로 단축되어야 할 것이라는 유조(遺詔)를 남겼는데, 백성을 번거롭게 하고 싶지도 않았고, 또 중대한 과실을 범하지 않고 천수를 다할 수만 있다면 슬퍼할 일이 아니라 오히려 기뻐할 일이라고 생각하였기 때문이다.[38)]

사실로 믿기에는 너무나 훌륭한 황제처럼 보이겠지만, 이것이 문제의 진면목이라는 증거는 많다. 그가 백성의 생활을 한동안이나마

전무(아마 후무도)할 정도로 편안하게 만든 것은 의심할 여지가 없으며, 중국은 번영하였고 인구도 증가하였다. 그러나 문제에게는 유교의 장점도 많았지만, 동시에 그 단점도 있었다. 공자는 비록 평화주의자는 아니었지만 지나칠 정도로 덕의 힘을 신뢰한 것 같은데, 유가들에게는 이 신념이 더욱 절대적인 것이 되었다. 문제는 평화주의자일 뿐 아니라 절약을 강조하였기 때문에 자연히 국방문제를 소홀히 방치하는 결과가 되었고, 서북의 흉노는 이것에 편승하여 중국내부까지 깊숙이 쳐들어와 심각한 피해를 주었다.

문제는 미신을 믿었지만, 이 점은 당시 유가들도 대부분 마찬가지였다. 문제는 유가뿐 아니라 다른 학파의 철학자들도 궁정에 두었으며, 태자의 선생을 법가로 임명하였다.[39] 이 태자의 치세에는 법가인 그 개인교사의 충동질로 변형된 형태로나마 존속하였던 한대 봉건제가 사실상 폐지되어 그 중요성을 상실한 결과, 중앙정부의 실권이 크게 증대된 사실 이외에는 별로 특기할 만한 것이 없다. 그러나 그 다음 황제인 무제(武帝)는 즉위초부터 유가의 강한 영향 아래 있었다.

한무제는 역대 중국황제 가운데에서 가장 중요한 인물 가운데 한 사람이며 그의 치세는 유교사상 특별한 의미가 있다. 그가 유교를 공인한 것은 콘스탄티누스(Constantinus) 황제가 기독교를 지지한 것에 비견된다.[40] 무제는 고전에 조예가 깊었고 그가 내린 조서는 유가적인 색채가 농후하며, 백성에 대한 관심을 거듭 표명하였고, 예악과 학문의 중요성을 강조하였으며, 《역경》과 《논어》를 인용하였다.[41] 그의 치세는 고전, 특히 유가경전의 재발견으로 유명하다.

무제는 즉위한 해에 관료로 추천된 여러 학자들 가운데에서 법가 이론을 배운 사람은 제외되어야 한다는 내용의 상주(上奏)를 재가(裁可)하였으며,[42] 유교의 오경에 각각 박사관을 설치하고, 각 박사 밑에 제자 50명씩을 두고 생활비를 지급하였는데, 박사들은 조정에서 학문 해설관 역할을 하였다. 이것은 국립대학의 기초가 되었으며, 시간이 지남에 따라 대부분의 정부 하급관료가 여기서 배출되었고 자연히 유교가 정부 안에 침투되는 결과를 가져왔다. 여러 차례 시험을 통해서 무제는 학식 있는 사람을 정부로 끌어들였으며 공자의 후예 두 명에게도 관직을 주었고, 한때는 돼지치기였으나 《춘추》에 조예가 깊은 것으로 명성을 얻은 사람을 최고 관직에 임명하였다. 그러므로 많은 학자들이 무제의 치세를 유교의 승리기로 설정하는 것도 이상한 일은 아니다.

그러나 무제의 치세는 진 이후의 어떤 정권보다도 더 중앙집권적이고 전체적이었을 뿐 아니라 권위주의적이었다. 그는 전대의 여유 있는 정치적 관행, 즉 황제가 주로 대신들의 조언에 의지하였던 관행을 배격하였으며, 그 대신 철저하게 정치권력을 직접 장악하였다. 이런 정치적 전개가 유교의 공적인 보호와 똑같은 시점에 이루어졌기 때문에 대다수의 연구자들은 물론이려니와 비판적인 안목을 가진 학자들조차 황제가 독재적인 통치를 해야 한다는 이론을 유가의 교설로 생각하여 왔고, 아직도 이런 견해를 갖고 있는 사람이 있는 것도 놀라운 일이 아니다. 실제로 무제의 한 고위 관료는(그 자신은 유가가 아니다) "황제가 선창하면 신하들은 그것에 화답하고, 황제가 먼저 나아가면 신하들은 뒤를 따라야 한다"는 것이 유가의 주장이라고 지적한 일도 있었다.[43)]

한무제 시대 이래로 많은 유가들이 이런 입장을 취한 것은 사실이며, 그 결과 초기 유교는 물론 공자사상 자체에도 이런 태도가 있었다고 곡해되었다. 이처럼 유교는 물론 공자 자신을 해석하는 데 있어서 무제의 정치가 절대적으로 중요한 역할을 하였기 때문에, 그 시대에 실제로 무엇이 일어났는가를 세밀히 조사할 필요가 있다.

무제는 15세에 즉위하였는데, 당시 중신들이 유가였기 때문에 그들의 영향에서 그는 관료로 추천된 법가 및 비유가들을 배척하였다. 이 대신들은 명망 있는 한 노유(老儒)를 궁정으로 초치하였고, 무제는 그에게 정치방법에 대한 자문을 구하였다. 그러나 황제의 친척에게 엄벌을 받은 일이 있어(아마 궁형을 받은 것 같다) 마음이 뒤틀린 이 노학자는 정치란 실천의 문제이지 말의 문제가 아니라고 퉁명스럽게 대답하고 말았다. 그때까지만 하여도 고전연구에 열렬한 관심을 가졌던 어린 황제는 격분하였지만, 이 나이 든 손님을 정중하게는 대우하였다.[44] 얼마 후 도가 신봉자인 태황태후(太皇太后)에 의해 유가들은 권좌에서 추방되었다. 그 후, 특히 태황태후가 죽은 뒤에 유가들이 비록 고위직에 다시 복귀는 하였지만 유교에 대한 무제의 개인적인 정열은 이미 식은 후였다.

이러한 변화에는 궁정 안 음모라는 차원을 훨씬 넘어선 근본적인 이유가 몇 가지 있었다. 유교는 군주의 임무란 백성들의 복리를 도모하는 것이며 만약 이 책임을 수행하지 않으면 군주로서 자격이 없다는 이론을 항상 표방하여 왔다. 이 이론은 혁명가들에게는 유용한 것이며, 한왕조의 창립자도 그렇게 생각하였다. 그러나 바로 이 때문에 이미 기득권을 확립한 제왕들에게는 이것이 오히려 위험한 이론이 되기 마련이며, 특히 전제적인 지배를 원하는 사람에게는 더욱 그렇다. 무제의 아버지 시대에 궁정에서 벌어진 한 논쟁에서 한 도가 철학자는 유가가 찬양하는 고대의 성현이란 실제로 불충스러운 시해자(弑害者)에 불과하다고 주장한 일이 있었다. 이때 한 유가철학자가 "그렇다면 한왕조의 건국자는 어떻게 되느냐"고 묻자, 황제는 이 문제를 거론하지 않는 사람이 더 오래 살 것이라는 강한 암시를 주면서 이 논쟁을 중단시켰다. "그 후 감히 이 문제를 논하는 학자가 없었다"고 당대의 한 사가는 기록하였다.[45] 바로 이 솔직한 유학자가 무제에게 천거되었지만 아무런 총애를 받지 못하였다는 사실은 의미심장한 것 같다.

유가의 위대한 선생들은 모두 — 공자·맹자·순자 — 군주가 덕망있고 유능한 대신들에게 정부의 행정을 위임해야 하고, 대신들은 일차적인 충성심을 군주가 아닌 원칙, 즉 '도'에 바쳐야 한다는 것을 명확하게 말하였으며, 만약 군주가 잘못을 저지를 경우 올바른 대신이라면 그를 반대해야 한다고 공언하였다. 전제적이고 자의적인 성격을 가진 사람에게는 이런 말들이 비위에 거슬릴 것은 뻔한 이치인데, 무제도 점차 이런 성격을 드러내고 말았다.

그렇다고 하더라도 만약 유가들이 실제적이고 행정적인 능력을 갖고 있었다면 이런 것도 약간 허용되었을지도 모르지만, 그들은 대부분 그렇지 못하였다. 그들은 공자가 그렇게도 경고하였던 비현실적인 학문연구에 몰두하기 시작하였으며, 도가의 형이상학에 너무나 깊이 물들어서 정치술을 일종의 방대한 마술체계처럼 생각하는 사람도 많았던 것 같다. 그들의 적은 물론이고, 때로는 지지자들조차 그들이 거대한 제국을 운영하는 데 필요한 실제적인 훈련도 없을 뿐 아니라 실무를 파악할 능력도 없는 편협한 현학자라고 단정하였다.[46] 유가들은 변경을 압박하는 이민족의 현실적인 위험을 너무나 과소평가하였으며, 무제의 정력적인 군사조처는 전적으로 제국주의적인 것으로서 중국을 쓸데없이 피폐시킬 뿐이라고 비난하였고, 중국의 황제가 그들에게 은덕을 베풀기만 하면 이민족들은 스스로 귀의할 것이라고 주장하였다.[47]

진시황에게도 그랬지만, 유가들은 무제에게도 골칫거리였다. 그러나 무제는 유가를 박해하고 처형함으로써 그들을 왕조타도에 참가시킨 결과만 초래하였던 전제주의자인 선배의 경험을 잘 알고 있었다. 무제의 책략은 훨씬 더 교묘하고도 효과적이었다.

이 책략은 《춘추》 학자로 유명한 유학자 동중서(董仲舒)에 대한 처우와 관련하여 명백하게 드러났다. 무제 이전부터 학자들이 전국 각처에서 조정으로 추천되고, 때로는 그들에게 시험이 부과되는 제도가 발전해 왔는데, 무제초 황제에게 추천되어 시험을 받은 백여 명의 학자 가운데 바로 동중서가 끼여 있었고, 그때의 책문(策問)과 동중서의 대책(對策)이 현재까지 남아 있다.

황제의 질문은 자기가 어떻게 하면 선정을 베풀 수 있겠느냐는 문제에 몰두하여 최선의 노력을 다하고 있지만, 역사를 돌아볼 때 상고시대를 본받으려는 진지하고도 세심한 노력이 결국 아무 쓸모가 없지 않느냐는 의문을 갖게 되었다는 말로 시작하면서, 이 문제에 관해 이번에 모인 학자들이 조금도 숨김 없이 의견을 개진해 줄 것을 희망한다고 말한다.[48]

이에 대한 답변을 통하여 동중서는 자기가 《춘추》를 참고함으로써 정치의 방법을 발견하였다는 것을 황제에게 말한다. 그의 설명에 따르면 그것은 자연현상을 관찰하고 《춘추》 속에서 그 유례를 발견하기만 하면 충분한데, 만약 정치가 나쁘면 하늘은 홍수, 기근 또는 일식, 월식 같은 재난을 내림으로써 군주를 경고한다는 것이다. 그는 또 《춘추》가 정치철학의 심오한 가르침을 담고 있다고 주장하였는데, 그 한 예로 '춘왕정월(春王正月)'이란 구절을 인용하고 동음이의(同音異義)의 말장난 같은 방식으로 이 말에 깊은 의미를 부여하였다.[49]

동중서는 또 진대 법가주의의 해독이 한조에도 잔존하고 있다면서 다음과 같이 정치를 맹렬히 비난하였다. "선왕의 훌륭한 가르침에 따르는 관리를 배척하고, 형법을 이용하는 사람들의 손에 백성을 전적으로 맡기는 현재의 방식은 오로지 형벌에 의존하는 것이 아닙니까? 공자께서는 '미리 가르치지 않고 처벌하는 것은 잔혹하다'고 말씀하셨습니다."[50] 그는 황제의 덕을 찬양함으로써 자신의 비판을 완화하였지만, 황제의 덕도 적절한 교육을 베풀지 않으면 효과가 없다고 주장하고, 이 목적을 위해 국립대학의 설치와 정치의 근본적인 개혁을 요구하였다.

무제는 이 책문에 대한 대책들이 썩 마음에 들지 않아 다음과 같이 비판을 가하였다. 즉 학자들이 찬양하는 상고의 성왕들도 실제로 여러 가지 정치방법을 사용하지 않았는가? 어떤 왕은 부지런히 애쓰는 방식을, 어떤 왕은 유유자적한 방식을 취하였으며, 어떤 왕은 엄형을 사용하였는가 하면, 어떤 왕의 치세에는 감옥이 텅 비기도 하였다. 무제는 이 점이 곤혹스럽다는 것이며, 또 학자들의 대책은 유식한 내용이기는 하나 그 제안을 현실조건에 비추어보면 실행곤란한 것들뿐이므로 자기에게 도움이 별로 되지 못한다는 것이다. 그래서 무제는 그들에게 다시 대책을 올리라고 요구하였다.

이에 대해서도 동중서는 비슷한 논조의 답신을 올렸다. 그는 성왕들간의 차이는 본질적인 것이 아니라 표면적인 것일 뿐이라는 것을 강조하면서, 백성들을 이롭게 하려면 대학을 세워 학자들을 지원해야 한다고 다시 주장하였으며, 또 우수한 관리를 승진시키기 위한 고과제도(考課制度)의 확립을 제안하기도 하였다. 무제는 이 답신에도 역시 만족하지 않고, 학자들은 고대에 관한 지식이 풍부하지만 "현재의 문제에 관해서는 왜 그렇게도 혼미한가"라고 반문하면서 다시 대책을 올리도록 요구하였다. 이에 대해 동중서는 고금간에는 본질적인 차이가 없다는 주장을 반복하였을 뿐 아니라 정치방식에 대한 또 다른 공격을 가하여 억압적인 행정을 비난하고, 황제의 총신들이 상업에 종사하여 치부하는 한편, 백성을 괴롭히고 있다고 주장하였으며, 마지막으로 공자의 가르침 이외의 모든 학문을 억제하라고 요구하였다.[51]

진시황이 이런 비판을 받았다면 동중서는 생매장되었겠지만, 무제는 그처럼 유명한 유학자를 순교자로 만드는 것보다 더 나은 방법을 알고 있었기 때문에, 그를 생매장하지 않고 높은 자리에 앉혔다. 그러나 그것이 어떤 직책이었느냐는 것이 문제이다.

무제에게는 동남지역에 제후왕국을 영유하고 있는 형이 한 명 있었다. 그는 호전적이고 오만한 난폭자로서 자기 주변에 자객을 끌어모았으므로, 황제 입장에서 보면 가시 같은 존재였다. 무제는 동중서를 바로 이 사람의 대신으로 보냈는데[52] 거드럭거리는 형에게 이 설교조의 현학자를 보내는 것을 희대의 익살로 생각하였음이 분명하다. 더욱이 당시 제후왕들은 마음에 들지 않는 대신을 때때로 살해하였기 때문에, 무제는 동중서가 그렇게 되기를 바라고 있었는지도 모른다. 만약 무제가 그것을 기대하였다면 오산이었다. 동중서는 사자 같은 왕을 잘 길들였고 그 직책을 성공적으로 수행하였다. 그 후 무제는 동중서를 미워하는 사람의 충동질을 받고 더 난폭한 제후왕의 궁전으로 그를 보냈으나, 이번에는 동중서가 건강을 이유로 잠시 후에 사임함으로써 자신을 보호하였다. 그 후 동중서는 은거한 학자로서 여생을 보냈으며, 무제는 때때로 사자를 보내 그에게 국사에 대한 의견을 듣기도 하였지만 그 진언을 따른 것 같지는 않다.[53]

이런 방법으로 무제는 동중서의 고집불통 때문에 크게 신경쓰지도 않았고, 그를 순교자로 만드는 것도 피할 수 있었을 뿐 아니라 이 유명한 학자의 후원자라는 명성도 얻을 수 있었다. 실제로 무제는 동중서가 '어리석은' 책을 저술한 죄로 사형선고를 받았을 때, 그를 사면하여 관대하게 '그 생명을 구해' 준 일도 있었다.[54)]

무제의 시험 가운데 현재 남아 있는 것이 또 하나 있다. 이것을 보면 무제가 어떤 종류의 유가를 좋아하였는가를 알 수 있는데, 이것은 바로 공손홍(公孫弘)이 본 시험이다. 공손홍은 젊은 시절에 옥리(獄吏)를 지냈으나, 모종의 과오 때문에 그 자리에서 쫓겨나 돼지치기를 하였으며, 40대에 《춘추》를 배워 60세가 넘어서야 관리로 추천되어 관직에 오른 사람이었다. 그는 무제와 의견을 달리할 정도로 용감하였기 때문에 면직되었지만, 기원전 130년에 다시 추천되어 시험을 받았다.

이 시험을 부과하면서 무제는 비록 유가적인 용어를 사용하기는 하였지만, 학자들이 비유가적인 사상을 표현하도록 의도적으로 유도한 것처럼 보인다. 왜 옛 성왕의 치세에서조차 재난이 있었으며, 또 인·의·예·지의 유가적인 덕목을 어떻게 실제로 구현할 수 있는가를 물었다.[55)]

공손홍의 답안은 먼저 '성(誠)'의 중요성을 강조함으로써 정통유가의 입장을 제시한 뒤, 이어서 정치의 기본원칙 8조를 열거하였다. 그 가운데 마지막 2조가 상과 벌인데, 이것은 법가적인 관점이며, 여기서부터 그의 답안은 법가의 논문을 방불케 한다. 그는 유가의 4덕목을 모두 유가적이라기보다는 훨씬 법가적인 말로 서술하였으며, 그가 사용한 용어들은 《한비자》에서 직접 나온 것이 많다. 그는 군주가 통치를 잘 하려면 법률을 공포하고 '술(術)'(법가적인 용이다)을 사용해야 하며, "사생(死生)을 좌우하는 권한을 독점해야 하고"(이것은 《한비자》 팔경편(八經篇)의 한 구절을 바꾸어 말한 것이다),[56)] 정치에 대한 직접적인 지배권을 확고하게 장악해야 한다고 주장하였다.

약간 위장되었을 뿐 법가주의 논문과 다름없는 이 글을 체점관들이 괘씸하게 여겼을 것은 분명하다. 그들은 100여 편의 답안 가운데 이것을 최하등으로 판정하여 황제에게 올렸다. 그러나 무제는 이것을 보고 크게 기뻐하였고 제일등으로 순서를 바꾸어 놓았다.[57] 이것은 놀라운 일도 아니며, 실제로 무제는 더욱더 법가적인 방법을 많이 사용하고 있었다. 일찍이 동중서를 시문(試問)할 때에도 이미 《한비자》에 관한 지식이 있었던 것 같다.[58] 몇 년 뒤 무제는 어떤 조서에서 이사의 상주문과 《한비자》를 각각 인용하였지만,[59] 그 출처는 모두 밝히지 않았다. 자신을 법가로 공언하는 것은 득책이 아니라는 것을 무제는 너무나 잘 알고 있었던 것이다. 그러나 그가 속으로는 점점 법가의 방향으로 기울고 있었던 것은 의문의 여지가 없는 것 같다. 무제가 자기 의견을 내색하지 않은 것도 단지 "군주는 자기 생각을 밝히지 않아야 한다……(남에 관해) 들어야 하지만 (자기 일은 남이) 듣게 해서는 안 되며, (남을) 알아야 하지만 (자신을) 알게 해서는 안 된다"라는 《한비자》의 교훈을 따른 것일 뿐이다.[60]

무제가 전직 옥리였던 공손홍을 좋아한 것은 공손홍이 실제로는 상당한 법가이지만 표면적으로는 유가라는 사실에 더 가치를 부여하였기 때문이다. 역시 무제의 신하였던 사가 사마천(司馬遷)은 이 점을 명백히 지적하였는데, 그에 따르면 무제는 공손홍이 "법률과 행정을 분식(粉飾)하는 데 유가이론을 잘 이용할 줄 안다는 것을 크게 기뻐하였다"고 한다.[61] 게일(Esson M. Gale)은 한초의 황제들, 특히 무제에 관해 서술하면서, "국가의 실제적인 행정수단면에서는 진의 법가적인 정치가들이 사용하였던 그 지긋지긋한 정책으로 되돌아갔지만" 체면을 세우기 위해서 "그들은 유교를 따른다는 간판을 내세웠다"고 지적한다.[62]

이러한 가짜 간판에는 공손홍처럼 순전히 이름뿐인 유가가 가장 적격이었다. 그는 무제의 방대한 제국주의적인 팽창계획에 반대하여, 자신의 뜻을 굽히지 않고 무제의 양보를 받은 적도 한 번 있었지만,[63] 대부분의 경우 무제는 자기 뜻에 맞지 않는 공손홍의 의견을 간단히 무시해 버렸다. 공손홍도 그런 의견 차이를 표시하지 않으려고 조심하였으며, 결코 공개석상에서 황제와 의견을 다투지도 않았다. 이것은 《논어》 헌문편(憲問篇) 23장에 보이는 공자의 교훈을 정면으로 위배한 것이다.

사마천은 공손홍을 알고 있었던 것 같은데, 그를 "의심이 많고 겉으로는 관대한 척하지만 속으로는 음험한 사람이며, 사이가 나쁜 사람들과도 친한 척하지만 결국 그들에게 화를 입히는" 인물로 묘사하였다.[64] 동중서와 같이 정직한 유가들은 그를 아첨배라고 불렀으며, 어떤 학자는 그를 아첨꾼이라고 공개적으로 비난한 이후 커다란 명성을 얻었다고 한다.[65] 그러나 공손홍의 행동은 지나칠 정도로 소심하였고 예법에 어긋난 점도 없었다. 그의 효행은 남의 이목을 끌 만큼 대단하였고, 생활도 극히 검소하였으며 다른 학자들 및 친구들을 돕기 위하여 봉록의 대부분을 나누어 주었기 때문에 칭찬도 받았다.[66]

무제는 그를 빨리 승진시켰기 때문에 수년 안에 그는 최고 관직에 올랐을 뿐 아니라 열후(列侯)로도 봉해졌다. 이처럼 많은 동료 가운데에서 전례 없는 발탁은 모든 학자들에게 깊은 인상을 주었다. 황제로 하여금 대학을 세우게 하는 것도 동중서는 실패하였지만 공손홍은 성공했으며, 그 결과 50명 이상의 유학자들이 생계를 얻게 되었다.[67] 조정에 협력하는 것이 '현명한' 유가들에게 유리하다는 것이 명백해진 것이다.

공손홍은 비록 천수를 다할 때까지 승상(丞相)의 자리를 지켰지만(그를 전후한 승상들이 모두 처형된 반면) 정치에서 중요한 역할을 담당하였다는 증거는 없으며, 오히려 그는 무제의 개인적인 전제지배에 편리한 '유가적' 간판에 불과하였던 것이 명백하다.[68] 그렇다고 정책을 입안하고 시행하는 일에 무제를 도운 사람들이 없었던 것은 아니었지만, 그들이 반드시 최고 지위에 있었던 것 같지는 않다. 무제가 진정으로 귀를 기울인 조언자는 재정·형법·군사 등 황제의 실제적인 관심분야에 정통한 사람들이었다. 적어도 그 가운데 한 사람인 상홍양(桑弘羊)은 공개적으로 법가를 자처한 것 같은데, 그는 진시황

을 숭배하였고, 유가뿐만 아니라 공자조차 경멸한 사람이었다.[69]

이런 관료들의 보필을 받은 무제는 제국주의적인 침략, 전체주의적인 경제편성, 그리고 법가적인 인민탄압이란 체제를 밀고 나갔다. 처음에는 이민족의 위협이란 명분으로 정당화되었던 군사조처는 허영심을 만족시키는 사업으로 확대되었고, 이 때문에 재정이 고갈되었으므로 더 많은 돈을 거두어들이기 위하여 염·철 같은 주요상품의 국가전매가 실시되었고, 화폐는 평가절하되었다. 또 '규율'을 유지하기 위하여 법률과 형벌이 배가되었는데, 그 결과 국가는 막대한 벌금과 새로운 관노비를 얻게 되었으니, 이것 역시 재정에 도움을 준 셈이다. 관리를 처형하는 것이 일상처럼 되었기 때문에 아무도 관직을 원하는 사람이 없게 되자, 관리에 임명되었을 때 그것을 면하기 위해 일정한 돈을 정부에 내기만 하면 그 수상쩍은 영예를 피할 수 있는 제도마저 생겼다.[70]

이런 정책들은 국가에게 권력과 영광을 가져왔지만 백성들에게는 비참과 압제를 의미할 뿐이었다. 그러나 국가정책에 대한 어떠한 비판이나 '방해'도 엄벌되었다.[71] 무제의 긴 통치도 그 말년에 이르면 불평이 터져 혼란이 야기되었는데, 흥미 있는 것은 그것이 중국에서 가장 유교적인 지역인 공자의 고향 부근에서 발발하였다는 점이다. 그것은 수천 명이 처형된 뒤에야 진압되었다.[72]

그럼에도 불구하고 만약 무제가 진시황처럼 폭력에만 의존하고 중론을 무시하였다면, 과연 권력을 유지할 수 있었을지 의문이다. 물론 무제는 진시황 같지는 않았다. 그는 몹시 인자한 척하였으며, 자신의 권력을 강화하기 위한 행동을 가장 이타적인 동기에서 나온 것처럼 주장하였다.[73] 만연한 원성을 해소하기 위하여 그가 취한 행동 가운데 가장 교활한 것은 다수의 유가를 관료로 임명하거나 국가보조를 받도록 지원한 것이었다. 진시황은 유가들을 생매장하였지만, 무제는 그들의 입을 꿀로 막았던 것이다.

이러한 정책이 유교에 미친 영향은 대단하였다. 그 이후 유교경전을 배우는 사람이 급속도로 증가하여 한대의 한 사가는 "이제는 이것이 부귀를 얻는 길이 되었으므로 당연한 것이 아닌가?”[74]라고 간명하게 지적하였다. 어떤 목표건간에 부귀를 미끼로 사람들을 끌어모으는 것은 과히 바람직한 것은 아니지만, 정부로서는 이것이 대다수 유가들을 ‘안전한’ 연구와 의견 쪽으로 부드럽게 유도함으로써 그때까지 유교의 특징이 되어온 정치적 사회적 현실에 대한 ‘위험한’ 비판에서 손을 떼게 할 수 있는 훨씬 쉬운 방법이었다. 공손홍의 답안을 제일등으로 옮겨놓은 무제의 처사는 타당한 의견을 갖는 사람을 정부가 얼마나 잘 대우하는가를 생생하게 예시한 것이었다. 고전연구에 몰입하는 학풍은 유교 내부에서도 이미 진행되고 있었지만, 이것은 비교적 무해한 일이었기 때문에 정부는 시험에서 문헌을 강조함으로써 그것을 장려하였다. 샤반느(Chavannes)에 따르면 “중국인들이 모든 지혜의 원리를 고전에서 찾으려는 경향을 현저하게 보이기 시작한” 것은 무제 이후부터였다고 한다.[75]

유가경전 이외의 문헌을 공부한 학자들을 관료선발에서 제외한 조처는 유교의 순수성을 유지하는 데 아무 효과가 없었을 뿐 아니라 오히려 정반대의 결과를 가져왔다. 그것 때문에 진정한 관심이 다른 데 있는 수많은 학자들이 직업적인 유가가 되었으며, 자신의 철학적 입장인 도가, 법가 및 기타 다른 철학의 관점에서 유교를 해석하였다. 그러나 그 결과는 이것만이 아니었다. 후스[胡適]가 지적한 바와 같이 한무제시대에 발전한 유교의 성격은 실제 “당시 유행하였던 모든 미신적인 요소와 국가경배가 결합된 일종의 거대한 종합적인 종교였으며……그것이 훌륭하고 권위 있게 보이도록 하기 위하여 유가경전 또는 유가 이전의 고전으로 살짝 위장한 것에 불과하였다.” 그러나 “이 유교는 공자가 가르쳤던 것이나, 맹자가 철학적인 체계를 세운 것과는……전혀 별개의 것이었다.”[76]

이 말은 조금도 의심할 여지가 없는 사실이지만, 한대에 유행하였던 공자관이 지금까지 유행하고 있는 공자관을 형성하는 데 깊은 영향을 준 것도 또한 사실이다. 실제로 무제시대는 우리와 공자 사이에 불투명한 장막을 쳐놓았다고 해도 과언이 아니며, 그 결과 있는 그대로의 공자를 이해하기 어렵게 만들었다. 공자가 태어날 때 용과 천제의 사제들이 하늘에 떠돌았다는 따위의 초자연적인 요소가 곁들인 설화도 많이 발달하였지만, 여기서 그것을 따질 필요가 없는 것은 스스로 그 정체를 폭로하고 있기 때문이다. 그러나 한대의 문헌에서 발견되는 공자의 설화 가운데에는 실제로 이런 것보다 더 신빙성이 높은 것도 아니면서, 아직도 사실로 받아들여지고 있는 것도 있는데, 여기서는 《사기》와 《예기》 두 책의 예만 고찰해 보자.

《예기》는 유가경전 가운데 가장 방대한 것의 하나로서 주로 의례상의 관행, 즉 '예'에 관한 논설을 모은 것이다. 이것은 한대 유가가 편찬한 것이지만 비교적 초기 문헌도 포함된 것이 분명하며, 그 가운데 일부를 공자와 거의 동시대로 보려는 시도도 있었기 때문에 《예기》의 몇 편은 공자를 이해하는 데 기초적인 자료로 간주되어 왔다. 그러나 잘 살펴보면 그 가운데 가장 쓸 만하다고 하는 자료조차 적어도 후세에 편집된 것이거나 삽입된 것이 너무나 많은 것 같아 심각한 의문을 던지지 않을 수 없을 정도이다. 《예기》의 일편인 《중용》에 후기 법가사상이 포함되어 있는 것은 앞에서도 지적하였지만, 《중용》의 대부분을(전부는 아닐지라도) 후세의 작품으로 간주하는 학자들의 의견에 동조하지 않을 수 없는 이유는 그 밖에도 또 있다.[77] 《중용》은 송대 이래로 《논어》《맹자》 및 《예기》의 또 다른 일편인 《대학》과 함께 유교가 존숭하는 사서 가운데 하나가 되었지만, 《대학》 역시 초기 저작이라고 생각할 만한 이유는 없을 것 같다.[78]

《예기》 가운데 공자의 사적을 전하고 있는 다른 편들도 별로 신용할 만한 것이 못 된다. 그 가운데에는 사실 전승을 토대로 서술한 것도 있는 것 같으나, 너무나 많은 손을 거쳤기 때문에 현재 형태로는 믿을 수가 없으며, 다른 것은 순전히 위작에 불과한 것이 너무나 명백하다.[79] 이따금 공자에 관한 자료로 이용되고 있는 단궁(檀弓)이란 긴 편장(篇章)도 어느 정도 확실한 자료가 포함되어 있는 것은 분명하지만, 신용할 수 없는 자료가 너무나 많기 때문에 그 편 전체를 신뢰하기가 어렵다. 여기에 묘사된 공자 만년의 행동은 불평에 가득 차 있고, 이기적이고 미신에 가득 찬 노인의 행동인데 이것은 《논어》 가운데 공자 만년을 전하는 구절들과 너무나 대조적이다.[80) 또 단궁편에는 공자가 마치 한대의 유가 군자들처럼 귀족의 규범에 따라 행동한 것으로 나오는데, 일찍이 중국의 평자가 지적한 바와 같이 이것 역시 《논어》에 보이는 것과 모순되는 것이다.[81)]

《예기》 여러 편에 보이는 공자상은 노나라에 실제 생존하였던 인간 공자라기보다는 수세기의 전승 속에서 다듬어진 결과 공자설화의 주인공이 되고만 성인의 모습이다. 그러므로 여기서 공자는 인습에 젖은 한대의 유가처럼 행동하고 있는 것은 물론이고, 이전에는 도가사상과 법가사상으로 개종되었던 공자가 여기서는 한대 유교로 개종되고 말았다.

이와 같은 한대의 공자관을 실제 공자에 관한 사실로 받아들이게 만든 문헌 가운데에서 《사기》 권47 공자세가보다 더 큰 역할을 한 것도 아마 없을 것이다. 이 전기가 약간의 결함은 있지만 현재 일반적으로 공자의 생애를 이해하는 데 기초자료가 된다는 것은 대부분의 중국 및 서양학자들의 일치된 견해이다.[82)] 이 전기는 공자 일생의 사건을 연대순으로 정리한 최초의 시도였을 뿐만 아니라, 현재 남아있는 공자전기 가운데에서도 거의 유일한 대작이기 때문에 그 영향력이 대단한 것은 당연한 일이다. 《사기》는 사마담(司馬談)·사마천(司馬遷) 부자에 의해서 저술되었는데, 두 사람은 모두 무제의 관리였다. 《사기》는 중국 최초의 대사서이기 때문에 "중국의 교육과정에서 경전 다음으로 중요한 위치를 항상 차지하여 온" 것도 당연하였다.[83)] 《사기》 열전 가운데에는 문학작품으로서도 뛰어난 것이 많은데, 거기에는 동기 설정, 인물 묘사, 흥미진진한 사건 설명, 생생한 남녀의 활약 등이 잘 다루어져 있다.

이와는 대조적으로 공자의 전기는 극히 산만한 작품이다. 여기에는 어떤 동기의 설정도 없고, 일관된 공자의 성격을 추구한 것도 거의 없다. 사실 이것은 유가·도가·법가측의 자료에서 수집한 일련의 사건들을 비판이나 상호조화도 고려하지 않은 채 한데 묶어놓고는 연대순으로 정리한 것이라고 주장한 것에 불과하다. 그 결과 공자는 마치 허수아비처럼 이야기 사이를 왔다갔다할 뿐이며, 시대적인 착오도 예외적이라기보다는 거의 일상처럼 되고 말았다. 실제로는 오래 전에 이미 죽은 사람들과(어떤 경우는 10년 전에 죽은 사람) 공자가 대화를 나눈 것으로 되어 있는가 하면,[84] 최초의 제자들이라고 하는 두 사람이 공자에게 공부란 어떻게 할 것인가를 물었다고 하는 시기도 사실은 그들이 태어나기 이전으로 되어 있다.[85] 이 전기의 저자는 자신이 지금 무슨 이야기를 하고 있는지조차 기억하지 못하는 것 같다. 공자가 어떤 나라를 떠났다고 하면서도 계속해서 그곳에서 활동한 것처럼 서술하고 있으며, 그 후에는 갑자기 다른 나라에서 공자가 활동한 것을 서술하면서도 공자가 그곳으로 갔다는 사실은 전혀 언급하지도 않았다.[86] 많은 학자들이 이미 지적한 바와 같이 이곳의 연대순은 《사기》 다른 부분의 기사와 일치하지 않은 것도 적지 않다.[87]

이 전기는 엉터리투성인데 공자를 살해하려고 한 어떤 군부대신이 〔宋司馬 桓魋〕 공자가 나무 아래 앉아 제자를 가르치고 있는 사이에 그 나무를 베어버린다는 기묘한 방법을 썼으나, 그것이 진행되는 동안 공자가 도망갔기 때문에 실패하였다는 것도 그 한 예이다.[88] 매사가 이런 식이지만, 만약 이 전기가 일관성 있고 신뢰할 만한 하나의 인간상을 제시하였고, 또 그것이 《논어》나 《맹자》와 같은 초기 저작들과도 잘 부합되는 것이었다면 어느 정도 받아들일 만한 전기가 되었을지도 모르지만, 그렇지가 못하다. 여기에 보이는 공자는 천리안을 가진 성인으로서 초자연적인 문제를 장황하게 논하고 있는데, 이것이 《논어》와 정면으로 상충되는 것은 말할 필요도 없을 것이다.[89]

이 전기에 나오는 대부분의 이야기가 다른 책에서 발췌한 것임은 확실하지만, 거의 감지할 수 없을 정도의 묘한 방법으로 인간 공자의 존경할 만한 인격을 훼손하려는 의도로 구성되었다는 느낌을 지우기 어렵다. 솔직히 말한다면 공자는 거짓말장이로 묘사되어 있다. 공자가 전쟁에 관해서는 아무것도 모른다고 주장한 것이 두 번 인용되어 있으나, 이 두 기사 사이에는 공자에게 전술을 배웠다는 제자 염구의 말이 인용되어 있다.[90] 또 다른 예를 들면 공자가 서약을 하자마자 파기하는 언어도단의 짓을 하였을 때 분개한 자공이 항의하자 공자는 "강압 아래에서 맺은 서약이므로 신령들도 그것을 신경쓰지 않을 것이다"고 대답하였다고 한다.[91] 이 사건이 사실이 아니라는 것은 지적되어 왔다.[92]

이 전기에는 표면에는 나타나지 않지만 공자에 대한 단호한 적대감을 보인 것이 적지 않다. 이 점은 《논어》의 구절을 인용하면서 취사선택한 것에서 분명히 드러난다. 《논어》를 인용한 많은 사례 가운데에는 향당편(鄕黨篇) 제9장의 "그 자리가 바르지 않으면 앉지도 않았다"와 같은 주옥 같은 구절도 있지만, 2,500년 동안 공자를 사랑받는 존재로 만들었던 인간미 넘치는 따뜻하고 진지한 구절들을 거기서 찾는 것은 헛수고일 뿐이다.

왜 이 전기가 이토록 졸작이 되었는가? 첸무[錢穆]는 그 결함을 후세인의 개변과 첨가의 탓으로 설명하려고 하였는데,[93] 원문이 멋대로 변조된 것은 사실이지만,[94] 이것만으로는 훌륭한 전기의 편린조차 남아 있지 않다는 사실을 설명하기에는 부족하다. 이 전기의 70 또는 80퍼센트가 중상모략이라는 췌이수[崔述]의 말은 다소 지나친 것이지만,[95] 공자에 대한 비방이 많은 것은 확실하다. 그렇다면 이것은 무엇 때문인가?

《사기》의 저자 두 사람은 모두 무제 조정의 관리였다. 아버지 사마담은 도가이며 유교에 대한 그의 신랄한 비평이 《사기》에 수록된 한 논설에 현재 남아 있다.[96] 그의 아들 사마천이 도가냐 아니냐는 문제에 관해서는 학자들 사이에도 의견이 다르지만, 적어도 그런 경향을 시사하는 자료는 있는 것 같다.[97] 그러나 《사기》 가운데 어떤 부분을 사마담이 썼고, 어떤 부분을 아들 사마천이 썼는지를 확인할 수 없다는 난점 때문에, 논자들은 자기 주장에 적합한 대로 증거를 취사선택하는 것 같다.

부자 가운데 누가 공자전기를 주로 썼는가를 단정하기는 불가능하지만,[98] 공자전기가 도가의 문헌을 많이 이용하였고, 또 도가사상의 색채가 농후한 것은 분명하다. 이 전기에는 공자가 도가의 성인 노자를 찾아가 가르침을 받았다는 것이 보이는데, 이것은 사실이 아니며 유가에 대한 도가의 권위를 높일 목적으로《장자》란 도가서의 일부를 저술한 사람이 처음으로 창작해 낸 것 같다.[99]

그러나 도가사상에 대한 경도 이상의 그 무엇이 이 전기를 쓴 배후에 깔려 있는 것 같다. 무제때 관리였던《사기》의 두 저자는 의연하게 원칙을 지키는 유학자들은 존경하였지만, 반면에 폭군 같은 주인의 비위를 맞추기에 급급한 '아유(阿諛)하는 유자'(《사기》의 표현을 빌자면)를 경멸하였음에 틀림없다. 앞에서 지적한 바와 같이《사기》는 인신(人臣)으로서는 최고 권좌까지 오른 아첨배 '유가' 공손홍을 극히 간명한 말로 비난하였으며, 또 공손홍이 승상이 된 이후 백성의 탄압이 점점 가혹해졌고 법률이 더욱 엄하게 적용되었음을 지적하고 있다. "당시 황제는 현량(賢良)·방정(方正)·문학지사(文學之士)를 초치하여 관직을 내렸으며, 그 가운데에는 공경대부의 지위에 오른 사람도 있었다. 공손홍은 한의 승상이었지만 포의를 입고 한끼에 두 가지 음식을 먹지 않음으로써 천하의 모범이 되었다. 그럼에도 불구하고 그것은 풍속을 교화하는 데는 보탬이 되지 못하였고 사람들은 더욱더 공리(功利)를 좇게 되었다"고 이 사가는 냉소적인 논평을 하였다.[100]

《사기》가 주로 무제의 정치를 비판하기 위하여 저술되었다고 주장하는 견해도 있지만,[101] 사마천이 무제의 행동을 감히 비판한 대가로 궁형을 받았을 때 체험한 것처럼 그것은 위험천만한 일이었다. 공손홍처럼 집념이 강한 '유가'들이 권좌에 있을 때 중국통사를 쓰면서 공자에 관한 것을 언급하지 않은 것도 불가능하였겠지만, 공자를 공공연하게 비난하는 것보다 더 어리석은 일도 없었을 것이다. 이 때문에 저자들은 그 성인을 칭찬하는 것처럼 보이면서 실제로는 교묘하고도 효과적으로 비난하는 방법을 택한 것 같다. 실제로 그들은 공자를 무제의 조정에 몰려들었던 말솜씨 좋고 위선적인 '유가'처럼 묘사하였는데, 그렇게 하여도 이 신사분들이 아무 말도 못할 것이라는 것을 교활하게도 예상하였음에 틀림없다.

샤반느는 사마천이 공자전기를 본래 들어갈 자리가 아닌 세습귀족에 관한 세가편 속에 넣었다는 이유를 들어 그가 공자를 높게 평가한 것이 틀림없다고 주장하였지만,[102] 샤반느 자신도 《사기》가 풍자물이라는 것을 지적하고 있는 만큼, 이것도 농담의 묘를 최대로 활용한 것 같다.[103]

공자전기가 치밀하게 정체를 가린 풍자문으로 저술되었다는 가설은 공자에 대한 사마천의 평가 첫 문장을 번역하는 데 샤반느 자신이 느꼈던 곤혹감으로도 입증된다. 1895년에 샤반느는 그것을 열렬한 찬사로 해석한 번역판을 출판하였으나, 10년 후에는 그 동일한 문장의 번역을 살짝 칭찬하면서 매도한 의미로 바꾸었던 것이다.[104]

이상이 이 전기의 성격인데, 소수 반대의견은 있었지만 이것이 2천년 동안 확고한 공자의 초상으로 통용되어 왔다.

한무제의 치세에서 유교가 겪은 일들은 후세까지도 그 영향을 미쳤다. 그 이후 약간의 기복은 있었지만 유교는 정부의 후원을 계속 받았으며, 때로는 너무 지나칠 정도의 지원을 받기도 하였다. 그 결과 유가로 자처한 대부분의 사람들이 정치권력을 장악한 사람들의 요구에 어느 정도 부응하지 않을 수 없었으며, 유교는 때때로 백성을 통제하는 수단으로 이용되기도 하였고, 때로는 백성을 억압하는 데조차 이용되었다. 어느 시대건 정부가 학문을 후원하면 사상의 표준화 경향이란 불행한 결과를 가져오기 마련이다.

정부도 공인하였을 뿐 아니라 일반적으로도 통용되었던 공자관은 진실과 너무나 동떨어진 것이지만, 이것을 정책적으로 묶어두는 것은 어려운 일이었다. 왜냐하면 학자들마다 《논어》를 연구하였고, 어느 시대건 그 가운데에는 온갖 너더분한 주석과 관학적(官學的)인 해석의 장막을 꿰뚫어보면서 노나라의 외로운 학자가 말하고자 하였던 바를 이해하는 사람이 나오기 마련이기 때문이다. 17세기에 만주족이 중국을 정복한 뒤 상당히 가혹한 제도를 강요할 때, 관학유교를 통제수단으로 택하여 그것을 발전시켰다. 그러나 당시 가장 유능한 학자 가운데에도 만주족 치하에서 관직에 나가는 일에 초연한 태도를 취하였을 뿐 아니라, 근 2천년 이상에 걸쳐 발전해 온 정교한 유가이론의 전체계를 맹렬히 공격하였고, 단순히 문헌연구에 몰두하는 것을 비난하면서 공자가 그랬던 것처럼 학자들은 세상의 실무에 관심을 가져야 한다고 주장한 사람들이 있었다. 탁월한 정력과 학자적인 통찰력을 가졌던 그들은 《논어》와 《맹자》의 원문으로 되돌아가 초기 도가가 공자를 왜곡시킨 부분을 상당히 제거하기도 하였다. 그들은 공자가 황제의 독재정치를 지지하는 이론을 세운 교조주의적인 인물이 아니라, 성실하고 실제적이며 진리를 경험적으로 추구한 사람이었음을 깨달은 것이다. 물론 이 17세기 학자들의 선구적인 노력에도 결함이 없었던 것은 아니지만, 그들은 현재까지도 이어지고 있는 중국학계의 위대한 비평운동의 기조를 마련하였다. 한편 한무제와 같은 황제들이 유교를 후원함으로써 유교를 지배하려고 노력한 것도 결코 완전한 성공을 거두지는 못하였다. 정부는 유교를 삼키려고 하였다. 그러나 문제는 누가 누구를 삼키냐는 것이다. 유교경전에 대한 시험으로 관리를 선발하였기 때문에 정부가 경전해석에 영향력을 행사할 수는 있었지만, 동시에 그것은 대부분의 관료와 황제들이 경전의 영향을 크게 받는 결과를 가져왔다. 더욱이 경전 가운데에는 전제적인 성향이 농후한 정부의 입장에서 볼 때 극히 위험한 것도 있었다.

무제도 그랬지만 그 후의 황제들도 전제주의에 대항하여 백성의 권리를 옹호하는 초기 유교의 역할, 즉 혁명은 아니지만 정치적 사회적 개량을 지지하는 힘을 결코 유교로부터 절연시킬 수는 없었다. 지조 있는 유가들은 자파에 대한 호의의 대가로 양심을 팔지는 않았던 것이다. 앞에서 지적한 바와 같이 무제는 생전에도 유가의 반대를 받았지만, 무제의 치세가 역사에서 유교의 승리기로 간주되고 있음에도 불구하고, 무제가 죽은 뒤 대부분의 유가들이 그를 낮게 평가하였다고 생각되는 데에는 그럴 만한 이유가 있다.[105]

무제가 죽은 뒤 15년 만에 그의 증손자인 선제(宣帝)가 유교의 후원을 비롯한 무제의 공적을 찬양하고 기념하기 위한 계획을 발표하였을 때, 당시 고관으로서 《논어》에 관한 저술도 남긴 유명한 하후승(夏侯勝)은 그 계획을 반대하였다. 처벌받을 것이 분명함에도 불구하고, 그는 무제가 '백성들에게 아무런 혜택도 주지 않은' 낭비자요 억압자였기 때문에 칭송될 수 없다고 주장하였다.[106] 비슷한 시기에 어떤 유가는 무제의 방법을 공자의 원칙과 대비시켜 이렇게 말하였다고 한다. "공자께서 나를 써주는 사람이 있다면 나는 그를 위해 동방에 주를 만들어 주겠다고 말씀하신 것은 성탕(成湯)·문왕·무왕(모두 왕조를 전복하기 위해 활약한 혁명가) 같이 백성들을 위하여 잔혹함을 근절하고 사악함을 제거하려는 열망을 토로하신 것이다."

황제들은 유교를 통어하는 수단을 동원할 수 있었지만, 유가들에게도 황제를 견제할 수 있는 수단이 있었던 것이 사실이며, 이 수단은 더 교묘하면서도 효과면에서는 조금도 뒤지지 않는 경우가 많다. 가장 고전적인 방법의 하나는 동중서가 고심 끝에 제시한 것인데, 이것은 현실의 사건과 유사한 것을 《춘추》에서 찾아내는 방법이다. 즉 황제의 총신 또는 황제 자신의 결점을 지적하고 만약 필요한 계혁을 하지 않을 경우 반드시 재난이 일어난다는 것을 지적할 수 있는 근거로 《춘추》가 채택되었고, 자연적인 재해현상도 《춘추》에서 그 유례를 찾아 부정한 정치에 대한 불만을 표시하기 위해 하늘이 보낸 경고로 해석하였다.

만주족 출신의 황제 강희제(康熙帝)는 이러한 '미신적이고 무지한' 사상에 극단적인 불만을 토로하였는데, 그의 합리적인 성격에 감복하지 않을 수도 없지만, 유가들이 자기의 정치를 비판한 데 자극된 면도 없지 않았느냐는 의심도 떨쳐버릴 수가 없다. 1699년 그는 《춘추》에 대한 새로운 주석서를 편찬하기 위해 저명한 학자들로 편찬위원회를 구성하였고, 그들에게 경전(즉 《춘추》)에 부합되지 않는 것은 모두 제거하라고 명하였다. 그것이 완성되었을 때 그는 만족을 표하였지만, 그 요지는 공자의 제자들이 살아 있을 때조차 공자가 말한 것에 대해 다양한 전승이 있었는데, 하물며 수천 년 뒤의 유가들이 어떻게 확실한 것을 알 수 있겠느냐는 것이었다. 주석서에서 강희제는 편찬자들이 '옳은 것만 선택하였을' 뿐이라고 말하였지만,[107] 그 책을 들쳐보면 부덕하거나 포악한 군주는 충성을 받을 자격이 없으며, 적당히 제거되어야 한다고 단언한 구절들을 편찬자들이 '부당하다'고 비난한 것을 발견할 수 있다.[108]

정치에 끼친 유교의 영향은 시대에 따라 강도가 달랐지만, 그 영향은 구석구석 스며들었고, 대체로 민주주의라고 할 만한 방향으로 나아갔다. 정부란 백성의 만족과 복리를 위하여 존재하며 그 책임을 수행하지 못할 경우, 비판은 물론 전복되는 것조차 당연하다는 이론이 지난 2천년간 이처럼 계속 일반화되었던 대국(大國)은 아마 유례가 없을 것이다.[109]

정치는 오로지 덕망과 교양만을 근거로 선발한 국내 제일급의 유능한 사람에게 위임해야 한다는 공자의 주장은 시험제도로 구체화되었는데, 이것이 한대 이후 점차 정비되었다. 그 구체적인 제도는 시대에 따라 다르지만, 청대(淸代)에는 현(縣)·성(省) 및 전국 규모의 3단계 시험이 2년 내지 3년마다 열렸다. 각 단계마다 후보자들은 좀 더 높은 학위를 얻기 위하여 서로 경쟁하였다. 경쟁은 치열하였으며, 어느 시험이건간에 후보자 가운데 극소수만 합격할 수 있었다. 물론 부정도 있었지만 그것을 방지하기 위해 정치한 예방책이 마련되어 있었고, 비교적 안정된 시기에는 이 예방책이 상당히 성공을 거둔 것 같다.

아무리 빈천한 농민의 아들이라도 최하급의 학위만 소지하여도 사회적으로 크게 우대되었고, 때로는 정부의 연금이 지급되거나 하급 지방행정직이 수여되기도 하였는데, 이것은 결과적으로 정부의 지원을 받아 학업을 계속하는 것과 마찬가지였다. 최상급의 학위를 소지한 사람도 반드시 관직에 임명된다는 보증은 없지만, 역대 왕조에서 가장 책임 있는 자리는 대부분 시험에서 뛰어난 성적을 올린 사람이 차지하는 것이 상례였다. 다른 방법으로도 관직을 얻을 수는 있었지

만, 최소한 대부분의 경우 시험에 합격한 사람이 최고위직에 오를 가능성이 가장 높았다.[110)]

그러나 외부 침략자들이 세운 왕조의 경우만은 예외라는 것은 주목하지 않을 수 없다. 그들이 시험경쟁을 시키지 않고 동족에게 최고위직을 부여하는 것은 당연하였다. 그럼에도 불구하고 필요한 조건이 완비된 뒤에는 교육을 통해 유교의 이상에 젖은 관료가 대체로 중국을 지배하였고, 그들은 일반백성 가운데에서 시험을 통하여 선발되었다. 물론 최고 관직이 모두 농민출신으로 충당된 것은 아니다. 실제 정실인사도 있었고, 또 이와는 전혀 별개의 문제로서 관료의 자제가 유리한 것은 당연한 일이었다. 관료 집안은 자식들에게 좋은 교육을 제공할 수 있었고, 그들은 교양 있고 직업적인 관료의 분위기에서 성장하였기 때문이다. 대부분의 쟁쟁한 대신들이 관료의 아들이거나 손자라는 사실은 별로 이상할 것이 없지만, 그러한 이점이 없는 일반백성 출신들이 대신의 자리에 오를 수 있었던 것은 놀라운 일이다. 비록 우리의 지식이 충분하지는 않지만, 적어도 어떤 시대에는 특히 하급관료의 경우, 시험을 통하여 대중의 참신한 활력소를 대거 흡수한 것처럼 보인다.[111)]

시험 내용은 전적으로 그런 것만은 아니지만 주로 후보자들에게 유가경전에 대한 지식을 시험하는 것이 목적이었다. 이 책 가운데에는 공자가 보지도 못한 것이 있을 뿐 아니라, 그 내용 가운데에는 공자가 격렬하게 이의를 제기할 만한 부분도 상당히 많은 것 같다. 공자는 책에 관한 지식 자체를 강조하는 시험을 개탄하였으며(자료편 제5장을 참조하라), 보다 정력에 넘친 유학자들도 그것을 개탄한 예가 많았지만, 그 효과는 별로 없었고 지속적인 것도 못되었다.

이러한 결함에도 불구하고 이 시험제도 때문에 중국의 정치는 유례를 찾을 수 없는 독특한 것이 되었는데, 그 정치에는 많은 장점이 있다. 이 시험제도 때문에 중국에서 가장 유능한 사람들이 관계에 대거 진출할 수 있었으며, 이 제도가 효과를 발휘하는 한, 관리는 지위를 세습한 망나니에 불과한 존재가 아니라 교양인임을 보장하였다. 바로 이 제도의 기초가 유교철학과 윤리였기 때문에, 그것은 하나의 이상을 공유한 집단을 형성하였으며, 여기서 특이한 집단의식이 생겨났다. 비록 이것은 오늘날 우리가 정치적 민주주의라고 생각하는 것에는 미치지 못한다 할지라도, 매세대마다 그 일부는 항상 공직을 획득하였기 때문에 일반백성들은 정부에 일종의 대표단을 갖게 되는 셈이다. 교육받은 사람의 신분이 자동적으로 상승되는 것은 아니므로, 이 시험제도가 계급 없는 사회를 만든 것은 아니지만, 그토록 장기간에 걸쳐 그토록 거대한 나라에 어느 정도 사회적 민주주의가 실현된 예는 아마 또 없을 것이다. 이론상 모든 농민의 아들들이 가장 세력 있는 대신이 될 희망을 품을 수 있고, 또 그 가운데 한 사람 정도는 이따금 그런 지위에 오르기도 하는 곳에서는 사회의 계층화가 용이하지 않다.

대신은 군주에 대한 충성보다는 원칙에 대한 충성을 생각해야 하며, 두려워 말고 비판해야 한다는 공자의 주장을 상기해 보자. 감찰관이란 지위가 이 이론의 제도적인 표현인데, 그들의 임무는 황제를 비롯한 정부 안에 있는 모든 관원의 행동을 조사하고 어떤 두려움이나 정실에도 좌우되지 않고 직무태만을 탄핵하는 것이다. 물론 이런 의무가 수행되는 방식은 감찰관의 양식과 용기에 따라 다르게 마련이며, 실제로 그들이 전제적인 황제들의 도구로 이용된 경우도 때때로 있었던 것 같다. 그럼에도 불구하고 감찰관 가운데에는 지고한 이상주의의 입장에서 직무를 수행한 사람도 많았던 것은 확실하다. 사실 황제는 귀찮은 감찰관을 언제라도 유배보내거나 처형시킬 수도 있었다. 그러나 그것은 또 하나의 귀찮은 순교자를 만들 각오를 하지 않으면 불가능한 일이었다.

이런 것들이 모두 어느 정도 민주정치의 방향으로 나간 증거인데, 절대군주정치 아래에서 이런 것이 이루어졌다는 사실은 놀라운 일이다. 그러나 이것이 완전한 민주정치와는 거리가 먼 것 또한 엄연한 사실이다. 민주정치를 향한 공자의 출발은 괄목할 만한 것이었지만, 그 후 그가 제시한 원리에 추가된 것도 거의 없었을 뿐 아니라 그 원리 자체도 충분치 못하였다. 민주정치가 효과적으로 구현되려면 일반백성들이 군주를 선택하는 데 효과적인 발언권을 가져야 하며, 이 목적을 위한 구체적인 방법이 창출되지 않으면 안 된다. 그러나 중국에서는 이것이 발전되지 못하였으며, 다른 곳에서 이것이 성취되었다. 그럼에도 불구하고 유교는 이와 관련하여 흥미있고도 중요한 역할을 하였는데, 이 문제를 고찰하려면 유럽 쪽으로 눈을 돌리지 않을 수 없다.

제15장　儒敎와 西歐民主主義

서구의 민주적인 제도는 미국혁명 및 프랑스혁명과의 관련 아래에서 가장 급격하고도 극적인 성과를 거두었다. 이 혁명들이 계몽주의로 알려진 철학운동의 '소산'이 아닌 것은 분명한 사실이지만, 혁명에 의해 일단 행동의 자유가 부여된 사람들이 행동방향을 결정하는데 이 새로운 사상형(思想型)이 지대한 역할을 한 것은 사실이다.

계몽주의 철학에는 유교와 아주 비슷한 점이 약간 있다. 계몽주의 철학이 17, 8세기에 발달하였고, 그것은 유교가 유럽에 소개되어 영향을 끼치게 된 시기와 정확하게 일치하기 때문에 중국철학이 이 유럽 사상에 어느 정도 시사를 준 것이 아니었느냐는 지극히 당연한 의문이 제기되어 왔지만, 이에 대한 명답을 제시하기란 쉬운 일이 아니다. 특별히 중국에 관심을 가진 사람은 중국에서의 영향은 빠짐없이 주목하지만 다른 자료는 경시하는 경향이 있게 마련이다. 어떤 중국학자는 1940년에 출간된 《유럽문화에 끼친 중국사상의 영향(中國思想對於歐洲文化之影響)》이란 책에서 인상적일 정도로 증거를 잘 제시하면서 "중국철학이 프랑스혁명의 기반이 되었던 것은 의심의 여지가 없다"고까지 극언하고 있다.[1] 또 중국과 혁명을 모두 경멸하는 어떤 학자는 혁명의 권위를 실추시키기 위하여 혁명과 중국을 결부시키려고 하였다. 혁명 후 40년이 채 못되었을 때 마콜리(Maculay)는 18세기 '프랑스의 학술회원'들을 몹시 꾸짖으면서, "저명한 철학자들이 늙은 간호부의 코에 걸어도 안 될" 중국에 관한 이야기들을 "엄숙한 태도로 정치이론의 기반으로 삼고 있다"고 주장하였다.[2] 혁명을 부정적으로 평가하는 프랑스의 뛰어난 비평가요 사회철학자인 브륀티에르(Ferdinand Brunetiere, 1849~1906)도 프랑스 민주주의 가운데에서 자기가 싫어하는 요소를 대부분 중국적인 것으로 비난하였는데, 프랑스 교육제도에 관해서도 이렇게 말했다. "이것보다 더 중국적인 것이 또 있겠는가? 이 제도는 프랑스혁명이 만들었지만 원리는 중국을 찬양하고 경탄하는 철학자들과 그 '철학'에 의해서 제안된 것이다. 만사가 경쟁시험이며, 특전도 없고, 무엇보다도 세습과는 무관하다니! 시새움에 가득 찬 철학자들이 중국 관료 개념에 현혹된 결과가 아닌가!"[3]

반면에, 프랑스혁명을 연구하는 사람 가운데에는 중국사상이 혁명의 배경에 어떤 역할을 하였다는 사실을 거의 무시하는 사람도 있는 것 같다. '혁명시기에 관한 가장 탁월한 당대 권위자'로 불렸던[4] 르페브르(Georges Lefebvre)는 1939년 프랑스혁명의 배경만 전적으로 다룬 책을 출간하였는데, 그 책에는 중국에 관한 언급은 전혀 없다. 그가 프랑스 내부의 사회적 경제적 정치적인 조건에 일차적인 관심을 보인 것도 극히 당연하였다. 그러나 동시에 그는 "이상주의만이 희생정신을 불러일으킬 수 있는 바, 이것이 없이는 진정한 혁명정신이 있을 수 없다는 사실을 망각해서는 안 된다"고 경고했으며,[5] 이러한 이상주의가 나오게 된 배경에는 18세기 철학이 크게 작용하였음을 다음과 같이 지적하였다.

> 16세기에서 18세기에 걸쳐 철학자들은 인간이……지상에서 발전하는 것을 억압하는 족쇄를 벗어던질 것을 제안하였으며, 인간이 자연의 지배자가 되고 만물의 진정한 주인이 될 것을 촉구하였다. 이런 주장은 교회

> 의 교의와 상이한 것처럼 보이지만, 인간의 고귀한 존엄성을 인정하고 그것이 당당히 존중받아야 한다고 주장한 것이나, 인간에게는 침범할 수 없는 타고난 권리가 있으며, 국가는 이 권리를 보호하고 개인으로 하여금 스스로 그 가치를 구현하도록 도와주는 것 외에 어떤 목적도 가질 수 없다는 것을 주장한 점에서는 양자의 견해가 일치한다.[6]

이 말이 얼마나 정확한 것인지는 몰라도 매우 중요한 면에서 계몽주의 사상은 당시 교회의 그것보다는 유교사상과 훨씬 더 비슷한 방향으로 이행되었고, 이것이 계몽주의의 지도적인 인사들 사이에도 광범위하게 인식되었을 뿐 아니라, 그들이 그것을 공언하기조차 하였다는 것도 역시 사실이다.

당시 이 사실은 잘 알려졌을 뿐 아니라 악평되기조차 하였다. 울프(Christian Wolff)가 어떤 연설에서 중국인에 관해 "이 민족은 통치기술면에서 어떤 민족보다도 뛰어났으며, 그들을 능가한 예를 찾을 수 없다"고 말하였을 때, 그는 '즉결처분을 받지 않으려면' 24시간 이내에 할레(Halle)대학을 떠나라는 명령을 받았다고 한다. 그 결과 그의 연설은 멀리 떨어진 영국 같은 데서도 열광적으로 읽혀지게 되었다.[7] 이를 전후한 시기에 이와 비슷한 말을 한 사람은 많았던 것 같다. 라이프니츠(Leibniz)는 중국인에 대해 다음과 같이 기술하였다. "우리들이 비록 생산기술면에서 그들과 동등하고, 이론과학면에서는 그들을 능가한다고 할지라도, 실제적인 철학면에서는 그들이 우리를 능가하는 것이 확실하다(인정하기 부끄러운 일이지만). 여기서 실제적인 철학이란 인간생활의 행위와 이익을 위해 고안된 윤리학과 정치학의 규칙들을 의미한다."[8] 또 볼테르(Voltaire)는 "중국의 법률은 사실 세계에서 최상의 것이며……한 성(省)의 장관이 이임할 때 백성의 칭찬을 받지 못할 경우 처벌을 규정한 유일한 법률이다……. 우리에게는 문자도 없었던 4천년 전에 중국인들은 우리가 오늘날 자랑하고 있는 것 가운데 기본적으로 유용한 것은 모두 알고 있었다"라고 주장하였으며,[9] 1731년 영국의 버젤(Eustuce Budgell)은 다음과 같은 기록을 남기기도 했다.

> 중국인을 논하는 모든 저술가들은 중국인들이 통치기술면에서 어느 민족보다도 뛰어났다는 점을 대체로 인정한다. 프랑스인조차도……중국인이 통치기술면에서는 어떤 민족보다도 탁월하다는 것을 인정하지 않을 수 없을 것이며, 위대한 공자가 수집하여 체계를 세우고 해설한 정치적 격언은 무어라고 감탄해야 할지 모를 지경이다.[10]

케네(Fransois Quesnay)는 일세를 풍미하였던 중상주의이론의 정치론을 처음으로 공표할 때, 자신이 이해하고 있는 범위 안에서 중국정치를 해설하는 형식으로 그것을 발표하였다. 그는 "자연의 원리에 따라 구성된 정부가 번영한다"는 것을 다룬 마지막 장 서론에서 그것은 단지 '중국이론을 체계적으로 설명한 것'에 불과하지만, 모든 국가가 모범으로 삼을 만한 것이라고 언명하였다.[11]

이런 것이 때때로 망각된다면, 그 이유는 유교가 유럽에 소개되었을 때의 특수한 상황 및 유교에 대한 인기의 소장(消長)에서도 찾을 수 있을 것이다. 여러 세기 동안 여행자들이 중국에 관한 이야기들을 전했다고는 하지만, 대다수 여행자들이 중국문화에 대해 거의 아는 것이 없었기 때문에 실제로 보고할 수 있는 것도 거의 없었다. 그러나 탁월한 재능을 갖춘 예수회 선교사들이 커다란 난관을 극복하면서 1600년 이전 중국에 도착한 뒤로는 사정이 달라졌다. 수도사 단체인 예수회 선교사들은 그들의 학식을 이용하여 중국 지식인사회에서뿐 아니라 궁정 안에서도 지위를 확보하였으며, 천문학자(그 가운데 한 사람은 흠천감(欽天監) 부책임자란 요직을 얻었다), 의사, 외교관 및 대포 주조가로서 중국황제를 섬겼고, 그 가운데에는 황제의 절친한 친구가 된 사람도 있었다. 그들은 중국말을 할 줄도 알았고, 읽고 쓸 줄도 알았기 때문에 후세 많은 학자들이 선망할 정도로 중국에 관해서 조예가 깊었다.[12] 그들은 동료회원 및 당시 유럽에서 가장 저명한 인사들에게 방대한 양에 달하는 서신을 계속 보냈는데, 이 서신 가운데 일부는 책으로 출간되었고 그 나머지도 문필가들의 자료로 이용되었다.

이 저서들과 중국에 관한 새로운 정보들은 유럽에서 선풍적인 관심거리가 되었다. 피노(Virgile Pinot)는 정교하고 치밀한 연구 끝에, “프랑스의 18세기는 영국광(狂)”의 세기였지만 당시 프랑스는 “영국보다도 중국에 대해 더 큰 호감을 가졌던 것 같으며,”[13] 1769년까지는 “유럽 일부 지방보다도 중국이 훨씬 잘 알려졌다”[14]고 말할 수 있을 정도라는 결론을 내렸다. 실제로 18세기 서양의 교양인들은 20세기 서양의 교양인들보다 중국에 관해 더 많은 것을 알고 있었던 것 같다. 그러나 이 정보가 대부분 예수회 선교사들을 통해 들어온 것이므로, 그들의 관심위주라는 성격을 띤 것은 당연하였고, 처음부터 선교사들은 은밀한 동기에서 고의적으로 기사를 위조하였다고 주장한 사람도 많았다. 이러한 비난은 대부분 그 유명한 ‘전례(典禮)문제’ 이후에 나왔다. 예수회 선교사들은 중국인이 조상이나 공자에게 바치는 제사는 예배가 아니므로 허용되어도 좋다는 견해였으나, 다른 가톨릭교단들은 이 입장에 반대하였다. 결국 예수회 선교사들은 한편으로는 교황의 지지도 받지 못하였고, 다른 한편으로는 중국황제의 지지도 받지 못하는 입장이 되고 말았다.

확실히 예수회 선교사들이 중국을 휘황찬란하게 묘사하여 유럽에 보낸 것은 사실이며, 이 문제에 관해 예수회 선교사들을 변호하였던 볼테르조차 선교사들이 중국황제를 지나치게 아부조로 묘사하였음을 인정하지 않을 수 없었다.[15] 또 선교사들은 중국철학, 특히 유교를 기술할 때에도 당시 중국에서 일반적으로 이해되고 있는 그대로를 제시하지 않았다는 비난도 받았다.

예수회 선교사들이 서신을 통하여 그토록 열광적으로 유럽에 보고한 유교가 17, 8세기 중국에서 일반적으로 통용된 정통유교가 아니었다는 것은 전적으로 맞는 말이다. 흔히 신유교라고 불리는 그 정통유교는 복합적인 학설로서 공자사상을 구체화시킨 점도 많지만, 불교의 요소를 많이 받아들인 정교한 형이상학적인 철학체계이다. 그러므로 공자도 그것을 알아보지 못할 지경이었으며, 예컨대 볼테르 같은 유럽인들에게 호의적인 반응을 얻을 수도 없었거니와, 명석하고 비판적인 정신을 가진 예수회 선교사들의 마음을 끌지도 못하였다. 더욱이 그들은 독자적인 형이상학체계를 갖고 있었기 때문에 더 이상 그런 필요성을 느끼지도 않았다.

그러나 그들은 유교경전을 연구하면 할수록 당시 유행하고 있는 철학이 원시 유교와는 전혀 다르다는 것을 더욱더 확신하게 되었다. 선교활동의 대선배 마테오 리치(Matteo Ricci)도 신유교의 형이상학에 대해 "내가 보기에는 500년 전 우상숭배파(불교)로부터 차용해 온 것 같다"는 견해를 피력하였으며,[16] 그는 초기 경전을 더욱 깊이 탐구한 결과 신유교에 대해 "이것은 공자가 아니다!"라는 결론에 도달하였다.[17]

그의 견해는 진지한 지적 확신에서 우러나온 것이지만, 동시에 중국지식인들을 기독교로 끌어들이기 위한 모종의 수단이 필요하였던 선교사들의 입장과도 부합되었다. 다른 나라에서도 때때로 그랬던 것처럼, 예수회 선교사들은 중국에서도 지배계층의 인사들을 개종시키는 일에 최대 노력을 기울였다. 이들은 특히 유교적인 사람들이었기 때문에, 당시 한 예수회 선교사는 "주자철학(신유학)과 공자 도덕철학을 결합하고 있는 긴밀한 유대를 파괴하는 것부터 시작하는 것이 필요하다"고 단언한 일도 있었지만,[18] 그들은 이 작업을 정력적으로 추진하여 상당한 성과를 거두었다. 후스[胡適]도 그들이 "당대 가장 탁월하고 진지한 학자들을 다수 끌어들였다"고 증언한 적이 있는데,[19] 이 개종자 가운데 한 사람이 유교를 배신하였다는 비난을 받자, 자신은 전혀 그런 일이 없으며, '후세 유가들'의 '왜곡된 유교'보다는 오히려 가톨릭 안에 공자의 가르침과 더 가까운 교의가 있음을 발견하였을 뿐이라고 주장하였다.[20] 인토르세타(Intorcetta) 신부는 만약 공자가 17세기에 태어났다면 "그는 제일 먼저 기독교도가 되었을 것이다"라고까지 극언하였다.[21]

신유교에 대한 예수회 선교사들의 공격은 중국에서 예상 밖의 성과를 거둔 것처럼 보인다. 신유교가 고대 성현의 진정한 사상을 대표하였다는 것을 처음으로 부정한 사람은 마테오 리치라고 하지만, 어쨌든 그를 비롯한 다른 선교사들이 이 견해를 선전하기 시작하였을 때는 중국학자들 가운데 이런 견해를 갖고 있었던 사람은 많지 않았다(전혀 없었던 것은 아니지만).

예수회 선교사들의 주장이 일반적으로 알려지면서, 중국 지식인들 사이에서도 광범위한 토론이 벌어졌으며, 그 결과 신유교는 원시유교가 아니며 불교에서 많은 내용을 받아들인 왜곡된 것일 뿐이라는 주장이 '한학파(漢學派)'[22]라는 중요한 학파의 기초교의가 되었다. 이 학파는 마테오 리치가 죽은 뒤 수십 년 뒤에 발흥하였는데, 이들은 비록 간접적이기는 하나 일반적인 과학적 방법뿐 아니라 천문학, 언어학 같은 특수분야에서도 예수회 선교사들의 영향을 크게 받은 것처럼 보인다.[23] 후스가 지적한 바와 같이 "한학은 지난 300년 동안 인문학 및 역사학에 과학적 조사의 시대를 가져왔으며,"[24] 또 쑨원[孫文]을 비롯한 중국혁명 지도자들의 정신적 배경에 중요한 요소가 되기도 하였다.[25] 그러므로 17, 8세기 예수회 선교사들은 그들이 희망한 것처럼 비록 전중국을 기독교로 개종시키는 데는 성공하지 못하였을지라도, 그들이 중국문화에 미친 영향은 수적인 영성(零星)함이나 활동상의 난관 등을 감안할 때 실로 놀랄 만한 것이었다.

두 문명의 중개자로서 그들의 활동이 유럽에 끼친 효과도 역시 괄목할 만하다. 예수회 선교사들은 중국과 중국사상, 특히 공자에 관한 상세하고도 때로는 열정적인 기사를 유럽으로 보냈지만, 고의적으로 지나치게 화려하게 묘사하였다는 비난을 받은 적도 한두 번이 아니었다.[26] 물론 일부 선교사들 가운데에는 그런 사람도 있었을는지도 모른다. 그러나 이보다는 그들이 자기들에게 가장 흥미 있는 것을 가장 많이 언급하였다는 사실 때문에 그런 인상을 주었다는 것이 좀 더 타당한 해석 같다. 상반되는 기사 같지만 그들은 실제 당시 종교적 마술적인 관행을 보고하였으며, 때로는 장황할 정도로 길게 이런 것을 다룬 것도 있다.[27] 그런 뒤에 그들은 그들의 열정을 일깨운 것들, 특히 《논어》나 《맹자》와 같은 책에 보이는 초기유교에 관한 언급을 계속하였던 것이다. 리치는 유교경전에 대해 이런 말을 한 적이 있다. "이 책들을 모두 주의깊게 조사해 보면, 이성의 빛과 상반되는 것은 거의 찾을 수 없으며, 오히려 그것과 조화되는 것을 많이 발견하게 된다. 이 책들은 서구 어떤 철학자들의 저술에도 뒤떨어지지 않는다."[28)]

예수회 선교사들이 유교를 헐뜯을 목적으로 말한 것도 유럽의 지식인들 사이에 받아들여질 때에는 그렇게 보이지 않은 것도 있었다. 리치가 공자철학에 초자연적인 요소가 결여된 사실을 개탄한[29)] 의도는 공자에 대한 더 큰 관심을 자극하려는 것이 아니었지만, 유럽에서는 결과적으로 그런 효과가 있었다.

이처럼 예수회 선교사들이 유럽에 보고한 것은 대부분 그들이 얻은 비교적 초기의 순수한 유교개념이었다. 물론 그들이 공자철학을 재건하는 데 완전히 성공하였다고는 말할 수 없으며, 이것은 그 이후에 출현할 상당한 수준의 비판적인 학문을 기다리지 않으면 안 되었다. 따라서 공자에 관한 불합리한 이야기가 18세기 유럽에 성행한 것은 당연한 일이었다. 그럼에도 불구하고 그러한 상황에서 예수회 선교사들이 해낸 역할은 무척 훌륭한 것이었다.

라이히바인(Adolf Reichwein)이 "계몽주의는 공자의 중국밖에는 알지 못하였다"[30)]고 기술한 것은 바로 이 때문이다. 형이상학적인 윤리학과 봉건사회의 유대를 파괴하려고 노력하였던 계몽주의 철학자들은 "놀랍게도 2천여 년 전 중국에서……공자가 동일한 생각을 하였고, 동일한 투쟁을 하였음을 발견하였다. 그들은 공자의 책에서 '사람은 자신의 말로써 자신을 이해시킬 수 있다면 목적을 달성한 것이다'라는 말을 읽었다. 또 공자는 당시 이미 명료한 언어표현의 중요성을 강조하였고, 따라서 논리적 사고의 명료성도 일반적으로 주장하였던 것이다. 이리하여 공자는 18세기 계몽주의를 수호하는 성인이 되었다."[31)] 이 말의 사실여부를 확인하려면 볼테르의 《철학사전》을 들쳐보기만 하면 족한데, 이 프랑스 철학자는 공자를 찬양하면서 이런 말을 하였다. "나는 그의 책을 주의깊게 읽으면서 발췌하였는데, 모두가 가장 순수한 것뿐이었으며 엉터리 같은 것은 조금도 없었다."[32)] 또 그는 다른 곳에서 "지구에서 가장 행복한 시기, 따라서 가장 존경받을 만한 가치가 있는 시대는 그〔공자〕가 제시한 법을 따른 시대였다"[33]고 기술하였다.

그러나 성인의 지위란 가장 유지하기 힘든 법이며, 더욱이 예수회 선교사 및 다른 열성분자 가운데에는 당시 중국인과 중국정치가 '순정한' 유교에 의해 움직이고 있는 정도를 과장함으로써 도가 지나친 주장을 한 사람이 있었던 것도 사실이었다. 여러 가지 이유에서 유럽에서는 처음부터 유교에 대한 회의론이 존재하였지만, 중국문화를 이용하여 전통적인 유럽제도를 공격하였을 때, 반격은 필연적이었다. 라이프니츠가 '자연신학(自然神學)'을 가르치기 위해 중국 선교사들이 유럽에 파견되어야 한다고 주장하였을 때,[34] 그리고 볼테르가 도덕문제에 관한 한 유럽인들은 중국인의 '제자가 되어야 한다'고 주장하였을 때,[35] 과연 중국인들이 실제 그렇게도 도덕적인가를 조사해야 한다는 반론이 나온 것은 당연한 일이었다.

중국인이 그렇지 못하다는 증거를 찾는 일은 쉬운 일이었다. 예수회 선교사의 반대파들 및 중국인과 접촉하여 재미를 보지 못하였던 상인들과 여행가들은 반대증언에 기꺼이 나섰다. 이러한 증언들을 근거로 페늘롱(Fénelon)은 1700년경에 쓴 저서 속에서 중국인을 "세계에서 가장 허영심 많고 미신적이며, 이기적인 거짓말장이들"이라고 불렀으며,[36] 몽테스키외(Montesquieu)는 1748년에 나온 《법의 정신》에서 "우리들의 상인들은 선교사들이 그렇게 열심히 떠들어대었던 (중국인의) 덕성에 관해 어떤 자료도 제공해 주지 않는다"고 단언하였다.[37]

중국인에 관한 선교사들의 보고가 신빙성이 없다면 공자에 관한 그들의 말도 믿어야 할 이유가 없지 않은가? 중국의 대중들은 물론 일부 학자들에서조차 행해지고 있는 점복술과 마법신앙에 관한 많은 정보가 점점 유럽에 전해짐에 따라, 공자의 고상한 철학이란 '교활한 예수회 선교사들'이 만들어낸 것에 불과한 것이 아니냐는 의심이 싹트기 시작하였으며, 결국 후세 유교에 붙어 있는 군더더기나 불순물을 이제는 공자 자신의 것으로 간주해 버리고 말았다. 그 결과 《백과사전》의 한 항목으로 집필된 중국철학에 관한 논문에서 디드로(Diderot)는 이런 것들을 잡다하게 늘어놓은 뒤에, 종반부에 가서는 《논어》에서 뽑은 자료를 요약하면서, 《논어》를 보면 "공자의 윤리학은 그의 형이상학이나 물리학보다 훨씬 뛰어난 것을 알 수 있을 것이다"라는 말을 하였다.[38] 물론 《논어》에서 뽑은 약간의 자료는 실제로 공자와는 아무 관계가 없는 그 논문의 일부에 불과하며, '형이상학과 물리학'도 후세에 나온 것이다. 예수회 선교사만은 그 차이를 충분히 알고 있었지만, 디드로는 그 논문 서두에서 자기는 더 이상 그들을 신용하지 않는다는 것을 명백히 밝혔다.

그러나 볼테르는 문필활동을 계속하였으며, 중국도 여전히 인기가 있었다. 그러나 중국의 정치제도가 불신을 받으면서 중국의 위신은 치명적인 타격을 받게 되었다. 이 문제에 관해서도 중국 지지파들이 너무 지나치게 칭찬한 것은 사실이다. 예수회 선교사들이 그들에게 호의를 표시한 정부에 대해 낙관적인 견해를 갖게 된 것은 당연한 일이었고, 실제로 당시 유럽 정부들과 비교해 볼 때 그들이 중국 정부조직을 '완벽하고도 엄정한' 것으로 묘사한 것도[39] 어느 정도 타당성은 확실히 있었다. 그러나 17, 8세기는 중국정치의 장점을 관찰하기에 최선의 시대는 아니었다. 그 시대는 명말(明末)의 부패하고 억압적인 통치로 시작하여 만주족의 정복으로 이어진 시기였으며, 만주족은 그들의 지배를 확립하기 위하여 특히 가혹한 탄압책을 썼다. 볼테르는 건륭제(乾隆帝)의 치세중 중국인을 관용의 전형이라고 칭송하였지만, 건륭제는 역사상 문헌을 가장 많이 파괴한 사람 가운데 하나였다('위험한 사상'을 억압한다는 명분으로).[40] 점차 이런 사실들이 알려지게 되었으며, 볼테르가 몽테스키외 같은 비평가들의 주장을 반대하여 중국은 실제로 전체주의 국가가 아니라 그렇게 보일 뿐이라고 항의하였지만 아무 소용이 없었다.[41] 어떤 중국 지지자는 대담하게도 중국은 과거에 전제국가였으나 가장 인자하고 입헌적인 전제국가였기 때문에, 따라서 최선의 정부였다고 주장한 적도 있었고, 라이프니츠는 이보다 훨씬 앞서 계몽전제군주로서의 중국황제란 관념에 매료되기도 하였다.[42] 케네는 중농주의 정치이론에 관한 자신의 논문을 출간할 때, 《중국의 전제정치(*Despotism in China*)》라는 이름을 붙였는데, 그가 퐁파두르(Pompadour) 부인의 시의(侍醫)였고 나중에는 루이 15세의 시의이기도 하였다는 사실을 상기할 때, 이런 경력 때문에 그가 '자비로운 전제정치'에 대해 관용을 느끼지 않을 수 없었던 것은 분명하다. 그러나 다른 사람들은 그렇지가 않았으며, 혁명적인 분위기가 고조됨에 따라 중국은 급속히 사람들에게 인기를 잃고 말았다.

여기서 요점을 다시 정리해 보자. 중국철학은 예수회 선교사들에 의해 유럽에 소개되었으며, 그들이 주로 보고한 것은 그들이 최선으로 생각한 것, 즉 공자 개인의 사상과 초기 유교사상이었다. 이 철학은 성격상 합리적이고 민주적인 영향을 가졌기 때문에 다른 세상에서 온 혁명의 복음처럼 환영받았다. 그러나 얼마 뒤에 유럽인들은 유교의 후세 형태에 관해 더 많은 것을 알게 되었는데, 이것은 앞에서 살펴본 바와 같이 군주권의 목적에 봉사하도록 공자철학의 일부를 전도시킨 것이었다. 동시에 종래 그처럼 높이 찬양되었던 중국정치에는 적어도 전제정치의 특성이 실제로 상당히 많다는 것이 강조되었으며, 실제 중국 예찬자 가운데에는 전제정치의 모범으로 중국을 찬양한 사람도 있었다. 공자의 덕성도, 중국정치의 미점(美點)도 모두 예수회 선교사들이 선전목적을 위해 의도적으로 발명한 것이라는 결론이 내려졌다. 이와 동시에 예수회 선교단도 철저하게 불신되었기 때문에 여러 나라에서 차례차례 추방된 끝에 1773년 교황의 명에 의해 해산되었다. 환상은 철저히 깨졌으며, '중국의 꿈'은 사라졌다. 18세기 서양은 중국에 대한 관심과 존경이 그처럼 높았지만, 18세기 말 이래로 그런 일은 두 번 다시 없었다.

이 일련의 기이한 사건 결과, 프랑스혁명이나 미국혁명의 배경을 추적하는 사람 가운데 많은 사람이 중국사상이 민주주의 철학의 성장에 기여한 사실을 완전히 무시하게 되었다. 하터슬리(Alan F. Hattersley)는 《민주주의 소사(*Short History of Democracy*)》라는 저서 속에서 '고대문명을 가진 아시아국가들'에서 온 새로운 사상이 '자유·평등·박애'란 이상의 발전에 일익을 담당하였음을 인정하고 있다.[43] 그러나 일반적으로는 18세기에 중국이 서구에 영향을 주었다는 것을 잘 알고 있는 사람조차 이 점을 강조하지 않는다. 중국은 전제정치와, 그리고 공자는 중국과 각각 동일시되었기 때문에, 그의 사상이 민주주의의 성장에 기여할 수 없다고 생각하는 경우가 때때로 있다.

'프랑스에서 문학사라는 학문을 창시한 사람'으로 불리는[44] 랑송(Gustav Lanson)은 프랑스혁명의 정신적 배경에 대한 자세한 분석을 하였는데, 외부로부터의 영향이 약간 작용한 것도 부인하지는 않았지만 혁명철학은 기본적으로 내부에서 발전한 것이며, 프랑스에서 오랜 세월을 통하여 전개된 사상이 당시 상황의 자극을 받아 나타난 결과라는 결론을 내렸다. 랑송은 1700년경에 프랑스에서 출판된 3권의 책을 들면서 "18세기의 정치철학과 혁명가들의 이론이 된 하나의 운동이 이때부터 시작되었다"고 말였는데, 그 가운데 하나는 페늘롱의 《텔레마쿠스(*Télémaque*)》였다.[45]

혁명의 선구자 가운데 페늘롱을 포함시킨 것은 이 책의 연구에 매우 편리하다. 왜냐하면 페늘롱은 《사자(死者)의 대화》라는 저서 속에서 공자를 격렬하게 공격하였기 때문이다(랑송도 이것을 비슷한 견해를 대표한 것으로 인용하였다).[46] 그러므로 이 책을 보면 공자철학에 적대감을 가진 18세기 초 프랑스의 한 지식인이 공자철학을 어떻게 생각하였는가를 알 수 있으며, 또 페늘롱의 견해와 그가 이해하고 있는 공자의 견해를 비교하면 어느 쪽이 더 혁명철학에 가까운 것인가를 알 수 있다. 1700년에 출간된 이 책에 수록된 대화 가운데에는 페늘롱이 쓴 소크라테스와 공자의 가상적인 토론이 들어 있는데,[47] 그는 자기가 어느 쪽에 동조하는가를 명백히 보여주었다. 그는 중국인을 철저하게 매도하였으며, 소크라테스를 통하여 자신의 입장을 말한 것이 분명하다.

그 대화는 흔히 주장되고 있는 소크라테스와 공자의 근사성을 소크라테스 자신이 부정하는 말로 시작하여 "나는 결코 백성들을 철학자로 만들려고 생각한 적이 없으며……속되고 타락한 인간이 오류를 범하건 말건 상관하지 않고 정신적인 수양을 쌓은 소수 제자들을 교육하는 일에만 전념하였다"고 선언한다.

이에 공자는 정중하게 답변하면서 "나는 인간 상호간에 덕행을 실천하는 평범한 도덕률에만 관심을 갖고 있으며, 난해한 추론은 회피하여 왔다"고 한다. 이에 소크라테스가 "그 도덕률을 입증할 수 있는 제일원리(第一原理)로 돌아가지 않으면 진정한 도덕률은 확립될 수 없다……"고 답변하자, 공자는 물었다. "당신은 그 제일원리로 제자들 사이의 분열과 분쟁을 방지할 수 있었는가?" 소크라테스는 그것을 방지할 수 없었기 때문에 자기는 인류에 대한 희망을 상실하였으며,대부분의 경우 그들을 구제할 수 있는 것은 아무것도 없다면서 이렇게 말한다. "최선의 방법으로 조금씩 가르치는 실례와 설득도 우수한 극소수 사람들에게만 약간 효과가 있을 뿐이다. 그러므로 내가 보기에는 전반적인 국가개혁은 불가능한 것 같다. 나는 이토록 인류에게 환멸을 느끼고 있다."

이에 공자는 이렇게 답한다. "나는 전국 어디서나 도덕적인 원리가 행해지도록 노력하기 위하여 책을 썼고, 또 제자들을 각처로 파견하였다." 그러나 소크라테스는 공자에게 "당신은 왕가의 후예로서 국민들에게 커다란 권위가 있기 때문에 나와 같은 장인의 아들로서는 불가능한 일을 많이 할 수 있을 것이다"라고 대답한다. 그런 뒤에 그는 긴 연설을 통하여 일반적으로 큰 일을 성취한 국민들은 훌륭한 지도자의 덕을 크게 입었기 때문이라는 자신의 견해를 개진하면서 이렇게 말한다. "그러나 철학적인 사람이 되는 것, 설득만을 통하여 아름답고 선한 것을 좇아가는 것, 그리고 아름답고 선한 것에 대한 자유롭고도 진정한 사랑 때문에 그것을 좇는다는 것 — 이것은 결코 전국민에게 보급될 수 있는 것이 아니며, 하늘이 다른 사람과 구분될 가치가 있다고 생각하는 일정한 선택받은 인간만을 위하여 유보되는 것이다. 일반 국민들은 그들이 신뢰하는 사람들의 권위 아래서 관습과 여론에 관한 문제에 일정한 장점을 발휘할 수 있을 뿐이다.” 이 대화의 나머지 부분에서 소크라테스는 중국인이 지금까지 묘사되어 온 것처럼 결코 그렇게 전통이 깊지도 않을 뿐 아니라, 그렇게 경탄할 만한 민족도 아니라는 점을 상세하게 논하고 있다.

랑송이 주장한 것처럼 페늘롱이(즉 소크라테스) 혁명의 선구자라 할지라도 ‘자유·평등·박애’와는 아직도 상당한 거리가 있는 것이 명백하다. 마찬가지로 그는 공자철학이 이 정신과 훨씬 더 가깝다고 생각한 것도 명백하다. 사실 그것은 그의 취향에 맞기에는 (혁명정신과) 너무나 가까운 것이었다.

랑송은 18세기 프랑스철학과 프랑스혁명의 배경에 깔려 있는 정치원리가 기본적으로 내부에서 발전한 것이라는 논지를 더욱 발전시킨 논문을 두 편 발표하였다. 첫번째의 논문은 외부의 영향이(중국으로부터의 영향을 포함한) 일정한 역할을 담당한 것을 인정하면서도 “18세기 프랑스의 합리주의로 귀결된 그 운동은……르네상스에서 시작하여 프랑스사회의 정신을 변모시켜 왔던 내적 진통의 결과이며, 그것이 17세기 말엽에 갑자기 더욱 현저해지고 급격해졌다”는 것을 논증하였다.

그는 1680년에서 1715년 사이에 일어난 변화의 사상적 특징을 다음과 같이 지적한다. 즉 ① 편견과 권위에 양보하지 않고, 경험과 사실을 주목함과 동시에 명료하고 일관성 있는 사고를 요구하는 것, 즉 사람은 스스로 진리를 찾지 않으면 안 된다. ② 독단에 복종하지 않는 양심의 주체를 확립하며 따라서 인종이나 종교를 불문하고 선한 사람은 어디서나 본질적으로 동일한 도덕원리를 가지며, 개인은 선악을 스스로 판단할 수 있다. 일반적으로 선은 ‘중용’이다. ③ 선과 쾌락은 동일한 것이며, 따라서 욕망을 제거하려고 노력하지 않고 단지 그것을 인도하기만 하면 된다. 현세를 향락하는 것이 강조되었고 내세적인 제재는 사라졌다. ④ 후에 루소(J. J. Rousseau)가 주장한 것과는 달리 선은 원시상태에 있는 것이 아니라 문화와 문명의 산물일 뿐이다. ⑤ 쾌락의 철학이 호혜주의 철학으로 확대되어, 자신을 행복하게 만들기 위하여 타인을 행복하게 만들 필요성을 느낀

다. ⑥ '자선'의 덕은 '인도주의'의 덕으로 대체되었다.[48)]

랑송은 중국에 대한 새로운 지식이 두 번째의 사상이 발전하는 데는 약간의 역할을 하였다고 인정하였지만, 이 여섯 가지 사상에 대한 논리적인 설명을 내부에서 찾으려고 하였기 때문에 그런 설명만으로는 충분히 납득되지 않는 경우도 있었다. 예컨대 이기주의에서 이타주의로의 전환 같은 것은 실제로 여기에 기술된 것처럼 그렇게 단순하지도 않고 또 거의 필연적이었던 것처럼 생각되지도 않는다.[49)]

여기서 주목할 만한 가치가 있는 것은 첫째, 독자도 이미 눈치챘겠지만 이 여섯 가지 특징 하나하나를 보면 18세기 프랑스 사상이 《논어》에 보이는 공자의 사상 및 최초의 유교사상과 매우 유사한 입장에 있다는 것이며, 둘째 랑송이 전환기로 잡은 1680년에서 1715년간의 시기는 바로 원시유교가 프랑스 국민에게 소개되어 영향을 끼친 시기였다는 점이다. 초기 유가서 가운데 하나가 처음으로 번역되어 출판된 것은 1620년 같으며, 그 후 수십 년 사이에 다른 번역도 차례로 출판되었다.[50)] 학식 있는 예수회 선교사들로 구성된 특별사절단이 1685년 루이 14세의 친서를 가지고 중국에 간 이래 그 일행 및 그 뒤를 이은 사람들도 유럽의 많은 저명한 인사들과 방대한 양에 달하는 통신을 계속하였다. 이 서신들은 그 후 수십 년 사이에 출판된 저서들의 기초자료가 되었으며, 이 책들을 통하여 일찍이 유례가 없을 정도로 중국과 공자가 알려지게 되었다.[51)]

두 번째 논문에서 랑송은 "1692년에서 1723년 사이에 사회적 양심과 개혁정신이 프랑스 상류사회에서 싹트기 시작하였는데, 그 이전에는 이런 것이 전혀 없었다"고 언명하였으며, "외국(즉, 영국과 미국)의 영향을 과소평가하려는 태도를" 취하지 않으면서도, 이런 것들이 대체로 당시 프랑스가 처한 상황에서 발생한 것임을 밝히려고 하였다. 그의 논리에도 취할 점은 있지만, 그가 제시한 원인은 그 결과를 설명하기에 불충분한 경우도 있다. 루이 14세 만년의 치세가 억압적인 성격을 띠었기 때문에 "개혁정신과 공공복리에 대한 적극적인 정열"의 확산이 촉진된 것도 의문의 여지가 없지만,[52)] 이것은 약간 핵심에서 벗어난 설명이며 문제는 왜 이 특수한 정신이 이 특정한 시기에 발생하였느냐는 것이다. 프랑스건 어디서건간에 압제라는 단순한 사실만으로 그런 정신이 항상 출현하는 것은 분명히 아니지 않는가?

더욱이 "평등의 원리는 진화하였다. 그러나 어디서 진화한 것인가? 불공평하고 억압적인 인두세(人頭稅) 부과를 생각한 것에서 발전한 것이다"는 말은 더욱 찬성하기 어려운 것 같다.[53] 이것이 한 요인이었던 것은 틀림없다. 그러나 불평등한 대우에 항의하였다는 사실 자체는 인간이 평등한 대우를 받을 권리가 있다는 것을 스스로 느꼈다는 것을 의미하며, 다시 말해 어느 의미에서 인간이 평등하다는 것을 스스로 느꼈다는 것을 의미한다. 그들이 그것을 느낀 이유는 랑송이 생각한 것보다는 훨씬 복잡하였을 것이다. 이 방향으로 나아간 힘 가운데에는 종교개혁의 영향도, 영국과 중국에서의 영향도 있었다. 그러나 서양인들이 가장 놀란 것은 그들이 생각하고 있는 인간평등의 기본관념이 중국에서 그대로 행해지고 있는 것을 발견하였을 때였다. 그들이 이 놀라운 사실을 유럽에 보고하기 시작한 것은 랑송이 프랑스에서 사회적 양심이 자각되기 시작한 해로 잡은 1692년보다 1세기나 앞선다.[54]

중국사상의 영향을 받은 17, 8세기 독일·영국·프랑스의 수많은 학자·철학자 및 정치가들을 열거하는 것은 이 책의 범위를 벗어나는 것이기도 하지만, 이미 다른 사람이 해놓은 일이기도 하다.[55] 또 18세기 철학의 중요한 원리가 한편으로는 프랑스의 혁명철학과, 다른 한편으로는 초기 유교와 유사한 점을 각각 상세하게 고찰하는 것도 여기서는 불가능한 일이다. 그런 비교는 그 자체로 한 권의 저서가 쉽게 될 수 있기 때문이다. 유럽에서 그토록 중시되었던 자연법 관념은 라이프니츠와 울프가 모두 인정한 바와 같이 유교의 '도'란 관념과 매우 비슷하다.[56] 중국에 깊은 관심을 가진 사람으로 알려졌던 루이 16세의 재상 튀르고(Turgot)는 국왕에게 이 자연법을 기초로 프랑스 왕정 운영에 모종의 변경을 가하자고 제안하였다고 한다.[57]

또 18세기 프랑스와 중국의 공통된 사상은 정치의 고유한 목적은 백성의 행복에 있으며,[58] 따라서 정치는 경쟁적인 것이 아닌 협동적인 사업이 되지 않으면 안 된다는 사상이었다. 몽테스키외조차 이런 점에서는 중국정치를 칭찬하여 "이 제국은 가(家)를 다스리는 방식을 기초로 구성되었다"고 논평할 정도였다.[59]

이런 점들을 모두 논한다면 그것을 요약하는 것조차 불가능하기 때문에 여기서는 프랑스혁명의 기본적인 원리 두 가지, 즉 혁명 자체에 대한 원리와 인간 평등의 원리에 대해서만 고찰해 보자.

혁명파의 국민회의는 "정부가 국민의 권리를 침해하면 폭동은 국민의, 그것도 사회 모든 계층을 포함한 국민의 신성하고도 불가결한 권리이자 의미이다"라고 선언하였다.[60] 이것이 비록 중세 유럽의 정치이론과는 완전히 어긋나는 것이기는 해도 옛 관념에 대한 유럽인의 최초의 도전은 아니었다는 것은 말할 필요도 없지만, 이 도전은 중국의 정치이론을 발견함으로써 크게 강화되었음에 틀림없다. 왜냐하면 당시 세계에서 가장 선정이 행해지고 가장 질서가 있는 나라로 널리 알려진 중국에서는 억압을 받으면 혁명이 바로 '가장 신성한 권리이자 불가결한 의무'라는 원리가 오랫동안 자명한 진리로 인정되어 왔기 때문이다. 《논어》에는 이것이 암시된 것에 그쳤으나 《맹자》에는 명확하게 나온다.[61] 중국에는 혁명의 위험이 항상 존재하며, 이 때문에 폭정이 견제되었던 사실은 일찍이 선교사들에 의해 보고되었고, 프랑스혁명이 일어나기 훨씬 전부터 루이 15세 왕조의 케나다 영국의 골드스미스(Oliver Goldsmith)를 비롯한[62] 많은 저술가들도 이것을 언급하였으며, 몽테스키외도 "중국의 황제는……제국의 정치가 제대로 되지 않으면 제국은 물론 자신의 생명까지 상실할 것이라는 점을 잘 알고 있었다"고[63] 기술한 적이 있다.

평등 원리에 관한 문제도 역시 흥미롭다. 1789년 국민회의가 채택한 인권선언 제1조는 "인간은 권리면에서 평등하고 자유롭게 태어났으며, 항상 그 권리를 계속 향유한다. 그러므로 시민간의 구분은 공공의 이익을 위한 경우에 한한다"는 것이었다. 이 말이 미국독립

선언서 전문과 비슷하다는 것은 이따금 지적되었지만, 일찍이 1696년 파리에서 예수회 선교사 콩트(Le Comte)가 비슷한 성명을 공식적으로 발간한 것도 역시 주목할 만하다. 그는 중국에서는 "귀족계급은 결코 세습되지 않고 신분상 상하 차별도 없으며, 다만 각자가 수행하는 역할에 따라 구분될 뿐이다"고 기술하였다.[64)]

라스키(Harold Laski)는 "프랑스혁명이 민주주의 이론에 기여하였다고 말해도 좋은 것은, 재능 있는 사람에게 출세길을 열어주어야 한다고 주장하였기 때문인데, 이것은 아무리 한계가 있다 하더라도 가문도, 인종도, 신조도 모두 평등에의 길을 가로막을 수 없다는 것을 의미하는 것이다"고 지적하였다.[65)] 그러나 이 기여가 독창적인 것이냐는 점은 의문의 여지가 있다. 왜냐하면 프랑스혁명이 일어나기 훨씬 전부터 중국에서는 엄격하게 개인의 가치에 따라 관직이 부여된다는 관념이 상당히 널리 알려졌기 때문이다. 피노(Virgil Pinot)의 다음과 같은 지적을 보자. "중국 예찬론자들은 누구나 공적만 있으면 국가의 최고 지위에 오를 수 있으며, 사회계층상의 구분도 각자의 공적에 따라 이루어지는 반면, 군주의 총애나 가문이란 이점을 가졌을지라도 덕망과 학식이 없으면 갈 수 없는 자리에 부정한 수단으로 기어들어갈 수가 없는 나라를 중국에서 발견하였다고 생각하였으며, 더욱이 그런 나라는 중국밖에 없다고 생각하였다. 유럽에는 이런 일이 드물었거나 아예 있지도 않았기 때문에 국적을 불문하고 모든 선교사들은 오로지 공적만을 기초로 조직된 이 경이로운 중국의 관계(官階)조직을 열광적으로 찬양하였던 것이다."[66)]

일찍이 1602년부터 시작된[67)] 이런 보고는 그 후에도 계속 뒤를 이었으며, 1735년에 출간되어 광범위한 독자를 가졌던 그의 저서에서 뒤 할드(Du Halde)는 "학생이면 아무리 농민의 자식이라도" 중국에서는 "최상류층 자식들과 마찬가지로 총독 자리는 물론 재상 자리에도 오를 희망을 가졌다"고 단언하였다.[68)]

이러한 발언들은 널리 관심을 불러 일으켰으며, 1621년에 출판된 버튼(Robert Burton)의 《우울의 해부》를 비롯한 수많은 저서에서 논의되었으며,[69] 역시 영국인 버젤(Eustace Budgell)은 1731년(그는 *Tatler*지와 *Spectator*지의 기고가였다) 영국이 중국의 관행을 채택할 것을 제안하였다. 그는 "명예가 있거나 이익이 있는 대영제국의 모든 지위를 정말 공적 있는 사람에 대한 보상으로 수여하지 않으면 안 된다"는 것을 하나의 격언처럼 생각하면서 이렇게 말하였다. "이 격언이 그 자체로서는 훌륭하나 영국처럼 크고 인구도 많은 나라에서는 실현될 수 없는 것이라 생각하는 사람이 만약 근대 정치가 가운데 있다면, 그런 정치가들에게 실례를 무릅쓰고 알려드려야겠다. 즉 바로 이 순간에도 세계에서 가장 크고 가장 인구도 많으며, 가장 선정이 행해지고 있는 제국인 중국에서 이 훌륭한 격언이 가장 엄격하게 준행되고 있다는 사실이다……. 중국에서는 정말 재능 있고 학식이 있는 사람이 아니면 누구도 관인(官人), 즉 신사(紳士)가 될 수 없으며, 어떤 관직에도 나갈 수 없다."[70] 1762년 영국의 세습적인 귀족정치를 격렬하게 공격할 때 골드스미스는 이 말을 논거로 삼았다.[71]

프랑스에서는 볼테르, 1759년 재무장관이 되었던 실루에트(Etinne de Silhouette), 역시 1774년에서 1776년 사이에 재무장관을 지냈던 튀르고, 국왕의 대사 푸아브르(Pierre Poivre) 및 중농주의이론을 세운 케네 등을 비롯한 많은 저술가들이 이에 관한 논평을 가하였다.[72] 간단히 말해서, 개인의 인격과 재능만을 근거로 관리를 선임해야 한다는 원리, 즉 '민주정치 이론'에 프랑스혁명이 '공헌'하였던 시대에는 이것이 적어도 중국정치의 원리라는 것은 이미 상식화된 지 오래였다.

그렇다고 중국에 대한 새로운 지식이 프랑스혁명의 '원인'이 되었다고 결론을 내려도 좋은가? 절대로 그렇지는 않다. 프랑스혁명은 정치적 경제적 사회적 그리고 지적인 많은 요인에 의해서 일어났지만, 그것을 철저하게 검토하는 것은 이 책의 범위를 벗어나는 것이다. 프랑스혁명에 관한 이 책의 관심은 혁명 그 자체보다는 17, 8세기에 서구 전체 사유를 민주주의 방향으로 점차 재조정하였던 정신적인 혁명의 측면이다. 유교에 대한 지식도 이 정치적 혁명의 배후에 깔려 있는 많은 요인 가운데 하나일 뿐임은 말할 필요도 없을 것이다.

그러나 이것이 한 요인이라고는 하지만 아직도 제대로 인식되지 않았고, 따라서 충분히 조사되지도 않았다. 17, 8세기 사이의 유럽, 특히 프랑스에서는 사상의 틀이 전체적으로 일변하였으며, 변화 후의 그것은 공자의 생각과 비슷한 점이 많았다. 그 변화도 그렇지만, 이 유사성도 피상적인 것만은 아니었다. 둘의 유사점 가운데에는 단순한 우연의 일치에 불과한 것이 명명백백한 것도 있지만, 모두가 그렇다고는 볼 수 없는 것 같다. 그것이 어느 정도까지 문화적인 영향관계에서 비롯한 것인지를 확인하려면 전례 없는 대규모의 세심한 연구가 필요할 것이다. 그런 연구가 나오면 민주주의 역사에 참신하고도 중요한 장이 하나 더 추가될지도 모른다.

그런 연구에서 어떤 결과가 나올 것인가? 1948년에 발표된 러브조이(Arthur O. Lovejoy)의 〈낭만주의 중국기원론(The Chinese Origin of Romanticism)〉이라는 매우 흥미 있는 논문을 보면 이에 대한 약간의 시사를 받을 수 있다. 이 논문은 영국 한 나라의, 그것도 미학이란 한 분야만을 대상으로 18세기에 중국에서 받은 영향을 연구한 것인데, 낱낱이 증거를 제시하고 있다. 러브조이는 '심미적인 탁월성에 대한 새로운 표준'이 중국에서 소개되었다는 결론을 내리면서, 이렇게 말한다. "근대 감식안(鑑識眼)의 역사상 전환점을 이룬 것은 정제성·단순성·획일성 및 평이한 논리적 명료성 등에 대한 이상이 처음으로 공공연하게 배격되었을 때, 즉 진정한 미는 '기하학적'인 것이라는 가정이 더 이상 '자연법처럼 만인의 동의'를 받지 못하게 된 때였다. 어쨌든 영국에서 이 가정이 마침내 부정되기까지는 18세기의 100년이란 세월이 거의 다 걸렸고, 이 부정은 주로 중국미술의 영향과 모범 때문이라고 일반적으로 인정되었던 것 같다."[73]

문명인이면 누구나 유럽사상에 동의할 것이며, 따라서 유럽사상은 누구도 깨뜨릴 수 없는 하나의 자명한 원리라는 주장이 이전부터 있었다. 바로 여기에 하나의 대안을 제시한 중국사상의 역할은 미술 이외의 분야에서도 반향을 불러 일으켰으며, 이것은 인간행복의 가치와 같은 근본적인 문제에도 관련되었다. 시너드(Gilbert Chinard)가 지적한 바와 같이 "전기독교문명은 눈물과 고통의 골짜기인 현세에서 행복이란 바랄 수도 없고, 얻을 수도 없다는 사상 위에 성립된 것이었다."[74] 이것에 항의한 사람도 많았지만 그들은 대체로 외로운 존재였거나 소수파에 불과하였다.

이런 상황에서 동양의 발견은 볼테르가 눈에 보이는 것처럼 생생하게 서술한 것과 같이 '새로운 도덕적 물질적 우주'를 유럽인의 눈앞에 전개시켰다. 그들은 중국에서 세계 최고(最古)라는 국가를 발견하였다. 중국은 확실히 번영한 나라였고, 이 점은 중국인이 내놓은 자랑거리 가운데 가장 믿을 만한 것이었다.[75] 또 중국인이 조용한 자족(自足) 속에서 스스로 자제하는 원리들은 많은 점에서 당시 유럽에서 행해지고 있는 것과는 정반대되는 원리였다. 중국에서는 행복이 빈축의 대상이 아니라, 오히려 개인은 물론 국가의 최고목적으로 간주되었고, 인간평등도 부정되지 않았다. 이 때문에 중국에 관한 보고자들은 인간평등은 중국의 사회이론 및 정치이론의 기초라고 단언하였다.

이 '새로운 우주'가 이단적인 관념을 지지하는 유럽의 체제비판론자들에게 호소력을 갖게 된 것은 당연한 결과였고, 유럽의 전통과 상충되는 관행도 이제는 '잘 안 될 것이다'라든가 '의미가 없다'는 따위의 말을 더 이상 할 수 없게 되었다.

볼테르는 벨(P. Bayle)의 입장을[76] 반대하며 "무신론자의 사회란 있을 수 없다고 주장한 바로 그 사람이 세계에서 가장 오래 된 정부(중국)는 무신론자의 사회라는 것을 동시에 주장한다"는 사실을 매우 흥겨운 듯이 지적한 일이 있었다.[77] 현상유지를 옹호하는 사람들이 세습적인 신분이 전혀 없는 사람에게 단지 공로만을 근거로 권력을 부여하는 것은 선정과 질서를 파괴하는 것이라고 주장하였을 때, 이제는 버젤도 "세계에서 가장 크고 가장 인구도 많으며, 가장 선정

이 행해지는 제국인 중국에서 이 훌륭한 격언이 가장 엄격하게 준행되고 있다"고 답변할 수 있었다.[78]

유럽의 규범이 파괴되지 않으려면, 전통 수호자들은 이 위협에 대처할 수밖에 없었다. 이미 지적한 대로 그들은 이 역할을 수행하였으며, 중국인 및 유교사상의 명성을 철저하게 실추시키는 데 성공하였다. 그 결과 프랑스혁명 이후로는 서구 민주주의사상의 발전에 중국이 중요한 공헌을 하였다는 사실이 잊혀지고 말았다.

유럽에서 중국에 대한 관심이 막 싹트기 시작할 무렵, 라이프니츠는 '중국문명과 유럽문명의 상호교류'가 이루어질지도 모른다는 희망을 피력한 적이 있었지만,[79] 이것도 물론 불가능한 일이 되고 말았다. 그러나 우리가 알고 있는 것 이상으로 부분적이기는 하나 결코 무의미하다고는 할 수 없는 귀중한 상호교환이 이루어졌던 것 같다.

유럽인들이 유럽의 민주주의적인 유산에 중국이 어느 정도 영향을 주었는지 잘 모르는 것이나 대다수 미국인들이 미국의 민주적인 사상과 제도의 발전에 18세기 계몽주의철학, 특히 프랑스철학이 끼친 영향을 잘 모르는 것은 큰 차이가 없는 것 같다. 미국혁명이 프랑스혁명보다 먼저 일어났고, 프랑스혁명이 터지는 것을 도와주었다는 사실 때문에 이 점은 더 잊기가 쉽다.

그럼에도 불구하고 프랑스의 계몽주의사상은 미국혁명이 준비되는 과정에서 결정적인 역할을 하였을 뿐 아니라, 혁명 후 미국 민주주의사상의 발전에는 더 큰 역할을 한 듯하다. 독립선언서를 기초한 제퍼슨(Thomas Jefferson)은 '미국 계몽주의의 상징'이라고 불린 사람이었다.[80] 공자철학이 미국 민주주의사상에 영향을 끼쳤다면 주로(아마도 전적으로) 프랑스가 받은 영향을 통하여 이루어졌을 것이다. 미국의 저명한 혁명인사들은 중국에 거의 관심을 표시하지 않은 것 같은데, 미국과 프랑스의 지적인 접촉이 가장 긴밀한 시기에 유럽에서 중국의 신용이 이미 크게 실추되었던 사실도 그 이유 가운데 하나인 것 같다.

그러나 최소한 하나의 명백한 연계선이 케네의 중농주의학설을 통하여 이어지고 있다. 스미스(Adam Smith)와 마르크스(Karl Marx)에게[81] 모두 중요한 영향을 준 이 이론체계의 상당 부분이 중국에서 유래하였다는 것은 때때로 의문시되었다.[82] 케네 자신이 그것을 중국에서 얻었다고 말한 사실은 물론 결정적인 증거가 못 된다. 그러나 정치 및 경제이론에 관한 중국문헌을 잘 알고 있는 사람이라면 케네를 읽으면서 상호관련성이 상당히 높다는 사실에 충격을 받지 않을 수가 없을 것이다. 더욱이 케네가 말하고자 한 상당 부분이 예수회 선교사나 볼테르 같은 저술가들이 중국에 관해 쓴 것 가운데에서 나온 것은 명백하며,[83] 매브리크(Lewis A. Maverick)가 지적한 바에 따르면 케네가 중농주의의 정치적 측면을 처음으로 개진한《중국의 전제정치》의 최초 7장은 중국에 관한 드 쉬르지(Jacques Philibert Rousselot de Surgy)의 저서에서 통째로 옮겨다 놓은 것이라고 한다.[84]

중농주의는 특별히 농업의 중요성을 강조하고 국가가 그것을 권장할 것을 역설하였다. 동시에 중농주의자들은 상공업을 비생산적인 것으로 간주하였으며, 자유무역을 주장하고 농업에만 과세할 것을 주장하였다. 케네는 전제권력을 가진 군주가 정부의 수반(首班)이 되어야 하되, '자의적이고 폭군적인' 통치가 되어서는 안 되며, 중국황제처럼 정치를 해야 한다고 생각하였다.[85]

여기까지는 중국문헌 가운데 어딘가에서 케네의 이론적 근거를 모두 찾을 수 있지만, 케네를 위시한 중농주의 학자들이 중국황제의 전제권력이란 개념을(이것은 이미 지적한 것처럼 공자사상을 왜곡한 것이다) 유럽의 '계몽전제주의' 이론으로 번안(飜案)한 것은 의심의 여지가 없다. 더욱이 그들은 사유재산의 중요성을 강조하고 "가장 명예로운 공공의 임무를 수행하도록 신의 뜻에 따라 정해진……부유한 사업주"의 역할을 역설하였는데,[86] 유가이론에는 이런 것이 전혀 없을 뿐 아니라, 그 이론과는 맞지도 않는 것이다.

프랭클린(Benjamin Franklin)이 프랑스에서 도착한 1767년은 케네의《중국의 전제정치》가 출판된 해였다. 실제 프랭클린은 이것이 처음으로 발표된 잡지의 구독자인 동시에 기고가였다.[87] 케네의 집에서 "프랭클린의 관심을 가장 끌었던 것은 유쾌하고도 친밀하며, 학식과 철학적 분위기가 충만한 사교계의 존재였다."[88] 또 그는 중농주의학자들 가운데에서 가장 영향력이 있었던 2명의 인사, 즉 미라보(Mirabeau) 후작과 튀르고와도 친교를 맺었으며, 프랭클린은 "이 유명한 학파의 거대한 세력을 친미파로 만들었고, 이것은 (프랑스의) 여론을 좌우하는 데 커다란 힘이 되었다"고 파이(Bernad Faÿ)는 말한다.[89]

뿐만 아니라 프랭클린은 중농주의학자들의 사상을 약간 차용하기도 하였는데, 파이(Faÿ)의 다음과 같은 지적을 보자. "프랭클린은 중농주의이론을 가장 단순한 요소로 환원시켰으며, 그것이 영·미간 토론에 어떻게 활용될 수 있을지, 또 어떤 점에서 그것이 영국상인들에 대항하는 미국농민들의 입장에 유리할 것인가를 따져보았다 ……이것은 실로 그에게는 혁명적인 것이었다. 1720년 이래 프랭클린이 추종하였던 고든(Thomas Gordon)의 전통적인 영국 휘그당의 체제와 페티(William Petty)의 중상주의 이론은 갑자기 시대에 뒤떨어진 것처럼 보였다. 프랭클린은 영·미간 헌법논쟁에 이미 싫증을 느꼈고, 그것은 문제의 초점을 벗어난 것으로 생각하였다……. 중농주의자들은 그에게 새로운 이론을 제공하였고, 그는 그 폭풍의 시대에 붓을 휘두르며 그것을 활용하였다."[90]

제퍼슨 역시 중농주의자들의 사상에 커다란 관심을 가졌다. 그는 비록 자비로운 전제주의라는 관념을 받아들일 수 없었지만,[91] 중농주의자들의 영향을 많이 받은 것 같다.[92] 제퍼슨이 중농주의와 중국의 관련성을 알고 있었음을 시사하는 한 통의 편지가 있지만,[93] 제퍼슨이나 플랭클린은 모두 중국철학 자체를 어느 정도 연구해 보겠다는 생각이 들 정도로 마음이 동한 적은 없었던 것 같다.

매우 간접적인 의미 이외에는 어떤 영향도 받지 않은 것이 명백하지만, 제퍼슨의 사상과 공자의 사상을 비교하는 것은 흥미 있는 일이다. 두 사람은 모두 형이상학을 지나치게 싫어하였고, 부자에 대항하는 가난한 사람들에게 관심을 가졌으며, 기본적인 인간의 평등을 주장하였고 모든 인간(야만인까지 포함하여)이 본질적으로 고상하다는 것을 신뢰하였으며, 권위에 호소하지 않고 '모든 성실한 인간의 이성과 감정'에 호소하였다.[94] "정치의 기술이란 성실의 기술에 불과하다"는 제퍼슨의 말은[95] 《논어》 안연편(顔淵篇) 제17장과 놀라울 정도로 비슷하지만, 이 밖에도 이런 예는 더 지적할 수 있다.

공자와 제퍼슨은 모두 평민의 입장을 옹호하는 열렬한 투사였지만, 인간의 능력이 결코 동등하지 않다는 사실을 경시하지는 않았다(일부 민주주의 옹호자들과는 달리). 1813년 제퍼슨은 아담스(John Adams)에게 다음과 같은 내용의 서한을 보냈다. "나는 인간사회에 자연의 귀족제도가 있다는 당신의 견해에 동의합니다. 이것의 근거는 덕망과 재능뿐입니다……. 그러나 재산이나 문벌에 기초한 인위적인 귀족제도도 있습니다……. 나는 자연의 귀족제도를 자연의 가장 귀중한 선물로 생각합니다. 그것은 사회를 교육하는 데뿐 아니라 사회의 위임을 받고 그것을 다스리는 데도 필요한 것이기 때문입니다. 가장 효과적으로 이 자연적인 귀족들이 공직을 담당할 수 있는 깨끗한 선발제도를 갖춘 정부를 최선의 정부형태라고 말할 수 있지 않겠습니까?"[96]

중국의 과거제도를 이보다 더 간결하게 요약하기도 힘들 것이다. 제퍼슨은 미국의 유능한 청년들을 선발하여 공직을 담당할 수 있도록 교육하는 것이 급선무라고 생각하였기 때문에, 이 목적을 달성하기 위한 조처로 1779년 '지식의 일반보급증진법안(A Bill for the More General Diffusion of Knowledge)'을 버지나아주 하원에 제출하였던 것이다. 이 법안은 보통교육이 바로 민주주의를 방어할 수 있는 최선책임을 선언하고, 정부는 '현명하고도 성실한 사람'에 의해 운영되어야 하며, 따라서 "천부적인 재능과 덕성을 가진 사람들이 교양교육을 받음으로써 동료 시민의 자유와 권리의 신성한 수탁자는 물론 그것을 수호할 수 있을 만한 사람이 되어야 하며, 더욱이 그들에게 재산과 문벌, 또는 우연한 상황이나 사정 따위에 구애되지 않고 그 임무를 부여하지 않으면 안 된다"고 주장하였다. 그러나 가난한 사람들은 자식을 교육시킬 능력이 없기 때문에, 공익을 위해서 그 가운데에서 "재능이 있는 아이들을 찾아 공공비용으로 교육해야 한다"는 것이다.

제퍼슨이 제출한 법안은 3단계 교육제도를 확립하려는 것이었다. 지방학교에서는 모든 아이들을 3년간 무료로 가르치며, 그 학교에서 가장 우수한 학생이지만 부모가 너무 가난하여 더 이상의 교육을 시킬 수 없는 경우에는 가장 어렵고도 공평한 시험과 심사를 거친 후 "정기적으로 선발하여 20개의 초급중학(Grammar School) 가운데 한 군데로 보내 '공공비용'으로 교육을 받게 하며, 거기서는 학생들에게 자주 시험을 부과하고 가장 우수한 학생들만 남긴다. 마지막으로 이들 가운데 소수 학생을 '윌리엄 앤드 메리(William and Mary) 대학으로 보내 3년간 그들이 선택하는 과목을 공부시킨다"는 것이다. 제퍼슨의 설명에 따르면 "빈민층에서 재능 있는 청년을 선발하는 규정을 넣은 것은 자연이 빈부를 가리지 않고 너그럽게 부여한 재능을 국가가 활용할 것을 기대하기 때문인데, 그 재능은 찾아내어 교육하지 않으면 사용되지 못한 채 죽어버린다"는 것이다.[97]

제퍼슨의 계획에는 다음과 같은 중국 과거제도와 공통된 세 가지 원칙이 있었다. 첫째, 교육을 국가의 주된 관심사로 간주한다. 둘째, 탁월한 능력이 있는 학생들이 3단계 경쟁시험을 통하여 선발되는데, 가장 낮은 단계에서는 학생들이 다 지역단위로 선발되고 가장 높은 단계에서는 전국적인 규모로 선발된다(중국의 현(縣)·성(省)·경사(京師)의 시험에 상응된다). 셋째, 주된 목적은 빈부나 가문의 차이를 따지지 않고 가장 유능한 시민을 '국가'가 관리로 이용하려는 것이다. 제퍼슨의 계획 가운데 중국제도와 다른 점은 모든 사람에게 얼마간 무료교육을 제공하고, 재능 있는 사람은 일체 공공비용으로 교육할 것을 촉구한 점이며, 제퍼슨은 이 '자연적인 귀족들'이 시험에 합격해야 함은 물론이고 선거를 통해 공직에 나아가야 하며, 중국에서처럼 임명되어서는 안 된다는 생각도 하였을지 모른다.[98]

이러한 유사점이 곧 제퍼슨의 발상이 중국 과거제도의 영향을 받았다는 입증자료는 물론 아니지만, 그런 영향을 받았을 가능성은 매우 크다. 제퍼슨이 1799년 그 법안을 제출하기 이전에 중국제도의 존재를 알고 있었던 것은 확실한 것 같다. 늦어도 1776년 이전에 제퍼슨이 볼테르의 저서를 읽고 거기에 광범위한 주석을 붙였다는 사실이 증명되었기 때문이다. 그 저서에서 볼테르는 다음과 같은 주장을 하고 있다. 17세기 초 중국의 정치보다도 "더 나은 정치를 인간은 상상할 수 없을 것이다." 중국에서는 모든 권력이 사실상 관료의 수중에 있으며, "관료가 되려면 엄격한 시험을 여러 차례 통과하여야만 한다."[99] 초기 유럽인의 저술 가운데 중국의 과거제도를 상세하게 서술한 것도 많이 있지만,[100] 적어도 그 가운데 하나가 제퍼슨의 장서 속에 있었던 사실이 밝혀졌다.[101]

제퍼슨은 자신의 교육안이 근본적으로 중요하다고 생각하였으며, 그런 방법만이 민주정치가 서서히 폭정으로 변신하는 위험으로부터 자신을 지킬 수 있다고 확신하였지만,[102] 1779년에 제출된 법안은 너무나 많이 수정되었기 때문에 그 목적을 이룰 수가 없었다. 1806년 제퍼슨은 대통령으로서 '국립교육기관'을 신설할 수 있도록 헌법 수정안을 의회에 제출하였다.[103] 1813년 그는 아담스(John Adams)에게 보낸 서한에서 자신이 최근에 제출한 법안의 원칙이 '우리 정부의 중요한 초석'이 될지도 모른다는 희망을 아직도 품고 있다고 말했으며,[104] 1817년에는 그 원칙이 반영된 교육안을 의회에서 통과시키려는 노력에 "이제는 완전히 전념하고 있다"는 글을 남겼다.[105] 그는 만년에 이르기까지 계속 이것을 위하여 활동하였고, 또 글도 썼다.[106]

비록 제퍼슨이 주장한 것과 같은 교육안은 채택되지 않았지만, 인기보다는 능력을 기초로 관리를 선발해야 한다는 원칙은 서구 민주정치에서도 인정을 받아 경쟁시험을 통하여 모집되는 문관제도로 정착했다. 1943년 덩쓰위[鄧嗣禹]가 영국의 문관제도는 중국의 제도에서 자극받은 것임을 밝힌 연구를 발표하였기 때문에 대영제국의 문관제도가 어디서 기원한 것이냐는 문제는 더 이상 왈가왈부할 필요가 없게 되었다. 그는 세심하게 문헌증거를 제시하였지만, 그 가운데에는 이 제도가 중국과 접촉하고 있었던 동인도회사 인도지부에서 처음으로 채택되었다는 사실과, 의회에서 이 제도의 채용여부를 둘러싼 논쟁이 벌어졌을 때 찬반의 쌍방이 모두 중국제도를 언급하였다는 사실도 들어 있다.[107]

미합중국에서는 주로 영국의 영향을 받아 문관시험제도가 뒤이어 채택되었는데, 의회에 법안이 계류중일 때, 에머슨(Ralph Wald Emerson)이 '공직후보자'가 자격을 입증하기 위하여 '먼저 시험에 합격할 것을 요구하는' 문제에 있어서는 "중국이 우리는 물론 영국과 프랑스보다도 무모한 관행을 근본적으로 시정한 대선배였다"고 지적한 것은 주목할 만한 가치가 있다.[108]

제16장 孔子와 中華民國

공자는 생전에도 정치적 반동가였을 뿐 아니라 군주독재정치를 강력하게 지지한 역할을 해왔다든가, 유교사상은 대체로 황제가 백성들을 복종시키기 위한 선전도구에 불과하였다는 등의 견해 때문에 중화민국의 일각에서 공자의 이름이 저주의 대상이 된 것은 당연한 일이었다. 20세기 전반기에 군벌이나 고작 겉으로만 민주주의를 표방한 인사들이 공자의 이름을 때때로 이용한 것은 부인할 수 없는 사실이지만, 이것은 공자의 명성을 높이는 데 아무 도움이 되지 못하였다. 그러므로 공자와 중화민국의 관계는 주로 부정적인 것이었고, 따라서 중국혁명의 과정은 서구에서 수입된 민주주의가 유교를 대체하는 과정이 아니냐는 인상이 점점 짙어진 것도 결코 무리가 아니었다.

유교라는 것이 청조(淸朝)가 후원하였던 엄격한 국가 정통유교만을 의미한다면, 위에서 설명한 견해에도 어느 정도 일리는 있다. 그러나 앞에서도 지적하였지만 공자 자신의 철학은 전혀 이와는 다른 것이었고, 청말 1세기 동안에는 보다 유능하고 독립정신이 강한 학자들 사이에 이 초기 유교를 부활하려는 운동이 전개되고 있었다.

또 앞에서 예수회 선교사들이 유럽에 전한 초기 유가사상이 서구 민주정치의 발전에 공헌한 사실을 고찰하였지만, 바로 이 사상이 중화민국과의 관계에서도 일익을 담당하였다.

확실히 중화민국의 성립은 유교만의 힘으로 된 것도 아니었고, 주로 서구의 압력에 의한 것인데, 그 압력 때문에 중국은 옛날부터 내려오는 방식을 계속하는 한, 더 이상 주권국가로서 존속할 수 없다는 것이 명백해졌기 때문이다. 그러나 중화민국 헌법의 형식은 물론이고, 중국이 공화국이 되었다는 사실조차 유교와 어떤 관계가 있는 것 같다. 서구의 압력 때문에 일본은 1868년 철저한 정치개혁을 단행하였지만, 공화국을 세우는 대신 강력한 중앙집권적인 왕정체제를 수립하였다. 본질적으로 동일한 자극에 대해 중·일의 대응이 서로 다른 것은 대체로 전통철학이 다른 데에서 기인한 것이다.

20세기 중국인 가운데에도 초기 유가사상과 이것이 왜곡된 국가정통유교 사이의 차이를 제대로 구별하지 못하는 사람이 많은 것은 사실이지만, 모두가 그런 것은 결코 아니었다.

후스도 근대 정통유교가 고전적인 유교의 민주적인 정신을 파악하지 못하였다고 지적하였지만,[1] '중화민국의 국부' 쑨원이 이것을 충분히 인식하였다는 사실은 실제 무엇보다도 중요한 의미가 있다.

전직 중국 외무장관이었던 레너드(Leonard) 쉬스롄[許仕廉]은 쑨원철학의 배경을 분석하면서 이렇게 말한다. "청조의 수준 높은 비평운동도 쑨 박사의 사상에 지대한 영향을 주었다……. 250여 년 전 일군의 학자들은 세상이 떠들썩할 정도로 사상해방 및 비판운동을 벌이기 시작하였으며 《논어》의 초반부를 제외한 모든 유교경전을 위작이라고 주장하는 사람까지도 나왔다……. 그들은 공자로의 복귀를 원하였다. 쑨원주의의 권위자로 자타가 공인하는 다이지타오[戴季陶 : 쑨원의 혁명동지]에 따르면 쑨 박사는 유가철학의 현대 계승자로 자처한 일이 한두 번이 아니었다고 한다.'[2]

쑨원은 연설을 할 때 여러 번 공자를 민주주의자라고 부르면서 경의를 표하였다. 이 연설들은 인쇄되어 널리 유통되었고 그 영향도 지대하였는데, 그는 이렇게 단언하였다. "공자와 맹자는 모두 민주주의의 대표적인 인물이었다……. 공자가 항상 요·순의 말을 인용한 것은 그들이 제국을 세습재산으로 보유하지 않았기 때문이다. 요·순의 정치는 명목상 군주정치였지만, 실제로는 민주정치였다. 공자가 그들을 찬양한 것은 바로 이 때문이었다."[3]

쑨원은 자기가 서구에서 차용한 것이 많다는 것은 인정하였지만, 서구 민주주의를 단순히 수입하였다고는 생각하지 않았다. 실제로 그는 "중국은 유럽이나 미국보다 수천 년 앞서 민주주의 철학을 발전시켰다"는 것,[4] 그리고 "유럽은 물질문명에서만 우리를 능가할 뿐, 정치·철학면에서는 그렇지 못하다……. 우리가 유럽에서 배울 필요가 있는 것은 과학이지, 정치철학은 아니다. 정치철학의 진정한 원리문제라면 중국에서 그것을 배울 필요가 있다"고 주장하였다.[5]

쑨원은 《삼민주의》라는 유명한 저술에서 중국이 세계에서 정당한 지위를 회복하려면 '중국 고대의 도덕을 부활시키는 것'이 불가결하다고 선언한 후, 반드시 실천해야 할 덕목을 열거하였는데, 그것은 흔히 유가적인 덕목이라고 부르는 것뿐이었다. 더욱 놀라운 것은 그는 중국 고대철학을 부활시키는 것도 역시 필요하다고 단언하면서 후세 유가들이 만든 경전의 하나인 《대학》의 한 구절을 한 예로 인용하며 고대 정치철학 가운데 이런 것이야말로 어떤 외국에도 없는 것이니 '국보'로 보호해야 한다고 역설한 사실이다.[6]

쑨원이 이런 주장을 한 배후에는 중국인이 자신감을 되찾아야 한다는 비원(悲願)도 분명히 깔려 있지만, 그것을 애국지사의 공허한 허세에 불과한 것으로 해석하거나, 그가 별로 중국철학의 영향을 받지 않았다고 생각한다면 중대한 과오를 범하게 될 것이다. 라인바거(M.A. Linebarger)는 쑨원의 사상을 "형식은 서구적인 것이나 내용은 의연히 중국적인 것"[7]이라 평한 일이 있지만, 사실 그렇다는 것은 그의 발언을 대충 훑어보기만 하여도 분명히 드러난다. 쑨원이 마르크스의 영향을 받았다는 것은 잘 알려진 사실이지만, 마르크스와 유교가 충돌할 경우, 패자가 되는 것은 주로 마르크스 쪽이다.

이 점은 계급투쟁이론과 관련하여 명료하게 드러나는데, 쑨원은 마르크스의 저서가 나온 이래 경제적인 정의(正義)면에서 상당한 진전이 있었음을 지적하면서 "이 사회적 진화의 원인은 무엇인가?"라는 질문을 던지고, "마르크스이론의 입장에서 본다면 계급투쟁 때문이었다고 말하지 않을 수 없을 것이다. 즉 마르크스이론에 따르면 계급투쟁은 자본가가 노동자를 억압하기 때문에 발생하고, 더욱이 자본가와 노동자의 이해는 상반되어 조화될 수 없는 것이므로 그 결과는 계급투쟁뿐이며, 이것이 진보를 가져온다는 것이다"라고 말한다. 그러나 실제로는 그렇지가 않다는 것이 입증되었다. 노동자의 조건이 개선되면 자본의 이윤도 증대하며 이것은 또 다시 노동자의 임금인상을 가져온다. "그리하여 자본과 노동의 이해는 상충하는 것이 아니라 상호 조화관계에 있다는 것이 입증되었으며" 사회진보는 일반적으로 인간의 경제적 이해의 조화로 이루어지며, 투쟁으로 이루어지는 것은 아니다. 그러므로 계급투쟁은 진보의 원인이 아니라 사회과정에서 질병의 한 징후이다. 따라서 "우리는 마르크스를 사회생리학자로 부를 것이 아니라 사회병리학자로 불러야 할 것이다"라는 것이 쑨원의 결론이다.[8] 여기서 쑨원이 모든 사회성원간의 협동의 필요성을 강조하는 중국인, 특히 유가의 학설에 영향을 받은 것이 분명히 드러난다. 쑨원이 마르크스의 잉여가치설을 부정할 때에도 동일한 영향이 작용하였다.[9]

중국헌법은 서구 민주주의에서 볼 수 있는 3권분립에 따르지 않고 쑨원이 고안한 5권분립을 기초로 구성되었다. 헐컴(Arthur N. Holcomb)은 중국정치에 대한 쑨원의 전체계획에 관해 "쑨 박사 계획의 세부적인 문제에 관해서는 어떤 생각을 해도 좋겠지만, 그의 계획은 어떤 근대 혁명지도자의 계획과 비교해 보아도 손색 없는 정치철학에 기초를 둔 것이다"라고 지적하였지만,[10] 쑨원 자신도 그 계획이 서구사상과 중국사상의 혼합, 즉 몽테스키외와 공자 두 사람의 도움을 받은 철학에 근거하였음을 명백히 밝혔으며,[11] 5권분립의 헌법안은 전복된 청조의 헌법과 본질적으로 같은 것이라고까지 극언한 일

도 있었다.[12)]

쑨원은 각종 민주주의 헌법 및 그 헌법들이 실제로는 결국 어떻게 되었는가를 연구한 끝에, 그것은 모두 두 가지 기능이 결여되었다고 단정하였고, 나아가서는 이 두 가지 기능은 황제의 간섭을 비교적 덜 받은 중국 관리들이 유교의 후원 아래 수행해 온 바로 그 기능이라는 결론을 내렸다. 그 결과가 썩 좋았기 때문에 쑨원은 이 기능을 독립적인 권력을 만들어 5원 가운데 2원을 할당하였다.[13)]

군주의 과오를 질책하는 대신의 의무를 공자는 강조하였지만 제국이 성립한 이후에는 이 의무가 특정한 관료에게만 부여되던 사실을 독자는 떠올릴 것이다. 이 감찰관들은 정부 안 어떤 곳에서도 부패를 찾아내어 탄핵하는 의무도 갖고 있었다. 서구 정치에서는 입법부와 사법부가 비판기능을 수행한다는 것을 쑨원은 알고 있었지만, 공평무사하게 부패관료를 비판하고 기소하는 기능을 명확하게 가진 원로 정치가들이 정부 안에 있다면, 커다란 이점이 있을 것으로 생각하였기 때문에 감찰제도를 5권 헌법 안에 집어넣어 감찰원을 설립하였다.[14)]

쑨원의 제5권의 기초가 되는 고시제도는 공자가 고안한 것은 아니지만, 공자가 그 기초를 제공한 것은 분명하다. 왜냐하면 공자는 '올바른 사람을 승진시키고' 덕망 있고 유능한 사람의 손에 정치를 맡기는 것이 필요하다는 것을 거듭 역설하였기 때문이다. 공자는 또 적절한 교육을 통하여 행정책임을 맡을 만한 조건을 갖춘 사람들을 관료로 선발하는 데 있어서는 인격과 능력 이외의 어떤 요건도 고려해서는 안 된다고 역설하였는데,[15)] 고시제도는 이 원칙을 실천에 옮기려는 시도였다.

쑨원은 제정시대의 것과 똑같은 방식으로 고시제도를 존속시킬 생각은 없었다. 그는 분별 있는 사람이었기 때문에(공자와 마찬가지로), 고전에 대한 단순한 지식만으로 관리의 자격이 충분하다고 생각하지는 않았다. 그러나 그는 유럽과 미국에서 시행되고 있는 민주주의의 성과가 기대했던 것보다 훨씬 못하다고 확신하였으며 그것은 주로 잘못된 인간평등관 때문이라고 생각하였다. 그는 공자나 제퍼슨과 마찬가지로 세습적인 귀족정치를 신봉하지는 않았지만, 동시에 공자나 제퍼슨과 마찬가지로 실제로 '인간이란 본래 평등하지 않다'고 생각하였다.[16] 실현될 수 있는 평등이란 기회균등뿐이다. 그래서 쑨원은 이렇게 말하였다. "개인간의 지능과 능력 차이를 고려하지 않고, 인간의 절대평등을 고집하기 위하여 뛰어난 사람을 억눌러 버린다면 인류는 진보는커녕 퇴보할 뿐이다. 그러므로 민주주의와 평등을 논하면서 동시에 세계의 진보를 원할 때는 그 평등이란 정치적 평등만을 말하는 것이다. 왜냐하면 평등이란 자연이 부여한 것이 아니라 인간이 창조한 것이지만, 인간이 창조할 수 있는 평등이란 정치적 지위의 평등뿐이기 때문이다."[17]

그러므로 쑨원은 모든 사람이 보통선거를 통하여 정부를 통제할 수 있는 동등한 힘은 가져야 하지만, 반면에 필요한 지식과 능력을 가진 사람만이 공직을 가져야 한다고 생각하였다. 모든 사람에게 자격을 갖출 수 있는 동등한 기회는 부여되어야 하지만, 그 자격은 고시제도를 통하여 시험되지 않으면 안 된다. 그러므로 쑨원은 "모든 관리지망생은—그 관직이 선거에 의한 것이건 임명에 의한 것이건간에, 또 중앙관이건 지방관이건간에—필요한 자격을 갖추고 있는가를 확인받기 위하여 먼저 중앙정부가 주관하는 시험에 합격해야 한다"는 안을 제시하였다.[18]

그런 제도에는 정치적 조작이 개재될 가능성이 농후하지만, 쑨원은 시험의 관장권을 독립된 정부기관, 즉 고시원에 부여함으로써 이 위험성을 극소화하려고 생각하였다. 고시원은 과거 왕조 아래서 이 기능을 담당하였던 관료조직을 어느 정도 모방한 것이었다.

서구에서 인정되고 있는 3권분립 위에 유교에서 유래된 이 두 가지를 더 첨가한다면 서구에서 시행되고 있는 민주정치의 결함을 시정할 수 있을 뿐 아니라, '세계에서 가장 완벽하고도 훌륭한 정치'를 확립할 수 있다고 쑨원은 생각하였다.[19] 이 기대가 어떤 성과를 가져왔건간에 지금까지 중국정부의 기능을 근거로 그것을 판정할 수 없다는 것은 명심해야 한다. 왜냐하면 중국정부가 감찰원과 고시원을 모두 설치는 하였지만, 과도기에 있어서 이 기관들은 쑨원이 희망하였던 것과 같은 활동범위나 권력을 결코 부여받은 일이 없었기 때문이다.

앞으로 중국인들이 공자를 어떻게 평가할 것인가는 미래만이 알 수 있는 일이다. 그러나 그들이 공자를 찬양하건 망각하건간에, 앞으로 상당기간 동안은 모든 중국인이 계속 공자의 영향을 받으리라는 것은 분명한 것 같다. 1938년 라인바거(Linebarger)는 유교가 아직도 "중국에서 가장 거대하면서도 유일한 지적인 힘"이라고 지적하였지만,[20] 1943년 린위탕[林語堂]도 "유교는 중국민족 안에 살아 움직이는 힘이며, 앞으로도 계속 우리 민족의 행동을 결정할 것이다……."라고 단언하였다.[21]

최소한 이 말에도 약간의 타당성이 있다는 것은 1945년 중화민국의 외무장관이 입증해 준 것 같다. 그때 그는 국제연합을 조직하기 위해 소집된 회의석상에서 중국은 "다른 나라와 협력하여, 만약 필요하다면 주권의 일부를 새로운 국제기구에 양도할 용의가 있음"을 성명함으로써 회의에 참석했던 사람들을 깜짝 놀라게 하였던 것이다.[22] 이보다 21년 앞서 쑨원은 "최근에 와서야 유럽에서 제창된 사해동포주의가 2천여 년 전 중국에서 논의되었음"을 지적하면서 이에 대한 증거로 유교 경전 가운데 하나를 제시하였다.[23]

後 記

지금까지 이 책은 공자의 경력을 고찰하였다. 그는 노나라의 보잘것없는 가문 출신으로서 생전에는 이렇다 할 업적도 많이 남기지 못하였다. 그러나 죽은 뒤에는 그의 영향력이 점차 커져서, 그의 원칙을 반대하는 사람들은 자위상 그것을 왜곡시키지 않을 수 없게 되었지만, 그런 노력의 결과는 극히 미미하였다.

수세기에 걸쳐 많은 나라 사람들이 그의 이름을 찬양하였다. 이 책은 개괄적이나마 그의 사상이(때로는 상당히 변모되었을지라도) 여러 문명의 역사에서 각각 다르기는 하여도 무언가 중요한 역할을 어떤 방식으로 수행해왔는가를 추적해보았다. 이런 사실들을 되돌아볼 때, 그의 영향력이 유례가 없을 정도로 장기간에 걸쳐 지속된 이유는 무엇이냐 하는 의문을 갖지 않을 수 없다. 공자의 주된 관심이 사회철학 및 정치철학에 있었기 때문에, 그 이유도 아마 그 방면에 있을지 모른다.

국가조직 형태를 크게 독재체제와 민주체제의 두 가지 형으로 나누어도 큰 잘못은 없을 것이다. 물론 각 유형마다 여러 가지 다양한 종류가 있고 두 가지가 결합된 형태도 있음은 말할 필요도 없다. 독재국가에서는 권력이 궁극적으로 1인 또는 소수 개인에게 위임되는 반면, 대다수 국민들은 실제로 권력에 참여하지 못하지만, 민주국가에서는 권력이 궁극적으로 국민 전체에게 부여된다. 독재정치 아래에서는 일반적으로 '국가의 이익'이 정치의 목적이며 이것을 위해서는 수많은 시민의 복리가 희생되어도 좋다고 생각한다. 반면에 진정한 민주정치에서는 국민 개개인이 국가를 구성하는 당당한 일원이기 때문에 모든 국민의 복리와 행복에 관심을 갖지 않으면 안 된다.

효과적이고 진정한 민주정치는 구현되기 어려운 정치현실일 뿐 아니라 그것을 영속시키는 것은 더욱 어렵다는 것을 역사는 보여준다. 이에 비해 독재정치는 강인하게 잘 성장한다. 여기에는 여러 가지 이유가 있다. 독재정치 아래에서는 의무를 비교적 명료하게 규정하지만, 민주정치에서는 국가의 철학이 없으며(가장 넓은 의미에서는 민주주의를 제외한) 개인의 의무도 명료하지 않다. 정부를 지지하거나 반대하는 것도 모두 개인의 의무가 될 수 있으며, 자신의 양심만이 어떤 것이 의무라는 것을 판단할 수 있다.

그러나 민주정치에서도 갖은 웅변술을 동원하여 시민의 의무가 무엇인가를 열심히 말하는 사람들도 많다. 그러나 그렇게도 열심히 자기들이 생각할 것을 대신 생각해주는 사람들을 국민들이 의심스러운 눈초리로 바라보는 것은 매우 당연한 일이다. 국민들은 어려운 선택에 직면하였다. 즉 국가의 운명을 인격이 의심스러운 직업적인 정치가들에게 맡길 것인가, 아니면 선량한 마음을 가졌으나 경험 없는 아마추어 노력가에게 맡길 것인가?

그러나 이보다 더 큰 딜레마가 있다. 민주정치에서는 궁극적인 권력이 국민 전체에게 있지만, 전체 국민은 정치 방면에 관한 한 아마추어보다도 훨씬 못한 것이 보통이다. 왜냐하면 아마추어는 '애호가'이지만, 민주정치 아래에서 국민들은 정치과정에 참여하는 것을 반드시 좋아하는 것도 아니기 때문이다. 그들은 정치에 만족하면 할수록 정치참여에는 더욱더 무관심해진다. 그러므로 어느 의미에서 훌륭한 민주정치는 바로 민주정치의 가장 큰 적인 셈이다. 왜냐하면 국민이 감시를 게을리할 때는 민주주의의 적이 국가를 장악할지도 모른다는 위험이 항상 있기 때문이다.

또 민주주의는 좀더 미묘한 지적 딜레마에도 맞닥뜨리고 있다. 정치철학자들은 협동적인 국가의 국민은 정부를 신뢰해야 한다는 점에서 공자와 견해를 같이한다.[1] 뿐만 아니라 모든 국민은 정부의 목적은 물론 그 방법을 결정하는 데도 일정한 참여를 해야 하므로 정치의 기본적인 철학에 대해 어느 정도 합의점을 갖지 않으면 안 된다. 그러나 민주주의는 국민에게 그런 철학을 지정할 수도 없을 뿐 아니라, 어떤 신념이라 할지라도 그것이 비판이나 토론의 대상이 되지 않는다든가, 문제거리가 될 이유가 없다든가 하는 따위의 주장은 할 수가 없다. 바로 이 때문에 지금까지도 민주정치는 독재정치의 선전에 취약점을 보여왔지만, 앞으로도 항상 그럴 것이 틀림없다. 이에 대항하여 민주주의는 스스로 자신을 지키지 않으면 안 되지만, 그렇다고 언론자유의 정당한 행사를 금지해서는 안 된다.

추상적인 원리로서의 민주주의를 찬성하는 사상가라고 해서 더 어려운 민주주의의 여러 요건을 충족시킬 만한 일관성 있는 철학을 모두 제시할 수 있는 것은 아니다. 공자철학은 바로 이것을 제시하였으며, 그것도 수준이 상당한 것이었다. 바로 이 때문에 그의 사상이 그토록 광범위한 지지를 받은 것이라고 생각된다. 공자철학이 완전히 근대적 의미에서 민주적이라고 말하는 것은 너무 지나칠지 모르나, 반면에 공자를 민주주의의 선구자, 즉 민주주의의 길을 준비한 광야의 외침이었다고 말하는 것은 그렇게 지나친 표현만은 아니다. 더욱이 — 이것이 이 책의 핵심이지만 — 그는 인간 상호간의 성공적인 협동에 기초가 되는 몇 가지 기본적인 원리의 진가를 알고 있었다. 이 점에서는 그를 능가하는 철학자도 없었을 뿐 아니라 비견될 만한 사람도 드물다. 공자는 협동적인 국가를 찬성하였을 뿐 아니라 정열적으로 그 실현에 헌신하였으며, 민주주의의 철학을 제시하는 데 그치지 않고 그것을 열심히 외쳤다. 더욱 주목되는 것은 공자가 극단적인 열정과 철저한 사려심을 조화시킬 수 있었기 때문에 논리

정연한 민주주의의 입장을 손상할지도 모르는 지나친 요구는 결코 하지 않으면서 민주주의를 위해 희생할 것을 촉구하였다는 사실이다.

민주주의를 위한 가장 큰 싸움은 악에 대한 극적인 투쟁이 아니라, 개개인의 마음속에서 조용히 진행되는 권태에 대한 투쟁이라는 것을 공자는 인식하였던 것 같다. 독재정치는 겉으로만 화려하거나 모든 문제를 최종적으로 해결한다는 따위의 구호로 사람을 유혹한다. 그러나 민주정치는 소박한 인간으로서 긍지와 인류 행복을 위해 끊임없이 일할 수 있는 기회만을 제공할 뿐이며, 그 보상은 계속 일할 수 있는 기회를 주는 것뿐이다. 민주주의를 위한 투쟁은 결코 끝이 있을 수 없으며, 정적인 완벽성을 의미하는 완벽한 국가나 정치제도는 민주주의의 최고목표가 될 수 없다. 사물이 변화하는 것을 정지한다고 생각하는 것은 환상이기 때문이다. 민주주의가 바랄 수 있는 것은 새로운 상황에 효과적으로 대처할 수 있는 인간을 만드는 것뿐이다.

사회를 인도하기 위해 어떤 변하지 않는 표준을 만드는 사람은—그것이 형이상학적인 체계나, 저술·법률, 또는 단순한 원리이건간에—3중으로 위험한 모험을 하는 것임을 공자는 잘 알고 있었던 것 같다. 첫째 그것은 창의성을 질식시키며, 둘째 그것을 만든 사람이 예측하지 못한 상황이 발생하면 그것은 해가 된다. 마지막으로, 그것에 대한 비판 때문에(이것은 협동적인 사회에서는 억제할 수 없다) 그 표준에 대한 국민의 신뢰가 파괴되면, 국민은 방향을 상실한 채 완전히 방치될지도 모른다. 그러므로 공자는 절대적인 권위는 어떤 것도 요구하려 하지 않았던 것이다.

그러나 국가가 무정부상태로 빠지지 않으려면 무언가 권위라는 것이 있지 않으면 안 된다. 그 권위를 공자는 인간에게 맡겼다. 물론 아무에게나 맡긴 것은 아니었고 '도'를 체득한 사람에게만 맡겼다. 그러나 '도'는 고정된 법전도 아닐 뿐 아니라, 더욱이 형이상학과는 관계가 없다. 그것은 인간이 만든 이상의 집합체이며, 인간은 그것을 계속 발전시켜 나가지 않으면 안 된다. "인간은 '도'를 확충시킬 수 있지만 '도'는 인간을 확충시킬 수 없다."[2] 이것은 오늘날 '민주주의적인 생활방식'이라고 하는 것과 비슷하다. 다만 다른 점이 있다면, 공자는 근대 민주주의에서 이따금 연상되는 것보다 더 큰 열정과 열의를 갖고 그것을 주장하였다는 점뿐이다. 이러한 열의가 없으면 협동적인 사회는 불가능하다는 것을 공자는 알고 있었기 때문이다.

공자는 인간을 신뢰하였다. 물론 그는 모든 사람을 다 신뢰할 정도로 순진무구한 사람은 아니었지만, 인간은 대부분 성실한 존재라고 믿었다. 그는 모든 사람이 정치에 참여할 수 있는 능력을 가졌다고는 생각하지 않았지만, 협동적인 국가의 진정한 구성원으로 만들기 위하여 모든 사람에게 일정한 교육을 베풀어야 한다고 주장하였으며, 그 가운데에서 유능하고 유덕한 자질을 보인 사람들은 더 많은 교육을 시킨 뒤 권력 있는 자리에 앉히자고 제안하였다. 일단 그 자리에 앉은 사람들은 자기가 생각하는 최선의 판단에 따라 정치를 해도 좋다는 것이 공자의 생각이었다. 그는 장기적으로는 일반 백성도 관리의 잘잘못을 판별할 수 있을 것으로 믿은 것이다.

공자는 인류를 신뢰하였다.

[附 錄]

《論語》의 眞僞

의심 가는 부분도 없는 것은 아니지만, 대체로 《논어》가 오늘날 공자에 관한 유일한 최상급 자료라는 것은 모든 학자들이 견해를 같이 하는 듯하다. 한대 이전의 어떤 문헌에도 《논어》라는 이름이 언급되지 않고 있는데도,[1] 이처럼 견해가 똑같다는 것은 놀라운 현상이다. 그러나 《논어》에 보이는 구절들이 한대 이전 문헌에도 나타나는 것을 볼 때, 이 언설이 특정한 명칭이 붙여지지 않은 채 오랫동안 유가들 사이에 전수되었던 것은 명백하다.

공자와 그 제자들의 언행이 한 권의 책으로 처음 편찬된 시기를 정확하게 잡는 것은 불가능한 것 같다. 처음 편찬은 공자 직제자들이 한 것이 아니라, 일부 손제자(孫弟子)들이 한 것이다. 이미 논증한 것과 같이 현존 《논어》 가운데 처음 10편은 원전인 데 비해, 그 다음 다섯 편은 약간 뒤늦게 추가된 듯하며, 16편에서 20편까지는 이보다도 더 늦게 첨가되었다는 췌이수[崔述]의 가설이 맞는지도 모른다. 이들 여러 편에서는 공자가 '자' 대신 '공자'로 불리는 것이 일반적이지만, 이 밖에도 다른 편들과는 차이가 나는 점이 있다.[2] 그렇기는 하나 마지막 5편이 늦게 첨가되었다는 사실이 곧 그 이전에 그런 자료가 전혀 없었다는 의미는 아니다. 《논어》 제1편〔學而篇〕 3장〔子曰 巧言令色 鮮矣仁〕은 제17편〔陽貨篇〕 17장에 글자 하나 틀리지 않고 반복되어 있는데, 이것은 마지막 다섯 편 가운데에도 초기 자료가 약간 포함되었다는 사실을 입증해주는 것 같다. 공자보다는 대체로 제자들에 관한 것이 많은 제19편〔子夏篇〕도 가장 오래된 편들과 똑같은 정도로 신용할 만하지만, 후술하는 바와 같이 마지막 다섯 편에는 의심스러운 자료의 비중이 훨씬 더 많다.

전한에는 세 종류의 《논어》가 있었다고 한다. 전한말 장우(張禹)라는 학자가 그 가운데 2종을 기초로 하여 신본을 만들었는데, 이것이 너무나 인기가 있어 다른 것은 모두 사라지고 말았다.[3] 175년경 석판에 새겨진 《논어》의 남은 판본이 아직도 많이 남아 있는데, 비록 이것이 《논어》의 현행본과는 다소 차이가 있지만, 대부분 무시해도 좋을 만한 정도이고, 의미상 심각한 영향을 주는 것은 없다.[4]

《논어》 안에도 그것이 오래된 책이라는 것을 밝혀주는 증거가 있다. 카를그렌(Bernard Karlgren)은 《논어》와 《맹자》의 문법체계가 완전히 동일한 것을 발견하였고, 사소한 차이가 나타나는 것은 《논어》가 《맹자》보다 더 오래된 책이기 때문이라고 설명하였다.[5] 《논어》에는 '지(地)'(형이상학적 의미에서의), '음' '양' 및 '오행' 같은 관념이 없는데, 만약 《논어》가 주나라 가장 말기나 한대 작품이라면 이런 용어가 틀림없이 나타났을 것이다.[6] 《논어》에 묘사된 공자는 초인적인 성인도 아니고, 단순하고 이해할 수 있는 인간이며, 후세의 전설에서처럼 찬양되지도 않았고 요직을 지냈다는 주장도 없으며, 의혹도 약점도 가졌지만 동시에 확신도 강점도 가진 사람이다.

《논어》가 위작이 아니라는 가장 좋은 증거 가운데 하나는, 《논어》가 유가서임이 분명함에도 불구하고 유가로서는 포함되지 않는 편이 더 나은 자료가 많이 들어 있다는 사실이다. 자하(子夏)편에는 제자들간의 논쟁이 상세히 전하고 있으며, 특히 제25장에는 어떤 제자가 공자도 자하보다 나을 것이 없다고 말한 것도 보인다. 또 옹야(雍也)편 제26장에는 공자가 악명높은 부인과 만났다는 것이 실려 있다. 이 때문에 점잔 빼는 수많은 유가들이 당황한 적도 많았지만, 한대에는 유가를 공격하는 사람들이 이것을 이용하여 유가들을 조롱하기도 하였다.[7] 그러나 이런 것도 삭제되지 않았기 때문에, 더욱 《논어》를 존중하지 않을 수 없는 것이다.

그럼에도 불구하고 《논어》에는 진위가 의심스러운 구절도 포함되어 있는데, 약간 의심스러운 것부터 명백히 위조된 것까지 여러 단계의 의심스러운 구절들이 들어 있다. 향당(鄕黨)편은 특수한 문제를 제기하는데, 마스페로(Henri Maspero)와 웨일리(Arthur Waley)에 따르면 이것은 본래 이상적인 군자가 실천해야 할 것이 무엇인가를 가르친 예론(禮論)인데 약간 개작되어 《논어》에 편입된 것이라고 한다.[8] 맞는 말인지도 모른다. 어쨌든 공자의 행동을 서술할 때 향당편 전체를 안심하고 이용할 수 없는 것은 확실하다. 그러나 향당편 제2장, 제11장 2절, 제12장은 특정한 개인에 관한 것으로서, 아마 공자에 관한 것이 아닌가 싶다.

공자나 그 제자들과 아무 관계가 없는 구절도 많다. 이것은 원본에 잘못 끼여들어간 것 같은데, 계씨(季氏)편 제14장, 미자(微子)편 제9~11장 및 요왈(堯曰)편 제1장 등이 이런 것들이다. 한대 석판에 새겨진 《논어》에는 요왈편 제3장이 없는 것이 분명한데, 이 구절은 고본(古本) 가운데 가장 좋은 것[善本]으로 여겨온 노본(魯本)에도 없었다고 한다.[9] 필자는 위정(爲政)편 제4장 및 자한(子罕)편 제8장에 관한 의문을 이미 지적한 바 있다(이 책 제9장 註 50). 췌이수는 있을 법한 일이 아니라는 이유로 위영공(衛靈公)편 제1장에 의문을 제기하였는데,[10] 일리가 있는 것 같다. 또 웨일리가 계씨편 제1장에 회의를 표시한 것[11]도 충분한 근거가 있는 것 같다. 여기에는 자로와 염구가 모두 계씨의 가신으로 나오며, 공자는 마치 염구가 최고 권력을 장악한 것처럼 말하고 있지만 자로는 염구보다 먼저 계씨의 가재(家宰)로 있었던 듯하며, 더욱이 자로 같은 성질을 가진 사람이 좌천된 뒤에도 계씨의 가신으로 남았을는지도 의문이다. 헌문(憲問)편 제39~42장, 계씨편 제11장 2절, 양화편 제19장 및 미자편 제5~

8장에는 도가사상이 반영된 것 같고, 따라서 어느 정도 유보적인 태도로 다루지 않으면 안 된다(이 책 제12장, 註 97).

마지막 다섯 편 가운데 아홉 장(즉 계씨편 제4, 5~8장, 10장, 양화편 제6장, 8장, 요왈편 제2장)에서 공자가 매우 현학적인 풍으로 삼건(三愆)·구사(九思)·사악(四惡) 등의 숫자를 사용하고 있는데, 처음 15편이나 《맹자》에도 공자가 이런 식으로 말하는 것은 전혀 없다(다만 공야장편 제16장과 헌문편 제30장이 외견상 비슷하지만 그 취지는 다소 다르다). 이 가운데 그 내용이 공자로부터 유래된 것이 있다 하더라도, 후세 유교의 교훈적인 문체에 맞추어 개작된 것이 아닌가 한다.

마지막으로, 확인할 수 있는 공자철학 및 생애와 상충되는 것처럼 보이는 것이 여섯 장 있는데, 이것은 너무나 그 정도가 심하여 원본에 첨가된 위작으로 보지 않을 수 없다. 이것은 바로 술이편 제16장, 자로편 제3장, 계씨편 제2장과 제9장, 미자편 제3장과 제9장인데, 이들이 위작이라는 증거는 이미 지적하였다.[12]

주

1) 이런 예는 Legge, I, pp. 17~18에 예시되어 있다.
2) 崔述이 《논어》에 대해 비판한 것은 한 사람의 학자가 단독으로 이 문제에 공헌한 것 가운데 가장 중요한 것인데, 그 성과는 崔述, 崔述(2), 崔述(3)에 들어 있고, 그 결론을 요약한 것은 崔述(3), pp. 24~35에 보인다. 필자도 《논어》 판본에 대한 역사를 개관한 일이 있다(Creel(5), II, pp. 9~20). 또 錢穆(2)도 보라.
3) 《漢書》 권 30. "論語者 孔子應答弟子時人 及弟子相與言 而接聞於夫子之語也 當時弟子各有所記 夫子旣卒 門人相與輯而論纂 故謂之論語 漢興 有齊魯之說 傳齊論者…傳魯論語者…皆名家 張(禹)氏最後而行於世." 崔述, 권 2, p. 18; 崔述(2), 권 3, pp. 33~39.
4) 이 斷片을 복원한 원문이 張國淦, pp. 44~46 및 羅振玉(3), 하권, pp. 29a~34a에 수록되어 있다.
5) Karlgren, pp. 34~35.
6) 이런 관념이 후세의 것이라는 것은 이 책 제12장 註 99), 104), 132)를 보라.

7)《鹽鐵論》論儒篇 "禮 男女不授 不交爵 孔子適衛 因嬖臣彌子瑕以見衛夫人 子路不說 子釋佞臣也 夫子因之 非正也 男女不交 孔子見南子 非禮 禮義由孔氏 且貶道以求容 惡在其釋事而退也."

8) Maspero, p. 495; Waley, p. 55.

9)《論語注疏》권 20, 校勘記, p. 3b.

10) 崔述, 권 3, pp. 28~29.

11) Waley, p. 204 n.6.

12) 이 책 제13장 註 48), 제14장 註 80), 84).

註

제1장

1) 이 장은 이 책의 전체 내용을 대체로 요약한 것이므로 서술 근거는 거의 제시하지 않았다. 이 장에서 서술한 문제점들은 뒤에서 상술될 것이다.
2)《論語》子罕篇, "吾少也賤."
3) Jefferson, Vol. IX, p.428.
4) 孫逸仙,《中山叢書》권 1,〈民權主義〉10 ; Price 譯本, p.169 ; D'Elia 譯本, p.232.
5) Lecky, Vol. I, p.310.

제2장

1) 韓愈, 권 11, 1b.
2) Wilhelm, p.71.
3) 崔述, 권 1, p.4.
4) 錢穆, pp.38~39.
5) Pick, pp.96~97.
6)《論語》雍也篇, "子曰 雍也可使南面也."
7) 同上, "子謂仲弓曰 犁牛之子 騂且角 雖欲勿用 山川其舍諸"(仲弓은 冉雍의 字).《左傳》에 冉氏姓을 가진 治者階級에 관한 언급이 보이지 않는 사실은 그가 군주의 계승자일 가능성을 배제하고 있으며, 필자가 아는 한 그가 그렇다는 기록은 어디에도 없다.

8) 물론 堯·舜이 양위한 근거는 혈통에 의한 것이 아니다. 그러나 최근의 연구는 이 두 제왕이 전설적인 인물일 뿐 아니라 이들이 유덕함을 근거로 양위하였다는 사실을 기록한 문헌들도 공자 이후에 씌어졌다는 것을 밝히고 있다(pp. 228~232를 참조).
9) 이것은 《易經》 原典을 말하는 것이고 十翼은 포함되지 않는다. 이 부분은 공자시대 이후에 나온 것이다. 이 점은 뒤에서 상론하겠다.
10) 《書經》 諸篇에 대한 상세한 비판은 Creel, pp. 55~89 및 p. 111의 註 7)을 참조하라. 필자가 분명히 공자 이전의 것으로 생각하는 편은 다음과 같다. 즉 湯誓·西伯戡黎·微子·大誥·康誥·酒誥·梓材·召誥·洛誥·多士·君奭·顧命·費誓·文侯之命·秦誓. 이 밖에도 공자시대에 저작된 것으로 생각되는 것이 몇 편 더 있지만, 의심스러운 것으로 분류해야 한다. 그 밖의 今文《書經》의 상당부분을 차지하고 있는 나머지 부분은 후세의 僞作이 분명하다. 古文 《書經》에 관해 일체 언급하지 않은 것은, 일찍이 중국학자들이 증명한 바와 같이 위작으로 보는 것이 일반적으로 일치된 견해이기 때문이다.
11) 이 책, pp. 247~250 참조.
12) 이 책, 제12장 註 9) 참조.
13) Gustav Haloun은 *Frühkonfuzianische Fragmente*라는 3권의 짧은 책을 발간하였는데, 흥미는 있지만 그 연대나 내용으로 보아 공자에 관한 기초자료에 포함될 수 있는 것은 하나도 없다. Haloun 및 Haloun (2) 참조.

제3장

1) 이 선전운동 및 고대사의 改作에 대한 더 자세한 검토는 Creel, pp. 47~95와 Creel (4), pp. 367~375를 참조하라. 그러나 正史에 기록된 것과 똑같은 형식은 아니었지만 周와 商에 복속하고 있었음을 시사하는 증거는 필자가 이전에 생각했던 것보다 많다는 것을 주의할 필요가 있다.
2) 《左傳》 襄公 11년조, "或間玆命 司愼司盟 名山名川 群神群祀 先王先公 七姓十二國之祖 明神殛之 俾失其民 隊命亡氏 踣其國家."
3) 同上, 襄公 9년, "……自今日旣盟之後 鄭國而不唯有禮與强 可以庇民者是從 而敢有異志者 亦如之."
4) James Legge 譯, 《左傳》, p. 825.
5) 莊公은 차남이었다. 孟氏는 처음에는 仲氏로 알려졌는데, Legge에 따르면 첩의 소생이었기 때문이라고 한다(同上, p. 74).
6) 《左傳》 成公 15년, "敵利則進 何盟之有."

7) 同上, 哀公 13년.
8) 同上, 僖公 4년, "……大子祭于曲沃 歸胙于公 公田姬寘諸宮六日 公至毒而獻之 公祭之地 地墳 與犬 犬斃 與小臣 小臣亦斃."
9) 同上, 昭公 23년, "莒子庚輿 虐而好劍 苟鑄劍 必試諸人 國人患之."
10) 同上, 宣公 2년.
11) 同上, 昭公 3년, "國之諸市 屨賤踊貴."
12) 同上, 昭公 27년, "鈹交於胸."
13) 同上, 昭公 10년〔欒氏·高氏와 陳氏·鮑氏의 싸움〕.
14) 梅思平, pp. 176～177.
15) 《左傳》襄公 29년, "鄭伯有使公孫黑如楚 辭曰楚鄭方惡而使余往 是殺余也." ; 同, 昭公 元년, "季武子伐莒 取鄆 莒人告於會 楚告於晋曰 尋盟未退而魯伐莒 瀆齊盟 請戮其使." ; 同, 哀公 12년〔吳가 衛君을 會盟에 부른 후 억류하려고 하였으나 子貢의 설득으로 포기하였다〕.
16) 同上, 定公 3년〔蔡의 昭侯와 唐의 成公이 각각 3년간 억류되었다〕.
17) 同上, 昭公 6년〔楚의 公子棄疾이 晋에 사신으로 갈 때 "禁芻牧採樵 不入田不樵其樹 不采蓺 不抽屋 不彊匄"하였다는 것을 보고 著者는 일반적으로 이와는 반대상황이었을 것으로 추측한 것이다〕.
18) 同上, 宣公 15년.
19) 齊思和, pp. 178～179.

제 4 장

1) 《論語》八佾, "子入大廟 每事問 或曰孰謂鄹人之子知禮乎." ; 《左傳》昭公 7년, "曰孔丘聖人之後也 而滅於宋 其祖弗父何以有宋 而授厲公 及正考父佐戴武宣……." 《左傳》이 이 발언을 제자리보다 빠른 연대에 집어넣었기 때문에 《史記》의 저자도 혼란을 일으켰다(Chavannes, *Mem, Hist,* Vol. V, p. 294 n. 3 참조). 《左傳》에 따르면 이 계보가 언급된 대화는 공자 33세 때라고 하는데, 이때는 공자가 알려지기 이전이며, 따라서 장차 그가 위대하게 될 것을 예언한 셈이다. 崔述도 이 계보에는 상당한 무리가 있다고 지적하였다(崔述, 권 1, pp. 1～5).
2) 《公羊傳》과 《穀梁傳》에는 모두 공자의 生年이 B.C. 552년으로 되어 있으나, 《史記》는 B.C. 551년으로 잡고 있다. 어느 것이 정확한가 하는 문제로 오랫동안 학자들이 논쟁을 벌여왔지만 아직도 해결을 보지 못한 상태다. B.C. 551년이란 연대가 더 일반적으로 통용되고 있기 때문에 이 책도 여기에 따른 것이다.

Henri Maspero는 공자가 B.C. 551년에 태어나 B.C. 479년에 사망하

였다는 일반적인 견해보다 生年도 卒年도 모두 25년 정도 뒤늦은 것일지도 모른다고 생각하였지만, 그런 것 같지는 않다. 공자의 생년에 대해서는 의문의 여지가 있다고 치자. 그러나 졸년은 공자 제자들이 계속 단절없이 전해온 것이므로 잘 알려지지 않을 이유가 없다. 실제로 479년이 적어도 가까운 숫자라는 것을 입증해 주는 훌륭한 근거도 있다. 《論語》와 《春秋》를 비교하여 공자 생애의 마지막 사건으로 확정지을 수 있는 것은 B.C. 481년의 일이며(《論語》 憲問篇, "陳成子弑簡公 孔子沐浴而朝" 및 《左傳》 哀公 14년, "齊陳恒弑其君……孔丘三日齋而請伐齊" 참조), 그의 생애를 B.C. 479 이후까지 연장하지 않으면 안 될 어떤 사건이나 인물도 공자의 생애에 관한 믿을 만한 자료에는 전혀 없다. 《孟子》는 공자 死後 여러 명의 제자들이 그의 무덤 근처에서 3년간 服喪하였음을 전하고 있는데(滕文公 上), 季氏의 총애를 크게 받은 冉求가 B.C. 481～472년 사이에 어떤 공직생활을 하였다는 기사가 없다. 《左傳》 哀公 11년, 同 14년, 同 23년을 보라〔이것은 모두 冉求가 季氏의 관료로 활동한 기록이다〕. 孟子에 따르면 子貢은 6년간 상을 입었다고 하는데, 그는 B.C. 480년까지는 魯 외교의 주역이었다. 그러나 그 후에도 계속 존중도 받았고 출사를 요청받기도 하였지만, 공직을 가졌다는 기사는 역시 없다(《左傳》 定公 15년, 哀公 7년, 11년, 12년, 15년, 26년, 27년 참조). 이런 사실들은 479년설을 뒷받침해준다. 혹 공자 제자들이 服喪기간중 공직생활을 하였다는 사례를 삭제하기 위해 《左傳》이 개변되었다고 할지 모르지만, B.C. 478년에 있었던 會盟에 子羔가 참석하였다는 기록이 실려 있는 것은 그에 대한 반증이 될 것이다(《左傳》 哀公 17년〔魯와 齊가 蒙에서 會盟하였을 때 보이는 高柴·季羔가 바로 子羔이다〕). 여기서 기억해야 할 것은 子羔는 제자로서 선생의 사랑을 받지도 못하였을 뿐 아니라(《論語》 先進篇, "柴也愚也", "子路使子羔爲費宰 子曰賊夫人之子") 철저한 유가도 아니었다는 사실이다(《左傳》 哀公 15년〔衛의 變亂時 절의를 지켜 殉死한 子路와 이것을 피해 달아난 子羔의 행적이 대비되어 있고, 이에 대해 孔子는 "柴也其來 由也死矣"라고 하였다〕).

공자가 B.C. 551년에 태어나 B.C. 479년에 죽었다면 72년을 산 셈인데, 이 정도로 오래 살았다고 볼 만한 이유는 많다. B.C. 498년 제자인 子路는 季氏의 家宰라는 중책을 맡았다(《左傳》 定公 12년, "仲由爲季氏宰"). 《論語》 爲政篇(이것은 僞文일지도 모르지만)은 공자가 적어도 70세 이상은 되었다고 언급하고 있으며("七十而從心所欲不踰矩"), 일반적으로 《論語》는 공자를 장로로 묘사하고 있다. 따라서 공자가 B.C. 551년경에 태어난 것은 거의 확실하다.

3)《孔子家語》와 《史記》는 모두 공자의 아버지를 叔梁紇이라고 하는데(《孔子家語》 권 9, 本姓解 39, *Mem. Hist.* Vol V, p.287 및 n.1), 이 사람은《左傳》에 언급된 叔紇과 동일인물임이 분명한 것 같다(《左傳》 襄公 10년, "郰人紇"; 同 17년, "郰叔紇"). 그러나 조그만 핑계만 있어도 공자 이름을 끌어대는 것이 보통인《左傳》이 叔紇이 공자의 아버지라는 것을 두 번 다 말하지 않은 것은 매우 특기할 만한 사실이다. 그렇다면 왜 후세에 그것을 동일인으로 만들었는가? 그 이유는 어리석을 정도로 단순한 데 있는 것 같다.《論語》에 나오는 공자 아버지에 대한 유일한 기록은 陬人이란 것뿐이며(八佾篇),《左傳》에 언급된 陬人은 叔紇뿐이다. 공자에 관한 자료라면 어떤 斷片이라도 고문헌에서 찾으려는 사람들에게는 이 정도면 충분하였음에 틀림없다.

4)《論語》公冶長篇, "子謂公冶長可妻也……以其子妻之……子謂南容……以其兄之子妻之"; 先進篇, "南容三復白圭 孔子以其兄之子妻之"; 季氏篇, "陳亢問於伯魚曰……嘗獨立 鯉趨而過庭……又聞君子之遠其子也."

5) 同上, 先進篇, "鯉也死 有棺而無椁."

6) 崔述, 권 4, pp.22～23.

7) 叔紇이 공자의 아버지인지도 알 수 없지만,《孔子家語》에는 叔紇이 陬大夫였다는 기사가 나온다. 이것은 陬의 邑宰라는 의미 같은데, 이 기사는 충분한 근거가 없는 것 같다(《孔子家語》 권 9, 本姓解 39). 唐代 주석가 孔穎達은《左傳》이 叔紇을 陬人이라고 한 것을 근거로 그가 陬大夫였다고 설명하였지만 역시 설득력이 없다(《左傳注疏》 권 31).

8) 제 1 장 註 2)와 同.

9)《論語》先進篇, "鯉也死 有棺而無椁 吾不徒行以爲之椁 以吾從大夫之後不可徒行也."

10)《國語》晋語 9, "夫范仲行氏不恤庶難 欲擅晋國 令其子孫將耕於齊……."

11)《論語》子張篇, "夫子焉不學 而亦何常師之有." 공자가 26세 때 郯子에게 다소 배운 일이 있다는《左傳》의 이야기는(昭公 17년) 진지하게 고려할 만한 가치가 없다. 孔子의 선생 정도라면《論語》나《孟子》에 나올 법도 하지만, 두 군데 모두 郯子는 나오지 않는다. 또 郯子 이야기에 봉황·용·雲師·火師·水師·鳥師 등등 및 9나 5로 大分하는 방식도 나오는데, 이것은 모두 후세에 나온 신화의 특징에 속한다.

12)《孟子》萬章下, "孔子嘗爲委吏矣 日會計當而已矣 嘗爲乘田矣 曰牛羊茁壯長而矣."

13)《論語》子罕篇, "大宰問於子貢曰 夫子聖者與 何其多能也 子貢曰 固天縱之 將聖 又多能也 子聞之曰 大宰知我乎 吾少也賤 故多能鄙事 君子多乎哉 不多也牢曰子云 吾不試 故藝."

14) 同上, 述而篇, "子曰 自行束脩以上 吾未嘗無誨焉."
15) 同上, 子罕篇, "子曰 後生可畏 焉知來者之不如今也 四十五十而無聞焉 斯亦不足畏也已."
16) 同上, 先進篇, "子曰 是故惡夫佞者"; 同, 公冶長篇, "或曰 雍也仁而不佞 子曰焉用佞 禦人以口給 屢憎於人 不知其仁 焉用佞"; 同, 雍也篇, "子曰 不有祝鮀之佞 而有宋朝之美 難乎免於今之世矣"; 同, 衛靈公篇, "顔淵問爲邦 子曰……放鄭聲 遠佞人 鄭佞淫 佞人殆."
17) 이 책 제 8 장, p. 141.
18) 《論語》 先進篇, "子路使子羔爲費宰 子曰 賊夫人之子 子路曰有民人焉 有社稷焉 何必讀書然後爲學 子曰是故惡夫佞者"; 同, 顔淵篇, "季康子問政於孔子 孔子對曰政者正也 子帥以正 孰敢不正", "季康子患盜 問於孔子 孔子對曰 苟子之不欲 雖賞之不竊", "……孔子對曰 子爲政 焉用殺 子欲善而民善矣 君子之德風小人之德草 草上之風必偃"; 同, 憲問篇, "……夫子時然後言 人不厭其言 樂然後笑人不厭其笑 義然後取 人不厭其取 子曰 其然 豈其然乎"; 同, 子張篇, "子張曰 士見危致命 見得思義 祭思敬 喪思哀 其可已矣."
19) 同, 子罕篇, "子畏於匡曰 文王旣沒 文不在玆乎 天之將喪斯文也 後死者不得與於斯文也 天之未喪斯文也 匡人其如予何."
20) 馮友蘭, pp. 48～49.
21) 《左傳》(昭公 7년)에 따르면, 공자가 33세 때, 孟氏의 宗主(僖子)가 임종시 후계자 및 또 다른 아들 한 명에게 공자한테 가서 공부하라고 명하였고, 그들이 그 말에 따랐다고 한다. 이들이 최초의 공자 제자라고 생각하는 사람이 가끔 있지만, 이 이야기는 여러 가지 면에서 의심스러운 점이 많다. 孟僖子가 그것을 명할 때 공자의 위대성을 예언하고, 공자가 왕위 계승자는 아니더라도 왕가 후예라는 계보를 대체로 말하였기 때문이다. 더욱이 유력한 孟氏의 宗主와 그 형제가 그때 이미 공자의 제자였다면, 이것은 공자에게 큰 도움이 되었을 것이고, 따라서 그 사실이 《論語》에 기록되지 않았을 리가 없다. 그러나 그 두 사람이 《論語》에 각각 한 번씩 언급되었을 뿐 제자라는 증거는 없다(爲政篇, "孟懿子問孝"; 憲問篇, "南宮适問於孔子." 南宮适과 南容을 동일인물로 보는 것은 극히 의심스럽다).
22) 《左傳》(定公 12년)에 따르면, B.C. 498년에 子路가 季氏의 家宰로서 魯의 내정을 좌우할 정도로 주요한 역할를 했다고 한다. 당시 공자 나이는 53세였는데, 子路가 공자보다 아홉 살 아래로 전해지고 있으므로 당시 子路 나이는 44세였다. 또 다른 제자 曾晳은 제자 曾參의 아버지이므로(《孟子》 離婁上, "曾子養曾晳 必有酒肉……事親若曾子者 可也"), 그

는 제자 가운데 年長輩에 속한 것이 틀림없다.《孟子》는 曾哲을《論語》에 나오지 않는 2명의 다른 제자와 함께 언급하고 있고(盡心下, "曰如琴張曾皙牧皮者 孔子之所謂狂矣"), 曾皙 자신은《論語》에 단 한 번밖에 나오지 않는다(先進篇, "子路曾皙冉有公西華侍坐").《論語》가 초기 공자 제자들의 이름을 많이 빠뜨린 것은 분명하다.

23) 錢穆, pp.56~62.

24)《左傳》哀公 11년, "衛賜進曰……."

25) 同上, 哀公 14년, "司馬牛致其邑與珪焉 而適齊……陳成子使爲次卿 司馬牛又致其邑焉 而適吳."

26)《論語》顔淵篇, "司馬牛問君子 子曰 君子不憂不懼", "司馬牛憂曰 人皆有兄弟我獨亡 子夏曰 商聞之矣 死生有命 富貴在天 君子敬而無失 與人恭而有禮 四海之內 皆兄弟也 君子何患乎無兄弟也", "司馬牛問仁 子曰 仁者其言也訒 曰其言也訒 斯謂之仁矣乎 子曰爲之難 言之得無訒乎."

27) 同上, 雍也篇, "賢哉回也 一簞食一瓢飮 在陋巷 人不堪其憂 回也不改其樂 賢哉回也"; 同, 先進篇, "顔淵死 顔路請子之車 以爲之椁", "顔淵死 門人欲厚葬之 子曰不可", "子曰 回也 其庶乎 屢空";《孟子》離婁下, "顔子當亂世 居於陋巷一簞食一瓢飮 人不堪其憂 顔子不改其樂 孔子賢之."

28) 同上, 雍也篇, "子謂仲弓曰 犂牛之子 騂且角 雖欲勿用 山川其舍諸"; 同, 述而篇, "子曰 自行束脩以上 吾未嘗無誨焉."

29)《墨子》公孟篇, "有游於子墨子之門者 身體强良 思慮徇通 欲使隨而學 子墨子曰姑學乎 吾將仕子."

30)《論語》里仁篇, "士志於道 而恥惡衣惡食者 未足與議也"; 同, 泰伯篇, "邦無道富且貴 恥也"; 同, 憲問篇, "憲問恥 子曰 邦有道穀 邦無道穀恥也"; 同, 衛靈公篇, "子曰 君子謀道 不謀食……君子憂道 不憂貧."

31) 同上, 爲政篇, "子張學干祿."

32) 同上, 泰伯篇, "子曰 三年學不至於穀 不易得也."

33) 즉 李氏宰인데, 특정한 집안의 宰라는 지위가 독특하다는 증거는《左傳》成公 17년, "施氏之宰 有百室之邑 與匡句須邑 使爲宰" 및 "齊子尾卒 子旗欲治其室 丁丑殺梁嬰 八月庚戌逐子成子工子車 皆來奔 而立子良氏之宰 其臣曰孺子長矣 而相吾室 欲兼我也 授甲 將攻之……" 참조.

34) 子路·冉求·公西華 3인은 관직에 등용되지 않아 자기들의 능력이 인정받지 못하였다고 불만을 느끼고 있을 때, 공자 밑에서 공부하고 있었다(《論語》先進篇, "子路曾皙冉有公西華侍坐 子曰吾一日長乎爾 毋吾以也 居則曰不吾知也 如或知爾 則何以哉……"). 공자는 子路와 冉求를 季氏에 추천하였고(同, 雍也篇, "季康子問仲由 可使從政也與 子曰 由也果 於從政乎何有……求也可使從政也與求也藝 於從政乎何有"), 두 사람은 모

두 季氏의 家宰를 지냈다(연이어 지낸 것이 거의 확실하다). 公西華는 齊에 사신으로 파견되었다(同, "子華使於齊"). 冉雍의 집안은 무언가 오점이 있어 관료가 되기가 곤란하였지만 공자는 그의 능력을 높이 평가하였고, 그 역시 季氏의 家宰를 지낸 적이 있었다고 하는데(同, 子路篇, "仲弓爲季氏宰"), 이것은 공자의 도움이 없었다면 불가능한 일이었음에 틀림없다.

35) Gibbon, p. 564.

36) 《左傳》 定公 5~8년. Maspero는 《論語》 陽貨篇, "陽貨欲見孔子 孔子不見 歸孔子豚 孔子時其亡也 而往拜之 遇諸塗 謂孔子曰 來 予與爾言 懷其寶而迷其邦 可謂仁乎 曰不可 好從事而亟失時 可謂知乎 曰不可 日月逝矣 歲不我與 孔子曰諾 吾將仕矣"라는 기사를 근거로 공자가 陽虎의 관직을 '수락한 것 같으며' 陽虎의 계획이 실패한 이후에 자신이 체면 깎이는 짓을 하였음을 느끼지 않을 수 없었던 것 같다고 말한다(Maspero, pp. 456~457). 그러나 이것은 타당한 것 같지 않다. 첫째, 《論語》나 《孟子》에는(滕文公下) 모두 陽貨라고 나오는데, 두 사람이 동일인물일지도 모르지만 확실한 것은 아니다. 둘째, 《孟子》는 就官 문제에 대해서는 전혀 언급하지도 않았고, 《論語》에도 단지 공자가 '장차 출사하겠다'고 말한 것만 보일 뿐 陽虎 아래에서라는 말은 물론 실제 출사하였다는 것조차 언급되지 않았다. 셋째, 《左傳》에 기술된 陽虎의 경력을 볼 때, 그는 공자가 좋아할 만한 인물이 결코 아니다. 그는 난폭하고 거드럭거리기 좋아하는 음모가였으며, 《論語》나 《孟子》를 보아도 공자가 陽貨와 아주 관계가 없었다는 것이 분명하다. 그러므로 공자가 陽虎의 黨與라는 것은 거의 있을 수 없는 일이다.

37) 《左傳》 哀公 27년, "二月盟於平陽 三子皆從 康子病之 言及子贛 曰若在此 吾不及此夫."

38) 同上, 哀公 11년, "……王賜之甲劍鈹曰奉爾君事 敬無廢命 叔孫未能對 衛賜進曰……."

39) 《論語》 先進篇, "子路使子羔爲費宰 子曰賊夫人之子……."

40) 《左傳》 哀公 17년, "武伯問於高柴曰 諸侯盟 誰執牛耳 季羔曰鄫衍之役 吳公子姑曹……."

41) 同上, 哀公 3년, "……季孫卒 康子卽位 旣葬 康子在朝 南氏生男 正常載以如朝 告曰夫子遺言 命其圉臣曰 南氏生男 則以告於君與大夫 而立之 今生男也 敢告遂奔衛 康子請退 公使共劉視之 則或殺之矣 乃對之 召正常 正常不反."

42) 《論語》 雍也篇에는 季康子가 子路를 등용할 수 있겠느냐는 것을 묻는 것이 나오는데, 이것은 子路가 季氏의 家宰가 되기 이전의 일이 틀림없

고, 따라서 B.C. 498년 이전에 속한다.

43) 《論語》鄕黨篇, "康子饋藥 拜而受之 日丘未達 不敢嘗."

44) 同上, 顏淵篇, "季康子患盜 問於孔子 孔子對日 苟子之不欲 雖賞之 不竊."

45) 同上, "季康子問政於孔子 孔子對日 政者正也 子帥以正 孰敢不正."

46) 同上, 雍也篇, "季康子問 仲由可使從政也與 子日由也果 於從政乎何有 日賜也可使從政也與 日賜也達 於從政乎何有 日求也可使從政也與 日求也藝 於從政乎何有."

47) 《左傳》定公 12년, "仲由爲季氏宰 將墮三都."

48) 同上, 定公 5년, "季平子行東野……卒於房 陽虎將以璵璠歛 仲梁懷弗與日改步改玉 陽虎欲逐之 告公山不狃 不狃日 彼爲君也 子何怨焉."〔璵璠은 昭公이 망명한 이후 季氏가 君事를 대신하였기 때문에 차고 있던 玉인데, 이것을 함께 묻으면 定公이 在位한 입장에서 보면 僭越한 짓이 되는 것이다. 그러나 이것을 반대한 仲梁懷 역시 季氏의 家臣이므로 그의 '爲君'은 季氏를 말한 것이지 魯公은 아니다. 그래서 종래 注釋에서도 '爲君不欲使僭'이라고 하였는데, Legge가 이 부분을 'he is acting interest of the ruler'로 번역하였기 때문에 이 책의 저자는 이것을 公山이 公室을 옹호한 증거라고 한 것 같은데 찬성하기 어렵다. 더욱이 陽虎의 입장이 季氏의 권위를 높일 의사도, 公室의 권위를 회복시킬 의사도 아니기 때문에, 여기에 보이는 陽虎의 행동과 이를 반대한 季氏 지지파의 행동도 모두 公室의 이익과는 무관하다고 하겠다〕.

49) 同上, 定公 9년, "陽虎……出奔齊 請師以伐魯 日三加必取之."; 哀公 8년, "吳爲邾故 將伐魯 問於叔孫輒 叔孫輒對日……伐之必得志焉 退而告公山不狃 公山不狃日非禮也……且夫人之行也 不以所惡廢鄕 今子以小惡而欲覆宗國 不亦難乎……三月吳伐我 子洩率 故道險 從武城."

50) 《論語》陽貨篇, "公山弗擾以費畔 召 子欲往."

51) 同上, "夫召我者 而豈徒哉 如有用我者 吾其爲東周乎."

52) 몇몇 중국학자들은 이 사건을 충격적으로 받아들였기 때문에, 이것이 일어날 수 없는 사건임을 입증하려고 노력하였다. 崔述도 그 가운데 한 사람인데, 그는 그 논거의 하나로서 당시 공자는 魯의 司寇였기 때문에 정부에 반기를 든 자에게 '소환'될 리가 없었을 것이라는 점을 지적하였다(崔述, 권 2, pp. 14~17). 그러나 공자가 그 관직을 실제 지냈는지도 매우 의심스럽기도 하거니와, 어쨌든 당시 그런 사건이 있었다면 오히려 공자가 그 관직을 지낸 일이 없다는 반증을 하나 더 보태주는 셈이다. 馮友蘭은 이 사건이 실제 있었던 것으로 믿었고(馮友蘭 (3), pp. 37~38), 錢穆은 이것이 B.C. 502년이나 B.C. 501년에 일어났을 것으로 생각하였

는데, 이 연대가 당시 상황과 꼭 부합된다는 것이다(錢穆, pp.16~18).

53)《左傳》定公 10년, "夏 公會齊侯於祝其 實來谷 孔丘相……."

54) 夷狄에 대한 경멸과 '神靈에 대한 不祥'〔裔不謀夏 夷不亂華……於神爲不祥〕이 언급된 이 연설을 공자가 한 것이라고 하나, 《論語》와는 전혀 다른 분위기를 준다. 여기에 표현된 것처럼 단지 말 한마디 승부로 호전적인 강구 齊로 하여금 전혀 양도할 생각이 없는 영토를 토해 놓게 하였다는 발상 자체도 불합리하다. 康熙帝를 위하여 《春秋》欽定注釋書 편찬에 참여한 학자들은 이 구절을 빼버리면서, 이것을 僞文이라고 부정한 많은 학자들의 견해를 인용하였다(《欽定春秋傳說彙編》 권 35, pp.11a~12a). 놀라운 것은 《左傳》이 공자 생전의 일화를 거의 수록하지도 않았고, 설사 수록된 것이 있어도 이처럼 길고 상세한 예는 없다는 점이다. 《欽定春秋傳說彙編》이 지적한 바와 같이 이것은 《春秋》에 언급된 영토반환의 공을 공자에게 돌리기 위해 조작되어 삽입된 일화가 분명한 것이다.

55)《墨子》非儒篇下, "孔某爲魯司寇." 梅詒寶는 이 非儒篇에 대해 "《墨子》의 他篇과는 구성과 문체가 현저한 차이를 보이고 있으며, 역사적인 비유의 연대나 사실도 혼란되어 있어 이 篇이 훨씬 후대에 저술되었음을 알 수 있다"고 지적하였다(梅詒寶, p.200 n.1). 胡適도 이 非儒篇에 회의를 표하였다(胡適, p.151). 특히 의심스러운 것은 공자를 '孔某'라고 표현한 것이다. 이것은 경건한 儒者들도 공자의 이름을 직접 부르는 것을 피하기 위해 사용한 것이다. 공자를 공격하는 데 걸맞지 않게 이런 것이 나온다는 것은 이 구절이 후세에 첨가된 것임을 명백하게 나타낸 것이다.

56)《左傳》定公 元年, "孔子爲司寇也 溝而合諸墓."

57)《孟子》告子下, "孔子爲魯司寇 不用 從而祭 燔肉不至 不稅冕而行 不知者以爲肉也 其知者以爲無禮也."

58) 이 이야기들은 《孔子家語》 권 1, 始誅 및 권 7, 刑政;《荀子》宥坐篇에 나온다("孔子爲魯攝相 朝七日而誅少正卯"). 그러나 宥坐篇은 《荀子》 가운데에서도 성립시기가 늦은 것이 분명한데, 梁啓超는 이것이 漢代에 첨가된 것으로 생각하였다(梁啓超, p.115 참조). 형벌에 관한 틀림없는 공자의 발언은 《論語》爲政篇, "子曰 道之以政 齊之以刑 民免而無恥"; 顏淵篇, "季康子患盜……", "季康子問政於孔子曰 如殺無道 以就有道何如 孔子對曰 子爲政 焉用殺……"; 子路篇, "子曰苟正其身矣 於從政乎何有"를 보라. 공자가 少正卯를 처형하였다는 이야기에 대한 반박은 崔述, 권 2, pp.22~24를 보라.

59) Maspero, p.457 n.2,《左傳》에 魯 司寇의 이름이 나오는 것은 단 한

번뿐인데, 즉 B.C. 552년 臧武仲이 그 지위에 있었던 것을 언급한 것이 그것이다(襄公 21년). 그 후 臧氏의 宗主는 두 번씩이나 魯를 떠나지 않을 수 없었지만, 그 후계자들은 임명되었고 계속하여 그 집안은 극히 유력하였다(《左傳》 襄公 23년; 昭公 25년; 哀公 8년, 27년). 어떤 반증이 없기 때문에 이 집안의 宗主가 계속 司寇를 지냈다고 보아도 좋을 것 같다.

60) 《論語》 季氏篇, "齊景公有馬千駟 死之日民無德而稱焉 伯夷叔齊餓于首陽之下 民到于今稱之 其斯之謂與."

61) 季康子가 공자에게 이 세 명의 제자들이 관료가 되기에 적합한가를 물은 것은 B.C. 498년 이전이었다. 그 후 B.C. 498년 子路는 季氏의 家宰가 되었고, B.C. 495년 子貢은 외교회담에 참석하였으며 그 후 季氏家의 중요한 직책을 맡았다(《左傳》 定公 8년, 10년). 《左傳》은 冉求가 B.C. 484년에 季氏의 家宰였다고 한다(哀公 11년). 《論語》 先進篇, "季子然問仲由冉求 可謂大臣與"와 季氏篇, "季氏將伐顓臾 冉有季路見於孔子曰……"은 子路와 冉求가 동시에 季氏의 가신이었음을 시사하는데, 이것은 子路가 공자의 여행에 동반하기 이전이었던 것 같고, 따라서 B.C. 493년 이전일 것이다. 그러나 상기 季氏篇의 眞僞가 불확실하다는 것을 주의하지 않으면 안 된다.

62) 《論語》 爲政篇, "或謂孔子曰 子奚不爲政 子曰書云孝乎惟孝 友于兄弟 施於有政 是亦爲政 奚其爲爲政."

63) 同上, 子罕篇, "子貢曰 有美玉於斯 韞匵而藏諸 求善賈而沽諸 子曰沽之哉沽之哉 我待賈者也."

64) 公山不狃가 공자를 초빙한 사건은 추측건대 陽虎의 반란이 일어난 B.C. 562년과 公山이 魯에서 달아나지 않을 수 없었던 B.C. 498년 사이에 일어난 것으로 생각된다. 그 초청을 받았을 때 공자가 중요한 지위에 있지 않았다는 것은 거의 확실하다. 孟子에 따르면 공자는 B.C. 492년에 사망한 季桓子 밑에서 관직에 취임하였다고 하며(《孟子》 萬章下, "孔子有見行之仕 有際可之仕 有公養之仕 於季桓子 見行之仕"), 또 《左傳》에는 공자가 B.C. 492년에는 이미 陳에 가 있었고, 이때 여행을 시작하였다고 한다(定公 10년). 신빙성이 약한 다른 기록들도 B.C. 500년경에 공자가 관직에 있었음을 시사하고 있다. 이 해는 공자가 夾谷의 會에서 定公을 보필하였다고 하는 매우 의심스러운 일화가 《左傳》에 편입되어 있는 바로 그 해이다. 《穀梁傳》은 이 사건을 다르게 전하고 있고(권 19), 《公羊傳》은 이 사건 자체를 부정하려는 것처럼 이것을 완전히 생략하고 공자와 '季氏의 관계가 좋았다'〔孔子行乎季孫三月不違〕고만 언급하였다(권 26). 이것은 아마 공자가 B.C. 500년과 B.C. 498년에 각각 仕宦한

것을 의미하는 것 같다.

65)《論語》子路篇, "冉子退朝 子曰何晏也 對曰有政 子曰其事也 如有政 雖不吾以吾其與聞之."

66) 同上, 鄕黨篇, "朝與下大夫言 侃侃如也 與上大夫言 誾誾如也." 이 구절이 이곳에 나오기 때문에 Waley를 비롯한 일부 학자들은 이것이 '君子'의 태도를 언급한 것이지, 공자 자신의 태도를 언급한 것은 아니라고 보아야 한다고 주장한다. 그러나 鄕黨篇 몇몇 다른 구절처럼 이 구절도 특정한 개인을 두고 한 말이 틀림없는 것 같다.

67) 同上, 先進篇과 憲問篇 및《左傳》哀公 14년, "齊陳桓弑其君……孔丘……請伐齊……公曰 子告季孫 孔子辭退而告人曰 吾以從大夫之後也"를 참조.

68)《左傳》昭公 7년에 나오는 '從嬖大夫'와 비교하라. 이것은 '嬖大夫의 一人'으로 해석되고 있다(《左傳注疏》권 44, 15a).

69) 그럴 것 같지는 않지만, 공자가 哀公時에 처음으로 就官하였다고 가정해도 상황은 변함이 없다. B.C. 480년의 일로 확정지을 수 있는(《左傳》哀公 14년),《論語》憲問篇의 "陳成子弑簡公 孔子……請討之……"를 제외한—이것도 여기 논지와는 너무 시간상 뒤늦은 것이다—哀公과 공자의 대화 단 2例도 친근한 대신과 군주 사이에 있을 법한 그런 내용이 아니다(《論語》爲政篇, "哀公問政曰 何爲則民服 孔子對曰 擧直錯枉則民服 擧枉錯直則民不服."; 雍也篇, "哀公問弟子孰爲好學 孔子對曰 有顔回者好學").

70)《論語》八佾篇, "定公問 君使臣 臣事君 何如 孔子對曰 君使臣以禮 臣事君以忠."

71) 註 64) 참조.

72)《論語》에는 공자와 季桓子의 회견을 전한 것이 하나도 없다.

73)《孟子》萬章下, "孔子……於季桓子 見行之仕."

74)《左傳》昭公 12년, 14년〔季氏의 家臣 南蒯의 반란〕; 定公 8년〔陽虎의 반란〕, 10년〔叔孫氏의 家臣 侯犯의 반란〕.

75)《左傳》定公 12년, "仲由爲季氏宰 將墮三都",《公羊傳》은 공자가 이 조처를 취하라고 조언하였다고 한다(권 26, "孔子行乎季孫 三月不違 曰家不藏甲 邑無百雉之城 於是帥師墮郈 帥師墮費").

76) 同上, "……叔孫氏墮郈 季氏將墮費 公山不狃叔孫輒帥費人以襲魯 公與三子入於季氏之宮 登武子之臺 費人攻之 弗克 入及公側 仲尼命申句須樂頎 下伐之 費人北 國人追之……遂墮費 將墮成 公斂處父謂孟孫 墮成 齊人必至於北門 且成孟氏之保障也 無成 是無孟氏也 子僞不知 我將不墮 冬十二月 公圍成 弗克." 여기에 3家의 宗主들이 포위당했을 때 공자가 도

우라고 군사에게 명령하여 그들을 구원하였다는 말은 믿기가 어렵다. 공자의 이름이 이상할 정도로 갑자기 튀어나올 뿐 아니라, 공자가 군대를 지휘한 것으로 묘사한 것은 이것이 유일한 예이기 때문이다.

77) 《論語》 憲問篇, "公伯寮愬子路於季孫."

78) 註 65)와 同. '其事也'의 '事'는 보통 '私用'으로 번역하지만 여기서는 '사소한 문제'라고 번역하는 것이 오히려 나은 것 같다. 戴望도 이렇게 해석하였다(《戴氏注論語》 권 13). 이 역문은 지나친 意譯이지만, 필자는 그 진의를 정확하게 전한 것으로 생각한다. 이 구절은 일반적으로 공자가 天下周遊에서 환국한 이후의 것으로 여겨왔다. 그러나 공자가 魯를 떠난 것은 환멸을 느꼈기 때문이고 귀국한 이후에는 그의 조언이 고의적으로 무시되었다. 그러므로 그 시기에도 공자가 중요한 문제가 발생할 경우 자기에게 자문하기를 기대하였다고 생각하기는 어려운 것이다.

79) 註 57)과 同.

80) 《論語》 微子篇, "齊人歸女樂 季桓子受之 三日不朝 孔子行."이란 기사는 공자가 魯를 너무 강대하게 만들지도 모른다고 두려워한 齊가 魯公의 마음을 바꾸게 하고 공자를 사임시키기 위하여 女歌人을 보냈다는 의미를 포함하고 있는 것 같다. 그러나 이 구절도 微子篇 나머지 부분과 마찬가지로 위작임이 거의 확실하며, 孔子說話의 일부에 불과하다. 崔述은 이 기사를 당연히 언급할 법도 한 孟子가 언급하지 않은 사실을 지적하면서 의문을 표하였다(崔述, 권 2, pp. 25~26).

81) 《莊子》 盜跖篇, "子路子貢相與言曰 夫子再逐於魯 削迹於衛 伐樹於宋 窮於商周 圍於陳蔡……."

82) 《論語》 述而篇, "子在齊聞韶"; 顔淵篇, "齊景公問政於孔子"; 《孟子》 萬章下 "孔子之去齊……"; 《墨子》 非儒篇, "孔某之齊 見景公 景公說 欲封之以尼谿……."

83) 《史記》 권 47, 孔子世家.

84) 《墨子》에는 이런 종류의 일화가 두 개 더 있다(非儒篇을 보라). 이 이야기들이 명백히 후세에 첨가된 부분에(註 55 참조) 나올 뿐 아니라, 그 가운데 하나는 晏子가 B.C. 490년에 사망한 景公에게 B.C. 479년까지는 발생하지 않은 楚의 반란(《左傳》 哀公 14년〔白公의 반란〕)에 관해 언급한 내용을 포함하고 있다. 이런 이야기 가운데 하나와 큰 차이가 없는 것이 《晏子春秋》에도 나오는데, 이 밖에도 《晏子春秋》에는 공자와 晏子를 대립시켰거나, 동시대인으로 나타낸 기사가 몇 가지 더 있다(권 7, 外篇 8). 그러나 이것은 연대로 볼때 어려운 일이다. 《左傳》에도 晏子가 자주 언급되어 있지만, 그 마지막 기사는 B.C. 516년이고(昭公 26년), 그때는 공자가 35세에 불과하였다. 반면에 《晏子春秋》의 기사는

그 사건 당시 공자가 이미 명성을 날리고 있는 것처럼 묘사하였는데, 그 때는 이미 晏子는 죽었을 것이다. 이런저런 이유 때문에 이 일화들은 역사적인 사실로 간주할 수 없는 것이다.《晏子春秋》전체 연대는 결정하기 어렵지만, 공자시대보다 훨씬 이후에 성립된 것이 틀림없다는 것이 일반적으로 일치된 견해이다(張心澂, pp.607~609).《論語》微子篇, "齊景公待孔子 曰若季氏則吾不能 以季孟之間待之 曰吾老矣 不能用也 孔子行"이란 기사는 언급할 가치도 없다. 공자가 魯 3家 宗主와 동렬에 오른 적도 없을 뿐 아니라 아무리 생각해도 齊公이 공자에 대한 예의상 선례로 3家 宗主들을 언급했을 리가 없다. 微子篇 대부분의 다른 구절과 마찬가지로 이것도 설화에 불과한 것이 분명하다.

85) 各《史記》권 14 十二諸侯年表, 권 37 衛康叔世家, 권 47 孔子世家.

86)《論語》衛靈公, "衛靈公問陳於孔子……";《孟子》萬章下, "孔子……於衛靈公 際可之仕也."

87)《孟子》滕文公下, "彭更問曰 後車數十乘 從者數百人 以傳食於諸侯 不以泰乎 孟子曰……."

88)《論語》先進篇, "子曰 從我於陳蔡者 皆不及門也 德行顏淵閔子騫冉伯牛仲弓 言語宰我子貢 政事冉有季路 文學子游子夏." 이 구절 때문에 가장 뛰어난 제자들을 포함하여 적어도 10명의 제자가 공자의 여행에 수행하였다고 추측되어 왔다. 그러나 전혀 관계가 없는 두 말이 서로 관련된 것처럼 오해되어 온 것이 분명한 것 같다.《論語》公冶長篇, "子在陳曰 歸與歸與 吾黨之小子……不知所以裁之";《孟子》盡心下, "萬章問曰 孔子在陳曰 盍歸乎來 吾黨之士 狂簡進取 不忘其初." 이는 모두 공자가 陳에 있을 때 魯에도 상당수 제자들이 남아 있었음을 시사한다. 子貢과 冉求는 공자가 外遊하는 거의 전기간을 魯에 남아 季氏를 섬겼던 것 같다.《左傳》에는 子貢이 B.C. 495년, 488년, 484년 魯에서 공무를 수행한 것이 언급되어 있고(定公 10년 ; 哀公 7년, 11년), 이 사이에 어떤 단절이 있었다는 시사는 없다. 冉求가《左傳》에 처음 언급된 해는 기원전 484년이지만, 그때는 이미 季氏의 家宰요 군대 지휘관이었으므로, 그가 그런 지위에 오르기까지는 틀림없이 얼마간 시간이 걸렸을 것이다(哀公 12년).《論語》子路篇에 "공자께서 衛에 가실 때 冉求가 수레를 몰았다"〔子適衛 冉有僕〕는 기사가 있는 것은 사실이다. 그러나 이 여행이 언제 일이었지는 알 길이 없다. 만약 이것이 공자가 天下周遊를 시작할 때의 일이었다면, 冉求는 계속 季氏의 家臣 노릇을 하면서 공자를 위해 수레를 몰았고, 그 후 다시 魯로 돌아왔음에 틀림없을 것이다.

89)《孟子》萬章上, "孔子……於衛主顏讎由 彌子之妻 與子路之妻兄弟也 彌子謂子路 曰孔子主我 衛卿可得也 子路以告 孔子曰有命 孔子進以禮 退以

義 得之不得曰有命 而主癰疽與侍人瘠環 是無義無命也."

90) 同上, 萬章下, "……曰其交也以道 其接也以禮 斯孔子受之矣", "孔子有見行可之仕 有際可之仕 有公養之仕."

91)《論語》子路篇, "子路曰 衛君待子而爲政 子將奚先……." 이 기사는 공자가 衛의 국정을 담당하게 되었음을 시사하고 있지만, 이 구절은 명백히 僞文인 것 같다. 이 책 제13장, 註 48) 참조.

92)《左傳》定公 13년, "……衛侯始惡於公叔戌 以其富也 公叔戌又將去夫人之黨 夫人愬之 曰戌藏爲亂", 同 14년〔靈公의 大子 蒯聵가 南子를 암살하려다 실패, 宋으로 달아났다〕.

93)《論語》雍也篇, "子見南子 子路不悅 夫子失之曰 予所否者 天厭之 川厭之."

94) 공자가 戰法에 관한 질문을 받고 모욕감을 느껴 衛를 떠났다는《論語》衛靈公篇, "衛靈公問陳於孔子 孔子對日 俎豆之事則 嘗聞之矣 軍旅之事未之學也 明日遂行." 이 구절은 믿기 어렵다(崔述, 권 3, pp. 28~29; 錢穆, pp. 38~40).

95)《左傳》哀公 3년, "孔子在陳……."

96)《論語》衛靈公篇, "……明日遂行 在陣絶糧";《孟子》萬章上, "孔子不悅於魯衛 遭宋桓司馬 將要而殺之 微服而過宋 是時孔子當阨 主司城貞子爲陳侯周臣."

97)《論語》述而篇, "子曰 天生德於予 桓魋其如予何."

98)《左傳》定公 10년, 11년; 哀公 11년, 13년, 14년.

99) 이 점에 대해서는 子夏가 司馬牛와 이야기한《論語》顏淵篇의 기사가 상반된 근거를 제시하는 것 같다.《史記》에 따르면 子夏는 공자보다 44세나 적다고 하는데(권 67 仲尼弟子列傳), 만약 이것이 사실이라면 공자가 여행을 떠날 당시 子夏 나이는 많아야 14세를 넘지 못했을 것이기 때문이다. 그러나 司馬牛와 子夏의 대화가 그 이후의 것이라면, 司馬牛가 공자가 여행하기 이전에 공자 밑에서 공부하였을 가능성도 있다.

100)《左傳》哀公 14년, "司馬牛致其邑與珪焉 而適齊 向魋出於衛地……而奔齊……司馬牛又致其邑焉 而適吳."

101)《論語》顏淵篇, 註 26)과 同.

102) 同上, "子曰 內省不疚 夫何憂何懼."

103) 註 97)과 同.

104)《孟子》萬章上, 註 96) 참조.

105)《論語》子罕篇, "子畏於匡 曰文王旣沒 文不在玆乎 天之將喪斯文也 後死者不得與於斯文也 天之未喪斯文也 匡人其如予何"; 同, 先進篇, "子畏於匡 顏淵後子曰吾以女爲死矣 曰子在 回何敢死." 崔述, 권 3, pp. 3~6

참조.

106)《論語》衛靈公篇,“……在陣絶糧 從者病 莫能與.”

107)《孟子》萬章上,“是時 孔子當阨 主司城貞子 爲陳侯周臣.” 陳侯 이름이 여기서 周臣으로 나오는데, 이것은 B.C. 501～479년 사이에 재위하였던 湣公이 틀림없다.《孔子注疏》권 9 下, p.10a; 閻若擄, 권 4, p.38a 참조.

108)《左傳》哀公 3년, 註 95) 참조.

109) 同上, 哀公 元年,“楚子圍蔡 報柏擧也 里而栽……使疆于江汝之間而還 蔡於是乎 請遷于吳.”

110) 同上, 哀公 元年,“吳之入楚也 使召陳懷公 懷公朝國人而問焉……曰楚未可棄 吳未可從也……陳后從之.”

111) 同上, 哀公 6년,“吳伐陳 復修舊怨也…….”

112)《論語》述而篇,“陳司敗問昭公知禮乎 孔子曰知禮 孔子退 揖巫馬期而進之曰 吾聞君子不黨 君子亦黨乎 君取於吳爲同姓 謂之吳孟子 君而知禮 孰不知禮 巫馬期以告 子曰 丘也幸 苟有過 人必知之.”

113)《孟子》盡心下,“孟子曰 君子之戹於陳蔡之間 無上下之交.”

114)《論語》公冶長篇,“子在陳曰 歸與歸與 吾黨之小子狂簡 斐然成章 不知所以裁之.”

115) 孔安國에 부회된 注는 葉公이 '公'을 참칭하였다고 하는데, 葉公이 때때로 투기꾼이라고 불리는 이유도 바로 이 때문인 것 같다. 邢昺은 楚의 군주가 '王'을 참칭하였기 때문에 지방관들도 '公'을 자칭하게 되었다고 한다(《論語注疏》권 7, pp.6～7). 그러나 楚가 周室에 臣屬된 일이 있었다는 적극적인 증거가 없기 때문에, 이런 설명은 周室中心觀에서 나온 것에 불과하다. 더 정확한 견해는 戴望, 권 7, p.3을 보라.

116) 이 책 제12장, p.249를 보라.

117)《左傳》昭公 19년, 23년, 24년, 27년, 30년, 31년; 哀公 4년, 16년.

118) 同上, 哀公 5년, 14년. 공자가 蔡를 방문한 것은《論語》先進篇,“子曰 從我於陳蔡者……” 및《孟子》盡心下,“孟子曰 君子之戹於陳蔡之間”이란 기사로 알 수 있는데, 崔述이 지적한 바와 같이 두 사람은 蔡에서 만난 것 같다(崔述, 권 3, pp.11～14). 후세 전설은 공자가 楚를 방문하였다고 주장하지만, 崔述은 당시 楚 영토의 일부인 蔡를 제외하면 공자가 楚를 방문하지 않은 것이 거의 확실하다고 밝혔다. 초기 자료 가운데에는 공자가 楚를 방문한 기사는 없다.《墨子》가운데 공자가 楚에 간 기사와 楚에서의 공자 행동에 관한 엉터리 같은 이야기가 나오는 부분은(非儒篇下) 명백히 후세에 첨가된 僞文이다. 註 55)와 梅詒寶, p.206 n.3을 참조하라.

119) 《論語》 子路篇, "葉公問政 子曰 近者說 遠者來."

120) 同上, "葉公語孔子曰 吾黨有直躬者 其父攘羊而子證之 孔子曰 吾黨之直者異於是 父爲子隱 子爲父隱 直在其中矣."

121) 同上, 述而篇, "葉公問孔子於子路 子路不對 子曰女奚不曰 其爲人也 發憤忘食 樂以忘憂 不知老之將至云爾."

122) 《左傳》 定公 14년〔趙鞅과 그 적대세력간의 싸움〕.

123) 이 사건의 연대 및 전후사정에 관해서는 많은 논란이 있지만, 필자는 劉恭冕의 설을 따랐다. 그는 佛肹을 趙簡子의 가신으로 보는 邢昺과는 달리 그를 范氏·中行氏의 가신으로 보고 있다. 劉寶楠, 권 20, p.8a ; 《論語注疏》 권 17, p.4a를 보라. 劉는 이 사건을 B.C. 490년에 일어난 것으로 본다.

124) 《論語》 陽貨篇, "佛肹召 子欲往 子路曰 昔者由也聞諸夫子 曰親於其身爲不善者 君子不入也 佛肹以中牟畔 如之何 子曰 然 有是言也 不曰堅乎 磨而不磷 不曰白乎 涅而不緇 吾豈匏瓜也哉 焉能繫而不食."

125) 崔述은 이 사건은 있을 수 없는 일이라고 열심히 부정한다. 그러나 그는 주로 공자의 명성에 관심을 두었고 그 논거도 빈약하다(崔述, 권 2, pp.36~39와 下記 註 126을 참조). 馮友蘭은 이 사건을 실제 있었던 일로 믿고 있다(馮友蘭 3, pp.37~38). 이 사건은 《墨子》에도 언급되어 있지만, 멋대로 개작되었을 뿐 아니라 眞僞가 의심스러운 非儒篇에 나온다.

126) 가장 위대한 학자 가운데 한 사람으로 필자도 최대 경의를 표하고 있는 崔述조차 陽貨篇의 佛肹 관계 기사를 부정하는 데 지나치게 열심인 것은 뜻밖이다. 崔述은 이 구절에서 사용된 것처럼 직접 이야기하는 상대를 지칭하는 夫子란 용어는 공자시대에는 결코 사용된 일이 없다고 주장한다(崔述, 권 2, pp.38~39). 그러나 실제 이러한 號稱方法은 《論語》 先進篇 26장, 顏淵篇 2장, 憲問篇 30장, 陽貨篇 3장에도 나온다. 崔述은 先進篇 16장과 陽貨篇 4장은 僞文이라고 말하면서 제외시켰지만 나머지 2장은 무시한 것처럼 보인다.

127) 《左傳》 定公 14년.

128) 同上, 哀公 2년, "晋趙鞅納衛大子于戚."

129) 崔述, 권 3, pp.29~30 ; 《左傳》 哀公 15년.

130) 《孟子》 萬章下, "孔子……於衛孝公 公養之仕." 그러나 衛에는 孝公이 없다. 아마 出公을 잘못 전한 것 같다(崔述, 권 3, p.29 참조).

131) Chavannes, *Mem, Hist*. Vol. V, p.377 n. 2.

132) 《論語》 述而篇, "互鄉難與言 童子見 門人惑 子曰 與其進也 不與其退也 唯何甚 人潔己以進 與其潔也 不保其往也."

133) 同上, 公冶長篇, "敏而好學 不恥不問 是以謂之文也."
134) 《左傳》, 哀公 15년, "衛孔圉取大子蒯聵之姊."
135) 同上, 哀公 11년. 이때 공자는 "새가 나무를 택하지 어떻게 나무가 새를 택하겠느냐"〔鳥則擇木 木豈能擇鳥〕라고 말했다고 한다. 그러나 周游하는 철학자를 은근히 候鳥에 빗댄 점이나 그 오만한 태도로 볼 때, 이 말은 공자에 어울리지 않고 후세 상황을 반영한 것 같다. 예컨대, 孟子의 성격과 꼭 부합하는 것 같다.
136) 同上, 定公 15년 ; 哀公 7년, 11년.
137) 同上, 哀公 11년.
138) 同上.
139) 《左傳》과 《國語》는 모두 공자가 응답하기를 거부하였고 자신의 의견을 冉求에게 개인적으로 알렸을 뿐이라고 한다(哀公 11년 ;《國語》 魯語下). 그러나 《論語》에 보이는 공자의 평소 직선적인 태도나, 季康子에 대한 공자의 통렬한 직언 및 이 사건 때문에 공자가 冉求를 비난한 것 등을 감안할 때, 兩書의 기사는 믿기 어렵다.
140) 《論語》 先進篇, "所謂大臣者 以道事者 不可則止."
141) 同上, "子曰 非吾徒也 小子鳴鼓而攻之 可也" ;《孟子》 離婁上, "孟子曰 求也爲季氏宰 無能改於其德 而賦粟倍 他日 孔子曰 求非我徒也 小子鳴而攻之 可也."
142) 同上, 子罕篇, "子曰 吾自衛反魯 然後樂正 雅頌各得其所."
143) 同上, 述而篇, "冉有曰夫子爲衛君乎 子貢曰諾 吾將問之 入曰伯夷叔齊何人也 曰古之賢人也 曰怨乎 曰求仁而得仁 又何怨 出曰夫子不爲也." 이 구절은 보통 공자가 衛에 머물렀던 당시의 일로 해석되고 있다(崔述, 권 3, p. 26을 참조). 그렇다면 冉求와 子貢이 당시 공자와 함께 衛에 있었다는 의미인데, 실제로 그들이 모두 魯에 있었던 것은 거의 확실하다. 崔述도 이것이 부자연스럽다는 것을 인정하였지만 다소 무리한 방법으로 그것을 해결하려고 노력하였다. 그러나 사건 전체를 衛 出公이 魯로 망명해온 B.C. 479년의 일로 이해하는 것이 훨씬 더 타당한 것 같다. 당시 冉求와 子貢은 책임있는 관리로서, 魯國의 정치적 장래에 중요한 의미를 갖는 문제, 즉 망명자를 어떻게 처우할 것이냐는 문제에 크게 부심하였다.
144) 《左傳》 哀公 12년, "昭夫人主孟子卒……孔子與弔 適季氏 季氏不絻 放絰而拜."
145) 同上, 莊公 22년 ; 襄公 28년 ; 昭公 3년, 8년, 10년, 26년 ; 哀公 6년, 10년, 14년.
146) 이것은 필자가 《左傳》 哀公 14년 및 《論語》 憲問篇 22장의 기사를 종합한 것이다. 공자가 季氏 宗主에게 문제를 제기할 것을 거절하였다는

《左傳》의 기사는 《論語》와 일치하지 않지만, 무력한 魯公에게 독자적인 행동을 기대할 만큼 공자가 순진하였을 리는 만무하다.

147) 《論語》 先進篇, "鯉也死 有棺而無椁……."

148) 同上, "顏淵死 子曰 噫 天喪予……."

149) 《左傳》 哀公 14년, "趙簡召之 陳成子亦召之 卒於魯郭門之外 阬氏葬諸丘輿."

150) 同上, 哀公 15년, "……不石乞盂黶敵子路 以戈擊之 斷纓 子路曰君子死冠不免結纓而死."

151) 《論語》 憲問篇, "子曰 莫我知也夫 子貢曰何爲其莫知子也 子曰 不怨天不尤人 下學而上達 知我者其天乎."

152) 同上, 子張篇, "叔孫武叔毁仲尼."

153) 《孟子》 盡心下, "詩云 憂心悄悄 慍于群小 孔子也……."

154) 《禮記》 檀弓篇上, "孔子蚤作 負手曳杖 消搖於門 歌曰泰山其頹乎 梁木其壞乎 哲人其萎乎……子貢聞之……夫子曰……予疇昔之夜 夢坐奠於兩楹之間……予殆將死也 蓋寢疾七日而歿." 이 기사는 《史記》 孔子世家에도 전재되어 있지만 공자의 성격과 전혀 맞지 않다는 것은 崔述도 이미 인정한 바 있다(崔述, 권 4, p. 12).

155) 《論語》 子罕篇, "子疾病 子路使門人爲臣 病間曰 久矣哉 由之行詐也 無臣而爲有臣 吾誰欺 欺天乎 且予與其死於臣之手也 無寧死於二三子之手乎 且予縱不得大葬 予死於道路乎."

156) 同上, 述而篇, "子疾病 子路請禱 子曰有諸 子路對曰 有之 誄曰禱爾于上下神祇 子曰 丘之禱久矣."

157) 《孟子》 滕文公上, "孔子沒 三年之外 門人治任將歸 入揖於子貢 相嚮而哭 皆失聲 然後歸 子貢反 築室於場 獨居三年 然後歸."

158) 註 2) 참조.

159) 《論語》 子張篇, "子貢曰 君子之過也 如日月之食焉 過也 人皆見之 更也人皆仰之."

160) 《孟子》 公孫丑上, "有若曰……聖人之於民 亦類也 出於其類 拔乎其萃 自生民以來 未有盛於孔子也."

제 5 장

1) 부록에서 설명한 이유 때문에 필자는 이 장을 서술하면서 《論語》 鄕黨篇 가운데에서는 두세 구절밖에 인용하지 않았다.

2) 《論語》 述而篇, "子之燕居 申申如也 夭夭如也……子溫而不厲 威而不猛 恭而安."

3) 同上, 學而篇, "子曰 君子不重則不威 學則不固"; 先進篇, "……以吾從大夫之後 不可徒行也."
4) 同上, 述而篇, "互鄕難與言 童子見 門人惑 子曰 與其進也 不與其退也……"; 子罕篇, "子曰 吾有知乎哉 無知也 有鄙夫問於我 空空如也 我叩其兩端而竭焉."
5) 同上, 公冶長篇, "子曰……匿怨而友其人 左丘明恥之 丘亦恥之."
6) 同上, 憲問篇, "南宮适問於孔子 曰羿善射 奡盪舟 俱不得其死 然禹稷躬稼而有天下 夫子不答 南宮适出 子曰 君子哉若人 尙德哉若人."
7) 同上, 先進編, "……子曰才不才 亦各言其子也 鯉也死有棺而無椁……"; 季氏篇, "陳亢問於伯魚曰 子亦有異聞乎 對曰 未也……"; 陽貨篇, "子謂伯魚曰 女爲周南召南矣乎 人而不爲周南召南 其猶正牆面而立也與."
8) 《孟子》公孫丑上, "……曰我於辭命 則不能也 然則夫子旣聖矣乎."
9) 《論語》 雍也篇, "子曰 不有祝鮀之佞 而有宋朝之美 難乎免於今之世矣"; 顔淵篇, "子張問士 何如斯可謂之達矣……子曰……夫達也者 質直而好義 察言而觀色 慮以下人……夫聞也者 色取仁而行違 居之不疑 在邦必聞 在家必聞"; 憲問篇, "子曰 古之學者爲己 今之學者爲人"; 陽貨篇, "子曰 惡紫之奪朱也 惡鄭聲之亂雅樂也 惡利口之覆邦家者."
10) 同上, 學而篇, "子曰 君子食無求飽 居無求安 敏於事而愼於言 就有道而正焉 可謂好學也已"; 里仁篇, "子曰 士志於道 而恥惡衣惡食者 未足與議也"; 述而篇, "子曰 飯疏食飮水 曲肱而枕之 樂亦在其中"; 泰伯篇, "邦有道 貧且賤焉 恥也邦無道 富且貴焉 恥也"; 憲問篇, "子曰 士而懷居 不足以爲士矣"; 衛靈公篇, "子曰 君子 謀道 不謀食……君子 憂道 不憂貧."
11) 同上, 述而篇, "子曰 富而可求也 雖執鞭之士 吾亦爲之 如不可求 從吾所欲."
12) 季氏篇, "隱居以求其志." 이 구절은 '은거하면서 뜻을 성취하려는 사람'을 칭송하는 것처럼 보이는데, 도가가 삽입하였을 가능성이 농후하며, 季氏篇 상당부분이 의심스러운 데가 많다. 어쨌든 避世隱遁에 대한 공자의 관념은 述而篇, "子謂顔淵 曰用之則行 舍之則藏 惟我與爾有是夫"; 衛靈公篇, "邦有道 則仕 邦無道 則可卷而懷之"에 보이는 것처럼 避世 자체가 좋다는 것이 아니고, 악인이 권력을 단단히 장악하였을 때 자존심 있는 사람으로서 취할 수 있은 유일한 방도라는 것이다. 그러나 공자는 정치에 적극적이고도 유효한 역할을 담당할 기회를 항상 기다리고 있었다.
13) 《論語》學而篇, "子曰 學而時習之 不亦說乎"; 述而篇, "子在齊聞韶 三月不知肉味 曰不圖爲樂之至於斯也"; 泰伯篇, "子曰 師摯之始 關雎之亂 洋洋乎 盈耳哉."

14) 同上, 述而篇, "子與人歌 而善必使反之 而後和之"; 陽貨篇, "孺悲欲見孔子 孔子辭以疾 將命者出戶 取瑟而歌 使之聞之."

15)《墨子》節用上, 非樂上, 貴義篇 참조.

16)《老子》3, 19, 37, 80장. 그러나《莊子》가 墨子철학의 이런 측면을 '너무나 무미건조'하고 '인간 본성에 反하는' 것이라고 비난한 것을 주목하지 않으면 안 된다(天下篇 참조).

17)《韓非子》詭使篇;《商君書》農戰篇.

18)《論語》子路篇, "葉公問政 子曰 近者說……."

19) 同上, 述而篇, "子曰 志於道 據於德 依於仁 游於藝."; 陽貨篇, "子之武城 聞絃歌之聲 夫子莞爾而笑曰 割雞 焉用牛刀 子游對曰 昔者偃也聞諸夫子 曰君子學道則愛人 小人學道則易使也 子曰 二三子 偃之言是也 前言戲之耳."

20)《禮記》雜記下, "子貢觀於蜡 孔子曰 賜也樂乎 對曰 一國之人 皆若狂 賜未知其樂也 子曰 百日之蜡 一日之澤 非爾所知也 張而不弛 文武不能也 弛而不張 文武不爲也 一張一弛 文武之道也."

21)《論語》八佾篇, "或問禘之說 子曰 不知也 知其說者之於天下也 其如示諸斯乎 指其掌"; 子罕篇, "子曰 吾有知乎哉 無知也……."

22) 同上, 學而篇, "子禽問於子貢曰 夫子至於是邦也 必聞其政 求之與 抑與之與 子貢曰 夫子溫良恭儉讓以得之 夫子之求之也 其諸異乎人之求之與"; 八佾篇, "子入大廟 每事問 或曰 孰謂鄹人之子知禮乎"; 公冶長篇, "子曰 敏而好學 不恥下問 是以謂之文也."

23) 同上, 雍也篇, "仲弓曰 居敬而行簡 以臨其民 不亦可乎 居簡而行簡 無及大簡乎 子曰 雍之言然"; 註 19) 가운데 陽貨篇 기사와 陽貨篇, "宰我問三年之喪 期已久矣 君子三年不爲禮 禮必壞……期可已矣 子曰 食夫稻 衣夫錦 於女安乎 曰安 女安則爲之 夫君子居喪 食旨不甘 聞樂不樂 居處不安 故不爲也 今女安則爲之."

24) 同上, 公冶長篇, "子曰 十室之邑 必有忠信如丘者焉 不如丘之好學也"; 述而篇, "子曰 默而識之 學而不厭 誨人不倦 何有於我哉", "子曰 文莫吾猶人也 躬行君子 則吾未之有得", "子曰 若聖與仁 則吾豈敢 抑爲之不厭 誨人不倦 則可謂云爾已矣"; 子罕篇, "大宰問於子貢曰 夫子聖者與 何其多能也 子貢曰 固天縱之將聖 又多能也 子聞之曰 大宰知我乎 吾少也賤 故多能鄙事 君子多乎哉 不多也"; 憲問篇, "子曰 君子道者三 我無能焉 仁者不憂 知者不惑 勇者不懼 子貢曰 夫子自道也."

25) 同上, 憲問篇, "子曰 莫我知也夫……知我者其天乎"; 衛靈公篇, "子曰 君子疾沒世而名不稱焉."

26) 同上, 衛靈公篇, "師冕見 及階 子曰 階也 及席 子曰 席也 皆坐 子告之

曰 某在斯某在斯."

27) 同上, 鄕黨篇, "廐焚 子退朝曰 傷人乎 不問馬."

28) 同上, 述而篇, "子釣而不綱 弋不射宿."

29) 同上, 子罕篇, "子曰 後生可畏 焉知來者之不如今也 四十五十而無聞焉 斯亦不足畏也."

30) 同上, 子罕篇, "達巷黨人曰 大哉孔子 博學而無所成名 子聞之 謂弟子曰 吾何執 執御乎 執射乎 吾執御矣."

31) 程樹德, pp. 493~494.

32) 同上, p. 1,032. 陽貨篇, "子曰 二三子 偃之言是也 前言戱之耳"에 관해서는 崔述, 권 2, p. 19를 참조하라.

33) 《論語》陽貨篇, 註 14)와 同.

34) 同上, 先進篇, "顔淵死 子哭之慟 從者曰 子慟矣 曰有慟乎 非夫人之爲慟而誰爲."

35) 同上, 憲問篇, "原壤夷俟 子曰 幼而不孫弟 長而無述焉 老而不死 是爲賊 以杖叩其脛."

제6장

1) 《孟子》公孫丑上, "以德服人者 中心悅而誠服也 如七十子之服孔子也"; 錢穆, pp. 56~62.

2) 《史記》仲尼弟子列傳; 《論語》憲問篇.

3) 錢穆, pp. 75~76.

4) 崔述 (2), 권 3, p. 32.

5) 《論語》顔淵篇, "子路無宿諾."

6) 《孟子》公孫丑上, "孟子曰 子路 人告之以有過 則喜."

7) 《論語》公冶長篇, "由也千乘之國 可使治其賦."

8) 同上, 先進篇, "若由也 不得其死然."

9) 同上, 述而篇, "子路曰 子行三軍 則誰與 子曰 暴虎馮河 死無悔者 吾不與也 必也 臨事而懼 好謀而成者也."

10) 同上, 公冶長篇, "道不行 乘桴浮于海 從我者其由與 子路聞之 喜 子曰 由也 好勇過我 無所取材."〔無所取材는 보통 '분별력이 없다'는 의미로 해석되어 필자도 'he does not use judgement'로 번역하였으나 역자는 '無所取於桴材也'라는 鄭玄의 설문을 참고하여 子路는 너무나 용감한 것을 좋아하여 '뗏목도 필요 없겠지!'라고 공자가 빈정거린 의미로 해석해 보았다〕.

11) 《論語》憲問篇, "子曰 愛之能勿勞乎 忠焉能勿誨乎."

12)《左傳》哀公 14년.
13) 同上, 哀公 15년.
14)《論語》先進篇, "子曰 求也退 故進之 由也兼人 故退之."
15) 同上, 雍也篇, "冉求曰 非不說子之道 力不足也 子曰 力不足者中道而廢 今女畫."
16) 同上, 公冶長篇, "求也何如 子曰 求也千室之邑 百乘之家 可使爲之"; 雍也篇, "……求也可使從政也與 曰求也藝 於從政乎何有."
17)《左傳》哀公 23년.
18)《論語》先進篇, "言語宰我子貢", "賜不受命 而貨殖焉 億則屢中"; 子張篇, "叔孫武叔語大夫於朝曰 子貢賢於仲尼 子服景伯以告子貢 子貢曰 譬之宮牆 賜之牆也及肩 窺見室家之好 夫子之牆數仞 不得其門而入 不見宗廟之美 百官之富 得其門者或寡矣 夫子之云 不亦宜乎", "陳子禽謂子貢曰 子爲恭也 仲尼豈賢於子乎 子貢曰 君子一言以爲知, 一言以爲不知 言不可不愼也 夫子之不可及也 猶天之不可階而升也……";《孟子》公孫丑上, "宰我子貢善爲說辭";《左傳》哀公 26년, 27년.
19)《孟子》滕文公上, "昔者孔子沒 三年之外 門人治任將歸 入揖於子貢 相嚮而哭."
20) 註 18)의 子張篇 구절.
21)《孟子》公孫丑上, "子貢曰……自生民以來 未有夫子也."
22)《論語》雍也篇, "曰賜也可使從政也與 曰賜也達 於從政乎何有."
23) 同上, 公冶長篇, "子貢問曰 賜也何如 子曰 女器也 曰何器也 曰瑚璉也", "子貢曰 我不欲人之加諸我也 吾亦欲無加諸人 子曰 賜也 非爾所及也"; 憲問篇, "子貢方人 子曰 賜也賢乎哉 夫我則不暇."
24) 同上, 公冶長篇, "子謂子貢曰 女與回也 孰愈 對曰 賜也何敢望回 回也聞一以知十 賜也聞一以知二 子曰 弗如 吾與弗如也."
25) 同上, 里仁篇, "子曰 人之過也 各於其黨 觀過 斯知仁矣."
26) 同上, 公冶長篇, "顔淵季路侍 子曰 盍各言爾志 子路曰 願車馬衣輕裘 與朋友共 敝之而無憾 顔淵曰 願無伐善 無施勞 子路曰 願聞子之志 子曰 老者安之 朋友信之 少者懷之."
27) 同上, 爲政篇, "吾與回言 終日不違 如愚 退而省其私 亦足以信 回也不愚."
28) 註 24)와 先進篇, "德行顔淵閔子騫";《孟子》公孫丑上, "顔淵閔子騫善言德行."
29)《論語》雍也篇, "哀公問弟子孰爲好學 孔子對曰 有顔回者好學 不遷怒不貳過 不幸短命死矣 今也則亡 未聞好學者也", "子曰 回也 其心三月不違仁 其餘則日月至焉而已矣"; 子罕篇, "子曰 語之而不惰者 其回也與",

"子謂顔淵曰 惜乎 吾見其進也 未見其止也"; 先進篇, "哀公問弟子孰爲好學 孔子對曰 有顔回者好學……不幸短命死矣 今也則亡."

30) 그가 관직을 얻었다는 증거도 없지만 죽을 때까지 끈질기게 그를 따라다닌 빈곤도 그가 관직을 얻지 못한 것을 시사하는 것 같다. 《論語》 先進篇, "顔淵死 顔路請子之車以爲之椁……"; 《孟子》 離婁下, "顔子當亂世 居於陋巷 一簞食一瓢飮 人不堪其憂 顔子不改其樂 孔子賢之."

31) 崔述은 顔回가 魯哀公을 모시고 대화를 나누었다는 《韓詩外傳》의 기사를 전적으로 부정하였다(崔述 2, 권 1, p.23).

32) 《論語》 述而篇, "子謂顔淵曰 用之則行 舍之則藏 惟我與爾有是夫."

33) 同上, 雍也篇, "子曰 賢哉回也 一簞食一瓢飮 在陋巷 人不堪其憂 回也不改其樂 賢哉回也"; 註 30)에 인용된 《孟子》 離婁下의 구절.

34) 《論語》 先進篇, "子曰 回也視予猶父也 予不得視猶子也 非我也 夫二三子也."

35) 同上, "顔淵死 子曰 天喪予 天喪予."

36) 同上, "顔淵死 門人欲厚葬之 子曰 不可 門人厚葬之."

37) 同上, 雍也篇, "宰我問曰 仁者雖告之曰 井有仁焉 其從之也 子曰 何爲其然也 君子可逝也 不可陷也 可欺也 不可罔也"; 陽貨篇, "宰我問 三年之喪 期已久矣 君子三年不爲禮 禮必壞 三年不爲樂 樂必崩……."

38) 《論語》 先進篇, "言語宰我子貢"; 《孟子》 公孫丑上, "宰我子貢善爲說辭."

39) 同上, 公冶長篇, "子曰 始吾於人也 聽其言而信其行 今吾於人也 聽其言而觀其行 於予與改是"; 八佾篇, "哀公問社於宰我 宰我對曰 夏后氏以松 殷人以柏 周人以栗 曰使民戰栗 子聞之曰 成事不說 遂事不諫 旣往不咎." 錢穆은 이 비난이 《孟子》 公孫丑上에 宰我의 의견이 인용된 방식과 양립될 수 없다고 생각하여 이것이 《論語》에 잘못 삽입된 것이라고 하지만, 그 근거는 다소 관련은 있지만 전적으로 납득하기는 어렵다(錢穆, pp.50～53 참조).

40) 同上, "宰予晝寢 子曰 朽木 不可雕也 糞土之牆 不可杇也 於予與何誅."

41) 同上, 註 39)의 八佾篇 구절.

42) 《韓非子》에 따르면 공자 死後 유가가 8파로 나뉘어 각기 宗師를 모시고 있었는데 그 가운데 3人이 공자의 제자 子張, 顔(아마 回인 것 같다), 漆彫開라고 한다(顯學篇). 子夏를 제외하고 顔回와 漆彫開가 포함된 것은 모두 이상한 것 같다. 顔回는 공자보다 먼저 요절하였기 때문에 독자적인 학파를 세웠을 것 같지 않다. 漆彫開는 《論語》에 단 한 번밖에 언급되지 않았고(公冶長篇), 다른 곳에서도 거의 나오지 않는다. 《墨子》에 단 한 번 나오나, 그가 肉刑을 받은 사실로 공자를 비난하기 위해

언급된 것이다(非儒下). 《史記》에 따르면 공자 死後 제자 70명이 제후간을 왕래하였다고 한다(儒林列傳).

43) 崔述 (2), 권 1, pp.40~41.

44) 《孟子》 滕文公上, "……他日子夏子游以有若似聖人 欲以沂事孔子事之彊曾子 曾子曰 不可 江漢以濯之 秋陽以暴之 皜皜乎 不可尙已."

45) 《論語》 先進篇, "文學子游子夏."

46) 同上, 陽貨篇, "子之武城 開弦歌之聲 夫子莞爾而笑 曰割雞焉用牛刀 子游對曰 昔者偃也 聞夫子曰 君子學道則愛人 小人學道則易使也……." 이것을 崔述은 의문시하나, 그 근거는 미미하다(崔述 2, 권 2, p.19).

47) 同上, 先進篇, "子貢問 師與商也孰賢 子曰 師也過 商也不及 曰然則師愈與 子曰 過猶不及."

48) 同上, 爲政篇, "子張學干祿"; 顔淵篇, "子張問士 何如斯可謂之達矣 子曰 何哉 爾所謂達者 子張對曰 在邦必聞 在家必聞……."

49) 同上, 子張篇, "子張曰 士見危致命……執德不弘 信道不篤 焉能爲有 焉能爲亡."

50) 同上, "子游曰 吾友張也 爲難能 然而未仁", "曾子曰 堂堂乎張也 難與並爲仁矣."

51) 同上, "子夏之門人問交於子張……", "子游曰 子夏之門人小子……."

52) 《墨子》 耕柱篇.

53) 《史記》 儒林列傳.

54) 同上, 仲尼弟子列傳.

55) 孟子는 子夏와 曾參을 두려워할 줄 모르는 勇士에 비교하였지만(《孟子》 公孫丑上), 그 구절을 잘 검토해보면 孟子는 그들이 육체적인 용기가 아닌 도덕적 용기를 가졌다고 말한 것을 알 수 있다.

56) 註 45)와 同.

57) 註 47)과 同.

58) 《論語》 子張篇, "子夏之門人問交於子張 子張曰 子夏何云 對曰 可者與之 其不可者拒之 子張曰 異乎吾所聞 君子尊賢而容衆……."

59) 《韓非子》 顯學篇, "孔墨之後 儒分爲八 墨離爲三 取舍相反不同 而皆自謂眞 孔墨不可復生 將誰使定世之學道乎."

60) 《論語》 子張篇, "子游曰 子夏之門人小子 當洒掃應對進退則可矣 抑末也 本之則無如之何 子夏聞之 曰噫 言游過矣 君子之道孰先傳焉 孰後倦焉 譬諸草木區以別矣 君子之道焉可誣也 有始有卒者 其惟聖人乎."

61) 同上, 子路篇, "子夏爲莒父宰……."

62) 同上, 子張篇, "子夏曰 大德不踰閑 小德出入可也."

63) 同上, 雍也篇, "子謂子夏曰 女爲君子儒 無爲小人儒."

64) 《韓非子》 外儲說右上, "子夏曰 善持勢者 蚤絶姦之萌."
65) 《孟子》 離婁下, "曾子居武城……昔沈猶有負芻之禍 從先生者七十人 未有與焉."
66) 同上, "曾子居武城 有越寇 或曰寇至 盍去諸 曰無寓人於我室 毁傷其薪木 寇退則曰 脩我牆屋 我將反 寇退 曾子反 左右曰 待先生如此 其忠且敬也 寇至則先去以爲民望 寇退則反 殆於不可 沈猶行曰 是非汝所知也……子思居於衛 有齊寇 或曰寇至 盍去諸 子思曰 如伋去 君誰與守 孟子曰 曾子子思同道 曾子師也父兄也 子思臣也 微也 曾子子思易地則皆然."
67) 《論語》 泰伯篇, "曾子有疾 孟敬子問之 曾子曰 鳥之將死 其鳴也哀 人之將死 其言也善 君子所貴乎道者三 動容貌斯遠暴慢矣 正顔色斯近信矣 出辭氣斯遠鄙倍矣."
68) 때때로 《孝經》의 저자를 曾參이라고 하지만 이것은 잘못이다(Creel 5, Vol. I, p.35).
69) 《論語》 學而篇, "曾子曰 愼終追遠 民德歸厚矣"; 子張篇, "曾子曰 吾聞諸夫子 人未有自致者 必也親喪乎", "曾子曰……孟莊子之孝也 其他可能也 其不改父之臣與父之政 是難能也."
70) 《孟子》 離婁上, "曾子養曾晳 必有酒肉 將徹 必請所與 問有餘 必曰有……若曾子則可謂養志也 事親若曾子者可也."

제7장

1) 1세기 전 유능한 프랑스 중국학 학자가 표명한 의문에 관하여서는 Biot, pp.10~72를 보라.
2) 《孟子》 滕文公上, "設爲庠序學校而敎之 庠者養也 校者敎也 序者射也 夏曰校 殷曰序 周曰庠 學則三代共之."
3) 郭沫若, pp.16b~17b를 보라. Legge는 周初에 國立大學이 설립되었다는 내용의 한 구절을 《竹書紀年》에서 번역하였지만, 실제로 그것은 金文에서 말하는 '궁술도장'처럼 보인다. 어떤 후기 문헌은 그곳에서 다른 기술도 수업되었다고 하지만, 이것을 뒷받침하는 초기 증거는 없다. 상기 인용문과 Legge譯, 《書經》 序論, p.140 및 Legge譯, 《詩經》, p.458의 註를 보라.
4) 《論語》 爲政篇, "子曰 君子不器."
5) 同上, 憲問篇, "子路問成人 子曰 若臧武仲之知 公綽之不欲 卞莊子之勇 冉求之藝 文之以禮樂 亦可以爲成人矣."
6) 同上, 子路篇, "子曰 苟正其身矣 於從政乎何有 不能正其身 如正人何."
7) 《禮記》 月令篇, "季夏……行秋令則 丘隰水潦 禾稼不熟 乃多女災."

8) Maspero는 이런 사상이 공자에게서 나온 것이며, 공자는 이것을《書經》洪範篇에서 얻은 것이라고 한다(Maspero, p.463 n.2를 참조). 그러나 洪範篇이 '五行'을 자주 언급하고 있고, 신비적인 숫자로 모든 것을 일관하고 있는데, 이런 특징도 그렇지만 전체적인 구성도 공자시대 정도로 오래된 시기의 성격과는 맞지 않기 때문에(이 책 제12장, 註 132 참조) 그 이후의 작품이 확실하다. Arthur Waley도 일종의 마술적인 思考를 공자에 결부시키고 있지만 위에서 언급한 우주론적인 마술 형태는 '《論語》에 보이는 공자의 가르침에 속하지 않는다'는 것을 인정하였다(Waley, p.18, pp.64～66 참조).

9) Greel, H.G., *Sinism : A Study of Evolution of the Chinese World-view* (Chicago, 1928), p.65. 이 책의 대전제는 漢代 형이상학적인 체계의 기원이 매우 오래된 것이라는 것이었는데, 물론 이것은 전혀 틀린 전제였다. 20년 전에 집필한 이 책에는 지금 필자가 찬성할 만한 중요한 주장은 거의 없는 것 같다.

10) 고대문헌 가운데 垂範의 효과를 보여주는 명백한 예는《詩經》小雅 桑扈之什角弓, 大雅 文王之什, 思齊, 下武, 生民之什, 卷阿, 蕩之什, 抑, 魯頌 駉之什 泮水 등의 諸篇을 참고하고, 이것을 Legge의 번역본《詩經》및《書經》多方篇과 비교해보라.《論語》爲政篇, "子曰 爲政以德 譬如北辰 居其所 而衆星共之"; 子路篇, "子曰 其身正 不令而行 其身不正 雖令不從"; 衛靈公篇, "子曰 無爲而治者 其舜也與 夫何爲哉 恭己正南面而已矣"와 같은 구절은 확실히 靈驗力을 언급한 것으로 해석될 수 있을지 모른다. 그러나 이것은 동시에 垂範力에 의존한 것이라고 해석될 수도 있으며, 공자시대의 知的 분위기나 공자사상 전체를 고려할 때 이 해석이 더 타당한 것 같다.《論語》里仁篇, "里仁爲美 擇不處仁 焉得知"; 公冶長篇, "子謂子賤 君子哉若人 魯無君子者 斯焉取斯"; 衛靈公篇, "子貢問仁 子曰 工欲美其事 必先利其器 居是邦也 事其大夫之賢者 友其士之仁者."

11)《詩經》小雅 鹿鳴之什, 采薇篇.

12) 이것은《書經》《詩經》《易經》의 원본을 조사한 것을 토대로 한 말인데, 그 가운데에는 전후 문맥상 '君子'의 개념 정의를 내리기가 불가능한 것도 있다. 공자가 사용한 것과 비슷한 의미로 볼 수 있는 '君子'의 일례가《書經》秦誓篇에 나온다. 秦誓篇은 그렇게 많이는 아니지만 어쨌든 공자보다 앞선 시대 것으로 되어 있고, 대체로 그럴듯한 이야기다. 이런 의미의 '君子'란 단어는《易經》剝 및 大壯에도 보인다.

13)《論語》述而篇, "子曰 自行束脩以上 吾未嘗無誨也."

14)《孟子》盡心下, "孟子之滕 館於上宮 有業屨於牖上 館人求之弗得 或問

之曰 若是乎 從者之廋也 曰子以是爲竊屨來與 曰殆非也 夫子之設科也 往者不追 來者不拒 苟以是心至 斯受之而已矣."

15)《論語》述而編, "子曰 不憤不啓 不悱不發 擧一隅 不以三隅反 則不復也."

16) 同上, 里仁篇, "子曰 士志於道 而恥惡衣惡食者 未足與議也."

17) 同上, 泰伯篇, "子曰 三年學 不至於穀 不易得也."

18) 이 점에 대해서는 확증이 있지만, 약간 뒤늦은 墨子나 孟子시대에는 이미 관행이 된 것 같고(《墨子》魯問篇,《孟子》公孫丑下), 당시 경제적인 조건으로 보아도 그럴 가능성이 많다.

19) 子夏는 특히 이 점을《論語》子張篇에서 지적하였다. 즉 "……君子之道 孰先傳焉 孰後倦焉 譬諸草木 區以別矣 君子之道 焉可誣也 有始有卒者 其惟聖人乎."

20)《論語》爲政篇, "子曰 視其所以 觀其所由 察其所安 人焉廋哉 人焉廋哉"; 里仁篇, "子曰 人之過也 各於其黨 觀過 斯知仁矣"; 公冶長篇, "子曰……今吾於人也 聽其言 而觀其行……."

21) 同上, 先進篇 25장과 公冶長篇 25장.

22) 同上, 先進篇, "子路問 聞斯行諸 子曰 有父兄在 如之何其聞斯行之 冉有問 聞斯行諸 子曰 聞斯行之 公西華曰 由也問聞斯行諸 子曰 有父兄在 求也問……子曰 聞斯行之 赤也惑 敢問 子曰 求也退 故進之 由也兼人 故退之."

23) 同上, 學而篇, "子貢曰 貧而無諂 富而無驕 何如 子曰 可也 未若貧而樂 富而好禮者也"; 爲政篇, "子曰 道之以政 齊之以刑 民免而無恥 道之以德 齊之以禮 有恥且格."

24)《墨子》魯問篇, "子墨子曰 出曹公子 而於宋三年而反 睹子墨子曰 子曰 始吾游於子之門 短褐之衣 藿羹朝得之 則夕不得……."

25)《論語》述而篇, "子曰 二三子 以我爲隱乎 吾無隱乎爾 吾無行而不與二三子者是丘也."

26) 同上, 公冶長篇, "……子曰 由也千乘之國 可使治其賦也 不知其仁也……求也 千室之邑 百乘之家 可使爲之宰也 不知其仁也……赤也 束帶立於朝 可使與賓客言也 不知其仁也."

27)《墨子》貴義篇, "子墨子曰 吾言足用矣 舍言革思者 是猶舍穫而攈粟也 以其言非吾言者 是猶以卵投石也 盡天下之卵 其石猶是也 不可毁也."

28)《荀子》脩身篇, "不是師法 而好自用 譬之是猶以盲辨色 以聾辨聲也 舍亂妄無爲也."

29)《論語》雍也篇, "仲弓問子桑伯子 子曰 可也簡 仲弓曰 居敬而行簡 以臨其民 不亦可乎……子曰 雍之言然"; 陽貨篇, "子曰 二三子 偃之言是也前言戱之耳."

30) 同上, 陽貨篇, "宰我問三年之喪……今女安則爲之."

31) 同上, 述而篇, "子曰 不憤不啓 不悱不發 擧一隅 不以三隅反 則不復也"; 泰伯篇, "子曰 學如不及 猶恐失之"; 子罕篇, "顔淵喟然歎曰 仰之彌高 鑽之彌堅 瞻之在前 忽焉在後 夫子循循然善誘人 博我以文 約我以禮 欲罷不能 旣竭吾才 如有所立卓爾 雖欲從之 末由也已"; 憲問篇, "子曰 愛之 能勿勞乎 忠焉 能勿誨乎."

32) 同上, 子罕篇, "子曰 譬如爲山 未成一簣 止 吾止也 譬如平地 雖覆一簣 進 吾往也."

33) 同上, 先進篇, "子曰 由之瑟 奚爲於丘之門 門人不敬子露 子曰 由也 升堂矣 未入於室也."

34) 同上, 憲問篇, "子貢方人 子曰 賜也賢乎哉 夫我則不暇."

35) 《孟子》 公孫丑上, "宰我曰 以予觀於夫子 賢於堯舜遠矣."

36) 《論語》 子罕篇, "達巷黨人曰 大哉孔子 博學而無所成名 子聞之 謂門弟子曰 吾何執 執御乎 執射乎 吾執御矣."

37) 이런 例는 吳大徵, 권 15, p.18; 羅振 (2), p.42를 보라.

38) Bryce, p.23.

39) 羅振玉 (2), p.6, pp.11b～12a.

40) 《儀禮》 聘禮篇, "聘君若薨于後入境則……歸執圭復命于殯……."

41) 郭沫若 (2), pp.109b～110a; 《詩經》 大雅 文王之什, 緜; 《左傳》 桓公 2년, 莊公 23년, 成公 13년.

42) 《儀禮》 聘禮篇, "賓皮弁迎大夫于外門外再拜 大夫不荅拜輯入 揖入及廟門 賓輯入……."

43) 同上, 士昏禮篇, "主人如賓服迎于門外再拜 賓不荅拜輯入 至于廟門輯入……."

44) '禮'라는 文字가 《易經》 原典에는 나오지 않고, 수많은 청동기 銘文을 분석한 容庚의 《金文篇》에도 '禮'字는 언급되어 있지 않다. 공자 이전에 속하는 것으로 생각되는 《書經》 諸篇中 '禮'字가 넓은 의미로 사용된 것은 金縢篇뿐인데, 이것의 성립연대에 관해서는 약간 의문이 있다(Legge 譯, 《書經》, p.360). 《詩經》에서 넓은 의미로 사용된 예는 鄘風 相鼠와 少雅 祈父之什 十月之交篇에 두 번 나온다.

45) Arthur Waley는 한정된 의미에서만 이 견해를 지지하면서 다음과 같이 말하였다. "천명을 받은 군주가 행하는 의식에만 이 마력이 있다고 공자는 생각하였던 것으로 판단된다"(Waley, p.66). 그러나 마술적 효과라는 관념 전체가 《論語》에 보이는 공자의 일반적인 사고형태와는 맞지 않는다. 《論語》 顔淵篇, "一日克己復禮 天下歸仁"이 때때로 한 사람

이(아마도 군주) 하루만 仁을 행하기만 하면 천하 사람들이 모두 仁을 갖추게 된다는 의미로 해석되는 것은 사실이다. 만약 이것이 이 구절의 의미라면 사실 마력을 언급한 것이다. 그러나 이 구절이 僞文이 아니라면 그런 의미가 될 수는 없다. 군주가 세상의 악을 제거하는 데 100년이 걸린다는 子路篇의 "子曰 善人爲邦百年 亦可以勝殘去殺矣"라는 구절과, 또 그런 일이 1세대가 걸린다는 同篇, "子曰 如有王者 必世而後仁"이란 구절과 비교해보라.

46) 《左傳》 宣公 9년, "陳靈公與孔寧儀行父通於夏姬 皆衷其衵服 以戲於朝 洩冶諫 遂殺洩冶."

47) 《論語》 顔淵篇, "仲弓問仁 出門如見大賓 使民如承大祭."

48) 同上, 八佾篇, "子曰 人而不仁 如禮何 人而不仁 如樂何."

49) 同上, "子曰 居上不寬 爲禮不敬 臨喪不哀 吾何以觀之哉."

50) 同上, "子曰 大哉問 禮與其奢也寧儉 喪與其易也寧戚."

51) 同上, 陽貨篇, "子曰 禮云禮云 玉帛云乎哉."

52) 《禮記》 禮器篇, "有以素爲貴者 至敬無文……大圭不琢……此以素爲貴也."

53) 《禮記》 八佾篇, "子曰 大哉問 禮與其奢也寧儉."

54) 《禮記》 禮運篇, "故禮也者 義之實也 協諸義而協 則禮雖先王未之有 可以義起也."

55) 《論語》 子罕篇, "子曰 麻冕禮也 今也純儉 吾從衆."

56) 同上, "拜下禮也 今拜乎上泰也 雖違衆吾從下."

57) 同上, 憲問篇, "子路問事君 曰勿欺也而犯之"; 《孟子》 公孫丑下, "……齊人無以仁義與王言者 豈以仁義爲不美也 其心曰是何足與言仁義也云爾 則不敬莫大乎是我非堯舜之道 不敢以陳於王前 故齊人莫如我敬王也."

58) 이것은 상대적인 이야기이다. 우리 입장에서 본다면 유가가 3年喪을 규정한 것은 물론 지나치다. 《禮記》 檀弓上, "孔子曰……三年之喪 吾從其至者"; 檀弓下, "子張問曰 書云高宗三年不言 言乃讙 有諸 仲尼曰 胡其不然也 古者天子崩 王世子聽於冢宰三年."

59) 《論語》 泰伯篇, "子曰 恭而無禮則勞 愼而無禮則葸 勇而無禮則亂 直而無禮則絞."

60) 同上, 公冶長篇, "子曰 晏平仲 善與人交 久而敬之."

61) Byrnes, p. 138

62) 《論語》 陽貨篇, "子曰 君子以義爲質 禮以行之."

63) 同上, 雍也篇, "子曰 質勝文則野 文勝質則史 文質彬彬 然後君子."

64) 同上, 泰伯篇, "子曰 興於詩 立於禮 成於樂"; 憲問篇, "子路問成人 子曰……知……不欲……勇……藝……文之以禮樂 亦可以爲成人矣"; 季氏篇, "……不學禮 無以立也……."
65) 同上, 子張篇, "子游曰 子夏之門人小子 當洒掃應對進退則可矣……."
66) 同上, 雍也篇, "子曰 君子博學於文 約文以禮 亦可以弗畔矣夫" ; 子罕篇, "……博我以文 約我以禮……."
67) 同上, 衛靈公篇, "在陳絶糧 從者病莫能興 子路慍見曰 君子亦有窮乎 子曰 君子固窮 小人窮斯濫矣." 이 구절의 앞부분은 진위가 의심스럽지만 (崔述, 권 3, pp.28~29) 이 부분의 요점은 里仁篇과 泰伯篇에도 나온다.
68) Lin, p.107.
69) Lang, p.13.
70) Aristotle, p.1,340.
71) Plato (3), p.401과 Plato (4), p.672를 보라.
72)《論語》八佾篇, "子語魯大師樂曰 樂其可知也 始作翕如也 從之純如也 皦如也 繹如也 以成", "子謂韶盡美矣 又盡善也 謂武盡美矣 未盡善也" ; 述而篇, "子在齊聞韶 三月不知肉味 不圖爲樂之至於斯也" ; 泰伯篇, "子曰 師摯地始 關雎之亂 洋洋乎盈耳哉" ; 陽貨篇, "樂云樂云 鍾鼓云乎哉."
73) 同上, 子罕篇, "子曰 吾自衛反魯 然後樂正 雅頌各得其所."
74) 同上, 述而篇, "子與人歌……" ; 陽貨篇, "孔子辭以疾 將命自出戶 取摯而歌……."
75) Plato (3), pp.398~400, p.424 ; Plato (4), pp.700~701, p.802 ;《論語》衛靈公篇, "樂則韶舞 放鄭聲……鄭聲淫."
76)《孟子》公孫丑上, "子貢曰 見其禮 而知其政 聞其樂 而知其德."
77)《論語》先進篇, "子曰 由之瑟 奚爲於丘之門." "點爾何如 鼓瑟希 鏗爾舍瑟而作 對曰……."
78) 註 64)와 同.
79) Altschuler, pp.79~80.
80) 同上, p.70.
81) La Master를 보라.
82)《論語》爲政篇, "子曰 人而無信 不知其可也 大車無輗 小車無軏 其何以行之哉"를 간단히 표현하기 위하여 약간 縮約飜譯하였다.
83) 同上, 衛靈公篇, "子張問行 子曰 言忠信 行篤敬 雖蠻貊之邦行矣."
84) 同上, 公冶長篇, "子曰 敏而好學 不恥下問 是以謂之文也" ; 憲問篇, "子曰 爲命 裨諶草創之 世叔討論之 行人子羽修飾之 東里子產潤色之" ; 衛靈公篇, "子曰 臧文仲 其竊位者與 知柳下惠之賢 而不與立也."
85) 同上, 公冶長篇, "子曰 巧言令色 足恭 左丘明恥之 丘亦恥之."
86) 同上, 陽貨篇, "子曰 色厲而內荏 譬諸小人 其猶穿窬之盜也與."

87) 同上, 子路篇, "曰言必信 行必果 硜硜然小人哉 抑亦可以爲次矣."
88) 同上, 學而篇, "君子……過則勿憚改"; 子罕篇, "子曰 法語之言 能無從乎 改之爲貴 巽與之言 能無說乎 繹之爲貴 說而不繹 從而不改 吾未如之何也已矣"; 子張篇, "子貢曰 君子之過也 如日月之食焉 過也 人皆見之 更也 人皆仰之."
89) 同上, 雍也篇, "樊遲問知 子曰 務民之義 敬鬼神而遠之 可謂知矣 問仁曰仁者先難而後獲 可謂仁矣"; 顏淵篇, "先事後得 非崇德與"; 衛靈公篇, "子曰 事君敬其事 而後其食."
90) 同上, 爲政篇, "子曰……見義不爲 無勇."
91) 同上, 憲問篇, "見利思義 見危授命 久要不忘平生之言 亦可以爲成人矣"; 衛靈公篇, "子曰 志士仁人 無求生以害仁 有殺身以成仁."
92) 예컨대 《易經》(大過, 歸妹)에 사용된 것은 이 의미뿐인 것 같다. '士'字의 역사에 관한 자료는 많이 있지만 여기서 그것을 詳論하는 것은 너무나 논지에서 벗어나는 것 같다.
93) Hearnshaw, p. 437.
94) 《論語》 憲問篇, "子曰 士而懷居 不足以爲士." 이 번역은 Arthur Waley의 번역에 따른 것이다.
95) 同上, 泰伯篇, "曾子曰 士不可以不弘毅 任重而道遠 仁以爲己任 不亦重乎 死而後已 不亦遠乎."
96) 同上, 子罕篇, "子曰 譬如爲山 未成一簣止吾止也 譬如平地 雖覆一簣 進吾往也."
97) 同上, "子曰 三軍可奪帥也 匹夫不可奪志也."
98) 同上, 衛靈公篇, "子曰 君子求諸已 小人求諸人."
99) 同上, 里仁篇, "子曰 不患無位 患所以立 不患莫已知 求爲可知也."
100) 同上, 顏淵篇, "攻其惡 無攻人之惡 非修慝與 一朝之忿 忘其身以及其親非惑與."
101) 同上, 衛靈公篇, "子曰 躬自厚 而薄責於人 則遠怨矣."
102) 同上, 述而篇, "三人行 必有我師焉 擇其善者而從之 其不善者而改之."
103) 同上, 里仁篇, "見賢而思齊焉 見不賢而內自省也."
104) 同上, 雍也篇, "子曰 孟之反不伐 奔而殿 將入門 策其馬曰 非敢後也 馬不進也."
105) 同上, 憲問篇, "子曰 君子恥其言而過其行."
106) 同上, 爲政篇, "子貢問君子 子曰 先行其言而後從之."
107) 同上, 衛靈公篇, "辭達而已矣"; 《儀禮》 聘禮篇. Waley는 '辭'의 의미를 '구실, 傳言, 임무를 다하지 못한 데 대한 변명' 등에 한정한 것 같다(Waley, p. 201 n. 2). 그러나 '말'이란 의미로 사용된 예는 《書經》 秦誓

篇, "俾君子易辭"; 《論語》 泰伯篇, "……出辭氣 斯遠鄙倍矣"; 《孟子》 公孫丑上, "宰我子貢善爲說辭"; 萬章上, "不以文害辭 不以辭害志."

108) 《論語》陽貨篇, "子曰 道聽而塗說 德之棄也."

109) 同上, 里仁篇, "子曰 君子欲訥於言 而敏於行."

110) 同上, 衛靈公篇, "……遠佞人……佞人殆."

111) 同上, 雍也篇, "子曰 不有祝鮀之佞 而有宋朝之美 難乎免於今之世."

112) 同上, 陽貨篇, "子曰……惡利口之覆邦家者."

113) 同上, 子路篇, "子曰……見小利則大事不成."

114) 同上, 憲問篇, "子曰 道之將行也與 命也 道之將廢也與 命也 公伯寮其如命何."

115) 同上, 學而篇, "子曰 君子不重則不威."

116) 同上, 八佾篇, "子曰 君子無所爭 必也射乎 揖讓而升 下而飮 其爭也君子"; 衛靈公篇, "子曰 君子矜而不爭 群而不黨."

117) 同上, 爲政篇, "子曰 多聞闕疑 愼言其餘 則寡尤 多見闕殆 愼行其餘 則寡悔"; 子路篇, "子夏爲莒父宰 問政 子曰 無欲速 無見小利 欲速則不達."

118) 同上, 學而篇, "子曰 君子食無求飽 居無求安."

119) 同上, 里仁篇, "子曰 君子喩於義 小人喩於利."

120) 同上, 顔淵篇, "……子曰 是聞也 非達也 夫達也者 質直而好義……"; 衛靈公篇, "子曰 君子病無能焉 不病人之不己知也."

121) 同上, 子路篇, "子貢問曰 鄕人皆好之 何如 子曰 未可也 鄕人皆惡之 何如 子曰 未可也 不如鄕人之善者好之 其不善者惡之."

122) 同上, 衛靈公篇, "子曰 君子疾沒世而名不稱焉."

123) 同上, 子路篇, "君子泰而不驕 小人驕而不泰"; 泰白篇, "子曰 如有周公之才之美 使驕且吝 其餘不足觀也已."

124) 同上, 子路篇, "君子易事而難說也 說之不以道 不說也 及其使人也器之."

125) 同上, "子曰 君子和而不同"; 爲政篇, "君子周而不比."

126) 同上, 里仁篇, "君子無終食之間違仁 造次必於是 顚沛必於是"; 述而篇, "君子坦蕩蕩"; 泰伯篇, "曾子曰 可以託六尺之孤 可以寄百里之命 臨大節而不可奪也 君子人與 君子人也."

127) 同上, 顔淵篇, "子曰 內省不疚 夫何憂何懼"; 憲問篇, "仁者不憂 知者不惑 勇者不懼."

128) 同上, 公冶長篇, "子謂子賤 君子哉若人 魯無君子者 斯焉取斯"; 里仁篇, "子曰 里仁爲美 擇不處仁 焉得知", "子曰 德不孤 必有鄰"; 子罕篇, "子欲居九夷 或曰 陋如之何 子曰 君子居之 何陋之有."

129) 同上, 學而篇, "就有道 而正焉 可謂好學也已"; 衛靈公篇, "子曰 工欲善其事 必先利其器 居是邦也 事其大夫之賢者 友其士之仁者."

130) 同上, 學而篇, "子曰 弟子入則孝 出則弟 謹而信 汎愛衆而親仁……."
131) 同上, 學而篇, "無友不如己者"; 子罕篇, "子曰 主忠信 毋友不如己者 過則勿憚改"; 顔淵篇, "子貢問友 子曰 忠告而善道之 不可則止 毋自辱焉."
132) Williamson, Vol. I, p.61.
133)《論語》學而篇, "子曰 弟子入則孝 出則弟 謹而信 汎愛衆而親仁 行有餘力 則以學文."
134) 同上, 子路篇, "子曰 誦詩三百 授之以政不達 使於四方 不能專對 雖多亦奚以爲."
135) 同上, 述而篇, "子以四教 文行忠信."
136) 同上, 爲政篇, "子曰 詩三百 一言以蔽之曰思無邪"; 子路篇, "子曰 誦詩三百……."
137) 同上, 八佾篇, "巧笑倩兮 美目盼兮 素以爲絢兮"와《詩經》衛風 碩人을 비교해보라(碩人에는 마지막 구절은 보이지 않는다).
138) 同上, 陽貨篇, "子謂伯魚曰 女爲周南召南矣乎 人而不爲周南召南 其猶正牆面而立也與."
139) 同上, "子曰 小子何莫學夫詩 詩可以興 可以觀 可以群 可以怨 邇之事父遠之事君 多識於鳥獸草木之名"; 泰伯篇, "子曰 興於詩 立於禮 成於樂."
140) 이 관행에 대한 Waley의 논의는 Waley 譯,《詩經》, pp.335~337을 보라.
141)《論語》季氏篇, "……曰學詩乎 對曰未也 不學詩 無以言."
142) 同上, 子路篇, "子曰 誦詩三百 授之以政不達 使於四方 不能專對 雖多亦奚以爲."
143) 錢玄同; 顧頡剛 (4); Waley 譯,《詩經》, pp.335~337.
144)《詩經》齊風 雞鳴, "雞既鳴矣 朝既盈矣 匪鷄則鳴 蒼蠅之聲 東方明矣 朝既昌矣 匪東方則明 月出之光 蟲飛薨薨 甘與子同夢 會且歸矣 庶予子憎."
145)《論語》學而篇, "子貢曰 貧而無諂 富而無驕 何如 子曰可也 未若貧而樂富而好禮者也 子貢曰 詩云 如切如磋 如琢如磨 其斯之謂與 曰賜也……"; 八佾篇, "子夏問曰 巧笑倩兮 美目盼兮 素以爲絢兮 何謂也 子曰 繪事後素 曰禮後乎 子曰 起予者商也 始可與言詩已矣."
146) 顧頡剛 (4), p.347.
147)《禮記》는 前漢의 戴聖이 편찬한 것이지만 그 資料의 연대는 각양각색이다. 最古 자료가 얼마나 오래된 것이냐는 문제는 論難의 여지가 많지만, 그 일부는 문체나 내용으로 보아 공자보다 훨씬 후대에 속하는 것이 명백하다.《周禮》는 周初에 존재하였다는 整然한 중앙집권정치의 이상적인 제도를 기술하고 있는데, 이것은 당시 상황으로 보아 있을 수 없는

일이며, 上古의 것이 확실한 서적 및 金文資料는 모두 이것을 반박하는 증거가 된다. Maspero는 이것이 B.C. 4세기경에 나온 것이나 漢代에 편찬, 삽입된 것으로 생각한다(Maspero, 제12장). 한편 胡適은 이것을 漢代 작품으로 간주하였다(胡適 2, p. 222).

148) 張心澂, 권 1, pp. 269～280.

149) 《左傳》 襄公 12년, "靈王求后於齊 齊侯問對於晏桓子 桓子對曰 先王之禮辭有之……" ; 哀公 3년, "……命宰人出禮書 以待命."

150) 물론 여기서 언급하고 있는 것은 今文 《尙書》에 국한한 것이지만 그 가운데에도 僞文이 상당히 있다. Creel, pp. 55～93, p. 97 n. 1, 2를 보라. 《墨子》에 '尙書'란 말이 나오는 사실은 墨子時代에 《書經》이 존재하였다는 증거는 못 된다. 金文에서는 '尙'이란 한자가 '보존한다'는 의미로 사용되고 있다(容庚, 권 2, pp. 2b～3a를 보라). 따라서 '尙書'도 처음에는 '기록보관소'라는 의미에 불과하였던 것 같다. 뿐만 아니라 孫詒讓은 《墨子》의 本文 가운데 '尙書'라는 단어는 아무 의미가 없다며 本文을 正訂할 때 그것을 삭제하였는데, 매우 정확한 견해라 하겠다(孫詒讓, 권 8, 明鬼下).

151) 《論語》 爲政篇, "子曰 書云孝乎 惟孝友于兄弟……" ; 述而篇, "子所雅言 詩書執禮 皆雅言也" ; 憲問篇, "子張曰 書云 高宗諒陰三年不言 何謂也"; 先進篇, "何必讀書然後爲學"은 단지 책 일반을 말한 것에 불과한 것 같아 빼버렸다.

제8장

1) 《論語》 學而篇, "子曰 學而時習之 不亦說乎." 黃式三은 '說'에는 철저하게 이해할 때 우러나오는 기쁨이란 의미가 있으며, 이것은 '說'이 '설'로 발음될 때의 의미와 관련이 있다고 지적한다(黃式三, 권 1, p. 1b를 보라).

2) 同上, 爲政篇, "子曰 多聞闕疑 愼言其餘 則寡尤 多見闕殆 愼行其餘 則寡悔." 여기서 '殆'는 '추측할 수 있을 따름인 것'이란 의미로 해석하였는데, 이것이 이 구절에는 더 적합하다. 비슷한 용례가 《書經》 顧命篇과 《孟子》 梁惠王上에도 보인다. 보통 이것은 '위험한 것'으로 해석하지만, 이것은 《論語》 爲政篇, "子曰 非其鬼而祭之 諂也 見義不爲 無勇也" ; 憲問篇, "見危授命" ; 衛靈公篇, "子曰 志士仁人 無求生以害仁 有殺身以成仁"과 정면으로 상충된다.

3) 同上, 衛靈公篇, "子曰 吾猶及史之闕文也 有馬者借人乘之 今亡矣夫."

4) 同上, 陽貨篇, "子曰……好智不好學 其蔽蕩."

5) 同上, 爲政篇, "吾十有五而志于學."
6) 同上, 公冶長篇, "子曰 十室之邑 必有忠信如丘者焉 不如丘之好學也."
7)《國語》魯語下, "季桓子穿井 獲如土缶 其中有羊焉 使問之仲尼曰 吾穿井而獲狗何也 對曰 以丘之所聞羊也 丘聞之 木石之怪曰夔蝄蜽 水之怪曰龍罔象 土之怪曰羵羊", "吳子使來好聘 且問之仲尼……客執骨而問曰 敢聞骨何爲大 仲尼曰丘聞之 昔禹致群神於會稽之山 防風氏後至 禹殺而戮之其骨節專車 此爲大矣……."
8)《論語》學而篇, "子夏曰 賢賢易色 事父母 能竭其力 事君 能致其身 與朋友交 言而有信 雖曰未學 吾必謂之學矣"; 陽貨篇, "子游對曰 昔者偃也聞諸夫子 曰君子學道則愛人 小人學道則易使也"; 子張篇, "衛公孫朝問於子貢曰 仲尼焉學 子貢曰 文武道 未墜於地 在人 賢者識其大者 不賢者識其小者 莫不有文武之道焉 夫子焉不學 而亦何常師之有."
9)《墨子》公孟篇, "公孟謂子墨子曰 昔者聖王之列也 上聖立爲天子 其次立爲卿大夫 今孔子博於詩書 察於禮樂 詳於萬物 若使孔子當聖王 則豈不以孔子爲天子哉 子墨子曰 夫知者必尊天事鬼愛人節用 合焉爲知矣 今子曰孔子博於詩書 察於禮樂 詳於萬物 而曰可以爲天子 是數人之齒而以爲富……."
10) 康有爲, 권 11, p. 1a.
11) 同上, 권 11, p. 1b. 이것은 현재 통용되고 있는 경전을 공자가 다 저술하였다는 의미는 아니다. 康은 그 대부분이 劉歆의 僞作이라고 생각한다.
12) 同上, 권 10, pp. 2b～3a.
13)《論語》述而篇, "子曰 述而不作 信而好古."
14)《史記》孔子世家. 現本《詩經》에는 305首 이외에 내용이 佚失된 6首의 詩名이 수록되어 있다.
15) 崔述, 권 3, pp. 34～36.
16)《論語》爲政篇, "子曰 詩三百 一言以蔽之曰 思無邪"; 子路篇, "子曰 誦詩三百."
17) 同上, 子罕篇, "唐棣之華 偏其反而 豈不爾思 室是遠而."
18) 同上, 衛靈公篇, "放鄭聲……鄭聲淫"; 陽貨篇, "惡鄭聲之亂雅樂也."
19) 同上, 子罕篇, "子曰 吾自衛反魯 然後樂正 雅頌各得其所."
20)《史記》孔子世家, Chavannes, *Mem. Hist.*, Vol. 5, p. 316, 390 n. 4, pp. 390～391; 崔述, 권 3, pp. 36～38.
21)《孟子》盡心下, "孟子曰 盡信書 則不如無書."
22)《左傳》襄公 28년.
23) 同上, 昭公 25년.
24) 同上, 僖公 16년.

25) George A. Kennedy의 최근 연구는 공자가 《春秋》를 撰했다는 정통적인 이론을 지지하였다. 그는 각국별로 자료 분량을 비교하는 지도를 만들고, "다른 것은 비슷한데, 공자가 여행한 나라가……다른 나라에 비해 더 잘 묘사되었다"라는 결론을 내렸다(Kennedy, p.48). 그러나 그가 모은 귀중한 자료를 보면 또 다른 해석도 가능하다. 그가 만든 지도와 도표를 魯의 정치적 관계를 표시한 것으로 이해하면 더 큰 의미를 갖게 된다. 예컨대 p.45에 있는 도표를 보면 B.C. 580년 이전에는 吳王의 사망이 기록된 예가 없지만, 그 이후에는 모두 기록되었음을 알 수 있다. 魯를 비롯한 북방 국가들이 吳와 교섭을 갖기 시작한 것은 바로 B.C. 584년이었다(《左傳》 成公 7년).

《春秋》에 秘教的인 이론이 있다는 Kennedy의 主立論은 의심할 여지가 없는 것 같으며, 그는 이에 대한 증거를 인상적일 정도로 잘 정리하였다.

26) 《孟子》 滕文公下, "……孔子懼 作春秋 春秋天子之事也 是故 孔子曰知我者 其惟春秋乎……孔子成春秋 而亂臣賊子懼."

27) Kennedy.

28) Legge 譯, 《左傳》 序文, pp.5~6.

29) 《孟子》에는 '魯의 春秋'가 언급되어 있으나, 바로 그 다음 절에는 그것이 '齊桓公·晋文公의 事蹟'을 기록하였다는 말이 나온다(離婁下). 現本 《春秋》는 魯의 年代記이므로, 이런 인물들은 부차적으로밖에 언급되지 않았다. 孟子가 《春秋》를 '天子의 事'라고 기술한 것에도 동일한 반론이 제기된다. 孟子가 언급한 《春秋》가 과연 現本 《春秋》냐는 것에 의문을 갖는 학자들이 적지 않다(顧頡剛, p.42 ; Legge 譯, 《左傳》 序論, n.4).

30) 《孟子》 萬章上, "匹夫而有天下者 德必若舜禹 而又有天子薦之者 故仲尼不有天下."

31) 《禮記》 雜記篇下, "恤由之喪 哀公使孺悲之 孔子學士喪禮 士喪禮於是乎書." '士喪禮'는 《儀禮》의 篇名이다.

32) 《論語》 爲政篇, "子張問十世可知也 子曰 殷因於夏禮 所損益可知也 周因於殷禮 所損益可知也 其或繼周者 雖百世可知也" ; 八佾篇, "子曰 夏禮吾能言之 杞不足徵也 殷禮吾能言之 宋不足徵也 文獻不足故也 足則吾能徵之矣."

33) 《史記》 孔子世家.

34) 《論語》 子罕篇에 공자가 衛에서 魯로 돌아온 뒤 '음악이 바로잡혔다'라는 말이 있는데, 이것은 공자가 樂의 修正에 어느 정도 참여하였음을 시사할 수도 있지만, 魯 조정의 樂師를 지도한 것에 불과하였음을 시사할 수도 있다(八佾篇, "子語魯大師樂曰 樂其可知也……" ; 泰伯篇, "子曰

師摯之始……").

35) 安陽의 商文化에 선행하는 신석기시대 龍山文化에 속하는 유적지 두 군데서 분명히 占卜에 사용된 骨이 발견되었다(Creel, pp. 176～177을 보라).

36) "子曰 加我數年 五十以學易 可以無大過矣."

37) 馮友蘭 (2), p. 202 ; Maspero, p. 459.

38) 《論語》八佾篇, "三家者 以雍徹 子曰 相維辟公 天子穆穆 奚取於三家之堂"; 述而篇, "子曰 暴虎馮河 死而無悔者 吾不與也"; 子罕篇, "子曰 衣敝縕袍 與衣狐貉者立 而不恥者 其由也與."

39) 同上, 學而篇, "子貢曰 詩云 如切如磋 如琢如磨 其斯之謂與"; 爲政篇, "子曰 詩三百 一言以蔽之曰 思無邪"; 八佾篇, "子夏問曰 巧笑倩兮 美目盼兮 素以爲絢兮 何謂也 子曰 繪事後素"; 顔淵篇, "誠不以富 亦祇以異."

40) Waley 譯, 《詩經》, p. 275. Legge는 이 시를(魯頌 駉) 전통적인 견해대로 번역하였다(Legge 譯, 《詩經》, pp. 611～613). 그러나 '思'를 '그는 생각한다'고 번역하는 것은 명백히 불합리하며, 제 1 절의 마지막에서는 특히 그러하다.

41) 同上, 爲政篇, "子曰 書云孝乎 惟孝友于兄弟 施於政 是亦爲政 奚其爲爲政"; 憲問篇, "子張曰 書云 高宗諒陰 三年不言 何謂也."

42) 上揭 爲政篇. 이 구절은《書經》君陳篇에 약간 다른 형태로 나온다. 이것은 僞作이라는 것이 학계의 일반적인 견해로 되어 있는 古文《尙書》의 一篇이다. 따라서 그 僞作者가《論語》에 있는 이 인용구를 자기 작품 속에 집어넣었을 가능성도 없지는 않다. 그러므로 原文을 충분히 확인할 수는 없어도, 공자가 그 의미를 왜곡한 것은 분명한 것 같다. 그 이유는 '爲政'이란 말이 질문한 사람이 관직에 있는 사람임을 시사하기 때문이다. 공자가 이 질문을 회피하고 있는 것은, 아마 자기들이 차지하고 있는 정도의 자리마저 공자를 위하여 마련하지 못하는 제자들에게 곤혹감을 느꼈기 때문인 것 같다.

43) 《儀禮》鄕射禮篇, "禮射不主皮 主皮之射者 勝者又射 不勝者降"과《論語》八佾篇, "子曰 射不主皮 爲力不同科 古之道也"를, 《禮記》檀弓篇上, "……曰哭泣之哀齊斬之情 饘粥之食 自天子達"과《論語》述而篇, "子食於有喪者之側 未嘗飽也", 《禮記》曲禮篇上, "適墓不歌 哭日不歌"와《論語》述而篇, "子於是日哭則不歌", 《禮記》檀弓篇上, "夫子曰 始死羔裘玄冠者 易之而已 羔裘玄冠夫子不以弔"와《論語》鄕黨篇, "羔裘玄冠 不以弔"를, 子路篇, "子曰 南人有言曰 人而無恒 不可以作醫巫善夫 子曰 不占而已矣"와《禮記》緇衣篇, "子曰 南人有言曰 人而無恒 不可以爲卜筮 古之遺言與 龜筮 猶不能知也 而況於人乎"를 각각 비교해보라.

44) 上揭 子路篇,《易經》의 恒, 上揭《禮記》緇衣篇을 비교해보라.
45)《論語》子路篇, "樊遲請學稼 子曰 吾不如老農 請學爲圃 曰吾不如老圃 樊遲出 子曰 小人哉樊須也……焉用稼."
46) 同上, "子曰 誦詩三百 授之以政 不達 使於四方 不能專對 雖多亦奚以爲."

제9장

1) Wilson, pp. 100~101.
2) Windelwand, p. 24.
3) Plato (2), pp. 65~66 ; Taylor, pp. 164~171 ; Rogers, pp. 156~157.
4) Wilson, pp. 100~113.
5)《論語》子張篇, "衛公孫朝問於子貢曰 仲尼焉學 子貢曰 文武之道 未墜於地 在人……夫子焉不學 而亦何常師之有."
6)《孟子》盡心下, "孟子曰 由堯舜至於湯 五百有餘歲……由湯至於文王 五百有餘歲……由文王至於孔子 五百有餘歲 若太公望散宜生則見而知之 若孔子則聞而知之……."
7) 梅思平, pp. 181~185.
8) Karlgren (2), p. 4.
9)《論語》顔淵篇, "仲弓問仁 子曰 出門如見大賓 使民如承大祭"와《左傳》僖公 33년, "初白季使過冀 見冀缺耨 其妻饁之 敬相待如賓 與之歸言諸文公曰……臣聞之出門如賓 承事如祭 仁之則也"를, 子路篇, "子曰 善人教民七十 亦可以戎矣 子曰 以不教民戰 是謂棄之"와 僖公 27년, "晋侯始入而教其民 二年欲用之 子犯曰 民未知義 未安其居 於是乎出定襄王入務利民 民懷生 將用之 子犯曰 民未知信 未宣其用 於是乎伐原以示之信 民易資者不求豊焉 明徵其辭 公曰 可矣乎 子犯曰 民未知禮 未生其共 於是乎 大蒐以示之禮 作執秩以正其官 民聽不惑 而復用之 出穀戍 釋宋圍 一戰而霸 文之教也"를 비교해보라.
10) 梅思平, pp. 181~185.
11)《左傳》襄公 29년〔吳公子札來聘 以下 기사를 보라〕. 鄭의 子產이 陳은 '10년 내에' 망할 것이라고 한 말이 다른 곳에 나오는데, 9년 5개월 후에 그 예언이 적중하였다(《左傳》襄共 30년과 昭公 8년을 보라).《左傳》에는 이런 類의 예언이 많다.
12) 羅振玉, 1·25·1, 6·58·4 ; 劉鶚, 190·2.
13) Creel (3).
14)《墨子》公孟篇, "儒以天不明, 以鬼爲不神."

15)《論語》八佾篇, "子曰 夏禮吾能言之……殷禮吾能言之……", "子入大廟 每事問", "子貢欲去告朔之餼羊 子曰 賜也 爾愛其羊 我愛其禮"; 先進篇, "……赤爾何如 對曰 非曰能之 願學焉 宗廟之事 如會同 端章甫 願爲小相焉."

16) 同上, 憲問篇, "子張曰 書云 高宗諒陰 三年不言 何謂也 子曰 何必高宗古之人皆然……"; 陽貨篇, "宰我問三年之喪……子曰 予之不仁也 子生三年 然後免於父母之懷 夫三年之喪 天下之通喪也……";《孟子》滕文公上, "孟子曰……三年之喪 齊疏之服 飦粥之食 自天子達於庶人 三代共之 然友反命 定爲三年之喪 父兄百官皆不欲……然友復之鄒 問孟子 孟子曰 然 不可以他求者也 孔子曰 君薨 聽於冢宰歠粥 面深墨 卽位而哭 百官有司莫敢不哀 先之也." 3年喪의 관행이 언제부터 시작되었는지는 논란이 많지만, 上記《孟子》의 기사로 판단할 때 공자시대에 그것이 일반화되었다고는 도저히 생각할 수 없다.

17)《論語》述而篇, "子不語怪力亂神."

18) 同上, 泰伯篇, "子曰 禹吾無間然矣 菲飮食而致孝乎鬼神."

19) 同上, 先進篇, "季路問事鬼神 子曰 未能事人 焉能事鬼 敢問死 曰未知生焉 焉知死."

20) 同上, 雍也篇, "樊遲問知 子曰 務民之義 敬鬼神而遠之 可謂知矣."

21) Creel (2), pp. 82～90을 보라. 이 논문의 좀 막연한 결론은 상당한 수정을 요한다.

22) Kant, Ⅸ, p. 308.

23)《論語》爲政篇, "子曰 非其鬼而祭之 諂也"; 八佾篇, "子曰 禘 自旣灌而往者 吾不欲觀之矣", "或問禘之說 子曰 不知也 知其說者之於天下也 其如示諸斯乎 指其掌", "祭如在 祭神如神在 子曰 吾不與祭 如不祭."

24) 上述한 바와 같이 '天'과 '帝'는 본래 상이한 것이었지만 공자 이전 시대에 이미 하나가 되었다.

25)《論語》雍也篇, "子見南子 子路不說 夫子矢之 曰 予所否者 天厭之"; 述而篇, "子曰 天生德於予 桓魋其如予何"; 子罕篇, "子畏於匡 曰……天之將喪斯文也 後死者不得與斯文也 天之未喪斯文也 匡人其如予何"; 先進篇, "顔淵死 子曰 噫 天喪予 天喪予"; 憲問篇, "子曰 不怨天 不尤人 下學上達 知我者 其天乎."

26)《書經》大誥篇, 康誥篇, 多士篇, 多方篇;《詩經》大雅 文王之什 大明, 周頌閔予小子之什 敬之; 郭沫若 (2), pp. 36b～34a.

27)《書經》多方篇, "天惟五年 須暇之子孫 誕作民主 罔可念聽"; 郭沫若 (2), p. 139;《詩經》大雅 生民之什 板, "敬天之怒 無敢戱豫……."

28)《書經》顧命篇, "今天降疾 殆弗興不悟."

29)《論語》 公冶長篇, “子貢曰 夫子之文章 可得而聞也 夫子之言性與天道 不可得而聞也.”

30) 同上, 衛靈公篇, “子曰 君子謀道 不謀食 耕也 餒在其中矣 學也 祿在其中矣 君子憂道 不憂食.”

31)《詩經》 大雅 蕩之什 雲漢, “倬彼雲漢 昭回于天 王曰於乎 何辜今之人 天降喪亂 饑饉薦臻 靡神不擧 靡愛斯牲…….”

32)《書經》 召誥篇, “惟恭奉幣 用供王能祈天永命”;《詩經》 小雅 北山之什 信南山, “祀事孔明 先祖是皇 報以介福 萬壽無疆”; 桑扈之什 賓之初筵, “屢舞僛僛 旣醉而出並受其福”; 大雅 文王之什 旱麓, “豈弟君子 福祿攸降……以享以祀 以介景福……豈弟君子 神所勞矣……豈弟君子 求福不回”; 生民之什 鳧鷖, “公尸燕飮 福祿來成……”; 周頌 淸廟之什 執競, “旣醉旣飽 福祿來反”; 臣工之什 雝, “介以繁祉 旣右烈考.”

33) 郭沫若, pp. 202b～203b.

34)《墨子》 魯問篇, “魯祝以一豚祭 而求百福者 子墨子聞之曰 是不可 今施人薄 而望人厚 則人唯恐其有賜於己也 今以一豚祭 而求百福於鬼神 唯恐其牛羊祀也 古者聖王事鬼神 祭而已戾 今以一豚祭而求百福 則其富不如其貧也.”

35) 同上, 節葬下篇, “……若苟貧 是粢盛酒醴 不淨潔也 若苟寡 是事上帝鬼神者寡也 若苟亂 是祭祀不時度也 今又禁止事上帝鬼神 爲政若此 上帝鬼神始得 從上撫之曰 我有是人也 與無是人也 孰愈曰 我有是人也 與無是人也 無擇也 則惟上帝鬼神降之罪 厲之禍 罰而棄之 則豈不亦反其所哉.”

36)《書經》 酒誥, “有正有事 無彝酒 越庶國飮惟祀 德將無醉……在昔殷先哲王 迪畏天顯小民 經德秉哲……”; 召誥, “惟不敬厥德 乃早墜厥命……王其德之用 祈天永命……”; 郭沫若, pp. 140b～141a.

37) Creel, pp. 214～218.

38)《詩經》 小雅 祈父之什 黃鳥(Legge 譯,《詩經》, p. 268); 魯頌之什 泮水, “淮夷攸服 矯矯虎臣 在泮獻馘 淑問如皐陶 在泮獻囚”;《左傳》 僖公 19년, 33년; 文公 6년; 成公 3년, 10년; 昭公 10년, 11년, 13년.

39)《墨子》 節葬下, “天子殺殉 衆者數百 寡者數十 將軍大夫殺殉 衆者數十 寡者數人.”

40)《史記》 秦始皇本紀, “二世曰 先帝後宮非有子者 出焉不宣 皆令從死 死者甚衆.”

41) Wibur, p. 154, 393.

42)《孟子》 梁惠王上, “仲尼曰 始作俑者 其無後乎 爲其象人而用之也 如之何其使 斯民飢而死”;《禮記》 檀弓下, “孔子謂爲芻靈者善 爲俑者不仁 殆於用人乎哉.” 중국학자들은 俑을 사용한 것이 먼저이고, 정말 인신공여

를 한 것이 여기서 나왔다고 생각하는 것 같은데, 실제 과정은 그 반대인 것이 분명한 것 같다.

43) 《禮記》 檀弓下, "陳子車死於衛 其妻與其家大夫 謀以殉葬 定而后 陳子亢至以告曰 夫子疾莫養於下 請以殉葬 非禮也 雖然則彼疾當養者 孰若妻與宰 得已則吾欲已 不得已則 吾欲二子者之爲之也 於是弗果用."

44) 《詩經》 大雅 文王之什 下武, "下武維周 世有哲王 三后在天 王配于京."

45) 郭沫若, p.140b.

46) 《論語》 雍也篇, "子謂仲弓曰 犂牛之子 騂且角 雖欲勿用 山川其舍諸"를 참고하라. '謂仲弓'은 '仲弓에게 말하였다'고 해석해왔으나, 子罕篇, "子謂顔淵曰 惜乎 吾見其進也 未見其止也"를 보면 확실히 '仲弓에 관해서'라는 해석이 적절하다.

47) Wilson, p.106 ; Jacobsen, p.213 ; Irwin, pp.338~341.

48) Weber, p.293. 공자 및 유교에 대한 Weber의 諸評論이 모두 예리한 것이라고 말할 수 있다면 좋겠지만, 이 경우는 그렇지 못하다. 그럼에도 불구하고 그가 번역본과 2차 자료를 갖고 연구하였다는 사실을 감안할 때, 실로 경탄할 만큼 예리한 관찰을 한 것도 있다.

49) 《論語》 八佾篇, "或問禘之說 子曰 不知也 知其說者之於天下也 其如示諸斯乎 指其掌";《禮記》 仲尼燕居篇, "子曰 明乎郊社之義 嘗禘之禮 治國其如指諸掌而已乎……"; 中庸篇, "明乎郊社之義 治國其如示諸掌乎"를 참조하라.

50) 공자가 '天命'이란 말을 한 것은 《論語》 爲政篇, "五十而知天命"과 季氏篇, "孔子曰 君子有三畏 畏天命 畏大人 畏聖人之言" 두 예뿐이다. 爲政篇 기사는 극히 정연한 형식이나 전적으로 잘난 척하는 내용으로 보아 의심하지 않을 수 없고, 季氏篇 기사도 3이란 숫자를 사용한 방식이나 권위주의적인 색채 때문에 신용하기 어렵다.

51) 《墨子》 非儒下, "有强執有命者說議曰 壽夭貧富 安危治亂 固有天命 不可損益窮達賞罰幸否 有極人之知力 不能爲焉……貧且亂政之本 而儒者以爲道敎 是賊天下之人者也"; 公孟篇, "公孟子曰 貧富壽夭 齰然在天 不可損益 又曰 君子必學 子墨子曰 敎人學而執有命 是猶命人葆而去其冠也."

52) 《論語》 雍也篇, "孔子曰 有顔回者……不幸短命"; 先進篇, "……有顔回者 好學 不幸短命."

53) 同上, 憲問篇, "見危授命……亦可以爲成人矣."

54) 同上, 憲問篇, "公伯寮愬子路於季孫 子服景伯以告曰 夫子因有惑志於公伯寮 吾力猶能肆諸市朝 子曰 道之將行也與命也 道之將廢也與命也 公伯寮其如命何."

55) 同上, 顔淵篇, "子夏曰 商聞之矣 死生有命 富貴在天 君子敬而無失 與人

恭而有禮." 이것은 일부만 끊어서 인용한 것이지만 그 의미를 손상하려는 것은 아니다.

56) 同上, 衛靈公篇, "子曰 君子憂道 不憂貧."

57) 孫海波의 《甲骨文編》에는 '道'란 문자가 보이지 않으며, 20년 동안 甲骨文을 연구한 董作賓도 '道'란 문자를 발견하지 못했다고 필자에게 말한 적이 있다(1974년 11월 18일 口頭로).

58) 容庚은 '道'字가 나오는 金文 4例를 열거하였다(容庚, 권 2, p.23). 郭沫若 (2), p.59b, 129a, 186a, 198b 및 p.140b를 보라.

59) '道'가 '길' '통로'란 의미로 나오는 것은 다음과 같다. 《易經》 履虎尾, "九二履道坦坦"; 《詩經》 邶風 雄雉, "悠悠我思 道之云遠"; 谷風, "行道遲遲 中心有違"; 齊風 還, "遭我乎狃之道兮"; 南山, "魯道有蕩"; 載驅, "魯道有蕩"; 唐風有杕之杜, "有杕之杜 生于道周"; 秦風 蒹葭, "遡洄從之 道阻且右"; 陳風 宛丘, "坎其擊缶 宛丘之道"; 檜風 匪風, "顧瞻周道 中心怛兮"; 小雅 鹿鳴之什 采薇, "行道遲遲 載渴載飢"; 四杜, "四牡騑騑 周道倭遲"; 小旻之什 小旻, "如匪行邁謀 是用不得于道"; 小弁, "踧踧周道 鞫爲茂草"; 大東, "周道如砥 其直如矢"; 都人之什 緜蠻, "道之云遠 我勞如何"; 何草不黃, "有棧之車 行彼周道"; 大雅 文王之什 緜, "行道兌矣"; 蕩之什 韓奕, "有倬其道 韓侯受之"; 魯頌之什 泮水, "順彼長道 屈此群醜"(《毛詩注疏》 二十之一, p.15b의 6~7行, "是時 淮夷叛逆 旣謀之 於泮宮則從彼遠道 往伐之……"를 참고하라). 《書經》 禹貢篇, "九河旣道", "濰淄其道", "沱潛旣道"(2回)의 '道'는 '인도한다'는 의미이다. 또 《書經》 康誥篇, "旣道極厥辜"; 顧命篇, "道揚末命"; 《詩經》 鄘風 墻有茨, "中冓之言 不可道也 所可道也 言之醜也"에 나오는 '道'는 '말한다' '언명한다'는 의미이다. 《易經》 小畜, "初九 復自道 何其咎"; 隨, "九四 隨有獲 貞凶有孚在道 以明何咎"; 復, "反復其道 七月來復"; 《書經》 君奭篇, "又曰 天不可信我道 惟寧王德延"; 康王之誥篇, "皇天用訓厥道"; 《詩經》 大雅 生民之什 生民, "誕后稷之穡 有相之道"의 '道'는 '행동의 지침'을 의미한다.

60) 《論語》 子罕篇, "子路終身誦之 子曰 是道也何足以臧"; 衛靈公篇, "子曰 道不同不相爲謀."

61) 同上, 先進篇, "所謂大臣者 以道事君 不可則止."

62) 同上, 里仁篇, "子曰 參乎 吾道一以貫之"; 衛靈公篇, "子曰 賜也 女以予爲多學而識之者與 對曰然 非與 曰非也 予一以貫之."

63) 上揭 衛靈公篇의 구절.

64) Creel, Lorraine, pp.22~25.

65) 《論語》 雍也篇, "子曰 誰能出不由戶 何莫由斯道也."

66) 同上, 里仁篇, "子曰 朝聞道 夕死可矣."
67) Creel (4), pp. 127～131.
68)《書經》康誥篇.
69)《論語》里仁篇, "子曰 事父母幾諫 見志 不從 又敬不違 勞而不怨."
70) 同上, 子路篇, "葉公語孔子曰 吾黨有直躬者 其父攘羊而子證之 孔子曰 吾黨之直躬者異於是 父爲子隱 子爲父隱 直在其中矣."
71)《禮記》檀弓上篇, "子夏問於孔子曰 居父母之仇 如之何 夫子曰 寢苫枕干不仕弗與共天下也 遇諸市朝不反兵而鬪 曰請問居昆弟之仇如之何 曰仕弗與共國 銜君命而使 雖遇之不鬪 曰請問居從父昆弟之仇如之何 曰不爲魁 主人能則執兵而陪其後"와《孔子家語》권 10, 曲禮子夏問을 보라. 이것은 별개의 이야기가 아니고 같은 이야기로서, 무시해도 좋을 만한 차이밖에는 없다.《論語》에는 피의 복수가 언급되지 않았는데, 이것을 변호하는 것은 공자의 기질에 맞지 않는 것 같다. 荀子는 이 점을 유감스럽게 여긴 것 같다(《荀子柬釋》, p. 343).
72)《論語》學而篇, "子曰 弟子入則孝 出則弟 謹而信 汎愛衆而親仁"; 爲政篇, "子曰 書云孝乎 惟孝友于兄弟 施於有政 是亦爲正 奚其爲爲政"(學而篇, "有子曰 其爲人也孝弟 而好犯上者鮮矣 不好犯上而作亂者 未之有也 君子務本 本立而道生 孝弟也者 其爲仁之本與"와 대비해 보라). ; 顔淵篇, "齊景公問政於孔子 孔子對曰 君君臣臣父父子子"; 陽貨篇, "子曰 小子何莫學夫詩 詩……邇之事父 遠之事君."
73)《詩經》小雅 白華之什 南山有臺 ; 大雅 生民之什 泂酌.
74)《論語》顔淵篇, "子夏曰 商聞之矣……四海之內 皆兄弟也."
75) 同上, 子罕篇, "子欲居九夷 或曰 陋如之何 子曰 君子居之 何陋之有"; 子路篇, "樊遲問仁 子曰 居處恭 執事敬 與人忠 雖之夷狄 不可棄也"; 衛靈公篇, "子張問行 子曰 言忠信 行篤敬 雖蠻貊之邦行矣." Waley, p. 108 n. 1.
76) Hummel, p. 350.
77)《論語》子路篇, "葉公問政 子曰 近者說 遠者來."
78) 同上, 顔淵篇, "哀公問於有若 年饑 用不足 如之何 有若對曰 盍徹乎 二吾猶不足 如之何其徹也 對曰 百姓足 君孰與不足 百姓不足 君孰與足."
79) 同上, 里仁篇, "子曰 見賢而思齊焉 見不賢而內自省也"; 公冶長篇, "子曰 已矣乎 吾未見能見其過而內自訟者也"; 顔淵篇, "子曰 內省不疚 夫何憂何懼"; 衛靈公篇, "子曰 躬自厚而薄責於人 則遠怨矣."
80) 同上, 子路篇, "子適衛 冉有僕 子曰 庶矣哉 冉有曰 旣庶矣 又何加焉 曰富之 曰旣富矣 又何加焉 曰敎之", "子曰 善人敎民七年 亦河以卽戎矣", "子曰 以不敎民戰 是謂棄之"; 陽貨篇, "子游對曰 昔者 偃也聞夫子曰君

子學道則愛人 小人學道則易使也"; 爲政篇, "子曰 道之以政 齊之以刑 民免而無恥 道之以德 齊之以禮 有恥且格"을 참조하라.

81) 上揭 陽貨篇 기사.

82) 《論語》 子路篇, "子曰 以不敎民戰 是謂棄之." 이것은 단지 군사훈련만을 말한 것은 아니다. 子路篇, "子曰 善人敎民七年 亦可以卽戎矣"를 보라.

83) 종래 '仁'이란 德에 관하여 깊이 논한 학자가 많이 있었지만, 그 論議를 읽어보고 또 '仁'이 나오는 《論語》의 구절들을 음미해보아도 그것을 '德' 또는 '완전한 德' 이상으로 정의를 내리기가 어렵다. '德'이란 문자도 '仁'의 의미가 있지만, '德'은 때때로 善惡을 불문하고 사람 또는 사물의 성질을 표현하는 경우가 있는데, 예컨대 毒物을 '惡德'이라고 하는 경우가 바로 그것이다. 그러나 《論語》에서는 '德'과 '仁'을 서로 바꾸어 놓아도 전혀 지장이 없는 경우가 가끔 있는데, 憲問篇, "子曰 有德者必有言 有言者不必有德 仁者必有勇 勇者不必有仁"; 雍也篇, "樊遲……問仁 曰仁者先難而後獲 可謂仁矣"; 顔淵篇, "先事後得 非崇德與"를 비교해보면 특히 그렇다. Waley는 거의 대부분의 경우 '德'을 '內的인 힘'으로 해석하고 있는데, 필자의 생각으로는 이 의미는 공자보다 훨씬 후대에 좀더 보편화된 관념이 아닌가 한다. 이런 번역은 憲問篇, "或曰 以德報怨 何如 子曰 何以報德 以直報怨 以德報德"에 적용해보면 맞지 않는 것이 분명한 것 같다.

84) 《論語》 憲問篇, "子路曰 桓公殺公子糾 召忽死之 管仲不死 曰未仁乎 子曰 桓公九合諸侯 不以兵車 管仲之力也 如其仁 如其仁", "子貢曰 管仲非仁者與 桓公殺公子糾 不能死 又相之 子曰 管仲相桓公霸諸侯 一匡天下 民到于今愛其賜 微管仲 吾其被髮左衽矣 豈若匹夫匹婦之爲諒也 自經於溝瀆而莫之知也"; 衛靈公篇, "子曰 君子貞而不諒."

85) 同上, 先進篇, "所謂大臣者 以道事君 不可則止."

86) 同上, 里仁篇, "子曰 富與貴 是人之所欲也 不以其道得之 不處也 貧與賤是人之所惡也 不以其道得之 不去也", "子曰 放於利而行 多怨", "子曰 君子喩於義 小人喩於利"; 雍也篇, "樊遲問知 子曰 務民之義 敬鬼神而遠之 可謂知矣 問仁 曰仁者先難而後獲 可謂仁矣"; 述而篇, "子曰 富而可求也 雖執鞭之士 吾亦爲之 如不可求 從吾所好"; 憲問篇, "今之成人者何必然 見利思義 見危授命 久要不忘平生之言 亦可以爲成人矣."

87) 上揭 憲問篇과 子張篇, "子張曰 士見危致命 見得思義 祭思敬 喪思哀 其可已矣."

88) 同上, 述而篇, "飯疏食 飮水 曲肱而枕之 樂亦在其中矣."

89) 同上, 里仁篇, "子曰 不患無位 患所以立 不患莫己知 求爲可知也."

90) 同上, 憲問篇, "子路宿於石門 晨門曰 奚自 子路曰 自孔氏 曰是知其不可而爲之者與."
91)《孟子》公孫丑上, "曾子曰……吾嘗聞大勇於夫子矣 自反而不縮 雖褐寬博 吾不惴焉 自反而縮 雖千萬人吾往矣."
92)《論語》顔淵篇, "子曰 內省不疚 夫何憂何懼."
93) 同上, 述而篇, "子曰 仁遠乎哉 我欲仁 斯仁至矣."
94) 同上, 子罕篇, "子曰 三軍可奪帥也 匹夫不可奪志."
95) 同上, 衛靈公篇, "邦有道則仕 邦無道則可卷而懷之."
96) 同上, 子罕篇, "子曰 主忠信 毋友不如己者."
97) Kant, Ⅸ, p. 339.
98)《論語》學而篇, "汎愛衆而親仁."
99) 同上, 里仁篇, "曾子曰 夫子之道 忠恕而已."
100) 同上, 衛靈公篇, "子貢問曰 有一言而可以終身行之者乎 子曰 其恕乎 己所不欲 勿施於人."
101) 同上, 雍也篇, "夫仁者 己欲立而立人 己欲達而達人 能近取譬 可謂仁之方也已."
102) Kant, Ⅷ, p. 47.
103) 同上, Ⅸ, p. 230.
104)《論語》子罕篇, "子欲居九夷 或曰 陋之如之何 子曰 君子居之 何陋之有."
105) 同上, 顔淵篇, "季康子問政於孔子曰 如殺無道 以就有道 何如 孔子對曰 子爲政焉用殺 子欲善而民善矣."
106) 同上, 子路篇, "子曰 善人爲邦 百年亦可以勝殘 去殺矣 誠哉是言也."
107) 同上, 雍也篇, "子曰 人之生也直 罔之生也 幸而免."
108) 同上, 陽貨篇, "子曰 唯上知與下愚不移."
109) 同上, 公冶長篇, "宰予晝寢 子曰 朽木不可雕也 糞土之牆 不可杇也."
110) 同上, 陽貨篇, "子曰 性相近也 習相遠也."
111)《論語》季氏篇에 "孔子曰 生而知之者 上也"로 시작하는 구절이 있는 것은 사실이다. 그러나 이것은 僞文이 거의 확실하다. 이 책, pp. 268~269를 보라.
112)《孟子》離婁上, "……聖人人倫之至也 欲爲君 盡君道 欲爲臣 盡臣道 二者皆法堯舜而已矣."
113) 孟子조차《書經》에 대해 "그것을 철두철미 믿는다면 오히려 그것이 없는 편이 낫다"고 말하였다(盡心下). 학문의 방법을 "經典의 암송으로 시작하여 禮를 배우는 것으로 끝난다"고 말한 사람은 권위주의자 荀子였다(《荀子》勸學篇).

114)《論語》陽貨篇, "宰我問三年之喪 期已久矣 君子三年不爲禮 禮必壞 三年不爲樂 樂必崩 舊穀旣沒 新穀旣升 鑽燧改火 期可已矣 子曰 食夫稻 衣夫錦 於女安乎曰安 女安則爲之 夫君子之居喪 食旨不甘 聞樂不樂 居處不安 故不爲也 今女安則爲之 宰我出 子曰 予之不仁也 子生三年 然後免於父母之懷 夫三年之喪天下之通喪也 予也有三年之愛於其父母乎."

115) 同上, 子罕篇, "子絶四 毋意 毋必 毋固 毋我."

116) 同上, 憲問篇, "孔子曰 非敢爲佞也 疾固也."

117)《孟子》萬章下, "孟子曰……孔子聖之時者也."

118)《論語》里仁篇, "君子之於天下也 無適也 無莫也 義之與比."

119) 이 번역은 특히《論語》雍也篇의 '務民之義'에는 부적절하다.

120)《論語》學而篇, "有子曰 信近於義."

121) 同上, 子路篇, "……見利思義……亦可以爲成人矣."

122) 同上, 衛靈公篇, "子曰 吾嘗終日不食 終夜不寢以思 無益 不如學也."

123) 同上, 爲政篇, "學而不思則罔 思而不學則殆."

124) 同上, 述而篇, "子曰 我非生而知之者 好古敏以求之者也." '古'字를 '과거'로 번역한 것은 Waley의 방식인데, '고대'라고 번역하는 것이 더 일반적이지만 여기서는 이것이 확실히 더 나은 것 같다. 孟子와 공자는 시간상 백년의 차이밖에는 없지만 孟子는 공자를 '古聖人' 가운데 하나로 언급하였다(《孟子》公孫丑上).

125) 同上, 八佾篇, "子曰 夏禮吾能言之 杞不足徵也 殷禮吾能言之 宋不足徵也 文獻不足故也 足則吾能徵之." 이 번역은《禮記》中庸篇과《孔子家語》問禮에 나오는 同意異文을 참고한 결과이다. 이들을 공자 발언에 관한 신뢰할 만한 자료로서 참조한 것은 아니고, 비교적 초기에 이 말이 어떻게 이해되었는가를 보이기 위한 것이었다. '文獻'에 대한 번역을 생략한 것은, 단순히 이것을 어떻게 번역해야 좋을지 몰랐기 때문이다.

126)《論語》爲政篇, "子曰 多聞闕疑 愼言其餘則寡尤 多見闕殆 愼行其餘則寡悔." '殆'를 이렇게 번역한 이유는 제 8 장 註 2)에서 설명하였다.

127) 同上, 衛靈公篇, "子曰 吾猶及史之闕文也."

128) 同上, 述而篇, "子曰……多聞擇其善者而從之 多見而識之 知之次也." 문자 그대로 번역하면 '이것들은……하는 단계들이다'가 된다. 필자가 아는 한, 모든 주석가나 번역자들은 '次'를 '다음' 또는 '두 번째'라는 의미로 보았고, 그 결과 '이것이 次善의 지식', 즉 生來의 지식에 다음 가는 것이라는 해석이 나왔다. 그러나 공자가 生來의 지식이라는 것을 믿었는지 극히 의심스러울 뿐 아니라, 이 評語는 이 구절에는 아무 의미도 없는 附加物로서 修辭上의 漸落이 분명하다. '次'字의 본래 의미는 여행상한 단계인 숙박장소란 의미였던 것 같다.《易經》原典 가운데 이 의미로

사용된 것이 있고(旅, "六二 旅卽次 懷其資"), 《論語》 里仁篇, "造次必語是"의 '次'도 아마 그런 것 같다. 여기서 공자는 지식, 또는 지혜에 이르는 旅程을 말한 것 같다.

129) 《論語》 衛靈公篇, "子曰 賜也 女以予爲多學而識之者與 對曰然 非與 曰非也 予一以貫之."

130) Kant, IX, p. 231.

131) 《論語》 子路篇, "子貢問曰 鄕人皆好之 何如 子曰 未可也 不如鄕人之善者好之 其不善者惡之"; 衛靈公篇, "子曰 衆惡之 必察焉 衆好之 必察焉."

132) 儀禮의 변화를 百世 以後의 미래까지도 예측할 수 있다는 공자의 천진난만한 신념도 그 一例이다. 《論語》 爲政篇, "子曰 殷因於夏禮 所損益可知也 周因於殷禮 所損益可知也 其或繼周者 雖百世可知也"를 보라.

133) Jacobsen, p. 203.

134) 《論語》 學而篇, "過則勿憚改"; 述而篇, "子曰 德之不脩 學之不講 聞義不能徙 不善不能改 是吾憂也"; 子罕篇, "子曰 法語之言 能無從乎 改之爲貴 巽與之言 能無說乎 繹之爲貴 說而不繹 從而不改 吾末如之何也已", "子曰 主忠信 毋友不如己者 過則勿憚改"; 衛靈公篇, "子曰 過而不改 是謂過矣"; 子張篇, "子貢曰 君子之過也 如日月之食焉 過也 人皆見之 更也 人皆仰之."

135) 同上, 爲政篇, "子曰 由 誨女 知之乎 知之爲知之 不知爲不知 是知也."

136) 《孟子》 離婁下, "孟子曰 仲尼不爲已甚者."

137) 《論語》 子路篇, "子曰 不得中行而與之 必也 狂狷乎 狂者進取 狷者有所不爲."

138) 同上, 先進篇, "子曰 過猶不及."

139) 同上, 雍也篇, "中庸之爲德也 其至矣乎 民鮮久也."

140) Weber, p. 121.

141) Escarra, p. 74.

142) 《論語》 雍也篇, "子曰 質勝文則野 文勝質則史 文質彬彬 然後君子."

143) 同上, 雍也篇, "宰我問曰 仁者雖告之曰井有仁焉 其從之也 子曰 何爲其然也 君子可逝也 不可陷也 可欺也 不可罔也."

144) 同上, 泰伯篇, "子曰 學如不及 猶恐失之."

145) 同上, 衛靈公篇, "子曰 不曰如之何 如之何者 吾末如之何也已矣."

제10장

1) Plato (4), p. 740.

2) 《論語》 述而篇, "子曰 述而不作 信而好古 竊比於我老彭", "子曰 我非生而知之者 好古 敏以求之者也."
3) Plato (3), p.464 ; Plato (4), p.739, pp.797～798.
4) 董作賓, 권 1, pp.2～4.
5) 《書經》 康誥篇, "今民將在祇遹乃文考 紹聞衣德言 往敷求于殷先哲王 用保乂民……別求聞由古先哲王 用康保民" ; 《詩經》 大雅 蕩之什 蕩, "……文王曰咨 咨女殷商 天下湎爾以酒 不義從式 旣愆爾止 靡明靡晦 式號式呼 俾晝作夜."
6) 郭沫若 (2), p.34a, 132a, 133a, pp.134b～135a.
7) 《論語》 爲政篇, "子曰 殷因於夏禮 所損益可知也……" ; 八佾篇, "子曰 周監於二代 郁郁乎文哉 吾從周" ; 子罕篇, "子曰 麻冕禮也 今也純儉 吾從衆 拜下禮也 今拜乎上 泰也 雖違衆 吾從下" ; 《鹽鐵論》 憂邊篇, "文學曰 明者 因詩而變 知者 隨世而制 孔子曰 麻冕禮也 今也純儉 吾從衆 故聖人上賢不離古 順俗而不偏宜"와 비교하라.
8) 同上, 八佾篇, "子曰 周監於二代 郁郁乎文哉" ; 《禮記》 中庸篇, "子曰 吾說夏禮 杞不足徵也 吾學殷禮 有宋存焉 吾學周禮 今用之 吾從周"와 비교하라.
9) 同上, 衛靈公篇, "顔淵問爲邦 子曰 行夏之時 乘殷之輅 服周之冕."
10) 同上, 八佾篇, "子曰 射不主皮 爲力不同科 古之道也"(선생께서는 '弓術에서는 〔과녁〕의 가죽을 관통하는 것은 중요하지 않다. 왜냐하면 사람의 힘은 같지 않기 때문이다. 이것이 古法이다'고 말씀하셨다). 그러나 이와같이 힘에서 기술만으로 강조점을 옮기는 것은 고대 무인귀족정치 아래서도 도저히 기대할 수 없는 일이며, 이것은 오히려 오로지 무력만 강조하는 태도를 불식하려는 공자의 일반적인 노력의 일환처럼 보인다. 이 견해를 뒷받침하는 것이 《儀禮》 鄕射禮篇, "과녁을 관통하지 않는 화살은 설령 과녁을 맞혔을지라도 계산하지 않는다(禮射不主皮 主皮之射者勝者 又射不勝者降)"는 기사이다. 그러나 이에 대한 후세 註釋은 《論語》의 '射不主皮'란 말을 인용하고 있다.
11) 《孟子》 盡心下, "孟子曰 由堯舜至於湯 五百有餘歲……由湯至於文王 五百有餘歲……由文王至於孔子 五百有餘歲."
12) 顧頡剛 (2), p.135.
13) 《書經》에서 공자 이전 시기에 속하는 것처럼 보이는 篇 가운데 禹가 언급된 것은 禹貢篇뿐이다.
14) 郭沫若 (2), p.203b, 247a
15) 《詩經》 魯頌之什 閟宮, "……是生后稷 降之百福……奄有下土 纘禹之緖" ; 《論語》 憲問篇, "……禹稷躬稼 而有天下."

16) '垂範皇帝'의 傳承이 공자시대에는 아직 맹아단계에 불과하였다는 것은 周室의 신화적인 遠祖 后稷이《論語》憲問篇에 "천하를 掩有하였다(有天下)"고 언급된 것만 보아도 명백하다. 발전된 帝王說話의 관점에서 본다면 이것은 시대착오적인 愚見이다.
17)《論語》子罕篇, "子畏於匡 曰文王旣沒 文不在玆乎 天之將喪斯文也 後死者不得與於斯文也 天之未喪斯文也 匡人其如予何"; 子張篇, "子貢曰 文武之道 未墜於地 在人 賢者識其大者 不賢者識其小者 莫不有文武之道焉 夫子焉不學 而亦何常師之有"와 비교하라.
18) 同上, 述而篇, "子曰 甚矣 吾衰也久矣 吾不復夢見周公"; 泰伯篇, "子曰 如有周公之才之美 使驕且吝 其餘不足觀也已"와 비교하라.
19)《孟子》 滕文公上, "……陳良楚產也 悅周公仲尼之道……"; Shryock, p.103, 110 n.36, 134.
20)《書經》大誥篇, 康誥篇, 君奭篇.
21) 同上, 多方篇, "天惟時求民主 乃大降顯休命于成湯 刑殄有夏 惟天不畀純 乃惟以爾多方之義民 不克永于多享 惟夏之恭多士 大不克明保享于民 乃胥惟虐于民……."
22) Cicero, p.25.
23) Plutarch, p.344.
24)《書經》大誥, 康誥, 酒誥, 梓材, 召誥, 多方篇.
25) Bryce, p.66.
26)《史記》秦始皇本紀, 始皇 34년조〔博士 淳于越의 발언〕.
27)《論語》季氏篇, "孔子曰 天下有道 則禮樂征伐自天子出 天下無道 則禮樂征伐自諸侯出 自諸侯出 蓋十世希不失矣 自大夫出 五世希不失矣 陪臣執國命 三世希不失矣 天下有道 則政不在大夫 天下有道 則庶人不議"는 봉건질서를 언급한 것이다. 그러나 이것은 동시에 보통 봉건제도의 특징이라고 할 수 있는 것보다는 더 강한 중앙집권체제를 주창한 것이다. 이 구절은 후세에 附加된 것이 거의 확실하다. 이 책, pp.267~268를 보라.
28) 同上, 顏淵篇, "子貢問政 子曰 足食 足兵 民信之矣 子貢曰 必不得已而去於斯三者 何先 曰去兵 子貢曰 必不得已而去斯二者 何先 曰去食 自古皆有死 民無信不立."
29)《韓非子》孤憤篇, "臣主之利 與相異者也"; 難三篇, "或曰 仲尼之對 亡國之言也 恐民有信心而誠說之 悅近而來遠 則是敎民懷惠 惠之爲政 無功者受賞 而有罪者免 此法之所以敗也"; 難四篇, "……臣主之間 非兄弟之親也 劫殺之功制萬乘 而享大利 則群臣 孰非陽虎也……群臣皆有陽虎之心……君明而嚴 則群臣忠 君懦而闇 則群臣詐"; 六反篇, "且父母之所以求於子也 動作則欲其安利也 行身則欲其遠罪也 君上之於民也 有難則用其死安平則盡其力……明主知之 故不養恩愛之心 而增威嚴之勢"; 八說篇, "母不能以愛存家 君安能以愛持國 明主者通於富强 則可以得欲矣 故謹於聽治富强之法也……人主不親觀聽 而制斷在下 託食於國者也"; 顯學篇, "今上急耕田墾草 以厚民產也 而以上爲酷 修刑衆罰 以爲禁邪也 而以上爲嚴徵賦錢粟 以實倉庫 且以救饑饉備軍旅也 而以爲貪 境內必知介而無私解 幷力疾鬪 所以禽虜也 而以上爲暴 此四者以治安也 而民不知悅也 夫求聖通之."

30)《論語》顔淵篇, "四海之內 皆兄弟也……."

31) 同上, 爲政篇, "子曰 道之以政 齊之以刑 民免而無恥 道之以德 齊之以禮 有恥且格."

32) Lindsay, p. 240.

33) Plato (3), pp. 557~558; Plato (4), p. 710; Aristotle, p. 1,279.

34)《論語》顔淵篇, "季康子問政於孔子 孔子對曰 政者正也 子帥以正 孰敢不正", "季康子患盜 問於孔子 孔子對曰 苟子之不欲 雖賞之不竊", "季康子問政於孔子曰 如殺無道 以就有道 何如 孔子對曰 子爲政 焉用殺 子欲善而民善矣……."

35) 同上, 子張篇, "孟氏使陽膚爲士師 問於曾子 曾子曰 上失其道 民散久矣 如得其情 則哀矜而勿喜."

36) Plato (4), p. 803.

37)《論語》顔淵篇, "樊遲問仁 子曰 愛人 問知 子曰 知人."

38) 同上, 公冶長篇, "子謂子產 有君子之道四焉 其行己也恭 其事上也敬 其養民也惠 其使民也義"; 雍也篇, "子貢曰 如有博施於民而能濟衆 何如 可謂仁乎 子曰 何事於仁 必也聖乎 堯舜其猶病諸"; 憲問篇, "子路問君子 子曰 脩己以敬 曰如斯而已乎 曰脩己以安人 曰如斯而已乎 曰脩己以安百姓 堯舜其猶病諸";《孟子》離婁篇, "禹稷當平世 三過其門而不入 孔子賢之."

39)《論語》子路篇, "子適衛 冉有僕 子曰 庶矣哉 冉有曰 旣庶矣 又何加焉 曰富之."

40) 同上, 里仁篇, "子曰 富與貴 是人之所欲也 不以其道得之 不處也", "子曰 士志於道 而恥惡衣惡食者 未足與議也"; 述而篇, "子曰 富而可求也 雖執鞭之士吾亦爲之 如不可求 從吾所好", "子曰……不義而富且貴 於我如浮雲"; 泰伯篇, "邦有道 貧且賤焉 恥也 邦無道 富且貴焉 恥也"; 先進篇, "季氏富於周公 而求也爲之聚斂 而附益之 子曰 非吾徒也 小子鳴鼓而攻之 可也"; 憲問篇, "子曰 貧而無怨難 富而無驕易."

41) 同上, 雍也篇, "君子周急 不繼富."

42) Plato (4), pp. 744, 756; Aristotle, p. 1,318.

43) 註 40)에 인용된 泰伯篇 구절.
44)《論語》子路篇, "……曰既富矣 又何加焉 曰教之."
45) Burns, p. 176.
46) 공자 제자들이 모두 귀족의 家系와 연결되는 사람뿐이라는 말도 전혀 성립되지 않는 것은 아니다(비록 그 가운데 상당수는 불우한 처지에 있기는 하여도). 그러나 공자는 가문을 조건으로 내세운 일이 결코 없었기 때문에, 그 결과 공자시대에는 실현되지 못했을지라도 얼마 지나지 않아 순전한 평민출신의 유가도 나오게 되었다.
47) Lindsay, p. 135에서 인용.
48) 이 책, 제12장 註 74)를 보라.
49)《老子》제65장, "民之難治 以其智多."
50)《韓非子》八說篇, "……不能辟草生粟 而勸代施賞賜 不能爲富民者也 今學者言也 不務本作而好末事 知道虛聖以說民 此勸飯之說 勸飯之說 明主不受也"; 五蠹篇, "……事智者衆 則法敗 用力者寡 則國貧 此世之所以亂也 故明主之國 無書簡之文 以法爲教 無先王之語 以吏爲師……."
51)《孟子》梁惠王下, "齊宣王問曰 湯放桀 武王伐紂 有諸 孟子對曰 於傳有之 曰臣弑其君可乎 曰賊仁者 謂之賊 賊義者 謂之殘 殘賊之人 謂之一夫 聞誅一夫紂矣 未聞弑其君也"; 離婁下, "儲子曰 王使人瞯夫子 果有異於人乎 孟子曰 何以異於人哉 堯舜與人同耳"; 告子下, "曹交問曰 人皆可以爲堯舜 有諸 孟子曰 然……."
52)《論語》憲問篇, "子曰 邦有道 危言危行 邦無道 危行言孫."
53) 同上, 子罕篇, "子曰 衣敝縕袍 與衣狐貉者立 而不恥者 其由也與."
54)《孟子》公孫丑上, "昔者 曾子謂子襄曰 子好勇乎 吾嘗聞大勇於夫子矣 自反而不縮 雖褐寬博 吾不惴焉 自反而縮 雖千萬人吾往矣."
55)《論語》先進篇, "所謂大臣者 以道事君 不可則止."
56) Cicero, p. 137.
57)《論語》子路篇, "子貢問曰 鄉人皆好之 何如 子曰 未可也 鄉人皆惡之何如 子曰 未可也……"; 衛靈公篇, "子曰 衆惡之 必察焉 衆好之 必察焉."
58) 同上, 泰伯篇, "子曰 民可使由之 不可使知之"; 陽貨篇, "君子學道則愛人 小人學道則易使也."
59) 同上, 衛靈公篇, "子曰 吾之於人也 誰毁誰譽 如有所譽者 其有所試矣 斯民也三代之所以直道而行也."
60)《史記》秦始皇本紀 28년조, "皇帝躬聖 既平天下 不懈於治 夙興夜寐 建設長利."
61)《韓非子》顯學篇. 註 29)를 보라.

62)《論語》子路篇, "葉公問政 子曰 近者悅 遠者來."
63) 同上, "……夫如是 則四方之民 襁負其子 而至矣."
64) Plato (4), pp.776~778 ; Aristotle, pp.1,253~1,255, 1,268~1,269, 1,279.
65) Wilbur, pp.11, 237, 241.
66)《左傳》昭公 3년, "及晏子如晋 公更其宅 反則成矣 旣拜 及毁之而爲里室 皆如其舊……卒復其舊宅 公弗許 因陳桓子以請 乃許之." 이것을《孟子》離婁下, "今也爲臣 諫則不行……去之日 遂收其田里 此之謂寇讐……"와 비교해보라.《國語》周語上, 魯語上, 魯語下, 齊語를 보라.
67) 郭沫若 (3), pp.63~70. 郭의 論點 가운데에는,《論語》에는 그런 흔적이 없지만《墨子》와《莊子》에는 공자가 반란 조장자라는 기록이 있기 때문에 세 가지 자료 가운데 두 가지가 일치하므로 그것을 따르지 않을 수 없다는 말이 있다. 그러나 그것은 상당한 조사와 자료가치의 경중을 따지지 않고 그처럼 산술적으로 자료를 이용하는 것은 납득하기 어렵다. 郭이 극도로 진지하게 인용한 자료를 잘 조사해보면 금방 신용할 수 없다는 것이 드러나는 것도 적지 않다. 공자에 관한 郭의 논문(上揭書, pp.63~92)은 중요한 저작이다. 그의 수많은 다른 논문과 마찬가지로 이 논문도 탁월한 통찰력과 광범위한 학식을 바탕으로 한 것이면서도, 한편 자료 수집과 이용면에서 신중하지 못하였기 때문에 실망을 안겨주는 곳이 적지 않게 드러난다. 몇 가지 중요한 점에 대하여 郭은 이 책과 기본적으로 비슷한 견해를 이미 발표하였기 때문에 표절이란 비난을 면하기 위하여, 필자가 郭의 논문을 읽기 이전에 이미 이 책의 초고를 탈고하였고, 郭의 저서가 출판되기 이전에 이들 문제들을 강의시간에 이미 언급하였다는 것을 지적해두고자 한다. 필자는 이 견해의 일치를 대단히 기쁘게 생각하며, 이것은 그 견해들이 정확하다는 필자는 신념을 확인시켜 주었다.
68)《左傳》襄公 23년〔晋 欒氏의 반란〕, 哀公 25년.
69)《史記》周本記 참조. 王子朝의 亂(B.C. 519).
70)《論語》八佾篇, "子曰 夷狄之有君 不如諸夏之亡也."
71)《孟子》梁惠王下, "孟子對曰 夫明堂者 王者之堂也 王欲行王政 則勿毁之矣."
72)《論語》陽貨篇, "……如有用我者 吾其爲東周乎."
73) 註 51)의《孟子》梁惠王篇 기사를 보라.
74)《論語》子路篇, "子曰 苟正其身矣 於從政乎何有 不能正其身 如正人何" ; 爲政篇, "季康子問使民敬忠以勸 如之何 子曰 臨之以莊則敬 孝慈則忠 擧善而教不能則勸" ; 里仁篇, "子曰 能以禮讓爲國乎 何有 不能以禮讓

爲國 如禮何"; 顏淵篇, "孔子對曰 政者正也 子帥以正 孰敢不正", "……孔子對曰 苟子之不欲 雖賞之不竊"; 子路篇, "子曰 其身正 不令而行 其身不正 雖令不從"을 보라.

75) Plato (3), p.473, pp.499~502.

76) 《論語》 衛靈公篇, "子曰 無爲而治者 其舜也與 夫何爲哉 恭己正南面而已矣"; 爲政篇, "子曰 爲政以德 譬如北辰 居其所而衆星共之"와 비교해 보라.

77) 同上, 顏淵篇, "……樊遲退 見子夏曰 鄕也吾見夫子而問知 子曰 擧直錯諸枉 能使枉者直 何謂也 子夏曰 富哉言乎 舜有天下 選於衆 擧皐陶 不仁者遠矣 湯有天下 選於衆 擧伊尹 不仁者遠矣."

78) 同上, 爲政篇, "哀公問曰 何爲則民服 孔子對曰 擧直錯諸枉 則民服 擧枉錯諸直 則民不服"; 上揭 顏淵篇 구절; 子路篇, "仲弓爲季氏宰 問政 子曰 先有司赦小過 擧賢才 曰焉知賢才而擧之 曰擧爾所知 爾所不知 人其舍諸."

79) Linebarger, p.130.

80) 선량하고 유능한 대신의 중요성을 강조한 사람은 공자가 처음은 아니었다. 《詩經》《書經》 가운데 周初부터 전해 내려온 篇章들에도 이것이 언급되어 있지만, 특히 훌륭한 대신의 필요성을 주장한 사람은 周公이었다. 그러나 이 관념이 후세에 권위를 획득하게 된 것은 공자 때문인 것 같다. 기원전 300년경에 활약하였고 중국 정치이론에 커다란 영향을 주었던 荀子는 역사적인 사례를 들면서 이 점을 상세하게 설명하였지만 공자의 말이라고 하는 구절을 인용함으로써 결론을 마무리하였다(梁啓雄, pp.154~155).

81) 《韓非子》 難四篇(註 29를 보라). 八說篇, "智士者未必信也 爲多其智因惑其信也 以智士之計 處乘勢之資 而爲其私急 則君必欺焉……修士者未必智 爲潔其身 因惑其智 以愚人之所惛 處治事之官 而爲所然 則事必亂矣 故無術以用人任 智則君欺 任修則君事亂 此無術之患也", "明主之國 有貴臣而無重臣"; 五蠹篇, "明主之道一法而不求智 固術而不慕信 故法不敗而群官無姦詐矣."

82) 《論語》 憲問篇, "子言衛靈公之無道也 康子曰 夫如是 奚而不喪 孔子曰 仲叔圉治賓客 祝鮀治宗廟 王孫賈治軍旅 夫如是 奚其喪."

83) 同上, 先進篇, "子路使子羔爲費宰 子曰 賊夫人之子 子路曰 有民人焉 有社稷焉 何必讀書 然後爲學 子曰 是故惡夫佞者."

84) 同上, 八佾篇, "定公問 君使臣 臣事君 如之何 孔子對曰 君使臣以禮 臣事君以忠"; 憲問篇, "忠焉能勿誨乎."

85) 同上, 憲問篇, "子路問事君 子曰 勿欺也而犯之."

86) 同上, 子路篇, "……如其善而莫之違也 不亦善乎 如不善而莫之違也 不幾乎一言而喪邦乎."

87) 同上, 八佾篇, "孔子謂季氏 八佾舞於庭 是可忍也 孰不可忍也", "三家者以雍徹 子曰 相維辟公 天子穆穆 奚取於三家之堂", "子曰 管仲之器 小哉 或曰 管仲儉乎 曰管氏有三歸 官事不攝 焉得儉 然値管仲知禮乎 曰邦君樹塞門 管氏亦樹塞門 邦君爲兩君之好 有反坫 管氏亦有反坫 管氏而知禮 孰不知禮"; 述而篇, "子曰 奢則不孫 儉則固 與其不孫也 寧固"; 憲問篇, "子曰 臧武仲以防求爲後於魯 雖曰不要君 吾不信也"; 泰伯篇, "子曰 不在其位 不謀其政"(憲問篇에도 똑같은 말이 나온다)과 憲問篇, "曾子曰 君子思不出其位"라는 구절 때문에, 공자는 관직에 있지 않은 사람이 정책을 비판하는 것을 비난하였다는 주장이 제기되어 왔다. 그러나 공자처럼 자유롭게 비판을 한 사람이 그런 말을 하였다고는 생각되지 않는다. 이 구절들은 지금은 전해지지 않는 내용과 특별한 관련 아래에서 나온 말이 틀림없을 것이다.

88) Lindsay, p. 284.

89) 《論語》 顔淵篇, "齊景公問政於孔子 孔子對曰 君君 臣臣 父父 子子." 이 구절과 子路篇, "子路曰 衛君待子而爲政 子將奚先 子曰 必也正名乎 子路曰 有是哉 子之迂也 奚其正 子曰 野哉由也 君子於其所不知 蓋闕如也 名不正 則言不順"을 근거로, '正名'이라는 정교한 이론이 공자에게서 나온 것으로 주장되어 왔다. 그러나 上記 子路篇 구절에는 문제점이 많아 후세에 삽입된 것이 분명한 것 같은데, 아마도 법가 영향 아래에서 이루어진 것 같다. 이 책, 제13장, 註 48)을 보라.

上記 顔淵篇 구절도 반드시 正名論과 관계가 있는 것은 아니다. 따라서 正名論과 관련된 《論語》 기사는 上記 子路篇 구절뿐이고, 이 구절은 명백한 僞文이므로 공자가 이 이론을 알고 있었다는 증거는 없다.

90) 《論語》 爲政篇, "子曰 君子不器."

91) 同上, 衛靈公篇, "君子哉 蘧伯玉 邦有道則仕 邦無道則可卷而懷之"; 述而篇, "子謂顔淵曰 用之則行 舍之則藏 惟我與爾有是夫"와 泰伯篇, "危邦不入 亂邦不居 天下有道則見 無道則隱"을 대조해보라.

92) 同上, 爲政篇, "見義不爲 無勇也"; 憲問篇, "……曰今之成人者 何必然 見利思義 見危授命 久要不忘平生之言 亦可以爲成人"; 衛靈公篇, "子曰 志士仁人 無求生而害人 有殺身以成仁"; 子張篇, "子張曰 士見危致命 見得思義."

93) 湯用彤, pp. 159~161.

94) Plato (3), pp. 496~497; 《論語》 憲問篇, "子曰 邦有道 危言危行 邦無道 危行言孫."; 衛靈公篇(註 91을 보라); 子張篇, "夫子之得邦家者

所謂立之斯立 道之斯行 綏之斯來 動之斯和 其生也榮 其死也哀 如之何其可及也."

95) 梁啓雄, p. 165.

96) Aristotle, p. 1,287.

97) 《韓非子》八說篇, 五蠹篇.

98) 공자의 法律觀은 다음과 같은 《左傳》의 기사 때문에 왜곡되어 왔다. 즉 《左傳》에 따르면, 공자는 법률을 공포하는 것은 사회의 계층질서를 파괴할 우려가 있다는 이유를 주로 내세우며, 법률 공포를 반대하였고 "貴賤의 別이 없으면 무엇으로 일국의 정치를 할 수 있겠는가?"라고 반문하였다고 한다(昭公 29년). 이것은 전혀 공자답지 않은 발언이고, 반면 이 내용은 공자가 태어나기 15년 전에 晋의 叔向이 썼다고 하는 편지 내용과(昭公 6년) 놀라울 정도로 비슷하다. 上記 《左傳》 구절이 공자의 말이라는 것은 대단히 의심스럽다.

99) Linebarger, p. 5.

100) Aristotle, p. 1,287.

101) Lindsay, pp. 54~55.

102) Radin, p. 502.

103) Windelwand, pp. 171~173.

104) Merriam, pp. 50~70.

105) Aristotle, p. 1,287.

106) Merriam, pp. 11~12. 그는 5항목 가운데 제1항목의 일부는 Durkheim에서 채택한 것이라고 밝혔다.

107) Hattersley, p. 154.

108) Kant (2), p. 24, 27.

109) Hattersley, p. 240.

110) Lindsay, p. 281.

111) Merriam, p. 19.

112) Holcombe, pp. 171~172.

113) Burns (2), p. 187.

114) Finer, p. 35.

115) 《論語》衛靈公篇, "子曰 人能弘道 非道弘人."

116) 同上, 顔淵篇, "季康子問政於孔子曰 如殺無道 以就有道 何如 孔子對曰 子爲政焉用殺 子欲善而民善矣 君子之德風 小人之德草 草上之風 必偃"; 子路篇, "善人爲邦百年 亦可以勝殘去殺矣 誠哉是言也."

117) Finer, p. 35.

118) 《論語》衛靈公篇, "子曰 不曰如之何如之何者 吾末如之何也已矣."

119) Lindsay, p. 121.
120) 上揭書, p. 124에서 인용.
121)《論語》顔淵篇, "子曰 聽訟 吾猶人也 必也使無訟乎"; 爲政篇, "子曰 道之以政 齊之以刑 民免而無恥 道之以德 齊之以禮 有恥且格"; 註 116)에 인용된 子路篇 구절을 참조하라.
122) 同上, 里仁篇, "子曰 朝聞道 夕死可矣."
123) 同上, 雍也篇, "子曰 知之者 不如好之者 好之者 不如樂之者."
124) Lindsay, p. 60.
125) Burns (2), p. 234.
126)《孟子》公孫丑上, "以德服人者 中心悅而誠服也 如七十子之服孔子也."
127) 예컨대, 墨子가 駱滑氂에게 "그대가 용기를 좋아한다고 들었다"고 말하자, 駱滑氂는 "그렇습니다. 나는 어디에 용사가 있다는 말을 듣기만 하면 반드시 찾아가 그를 죽입니다"고 대답하였다는 것도 그 한 예이다(《墨子》耕柱篇).
128)《國語》晋語九, "下邑之役 董安于多 趙簡子賞之 辭 固賞之 對曰 方臣之小也 進秉筆贊爲名 命稱於前世 立義於諸侯 而主弗志 及臣之壯也 耆其股肱以從司馬 苛慝不産 及臣之長也 端委韠帶以隨宰 人民無二心 今臣一旦爲狂疾 而曰必賞 與余以疾疾賞也 不如亡趨而出 乃釋之."
129) Shyrock, p. 71.
130)《論語》八佾篇, "子曰 射不主皮 爲力不同科 古之道也"; 公冶張篇, "……子曰 由也好勇過我 無所取材"; 述而篇, "子路曰 子行三軍則誰與 子曰 暴虎憑河 死而無悔者 吾不與也 必也臨事而懼 好謀而成者也", "子不語怪力亂神"; 憲問篇, "……仁者必有勇 勇者不必有仁", "南宮适問於孔子曰 羿善射 奡盪舟 俱不得其死……", "子曰 驥不稱其力 稱其德也"; 陽貨篇, "子路曰 君子尙勇乎 君子義以爲上 君子有勇而無義爲亂 小人有勇而無義爲盜", "子貢曰 君子亦有惡乎 子曰 有惡 惡稱人之惡者 惡居下流而訕上者 惡勇而無禮者……";《孟子》公孫丑上, "昔者曾子謂子襄曰 子好勇乎 吾嘗聞大勇於夫子矣……自反而縮 雖千萬人 吾往矣."
131) '儒'란 용어의 기원에 관해서는 胡適과 馮友蘭의 兩說이 胡適 (5), pp. 3~81과 馮友蘭, pp. 1~61에 상세히 개진되어 있다. 필자의 결론은 兩者와 각각 부분적으로 일치하지만, 극히 근소한 일치점밖에는 없다. 胡·馮 兩氏는 모두 '儒'字에 '약하다'는 의미가 있다는 점에 견해를 일치하고 있는데, 馮은 필자와 마찬가지로 학자는 호전적이 아니기 때문에 이 글자가 학자를 지칭하는 용어로 사용되었다고 생각한다. 일찍이 '儒'字가 경멸의 의미로 사용된 일이 있다는 흔적은 극히 미미하지만, 그 후 얼마 되지 않아 '儒'字가 사회적으로 가장 존경받는 계층의 명칭이 되었

다는 것을 생각하면 이상한 일도 아니다. 帝政 로마시대에 십자가가 공포와 치욕의 상징이었다는 사실을 아는 기독교인이 과연 얼마나 있겠는가? 《左傳》에는 '儒'字가 비난의 말로 사용되었는데(哀公 21년), Waley는 魯人이 '평화적'인 성질을 가졌기 때문에 그들에게 붙여진 경멸적인 별명이 '儒'였다는 설을 제기하였다(Waley, p.239). 《禮記》(儒行篇)에는 공자가 '儒'를 경멸적인 말로 잘못 사용되었다고 말한 것도 있고, 또 魯 哀公이 공자에게 "내가 살아 있는 한 儒를 경멸적인 의미로 사용하지 않겠다"고 말했다는 기사가 있다. 이 대화는 전혀 믿을 수 없는 僞作이지만, 《禮記》처럼 당당한 儒家書에 이런 기사가 들어 있다는 사실은 '儒'가 한때 경멸적인 의미로 사용되었음에 틀림없다는 설명 이외에는 달리 충분한 설명을 할 수 없다.

132) 《論語》에는 '儒'字가 단 한 번 나오며(雍也篇), 《孟子》에도 단 두 번밖에 나오지 않는데(滕文公上, 盡心下), 그것도 孟子가 직접 언급한 것은 한 번뿐이다. 孟子 이전 인물인 墨子가 '儒'字를 더 자주 사용하였고 孔子를 '儒'의 一人으로 간주한 것 같지만(非儒篇), 墨子가 유가집단에 대해 비판적이었기 때문에 그랬는지의 여부는 분명치 않다. 그러나 《墨子》 非儒篇은 후세 作이다. 이 책, 제12장, 註 9)를 보라.

제11장

1) 《史記》 老壯申韓列傳, "……人或傳其書至秦 秦王見孤憤五蠹之書曰 嗟乎 寡人得見此人 與之游 死不恨矣."

2) 《孟子》 梁惠王上, "……問曰 天下惡乎定 吾對曰 定于一 孰能一之 對曰 不嗜殺人者能一之……如有不嗜殺人者 則天下之民皆引領而望之 誠如是也 民歸之 由水之就下 沛然 誰能禦之"; 同 제 7 장; 公孫丑下 제12장; 離婁上 제 9 장; 《荀子》 儒效篇, "……故人主用俗人 則萬乘之國亡 用俗儒 則萬乘之國存 用雅儒 則千乘之國安 用大儒 則百里之地久 而後天下爲一 諸侯爲臣 用萬乘之國則擧錯而定 一朝而伯."

3) 胡適, p.151.

4) 《孟子》 滕文公上, "他日子夏子張子游 以有若似聖人 欲以所事孔子事之 彊曾子 曾子曰 不可……."

5) 《韓非子》 顯學篇, "自孔子之死也 有子張之儒 有子思之儒 有顔氏之儒 有孟氏之儒 有漆雕氏之儒 有仲良氏之儒 有孫氏之儒 有樂正氏之儒……故孔墨之後 儒分爲八……取舍不同 而皆自謂眞……."

6) 《史記》 仲尼弟子列傳, 儒林列傳.

7) 《孟子》 離婁下, "曾子子思同道 曾子師也 父兄也 子思臣也微也 曾子子思易地則皆然"; 告子下, "魯繆公之時 公儀子爲政 子柳子思爲臣……."

7) 《孟子》 離婁下, "曾子子思同道 曾子師也 父兄也 子思臣也微也 曾子子思易地則皆然"; 告子下, "魯繆公之時 公儀子爲政 子柳子思爲臣……."

8) 同上, 萬章下, "繆公亟見於子思曰 古千乘之國以友士 何如 子思不悅曰 古之人有言曰 事之云乎 豈曰友之云乎 子思之不悅也 豈不曰以位則子君也 我臣也 何敢與君友也 以德則子事我也 奚可以與我友 千乘之君 求與之友也 不可得也 而況可召與."

9) 同上, 盡心下, "孟子曰 說大人則藐之 勿視其巍巍然."

10) 《荀子》 儒效篇, "彼大儒者雖隱於窮閻漏屋 無立錐之也 而王公不能與之爭名"; 王制篇, "天地者生之始也 禮義者治之始也 君子者禮義之始也 爲之貫之積重之致好之者 君子之始也 故天地生君子 君子理天地 君子者 天地之參也 萬物之摠也……."

11) 《孟子》 公孫丑下, "五百年必有王者興 其間必有名世者 由周而來七百餘歲矣 以其數則過矣 以其時考之則可矣 夫天未欲平治天下也 如欲平治天下當今之世 舍我其誰也 吾何爲不豫哉"; 萬章上, "匹夫而有天下者 德必若舞禹 而又有言子薦之者 故仲尼不有天下"를 보라.

12) 同上, 盡心篇, "孟子曰 君子有三樂 而王天下 不與存焉."

13) 同上, 公孫丑下, "陳臻問曰 前日於齊 王餽兼金一百而不受 於宋餽七十鎰而受於薛餽五十鎰而受……"; 滕文公下, "彭更問曰 後車數十乘 從者數百人 以傳食於諸侯 不以泰乎"; 盡心下, "孟子之滕 館於上宮."

14) 《鹽鐵論》 論儒篇, "齊宣王褒儒尊學 孟子淳于髡之徒 受上大夫之稱 不任職而論國事 蓋齊稷下先生千有餘人."

15) 《史記》 孟子荀卿列傳, "……於是齊王嘉之 自如淳于髡以下 皆命曰列大夫 開第康莊之衢 高門大屋 尊寵之 覽天下諸侯賓客……."

16) 《韓非子》 六反篇, "學道立方 離法之民也 而世尊之曰文學之士……世主聽虛聲而禮之 禮之所在 利必加焉……索國之富强 不可得也"; 五蠹篇, "……學者則稱先王之道 以籍仁義 盛容服而辯說 以疑當世之法 而貳人主之心……此五者邦之蠹也……"; 顯學篇, "明主擧實事 去無用 不道仁義者 故不聽學者之言 今不知治者 必曰……."

17) 同上, 五蠹篇, "今修文學習言談 則無耕之勞而有富之實 無戰之危 而有貴之尊 則人孰不爲也."

18) 《莊子》 胠篋篇, "今遂至使民延頸擧踵曰 某所有賢者 嬴糧而趣之 則內弃其親而外去其主之事 足跡接乎諸侯之境 車軌結乎千里之外……."

19) 《孟子》 告子上, "孟子曰 有天爵者 有人爵者 仁義忠信 樂善不倦 此天爵也 公卿大夫 此人爵也 古之人 修其天爵 而人爵從之 今之人修其天爵 以要人爵 旣得人爵而棄天爵 則惑之甚者也 終亦必亡而已矣."

20)《荀子》儒效篇, "逢衣淺帶解果其冠 略法先王而足亂世術 繆學雜學 不知法後王而一制度 不知隆禮義而殺詩書 其衣冠行僞 已同於世俗矣 而不知惡者 其言議談說 已無以異於墨子矣 然而明不能別 呼先王以欺愚者 而求衣食焉 得委積足以揜其口 則揚揚如也 隨其長子事其便辟 舉其上客 億然若終身之虜 而不敢有他志 是俗儒者也."

21)《禮記》儒行篇, "今衆人之命儒也妄 常以儒相詬病." 이것은 공자의 말로 되어 있으나, 儒行篇 전체가 후세에 첨가된 것이므로 대단히 의심스러운 부분이다. 이 책, 제14장, 註 79)를 보라.

22) 이 책, 제12장, 註 9)를 보라.

23)《墨子》非儒下篇, "貪於飮酒 惰於作務 陷於飢寒 危於凍餒 無以違之……夏乞麥禾 五穀旣收 大喪是隨 子姓皆從 得厭飮食 畢治數喪 足以至矣……富人有喪 乃大說喜曰 此衣食之端也."

24)《論語》八佾篇, "林放問禮之本 子曰 大哉問 禮與其奢也寧儉 喪與其易也寧戚"; 子張篇, "子游曰 喪致乎哀而止"와 비교하라.

25) 同上, 子罕篇, "……子聞之曰 大宰知我乎 吾少也賤 故多陵鄙事 君子多乎哉 不多也."

26) Plato (4), p.695.

27)《孟子》盡心上, "孟子曰 人之有德慧術知者 恒存乎疢疾獨孤臣孽子 其操心也危 其慮患也深 故達";《國語》魯語下, "公父文伯卒 其母戒企妾曰 吾聞之 好內女死之 好外士死之 今吾子夭死 吾惡其以好內聞也 二三婦之辱共先者祀 請無瘠色 無洵涕 無掐膺 無憂容 有降服無加服 從禮而靜 是昭吾子也";《書經》無逸篇, "其在高宗時 舊勞于外 爰曁小人 作其卽位乃或亮陰 三年不言 言乃雍不敢荒寧 嘉靖殷邦 至于小大……." 이《書經》無逸篇 구절은 Plato의 말과 비슷하다. 無逸篇은 周公時代까지 올라가는 것은 아니지만, 대체로 漢代 이전에 성립된 것 같다.

28)《論語》爲政篇, "子曰 君子不器"; 子罕篇(註 25를 보라); 子路篇, "樊遲請學稼 子曰 吾不如老農 請學爲圃 曰吾不如老圃 樊遲出 子曰 小人哉樊須也 上好禮 則民莫敢不敬……."

29)《禮記》의 상당부분이《荀子》에서 轉寫된 것이라는 것을 필자도 물론 잊지 않았다. 그러나 여기서 말하고 있는 것은 '비교적 평범한 부분'을 가리킨다.

제12장

1)《墨子》兼愛篇中, "……故諸侯相愛則不野戰"; 非命篇中, "……有聞之有見之 謂之有 莫之聞 莫之見 謂之亡 然胡不嘗考百姓之情 自古以及今 生

民以來者 亦嘗見命之物 聞命之聲者乎 則未嘗有也……"; 公孟篇, "有游於子墨子曰 姑學乎 吾將仕子 勸於善言而學其年 而責仕於子墨子 子墨子曰 不仕子 子亦聞夫魯語乎……今子爲義 我亦爲義 豈獨我義也哉 子不學則人將笑子 故勸子於學."

2)《墨子》에 대한 胡適의 비판(胡適, pp.151～152)은 필자가 보기에는 탁견 같다. 馮友蘭, pp.80～81도 참고하라.

3)《淮南子》 要略訓, "墨子學儒者之業 受孔子之術 以爲其禮煩擾而不悅……."

4)《墨子》 公孟篇, "……又以命爲有 貧富壽夭 治亂安危 有極矣 不可損益也……此足以喪天下 程子曰 甚矣先生之毁儒也 子墨子曰 儒固無此各四政者 而我言之則是毁也 今儒固有此四政者 而我言之則 非毁也."

5) 同上, 節葬篇下, "賤人死者 殆竭家室乎 諸侯死者 虛車府……."

6)《論語》 八佾篇, "子曰……喪 與其易也寧戚"; 子罕篇, "……且予與其死於臣之手也 無寧死於二三子之手乎 且予縱不得大葬 予死於道路乎"; 先進篇, "……鯉也死 有棺而無槨 吾不徒行以爲之槨 以吾從大夫之後 不可徒行也", "顔淵死 門人欲厚葬之 子曰 不可"를 보라. 墨子는 당시 많은 '士' '君子'가 厚葬久喪의 當否에 대해 의문을 품고 있었다고 한다(節葬篇下, "今天下之士君子將猶多 皆疑惑厚葬久喪之爲中是非利害也."). 또 墨子는 3年喪의 관습을 비난하였는데, 앞에서 지적한 바와 같이 공자는 이것을 지지한 것 같다.

7)《荀子》 正論篇, "世俗之爲說者曰 太古薄葬棺厚三寸 衣衾三領 葬田 不妨田 故不掘也 今厚葬飾棺 故扫也 是不及知治道 而不察於扫不扫者之所言也."

8)《墨子》 公孟篇, "公孟子戴章甫搢忽 儒服以見子墨子曰 君子服然後行乎 其行然後服乎 子墨子曰 行不在服", "公孟子謂子墨子曰 君子共己以待 問焉則言 不問焉則止 譬若鍾然."

9) 梅詒寶, p.201, 註 1)과 胡適, p.151을 보라. 이 非儒篇이 僞作이란 것을 폭로하는 증거는 적지 않다. 《墨子》 가운데 공자를 '孔某'라고 부른 것은 非儒篇뿐인데, 이런 호칭은 유가들이 공자를 극단적으로 존경한 나머지 선생의 이름을 직접 부를 수가 없었기 때문에 유가간에 유행된 호칭이다. 그러나 이런 호칭을 사용하기 시작한 것은 후세 일이며, 《論語》나 《孟子》에도 나오지 않는다. 더욱이 孟子는 墨子보다 이후의 인물이고 또 충실한 유가가 아닌가. 공자를 공격한 이 篇에 '孔某'란 말이 나오는 것은 대단히 어울리지 않는 사실이다.

10)《墨子》 公孟篇, "子墨子曰 夫知者必尊天事鬼 愛人節用 合焉爲知矣 今子曰 孔子博於詩書 察於禮樂 詳於萬物 而曰可以爲天子 是數人之齒而以爲富."

11) 同上, 貴義篇, "子墨子曰 吾言足用矣 舍言革思者 是猶舍穫而攈粟也."

12) 馮友蘭, p.84.

13) 《墨子》尙同篇上, "上之所是 必皆是之 上之所非 必皆非之…… 下比不能上同者 此上之所罰 而百姓所毁也 上以此爲賞罰 其明察以審信."

14) Finer, p.19에서 재인용.

15) 《墨子》尙同篇中, "夫旣尙同乎天子 而未上同乎天子 則天菑將未止也 故當若天降寒熱不節 雪霜雨露不時 五穀不孰 六畜不遂 疾菑戾疫 飄風苦雨荐臻而至者 此天之降罰也 將以罰下人之不尙同乎天者也"; 非攻篇, "昔者有三苗大亂 天命殛之日妖宵出 雨血三朝 能生廟 大哭乎市"; 天志篇, "順天意而得賞也…… 反天意而得罰者也."

16) 同上, 明鬼篇下; 公孟篇, "子墨子謂程子曰 儒之道足以喪天下者四政焉 儒以天爲不明 以鬼神不神 天鬼不說 此足以喪天下."

17) 《墨子》貴義篇, "凡言凡動合於三代聖王堯舜禹湯文武者爲之 凡言凡動合於三代暴王桀紂幽厲者舍之."

18) Kallen, p.310.

19) 《論語》泰伯篇, "子曰 禹吾無間然矣 菲飮食而致孝乎鬼神 惡衣服而致美乎黻冕 卑宮室而盡力乎溝洫 禹吾無間然矣"; 憲問篇, "南宮适問於孔子 …… 禹稷躬稼 而有天下 夫子不答 南宮适出 子曰 君子哉若人 尙德哉若人."

20) 이 원칙이 《論語》에 되풀이하여 나타나고 있는 것은 이미 지적하였지만, 특히 爲政篇, "哀公問 何爲則民服 孔子對曰 擧直錯諸枉則民服 擧枉錯諸直則民不服"; 顔淵篇, "樊遲問仁 子曰 愛人 問知 子曰 知人 樊遲未達 子曰 擧直錯諸枉 能使枉者直 樊遲退見子夏曰 鄕也吾見於夫子而問知 子曰 擧直錯諸枉 能使枉者直 何謂也 子夏曰 富哉言乎 舜有天下選於衆 擧皐陶 不仁者遠矣 湯有天下選於衆 擧伊尹 不仁者遠矣"를 보라. 顧頡剛은 顔淵篇 이 구절이 후세에 첨가된 것으로서 墨家의 영향을 받았다고 말한다(顧頡剛 (6), p.55). 그러나 공자가 墨子 이전의 사람이기 때문에, 공자가 능력에 따라 사람을 승진시켜야 한다는 것을 천성하지 않은 것이 사실일 경우에만 顧의 주장이 성립될 수 있다. 그러나 실제로 그런 관념은 《論語》 도처에 스며들어 있지 않은가? 上記 顔淵篇 기사가 顔淵篇 '마지막 구절'이기 때문에 의심스럽다는 논점은 그렇게 정확한 것이 못된다. 실제로 그 구절 뒤에 두 구절이 더 있으며, 이들도 별다른 의문점이 없다. 따라서 이 顔淵篇 구절은 후세 것이 아니라 처음부터 있었던 것 같다. 만약 이 구절이 《孟子》나 《論語》 堯曰篇 구절(제 1, 2 장)과 같은 시대 것이라면, 舜이 발탁한 인물을 皐陶보다는 禹로 언급하였을

것이다.

21) 顧頡剛(6)을 보라. 필자 생각으로는 顧의 연구가 오류를 범한 것은, 특별한 애정으로 親族을 대하고 신분이 귀한 사람을 특별히 존중하는 원칙(親親貴貴)에 따르는 同類意識이 생각보다 강한 것이 儒敎의 특성이라고 가정한 점이다(顧頡剛(6), p.33). 그러나 이런 특성, 특히 '貴貴'의 원칙을 과연 유교의 기본적인 원칙이라고 부르는 것이 타당한지는 극히 의심스러우며, 특히 공자의 경우는 그 말이 해당하지 않는 것 같다. 뿐만 아니라 墨子는 유가를 통렬히 비난하였고 孟子는 이에 응수하였던 것을 생각할 때, 만약 古帝王을 덕망을 기초로 선발하였다는 관념을 墨家가 발명하였다면, 이 이유만으로도 유가가 이 관념에 호감을 갖기 어려웠을 것이다. 그런데도 유가는 이 관념을 호감을 갖고 받아들이지 않았는가? 《孟子》 萬章上, 제 5, 6 장을 보라. 더욱이 馮友蘭이 지적한 바와 같이 《墨子》 墨經部分은 후기 墨家사상이 표현된 것으로 보는 것이 일반적인데, 이 부분이 堯·舜을 모범으로 삼는 것을 비난한 것은 '이들 성인을 존경하는 유가를 공격한' 것이 분명한 것 같다(馮友蘭, pp.274~275). 이것은 堯·舜에 관한 설화가 墨家의 발명이라는 견해를 뒷받침하지 않는다.

22) 《墨子》 公孟篇.

23) 《孟子》 萬章上, "匹夫而有天下者 德若舜禹而又有天子薦之者 故仲尼不有天下."

24) 공자가 이런 관념을 갖고 있었다면, 마땅히 《論語》에 언급되었을 것이나, 《論語》에는 이런 것이 전혀 언급되지 않았으니(堯曰篇의 것은 例外이나, 이것은 후세에 부가된 것이다), 공자가 이 관념을 창시하였다는 것은 더욱 말도 안 된다. 또 顔淵篇 22장(註 20을 보라)은 子夏가 이 說을 모르고 있었다는 증거가 되는 것 같다. 만약 그가 훨씬 이상적인 王의 選拔에 관한 例를 제시할 수 있었다면 大臣의 例는 들지 않았을 것이다. 《孟子》(萬章上)에 堯·舜·禹 퇴위에 관한 공자의 말이 인용되어 있지만, 顧頡剛은 거기에 사용된 용어가 시대착오적인 것이고, 그 구절도 후세에 삽입된 것이라고 한다. 顧頡剛(6)을 보라. 어쨌든 공자가 그런 말을 하였다는 것은 의심스럽다.

25) 《史記》 燕召公世家.

26) 《戰國策》 燕策上, 《韓非子》에는 이 설화에 관한 기사가 조금씩 다른 형태로 여러 번 나오는데, 그 가운데에는 왕이 자진해서 양위하였다고 된 것도 있다(外儲說右下篇을 참고하라).

27) 사실, 孟子는 燕이 혼란에 빠진 후 齊가 燕을 공격한 것을 묵인하였을 정도로 燕王의 처사를 비난하였다. 《孟子》 公孫丑下, "沈同以其私問曰

燕可伐與孟子曰 可 子噲不得與人燕 子之不得受燕於子噲."를 보라.《戰國策》에 따르면 孟子가 이 征伐을 계획적으로 교사하였다고 한다(燕策上).

28)《孟子》萬章上, "曰敢問薦之於天 而天受之 暴之於民 而民受之 如何 曰使之主祭而百神享之 是天受之 使之主事而治 百姓安之 是民受之也 天與之 民與之 故曰天子不能以天下與人."

29)《荀子》正論篇, "正俗之爲說者曰 堯舜擅讓 是不然 天子者勢位至尊 無敵於天下 夫有誰與讓矣……曰死而擅之 是又不然 聖王在上 圖德而定次 量能而授官 皆使民載其事而各得其宜……聖王已沒天下 天下無聖 則固莫足以擅天下矣 天下有聖而在後者 則天下不離 朝不易位 國不更制……故天子生 則天下一隆致順而治 論德而定次 死則能任天下者必有之矣 夫禮義之分盡矣 擅讓惡用矣哉……."

30) Dubs, Vol. I, p. 218.

31)《漢書》文帝紀;《史記》孝文帝本紀.

32)《孟子》에 이런 취지의 전설이 언급된 것은 사실이지만(萬章上, 제 7, 9장), 어느 정도 유교 교의의 영향을 받아 분식된 것인지는 확실치 않다.

33) 이것은 문헌 및 銘文을 조사한 것을 근거로 필자가 내린 결론이다. 顧頡剛도 동일한 지적을 하면서 여러 가지 증거를 인용하였다(顧頡剛(6), pp. 33~42).《孟子》에는 齊桓公이 諸侯를 召集하였을 때 "士는 관직을 세습하지 않도록 한다"는 것을 盟約의 一項으로 넣었다는 내용의 구절이 들어 있다(告子下). 이 구절은 전체가 매우 기묘하다. 그 아래 특히 '大夫'를 명기한 것을 볼 때, 이것은 하급관직만을 대상으로 한 것처럼 보이는데, 孟子가 다른 곳에서 高官의 세습을 지지한 것을 보면 그럴 가능성이 높다(梁惠王下, 제 5, 7 장과 滕文公 제 3 장). 顧頡剛은《公羊傳》과《穀梁傳》이 수록된 이 盟約의 조건이 전혀 상이한 점을 지적하면서, 孟子의 말은 근거가 없다고 말하였다(顧頡剛(6), p. 41). 확실히 이것은 史實로 간주하기에는 이상하게 보인다.

34) 堯典의 내용을 공자가 모른 것은 극히 명백하지만, 孟子는 堯典이란 이름을 들면서 그것을 인용하였다(《孟子》萬章上, 제 4 장). 顧頡剛은 堯典이 漢代에 비로소 완성되었다고 생각한다(顧頡剛(6), pp. 98~99).

35) Creel, pp. 55~89.

36)《史記》孟子荀卿列傳.

37) 崔述, 권 4, pp. 29~30.

38)《孟子》公孫丑下, "孟子致爲臣而歸"; 告子下, "淳于髡曰 先名實者爲人也 後名實者自爲也 夫子在三卿之中 名實未加於上下而去之 仁者固如此乎."

39) 同上, 萬章篇 제 5, 6 장; 盡心下, "孟子曰 民爲貴 社稷次之 君爲輕 是

故得乎丘民而爲天子 得乎天子爲諸侯 得乎諸侯而爲大夫."

40) 同上, 梁惠王下, "左右皆曰可殺 勿聽 諸大夫皆曰可殺 勿聽 國人皆曰可殺 然後察之 見可殺焉 然後殺之 故曰國人殺之."

41) 同上, "今有璞玉於此 雖萬鎰 必使玉人彫琢之 至於治國家則曰姑舍女所學而從我 則何以異於教玉人彫琢玉哉"; 公孫丑上, "……如惡之 莫如貴德而尊士 賢者在位 能者在職 國家閒暇 及是時 明其刑政 雖大國必畏之", "孟子曰 尊賢使能 俊傑在位 則天下之士 皆悅而願立於其朝矣."

42) 同上, 梁惠王上, "曰 無恒產而有恒心者 惟士爲能 若民則無恒產 因無恒心 苟無恒心 放辟邪侈 無不爲已 及陷於罪 然後從而刑之 是罔民也 焉有仁人在位 罔民而可爲也"; 梁惠王下, "王曰 王政可得而聞與 對曰 昔者文王之治岐也 耕者九一 仕者世祿 關市譏而不征 澤梁無禁 罪人不孥……"; 公孫丑上, "……市廛而不征法而不廛 則天下之商皆悅 而願藏於其市……"; 滕文公下, "戴盈之曰 什一去關市之征 今玆未能 請輕之 以待來年然後已何如 孟子曰 今有人日攘其鄰之鷄者或告之曰 是非君子之道 曰請損之 月攘一鷄以待來年然後已 如知其非義 斯速已矣 何待來年."

43) 同上, 梁惠王上, "……未有義而後其君者也 王亦曰仁義而已矣 何必曰利"; 告子下, "……爲人臣者 懷利以事其君 爲人子者懷利 以事其父 爲人弟者 懷利以事其兄 是父子兄弟 終去仁義 懷利而相接 然而不亡者未之有也";《論語》里仁篇, "放於利而行 多怨", "君子喩於義 小人喩於利"; 子路篇, "子夏爲莒父宰 問政 子曰 無欲速 無見小利 欲速則不達 見小利則大事不成"; 憲問篇, "曰 今之成人者 何必然 見利思義……"; Kant (2), p. 66.

44)《論語》子路篇, "子曰 苟正其身矣 於從政乎何有 不能正其身 如正人何."

45)《孟子》梁惠王下, "……曰士師不能治士 則如之何 王曰已之 曰四境之內不治 則如之何 王顧左右而言也", "……曰賊仁者謂之賊 賊義者謂之殘 殘賊之人 謂之一夫 聞誅一夫紂矣 未聞弑君也"; 公孫丑下, "他日見於王曰 王之爲都者 臣知五人焉 知其罪者 惟孔距心 爲王誦之 王曰 此則寡人之罪也"; 萬章下, "王曰 請問貴戚之卿 曰君有大過則諫 反覆之而不聽 則易位 王勃然變乎色."

46) 同上, 公孫丑下, "蚳鼃諫於王而不用 致爲臣而去 齊人曰 所以爲蚳鼃則善矣 所以自爲則吾不知也"; 萬章下, "……王色定然後 請問異姓之卿 曰君有過則諫 反覆之而不聽 則去"; 盡心上, "公孫丑曰 伊尹曰予不狎于不順 放太甲于桐 民大悅太甲賢 又反之 民大悅 賢者之爲人臣也 其君不賢則固可放與 孟子曰 有伊尹之志則可 無伊尹之志則簒也."

47) 同上, 萬章下, "曰君餽之 則受之 不識可常繼乎 曰繆公之於子思也 亟問亟餽鼎肉 子思不悅於卒也 摽使者出諸大門之外 北面稽首再拜不受 曰今而

後知君之犬馬畜伋 蓋自是臺無餽也 悅賢不能擧 又不能養也 可謂悅賢乎 ……."

48) 同上, 萬章下, "敢問不敢見諸侯 何義也 孟子曰 在國曰市井之臣 在野曰草莽之臣 皆謂庶人 庶人不傳質爲臣 不敢見於諸侯 禮也……往役義也 往見不義也……曰爲多其聞也 則天子不召師 而況諸侯乎 爲其賢也 則吾未聞欲見賢而召之也"; 盡心上, "孟子曰 古之賢王好善而忘勢 古之賢士 何獨不然 樂其道而忘人之勢 故王公不致敬盡禮 則不得亟見之……況得而臣之乎."

49) 同上, 離婁下, "孟子曰 曾子曰 曾子子思同道 曾子師也 父兄也 子思臣也微也 曾子子思易地則皆然."

50) 同上, 盡心上, "君子有三樂 而王天下不與言."

51) 同上, 離婁上, "孟子曰 爲政不難 不得罪於巨室 巨室之所慕 一國慕之 一國之所慕 天下慕之 故沛然德敎溢乎四海."

52) 同上, 梁惠王下, "曰 國君進賢 如不得已 將使卑踰尊 疏踰戚 可不愼與."

53) 註 41)을 보라.

54) 同上, 滕文公上, "成覸謂齊景公曰 彼丈夫也 我丈夫也 吾何畏彼哉 顔淵曰 舜何人也 予何人也 有爲者亦若是"; 離婁下, "儲子曰 王使人瞯夫子果有以異於人乎 孟子曰 何以異於人哉 堯舜與人同耳"; 告子下, "曹交問曰 人皆可以爲堯舜有諸 孟子曰然……."

55) 同上, 梁惠王下 제 1 장; 公孫丑上 제 2, 6 장; 離婁下 제12, 19장; 告子上 제 1~8 장; 盡心下, "孟子曰 堯舜性者也 湯武反之也."

56) 同上, 盡心上, "孟子曰 萬物皆備於我矣."

57) 同上, 盡心上, "孟子曰 盡其心者 知其性也 知其性則知天矣."

58) Creel, Lorraine, pp. 72~74. 양으로는 《孟子》가 《論語》의 두 배 이상 되지만, '學'字가 나오는 횟수는 《論語》가 《孟子》의 두 배 이상 되는 것도 우연이 아닌 것 같다.

59) 《論語》 爲政篇, "子曰 視其所以 觀其所由 察其所安 人焉廋哉 人焉廋哉."

60) 《孟子》 離婁上, "孟子曰 存乎人者 莫良於眸子 眸子不能掩其惡 胸中正則眸子瞭焉 胸中不正則眸子眊焉 聽其言也 觀其眸子 人焉廋哉."

61) 同上, 離婁上, "遵先王之法而過者 未之有也."

62) 同上, 離婁上, "欲爲君 盡君道 欲爲臣 盡臣道 二者皆法堯舜而已矣."

63) 同上, 告子下, "白圭曰 吾欲二十而取一 何如 孟子曰 子之道 貉道也……欲輕之於堯舜之道者 大貉小貉也 欲重之於堯舜之道者 大桀小桀也."

64) 馮友蘭, p. 108.

65) 예컨대, 《孟子》에는 《論語》 후반부에 보이는 것처럼 공자가 '三' '九'

등의 숫자에 맞추어 무엇을 말하는 것 같은 것은 볼 수 없다. 《論語》 후반부에 대해서는 附錄을 보라.

66) 《孟子》 萬章上, "咸丘蒙問曰 語云 盛德之士 君不得而臣 父不得而子 舜南面而立 堯帥諸侯北面而朝之 瞽瞍亦北面而朝之 舜見瞽瞍 其容有蹙 孔子曰 於斯時也 天下殆哉岌岌乎 不識此言誠然好哉 孟子曰 否 此非君子之言 齊東野人之語也……", "萬章問曰 或謂孔子於衛主癰疽 於齊主侍人瘠環 有諸乎 孟子曰 否 不然也 好事者爲之也."

67) 同上, 滕文公下 제 3 장; 告子下 제 6 장.

68) 《墨子》에도 공자가 魯 司寇였다는 말이 非儒篇에 나오지만, 非儒篇은 적어도 《孟子》 이후에 속하는 것 같다. 이 장, 註 9)를 보라.

69) 《孟子》 萬章下 제 2 장〔周 封建制度에 관한 기사〕.

70) 同上, 盡心上, "孟子曰 行之而不著焉 習矣而不察焉 終身由之 而不知其道者衆也."

71) 同上, 盡心上, "……王者之民 皡皡如也 殺之而不怨 利之而不庸 民日遷善而不知爲之者 夫君子所過者化 所存者神 上下與天地同流."

72) 예컨대 《老子》 제80장, "小國寡民 使有什佰之器而不用 使民重死 而不遠徙 雖有舟輿 無所乘之 雖有甲兵 無所陳之 使人復結繩而用之 甘其食 美其服 安其居 樂其俗 鄰國相望 鷄犬之聲相聞 民至老死 不相往來." 이것은 실제 道家가 《孟子》에 삽입한 것일 수도 있다. 바로 위에서 인용한 세 구절이 모두 盡心上에 나온 것이고, 또 이처럼 '天地'가 하나로 결합되어 사용된 예가 《孟子》의 다른 곳에는 없다는 사실은 흥미 있는 일이다.

73) Waley (3), pp. 49～50.

74) 이 논쟁에 관한 문헌은 극히 방대하다. 崔述은 오래전에 《老子》의 신빙성을 부정하였다(崔述, 권 1, pp. 21～22를 보라). 胡適은 《老子》 성립연대에 관한 전통적인 견해를 지지하는 학자 가운데 가장 대표적인 인물이었다(胡適 (5), pp. 103～134를 보라). 이 문제에 가장 엄밀한 연대추정을 시도한 사람은 Waley인데, 그는 《老子》가 B.C. 240년경 어느 이름 없는 靜寂主義者에 의해 씌어졌다고 말한다(Waley (3), p. 86). Lorraine Creel은 《老子》에는 공자 이전에는 존재하지 않은 것 같은 이론을 공격한 것이 있다는 것, 그리고 《墨子》나 《孟子》 이전 문헌에는 나타나지 않는 용어가 거듭 사용되었다는 것을 지적하였다(Crrel, Lorraine, pp. 27～35).

75) 《莊子》 齊物論, "民食芻豢 麋鹿食薦 蝍且甘帶 鴟鴉耆鼠 四者孰知正味."

76) 同上, "莊周夢爲胡蝶 栩栩然胡蝶也 自喩適志與 不知周也 俄然覺 則蘧蘧然周也 不知周之夢爲胡蝶與 胡蝶之夢爲周與 周與胡蝶則必有分矣 此之謂物化."

77)《老子》 제18장, "大道廢 有仁義 慧智出 有大僞"; 제38장, "……故失德而後德 失德而後仁 失仁而後義 失義而後禮 夫禮者忠信之薄 而亂之首."
78) 同上, 제19장, "絶聖棄智 民利百倍 絶仁棄義 民復孝慈 絶巧棄利 盜賊無有……"; 제48장, "爲學日益 爲道日損 損之又損 以至於無爲 無爲而無不爲……"; 제80장, 註 72를 보라; 《莊子》 養生主篇, "吾生也有涯 而知也無涯 以有涯隨無涯殆已 而爲知者殆而已矣"; 大宗師篇, "……曰何謂坐忘 顏回曰 隨枝體 黜聰明 離形去知同於大道 此謂坐忘"; 胠篋篇, "故天下每每大亂 罪在於好知……夫好知之亂天下也."
79)《老子》 제81장, "知者不博 博者不知."
80) 同上, 제20장, "絶學無憂."
81)《莊子》 盜跖篇, "曰小盜者拘 大盜者爲諸侯 諸侯之門 義士存焉."
82)《老子》 제30장, "以道佐人主者 不以兵强天下 其事好還 事之所處 荊棘生焉 大軍之後心有凶年……"; 제31장, "夫佳兵者 不祥之器 物或惡之 故有道者不處"; 제57장, "法令滋彰 盜賊多有 故聖人云 我無爲而民自化……"; 제69장, "用兵有言 吾不敢爲主而爲客 不敢進寸而退尺 是謂行無行 攘無臂 扔無敵……"; 제74장, "……常有司殺者殺 夫代有司殺者殺是謂代大匠斲 夫代大匠斲者 希有不傷其手矣"; 제75장, "民之饑 以其上食稅之多 是以饑民之難治……."
83)《老子》 제44장, "名與身孰親 身與貨孰多 得與亡孰病 是故甚愛必大費多藏必厚亡 知足不辱 知止不殆 可以長久";《莊子》 逍遙篇, "堯讓天下於許由曰……許由曰 子治天下 天下已治也 而我猶代子 吾將爲名乎 名者實之賓也 吾將爲賓乎"; 秋水篇, "……世之爵祿不足以爲勸 戮恥不足以爲倪……"; 讓王篇, "堯以天下許由 許由不受 又讓於子州支父 子州支父曰 以我爲天子猶之可也 雖然我適有幽憂之病方且治之 未暇治天下也 夫天下至重也 以不以害其生 又況他物乎 唯無以天下爲者 可以託天下也……."
84) 同上, 讓王篇, "故曰 道之眞 以治身 其緖餘以爲國家 其土苴以治天下 由此觀之 帝王之功 聖人之餘事也 非所以完身養生也."
85) 同上, 應帝王篇, "……請問爲天下 無名人曰……汝遊心於淡 合氣於莫順物自然 而無容私焉 而天下治矣."
86)《老子》 제56장, "知者不言 言者不知 塞閉其門 挫其銳 解其分 和其光同其塵 是謂元同 故不可得而親 不可得而疏 不可得而貴 不可得而賤 故爲天下貴."
87) 同上, 제 5 장, "天地不仁 以萬物爲芻狗 聖人不仁 以百姓爲芻狗……";《莊子》 天道篇, "天不產而萬物化 地不長而萬物育 帝王無爲而天下功 故莫神於天 莫富於地 莫大於帝王 故曰帝王之德配天地 此乘天地 馳萬物 而用人群之道也."

88)《老子》 제37장, “道常無爲 而無不爲 侯王若能守之 萬物將自化 化而欲作 吾將鎭之 以無名之樸 無名之樸 夫亦將無欲 不欲以靜 天下將自定”; 제48장, “……取天下常以無事 及其有事 不足以取天下.”
89) 同上, 제 3 장, “是以聖人之治 虛其心 實其腹 弱其志 强其骨 常使民無知無欲 使夫智者不敢爲也 爲無爲則無不治.”
90)《莊子》 在宥篇, “麤而不可不陳者 法也.”
91) 同上, 德充府篇, 大宗師篇, 外物篇, 盜跖篇.
92) 이런 이야기 가운데에는 顔回와 관련된 것이 다소 있지만,《論語》에는 그의 죽음에 대한 기사가 여러 번 나온다.
93)《莊子》 人間世篇에는 공자가 陰陽을 말하고 있으나, 이것이 후세 용어라는 것은 이 장, 註 99)를 보라.
94)《莊子》 天運篇, “孔子行年五十有一 而不聞道 乃而之沛 見老聃 老聃曰 子來乎吾聞子北方之賢者也 子亦得道乎 孔子曰 未得也……”; 寓言篇, “莊子謂惠子曰 孔子行年六十 而六十化 始時所是 卒而非之…….”
95) 同上, 漁父篇, “孔子再拜而起曰 丘少而脩學 以至于今六十九歲 無所得聞至教敢不虛心.”
96) 同上, 盜跖篇. 이 구절에 子路의 사망이 언급되어 있는데, 이것은 孔子 나이 71세 이후의 사건이다.
97)《論語》 가운데 隱者에 관한 구절들이 도가 영향을 받았다는 것은 오래전부터 인정되어 왔다. 필자는 季氏篇, “隱居以求其志 行義以達其道 吾聞其語矣 未見其人也”, “齊景公有馬天駟 死之日 民無德而稱焉 伯夷叔齊餓于首陽之下 民到于今稱之 其斯之謂與”와 微子篇, 제 5, 6, 7장이 이에 해당되지 않을까 한다.《莊子》 天地篇, 則陽篇, 外物篇, 讓王篇, 漁父篇과 비교해보라.《論語》 陽貨篇, “子曰 予欲無言 子貢曰 子如不言 則小子何述焉 子曰 夫天何言哉 四時行焉 百物生焉 天何言哉”도 아마 道家思想이 침투된 예 같다. 子貢이 공자의 가르침을 전하는 사명을 자각하였다는 언급도 후세에 나온 것 같고, 또 공자의 말이나 감정도 도가적인 것으로 보인다. ‘百物’이란 용어도 공자사상과는 어울리지 않는데, 실제《論語》에 ‘物’字가 나오는 것은 이것이 유일한 예다.《老子》 제 1, 43장과《莊子》 天道篇, 至樂篇, 徐無鬼篇, 則陽篇과 비교해보라.
98)《老子》 제47장, “不出戶 知天下 不闚牖 見天道……是以聖人不行而知不見而名 不爲而成.”
99) ‘陰’ ‘陽’이란 두 글자를 때때로 각기 다른 의미로 사용하는 경우와 철학적 관념이 개재된 경우도 구분할 필요가 있다. 이 철학적 관념은《易經》, 今文《書經》,《詩經》 및《論語》에는 말할 것도 없고,《孟子》처럼 훨씬 시대가 늦은 儒家書에도 나오지 않고 殷代 占骨에는 陰陽이란 문자

조차 없는 것 같다. 孫海坡의 《甲骨文篇》(권 14, p.5a)이 '陽'字라 한 것은 대단히 판독하기 어려운 銘文을 판독할 때 극히 자연스럽게 빠지는 오류인 것 같다. 葉玉森, 권 5, p.47을 보라. 董作賓은 20년에 걸친 占骨 연구 결과 '陰' '陽'이란 글자를 모두 본 일이 없다고 필자를 확신시켜 주었다(1947년 10월 21일 口頭로). 공자 이전 청동기 銘文에도 이 관념은 없는 것 같다. 《易經》 十翼에는 마지막 2翼을 제외한 8翼에 모두 이 관념이 나오는데, 泰彖傳, 否彖傳, 乾彖傳, 繫辭上傳, 繫辭下傳, 文言傳, 說卦傳이 그것이다.

100) 《論語》 마지막 5편 가운데 숫자와 관련된 미심쩍은 구절이 그렇게 많은 이유는 바로 이 때문이 아닌가 생각된다. 《孟子》에는 이런 형식의 발언이 공자의 말로 되어 있지는 않지만, 《莊子》에는 하급자에 대한 아홉 가지 시험법을 열거한 것이 공자로 되어 있다(列禦冠篇).

101) 顧頡剛 (3) ; Waley (3), p.141.

102) 《易經》 繫辭下傳에 顔回를 언급한 내용이 있는 것만 보아도 이 점은 거의 분명하다.

103) 이 장, 註 99)를 보라.

104) 초기 문헌에는 '地'字가 드물고, '땅'을 의미할 때는 보통 '土'字가 사용되었다. 孫海坡의 《甲骨文編》에도 '地'字는 수록되어 있지 않은데, 董作賓은 殷代 卜辭에서 '地'字를 본 일이 없다고 필자를 확신시켜주었다(1947년 10월 21일, 口頭로). 容庚이 《金文編》에서 해독한 청동기 銘文에도 '地'字는 없으며, 또 郭沫若이 1932년에 쓴 논문도 고대 청동기 銘文에는 '天'에 대응하는 '地'字는 없다고 한다(郭沫若, p.31b). 《易經》 原典에는 단 하나의 예가 나오지만(明夷上六), 형이상학적인 의미는 전혀 없다. 今文 《書經》에도 '地'字가 단 세 번밖에 나오지 않지만(盤庚下, 金滕, 呂刑), 모두 비교적 시대가 내려가는 시기에 편찬된 부분에 나올 뿐 아니라, 여기서도 형이상학적인 의미는 없다. 《詩經》에 단 두 번 나오는 '地'字도(小雅 祈父之什 斯干 및 正月) 모두 물질로서의 땅을 의미한다. 《論語》의 3例도(子罕篇, 憲問篇, 子張篇) 형이상학적인 의미는 없다. 《孟子》에는 '地'字가 자주 나오지만 그것이 형이상학적인 개념인지는 아직 분명치 않다(盡心上, "夫君子所過者化 所存者神 上下與天地同流……"에서 '地'字의 의미는 논란의 여지가 있다). 《易經》 十翼에는 마지막 2傳을 제외한 모든 부분에 '地'字가 여러 번 나오는데, 분명히 형이상학적인 개념을 가진 것은 다음과 같다. 彖傳(豫·謙·咸·恒·家人·暌·歸妹), 象傳(坤·泰), 繫辭上傳(5例), 繫辭下傳(2例), 文言傳(乾·坤), 說卦傳(2例).

105) 《論語》 述而篇, "子不語怪力亂神."

106)《易經》文言傳 乾, "子曰 同聲相應……雲從龍 風從虎……."
107) 同上, 繫辭上傳, "……易簡而天下之理得矣 天下之理得 而成位乎其中矣."
108) 이 책, p.247을 보라.
109)《書經》大誥篇, 召誥篇, 洛誥篇을 보라.
110) 관련된 구절이 너무 많아 전부 열거할 수 없지만, 예컨대《左傳》昭公 25년; 哀公 2년, 6년;《春秋》定公 15년조를 보라.
111)《易經》繫辭上傳, "是故君子居則觀其象 而玩其辭 動則觀其變 而玩其占", "聖人有以見天下之動 而觀其會通 以行其典禮……."
112) 이러한 의견은 馮友蘭, p.381과 註 4); 同 (3), pp.198~201; 傅斯年, 中 pp.61~62; 本田成之, pp.50~53; Dubs의 논저에 보인다.
113)《論語》子路篇, "子曰 南人有言曰 人而無恒 不可以作巫醫 善夫 不恒其德 或承之羞 子曰 不占而已矣";《禮記》緇衣篇, "子曰 南人有言曰 人而無恒 不可以爲卜筮 古之遺言與 龜筮猶不能知也 而況於人乎"와 비교하라. 필자는 이 구절을 다음과 같이 번역하려고 한다. 즉 선생께서 말씀하시기를 "남쪽 사람의 격언에, 恒心이 없는 사람은 巫師나 醫師도 될 수 없다는 말이 있다. 옳은 말이다! 그 德이 일정치 않은 사람은 체면을 손상하기가 쉽다. 단지 占을 치는 것만으로는 부족하다고 하셨다." 여기에 인용된 격언은《易經》恒卦 본문의 일부인데 공자도 단지 격언으로 알고 있었던 것 같다. 상기 譯文의 일부는 Waley의 번역과 비슷하다.
114) 傅斯年, 中 p.61.
115)《荀子》儒效篇, "……詩言是其志也 書言是其事也 禮言是其行也 樂言是其和也 春秋言是其微也."
116) Gibbon, p.389.
117)《易經》十翼 가운데 특정한 구절은 道家書 문장과 흡사한 것이 많다. 예컨대 乾彖傳과《莊子》逍遙遊篇, 謙彖傳과《老子》제24, 34, 36장, 繫辭上傳과《老子》제 7, 38, 42장 및《莊子》典子方篇, 繫辭下傳과《莊子》齊物論, 人間世, 大宗師, 胠篋篇 및《老子》제80장, 文言傳 乾과《莊子》漁父篇을 각각 비교하라.
118)《易經》繫辭上傳, "子曰 易其至矣乎 夫易聖人所以崇德而廣業也 知崇禮卑 崇效天卑法地 天地設位 而易行乎其中矣 成性存存 道義之門."
119) 同上, 繫辭下傳, "天下何思何慮 天下同歸而殊塗 一致而百慮 天下何思何慮……."
120)《莊子》知北遊篇.
121)《論語》衛靈公篇, "子曰 人無遠慮 必有近憂."
122)《莊子》天運篇, "(孔子)曰 吾求之語度數五年 而夫得也……吾求之陰陽十有二年而未得", "子謂老聃曰 丘治詩書禮樂易春秋六經 自以爲久矣……."

123)《經典釋文》은 '魯讀易爲亦'이라고 하였다. 魯本에는 이곳에 다른 글자로 되어 있다는 의미로 이것을 해석하는 학자도 많지만, 張心澂은 이것이 단지 발음문제를 언급한 것에 불과하다고 주장한다(張心澂,《僞書通考》, pp. 71～72 참조). Homer H. Dubs는 述而篇 이 구절 전체가 후세에 삽입된 것이 아니냐는 견해를 제시하였다(Dubs 참조).

124) 이것은《壯子》逸文으로《太平御覽》권 849, p. 2a에 인용되어 있다. 이 異文에는 子路가 孔子를 위해 占을 치려고 하자, 공자가 "나의 占은 이미 오래전에 끝났다"고 대답한 것으로 되어 있다. 여기에 언급한 것은 Waley, p. 131과 註 3)을 참고하였다.

125) 顧頡剛 (5), p. 9. 이 밖에 봉황이《論語》에 언급된 유일한 예는 微子篇 가운데 道家風의 隱者가 말한 것뿐인데, 이 구절이 도가 영향 아래 후세에 첨가된 것이 분명하다는 것은 앞에서 이미 지적하였지만, 실제로 동일한 내용이 중요한 부분에는 글자 하나 틀리지 않고《莊子》人間世篇에 나오고 있다. '河圖'는《易經》十翼에 한 번 나온다(繫辭上傳).《書經》가운데 초기에 성립된 부분에 '河圖'가 언급된 사실은 이 문제에 특별한 의미는 없다(顧命篇). 거기에 관해서는 아무 언급이 없기 때문에 단순한 지도에 불과한 것이었는지도 모른다.

126) 학자에 따라서는 1세기 또는 그 이상의 차이가 있을 수 있다. Maspero가 모은 예언관계 자료를 보면 B.C. 300년 이전으로는 보기가 어렵지만, 후세에 첨가된 구절은 항상 있을 수 있다는 것은 말할 필요도 없을 것이다(Maspero (2) 및 Karlgren을 보라).

127) 張歆海, p. 5.

128) 놀라울 정도로 이런 예언은 자주 나온다. B.C. 541～537년(昭公 元年～5년)의 단 5년 사이에만도 25회나 달하는데, 이보다 더 횟수가 많은 기간도 있을 것이다. 필자는 이들 예언의 정확성 여부를 모두 확인해볼 수 있었다.《左傳》가운데 예언에도 들어맞지 않는 것도 있지만, 들어맞은 것으로 유명한 예는 莊公 22년, 僖公 23년(실현된 것은 僖公 28년), 成公 16년, 襄公 20년(실현된 것은 襄公 23년), 襄公 23년, 24년(실현된 것은 襄公 25년), 襄公 26, 27년(실현된 것은 襄公 28년 및 昭公 4년) 및 哀公 15년조 예언을 보라.

129) Maspero, p. 191.

130)《左傳》僖公 32년 ; 宣公 8년 ; 昭公 4, 7, 8, 19, 29년조.

131) 예컨대《左傳》莊公 22년 ; 成公 16년조를 보라.

132) 五行이 언제부터 나타났는지는 그렇게 분명치 않다. Waley는 "대부분의 중국·일본학자들과 마찬가지로 필자도 五行說을 기원전 4세기 이전

것으로 볼만한 이유가 없다"고 記述하였다(Waley (3), p.109 n.1).《墨子》에는 五行이 최소한 한 번 나오지만, 일반적으로 비교적 후세 것으로 인정되고 있는 '經' 가운데에 나오는 것이다. 孟子시대는 五行說이 있었다고 하지만(陳夢家를 보라), 陳夢家 논문 p.46에 인용된 증거를 보면 五行說과 관련된 사고방식이 孟子시대에 발전하기 시작한 것은 사실이나, 당시 五行 관념이 존재하였다고 단정하기는 어렵다. 陳夢家가 인용한《荀子》非十二子篇 구절도 결정적인 증거가 될 수 있는 것은, 이 篇이 후세에 첨가되었다는 증거가 있기 때문이다(王先謙,《荀子集解》권 3, p.12b를 보라).《孟子》에 五行이 한 번도 나오지 않는 사실은 이 점을 더욱 뒷받침해준다.

133)《左傳》文公 18년 ; 宣公 18년.

134) 同上, 宣公 11년, 莊王은 그 후 많은 인질을 잡은 후 陳의 주변을 회복시켰는데, 他國의 보복을 두려워하였기 때문인 것 같다.

135) 同上, 宣公 14, 15년 ; 成公 2년.

136) 同上, 宣公 12년.

137) Macaulay, pp.327～328.

138)《左傳》昭公 17년 ; 哀公 3년.

139) 同上, 昭公 7년. 공자가 兄의 딸을 출가시킨 것을 보면, 공자가 家長이었던 것이 분명하다.

140) 同上, 宣公 9년 ; 成公 17년.《欽定春秋傳說彙纂》은 前者가 공자의 말이라는 것을 부정하였고(권 20, p.16b), 後者에 대해서 Legge는 "이것을 공자의 말이라고 하는 것에 대해 비평가들은 異口同聲으로 반대한다"고 주를 달았다(Legge 譯,《左傳》, p.404).

141)《欽定春秋傳說彙纂》권 35, p.11a～12a.

142) Karlgren, pp.58～64.

143)《國語》魯語下.

144)《孔子家語》가 일찍 성립되었다는 설을 지지하는 견해는 Waley (3), p.137 및 Haloun, pp.456～460을 보라. Pelliot는 現本《孔子家語》가 A.D. 256년에 사망한 王肅의 僞作이라고 생각하는데(Pelliot, p.421 n.430), 이런 견해를 갖고 있는 학자도 많다.

145)《孔子家語》권 2, 致思篇 19 ; 권 3, 辨政篇 14 ; 권 10, 曲禮子夏問篇 43.

146) 同上, 권 7, 五刑解 30, "義所以別貴賤 用尊卑也 貴賤有別 尊卑有序 則民莫不尊上而敬長……."

147) 同上, 권 8, 屈節解 37.

148) 同上, 권 4, 辨物 16, "……子貢聞之 見於孔子曰 子服氏之子拙於說矣

以實獲囚以詐得免 孔子曰 吳子爲夷 德可欺 而不可以實 是聽者之蔽 非說者之拙也"; 권 7, 刑政 31, "仲弓曰 其禁何禁 孔子曰 巧言破律 遁名改作 執左道與亂政者 殺作淫聲 造異服 設伎奇器 以蕩上心者 殺……." 이것을 《論語》顔淵篇, "……孔子對曰 子爲政 焉用殺……" 및 子路篇, "樊遲問仁 子曰 居處恭 執事敬 與人忠 雖之夷狄 不可棄也"와 비교해보라.

149)《孔子家語》권 1, 五儀 7, "殷王太戊之時 道缺法圮 以致夭蘖桑穀于朝 七日大拱 占之者曰 桑穀野木而 不合生朝 意者國亡乎……"; 권 3 姓生 10, "孔子常自筮其卦得賁焉……."

150)《老子》제47장, "不出戶知天下 不闚牖見天道"와《孔子家語》권 3, 好生 10, "孔子曰……君子忠以爲質 仁以爲衛 不出環堵之室而 知千里之外……"를 보라. 崔述에 따르면《孔子家語》에는《莊子》나《列子》에서 따온 구절이 상당히 많다고 한다(崔述, 권 3, p.18을 보라).《孔子家語》는 여러 책에서 널리 긁어모았다. 上記 好生篇 기사에 뒤이은 4쪽 대부분은《孟子》梁惠王下 제15장에서 표절하여 공자의 말로 만든 것이다.

151) 同上, 권 3, 觀周 11, "孔子謂南宮敬叔曰 吾聞老聃 博古知今 通禮樂之原 明道德之歸 則吾師也 今將往矣……至周問禮於老聃……自周反魯 道彌尊矣 遠方弟子之進 蓋三千焉."

152) Chavannes, *Mem. Hist.* Ⅴ, p.229 n.4.

153) Duyvendak (2), p.95; 錢穆, 通表, p.101.

154) Duyvendak, p.221.

155)《荀子》天論篇, "雩而雨何也 曰無何也 猶不雩而雨也"; 解蔽篇, "……精於物者 以物物 精於道者 兼物物."

156) 이 점에 대해서는 Creel, Lorraine, pp.136~137의 도움을 받았다.

157)《荀子》性惡篇, "人之性惡 其善者僞."

158) 同上, 性惡篇, "今人無師法 則偏險而不正."

159) 同上, 性惡篇, "古者 聖王以人之性惡 以爲偏險而不正 悖亂而不治 是以爲之起禮義 制法度……."

160) 同上, 脩身篇, "不是師法 而好自用 譬之是猶以盲辨色 以聾辨聲也 舍亂妄無爲也."

161)《論語》述而篇, "多聞 擇其善者而從之 多見而識之 知之次也." 공자 및 그 직제자들이 '學'을 넓은 의미로 해석하였을 뿐 아니라 단순한 독서를 가장 중시한 것도 아니었다는 증거를 들면,《論語》學而篇, "子夏曰 賢賢易色 事父母 能竭其力 事君 能致其身 與朋友交 言而有信 雖曰未學 吾必謂之學矣", "子曰 君子食無求飽 居無求安 敏於事而愼於言 就有道而正焉 可謂好學也已"를 보라.

162)《荀子》天論篇, "天星之隊 木之鳴 是天地之變 陰陽之化 物之罕至者也

怪之可也 畏之非也"; 解蔽篇, "莊子蔽於天 而不知人." 荀子가 도가의 형이상학을 배척한 것은 儒效篇, "若夫充虛之相施易也 堅白異同之分隔也 是聰耳之所不能聽也 明目之所不能見也 辯士之所不能言也 雖有聖人之知 未能僂指也 不知無害而爲君子 知之無損爲小人……"을 보라.

163)《莊子》養生主篇, "吾生也有涯 而知也無涯 以有涯隨無涯殆已……."

164)《荀子》脩身篇, "夫驥一日而千里 駑馬十駕則亦及之矣 將以窮無窮 逐無極與 其折骨節筋 終身不可以相及也……."

165) 同上, 脩身篇, "禮倨固而心執詐 術愼墨而情雜汙 橫行天下 雖達四方 人莫不賤"; 儒效篇, "凡事行有益於理者立之 無益於理者廢之 夫是之謂中事 凡知說有益於理者爲之 無益於理者舍之……聖人也者 道之管也 天下之道管是矣 百王之道一是矣 故詩書禮樂之歸是矣"; 解蔽篇, "故學者以聖王爲師 案以聖王之制爲法 治其法以求其統類 以務象效其人……."

166) 同上, 勸學篇, "學惡乎始 惡乎終 曰其數則始乎誦經 終乎讀禮."

167) Dubs (2), p.108.

168)《荀子》正名篇, "凡刑人之本 禁暴惡惡 且徵其未也 殺人者不死 傷人者不刑 是謂惠暴而寬賊也 非惡惡也……."

169) 馮友蘭, p.311.

170)《荀子》王制篇, "雖王公大夫之子孫 不能屬於禮義 則歸之庶人 雖庶人之子孫也 積文學正身 行能屬於禮義 則歸之卿相士大夫……."

171)《論語》子路篇, "冉有曰 旣庶矣 又何加焉 曰富之";《荀子》王制篇, "先王惡其亂也 故制禮義以分之 使有貧富貴賤之等 足以相兼臨者 是養天下之本也."

172) 梁啓雄, p.121.

173) 同上, p.80.

174) 梁啓超, p.115를 보라.

제 13 장

1)《韓非子》비판에 관해서는 주로 陳啓天과 容肇祖의 연구를 따랐다(〈文獻目錄〉을 보라).

2)《韓非子》難三篇, "老子曰 以智治國 國之賊也"; 六反篇, "老聃有言曰 知足不辱 知止不殆";《史記》老莊申韓列傳, "韓非者 韓之諸公子也 喜刑名法術之學而其歸本於黃老."

3) Bodde, pp.112～119.

4)《商君書》劃策篇, "……是以人主處匡床之上 聽絲竹之聲而天下治."《商君書》가운데 商鞅이 직접 저술한 부분은 없는 것 같으며, 이 구절도

《商君書》 初本에는 없었던 것 같지만, 법가적인 성격만은 뚜렷하다. 《韓非子》有度篇, "……故法省而不侵 獨制四海之內 聰智不得用其詐 陰躁不得關其佞 姦邪無附依 遠在千里之外 不敢易其辭 勢在郎中不敢蔽善飾非……故治不足而日餘 上之任勢使然也"와 비교해보라. 有度篇도 韓非子가 저술한 것이 아닐지도 모르지만, 법가적인 성격은 명백하다.

5) 《韓非子》五蠹篇, "……是仁義用於古 不用於今也 故曰世異則事異……事異則備變……夫古今異俗 新故異備"; 顯學篇, "今世儒者之說人主 不善今之所以爲治 而語已治之功 不審官法之事 不察姦邪之情 而皆上古之傳譽……."

6) 齊思和(2), pp. 182～187.

7) 《韓非子》五蠹篇, "行義修 則見信 見信則受事 文學習則 爲明師 爲明師則顯榮 此匹夫之美也 然則無功而受事 無爵而顯榮 有政如此 則國必亂 主必危矣."

8) 《商君書》墾令篇, "愚農不知 不好學問 則務疾"; 農戰篇, "國大民衆 不淫於言則民樸壹"; 弱民篇, "民弱民彊 國彊民弱 故有道之國 務在弱民"; 《韓非子》八說篇, "明主之國 有貴臣而無重臣……重臣者言聽而力多也"; 五蠹篇, "今修文學習言談 則無耕之勞 而有富之實 無戰之危 而有貴之尊 智者衆則法敗 用力寡則國貧 此世之所以亂也"; 《老子》 제 3 장, "是以聖人之治 虛其心 實其腹 弱其志 强其骨 常使民無知無欲 使夫智者不敢爲也 無爲則無不治"; 제19장, "棄聖絶智 民利百倍……故今有所屬 見素抱樸 少私寡欲"; 제65장, "古之善爲道者 非以明民 將以愚之 民之難治 以其智多 故以智治國 國之賊也……"와 비교해보라.

9) 上揭, 《老子》 제65장.

10) 齊思和(2), p. 166.

11) Duyvendak (4), p. 125 n. 4와 비교하라. 또 《史記》 秦本記, 魏世家; 《荀子》性惡篇; Bodde, pp. 2～3, p. 7, pp. 19～20을 보라.

12) 梁啓雄, pp. 222～223.

13) Duyvendak (4), pp. 1～40. 齊思和는 商鞅變法의 상당부분이 魏에서 (商鞅이 그 이전 관리로 있었던) 이미 시행된 것을 秦에 移植한 것이라는 견해를 갖고 있다(齊思和(2)를 보라).

14) 《史記》李斯列傳; Bodde, pp. 14～15.

15) 《荀子》議兵篇.

16) 《韓非子》問辯, "明主之國 令者最貴者也 法者事最適者……不軌於法令者必禁"; 定法篇, "術者因任而授官 循名而貴實 操殺生之柄 課群臣之能也 此人主之所執也 法者 憲令著於官府 刑罰必於民心 賞存乎愼法 而罰加乎姦令者也 此臣之所師也"; 詭使篇, "夫立法令者 以廢私也 法令行 私道

廢矣 私者所以亂法也"; 六反篇, "君上之於民也 有難則用其死 安平則盡其力……故不養恩愛之心 而增威嚴之勢"; 八說篇, "以公財分施謂之仁人 輕祿重身 謂之君子……仁人者公財損也 君子者民難使也", "無術以用人 任智則君欺 任修則君事亂", "仁人在位 下肆而輕犯禁法 偸幸而望於上 暴人在仁 則法令妄而臣主乖 民怨而亂心生 故曰 仁暴者皆亡國者也"; 五蠹篇, "民驕於愛 聽於威……賢不肖俱盡其力矣", "公私之相背也"; 顯學篇, "……以貧窮者 非侈則惰也 侈而惰者貧 而力而儉者富 今上徵於富人 以布施於貧家 是奪力儉而與侈惰也 而欲索民之疾作節用 不可得也", "……故敵國之君雖說吾義 吾弗入貢而臣 關內之侯 雖非吾行 吾必使執禽而朝 是故力多則人朝 力寡則朝於人 故明君務力."

17) 《史記》 老莊申韓列傳, "……與李斯俱事荀卿 斯自以爲不如非."

18) 同上, "韓王始用非 及急 廼遣非使秦 秦王悅之 未信用 李斯姚賈害之 毁之曰韓非 韓之諸公子也 今王欲幷諸侯 非終爲韓 不爲秦 此人之情也 今王不用 久留而歸之 此自遺患也 不如以過法誅之 秦王以爲然 下吏治非 李斯使人遺非藥使自殺 韓非欲自陳 不得見 秦王後悔之 使人赦之 非已死矣." 이 사건에 대해 錢穆은 의문을 표하지만(錢穆, pp.442~443), 필자는 있을 법한 일이라고 생각하는 Bodde의 견해를(Bodde, p.77) 지지한다. 그러나 秦이 韓非子를 秦에 보내도록 한 방법이 불합리하다는 점은 錢穆의 견해에 찬성한다.

19) 《史記》 秦本紀, "白起擊大破趙於長平 四十餘萬盡殺之."

20) 同上, 秦始皇本紀.

21) 그 결과 모든 道路에는 간격이 같은 수레바퀴 자국이 났기 때문에 수레 특히 帝國의 戰車가 어디든지 용이하게 다닐 수 있었다.

22) 《史記》 秦始皇本紀, "……自今以來除謚法 朕爲始皇帝 後世以計數 二世三世 至千萬世 傳之無窮."

23) 同上, 秦始皇 28년, "……至湘山祠 逢大風 幾不得渡 上問博士曰 湘君何神 博士對曰 聞之堯女 舜之妻而葬此 於是始皇大怒 使刑徒三千人 皆伐湘山樹 赭其山."

24) 同上, 秦始皇 35년, "乃咸陽之旁二百里內宮觀二百七十 復道甬道相連 帷帳鐘鼓美人充之……."

25) Aristotle, pp.1,312~1,313.

26) 《韓非子》 八說篇, "今學者之言也 不務本作而好末事 知道虛聖以說民 此勸飯之說……明主不受"; 五蠹篇, "事智者衆則法敗 用力者寡則國貧 此世之所以亂也 故明主之國 無書簡之文 以法爲教 無先王之語 以吏爲師."

27) Chavannes, Vol. II, p.128.

28) 《史記》 秦始皇本紀 34년, 博士 淳于越이 이 문제를 들고 나왔다.

29) 同上, 秦始皇本紀, "今皇帝幷有天下 別黑白而定一尊 私學而相與非法敎人聞令下 則各以其學議之 入則心非 出則巷議 夸主以爲名 異取以爲高 率群下以造謗如此不禁 則主勢降乎上 黨與成乎下 禁之便 臣請史官非秦記皆燒之 非博士官所職 天下敢有藏詩書百家語者 悉詣守尉雜燒之 有敢偶語詩書者弃市 以古非今者族 吏見知不擧者與同罪 令下三十日不燒 黥爲城旦所不去者 醫藥卜筮種樹之書 若欲有學法令 以吏爲師 制曰可."

30) 同上, 秦始皇本紀, "今乃誹謗我 以重吾不德也 諸生在咸陽者 吾使人廉問或爲訞言以亂黔首 於是使御史悉案問諸生 諸生傳相告引 乃自除犯禁者四百六十餘人 皆阬之咸陽 使天下知之 以懲後." '생매장'에 관해서는 Bodde, p.173 n.3을 보라.

31) 同上, 秦始皇本紀, "始皇長子扶蘇諫曰 天下初定 遠方黔首未集 諸生皆誦法孔子 今上皆重法繩之……."

32) Bodde, pp.163～165.

33) 《韓非子》 十過篇, "不聽於忠臣而獨行其意 滅高名 爲人笑之始也……小國無禮 不用諫臣 則絶世之勢也"; 外儲說左上, "魏昭王欲與官事 謂孟嘗君曰 寡人欲與官事 君曰 王欲與官事 則何不試習讀法 昭王讀法十餘簡而睡卧 王曰 寡人不讀此法 夫不躬親其勢柄 而欲爲人臣所宜爲也 睡不亦宜乎 孔子曰 爲人君子猶盂 民猶水也 盂方水方 盂圜水圜"; 外儲說右下, "衛君入朝於周 周行人問其號 對曰諸侯辟疆 周行人郤之 曰諸侯不得與天子同號 衛君乃自更曰諸侯燬 而後納之 仲尼聞之曰 遠哉禁偪 虛名不以借人 況實事乎."

34) 同上, 內儲說上, "殷之法 刑棄灰於街者 子貢以爲重 問之仲尼 仲尼曰 知治之道也 夫棄灰於街必掩人 掩人必怒 怒則鬪 鬪必三族相殘也 此殘三族之道也 雖刑之可也 且重罰者 人之所惡也 而無棄灰 人之所易也 使人行之所易 而無離所惡此治之道", "魯人燒積澤……哀公懼 自將衆趣救火者 左右無人 盡逐獸而火不救 乃召問仲尼……仲尼乃下令曰 不救火者比降北之罪 逐獸者比入禁之罪 令未下遍而火已救矣"; 外儲說右上, "子路爲郈令魯以五月起衆爲長溝 當此之爲 子路以其私秩粟爲漿飯 要作溝者於五父之衢而飡之 孔子聞之 使子貢往覆其飯 擊毁其器曰 魯君有民 子奚爲乃飡之子路怫然怒 攘肱而入請曰 夫子疾由之爲仁義乎 所學於夫子者仁義也 仁義者與天下共其所有而同其利者也 今以由之秩粟而飡民 不可何也 孔子曰 由之野也 吾以女知之 女徒未及也 女故如是之不知禮也女之 飡之爲愛之也夫禮 天子愛天下 諸侯愛境內 大夫愛官職 士愛其家 過其所愛曰侵……."

35) 上揭, 《韓非子》 內儲說上을 보라. 殷代에는 재를 길가에 버리는 것을 중벌에 처하였다는 이 기사의 異文도 함께 실려 있는데, 그 異文에 따르면 재를 버리면 손을 절단하였다고 한다. 공자는 이 法에 대해 "백성들

이 싫어하는 일〔형벌〕에 관련되는 것을 피하기 위하여 백성들에게 쉬운 일〔재를 길가에 버리지 않는 것〕을 시키는 것은 적절한 정치술"이라고 찬양하였다. 이 말은 법가사상을 요약한 것으로서, 실제 바로 그 뒤에 법가 商鞅의 말로 나오고 있다(2~3字의 무시해도 좋을 차이는 있지만). 李斯에 따르면 이 법령은 商鞅이 秦에서 제정한 것이라고 한다(《史記》李斯列傳). 이 관념 전체는《論語》子路篇, "子曰 先有司 赦小過 擧賢才"와 정면으로 상충된다. 이 설화는 W.K. 廖가 번역하였지만, 결론적인 핵심부분을 모두 잘못 번역하였다(廖 譯,《韓非子》, pp. 293~294).

36)《韓非子》外儲說左下, "孔子相衛……."

37) 度量衡 統一에 관해서는《書經》舜典을 보라. 呂刑篇 전체도 법가적인 색채가 농후하다.

38)《荀子》宥坐篇, "孔子爲魯攝相 朝七日而誅少正卯……"; 崔述, 권 2, p. 23; 錢穆, pp. 22~23.

39) 崔述(2), 권 3, pp. 9~13; 馮友蘭, pp. 369~371; Hughes, pp. 86~87.

40)《禮記》中庸篇, "子曰 愚而好自用 賤而好者尊 生乎今之世 反古之道 如此者 烖及其身者也 非天子不議禮 不制度 不考文 今天下同軌 書同文 行同倫." 이 구절 바로 뒤에는 "雖有其位 苟無其德 不敢作禮樂焉 雖有其德 苟無其位 亦不敢作禮樂焉"이란 말이 있는데, 이 구절의 전반부는 법가적인 앞문장을 유가적인 입장에서 수식한 것이지만 후반부는 다시 법가사상으로 되돌아갔다.

41)《史記》秦始皇本紀를 보라.

42)《論語》先進篇, "所謂大臣者 以道事君 不可則止."

43)《韓非子》顯學篇, 五蠹篇과《史記》秦始皇本紀를 보라.

44)《孔子家語》권 1, 五儀解 7, "哀公問於孔子曰 寡人欲論魯國之士 與之爲治 敢問如何取之 孔子對曰 生今之世 志古之道 居今之俗 服古之服 舍此而爲非者 不亦鮮乎."

45)《論語》子路篇, "……曰旣富矣 又何加焉 曰敎之", "子曰 善人敎民七年 亦可以卽戎矣", "子曰 以不敎民戰 是謂棄之"; 陽貨篇, "君子學道則愛人 小人學道則易使也."

46) 이 구절은 連鎖的인 형식을 취하고 있는데, 이것은《論語》眞文의 특징이 아니다. '天子'라는 단어도《論語》에서 공자가 흔히 사용하는 용어가 아니며 그는 단지 '王'을 언급하였을 따름이다. 이 구절 이외에《論語》가운데 '天子'란 단어가 나오는 것은 八佾篇에 나오는 것이 유일한 例인데, 그것도《詩經》에서 인용한 구절 속에 들어 있다. '陪臣'이란 단어가

《論語》에 나오는 것도 이 구절뿐이다. 더욱이 《論語》만큼 오랜 책 가운데에도 이 단어는 전혀 없으며, 《孟子》에도 없기 때문에 후세에 나온 용어인 것 같다.

47) 예컨대 중국의 쟁쟁한 문헌고증학자 顧頡剛은 1941년에 발표한 〈孔子之政治主張及其背景〉이란 小論에서 주로 季氏篇의 이 구절을 근거로 논하였다. 그는 이 구절이 《論語》의 다른 부분과 일치하지 않는 것을 인정하였지만 오히려 이 구절을 공자사상의 근본으로 간주하였다(顧頡剛 (6), pp. 45～47).

48) 《論語》 子路篇 제 3 장에 대해서 Waley는 "이 구절 전체는 극히 세련되고 문학적이지만 비교적 후세 作에서 볼 수 있는 특징을 띠고 있다. 후세 유가 문헌에는 이러한 修辭的인 '連鎖'의 예가 풍부하다"고 지적한다(Waley, p. 172 n. 1). 그는 '正名'의 관념이 《孟子》에 언급되지 않은 사실을 주목하여 이 관념을 기원전 4세기 후반기의 특징으로 보고, 이 구절이 荀子 또는 그 學派가 삽입한 것인지도 모른다고 생각한다(同上, pp. 21～22). 그랬을 가능성이 높다. 荀子 자신도 正名篇이란 우수한 논문을 썼지만, 子路篇 제 3 장에서 논의된 것이 바로 '正名'이기 때문이다. 그러나 《荀子》 제22편 正名篇에는 공자나 子路篇 구절이 언급되지 않은 것을 보면 荀子는 이 구절의 존재를 몰랐던 것 같다. 荀子가 《詩經》을 증거로 많이 인용한 것을 보면, 이처럼 훌륭한 증거를 《論語》에서 놓칠 리는 없다. 더욱이 이것은 荀子가 직접 子路篇 구절을 삽입했다는 혐의를 벗겨줄 수 있는 것 같은데, 만약 荀子가 그처럼 애써 그 구절을 삽입하였다면 그것을 인용하지 않았을 리가 없기 때문이다. 그러나 《荀子》 正名篇과 子路篇 제 3 구절간에는 유사점이 있다. 형벌이 특히 눈에 띄는 것도 그렇지만, Duyvendak는 '苟'字가 동일한 용법으로 사용되었다는 점도 지적한다(Duyvendak, p. 245 n. 1). 그러나 子路篇 제 3 장은 《荀子》보다 더 현저하게 오로지 형벌을 강조하고 있다. 따라서 이것은 荀子의 입장이지만 좀더 법가적인 인물이 쓴 것처럼 보인다. '正名'이 언급된 법가서로는 2種이 된다. 《商君書》 마지막 부분에 子路篇 제 3 장과 거의 동일한 내용의 구절이 있고(定分篇), 《韓非子》에는 "名이 바르면 사물이 바로잡힌다"는 구절이 있는데(揚權篇), 이 두 책에는 모두 '正名'이 '名正'으로 나온다. 《韓非子》에는 또 다른 유사점이 있다. 子路篇 제 3 장은 "子路가, '衛君이 선생님을 기다려 政事를 맡기려 하는데 선생님께서는 제일 먼저 무엇을 하시겠습니까?'라고 물었다"로 시작되는데, 공자가 衛의 재상이었다는 歷史도 傳說도 없음에도 불구하고 《韓非子》에 실려 있는 일화는 "孔子가 衛의 재상이 되었을 때"로 시작된다(外儲說左下篇). 子路篇 제 3 장이 荀子의 영향 아래 삽입되었다는 Waley의

생각도 전혀 무리인 것만은 아니지만, 荀子의 가장 유명한 제자 두 사람이 모두 법가였고 이 구절도 법가의 영향이 뚜렷하다.

49) 《韓非子》 顯學篇, "今或謂人曰 使子必智而壽 則世必以爲狂夫 智性也 壽命也 性命者 非所學於人也……."

50) 이 구절은 述而篇, "子曰 蓋有不知而作之者……"의 해석에도 영향을 미쳤다. 이 책, 제 9 장, 註 128)을 보라.

제14장

1) 《韓非子》 顯學篇, "今不知治者 必曰得民之心 得民之心而可以爲治 則是伊尹管仲無所用也 將聽民而已矣 民智之不可用 猶嬰兒之心也."

2) 《史記》 秦始皇本紀.

3) 同上.

4) 同上, 秦始皇本紀, "天下之事 無小大 皆決於上 上至以衡石量書 日夜有程 不中 呈者 不得休息."

5) 同上, 秦始皇本紀 및 高祖本紀.

6) Chavannes는 《詩經》과 《書經》에서 각각 인용된 一例씩을 주목하였다. Chavannes, *Mem. Hist*. Vol. II, p. 142 n. 2, p. 145 n. 5뿐만 아니라 "朝夕不懈"(秦始皇本紀)란 표현도 우연이라고 하기에는 너무나 《詩經》의 구절과 비슷하다. 《詩經》 小雅 都人之什 何草不黃의 "朝夕不暇"라는 표현을 韻을 맞추기 위해 '暇'를 '懈'로 바꾼 것 같으며, 《詩經》 大雅 蕩之什에 두 번 나오는 비슷한 의미의 "夙夜不懈"에서 類推한 것처럼 보인다. Chavannes가 "잘못된 것을 제거하고 마땅히 해야 할 것을 하는 것"으로 해석한 "擧錯必當"의 '擧錯'는 《論語》 爲政篇 제19구절 및 顏淵篇 제22구절과 관련이 명백하므로, 그 구절은 "관리를 黜陟할 때 항상 적절한 조처를 취한 것"으로 해석하지 않으면 안 되며, 이것이 전후 문맥상으로도 부합된다. 《史記》처럼 방대한 책에서 그 의미를 모두 파악하는 것이 극히 불가능한 이상, Chavannes가 이 관련성을 주목하지 못한 것도 물론 대수로운 일이 아니다.

7) 《史記》 秦始皇本紀 및 劉敬叔孫通列傳.

8) 同上, 秦始皇本紀, "始皇長子扶蘇諫曰 天下初定 遠方黔首未集 諸生皆誦法孔子 今上皆重法繩之 臣恐天下不安 唯上察之." 물론 이 대화 전체가 僞文일 가능성도 농후하지만, 그 이후에 전개된 사건을 보면 적어도 扶蘇와 유교를 결부시킨 전설이 있었던 것은 분명하다.

9) 《史記》 陳涉世家.

10) 同上, 孔子世家 및 儒林列傳.

11)《鹽鐵論》 권 4, 褒賢篇, "……然戍卒陳勝釋輓輅 首爲叛逆 自立張楚 ……而齊魯儒墨縉紳之徒 肆其長衣……負孔氏之禮器詩書 委質爲臣 孔甲爲涉博士";《史記》儒林列傳, "陳涉之王也 而魯諸儒持孔氏之禮器 往歸陳王 於是孔甲爲陳涉博士 卒與涉俱死."
12)《史記》儒林列傳, "……是時獨魏文侯好學 後陵遲以至于始皇 天下並爭於戰國 儒術旣絀焉 然齊魯之間 學者獨不廢也."
13)《漢書》楚元王傳, "楚元王交 字游 高祖同父少弟也 好書 多材藝 少時嘗與魯穆生白生申公俱受詩於浮丘伯 伯者 孫卿門人也."
14)《史記》孔子世家와 上記, 註 11)의 儒林列傳.
15) 이상 同上, 項羽本記를 보라.
16) 同上, 項羽本記, "……謂霸王之業 欲以力征 經營天下."
17)《漢書》高祖紀. Wilbur는 이 해방은 실현되지 않았을 뿐 아니라 실시할 의도도 없었던 것 같다고 한다(Wilbur, p.137). 그러나 이 때문에 그 선전효과가 감소되는 것은 아니며, 바로 이 점이 여기서의 관심거리이다.
18) 同上, 이 번역은 Dubs의 번역을 약간 변경한 것이다.
19) 同上.
20) 同上, "召諸縣豪桀曰 父老苦秦苛法久矣……與父老約 法三章耳……餘悉除去秦法吏民皆按堵如故."
21) Dubs (4) p.16,《漢書》高祖紀, "擧民年五十以上 有脩行 能師衆爲善 置以爲三老鄕一人 擇鄕三老一人爲縣三老 縣令丞尉事相教 復勿繇戍."
22)《漢書》高祖紀, "夫運籌帷帳之中 決勝於千里之外 吾不如子房 塡國家 撫百姓給餉餽 不絶糧道 吾不如蕭何 連百萬之衆 戰必勝 攻必取 吾不如韓信 三者皆人傑 吾能用之 此吾所以取天下者也."
23) Linebarger, p.130.
24) Dubs (4), pp.15~22.
25) 예컨대 이런 태도는 高祖가 충실한 조언자 酈食其에 대해 참지 못하고 그를 '愚儒'라고 말한 것에서 나타난다(《漢書》高祖紀).
26)《漢書》酈陸朱劉叔孫傳, "……(陸)賈凡著十二篇 每奏一篇 高祖未嘗不稱善 左右呼萬歲 稱其書曰新書."
27) 同上, 高祖紀上, 2년 3월조.
28) 同上, 高祖紀下, 5년 정월조.
29) Dubs (4), p.22.《漢書》酈陸朱劉叔孫傳의 〔陸賈가 陳平을 설득, 呂氏勢力을 제거하고 孝文帝를 옹립한〕 기사와 비교해보라.
30) 漢武帝 治下에서 경제적인 조건이 크게 개선된 유가들도 상당히 많았다. 그럼에도 불구하고 武帝 直後에 개최된 토론회의에서 법가 출신의

高官은 유가들을 '窮巷辟村' 출신으로서 衣食조차 해결하지 못하는 가난한 사람들로 계속 묘사하였다. 《鹽鐵論》憂邊篇, "……發於畎畝 出於窮巷……"; 地廣篇, "儒皆貧羸 衣冠不完"; 褒賢篇, "……虛而爲盈 布衣穿履 深念徐行……"을 보라.

31) 《漢書》高后紀를 보라.

32) 同上, 文帝紀를 보라.

33) Dubs (4), p. 216.

34) 《漢書》文帝紀, "詔曰 方春和時 草木群生之物 皆有以自樂 而吾百姓鰥寡孤獨窮困之人 或阽於死亡 而莫之省憂 爲民父母將何如 其議所以振貸之 又曰 老者非帛不煖 非肉不飽 今歲首 不時使人存問長老 又無布帛酒肉之賜 將何以佐天下子孫孝養其親……"과 《孟子》梁惠王下, "……老而無妻曰鰥 老而無夫曰寡 老而無子曰獨 幼而無父曰孤 此四者天下之窮民而無告者 文王發政施仁 必先斯四者"; 盡心上, "所謂西伯善養老者……導其妻子使養其老 五十非帛不煖 七十非肉不飽不煖不飽 謂之凍餒 文王之民 無凍餒之老者 此之謂也"를 비교해보라. 또 文帝紀, "……將百官之奉養或費無用之事或多與 何其民食之寡乏也 夫度田非益寡 而計民未加益 以口量地 其於古猶有餘 而食之甚不足者 其咎安在 無乃百姓之從事於末 以害農者蕃 爲酒醪以靡穀者多 六畜之食焉者衆與……"와 《孟子》梁惠王上, "狗彘食人食 而不知檢 塗有餓莩而不知發 人死則曰非我也 歲也 是何異於刺人而殺之 曰非我也 兵也……"; 梁惠王下, "……文王之囿 方七十里 芻蕘者往焉 與民同之 民以爲小……"; 上記 梁惠王下의 기사를 각각 비교하라.

35) 《漢書》文帝紀 後 4년, "免官奴婢爲庶人." 백성이 죄를 지으면 관노비가 되었고 그 신분도 세습된 것이 분명하다. Wilbur는 당시 모든 관노비가 해방되었다는 것에 의문을 제기하였는데 그것엔 상당히 근거가 있는 것 같다(Willbur, p. 134).

36) Dubs (4), p. 218. 《漢書》文帝紀 2년 5월조, "詔曰 古之治天下 朝有進善之旌誹謗之木 所以通治道而來諫者也 今法有誹謗訞言之罪 是使衆臣不敢盡情 而上無由聞過失也……其除之"; 13년 5월조, "除肉刑法."

37) 同上, 文帝紀 원년 정월, "有司請蚤建太子 所以尊宗廟也 詔曰 朕旣不德上帝神明未歆饗也 天下人民未有愜志 今縱不能博求天下賢聖有德之人 而嬗天下焉而曰豫建太子 是重吾不德也 謂天下何 其安之."

38) 同上, 後 7년, "夏六月己亥 帝崩于未央宮 遺詔曰 朕聞之 蓋天下萬物之萌生 靡不有死 死者天地之理 物之自然 奚可甚哀 當今之世 咸嘉生而惡死厚葬而破業重服以傷生 吾甚不取……其令天下吏民 令到出臨三日 皆釋服……."

39) 同上, 爰盎鼂錯傳, "鼂錯……學申商刑名於軹張恢生所……於是拜錯爲

太子家令 以其辯得幸太子."

40) 어떤 友人이 필자에게 경고하기를 武帝를 단지 '武'라고 부르는 것은 中國學學者들에게 불쾌감을 줄 우려가 있다는 말을 하였다. 필자는《論語》子張篇에도 周 武王을 '武'로 칭한 선례가 있음을 지적하고자 하며, 이 밖에도 예는 많다.

41)《漢書》武帝紀를 보라.

42) 同上, 武帝紀 원년조, "丞相綰奏 所擧賢良 或治申商韓非蘇秦張儀之言 亂國政請皆罷 奏可."

43)《史記》太史公自序, "(司馬談曰)儒者則不然 以爲人主 天下之儀表也 主唱而臣和 主先而臣隨."

44) 同上, 儒林列傳, "……於是天子使使束帛加璧安車駟迎申公……至 見天子 天子問治亂之事 申公時已八十餘老 對曰 爲治者不在多言 顧力行何如耳 是時天子方好文詞 見申公對 默然 然已招致 則以爲太中大夫 舍魯邸 議明堂太室."

45) 同上, 儒林列傳, "淸河王太傅 轅固生者 齊人也 以治詩 孝景時爲博士 與黃生爭論景帝前 黃生曰 湯武非受命 乃弑也 轅固生曰 不然 夫桀紂虐亂 天下之心皆歸湯武 湯武與天下之心而誅桀紂 桀紂之民 不爲之使而歸湯武 湯武不得已而立 非受命爲何 黃生曰 冠雖敝必加於首 履雖新必關於足 何者上下之分也 今桀紂雖失道 然君上也 湯武雖聖 臣下也 夫主有失行 臣下不能正言匡過 以尊天子 反因過而誅之 代立踐南面 非弑而何也 轅固生曰 必若所云 是高帝代秦 卽天子之位 非邪 於是景帝曰 食肉不食馬肝 不爲不知味 言學者無言湯武受命 不爲愚 遂罷 是後學者莫敢明受命放殺者."

46)《鹽鐵論》刺復篇, "今賢良文學臻者六十餘人 懷六藝之術 騁意極論 宜若開光發蒙 信往而乖於今 道古而不合於世務 意者不足以知士也"; 論儒篇, "……然孔子脩道魯衛之間 敎化洙泗之上 弟子不爲變 當世不爲治 魯國之削滋甚……"; 憂邊篇, "大夫曰 聖主思念中國之未寧 北邊之未安 故使廷尉評等問人間所疾苦……故問諸生 諸生議不干天則入淵 乃欲以閭里之治而況國家之大事 亦不幾矣"; 輕重篇, "……大夫各運籌策建國用 籠天下鹽鐵諸利 以排富商大賈……損有餘補不足 以齊黎民 是以兵革東西征伐 賦斂不增而用足 夫損益之事 賢者所覩 非衆人之所知也"; Dubs, pp. 196~198, p. 301.

47)《鹽鐵論》復古篇, "文學曰……昔秦常擧天下之力以事胡越 竭天下之財以奉其用 然衆不能畢 而以百萬之師爲一夫之任 此天下共聞也 且數戰則民勞 久師則兵弊, 此百姓所疾苦 而拘儒之所憂也" 및 憂邊篇;《史記》平津侯主父列傳, "……是時通西南夷 東置滄海 北築朔方之郡 弘數諫 以爲罷敝中國 以奉無用之地 願罷之."

48) 《漢書》 董仲舒傳.
49) 즉 '一月'의 '一'을 의미하는 '正'에는 '바르다'라는 의미도 있다는 사실로 말장난을 한 것이다.
50) 《論語》 堯曰篇, "子曰 不敎而殺 謂之虐 不戒視成 謂心暴 慢令致期 謂之賊"을 쉽게 설명한 것이다. 堯曰篇은 후세에 첨가된 것이 틀림없지만, 공자가 이런 말을 하였을 가능성은 높다.
51) 《漢書》 董仲舒傳.
52) 同上, 景十三王傳. 江都易王의 相으로 보낸 것이다.
53) 同上, 董仲舒傳.
54) 同上, 董仲舒傳.
55) 同上, 公孫弘卜式兒寬傳
56) 《韓非子》 八經篇, "君執柄以處勢 故令行禁止 柄者殺生之制也 勢者勝衆之資也."
57) 《漢書》 公孫弘卜式兒寬傳
58) 武帝는 殷代에 형벌이 크게 이용되었다고 말하였다(《漢書》 董仲舒傳). 그러나 다년간 殷代를 전공한 董作賓은 그런 전통에 대해 아는 바가 없다고 한다(1948년 3월 13일 口頭로). 그러나 殷代 가혹한 형벌에 관한 일화가 《韓非子》 內儲說上篇에 두 번 나온다.
59) 《漢書》 武帝記 및 Dubs (4), Vol. II, 註 12)의 3·4·6 ; 《史記》 秦始皇本記 ; 《韓非子》 難三篇.
60) 《漢非子》 主道篇, "君無見其意……見而不見 聞而不聞 知而不知……." 이 篇은 漢初에 부가된 것으로 생각되지만, 여기서 그 때문에 자료로서의 가치가 감소하는 것은 아니다.
61) 《史記》 平津侯主父列傳, "習文法吏事 緣飾以儒術 上說之." 이 구절의 번역을 다르게 하는 사람도 있지만, 이 번역은 牧野謙次郎의 日譯과 기본적으로 일치한다(牧野謙次郎, p. 315를 보라).
62) Gale, 緖論 p. 24.
63) 註 47)의 《史記》 平津侯主父列傳을 보라.
64) 《史記》 同上, "……然其性意忌 外寬內深 諸嘗與弘有隙 無遠近 雖陽與善 後竟報其過."
65) 同上, 儒林列傳, "董仲舒以弘爲從諛" ; 《漢書》 董仲舒傳.
66) 同上, 平津侯主父列傳.
67) 同上, 儒林列傳.
68) 《鹽鐵論》 刺復篇, "御使進曰……公孫丞相以春秋說先帝 遽卽三公 處周邵之列……而無益於治." 여기서 학자들조차 公孫弘이 아무것도 성취한 것이 없다는 말을 논박하지 않았다.

69) 同上, 復古篇, 非鞅篇, 論儒篇, 毁學篇, 褒賢篇, 相刺篇, 殊路篇을 보라. 이 책은 토론을 그대로 옮긴 것이 아니라 그것을 기초로 桓寬이 저술한 문학작품이라는 것은 주지의 사실이다(《漢書》 권 66). 따라서 이것을 이용할 때는 다소 주의를 요한다. 그러나 그 토론이 있은 지 수십 년 안에 저술되었기 때문에 전체적으로 볼 때 그 시대 어떤 자료보다도 사실을 잘 전한 것 같다. 이 책의 眞僞에 관해서는 심각한 의문이 제기된 적도 있다(Gale, 緖論, pp.39~41). '儒家' 公孫弘의 시험답안에 법가적인 용어가 사용된 것을 상기할 때, 《鹽鐵論》에 묘사된 桑弘羊 같은 관리가 공공연하게 법가로 자처하였을 것으로 보아도 무리는 없을 것 같다.

70) 《史記》 平準書.

71) 同上.

72) Dubs (4), II, p.16, 106.

73) 同上, II. p.51, pp.58~60.

74) 《漢書》 儒林傳, "自武帝立五經博士 開弟子員 設科射策 勸以官祿 訖於元始 百有餘年 傳業者寖盛 支葉蕃滋 一經說至百餘萬言 大師衆至千餘人 蓋祿利之路然也."

75) Chavannes, *Mem. Hist.* I, cvi.

76) 胡適 (3), p.28, pp.34~35.

77) Waley, p.241 ; 馮友蘭, p.370.

78) 張心澂, pp.442~445 ; 馮友蘭, pp.361~369 ; 郭沫若 p.37, pp.119~121.

79) 이 점은 공자와 魯哀公의 대화처럼 꾸며진 《禮記》 儒行篇 기사도 마찬가지이다. 《論語》에 '儒'字가 나오는 것은 雍也篇 11장에 단 한 번뿐인데, 이것은 공자시대에는 이 책에서 계속 사용된 의미가 '儒'字에 없었다는 증거이다. 儒者는 과실을 그 면전에서 지적해서는 안 된다든가, 때로는 관직에 나가는 것을 거부하고 은둔생활을 하는 것이 낫다는 것이 공자의 말로 되어 있는 것은 후세 유교를 반영한 것이다.

80) 《禮記》 檀弓上篇, "孔子蚤作 負手曳杖消搖於門 歌曰 泰山其頹乎 梁木其壞乎 哲人其萎乎 旣歌而入 當戶而坐 子貢聞之曰 泰山其頹 則吾將安仰 梁木其壞 哲人其萎 則吾將安放 夫子殆將病也 遂趨而入 夫子曰 賜 爾來何遲也……予疇昔之夜 夢坐奠於兩楹之間 夫明王不興 而天下其孰能宗予 予殆將死也"와 《論語》 述而篇, "子疾病 子路請禱 子曰有諸 子路對曰 有之 誄曰 禱爾于上下神祇 子曰 丘之禱久矣"; 先進篇, "季路問事鬼神 子曰 未能事人 焉能事鬼 敢問死 曰未知生 焉能知死"와 비교해보라.

81) 《禮記》 檀弓上篇, "孔子之衛 遇舊館人之喪 入而哭之哀 出 使子貢說驂而賻之……"와 《論語》 先進篇, "顔淵死 顔路請子之車 以爲之椁 子曰才

不才 亦各言其子也 鯉也死 有棺而無槨 吾不徒行以爲之槨 以吾從大夫之後 不可徒行也"를 비교해보라(崔述, 권 3, p.28을 보라).

82) 馮友蘭, p.43 ; 梅思平, p.182 ; Chavannes, *Mem. Hist.* V, p.436.

83) 張歆海, p.8.

84) Chavannes, *Mem. Hist.* V. p.333 n.3.

85) 崔述, 권 1, pp.18～19.

86) Chavannes, *Mem. Hist.* V, p.347 n.1, p.351 n.5, p.371 n.2.

87) 崔述, 권 2, pp.27～28 ; 錢穆, pp.42～45 ; Wilhelm, pp.76～84.

88) 《史記》 孔子世家, "孔子去曹適宋 與弟子習禮大樹下 宋司馬桓魋欲殺孔子 拔其樹 孔子去……."

89) 《論語》 述而篇, "子不語怪力亂神"과 《史記》 孔子世家, "季桓子穿井 得土缶 中若羊 問仲尼云 得狗 仲尼曰 以丘所聞 羊也 丘聞之 木石之怪 夔罔閬 水之怪龍罔象 土之怪 墳羊……", "孔子失之曰 予所不者 天厭之 天厭之", "……丘聞之也刳胎殺夭 則麒麟不至郊 竭澤涸漁 則蛟龍不合陰陽 覆巢毁卵 則鳳凰不翔……", "夏魯桓釐廟燔 南宮敬叔救火 孔子在陳聞之曰 災必於桓釐廟乎 已而果然"을 비교해보라.

90) 《史記》 孔子世家, "他日靈公問兵陳 孔子曰 俎豆之事則嘗聞之 軍旅之事未之學也", "季康子曰 子之於軍旅 學之乎 性之乎 冉有曰 學之於孔子", "而衛孔文子將攻太叔 問策於仲尼 仲尼辭不知 退而命載而行."

91) 同上, "蒲人懼 謂孔子曰 苟毋適衛 吾出子 與之盟 出孔子東問 孔子遂適衛 子貢曰 盟可負邪 孔子曰 要盟也 神不聽." 이 일화는 약간 변형된 형태로 《孔子家語》 권 5, 困誓 22에도 나온다. 《史記》 일화에는 두 가지 결함이 있다. 첫째는 공자가 가르쳤을 뿐 아니라 스스로 실천한 것으로 보이는 충실한 약속이라는 원칙에 위배된 것이고, 둘째는 우리가 알고 있는 공자와는 맞지 않는 초자연적인 제재를 강조한 점이다.

92) 崔述, 권 2, pp.35～36.

93) 錢穆, pp.37～38.

94) Duyvendak (3), p.333. 《史記》 전체의 첨가문제에 대해서는 Jäger를 보라.

95) 崔述, 권 1, p.4 ; 권 4, p.23과 비교하라.

96) 《史記》 太史公自序, "夫儒者 以六藝爲法 六藝經傳以千萬數 累世不能通其學 當年不能究其禮 故曰博而寡要 勞而少功."

97) 《漢書》의 번역에 심혈을 기울였던 Dubs는 이 시대의 사정에 정통한 사람인데, 司馬遷이 道家였다고 잘라 말한다(Dubs (2), II, p.346). 그러나 이 견해에 반대하는 Chavannes는 자신의 입장에 유리한 종래의 諸說을 많이 인용하였다. Chavannes가 반대하는 유일한 이유는 司馬遷

이 공공연하게 공자에게 경의를 표하였다는 것뿐이다(*Mem. Hist.* I, xlix). 그러나 두 페이지 뒤에서 Chavannes가 司馬遷은 '풍자물'을 썼다고 지적한 것을 주목할 필요가 있다.

98) Chavannes의 주장처럼 孔子世家 마지막 부분을 설령 司馬遷이 썼다고 할지라도(*Mem. Hist.* I, 1 및 n. 1), 孔子世家 대부분을 司馬談이 쓰지 않았다는 증거는 되지 못한다.

99) Chavannes, *Mem. Hist.* V, pp. 299～301 및 p. 299 n. 4 ;《莊子》天道篇, 天運篇, 田子方篇, 知北遊篇을 보라. 이 내용의 會見에 관한 비평은 崔述, 권 1, pp. 19～22 ; 錢穆, pp. 4～8 ; Dubs (3), p. 216을 보라.

100)《史記》平準書.

101) Chavannes, I, lii.

102) 同上, I, xlix～l.

103) 同上, I, lii.

104) 同上, I, l을 참조하라. 同, V, pp. 434～435 및 p. 435 n. 1.

105)《鹽鐵論》도처에 이런 증거가 있다.《漢書》권 66, "……所謂鹽鐵議者起始元中 徵文學賢良問以治亂 皆對願罷郡國鹽鐵酒榷均輸 務本抑末 毋與天下爭利然後 敎化可興." 班固가 武帝의 업적을 요약하면서 슬쩍 찬양하는 척하면서 비난한 것도 주목하라(武帝記).

106)《漢書》권 75, "宣帝初卽位 欲褒先帝……長信少府勝獨曰 武帝雖有壤四夷廣土斥境之功 然多殺士衆 竭民財力 奢泰亡度 天下虛耗 百姓流離……亡德澤於民 不宜爲立廟樂."

107)《鹽鐵論》褒賢篇, "……孔子曰 如有用我者 吾其爲東周乎 庶幾成湯文武之功 爲百姓除殘去賤 豈貪祿樂位哉."

108)《欽定春秋傳說彙纂》康熙帝序文.

109) 同上, 권 26, pp. 21b～22a ; 권 27, p. 30a.

110) Wittfogel, pp. 27～28, p. 39 ; Kracke, p. 121.

111) Wittfogel 및 Kracke를 보라.

제 15 장

1) 朱謙之, p. 295.

2) Macaulay, pp. 333～335.

3) Brunetiere, p. 199.

4) Lefebvre, p. vi.

5) 同上, p. 50.

6) 同上, p. 215.

7) Lovejoy, p. 108.
8) Leibniz, 序.
9) Voltaire, XXI, pp. 220～221.
10) Budgell, Introduction, pp. 95～96.
11) Quesnay, p. 636.
12) Dunne 및 Rowbotham을 보라.
13) Pinot, p. 9.
14) Reichwein, p. 78에서 인용.
15) Voltaire, XXI, pp. 220～221.
16) Dunne의 Ricci 註釋, p. 125에서 인용. 또 Trigault, p. 157을 보라.
17) Bernard, I, p. 324 ; Bernard (2), pp. 101～108를 참조하라.
18) Bernard, I, p. 325 ; Rowbotham, pp. 64～65를 참조하라.
19) 胡適 (6), p. 30.
20) 朱謙之, p. 113, 115.
21) 同上, p. 110.
22) '漢學派'라고 부르는 것은 宋代 학자들의 주석을 표준으로 삼지 않고 漢代 주석으로 거슬러올라갔기 때문이다.
23) Dunne, pp. 154～159 ; Bernard, I, p. 325 ; Hummel, I, pp. 422～423 ; 朱謙之, pp. 99～153, 166～168 ; 張蔭林, pp. 62～66.
24) 胡適 (6), p. 60.
25) 許仕廉, pp. 30～31.
26) Pinot, pp. 183～185.
27) 당시 선교사들이 이런 것을 보고한 예는, Trigault, pp. 136～175 ; Du Halde III, pp. 14～63을 보라. 또 Dunne, pp. 89～91도 보라. Burton은 《우울의 해부(*An Anatomy of Melancholy*)》라는 저서에서 "예수회 선교사 Matteo Ricci는 〔중국인이〕 세계에서 가장 미신적인 민족이라고 보고하였다"고 지적하였다(Burton, p. 310).
28) Bernard, I, p. 334.
29) Dunne, p. 92.
30) Reichwein, p. 77.
31) 同上, p. 78.
32) Voltaire, XLIX, p. 271.
33) 同上, XVI, p. 335.
34) Reichwein, p. 80.
35) Voltaire, XLIX, p. 272.
36) Fénelon, p. 43.

37) Montesquieu, I, p. 142.
38) Encyclopédie, III, p. 347.
39) Le Comte, p. 242.
40) Goodrich를 보라.
41) Voltaire, XVI, pp. 330~333 ; Montesquieu, I, pp. 142~144를 보라. E. Carcassone는 Montesquieu의 中國論을 잘 분석한 결과, Montesquieu의 관심이 주로 중국에 맞지 않는 어떤 先入見을 지지하는 것이었음을 밝혔고, 아울러 예수회 선교사들 보고에 대한 의문점을 전체적으로 고찰하였다(Carcassone를 보라).
42) Lach, pp. 96~97.
43) Hattersley, p. 143.
44) Bédé, p. 286.
45) Lanson, p. 413.
46) 前記 引用文 중.
47) 제목을 바꾸어 출간한 것이다. 〈文獻目錄〉의 Féenelon을 보라.
48) Lanson, pp. 5~28.
49) 同上, pp. 24~25.
50) Lach, pp. 4~5, p. 140 ; Reichwein, p. 20 ; Pinot, pp. 458~466을 보라.
51) Point, pp. 15~16.
52) Lanson, pp. 411~412.
53) 同上, p. 420.
54) 예컨대 Puchas, p. 387을 보라.
55) 특히 朱謙之, Reichwein, Pinot, Maverick, Hudson, Lovejoy, Rowbotham (2)를 보라.
56) Lach (2), pp. 440~441 및 n. 17 ; Reichwein, p. 85.
57) Pinot (2), pp. 213~214 ; Maverick, pp. 44~58.
58) 《論語》 子路篇, "葉公問政 子曰 近者說 遠者來"와 Le Comte, p. 125 ; Diderot, *Encyclopēdie* IX, p. 357을 비교하라.
59) Montesquieu, I, p. 144.
60) Lindsay, p. 128.
61) 《詩經》 大雅 文王之什 皇矣 ; 《書經》 多土篇多方篇 ; 《論語》 子路篇 제 13장, 憲問篇 제 20장, 陽貨篇 제 5 장 ; 《孟子》 梁惠王下 제 8 장을 보라.
62) Du Halde, II, p. 18 ; Quesnay, pp. 572~573 ; Goldsmith, I, p. 181.
63) Montesquieu, I, p. 144.
64) Le Comte, p. 284.

65) Laski, p.80.
66) Pinot, p.395.
67) Purchas, p.387.
68) Du Halde, III, p.12.
69) Burton, p.503.
70) Budgell, pp.91~97.
71) Goldsmith, I, pp.137~141.
72) Voltaire, XVI, p.335 ; Maverick, p.30, 49, 201, 235 ; Poivre, pp. 160~161.
73) Lovejoy, p.135.
74) Chinard, p.75.
75) 예컨대 Poivre가 廣東地方의 번영을 주목하였을 때 느낀 경이감을 보라(Poivre, pp.138~140). 이런 관찰은 흔한 일이었다.
76) Pierre Bayle(1647~1706)은 프랑스혁명의 길을 개척한 사상가 가운데에서도 극히 중요한 인물이며, Voltaire와 《大百科辭典》의 편자 Diderot에게 커다란 영향을 준 사람이다. 그는 예수회가 설립한 대학에서 교육을 받았는데 그의 主著 《歷史 및 批評辭典》(*Dictionnaire Historique et Critique*)에는 중국에 관한 언급이 많다. Lanson은 다음과 같이 지적하였다. "만약 Bayle이 무신론자의 사회가 스스로 지탱할 수 있을 뿐 아니라 기독교사회 못지않게 잘 규제될 수 있다는 것을 추문이나 엉터리라는 소리도 듣지 않고 주장할 수 있었다면, 그것은 이 역설이 하나의 사실, 즉 무신론자인 文人들이 지배층을 형성하고 있는 중국에서 선교사들이 가장 정치가 잘 되고 가장 유력한 사회를 발견한 사실, 또는 발견하였다고 생각하는 사실로 뒷받침되었기 때문이다"(Lanson, p.18).
77) Voltaire, XVI, p.111.
78) Budgell, p.91.
79) Reichwein, p.81.
80) Koch, p.44.
81) Weulersse, p.351.
82) Pinot (2).
83) 예컨대 Le Comte, pp.241~311 ; Du Halde, II, pp.115~123 ; Voltaire, XVI, pp.330~333 ; XXI, pp.211~214 ; Reichwein, pp.102~103도 보라.
84) Maverick, p.30.
85) Quesnay, pp.564.
86) 同上, p.656.

87) Fäy, p. 343.
88) 同上, p. 342.
89) 同上, p. 415.
90) 同上, pp. 343～344.
91) Koch, pp. 178～185.
92) Parrington, II, p. 11.
93) Koch, p. 172.
94) 비교의 편의를 위하여 번호를 붙였다. 공자의 견해는 《論語》의 (1) 述而篇 제20장 (2) 先進篇 제16장 (3) 雍也篇 제1장 1절, 述而篇 제7장 (4) 雍也篇 제17장, 子罕篇 제13장, 子路篇 제19장 (5) 陽貨篇 제21장에서, Jefferson의 견해에서 Koch의 (1) p. 114 (2) p. 174 (3) p. 133 (4) pp. 116～119 (5) p. 145를 각각 보라.
95) Jefferson, I, p. 446.
96) 同上, IX, p. 425.
97) 이 요약의 일부는 法案의 원문에서, 나머지 일부는 Jefferson의 Note on Virginia에 포함된 기록으로 만들었다. Jefferson, II, pp. 220～229 및 III, pp. 251～255를 보라.
98) Jefferson, IX, p. 426.
99) Voltaire, XXI, p. 212, Voltaire는 이 관리들이 "선거를 통해 선발되었다"고 덧붙였는데, 물론 이것은 오류이지만 Jefferson의 흥미를 더 자극하였음에는 틀림없다. Jefferson이 이 책(*Essai sur les Moeurs* : 道德論)을 읽고 注記를 단 연대는 Jefferson (2), p. 14를 보라.
100) 鄧嗣禹의 〈中國科學制度를 記述한 西洋의 論著目錄〉은 1775년 이전에 나온 英文 11종, 佛文 3종을 수록하고 있다(鄧嗣禹, pp. 308～313을 보라). 鄧 자신도 이 목록이 완벽한 것이 아님을 인정하였다.
101) 미국의 舊國會圖書館이 소실된 이후에 Jefferson은 1815년 자신의 개인장서를 국회도서관에 매각하였다. 이것은 〈美合衆國圖書目錄〉에 수록되어 Jonathan Eliot에 의해 인쇄되었다(Washington, 1815). 이 목록 가운데 시험제도를 제법 상세하게 다룬 책이 2권 들어 있는데(그러나 版本은 밝히지 않았다. 同目錄 10과 120), 그것은 Du Halde(III, pp. 1～14)와 Le Comte(pp. 280～283)의 저서이다. Jefferson은 Le Comte의 책은 佛語本으로 갖고 있었다. Du Halde의 책은 장서가 매각될 때는 제1권만 있었기 때문에 Jefferson이 제3권도 갖고 있었는지는 분명치 않다.
102) Jefferson, II, p. 221 ; IX, pp. 425～427.
103) 同上, VIII, p. 494.

104) 同上, IX, p.498.
105) 同上, X, p.95.
106) 同上, IX, p.501 ; X, p.51 ; Arrowood, pp.129～131 ; Jefferson (3), pp.49～52.
107) 鄧嗣禹를 보라.
108) 同上, p.306.

제 16 장

1) 胡適 (4), p.200.
2) 許仕廉, pp.30～31.
3) 孫逸仙, I, 〈民權主義〉, p.10 ; Price, p.169 ; D'Elia, pp.232～234. 《三民主義》의 구절을 《中山叢書》, Price의 譯 및 D'Elia의 譯本을 모두 참조하여 번역한 것은 어느 한 譯本만을 따를 수가 없었기 때문이다. 孫文의 著作을 번역 출판한 것 가운데에는 만족스럽지도 못하고 때로는 독자를 오도할 우려가 있는 것도 적지 않다. 그 한 가지 이유는 원래 강연한 내용을 모은 것이라 문자 그대로 알기 쉽게 번역하기가 어렵기 때문이다. 공자가 민주주의적인 사상을 갖고 있었다고 孫文이 언급한 구절은 이 밖에도 孫逸仙, I, 〈民主主義〉, p.44 ; Price, p.444 ; D'Elia, p.476 ; 孫逸仙, II, 〈民權初步〉, p.104를 보라.
4) 同上, I, 〈民權主義〉, pp.10～12 ; Price, p.170 ; D'Elia, p.236.
5) 同上, I, 〈民族主義〉, p.52.
6) 同上, I, 〈民族主義〉, p.66, p.70.
7) Linebarger, p.193.
8) 孫逸仙, I, 〈民生主義〉, pp.15～16.
9) 同上, I, 〈民生主義〉, p.16.
10) Halcombe (2), p.435.
11) 孫逸仙, II, 〈民權初步〉, pp.99～112.
12) 同上, pp.106～107.
13) 同上, I, 〈民權主義〉, pp.100～112.
14) 同上, pp.109～111.
15) 《論語》 爲政篇, "哀公問曰 何爲則民服 孔子對曰 擧直錯諸枉 則民服 擧枉錯諸直 則民不服" ; 雍也篇, "子曰 雍也可使南面" ; 述而篇, "子曰 自行束脩以上 吾未嘗無誨焉" ; 先進篇, "子路使子羔爲費宰 子曰 賊夫人之子 子路曰 有民人焉 有社稷焉 何必讀書然後爲學 子曰 是故惡夫佞者" ; 顔淵篇, "子曰 片言可以折獄者 其由也與 子路無宿諾" ; 憲問篇, "公叔文子之臣大夫僎與文子同升諸公 子聞之曰 可以爲文矣", "子言衛靈公之無道也 康子曰 夫如是 奚而不喪 孔子曰 仲叔圉治賓客 祝鮀治宗廟 王孫賈治軍旅 夫如是 奚其喪"; 衛靈公篇, "子曰 臧文仲其竊位者與 知柳下惠之賢而不與立也."

16) 孫逸仙, I, 〈民權主義〉, p. 35.

17) 同上, p. 36.

18) 同上, II, 〈建國方略〉, p. 3.

19) 同上, I, 民權主義, p. 110.

20) Linebarger, p. 240.

21) 林語堂(2), p. 2.

22) *New York Times* 1945년 4월 17일자.

23) 孫逸仙, I, 〈三民主義〉, pp. 52～53. 孫文이 '明明德於天下'를 '平天下'로 바꾸었지만 《大學》에서 인용한 것이 분명하다.

後　記

1) 《論語》 顔淵篇, "子貢問政 子曰 足食足兵 民信之矣 子貢曰 必不得已而去於三者 何先 曰去兵 子貢曰 必不得已而去於斯二者 何先 曰去食 自古皆有死 民無信不立."

2) 同上, 衛靈公篇, "子曰 人能弘道 非道弘人."

文獻目錄

康有爲,《孔子改制考》(北京, 1897; 再版, 1922).

顧頡剛,〈論孔子刪述六經說及戰國著作僞書書〉,《古史辨》 I, pp. 41～43.

______(2),〈春秋時的孔子和漢代的孔子〉,《古史辨》 II, pp. 130～139.

______(3),〈周易卦爻辭中的故事〉,《古史辨》 III, pp. 1～44.

______(4),〈詩經在春秋戰國間的地位〉,《古史辨》 III, pp. 309～367.

______(5),〈戰國秦漢間人的造僞與辨僞〉,《古史辨》 VII(1), pp. 1～64.

______(6),〈禪讓傳說起於墨家考〉,《古史辨》 VII(3), pp. 30～107.

《孔子家語》(四部叢刊本)

郭沫若,《金文叢考》(東京, 1932).

______(2),《兩周金文辭大系考釋》(東京, 1935).

______(3),《十批判書》(重慶, 1945).

《國語》(四部叢刊本)

羅振玉,《殷虛書契前編》(1912).

______(2),《貞松堂集古遺文》(1931).

______(3),《漢熹平石經殘字集錄》改訂版(1938).

《老子》(道德經)
《論語注疏》(南昌, 1815).
瀧川龜太郞,《史記會注考證》(東京, 1932~1934).
戴　望,《戴氏注論語》(1871).
董作賓,《殷曆譜》(四川, 1945).
鄧嗣禹, "Chinese Influence on the Western Examination System," *Harvard Journal of Asiatic Studies* Ⅶ(Cambridge, 1943), pp.267~312.
梅思平,〈春秋時代的政治和孔子的政治思想〉,《古史辨》 II, pp.161~194.
梅詒寶(譯), *The Ethical and Political Works of Mo-tzu*(London, 1929).
《孟子注疏》(南昌, 1815).
《毛詩注疏》(南昌, 1815).
牧野謙次郞,《史記國字解》 Ⅶ(東京:早稻田大學, 1919).
傅斯年,《性命古訓辨證》(長沙, 1940).
葉玉森,《殷虛書契前編集釋》(上海, 1934).
孫詒讓,《墨子閒詁》(1895).
孫逸仙,《中山叢書》 3版 4冊(上海, 1927).
孫海波,《甲骨文編》(北平, 1934).
《晏子春秋》(四部叢刊本).
梁啓雄,《荀子柬釋》(上海, 1936).
梁啓超,〈荀卿及荀子〉,《古史辨》 Ⅳ, pp.104~115.
《易經》(tr. by James Legge, Sacred Books of the East ⅩⅥ, 2nd ed., Oxford, 1899).
閻若據,《校正四書釋也》 改訂版(1803).
吳大澂,《憙齊集古錄》(1896).
王先謙,《荀子集解》(1891).
王先謙(2),《前漢書補注》(1900).
王先愼,《韓非子集解》(1896).
容　庚,《金文編》 改訂版(長沙, 1939).

容肇祖,《韓非子考證》(上海, 1936).
劉寶楠,《論語正義》初版(1866),《皇淸經解》續編.
劉　鶚,《鐵雲藏龜》
陸德明,《經典釋文》(四部叢刊本).
《儀禮》(tr. by John Steele, 2 vols., London, 1917).
林語堂, "Li : the Chines Principle of Social Control and Organization," *Chinese Social and Political Scienc Review* II, No.1(北京, 1917), pp. 106～118.
______(2), *The Wisdom of Confucius*(New York, 1943).
張國淦,《漢石經碑圖》(北平, 1931).
張心澂,《僞書通考》(長沙, 1939).
張陰林,〈明淸之際西學輸入中國考略〉,《淸華學報》 I(北京, 1924), pp. 38～69.
《莊子》.
張歆海, "Some Types of Chinese Historical Thought," *Journal of the North China Branch of the Royal Asiatic Society* LX(Shanghai, 1929), pp. 1～19.
《戰國策》(四部叢刊本).
錢　穆,《先秦諸子繫年》第 2 版(上海, 1936).
______(2),《論語要略》(上海, 1925; 再版, 1934).
錢玄同,〈論詩經眞相書〉,《古史辨》 I, pp. 46～47.
程樹德,《論語集釋》(北京, 1943).
齊思和,〈戰國制度考〉,《燕京學報》 XXVI(北京, 1938), pp. 159～219.
______(2),〈商鞅變法考〉,《燕京學報》 XXXIII(北京, 1947), pp. 163～194.
朱謙之,《中國思想對於歐洲文化之影響》(長沙, 1940).
陳啓天,《韓非子校釋》(上海, 1940).
陳夢家,〈五行之起源〉,《燕京學報》 XXIV(北京, 1938), pp. 35～53.
崔　述,〈洙泗考信錄〉, 顧頡剛 編,《崔東壁遺書》 VIII(上海, 1936).
______(2),〈洙泗考信餘錄〉,《崔東壁遺書》 IV.

______(3), 〈論秋餘說〉, 《崔東壁遺書》 V.

《春秋穀梁傳注疏》(南昌, 1815).

《春秋公羊傳注疏》(南昌, 1815).

《春秋左傳注疏》(南昌, 1815).

湯用彤, "Wang Pi's New Interpretation of the I-ching and Lun-yü," tr. by Walter Liebenthal, *Harvard Journal of Asiatic Studies* X (Cambridge, 1947), pp. 124～161.

《太平御覽》(揚州, 1806).

馮友蘭, *A History of Chinese Philosophy, the Period of the Philosophers,* tr. by Derk Bodde(北京, 1937).

______(2), 〈孔子在中國歷史中之地位〉, 《古史辨》 II, pp. 194～210.

______(3), 《中國哲學史補》(上海, 1936).

韓 愈, 《朱文公校韓昌黎先生集》(四部叢刊本).

許仕廉(Leonard Shihlien Hsü), *Sun Yat-sem : His Political and Social Ideas*(Los Angeles, 1993).

胡 適, 《中國哲學史大綱》 上卷 15版(上海, 1930).

______(2), "Wang Mang, the Socialist Emperor of Nineteen Centuries Ago," *Journal of the North China Branch of the Royal Asiatic Society* LIX (上海, 1928), pp. 218～230.

______(3), "The Establishment of Confucianism as State Religion During the Han Dynasty," *Journal of the North China Branch of the Royal Asiatic Society* LX (上海, 1929), pp. 20～41.

______(4), "Confucianism," *ESS* IV, pp. 198～201.

______(5), 《胡適論學近著》 第1卷(上海, 1935).

______(6), *The Chinese Renaissance*(Chicago, 1934).

桓 寬, 《鹽鐵論》(四部叢刊本).

黃式三, 《論語後案》(1844).

《淮南子》(四部叢刊本).

《欽定春秋傳說彙纂》(海南書局, 1721 ; 再版, 1888).

Altshuler, M. D., Ira M., "The Part of Music in the Resocialization of Mental Patients," *Occupational Therapy and Rehabilitation* XX (Baltimore, 1941), pp. 75~86.

Aristotle, *Aristotle's Politics,* tr. by Benjamin Jowett(1905; reprinted Oxford, 1931)(Pagination given as in Bekker).

Arrowood, Charles Flinn, *Thomas Jefferson and Education in a Republic*(New York · London, 1930).

Bédé, Jean-Albert, Gustave Lanson, *The American Scholar* Ⅳ(New York, 1935), pp. 286~291.

Bernard, S. J., Henri, *Le Père Matthieu Ricci et la Société Chinoise de son temps*(1552~1610), 2 vols.(Tientsin, 1937).

______(2), *Sagesse Chinoise et Philosophie Chrétienne*(Tientsin, 1935).

Biot, Édouard, *Essai sur l'Historie de l'Instrucation Publique en Chine, et de la Corporation des Lettres*(Paris, 1847).

Bodde, Derk, *China's First Unifier*(Leyden, 1938).

______(2), *Statesman, Patriot and General in Ancient China*(New Haven, 1940).

Brunetière Ferdinand, *Études Critiques sur l'Histoire de la Litterature Française,* 8e série(Paris, 1907).

Bryce, James, *The Holy Roman Empire,* 8th ed., rev.(London · New York, 1897).

Budgell, Eustace, *A Letter to Cleomenes King of Sparta*(London, no date but Library of Congress Catalogue gives 1731).

Burns, C. Delisle, *Democracy, Its Defects and Advantages*(New York, 1929).

______(2), *Challenge to Democracy*(New York, 1935).

Burton, Robert, *The Anatomy of Melancholy*(1621 ; reprinted New York, 1938).

Byrnes, James F., *Speaking Frankly*(New York, 1947).

Carcassone, E., "La Chine dans l'Esprit des Lois," *Revue d'Histoire Littéraire de la France,* 31e Année(Paris, 1924), pp. 193～205.

Cassirer, Ernst, "Kant, Immanuel," *ESS* Ⅷ, pp. 538～542.

Chavannes, Édward(tr.), "Se-ma Tsien," *Les Memoires Historiques,* 5 vols.(Paris, 1895～1905).

Chinard, Gilbert, *Thomas Jefferson, the Apostle of Americanism,* 2nd ed., rev.(Boston, 1946).

______(2), "Jefferson and the Physiocrats," *University of California Chronicle* XXXIII(Berkely, 1931), pp. 18～31.

Cicero, *The Speeches,* tr. by N. H. Watts(London · New York, 1923).

Creel, H. G., *Studies in Early Chinese Culture,* First Series(Baltimore, 1937).

______(2), "Was Confucius Agnostic?," *T'oung Pao* XXIX(Leyden, 1935), pp. 55～99.

______(3), 〈釋天〉, 《燕京學報》 XVIII(北京 1935), pp. 59～71.

______(4), *The Birth of China*(London, 1936 ; New York, 1937).

______(5), "T.C. Chang and R.C. Rudolph," *Literary Chinese by the Inductive Method,* 2 vols.(Chicago, 1938～1939).

Creel, Lorraine, *The Concept of Social Order in Early Confucianism*(unpublished Ph. D. dissertation, University of Chicago, 1943).

Dubs, Homer H., "Did Confucius Study the Book of Changes?," *T'oung Pao* XXVI(Leyden, 1928), pp. 82～90.

______(2), "The Failure of the Chinese to Produce Philosophical Systems." *T'oung Pao* XXVI(Leyden, 1929), pp. 98～109.

______(3), "The Date and Circumstances of the Philosopher Laodz," *Journal of the American Oriental Society* LXI(Baltimore, 1941), pp. 215～221.

______(tr.)(4), *The History of the Former Han Dynasty,* Vols. I and II (Baltimore, 1938 and 1944).

______(5), *The Work of Hsüntze*(London, 1928).

Du Halde, S. J., J. B., *The General History of China,* tr. by R. Brookes, Vol. I (London, 1736), Vols. II ~ IV, 3rd ed., rev.(London, 1741).

Dunne, S. J., George H., *The Jesuits in China in the Last Days of the Ming Dynasty*(unpublished Ph. D. dissertation, University of Chicago, 1944).

Duyvendak, J. J. L., "Hsün-tzŭ on the Rectification of Names," *T'oung Pao* XXIII(Leyden, 1924), pp. 221~254.

______(2), "The Chronology of Hsün-tzŭ," *T'oung Pao* XXVI(Leyden, 1929), pp. 73~95.

______(3), "The Origin and Development of the State Cult of Confucius," by John K. Shryock, *Journal of the Amerian Oriental Society* (New Haven, 1935), pp. 330~338.

______(tr.)(4), *The Book of Lord Shang*(London, 1928).

D'Elia, Paschal M.(tr.), *The Triple Demism of Sun Yat-sen*(Wuchang, 1931).

Encyclopédie, ou Dictionnaire Raisonné des Sciences, des Arts et des Métiers, ed. by Denis Diderot and J. L. d'Alembert, Vols. III and IX (Paris, 1753 ; Neufchastel, 1765).

Escarra, Jean, *Le Droit Chinois*(Peking · Paris, 1936).

ESS, *Encyclopaedia of the Social Sciences,* ed. by Edwin R.A. Seligman and Alvin Johnson, 15 vols.(1930~1935; reprinted New York, 1937).

Fäy, Bernard, *Franklin, the Apostle of Modern Times*(Boston, 1929).

Fénelon, François de Salignac de La Mothe, *Dialogues des Morts,* first published at Cologne in 1700 as *Dialogues divers entre les cardinaux Richelieu et Mazarin et autres*(Paris, 1819).

Finer, Herman, *The Future of Government*(London, 1946).

Frankford, H. A., Wilson, John A., Jacobsen Thorkild and Irwin, William A., *The Intellectual Adventure of Ancient Man*(Chicago, 1946).

Gibbon, Edward, *The Histoy of the Decline and Fall of the Roman Empire,* 3 vols.(1776~1788; reprinted New York, 1946).

Goldsmith, Oliver, *The Citizen of the World,* 2 vols.(1762; reprinted London, 1790).

Goodrich, Luther Carrington, *The Literary Inquisition of Chien-lung* (Baltimore, 1935).

Haloun, Gustav, "Fragmente der Fu-tsï und des T'sin-tsï. Frühkonfuzianische Fagmente I," *Asia Major* VIII(Leipzig, 1933), pp.437~509.

______(2), "Das Ti-tsï-tsï. Frühkonfuzianische Fragmente II," *Asia Major* IX(Leipzig, 1933), pp.467~502.

Hattersley, Alan F., *A Short History of Democracy*(Cambridge, 1930).

Hearnshaw, F. J. C., "Chivalry, European," *ESS* IV, pp.436~441.

Höffding, Harald, *A History of Modern Philosophy,* tr. by B. E. Meyer, Vol. II(1900; reprinted London, 1920).

Holcombe, A. N., *Government in a Planned Democracy*(New York, 1935).

______(2), "Chinese Problem," *ESS* III, pp.431~436.

Hudson, G. F., *Europe and China*(London, 1931).

Hughes, E. R., *The Great Learning and the Mean-in-action*(New York, 1943).

Hummel, Arthur W.(ed.), *Eminent Chinese of the Ching Period,* 2 vols. (Washington, 1943~1944).

Hummel, William F., "K'ang Yu-wei, Historical Critic and Social Philosopher, 1859~1927," *Pacifie Historical Review* IV(Glendale, Calif., 1935), pp.343~355.

Irwin, William A., "The Hebrews," *Intellectual Adventure,* pp.223~350.

Jacobsen, Thorkild, "Mesopotamia," *Intellectual Adventure,* pp.125~219.

Jäger, Fritz, "Der heutige Stand der Schï-ki-Forschung," *Asia Major*

IX(Lepzig, 1933), pp.21～37.

Jefferson, Thomas, *The Writings of Thomas Jefferson,* ed. by Paul Leicester Ford, 10 vols.(New York · London, 1892～1899).

______(2), *The Common Place Book of Thomas Jefferson,* ed. by Gilbert Chinard(Baltimore · Paris, 1926).

______(3), *The Life and Selected Writings of Thomas Jefferson,* ed. by Adrienne Kochand William Peden(New York, 1944).

Kallen, Horace M., "Pragmatism," *ESS* XII, pp.307～311.

Kant, Immanuel, *Immanuel Kant's Sämmtliche Werke,* ed. by K. Rosenkranz and F. W. Schubert, 14 vols.(Leipzig, 1838～1842).

______(2), *Perpetual Peace,* reprint of translation published in London in 1796, translator unnamed(Los Angeles, 1932).

Kalgren, Bernhard, *On the Authenticity and Nature of the Tso Chuan* (Göteborg, 1926).

______(2), "Huai and Han," *Bulletin of the Museum of Far Eastern Antiquities* XIII(Stockholm, 1941).

Kennedy, George A., "Interpretation of the Ch′un-Ch′iu," *Journal of the American Oriental Society* LXII(Baltimore, 1942), pp.40～48.

Koch, Adrienne, *The Philosophy of Thomas Jefferson*(New York, 1943).

Kracke, Jr. E. A., "Family vs. Merit in Chinese Civil Service Examinations under the Empire," *Harvard Journal of Asiatic Studies* X(Cambridge, 1947), pp.103～123.

Lach, Donald F., *Contributions of China to German Civilization,* 1648～1740(unpublished Ph.D. dissertation, University of Chicago, 1941).

______(2), "Leibniz and China," *Journal of the History of Ideas* VI(New York, 1945), pp.436～455.

La Master, Robert J., "Music Therapy as a Tool for Treatment of Mental Patients in the Hospital," *Hospital Management* LXII. 6(Chicago, 1946), pp.110～114; LXIII. 1(1947), pp.110～114.

Lang, Paul Henry, *Music in Western Civilization*(New York, 1941).

Lanson, Gustave, "Le Rôle del Experience dans la Formation de la Philosophie du XVIIIe Siècle en France," *La Revue du Mois* IX(Paris, 1910); I. "La Transformation des Idées Morales et la Naissance des Morales Rationelles de 1680 à 1715," pp.5~28; II. "L'Éveil de la Conscience Sociale et les Premières Ideés de Réformes Politiques," pp.409~429.

Laski, Harold, "Democracy," *ESS* V, pp.76~85.

Lecky, W. E. H., *History of the Rise and Influence of the Spirit of Rationalism in Europe,* 2 vols.(New York, 1866).

Le Comte, Louis Daniel, *Memoirs and Observations Made in a Late Journey Through the Empire of China,* tr. from the Paris ed.(London, 1697).

Lefebvre, Georges, *The Coming of the French Revolution,* tr. by R.R. Palmer(Princeton, 1947), first published as *Quatre-vingt neuf* (Paris, 1939).

Legge, James, *The Chinese Classics,* Vols. I~II, 2nd ed., rev.(Oxford, 1893~1895), Vols. III~V(London, 1865~1872).

Leibniz, Gottfried Wilhelm, freiherr von., *Novissima Sinica,* 2nd ed. (Leipzig?, 1699).

Liao, W. K.(tr.), *The Complete Works of Han Fei-tzŭ,* Vol. I(London, 1939).

Lindsay, A. D., The Modern Democratic State, Vol. I(New York · London, 1947).

Linebarger, Paul M. A., *Government in Republican China*(New York · London, 1938).

Lovejoy, Arthur O., "The Chinese Origin of a Romanticism," *Essays in the History of Ideas*(Baltimore, 1948), pp.99~135.

Macaulay, Thomas Babington, "The Romance of History. England," by Henry Neele(unsigned review), *The Edinburgh Review* XLVII (Edinburgh, 1828), pp. 331~367.

Maspero, Henri, *La Chine Antique*(Paris, 1927).

______(2), "La Compostion et la date du Tso tchouan," *Mélanges Chinois et bouddhiques* I (Brussels, 1932), pp. 137~215.

Maverick, Lewis A., *China, a Model for Europe*(San Antonio, 1946).

Merriam, Charles E., *The New Democracy and the New Despotism*(New York · London, 1939).

Baron de Montesquieu, Charles de Secondat, *The Sprit of Laws,* tr. by Thomas Nugent, 2 vols.(Cincinnati, 1873).

Morley, John Viscount, *Diderot and the Encyclopaedists,* Vol. 1(London, 1923).

Parrington, Vernon Louis, *Main Currents in American Thoughts,* 3 vols.(New York, 1930),

Pelliot, Paul, "Meou-tseu ou les doutes levés," *Tôung Pao* XIX (Leyden, 1920), pp. 255~433.

Pick, Bernhard, *The Extra-Canonical Life of Christ*(New York, 1903).

Pinot, Virgile, *La Chine et la Formation de l'Esprit Philosophique en France*(1640~1740)(Paris, 1932).

______(2), "Les Physiocrates et la Chine au XVIIIe siècle," *Revue d' Histoire Modern et Contemporaine* VIII(Paris, 1906~1907), pp. 200~214.

Plato, "Cratylus," *The Dialogues of Plato,* tr. by Benjamin Jowett, 2 vols.(1892; reprinted New York, 1937) I, pp. 173~229(Pagination given, for this and the following dialogues, as in Stephens).

______(2), "Phaedo," *ibid.* I, pp. 441~501.

______(3), "The Republic," *ibid.* I, pp. 591~879.

______(4), "Laws," *ibid.* II, pp. 407~703.

Plutarch, *Plutarch's Lives,* the translation called Dryden's, rev. by A.

H. Clough, vol. II (Boston, 1864).

Poivre, Pierre, *Travels of a Philosopher,* tr. from French, translator unnamed(Dublin, 1770).

Price, Frank W.(tr.), "Sun Yat-sen," *San Min Chu* I, *the Three Principles of the People*(Shanghai, 1929).

Purchas, Samuel, *Halkluytus Posthumous or Purchas His Pilgrims,* Vol. XII (1625; reprinted Glasgow, 1906).

Quesnay, François, "Despotisme de la Chine," *Oeuveres Économiques et Philosophiques de F. Quesnay,* ed. by Auguste Oncken(Frankfort · Paris, 1888), pp. 563～660. First published serially in the *Éphémérides du Citoyen*(Paris, 1767); translated in Maverick, pp. 143～304.

Radin, Max, "Jus Gentium," *ESS* VIII, pp. 502～504.

Reichwein, Adolf, *China and Europe : Intellectual and Artistic Contacts in the Eighteenth Century*(New York, 1925).

Rogers, A. K., *The Socratic Problem*(New Haven, 1933).

Rowbotham, Arnold H., *Missionary and Mandarin, the Jesuits at the Court of China*(Berkeley · Los Angeles, 1942).

______(2), "The Impact of Confucianism on Seventeenth Century Europe," *Far Eastern Quarterly* IX (1945), pp. 224～242.

Taylor, A. E., *Socrates*(1932; reprinted Edinburgh, 1993).

Trigault, Nicholas, *The China That Was,* tr. by L. J. Gallagher, from work published in 1615(Milwaukee, 1942).

Voltaire, *Oeurres Complètes de Voltaire,* 92 vols.(Impr. de la Société Littérairetypographique, 1785～1789).

Waley, Arthur(tr.), *The Analects of Confucius*(1938; reprinted London, 1945).

______(2), "The Book of Changes," *Bulletin of the Museum of Far Eastern Antiquities* V (Stockholm, 1933), pp. 121～142.

______(3), *The Way and It's power*(London, 1934).

______(4)(tr.), *The Book of Songs*(Boston · New York, 1937).

Weber, Max, *From Max Weber : Essays in Sociology,* tr. and ed. by H. H. Gerth and C. Wright Mills(New York, 1946).

Weulersse, G., "The Physiocrats," *ESS* V, pp. 348～351.

Wilbur, C. Martin, *Slavery in China During the Former Han Dynasty* (Chicago, 1943).

Wilhelm, Richard, *Confucius and Confueianism,* tr. by G. H. and A. P. Danton(London, 1931).

Williamson, H. R., *Wang An Shih,* 2 vols.(London, 1935～1937).

Wilson, John A., "Egypt," in *Intellectual Adventure,* pp. 31～121.

Windelband, Wilhelm, *A History of Philosophy,* tr. by James. H. Tufts (New York, 1923).

Wittfogel, Karl August, "Public Office in the Liao and the Chinese Examination System," *Harvard Journal of Asiatic Studies* X(Cambridge, 1947), pp. 13～40.

4 孫文評傳

시프린 지음·閔斗基 옮김 / 신국판·반양장 293쪽

명분과 실제, 이론과 실리의 한계를 짐작조차 못하게 하는 수수께끼 같은 혁명가. 자기의 구걸대상인 제국주의 열강으로부터는 시종 신임을 얻지 못하고 때로는 조롱당하기까지 하면서도 당시의 중국인에게는 거의 절대적인 희망이었던 손문의 착잡한 모습이 〈손문평전〉에는 거의 완벽하다 할 만치 잘 묘사 되어 있다. 손문의 활동을 정치사적으로만 조명하는 것이 아니라 개인으로서의 성격적 약점까지도 부각시켜 한 혁명가의 전체상을 그리고 있기 때문이다.

5 왕안석과 개혁정책

제임스 류 지음·이범학 옮김 / 국판·반양장 176쪽

이른바 北宋代의 '新法'이라 불리는 개혁정책에 관한 이 연구서는 입안자인 왕안석과, 같은 시대를 살았던 중국 관료들의 사상과 행동약식, 국가권력의 중앙집권화와 관련된 문제를 주요내용으로 삼고 있다. 왕안석은 도덕과 인치를 중시한 유교사상의 전통 속에서 볼 때 매우 특이한 위치를 차지한 사상가이자 정치가이지만, 단지 급진적인 유가 사상가일 뿐이며, 그의 정책은 특정계층의 이익에 두기 보다는 국가의 이익을 우선시킨 개혁가라고 저자는 결론 내리고 있다.

7 칭기스칸－그 생애와 업적

라츠네프스키 지음·김호동 옮김 / 신국판·반양장 304쪽

'오랫동안 기다려진 칭기스칸 전기의 결정'이라는 평가를 받을 만큼, 종래의 연구가 갖는 문제점들을 극복하고 12, 13세기라는 역사적 맥락 속에서 칭기스칸의 생애와 활동을 엄격한 사료비판적 태도로써 담담하게 묘사한 책으로, 몽고족과 칭기스칸의 계보, 칭기스칸 원정도를 비롯한 각종 도판 등이 부록으로 실려 있다.

24 공자의 천하, 중국을 뒤흔든 이탁오

신용철 지음 / 신국판·반양장 468쪽

종래 우리 학계에서 이탁오를 '미치광이'나 '정신분열자'로 치부하던 시절, 저자는 중국 학계는 물론 일본과 서양의 여러 연구업적을 널리 수집, 분석, 비판하여 이 책을 썼다. 저자는 중국의 고대에서 현대까지의 사상사와 문화사 그리고 사회사까지 넘나들면서, 왜 중국에서 이러한 혁명적 사상가가 나올 수밖에 없었던가를 철저하고도 알기 쉽게 요약, 서술하고 있어, 이 책은 중국의 어제의 역사와 오늘의 문화를 알고 싶어 하는 고급독자들에게는 더할 수 없는 값진 선물이 될 것이다.